Betty Lundsted:
Astrologische Aspekte

Ihre weibliche und männliche Seite

Aus dem Amerikanischen von Valentina Schmidt

Dieses Buch ist den Menschen gewidmet, die mich ermunterten, es zu schreiben. Mein besonderer Dank geht an Neil Michelsen, Patricia Morimando und Marsha Kaplan dafür, daß sie mir Mut machten.

Inhalt

II. Planeten und Aspekte 165

Ich habe dieses Buch geschrieben, weil ich an mir selbst erfahren habe, was für Möglichkeiten persönlichen Wachstums und der Wahrnehmung es gibt, wenn man astrologische Symbole dazu verwendet, um psychische Prozesse zu verstehen. Da ich so begeistert war über das, was ich für meine eigene Entwicklung durch die Erforschung dieser Symbole lernte, begann ich, diese Erkenntnisse weiterzugeben. Ich beobachtete, wie meine Studenten und Klienten erstaunlichen persönlichen Einblick in ihre Bedürfnisse, ihre Antriebe und Motivationen entwickelten. Wegen der positiven Rückmeldungen von Studenten wollte ich diese Erkenntnisse mit einem Publikum von Lesern teilen, die vielleicht nie nach New York kommen würden, um bei mir persönlich Vorlesungen zu hören – oder die vielleicht nie einen Astrologiekurs besuchen könnten, welcher sich mit der Erkenntnis von Motivationen beschäftigt, die der Persönlichkeitsentwicklung zugrunde liegen.

Der Inhalt dieses Buches kann vom Anfänger, vom Fortgeschrittenen wie auch von professionell Tätigen angewendet werden. Er bringt die Symbole der Astrologie in Verbindung mit der Diagnose und Deutung der frühkindlichen Umgebung und erörtert die möglichen Zusammenhänge zwischen frühkindlichen Erfahrungen und Verhalten im Erwachsenenalter.

Zur Astrologie kam ich auf der Grundlage anderer Wissensgebiete, so daß meine Schlußfolgerungen auf einer Wechselbeziehung zwischen östlicher Philosophie, Metaphysik und Religionswissenschaft beruhen sowie einer langen, interessanten Beschäftigung mit der Psychologie C. G. Jungs. Die uralten Mythen, wie sie Joseph Campbell in seiner Serie »The Masks of God« schildert, die Suche der Menschheit nach einer spirituellen Identität, wie sie in vielen Werken Jungs beschrieben wird, sowie gewisse Vorstellungen über das männliche und weibliche Prinzip in M. Esther Hardings »Women's Mysteries« öffneten eine ganz neue Welt für mich.

Es war nicht schwer, diese spirituellen Philosophien mit Astrologie in Verbindung zu bringen, denn die Symbole sind von universeller Bedeutung. Zum Beispiel symbolisieren die astrologischen Häuser das Streben nach Bewußtsein, ein Thema, das in verschiedenen Religionsphilosophien angesprochen wird. Die Planeten und Aspekte weisen nicht nur darauf hin, wie wir auf der Suche nach diesem Bewußtsein sind, sondern sie zeigen auch die Prägung, die wir durch das Familienmilieu erfahren. Ich war erstaunt über die Entdeckung, daß man Minuten nach der Geburt eines Menschen die wesentlichen emotionalen und geistigen Konflikte seines Lebens erkennen konnte. Obwohl jeder von uns einen freien Willen und auch die Wahl hat, wie wir unsere Energie einsetzen wollen, zeigt das Geburtshoroskop unsere natürlichen Grenzen. So kann zum Beispiel ein Widder kein Zwilling werden, aber der Widder kann wählen, ob er ein glücklicher oder ein unglücklicher Widder sein will. Seine Widder-Eigenschaften sind aus dem Geburtshoroskop ersichtlich, nicht aber seine Reaktionen auf die Umweltbedingungen oder sein natürliches Potential.

Viele Menschen werden am selben Tag geboren, und viele Menschen haben sehr ähnliche Horoskope. Das zeigt ebenfalls, daß wir die Wahl haben. Wir haben die Freiheit, unsere Energien zu gebrauchen oder zu mißbrauchen, je nach Wunsch. Wir erleben Prüfungen zu verschiedenen Zeiten unseres Lebens, und je nachdem, wie wir auf diese Prüfungen reagieren, kann unser Leben sich völlig verändern. Wir wählen ganz individuelle Lebenserfahrungen, denn wir reagieren mit unseren inneren Symbolen, und jeder nutzt seine Energien auf eine andere Weise. Man kann das Geburtshoroskop als ein Abbild unserer Möglichkeiten im Leben ansehen.

Höret zu! Siehe, es ging ein Säemann aus, zu säen. Und es begab sich, indem er säte, fiel etliches an den Weg; da kamen die Vögel unter dem Himmel und fraßen's auf. Etliches fiel in das Steinige, wo es nicht viel Erde hatte; und ging bald auf, darum daß es nicht tiefe Erde hatte. Da nun die Sonne aufging, verwelkte es, und dieweil es nicht Wurzeln hatte, verdorrte es. Und etliches fiel unter die Dornen, und die Dornen wuchsen empor und erstickten's, und es brachte keine Frucht. Und etliches fiel auf ein gutes Land und brachte Frucht, die da zunahm und wuchs; und etliches trug dreißigfältig und etliches sechzigfältig und etliches hundertfältig (Markus IV, 3–8).

Und er sprach: Wem wollen wir das Reich Gottes vergleichen, und durch welch Gleichnis wollen wir es vorbilden? Gleichwie ein Senfkorn, wenn das gesät wird aufs Land, so ist's das kleinste unter allen Samen auf Erden; und wenn es gesät ist, so nimmt es zu und wird größer denn alle Kohlkräuter und gewinnt große Zweige, also daß die Vögel unter dem Himmel unter seinem Schatten wohnen können (30–32).

Dieser Text hat zu tun mit zwei astrologischen Grundgedanken, die das persönliche Potential betreffen. Viele Menschen werden mit denselben oder ähnlichen Planetenstellungen in den Zeichen sowie den Häusern geboren – das heißt, sie sind am selben Tag, Monat und Jahr, zur selben Zeit und am selben Ort wie jemand anders geboren. Da die Häuser und die Aspekte beinahe die gleichen sind, kann es der Einfluß der Umgebung während der Kindheit sein, welcher die Entwicklung der Persönlichkeit fördert oder hemmt. Ein Gewahrwerden seines Potentials kann dem einzelnen helfen, sich sozusagen umzuprogrammieren, damit sein »Lebenssamen« auf fruchtbaren Boden fallen kann.

Unter den Menschen, die während derselben Generation geboren sind, kann man ebenfalls ein Muster beobachten, weil die langsam laufenden Planeten Aspekte miteinander bilden, die Generationsaspekte sind. Sie weisen auf Bedrängnisse, mit denen eine ganze Generation im Laufe ihres Lebens konfrontiert wird. Dieser Begriff der Wahl – wie jeder von uns seine Energie benutzt, wie wir uns mit unseren Problemen auseinandersetzen – war ein aufregender Gedanke für mich, denn er führte mich zu dem Glauben, daß das Leben einen Sinn hat. Jede philosophische Schule und jede religiöse Gruppierung hat ihre eigene Theorie, warum die Seele weiterleben möchte. Aber die Astrologie gab mir eine Symbolik, die mir die Idee der Wiedergeburt verständlich machte. Massen von Menschen (oder Seelen) sind am Evolutionsprozeß beteiligt – so daß eines Tages das Wassermann-Zeitalter stattfinden wird. Mittlerweile lernen wir zu lieben, miteinander zu teilen, füreinander zu sorgen, inmitten all der Gefühlsarmut und dem Hunger, verursacht dadurch, daß wir es nicht verstehen, unsere Energien zu nutzen. Die Weltseele ist in einem Reifungsprozeß begriffen. Es ist furchtbar aufregend!

In der Mythologie und der Mystik ist von einem magischen Kreis die Rede, der uns beschützen soll; er rettet uns vom »Schicksal«. Im Mittelalter fingen die Astrologen an, sich des Kreises zu bedienen, um astrologische Symbole aufzuzeichnen, die den Lebensweg eines Menschen anzeigen. Man könnte sagen, daß jedes Geburtshoroskop unser individueller »magischer Kreis« ist. Darin befinden sich die Symbole, die unser Wachstum und die Art von Lebenserfahrungen erklären, die im Verlauf unserer Selbstentdeckung geschehen werden. Dieser Kreis könnte der Schlüssel zum Rätsel unseres Lebens sein, wenn wir lernen, ihn zu entziffern. Sobald wir das Rätsel verstehen oder den Schlüssel zur Selbsterkenntnis finden, werden wir von unserer eigenen Energie, unserem eigenen Kreis beschützt.

Der Begriff »werden« beschreibt den Stand unseres Bewußtseins in einem gegebenen Augenblick. Die Fähigkeit zu werden kann gesteigert oder beschleunigt werden, indem man sich des Wissens bedient, welches in den astrologischen Symbolen verborgen liegt. Wir wissen, daß unsere Entwicklungsfähigkeit durch unsere Familiengeschichte und unsere Umgebung beeinflußt wird, denn die Psychologie hat diese Gebiete erforscht. Neuere Untersuchungen haben sogar gezeigt, daß die unbewußten Anteile 90% betragen. Das bedeutet, wir müssen feststellen, wieviel von unserer Persönlichkeit ichzentriertes Bewußtsein ist und wieviel von unserem Leben durch unbewußte Triebe bestimmt wird. Vielleicht kann man unbewußte Triebe besser verstehen, wenn man das Geburtsbild erforscht, denn es könnte Hinweise geben, wie die Auswirkungen der frühkindlichen Prägung mit den inneren Trieben zusammenhängen. Oft hört man Leute sagen: »Ich weiß nicht, warum ich das getan habe, ich weiß nicht, warum ich so reagiert habe.« Die Astrologie kann ein Werkzeug sein, um dieses »Warum« zu verstehen.

Es gibt immer eine Beziehung zwischen dem Samen und der Frucht. Wenn wir den Samen verstehen, können wir das Wachsen der Frucht fördern. Natürlich werden wir Spinat bekommen, wenn wir Spinat säen, aber es kann ein gesunder oder ungesunder Spinat sein, je nach der Umgebung und wie wir diesen Samen nähren. Wenn ein Erwachsener ein Mars/Mond-Quadrat hat, so kann man folgern, daß er während seiner Kindheit dieser Energie ausgesetzt war. Um sich nun von dieser Mars/Mond-Quadrat-Lebenseinstellung zu befreien, muß er zuerst herausfinden, woher in seiner Kindheit diese Einstellung kommt. Dieses Buch wurde geschrieben, um jenen zu helfen, die die Einflüsse ihrer frühkindlichen Umgebung erforschen möchten anhand von astrologischen Symbolen. Es werden nicht alle Aspekte der Horoskopdeutung behandelt, denn dieses Buch soll nicht bereits bestehende Lehrbücher ersetzen.

Ernsthafte Astrologiestudenten arbeiten schon jahrelang daran, die Astrologie in die Universitäten zu bringen. Die Akademiker von heute sind aber mit dieser alten Weisheit nicht vertraut, und sie brandmarken Astrologie irrtümlicherweise als Wahrsagerei. Astrologen haben sich gescheut, ausdrücklich ernstgemeinte Abhandlungen zu schreiben, weil auch sie von der Meinung der Wissenschaftler beeinflußt worden sind. Aus diesem Grunde ist ein Großteil der astrologischen Symbolik zur Esoterik geworden. Neue Schüler hatten es schwer, ernsthafte Interpretationen von Planetenkonstellationen zu bekommen, die die Möglichkeiten menschlichen Verhaltens symbolisieren. Sie mußten entweder von einem Lehrer oder aus eigener Erfahrung lernen. Lehrer haben nicht publiziert, weil viele befürchteten, sie würden entweder mißverstanden oder fehlinterpretiert oder daß ihre Informationen mißbraucht würden von Leuten, die glauben, die Astrologie sei ein Gesellschaftsspiel.

Laien, die sich für Selbsterfahrung interessierten, haben Forschungsarbeiten gelesen, die für Berufspsychologen gedacht waren, zum Beispiel die Fallgeschichten von berühmten Forschern wie C. G Jung, Sigmund Freud und anderen. Oft las ein Student von einem Fall von Schizophrenie und glaubte, er habe alle diese Symptome! Wenn sich ein Psychologe einschränken müßte wegen der Möglichkeit, er könnte einen Leser beleidigen, der unfähig ist, das Gelesene einigermaßen zu verarbeiten, so würde die heute verfügbare psychologische Forschung sich nicht entfalten können. Deshalb muß der Leser dieses Buches die Verantwortung selbst übernehmen für das, was in ihm geschieht, wenn er den Inhalt mißversteht oder mißbraucht. Wenn der Leser nicht vertraut ist mit grundlegendem psychologischem Wissen, Metaphysik oder philosophischem Gedankengut, so empfehle ich ihm, sich mit diesen Themen zu beschäftigen, damit die astrologische Symbolik besser verständlich wird. Für diejenigen, die sich intensiver mit den Themen beschäftigen wollen, die zu den hier dargelegten Schlußfolgerungen geführt haben, gibt es Literaturhinweise am Ende des Buches.

I. Die Grundlagen

1. Mutter, Vater und das Kind

Dieses Kapitel soll dem Leser einen Überblick über Eltern-Kind-Beziehungen geben und wie man diese Beziehungen im Geburtshoroskop erkennen kann. Wir werden die Rolle der Eltern und der Kinder beleuchten sowie das Bedürfnis nach einem Elternbild und die Blockierungen, die in den Eltern-Kind-Beziehungen Verwirrung stiften. In Teil II (Planeten und Aspekte) wird der Einfluß der Eltern auf die Entwicklung des Kindes besprochen. Wenn wir die Aspekte im Geburtshoroskop verstehen wollen, müssen wir uns über die Grollgefühle und das Durcheinander in den Eltern-Kind-Beziehungen während eines normalen Reifungsprozesses im klaren sein.

Wir gehen oft mit großen Vorurteilen an die Mutter-Vater-Kind-Beziehung heran. Wir haben ein verzerrtes Bild von den Eltern und den Kindern – unsere Liebe, unser Haß, unsere Enttäuschungen und unsere Abhängigkeit machen uns blind. Um die Beziehungen zu verstehen und die Probleme, die mit den verschiedenen Rollen in der Familie verbunden sind, ist es hilfreich, wenn wir uns vor Augen halten, daß wir oft in beiden Rollen verfangen sind, denn wir sind ja meist sowohl Kinder als auch Eltern!

Vor kurzem beschrieb ein Referent in einem Vortrag über Planetenverbindungen die Auswirkungen eines bestimmten Aspekts auf ein Kind. Eine Mutter unter den Zuhörern hatte ein Kind mit einem solchen Aspekt in seinem Horoskop. Sie reagierte auf seine Beschreibung, indem sie sagte: »Aber ich war doch immer da, ich hörte auf jedes Weinen, erfüllte jedes

Bedürfnis!« Tatsache ist, daß Eltern unmöglich auf jedes Bedürfnis ihrer Kinder eingehen können. Das Kind trifft selbst die Wahl, auf die Welt zu kommen, und die Eltern treffen die Wahl, die Verantwortung für dieses Kind zu übernehmen. Wir können versuchen, alles Menschenmögliche für unsere Kinder zu tun, aber wahrscheinlich können wir sie nicht immer zufriedenstellen. Ich frage mich, ob wir das überhaupt sollen. Irgendwo mißverstehen die Kinder ihre Eltern und die Eltern ihre Kinder. Alles, was wir tun können, ist, uns darüber klarzuwerden, daß diese Mißverständnisse unvermeidbar sind.

Zum Beispiel wurde ein feuerbetontes Kind, mit zusätzlich Mond in Feuer, von zwei erdbetonten Eltern erzogen, in deren Horoskopen Feuer nicht stark repräsentiert war. Es war den Eltern nicht möglich, den Idealismus ihres Kindes zu verstehen. Die Eltern wollten das Kind nicht absichtlich kränken. Ebenso konnte das Kind die Bedürfnisse seiner Eltern nicht verstehen. Sie kannten einander und liebten einander, aber sie konnten zueinander keine richtige Beziehung bekommen.

Aus dem Geburtshoroskop ersehen wir die Struktur der Persönlichkeit. Das Horoskop eines Kindes ist ein Spiegelbild seiner frühkindlichen Umgebung, eine »Landkarte« seines Gefühlslebens, welche die Reaktionen des Kindes auf die Beziehung der Eltern anzeigt.

Wenn wir die Aspekte im Horoskop eines Erwachsenen richtig lesen, können wir annehmen, daß es in seiner Kindheit Erlebnisse gegeben hat, die sich später im Leben auswirken. Die Mutter ist die erste Frau und der Vater der erste Mann, den wir sehen, und da wir keine andere Erfahrung haben, mit der wir sie vergleichen können, nehmen wir an, daß Mutter und Vater auf »normale« Weise miteinander umgehen, daß sie »normale« Menschen sind. Die Werte, die zur Zeit der Geburt des Kindes in der Ehe vorherrschen, sind die Werte, die das Kind in seiner Persönlichkeit verinnerlicht.

Die meisten Psychologen sagen, daß die Probleme, die in ihrer Beratung auftreten, bereits vor dem fünften Lebensjahr ihrer Klienten entstanden sind. Ich würde meinen, daß dies schon vor dem dritten Lebensjahr geschieht. Wir kommen mit sehr viel Intuition auf die Welt. Das bedeutet, wir können unsere Umgebung spüren, ähnlich wie wenn wir in ein fremdes Land reisen, dessen Sprache wir nicht verstehen, wo wir aber erkennen können, ob die Menschen dort verärgert oder glücklich sind, ob sie sich streiten oder lieben. Ein Kind spürt die Beziehung zwischen den Eltern auf dieselbe Art. Oft schläft das Baby im Schlafzimmer seiner Eltern und wird somit Zeuge ihrer sexuellen und emotionalen Beziehung, was sich später auf seine Einstellung zur Sexualität auf unbewußter Ebene auswirkt. Das Kind ist dabei, wenn die Mutter sich über den Vater bei ihren Freundinnen beklagt oder wenn der Vater einen Wutausbruch bekommt. Das Kind spürt, wie die Eltern mit Krisen umgehen, es nimmt die emotionale Wärme und die alltäglichen Begebenheiten wahr.

Diese frühkindlichen Erlebnisse dringen kaum in das Bewußtsein vor, während wir aufwachsen. Bilder und Gefühlserinnerungen werden im Unterbewußtsein gespeichert – sie werden mit niemandem besprochen. Die Selbstdiagnose wird noch erschwert dadurch, daß das Kind um das dritte Lebensjahr seinen Bereich auf die Nachbarschaft und den Kindergarten ausweitet. Die Persönlichkeit entwickelt sich im Laufe des Heranwachsens, die Schule und das soziale Umfeld beeinflussen oder verändern das Kind. Was bedeutet das hinsichtlich der Aspekte im Geburtshoroskop? Und wenn ein Kind auf die Umgebung reagiert, tut es dies über die Aspekte in seinem Horoskop?

Wenn wir uns mit Astrologie befassen, lernen wir, daß man fünf Minuten nach der Geburt eines Kindes sein Horoskop lesen kann. Somit haben Astrologen das Privileg, die emotionalen Erlebnisse eines Kindes zu erkennen, bevor sie eingetreten sind. Wir müssen für uns selbst entscheiden, was zuerst kam, das Horoskop oder die Umgebung.

Wenn man die Horoskope des Kindes und der Eltern vergleicht, wird man erkennen, daß es untereinander verschiedene Planetenbeziehungen gibt. Die Geburtsplaneten des Kindes sind die Transite der Eltern an dem Tag der Geburt des Kindes.

Wenn das Kind geboren wird zur Zeit der Rückkehr von Mutters Saturn und wenn der Saturn des Kindes eine Konjunktion mit der Sonne des Vaters bildet, wird dies unbewußt Erinnerungen an diese Zeit in den Eltern wachrufen, während das Kind heranwächst. (Die Saturn-Rückkehr der Mutter war vielleicht produktiv oder unglücklich; vielleicht war der Saturn-Transit über die Sonne des Vaters eine sehr unglückliche Zeit für ihn. Unbewußt erinnern sie sich, daß, als »Junior« geboren wurde, das Leben entweder schrecklich oder wunderbar war.) Wenn zwei Kinder denselben Vater haben und der Saturn des einen Kindes steht in Konjunktion mit der Sonne des Vaters, während der Jupiter des anderen Kindes die Sonne des Vaters aspektiert, wird man zwei ganz verschiedene Beziehungen zwischen dem Vater und den Kindern beobachten können. Man kann auch grundlegende Probleme in den Beziehungen zwischen Eltern und Kindern erkennen, wenn man die Quadrate in den kardinalen, fixen und veränderlichen Zeichen anschaut, die sie untereinander bilden. Quadrate haben Schwierigkeiten, miteinander auszukommen.

Wir glauben, daß wir unsere Eltern und die Eltern ihre Kinder lieben müssen, aber im Horoskopvergleich zwischen Eltern und Kind sind die Beziehungen nicht immer leicht oder freundlich. Psychologen behaupten, daß Eltern deshalb verschieden auf ihre Kinder reagieren, weil das eine das älteste, das andere das mittlere und eines das jüngste ist. Diese Faktoren muß man natürlich in Betracht ziehen, aber Astrologen stehen andere diagnostische Instrumente zur Verfügung: die Horoskopstruktur, die Zeichen, die Planeten, die Häuser und die Aspekte.

Wenn man die Persönlichkeit aus dem Horoskop heraus erkennen kann – und jemand mit Mars/Venus-Quadrat hat eine bestimmte Persönlichkeitsstruktur –, so muß das Kind dies durch die Beziehung der Eltern erworben haben, und was noch wichtiger erscheint: durch die *Reaktion* auf die Beziehung der Eltern. Wenn die Mutter die erste Frau und der Vater der erste Mann im Leben des Kindes ist, so muß deren Beziehung zwangsläufig auf die Persönlichkeitsentwicklung des Kindes Einfluß nehmen. Viele Eltern glauben, Kinder hätten diese Wahrnehmungsfähigkeit nicht; aber wenn das so wäre, wie können dann Psychologen sagen, daß die Probleme der Erwachsenen sich bereits vor dem fünften Lebensjahr entwickelt haben? Zugegebenermaßen halten Kinder in ihren ersten Lebensjahren keine intellektuellen Diskurse mit ihren Eltern – aber sie können fühlen. Ein sechs Monate altes Baby wird beispielsweise weinen, wenn seine Eltern sich streiten, weil es sensibel ist gegenüber dem, was in seiner Umgebung geschieht. Die in der letzten Zeit durchgeführten Experimente mit Hypnose sind diesbezüglich sehr aufschlußreich. In hypnotischer Trance können Menschen Erlebnisse bis hin zum Geburtstrauma zurückverfolgen.

Wir spielen Rollen, und wir sehen auch andere in einer Rolle. Ein Kind wird als Kind und selten als eine individuelle Person betrachtet. Eltern meinen, daß sie ihre Kinder beeinflussen, formen und sich ähnlich machen können, indem sie sie gewissen Bedingungen und Erfahrungen und einem bestimmten Umfeld aussetzen. Sie wundern sich, wenn ihre Kinder sie enttäuschen durch ein Verhalten, das nicht vorgesehen war, oder wenn sie im Beruf nicht in ihre Fußstapfen treten. Eltern fühlen sich gekränkt, wenn die Kinder ihre Bemühungen, Gutes für sie zu tun, nicht verstehen oder anerkennen.

Kinder nehmen ihre Eltern ebenso in einem Rollenverhalten wahr. Sie identifizieren sich mit »Mama« und »Papa«, wobei sie selten ihre Mutter als Frau und ihren Vater als Mann sehen. Kleine Kinder beanspruchen ihre Eltern ungemein, denn sie brauchen viel Fürsorge. Auch wenn sie älter werden, fordern sie so viel, wie die Eltern geben können – und oft mehr. Während der verschiedenen Perioden in ihrem Wachstumsprozeß verlangen sie verschiedene Dinge von ihren Eltern, und nicht selten verbünden sie sich mit dem Elternteil, der ihnen mehr erlaubt und mehr Verständnis hat, gegen den anderen. Manchmal nehmen Kinder auch eine ablehnende Haltung gegenüber beiden ein. Es ist ein Teil des natürlichen Reifungsprozesses.

In vielen Fällen wünschen sich Kinder ein Elternrollenmodell, auch wenn es ein negatives Modell ist. Ich arbeitete zum Beispiel mit einem Elfjährigen, der über die Scheidung seiner Eltern sehr beunruhigt war. Zwei Jahre lang versuchte er, sie wieder zusammenzubringen, obwohl er wußte, daß der Vater unzuverlässig war. Der Vater blieb viele Jahre zu Hause und behauptete, er könne keine Arbeit finden. Deshalb verdiente seine Frau den Lebensunterhalt. Er hatte Schuldgefühle, weil er nicht für seine Familie sorgen konnte, und verging sich an Frau und Kind. Bis zum Alter von sechs Jahren war der Junge so mißhandelt worden, daß ihn kein anderer Erwachsener normal erziehen konnte. Nach der Scheidung war der Mann gezwungen, Arbeit zu finden, aber er weigerte sich, Unterhalt für das Kind zu zahlen.

Angesichts all dieser harten und schmerzvollen physischen und emotionalen Erlebnisse und obwohl seine Mutter mehrmals wegen Körperverletzungen ins Krankenhaus eingeliefert wurde, wollte das Kind dennoch, daß sich die Eltern wieder versöhnen.

Weitere Situationen dieser Art halfen mir, das Bedürfnis eines Kindes nach einem Elternbild zu verstehen, gleichgültig, was für ein Bild es war. Wenn Brutalität ein Teil ihrer Erfahrungen ist, dann müssen diese Kinder annehmen, daß Brutalität „normal" ist.

Es kann eine heikle Angelegenheit werden, Menschen über die Ursprünge ihrer Persönlichkeit zu beraten (oder selbst seine eigenen zu verfolgen). Damit wird ein empfindlicher Bereich aufgedeckt. Die meisten Menschen, die zu einer Horoskopanalyse kommen, haben das Gefühl, Opfer zu sein. Sie meinen, ihre Eltern seien schuld daran, daß ihr Dasein so unfreundlich ist. Vielleicht haben sie recht – die Eltern haben wahrscheinlich wenig Übung darin, wie man mit den Realitäten des Lebens umgeht. Wir dürfen aber nicht vergessen, daß die meisten ihren Kindern nicht bewußt Schaden zufügen wollen. Ich kenne einige sehr neurotische Eltern, die persönliche Krisen durchmachen und deren Fähigkeit zu Verantwortung sehr zu wünschen übrigläßt. Sie versuchen aber nicht absichtlich, ihre Kinder zu zerstören.

Manche Eltern vermitteln ihren Kindern nicht das, was sie ihnen eigentlich beibringen sollten. Besonders die Menschen der westlichen Kulturen mit jüdischer bzw. christlicher Weltanschauung bereiten ihre Kinder häufig nicht genügend auf das Erwachsenenalter vor. Wir behaupten es zwar, aber wir tun nur selten, was wir sagen. Viele meinen, daß sie das Beste für ihre Kinder tun, wenn sie sie von der harten Wirklichkeit fernhalten und ihnen eine rosarote Welt ausmalen. Die meisten jungen Menschen, die ich beraten habe, bekamen von ihren Eltern zum Beispiel keine vernünftigen Informationen über Sexualität. Wie können diese Jugendlichen emotionale Kränkungen vermeiden, wenn sie ihr Sexualleben mit Tabus, Ängsten und Schuldgefühlen beginnen? Und werden diese Verletzungen nicht einen unausgesprochenen Groll gegen die Eltern heraufbeschwören? Wenn die Zeit kommt, in der sich die jungen Erwachsenen in das Leben hinausbegeben und selbständig werden, sind sie gezwungen, an zwei Fronten zu kämpfen: einerseits gegen die Furcht vor dem Neuen, Unbekannten und andererseits gegen den Einfluß von Mutter und Vater.

Eltern können oft nicht erkennen, daß zwischen ihnen und ihren Kindern ein gewisses Maß an Wettstreit besteht. Das Wetteifern der Kinder wird häufig bemerkt, aber wie steht es mit der elterlichen Eifersucht, die sich von Mann zu Mann und von Frau zu Frau entwickelt? Die Mutter oder der Vater mögen mit ihrem Sprößling konkurrieren, doch sie können es manchmal nur schwer wahrnehmen: Wir alle kennen die Mutter, die sich modischer als ihre Teenagertochter kleidet und sich einbildet, das Mädchen werde niemals so weiblich sein wie sie selbst, die ihre Tochter um ihre Verabredungen mit Freunden beneidet, die Anspielungen macht darüber, was sie wohl tut während dieser Verabredungen, und die vielleicht allzu liebenswürdig gegenüber den Freunden ihrer Tochter ist.

Wir alle kennen den Vater, der jede Bewegung seines Sohnes kritisiert. Er bemängelt die Wahl der Hochschule, der Ferienjobs und der Mädchen. Oder denjenigen, der durchaus vernünftige Ideen seines Sohnes nicht billigen kann. Anstelle von unterstützenden und hilfreichen Worten fallen abschätzige Bemerkungen.

Ich habe Eltern beobachtet, die ständig an ihren Kinder herumnörgeln, wo Unterhaltungen in ein gegenseitiges Sichaufreiben ausarten. Ich frage mich, ob sich diese Eltern bedroht oder verärgert fühlen wegen der bevorstehenden Unabhängigkeit ihres Kindes. Oft haben sie auch nicht genug Vertrauen zum Sohn oder zur Tochter. Sie schaffen in der Erziehung eine moralische Grundlage, dann aber trauen sie den Kindern nicht zu, daß sie danach leben werden. Viele junge Menschen fühlen sich dadurch sehr bedrückt.

Jugendliche rebellieren gegen ihre Eltern, um sich zu befreien, damit sie sich der Erwachsenenwelt anschließen können. Die Literatur beschreibt unzählige Beispiele zum Thema Suche nach Freiheit. In der Mythologie verschiedener Kulturen finden wir den Helden (den jungen Mann), der gegen den Vater um seine Unabhängigkeit kämpft, indem er Prüfungen bestehen muß. In Zusammenhang mit der Astrologie ist beispielsweise der Sagenheld Herkules interessant, da die zwölf Arbeiten, die als Suche nach dem Selbst interpretiert worden sind, einen Bezug zum Tierkreis haben. Ein häufiges

Motiv in der Literatur ist der Vatermord. Dieses Symbol bedeutet im übertragenen Sinne, daß man sich von der Autorität des eigenen Vaters befreien muß, bevor man selbst einer werden kann. Der Kampf der jungen Frau in mythologischen Darstellungen ist ebenfalls häufig als Reifungsprozeß zu verstehen: Aus dem unschuldigen Mädchen wird eine Frau. Dabei muß sie meistens der Mutter ihres Mannes entgegentreten.

Im Tierreich sind einige interessante Phänomene bei der Eltern-Kind-Beziehung zu beobachten. Wenn zum Beispiel ein Kätzchen herangewachsen ist und selbst einem Wurf das Leben geschenkt hat, wird es sich nicht seiner eigenen Mutter unterordnen, die wahrscheinlich auf demselben Bauernhof lebt. Wir werden zwei Katzenmütter sehen können, die sich auf gleichberechtigter Basis ihre Mutterpflichten teilen. Selten finden wir bei den Menschen eine Situation, wo Mutter und Tochter oder Vater und Sohn gleichwertig im Leben stehen.

In dem Film »Zwei Frauen« aus den fünfziger Jahren sind Mutter und Tochter im Krieg durch ein gemeinsames Schicksal verbunden. Beide werden vergewaltigt, und sie müssen sich mit den Problemen, die sich daraus ergeben, auseinandersetzen. Sophia Loren spielt diese Rolle hervorragend als eine Mutter, die voller Schmerz zusieht, wie ihre Tochter unter schrecklichen Bedingungen zum erstenmal den Geschlechtsverkehr erleben muß. Der Kriegsschauplatz zwingt sie dazu, sich nicht wie Mutter und Tochter, sondern wie zwei Freundinnen zu erleben. Später fällt sie wieder in ihre Mutterrolle zurück, als die Tochter eine Beziehung mit einem jungen Mann eingeht, die sie nicht duldet. Sie spricht mit ihr auch nie über die Vergewaltigung. Sehr genau wird hier die Realität wiedergegeben: Die meisten Frauen bereiten ihre Töchter nicht genügend darauf vor, wie sie Probleme mit der Sexualität und einer möglichen Vergewaltigung seelisch verarbeiten können.

Die traditionellen Vater-Sohn-Beziehungen werden beispielsweise in Familiensagen wie »Alle meine Söhne« dargestellt. Im Film spielt Edward G. Robinson den Patriarchen, der seine Söhne so sehr erniedrigt, daß sie das Heim nicht verlassen können. Er weigert sich, ihnen angemessene Löhne zu zahlen; die Söhne sind gezwungen, ihre Ehefrauen in das Haus des Vaters zu bringen, weil sie sich ein eigenes Heim nicht leisten können. Dieser Film zeigt einen Vater, der die Söhne systematisch ihrer Eigenständigkeit beraubt. Aber im Laufe der Tragödie stellt sich heraus, daß er sich seines Handelns gar nicht bewußt ist.

Auch der unbewußte Mißbrauch von elterlicher Macht kann große Feindseligkeit und seelische Not bewirken. Als Kinder fürchten wir uns davor, gegen die Eltern anzugehen, aber wenn wir erwachsen werden, müssen wir es häufig dennoch tun, obwohl unsere Religion und unsere Kultur es uns verbieten. Die Eltern sind ebenso in dieses Drama verstrickt, besonders durch das Abhängigkeitsverhältnis in den ersten Lebensjahren des Kindes. Viele haben sich so daran gewöhnt, »alles« für ihr Kind zu tun, daß daraus meist zwei grundlegende Probleme entstehen: Zum einen wird es zu sehr verwöhnt und kann das Familienleben durch überhöhte Ansprüche beeinträchtigen; zum anderen lassen die Eltern das Kind nicht selbständig werden, wenn die Zeit dafür gekommen ist. Das »Nestflüchten« wird erst in den Teenagerjahren zum Problem, während das Syndrom des verwöhnten Kindes bereits zwischen dem dritten und zehnten Lebensjahr auftritt.

Elterliche Eifersucht zeigt sich, wenn ein Elternteil das Kind zu sehr behütet und es in der Entwicklung und dem Erwachsenwerden hindert; zum Beispiel bei der Mutter, die nicht will, daß ihr Sohn heiratet und eine andere Frau ihn für sich beansprucht. In der Erziehung signalisiert sie ihm, »alle Frauen« seien »schlecht« (alle außer ihr, natürlich!), und sie spricht von »billigen Mädchen«, wodurch der Junge Schuldgefühle in bezug auf seine Sexualität entwickelt. Diese Schuldgefühle zeigen sich im Horoskop; wie sie sich aber auf das

Verhalten im Erwachsenenalter des Sohnes auswirken werden, ist unbekannt. Er muß sich jedenfalls vom Einfluß der besitzergreifenden Mutter befreien.

Die Tochter hat vielleicht einen eifersüchtigen, konkurrierenden Vater, der sein »kleines Mädchen« nicht erwachsen werden lassen will. Er möchte das Kind zu sehr beschützen und glaubt, die Jungen seien »alle hinter ihr her« und wollten sie »mißbrauchen«. Das Mädchen hätte mehr davon, wenn man sie über die Auswirkungen sexuellen Experimentierens auf ihren Körper und ihre Gefühle aufklären würde. In manchen Fällen gilt für diese Väter eine Doppelmoral: Sie glauben, daß alle jungen Männer die Mädchen ausnutzen, wie sie es seinerzeit selbst taten. Außerdem können unbewußte, uneingestandene Inzestwünsche mit hineinspielen.

Wenn das achtzehnte Lebensjahr erreicht ist, wird es zu einer Zeitverschwendung, wenn man sich mit Gedanken an das elterliche Versagen aufhält. Dies ist leichter gesagt als getan! Aber wenn wir eine positivere Einstellung gewinnen wollen, müssen wir die Vergangenheit loslassen. Hätte Aristoteles Onassis sein Leben damit verbracht, Vater und Mutter für seine mageren Anfänge verantwortlich zu machen, hätte er keine Zeit gehabt, all seinen Reichtum zu erwerben. Auch wenn wir in spiritueller oder kreativer Hinsicht vorankommen möchten, müssen wir unsere Vergangenheit loslassen. Das Verständnis unseres Geburtshoroskops kann uns dabei und beim Durcharbeiten schwieriger Persönlichkeitsstrukturen helfen, unsere positiven Energien herauszubringen und uns zur Reife zu führen.

Eine der größten Schwierigkeiten, die wir zu bewältigen haben, ist der Zwiespalt zwischen Liebe und Haß unseren Eltern gegenüber. Wir schämen uns, wenn wir unsere Eltern hassen, aber ich habe es schon so oft gehört und glaube, daß es nicht unnormal ist. Menschen, die ihren Vater und ihre Mutter nicht mögen, sprechen selten darüber, aber wenn es an die Oberfläche kommt, geschieht das mit Vehemenz. Auf Fragen zur Liebesbeziehung zwischen Eltern und Kind findet man keine entsprechende Antwort, nicht einmal in der Religion. Die gebräuchlichen Wörter sind *Respekt* und *Ehre,* nicht *Liebe.* Die Eltern schenken uns das Leben, sie versorgen uns mit Nahrung und geben uns eine Unterkunft, bis wir alt genug sind, um für uns selbst aufzukommen. Dafür schulden wir ihnen Ehrfurcht und Respekt. Aber liebevolle Betreuung wird nicht als Notwendigkeit einer verantwortungsbewußten Erziehung genannt. Wir glauben, daß sich Eltern und Kinder lieben, aber die Wirklichkeit zeigt oft ein anderes Bild.

Um den Haß-Liebe-Konflikt zu lösen, müssen wir unseren Groll erkennen und ihn ohne Schuldgefühle annehmen. Wir können den Ursprung des Konflikts aus den Aspekten in unserem Horoskop erkennen. Um unsere körperlichen Beschwerden zu heilen, gehen wir zum Arzt; und wir können die Astrologie zur Diagnose benutzen, um auch die emotionalen Schwierigkeiten zu behandeln. Oft fühlen wir uns als Opfer, wenn wir zuerst mit unserem Horoskop arbeiten. Wenn wir aber weiterkommen, bemerken wir, daß die Aufarbeitung unserer Opferrolle den Kern unseres Wachstumspotentials ausmacht.

Menschen, die zu einer Horoskopanalyse kommen, befinden sich meistens in einem Konflikt, der gelöst werden muß. Wenn man diesen Konflikt im Horoskop erkannt hat, dann können die beteiligten Planeten und Aspekte Kräfte und Energien darstellen, die der Betreffende konstruktiv einsetzen kann. Die Aufgabe des Astrologen ist es, seinen Klienten darauf aufmerksam zu machen.

Unsere Persönlichkeit wird unbewußt vom stärkeren Elternteil geformt. Es ist jedoch schwierig, herauszufinden, wer von beiden dies ist. Wir urteilen aus der gegenwärtigen Perspektive, aber die Bindung an den dominanten Elternteil hat sich während der Kindheit vollzogen. Die Eltern verändern sich, denn eine Ehe verläuft wie alle menschlichen Beziehungen in einer Serie von Zyklen. Wenn man mit Klienten über den

Einfluß des stärkeren Elternteils sprechen will, können sie sich meist nur schwer daran erinnern. Auch die Ansichten des Klienten über seine Eltern und die Vorstellung, wie sie sein sollten, haben sich im Lauf der Zeit geändert. Man muß, um den einflußreicheren Elternteil zu ermitteln, zuerst die »blinden Flecke« im Gedächtnis des Klienten berücksichtigen: das Rollenverhalten, das wir uns gegenseitig aufzwingen, die Feindseligkeit, die durch das Konkurrenzverhalten zwischen Eltern und Kindern entsteht, die Verwirrung und den Ärger, den wir spüren, wenn wir unsere eigenen Wege gehen wollen. Diese blinden Flecke sind unvermeidbar.

Das Horoskop gibt uns den Schlüssel, um den Einfluß der Eltern erkennen zu können. Wir haben vergessen, was wir im Unterbewußtsein aufgenommen und gespeichert haben. Deshalb kann das Geburtshoroskop das Instrument sein, um das Geheimnis zu enthüllen. Wir beziehen unsere Grundwerte hauptsächlich vom stärkeren Elternteil, demjenigen, der bis zum dritten Lebensjahr der dominante war. Man kann ihn ersehen aus dem Zeichen, in dem die Sonne steht. Wenn sie in einem positiven Zeichen (Feuer und Luft) steht, ist der Einfluß des Vaters stärker. Steht sie in einem negativen (Wasser oder Erde), so ist der Einfluß der Mutter stärker. Natürlich wird jedes Kind von der Mutter beeinflußt, aber es spürt auch, ob die Mutter den Vater respektiert oder fürchtet. (Einzelheiten hierzu werden in Kapitel 3, Polaritäten, behandelt.)

Der dominante Elternteil ist nicht unbedingt derjenige, den wir am meisten lieben oder zu dem wir die beste Beziehung haben, sondern derjenige, der unsere späteren Lebensziele beeinflußt. Zum Beispiel wachsen Löwe-Geborene bis zum dritten Lebensjahr mit einem sehr starken Vaterbild auf. Regeln und Einschränkungen werden auf eine unpersönliche Weise vom Vater bestimmt, der Grund für diese Regeln wird nur selten erklärt. Daher wachsen im Löwe-Zeichen geborene Kinder mit einer Menge von Regeln und Bestimmungen auf, die sie sich auch später selbst auferlegen. Man wird von ihnen häufig Sätze hören wie »So etwas tut man nicht« oder »So darf man sich nicht benehmen«. Sie wissen eigentlich gar nicht, *warum* sie diese Wertvorstellungen haben, sie können ihre ethischen Prinzipien nicht erklären, sie »haben sie einfach«. Sie können erst dann ihr Wertsystem verändern, wenn sie der Beziehung zu ihrem Vater auf den Grund gehen. Das soll nicht etwa heißen, daß sie nur Kopien ihres Vaters sind, aber sie neigen dazu, Meinungen beizubehalten, die im Vergleich mit den anderen elf Zeichen des Tierkreises engstirnig sind.

Stier-Kinder werden hingegen von der Mutter beherrscht. Sie bilden ihr Wertsystem, indem sie die Vorstellungen ihrer Mutter annehmen oder ablehnen. Das kann an einem sehr einfachen Beispiel verdeutlicht werden: Wenn die Mutter stark raucht, ist es oft so, daß ihre Kinder später entweder selbst Kettenraucher sind oder aber eine große Abneigung gegen das Rauchen entwickeln. Der beherrschende Elternteil kann gut der unbeliebtere gewesen sein; Dominanz bedeutet nicht gleichzeitig Liebe. Das Kind mit Trigonen und Sextilen zu seiner Sonne hat wahrscheinlich eine viel bessere Beziehung zu seinem dominanten Elternteil als das Kind mit analytischen Aspekten zur Sonne.

Die Stellung der Sonne symbolisiert den leiblichen Vater (und wie er sich verhält) in der frühkindlichen Umgebung. Die Sonne in einem negativen Zeichen deutet an, daß der Vater zur Zeit der Geburt des Kindes nicht das stärkste Mitglied in der Familie ist. Sie zeigt den passiven Vater, den weiblich-rezeptiven Typus, der sich beispielsweise in Haushalt, Ehe und Familie passiv verhält. Die Aspekte zur Sonne zeigen an, wie der Vater das Kind beeinflußt zu einer Zeit, die für die Entwicklung des Kindes wichtig ist.

Der Mond repräsentiert die leibliche Mutter des Kindes. Er zeigt an, wie sie sich als Person darstellt und wie sie die emotionale Seite des Kindes beeinflußt. Die Stellung des Mondes in einem Zeichen und einem Haus und seine Aspektierung zeigen, welche mütterliche Zuwendung, Nahrung und

Liebe das Kind bekommt und wie es auf emotionale Situationen reagiert. Ein verletzter Mond im Geburtshoroskop bedeutet, daß die Mutter mit emotionalen Beziehungen Schwierigkeiten hat; das Kind spürt das, und es wird ihm später vielleicht ebenso ergehen.

Die Stellung von Saturn und Venus ist bei der Beurteilung des elterlichen Einflusses ebenfalls wichtig. Diese Stellungen scheinen den psychologischen Einfluß der Eltern anzuzeigen. Saturn steht für Autorität und die Wirkung, die der Vater auf die Entwicklung des Kindes ausübt. Wenn Saturn verletzt ist, gibt es Probleme damit, wie der Vater seine Macht ausübt. Es kann aber auch bedeuten, daß sein Einfluß das Kind in seinem seelischen Reifeprozeß behindert oder in seiner emotionalen und sexuellen Entwicklung beeinträchtigt.

Venus stellt den seelischen Einfluß der Mutter dar. Da Venus die Einstellung zur Liebe und die Fähigkeit, Liebe zu schätzen und anzunehmen, symbolisiert, kann die Einstellung der Mutter zu diesem Thema von großer Bedeutung sein. Wenn die Venus verletzt ist, hat die Mutter offenbar Schwierigkeiten mit der Liebe und ihrer eigenen Weiblichkeit. Sie überträgt auf das Kind ein negatives Frauenbild. Wenn es ein Mädchen ist, entwickeln sich seelische Blockaden, sie fühlt sich als Frau minderwertig. Wenn es ein Junge ist, wird er Schwierigkeiten haben, Frauen seine Liebe zu zeigen, oder er beachtet seine emotionalen Bedürfnisse nicht, vielleicht auch beides.

Wenn Saturn und Venus Spannungsaspekte bilden durch Konjunktion, Quadrat oder Opposition, kann dies bedeuten, daß die Beziehung zwischen den Eltern dem Kind seelischen Schaden zufügt. Solche Kinder gehen ihre späteren Beziehungen ohne Selbstbewußtsein oder Freude ein. Sie haben nicht die Absicht, sich mit dem anderen auszutauschen, mit ihm zu teilen. Sie scheinen zu erwarten, daß sie dabei verlieren werden. Sie suchen nach Mängeln in der Partnerschaft, und sie werden sie auch finden! Sie wollen Probleme nicht besprechen; wenn Schwierigkeiten zur Sprache gebracht werden, glauben sie, das Verhältnis werde beendet, und sie ziehen sich zurück. Sie erwarten vom Partner Garantien und Sicherheiten, die sie ihrerseits nicht anbieten. Die Verständigung zwischen den Eltern war wohl so negativ, daß solche Menschen sich davor fürchten, sich auf gegenseitiges Geben und Nehmen einzulassen. Um sich von diesen schädlichen Einflüssen zu befreien, müssen sie die Erinnerungen an die Beziehung zwischen Vater und Mutter untersuchen.

Wenn das Horoskop betrachtet wird, um über das Verhältnis der Eltern während einer bestimmten Zeit Aufschluß zu gewinnen, muß man berücksichtigen, daß ein Kind vom Standpunkt seiner Bedürfnisse aus auf seine Eltern reagiert. Es kommen beispielsweise adoptierte Kinder in Familien, in denen die Adoptiveltern dieselben Aspekte aufweisen wie die leiblichen. Es ist geradezu unheimlich! So wie ein Sinn die Transite, Progressionen und Direktionen miteinander verbindet, so sind wir mit den Bedingungen im Universum verbunden, wenn wir auf die Welt kommen.

Das veranlaßt mich, hier kurz etwas zur Reinkarnation zu sagen. Zwar kann ich es nicht beweisen, aber der folgende Gedanke scheint für mich einen Sinn zu haben: Die Aspekte, die wir in diesem Leben durcharbeiten, geben uns einen Schlüssel zu unserer Aufgabe in unserem jetzigen Dasein. Aber würden wir das »Spiel« des Lebens schon so genau kennen und alle Regeln verstehen, dann wäre uns wahrscheinlich auch die Freude am Lernen vorenthalten!

2. Die Symbolik des Kreises

Der Tierkreis ist ein Symbol. Wir können die Symbole der alten Völker verstehen, wenn wir die Häuser, die Planeten und die zwölf Zeichen, über welche die Planeten herrschen, untersuchen. Die Häuser im Tierkreis repräsentieren die zwölf grundlegenden Lebensbereiche (Abb. 1). Jedes Haus beschreibt die Eigenschaften und Themen des Tierkreiszeichens und der Planeten, die das Haus regieren.

Der Autor eines alten religiösen Manuskripts vertrat die These, daß der ganze Tierkreis eine Person repräsentiert. Der Makrokosmos und der Mikrokosmos spiegeln einander. »Wie

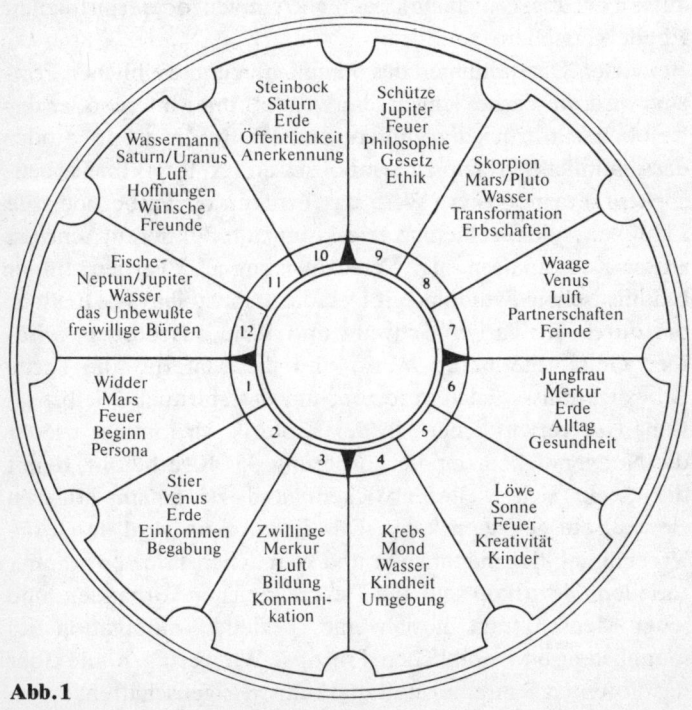

Abb. 1

35

oben, so unten.« Um das volle Potential eines Individuums und seine Kreativität in einem Menschenleben zu verwirklichen, müssen alle Zeichen in die Persönlichkeit integriert werden. Dieser Integrationsprozeß macht uns »ganz«. Ein Beispiel: Wassermann regiert das elfte Haus. Wenn das Wassermann-Zeichen an der Spitze des dritten Hauses steht und somit das dritte Haus regiert, müssen die Eigenschaften und Themen des Wassermann-Zeichens mit denjenigen des dritten Hauses kombiniert werden. Alle Häuser im Horoskop müssen so interpretiert werden. Die Integration der Eigenschaften des Zeichens mit denen des Hauses zeigt das Individuelle in der Person. Diese Informationen kann man auf einer unmittelbaren, persönlichen Ebene anwenden; man kann sie aber auch auf einer übergeordneten, einer kreativen oder spirituellen Ebene verstehen.

Bei vielen Darstellungen des männlichen und weiblichen Prinzips wird die Farbe Schwarz verwendet, um Materie oder das weibliche Prinzip darzustellen, und Weiß, um die Idee oder das männliche Prinzip zu symbolisieren (Abb. 2). Im Farbenspektrum symbolisiert Weiß das Fehlen von Farbe oder die Fähigkeit, alle Strahlen im Spektrum zu reflektieren; Schwarz ist die Kombination oder Verschmelzung aller Farben. In der hinduistischen Symbolik gibt es die »Shiva/Shava«-Dualität, die durch die Farben Schwarz und Weiß ausgedrückt wird. Der Geist (die Farbe Weiß) und die Materie (die Farbe Schwarz) müssen sich vereinen, um das spirituelle Selbst im Leben zu verwirklichen. In der Esoterik wird immer wieder die Notwendigkeit der Verkörperung der Idee betont, damit die Seele sich weiterentwickeln und zu einem höheren Bewußtsein gelangen kann. Das Bewußtsein wird durch die Vereinigung des männlichen und weiblichen Prinzips erhöht.

In jedem Horoskop sind alle Tierkreiszeichen vorhanden, und jeder Mensch trägt in sich eine spezielle Kombination des männlichen und weiblichen Prinzips. Wir verfügen alle über das Potential femininer und maskuliner Eigenschaften.

Abb. 2: Das Symbol für das Tao in der chinesischen Philosophie. Schwarz
repräsentiert das weibliche Prinzip, und wenn es richtig wiedergegeben
wird, befindet sich der schwarze Teil in der unteren Hälfte. Das Weibliche
hat Beziehung zur Nacht, zum Mond, zum materiellen Universum. Das
weibliche Prinzip folgt dem männlichen. Die Verwirklichung folgt immer
der Idee. Die obere Hälfte ist die Tageshälfte. Sie repräsentiert das
männliche Prinzip, den Logos, die Fähigkeit zu »sehen«, wie Plato sagt.
Die zwei Farben sind ineinander verschlungen, für immer aneinander
gebunden, für immer ein notwendiges Ganzes.

Wenn wir über die alte Symbolik nachdenken, können wir die
alltäglichen Konflikte in unserem Leben besser verstehen.
Manche Menschen meinen, das Leben müsse leicht sein, und
wenn es ihnen nicht gutgehe, habe ihnen jemand einen
schlechten Dienst erwiesen. Untersuchen wir jedoch die Quadrate und Oppositionen im Tierkreis, beginnen wir zu entdek-
ken, daß Veränderung und Wachstum möglich sind durch das
Erleben von Unbehagen, Disharmonie und Konflikten.
In Abb. 3 sehen wir, daß die weiblichen und männlichen Häuser Quadrate zueinander bilden. Im Tierkreis regiert das Zeichen Widder das erste Haus und Waage das siebte, Krebs
regiert das vierte Haus, Steinbock das zehnte. Widder und
Waage sind männliche Zeichen, Krebs und Steinbock weibliche.
Die kardinalen oder Eckhäuser sind die Brennpunkte unseres
Lebens. Die Zeichen an diesen Punkten sind unser persönli-
ches »Kreuz«, unser persönlicher Spannungsbereich. Das
Kreuz hat in der Religion eine besondere Bedeutung, und es

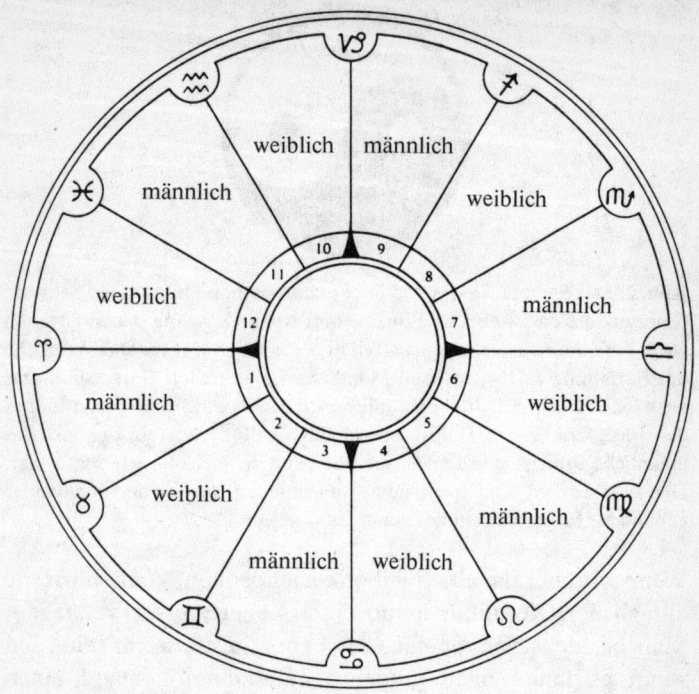

Abb. 3: Die Reihenfolge der männlichen und weiblichen Zeichen zeigt, daß die »Verwirklichung« der »Idee« folgt. Die männlichen Häuser haben mit Handeln, Idee, Kommunikation zu tun. Die weiblichen Häuser bedeuten materiellen Besitz, Stellung im Leben und spirituelle. Entwicklung.

kommt in vielen Kulturen vor. Das Henkelkreuz kam aus Ägypten, die Swastika (das Hakenkreuz) war ursprünglich ein ägyptisches und hinduistisches Symbol. Das Kreuz wird oft zum Ausdruck des Schmerzes und der Mühe verwandt, die der Geist bei seinen Anstrengungen, sich im materiellen Universum zu verwirklichen, erlebt. Er muß sich mit Materie (einem Körper) verbinden, die Idee muß eine Form annehmen, die kreative Energie muß sich manifestieren, damit sie bewußt werden kann.

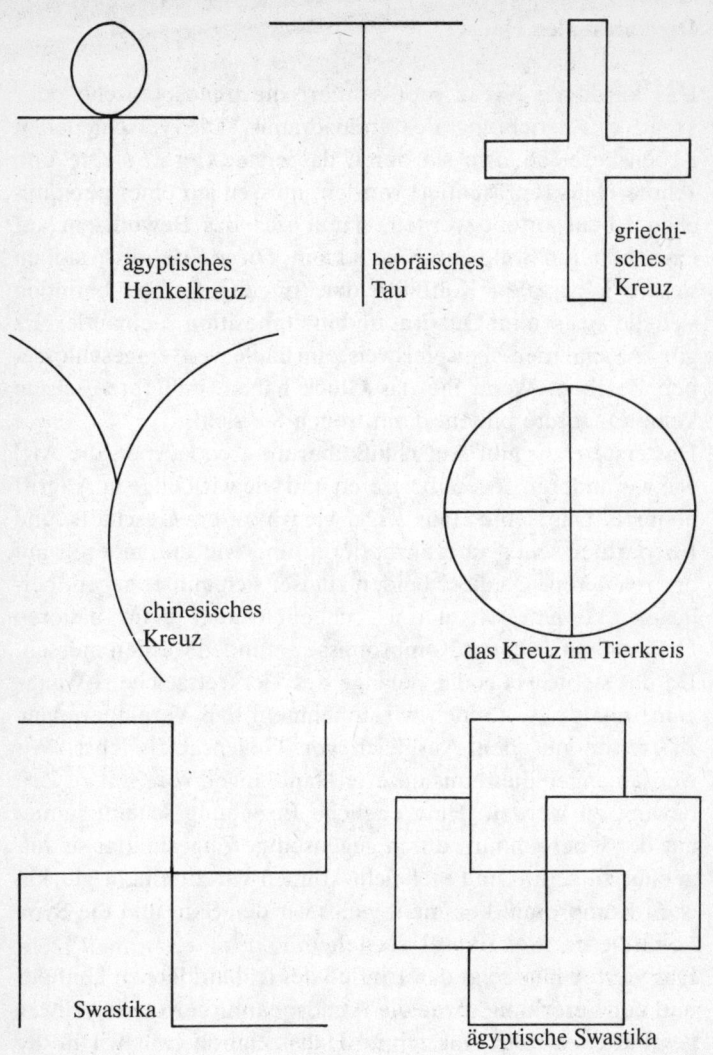

ägyptisches
Henkelkreuz

hebräisches
Tau

griechi-
sches
Kreuz

chinesisches
Kreuz

das Kreuz im Tierkreis

Swastika

ägyptische Swastika

Abb. 4: Einige Kreuzformen aus dem Altertum; Kreuze symbolisieren das Leben, und sie erscheinen in vielen religiösen Motiven.

Die kardinalen Häuser

Das kardinale Kreuz repräsentiert die philosophische oder kreative Ausrichtung des Individuums. Die verschiedenen Lebensbereiche, wie sie durch das erste, vierte, siebte und zehnte Haus repräsentiert werden, müssen auf einer persönlichen Ebene erlebt werden, damit sich das Bewußtsein auf einer höheren Stufe entwickeln kann. Diese Erlebnisse stellen unsere kardinalen Konflikte dar. Im allgemeinen befinden sich die Achsen im Quadrat und in Opposition zueinander. Es gibt Ausnahmen, beispielsweise im Falle von eingeschlossenen Zeichen. Wenn Sie das Glück haben, daß Ihre Achsen keine Quadrate bilden, dann freuen Sie sich!

Das erste Haus gibt Aufschluß über unseren Körper, die Art, wie wir anderen gegenübertreten und wie wir Dinge in Angriff nehmen. Das siebte Haus zeigt, wie wir unsere Geschäfts- und Ehepartner sehen und akzeptieren und wie die anderen auf uns reagieren. Da diese beiden Häuser sich immer gegenüberliegen, können wir daraus schließen, daß beim näheren Umgang mit anderen Kompromisse gefunden werden müssen. Da das siebte Haus die Belange des Tierkreiszeichens Waage zum Inhalt hat, können wir annehmen, daß Vereinbarungen zu treffen uns den Ausgleich von Gegensätzen lehrt. Wir werden angehalten, uns unserer Handlungen von Zeit zu Zeit bewußt zu werden. Eine eheliche Beziehung scheint immer auf der Übereinkunft durch gegenseitige Zugeständnisse aufgebaut zu sein – und vielleicht können wir zu einem glücklichen Kompromiß kommen, wenn wir den Sinn und die Symbolik dieser zwei Häuser verstehen.

Das vierte Haus zeigt den Einfluß des frühkindlichen Umfelds und der Vererbung sowie die Atmosphäre, die von den Eltern geschaffen wurde. Das zehnte Haus zeigt an, was wir in der Welt anstreben, wie wir in der Öffentlichkeit angesehen werden wollen. Oft streben wir nach einer bedeutenden Stellung aufgrund tiefsitzender Kindheitserlebnisse. Manchmal werden wir vom vierten Haus blockiert, manchmal ermuntert.

Beim vierten und zehnten Haus herrscht viel Verwirrung darüber, welches Haus welchen Elternteil repräsentiert. Vielleicht ist es hilfreich, die Symbolik der betreffenden Zeichenherrscher zu untersuchen. Das vierte Zeichen ist Krebs. Krebs regiert den Magen und die Brüste, er steht für *Nahrung* und *Mütterlichkeit*. Andererseits weist das Zeichen Steinbock auf die Stellung hin, die wir in der Welt einnehmen möchten, die Anerkennung, die wir anstreben. Das Symbol des Steinbocks ist die Bergziege, die auf den Gipfel klettert. Viele Menschen, die in diesem Zeichen geboren sind, versuchen, an die Spitze, auf den »Gipfel«, ihres Unternehmens zu klettern. Saturn regiert den Steinbock und das zehnte Haus und stellt meist den autoritären Einfluß in der materiellen Welt dar.

Die Tageszeiten werden ebenfalls durch die zwölf Häuser symbolisiert. Das erste Haus ist der Morgen, das zehnte Haus repräsentiert den Mittag, das siebte Haus bedeutet sechs Uhr abends und das vierte Haus Mitternacht. Die untere Hälfte des Kreises symbolisiert die Nacht, die obere Hälfte den Tag. Philosophisch gesehen wird der Tag mit Licht assoziiert, und Licht ist das männliche Prinzip – die Idee, die Fähigkeit, zu sehen und zu erkennen. Die Nacht repräsentiert das weibliche Prinzip. Die Sonne regiert den Tag. In den alten Mythologien ist der Mond die Ehefrau der Sonne, und er regiert die Nacht. Wenn man diese Symbolik betrachtet, so scheint es, daß die Alten das Haus des Mondes als Symbol des Mütterlichen ansahen.

Die Opposition des vierten und zehnten Hauses ist ähnlich der Opposition zwischen dem ersten und dem siebten Haus. Da das vierte und zehnte Haus die Eltern repräsentieren, zeigen diese Häuser deren Kompromißfähigkeit an. Das Verhalten unserer Eltern hat Auswirkungen auf unsere eigene Kompromißfähigkeit unseren Partnern gegenüber.

Das Achsenkreuz symbolisiert unsere grundlegenden Lebenskonflikte. Es zeigt, daß es natürlich und normal ist, wenn diese Lebensbereiche sich nur unter Schwierigkeiten in der

Persönlichkeit ausdrücken können. Vielleicht deutet die Quadrataspektierung vom ersten zum vierten, vom vierten zum siebten, vom siebten zum zehnten und vom zehnten zum ersten Haus auf eine notwendige Spannung hin, damit Wachstum und Reife stattfinden können. Das erste Haus (wie wir Dinge beginnen und unser Körper) bildet ein Quadrat zum vierten (unsere frühkindliche Umgebung). Alles, was wir anfangen, vom Verfolgen eines Berufsziels bis hin zur körperlichen Ausdrucksweise unserer selbst, unterliegt dem Einfluß unserer frühkindlichen Umgebung. Wenn im ersten und vierten Haus Planeten stehen, setzen wir noch mehr Energie ein, werden wir mit noch mehr Konflikten konfrontiert, um zum Selbstausdruck zu kommen. Diese Konflikte können uns zu produktiven Menschen machen. Wir gehen die Dinge auf die Weise an, wie wir auf unsere Kindheitserlebnisse reagiert haben. Wenn wir früh im Leben Ermutigung erfuhren, dann haben wir weniger Schwierigkeiten, Neues in Angriff zu nehmen. Wenn wir in unseren frühen Erlebnissen behindert worden sind, müssen wir lernen, uns selbst Mut zu machen.

Das vierte Haus (die frühkindliche Umgebung) bildet ein Quadrat zum siebten Haus (das Haus der Ehe und Partnerschaft). Wie viele Eltern gibt es, die mit den Ehepartnern ihrer Kinder einverstanden sind? Und wenn die Eltern einverstanden sind, hat dann der Betreffende eine harmonische Aspektierung zwischen dem vierten und dem siebten Haus? Meist bestehen Konflikte zwischen dem Ehepartner und den Schwiegereltern. Manchmal drückt sich der Konflikt dadurch aus, daß man seine Mutter nicht verlassen möchte, oder die Loyalität zur Familie stört den Ehefrieden. Oft wollen Eheleute zurückkehren, um die Verantwortung für ein Familienerbe anzutreten oder in einer gewohnten Umgebung zu sein. Oder aber der Ehepartner zwingt uns zu einer Veränderung. Zum Beispiel kann ein Mann seine Frau einschränken, sie zwingen, in einer unangenehmen Umgebung zu leben. Manchmal möchte eine Frau nicht von ihrer Familie wegziehen.

Das siebte Haus bildet ein Quadrat zum zehnten Haus. Die Werte der Ehepartner stimmen oft nicht überein. Der eine mag vielleicht die Berufsziele des anderen nicht unterstützen. Manchmal läßt ein Mann seine Frau nicht ihre Ziele verfolgen, weil sie nicht zu seinen passen. Manchmal möchte eine Frau Kinder zu einer Zeit, wo ihr Mann einen Berufswechsel vornehmen möchte und es sich nicht leisten kann, eine Familie zu ernähren. Die Bedürfnisse eines Ehepartners können den anderen oft dazu zwingen, seine beruflichen Pläne einzuschränken. Auf einer weniger persönlichen Ebene bedeutet das zehnte Haus die Anerkennung, die wir in der Welt suchen, und das siebte Haus symbolisiert die Reaktionen der Öffentlichkeit auf unser Verhalten. Manchmal gibt uns die Gesellschaft nicht, was wir uns wünschen, und wir müssen Kompromisse eingehen.

Das zehnte Haus repräsentiert unsere Vorstellungen von öffentlicher Anerkennung und Ehrungen, die wir anstreben. Es bildet ein Quadrat zum ersten Haus, das anzeigt, wie wir uns darstellen und wie wir Dinge angehen. Der Konflikt zwischen diesen beiden Häusern kann uns darauf hinweisen, welche Probleme wir uns im Berufsleben schaffen. Er zeigt uns die Diskrepanz zwischen dem, was wir wollen, und dem, was wir ausstrahlen. Das erste Haus zeigt vielleicht, was wir im Beruf gut können. Aber die Arbeit, die wir so gut machen, stimmt vielleicht nicht überein mit dem, was wir von der Welt erwarten oder was die Welt uns zu geben bereit ist. Um das zu bekommen, was wir anstreben (zehntes Haus), müssen wir uns in der Art, wie wir uns geben (erstes Haus), angleichen oder Kompromisse finden. Mit anderen Worten, wenn wir wirklich wollen, was wir sagen, dann müssen wir uns den Bedingungen anpassen.

Offenbar liegen die wichtigsten Lebensbereiche in Konflikt miteinander. Wir müssen versuchen, die Achsen zu einer Zusammenarbeit zu bringen, damit die gesunden Energien zur Entfaltung kommen können. Spannungen fördern persönliches Wachstum. Zum Individuationsprozeß gehört sowohl Chaos als auch Harmonie. In seinem Buch *Der Mut zur Kreativität* sagt Rollo May, daß aus dem Chaos Kreativität entsteht. Verschiedene Religionen und Mythologien erzählen, das Universum sei aus dem Chaos geschaffen worden. Es kann ein Freund, ein Lehrer und eine Quelle kreativen Potentials sein. Vielleicht können wir mit dieser Einstellung einen entspannteren Umgang mit dem Chaos lernen.

Die fixen Häuser

Die fixen Zeichen im Tierkreis sind Stier, Löwe, Skorpion und Wassermann. Sie bilden ebenfalls Quadrate zueinander. Das zweite Haus zeigt die natürliche Begabung und liegt im Streit mit der Kreativität des fünften Hauses. Die Reibereien zwischen dem zweiten und fünften Haus können sich auf vielen Ebenen ausdrücken: Das Einkommen wird für die Kinder ausgegeben; den Lebensunterhalt verdienen bedeutet weniger Zeit und Energie für die Entwicklung der eigenen Kreativität; das Bedürfnis nach Einkommen kollidiert mit dem Bedürfnis, Vergnügen zu haben, denn das fünfte Haus repräsentiert das Interesse an Spiel und Unterhaltung sowie Risikobereitschaft. Menschen, die mit geborgtem Geld und Kreditkarten leben, haben wahrscheinlich Spannungen zwischen dem zweiten und fünften Haus.

Das fünfte Haus bildet ein Quadrat zum achten Haus. Unsere Kreativität wird vielleicht erstickt wegen der finanziellen Probleme unseres Partners, oder wir müssen Gerichtskosten, Steuern und ähnliches zahlen. Das achte Haus zeigt, wie wir den Besitz oder die Ideen anderer achten; das fünfte Haus sagt etwas über unsere eigenen kreativen Ideen aus. Hier treffen wir auf den Zwiespalt zwischen dem, was wir tun wollen, und dem Recht des anderen, das Leben auf seine Weise zu gestalten. Das Quadrat des fünften und achten Hauses deutet auch auf Konflikte zwischen dem Bedürfnis nach einem Flirt oder einer Romanze und einer ernsthafteren Einstellung zum Sexualleben sowie zum Zeugen von Kindern. Das Zeichen Löwe repräsentiert die ideale Liebe; Skorpion bedeutet Fortpflanzung. Sexuelle Probleme werden durch das achte Haus angezeigt.

Skorpion regiert das achte Haus. Es steht für Regeneration, Transformation und unsere Einstellung gegenüber den Ideen und dem Besitz anderer. Es zeigt unsere Vorstellungen über den Tod, Erbschaften, Steuern, das Geld des Partners und so fort. Das elfte Haus repräsentiert unsere Freunde, unsere Ratgeber, unsere Hoffnungen und Wünsche und humanitären Vorstellungen. Das Quadrat zwischen diesen beiden Häusern zeigt den Konflikt zwischen dem Akzeptieren der Ansichten anderer, dem Respektieren, daß sie sich von unseren unterscheiden (achtes Haus), und wie dieser Unterschied auf unsere Freundschaften einwirkt (elftes Haus). Wie können andere uns helfen, wenn wir ihre Vorstellungen nicht respektieren?

Das elfte Haus bildet wiederum ein Quadrat zum zweiten und zeigt den Konflikt zwischen den Bedürfnissen der Freunde und unserem Einkommen oder unserer Begabung. Vielleicht können die Freunde unsere Begabung nicht erkennen; vielleicht läßt das gesellschaftliche Engagement uns vergessen, daß der eigene Weg ein anderer ist als derjenige der Freunde. Dies kann uns daran hindern, unsere Begabung zu entwickeln.

Bei den sich gegenüberliegenden fixen Häusern müssen Kompromisse gefunden werden, da sich zwischen deren Themenbereichen Spannungen aufbauen. Das zweite Haus repräsentiert unsere natürlichen Talente und unser Einkommen; das achte Haus zeigt an, wie wir über die Ideen anderer denken, wie wir unser Geld ausgeben und wie wir unsere Verantwortung gegenüber der Umgebung wahrnehmen. Da sich diese Themenbereiche gegenüberliegen, sozusagen in Opposition sind, müssen wir einen Kompromiß finden. Während unseres Individuationsprozesses müssen wir unsere eigenen Begabungen und Bedürfnisse in Einklang bringen mit den Werten der anderen, denn wir können andere (oder uns selbst) nicht zum Wachsen inspirieren, wenn wir die Welt um uns herum nicht beachten. Transformation ist eine persönliche Erfahrung, die wir nur durch Liebe und Verständnis mit anderen teilen können. Wenn wir die Notwendigkeit zum Kompromiß nicht verstehen, dann zwingen wir unsere Ideen den anderen auf.

Die gegenüberliegenden Häuser fünf und elf verlangen einen Kompromiß zwischen den Vorstellungen über unsere Kreativität und ihrer Auswirkung auf unsere Freunde – oder wie unsere Kreativität mit unseren Hoffnungen und Wünschen in Einklang gebracht werden kann. Das fünfte Haus steht für Kinder, das elfte für Freunde. Ein Elternteil muß einen Kompromiß finden zwischen den Bedürfnissen seiner Familie und seinen eigenen Bedürfnissen nach Freundschaft. Die Oppositionen der fixen Häuser haben immer mit Bewußtmachung und persönlicher Wandlung zu tun. Das zweite Haus zeigt unsere Begabung, und das achte Haus betont unser Erbe, sei es das genetische Erbe, ererbtes Karma, ererbte Krankheiten und so fort. Im fünften Haus kann unsere Kreativität durch Ratgeber oder allgemein durch die humanitären Ideen des Wassermanns beeinträchtigt werden. Unsere Vorstellungen über den Schutz unserer Kinder oder unserer Kreativität passen vielleicht nicht zu unseren Vorstellungen von Ethik und Humanität. Eine Mutter kann zum Beispiel ihren Sohn auch dann lieben, wenn er mit Drogen handelt. Wird er festgenommen, geschieht dies zum Schutz der Gesellschaft, was sie auch einsieht, doch sie möchte gleichzeitig ihr Kind beschützen. Dies ist ein sehr reales emotionales Dilemma, dem viele Eltern gegenüberstehen.

Die veränderlichen Häuser

Die veränderlichen oder fallenden Häuser sind das dritte, sechste, neunte und zwölfte Haus. Sie werden von den Zwillingen, Jungfrau, Schütze und den Fischen regiert. Diese Häuser repräsentieren die Bereiche unseres Lebens, in denen wir Veränderungen durchmachen. Sie zeigen unsere Fähigkeit zur Kommunikation auf verschiedenen Ebenen.

Das dritte Haus ist der Zwillinge-Anteil in uns. Es zeigt, wie wir lernen, und sagt etwas über unsere nähere Umgebung, über Geschwister und gleichaltrige Freunde aus. Es zeigt auch, wie wir im Alltag kommunizieren, wie wir sprechen oder uns schriftlich ausdrücken, wie wir uns in einer Gruppe verhalten und zum Lernen stehen.

Das dritte Haus bildet ein Quadrat zum sechsten Haus, dem Haus der Aufgaben, Pflichten und Dienstleistungen. Das Bedürfnis, mit Gleichaltrigen zusammenzusein, verträgt sich manchmal nicht mit den alltäglichen Pflichten. Da das sechste Haus für unser Verantwortungsgefühl gegenüber einer Aufgabe steht, hat es auch ein Verhältnis zu unserer Gesundheit. Ständige Konflikte zwischen dem dritten und sechsten Haus (dem Alltagstrott) üben Druck aus und lassen Krankheiten entstehen. Da das dritte Haus Geschwister und Verwandte symbolisiert und das sechste die tägliche Routine darstellt, können wir das Konfliktpotential bereits absehen. Es sind die Streitereien in der Familie, die Streitereien bei der Arbeit – das ganze tägliche Gerangel.

Das sechste Haus bildet ein Quadrat zum neunten Haus. In den alten Astrologiebüchern wird das neunte das Haus der Religion und der Philosophie genannt. Früher identifizierte man uns durch unsere Religion, sie war unsere Philosophie. Heute bedeutet es eher unsere Lebensphilosophie. Was geschieht, wenn wir unsere Lebensphilosophie nicht verwirklichen können? Das neunte Haus steht im Quadrat zum sechsten und in Opposition zum dritten Haus. Wenn wir unsere

Lebensphilosophie nicht durch die Art, wie wir uns verständigen (drittes Haus), und durch unsere Arbeit (sechstes Haus) verwirklichen können, entstehen Spannungen. Körperliche Anspannung ist die Botschaft, die der Körper uns gibt, wenn der innere Druck zu groß wird. Nicht nur Metaphysiker sind der Auffassung, daß Krankheit das Ergebnis von körperlicher Abwehr gegen emotionale oder physische Überforderung ist. Das neunte Haus bildet ein Quadrat zum zwölften – die Lebensphilosophie im Konflikt zur persönlichen Belastung. Man hat das zwölfte Haus als das Haus der Selbstauflösung bezeichnet. Es ist unser Karma, die Aufgabe, die wir zu erfüllen haben. Menschen, die sich mit Reinkarnation befassen, sagen, daß es unsere natürlichen Fähigkeiten aus einem früheren Leben anzeigt. Diese Fähigkeiten sollen entwickelt und bewußt eingesetzt werden in unserem jetzigen Leben. Wenn wir sie nicht bewußt ausleben, dann können sie zu unserer »Auflösung« führen. Vielleicht gehören Verständnis und Mitgefühl in diesen Bereich; Eigenschaften, die mit den Vorstellungen des neunten Hauses verbunden werden müssen.

Man hat das zwölfte Haus auch einen Bereich des Unbewußten, des Verborgenen genannt. Planeten (oder Persönlichkeitsanteile) in diesem Haus können nur schwer in das Bewußtsein gelangen. Das Quadrat zwischen dem neunten und dem zwölften Haus weist auf die philosophischen Probleme hin, die dadurch hervorgerufen werden, daß wir uns unserer Motivationen, unserer Reaktionen und unserer Angst nicht bewußt sind. Das alte geflügelte Wort »Erkenne dich selbst« erhält hier Bedeutung, denn wenn das neunte und das zwölfte Haus nicht in Einklang sind, dann rettet uns auch unser Unwissen über die Gesetze des Universums nicht vor Strafe.

Bei den gegenüberliegenden veränderlichen Häusern muß der Kompromiß zwischen den verschiedenen Ebenen der Kommunikation gefunden werden. Unsere Fähigkeit zur Kommunikation erstreckt sich von einer Ebene des persönlichen Ausdrucks bis hin zur Kommunikation mit dem universellen Bewußtsein, mit Gott. Um wachsen zu können, müssen mehrere Bereiche gut funktionieren. Ein Kompromiß zwischen dem dritten (Kommunikation im Alltag) und dem neunten Haus (persönliche Lebensphilosophie) bedeutet: »Halte auch, was du versprichst!«

Die gegenüberliegenden Häuser sechs und zwölf erfordern einen Kompromiß zwischen unseren täglichen Verpflichtungen und den Belastungen, die wir freiwillig auf uns nehmen. Es kann auch einen Kompromiß zwischen unserer Gesundheit und den unbewußten Anteilen in unserer Persönlichkeit, die in das Bewußtsein integriert werden sollen, bedeuten. Indem wir eine Übereinkunft in diesen Bereichen erzielen, kann unser Bewußtsein mit dem des Universums verschmelzen, und wir können erkennen, daß wir Teil eines unendlichen Ganzen sind.

Die Erkenntnisse der alten Philosophen haben schließlich doch überdauert. Indem sich die modernen Wissenschaften beispielsweise mit der Quantentheorie und schwarzen Löchern im All befassen, kehren wir wieder zu einem Bewußtsein zurück, wie es die esoterischen Philosophen beschreiben. Nur unsere Worte dafür sind neu.

Die sieben Planeten der alten Völker

In der Astrologie früherer Zeiten wurden die Häuser von sieben Planeten regiert. Jeder Planet, mit Ausnahme der Sonne und des Mondes, regierte zwei Häuser (Abb. 5).

Die Reihenfolge der Planeten ist folgende: Mars (1), Venus (2), Merkur (3); das Muster wird unterbrochen durch den Mond (4), die Sonne (5). Dann wiederholt sich die Reihenfolge rückwärts: Merkur (6), Venus (7) und Mars (8). Jupiter kommt zum neunten Haus, Saturn ist Herrscher von zehn und elf und wieder Jupiter in zwölf. Das ergibt ein Grundmuster

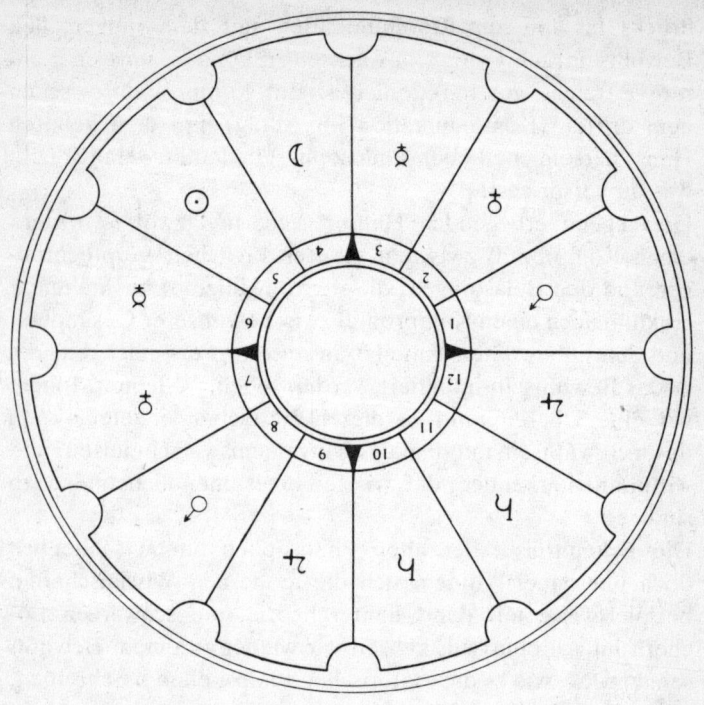

Abb. 5: Die Planeten im alten Tierkreis; Uranus, Neptun und Pluto waren noch nicht entdeckt

von Mars, Venus, Merkur, gefolgt von Merkur, Venus und Mars, daraufhin Jupiter und Saturn und dann Saturn und Jupiter.

Die Planeten herrschen jeweils über ein Haus des männlichen und des weiblichen Prinzips (Tabelle 1). Symbolisch gesehen sind die Planeten androgyn.

Wenn man die Nummern der Häuser, die von Mars, Venus und Merkur regiert werden, addiert, erhält man die Zahl Neun. Mond und Sonne in Haus vier und fünf ergeben eben-

Tabelle 1

Planet	männliches Zeichen	Haus	weibliches Zeichen	Haus	Summe der Häusernummern
♂	Widder	1	Skorpion	8	= 9
♀	Waage	7	Stier	2	= 9
☿	Zwillinge	3	Jungfrau	6	= 9
♃	Schütze	9	Fische	12	= 21 = 3
♄	Wassermann	11	Steinbock	10	= 21 = 3
☉ ☽	Löwe	5	Krebs	4	= 9

falls neun; Jupiter und Saturn zusammen 21, eine Zahl, die durch drei teilbar ist. Ebenso die Zwölf, welche für die zwölf Häuser steht. Die Zahl Zwölf finden wir bei den zwölf Aposteln, den zwölf Stämmen Israels und den zwölf Monaten des Jahres. In den alten Philosophien hatten die Zahlen eine große Bedeutung. Es gibt noch viele Zahlen im Tierkreis; ihre Symbolik ist kein Zufall.

Venus, Mars und Merkur zusammen ergeben dieselbe Zahl wie Sonne und Mond; man nennt sie die persönlichen Planeten. Sie sind Herrscher der Häuser eins bis acht, den Häusern der persönlichen Entwicklung. Die spirituelle Entwicklung wird durch die Häuser neun bis zwölf symbolisiert. Um über unser persönliches Leben hinauszuwachsen, müssen wir Jupiter und Saturn in uns verwirklichen.

Spirituelles Bewußtsein erlangen wir durch Wandlung, welche durch das achte Haus und dessen Herrscher Skorpion symbolisiert wird. In diesem Bereich erfahren wir Regeneration. Der Skorpion wird von der weiblichen Seite des Planeten Mars regiert. Es sind die empfänglichen, weiblichen Eigenschaften in uns, die uns zu einer spirituellen Transformation führen (vgl. Kap. 3). Ungesteuerte Marsenergie wird zu Wut und Ärger. Wenn diese Energie eine Richtung bekommt, wird sie produktiv, kreativ und, durch Skorpion, spirituell.

Wenn man der Symbolik des alten Tierkreises nachgeht, mag man sich fragen, ob die Kreativität der Sonne je zum Ausdruck kommt. Den Häusern nach zu urteilen, scheint man sich konkret durch den Planeten Mars auszudrücken. Dennoch kommt das kreative Selbst durch die Sonne hervor. Vielleicht bleibt die Sonne dem Bewußtsein mancher Menschen verborgen, lebendig, aber ohne Erkenntnis der wunderbaren Botschaft, die in der Häusersymbolik liegt.

Mars regiert das erste Haus und liegt der Venus im siebten gegenüber. Das erste Haus (Mars) zeigt, wie wir uns bei Beziehungen am Anfang verhalten. Es zeigt, wie andere uns sehen, wie wir neue Unternehmungen angehen, es ist der erste Eindruck, den wir machen. Das siebte Haus (Venus) zeigt die Reaktion der anderen auf uns. Wichtiger noch, es repräsentiert die Venus-Eigenschaften, die wir uns von unserem Partner wünschen; es zeigt die Art der Partner, die wir anziehen.

Venus und Mars stehen sich noch einmal im Tierkreis gegenüber: Venus im zweiten und Mars im achten Haus. Diese Opposition zeigt einen Kompromiß zwischen dem, was wir im Leben wollen (zweites Haus), und dem, wie wir mit den Ideen und Finanzen anderer umgehen (achtes Haus). (Manche Astrologen sehen das achte Haus als das Geldhaus des Ehepartners an.) Die Opposition zeigt, was wir im finanziellen Bereich anziehen und wie es uns sowohl karmisch als auch juristisch ergehen wird. Das achte Haus repräsentiert die weibliche Seite des Mars und bedeutet Erbschaften sowie die Verantwortung, die uns unser Erbe auferlegt. C. G. Jung prägte die Bezeichnung *Anima* für das weibliche Prinzip in der Natur. Die weibliche Seite von Mars und Venus (symbolisiert durch das zweite und achte Haus) hat mit dem materiellen Bereich des Lebens zu tun und wie wir durch ihn hindurch zu einem höheren Bewußtsein gelangen können. Die geringere Ebene des zweiten und achten Hauses ist finanziell, materialistisch – eigener Besitz und der Besitz des Partners. Auf einer entwickelteren Ebene erweist sich diese Opposition als eine

Spannung in unserem Bewußtsein zwischen der Vorstellung über unsere seelische Beschaffenheit und unsere Begabung (zweites Haus) und wie wir andere wandeln können (achtes Haus). Diese Spannung ist das tiefe seelische Erlebnis, das wir erfahren, wenn wir etwas über das Universum entdecken. Das Wissen ist wunderbar, und es gibt uns ein schönes Gefühl, aber was wird aus uns, wenn wir dieses Wissen jemandem aufzwingen wollen?

Merkur regiert das dritte Haus und liegt Jupiter im neunten Haus gegenüber. Der tägliche Ausdruck unserer Lebenseinstellung – wie wir mit Gleichgesinnten sprechen, wie wir mit den Nachbarn kommunizieren – läßt uns manchen Kompromiß schließen: Es ist ein Zusammenspiel von alltäglichem Austausch (drittes Haus) und unserem Glauben (neuntes Haus); vielleicht glauben wir das eine (neuntes Haus), sagen aber etwas ganz anderes (drittes Haus). Die Opposition im Tierkreis deutet darauf hin, daß wir unsere Lebensphilosophie verwirklichen sollen, indem wir im Alltag nach ihr leben. Damit muß sich jeder auseinandersetzen, der ein höheres Bewußtsein erlangen will.

Wenn wir die Polarität zwischen Merkur und Jupiter erkennen wollen, müssen wir eine positive Beziehung zum Universum haben. Dies erfordert auch die Lösung des Konflikts zwischen dem, was wir in der Kindheit erlebten, und dem, was wir später erleben. Die Opposition von Haus drei und Haus neun bedeutet Übereinkunft von »niederer« und »höherer« Bildung. Das niedere Bewußtsein (drittes Haus) sollte in das höhere Bewußtsein (neuntes Haus) integriert werden. Wenn wir einmal diesen Konflikt überwunden haben, können wir die Opposition des sechsten und zwölften Hauses in Angriff nehmen.

Merkur, der das sechste Haus regiert, zeigt hier eine andere Art von Kommunikation an – die Kommunikation, die mit dem Dienst am anderen verbunden ist. Früher bedeutete es den Umgang mit Dienstboten, aber heute zeigt es, wie wir zur täglichen Routine und unseren Kollegen stehen. Das zwölfte Haus zeigt die Entwicklung unseres Bewußtseins und unsere spirituellen Werte. Unsere tägliche Arbeit hat auf die gleiche Weise einen Bezug zu unserer Spiritualität wie die Kommunikation mit Gleichgesinnten und der Familie zu unserer Lebensphilosophie. Das zwölfte Haus wird auch als das Haus der Selbstauflösung angesehen und ist wahrscheinlich an den Ursachen von Krankheiten beteiligt, weil es dem sechsten Haus gegenüberliegt. Vielleicht tritt die Selbstauflösung (oder Krankheit) dann ein, wenn wir uns unserer Aufgabe in der Welt nicht bewußt sind. Die Vertreter der Reinkarnationstheorie glauben, daß wir aus früheren Leben Fähigkeiten und Talente mitbringen. Wir unterdrücken einen Teil unserer Persönlichkeit, wenn sie im zwölften Haus unbewußt bleibt. Wir tragen karmische und spirituelle Verantwortung sowohl für unser bewußtes als auch unbewußtes Selbst. Damit sich die Seele entwickeln kann, müssen die Themen Merkurs und Jupiters verstanden werden, ansonsten bleibt die Polarität zwischen dem männlichen und dem weiblichen Prinzip bestehen, ohne daß die Gegensätze vereint werden.

Sehen wir uns diese Polarität von einer anderen Seite an: Merkur *verlangt* Kommunikation, denn er regiert sowohl das dritte als auch das sechste Haus, die ein Quadrat miteinander bilden. Können wir uns sowohl in der Familie (drittes Haus) als auch bei der Arbeit (sechstes Haus) auf konstruktive Weise ausdrücken? Die beiden Seiten des Jupiter repräsentieren Philosophie und Gesetz (neuntes Haus) sowie Mitgefühl und Verständnis (zwölftes Haus). Die Quadrate und Oppositionen zwischen den veränderlichen Häusern erfordern Veränderung, wie das Wort »veränderlich« impliziert, und mit der Veränderung kommt die Verantwortung für unser Handeln. Sämtliche Häuser und Zeichen sind notwendig, um die Transformation zu erreichen.

Nun kommen wir zu Sonne, Mond und Saturn. Im Tierkreis steht Saturn in Opposition sowohl zur Sonne als auch zum Mond.

Der Mond regiert das vierte Haus (die frühkindliche Umgebung) und liegt Saturn im zehnten Haus gegenüber. Das
zehnte Haus zeigt an, wie wir von der Öffentlichkeit beurteilt
werden und welche Stellung wir anstreben. Der Eindruck, den
wir in der Welt zurücklassen, wird bestimmt durch unsere
Reaktionen auf unsere Kindheitserlebnisse – wie wir genährt
wurden. Wenn zum Beispiel ein Kind das Gehen lernt und
nach drei Schritten hinfällt, erlebt es den Saturn (in diesem
Fall die Gravität). Kommt das Kind in die Schule, sieht es
Saturn verkörpert, wenn ihm die Autoritätsperson des Lehrers oder das Schulsystem im Weg steht. In der Polarität der
Häuser vier und zehn lernen wir, daß wir erst unser Handeln
begreifen müssen, bevor wir unsere Ziele erreichen können.
Wenn Menschen in ihrer Kindheit ermutigt wurden, haben sie
es leichter, der Welt gegenüberzutreten. Wenn sie jedoch
unglückliche Kindheitserlebnisse hatten, kann dies eine Motivation sein, ihre Lage zu verändern und große Dinge zu
schaffen.
Saturn in Opposition zu Mond bedeutet, daß zuviel Emotionalität ein Gegengewicht braucht. Wenn der Mond unsere
Gefühle, unseren Körper und das Unbewußte repräsentiert,
dann müssen wir unseren Emotionen eine Richtung geben,
damit wir unser Potential verwirklichen können. Unsere
Freunde und die Familie werden vielleicht unsere Unreife
tolerieren, nicht aber Saturn. Wenn wir uns weigern, zu wachsen und zu reifen, dann kommt Saturn und zwingt uns, das
Nötige für unser Wachstum zu unternehmen. Man kann ihn
als den »Polizisten des Kosmos« bezeichnen.
Das Gleichgewicht zwischen der mütterlichen und der väterlichen Zuwendung zeigt sich im vierten und zehnten Haus. Das
Zeichen Krebs symbolisiert das Hegen, das Nähren und die
Ermunterung des weiblichen Prinzips. Das Mutterprinzip be-
stimmt die Entwicklung unserer emotionalen Reaktionen. Die
Fähigkeit zu nähren wird durch den Mond symbolisiert.
Väterliche Zuwendung hat mit Autorität, Disziplin und

Unterweisungen zu tun, die das Kind in die Erwachsenenwelt einführen sollen. Das Vaterprinzip soll uns zeigen, wie wir mit Autoritätspersonen umzugehen haben und wie wir unseren eigenen Weg gehen können, sobald wir das Elternhaus verlassen haben. Dies unterscheidet sich vom Mutterprinzip, welches uns behütet und tröstet, wenn die Welt uns Schmerzen zufügt. Natürlich gilt dies alles nur symbolisch, denn unsere Eltern sind wohl keine perfekten Modelle des Mutter- und des Vater-Prinzips.

Das vierte und das zehnte Haus sind weiblich. Das Kind symbolisiert das Erscheinen der Seele in der Materie. Die Eltern sind Teil des materiellen Universums, sie sind körperliche Wesen. Sie sind Teil des weiblichen Prinzips, welches den Geist durch das Kind in Erscheinung treten läßt.

Die männliche Seite Saturns im positiven (männlichen) Zeichen Wassermann liegt dem positiven Zeichen Löwe (der Sonne) im fünften Haus gegenüber. Die Sonne symbolisiert das spirituelle Selbst. Der Ausdruck des spirituellen Selbst wird durch Saturn beeinträchtigt, denn unsere Ideen müssen in Bahnen gelenkt und gestaltet werden. Das fünfte Haus ist unsere Kreativität; Saturn im elften Haus repräsentiert den Ratgeber, den Führenden, den weisen alten Mann, der uns zur Verwirklichung unserer Hoffnungen und Wünsche lenkt. Diese Sonne/Saturn-Opposition führt uns zu geistiger Entwicklung. Durch den Geist des Wassermanns können wir unser Bewußtsein weiterentwickeln. Wir werden zum Menschenfreund durch die Verschmelzung dieser Opposition.

Auf der symbolischen Ebene ist Saturn sowohl Mutter Natur als auch der weise alte Mann; er verkörpert in seiner Vereinigung des männlichen und weiblichen Prinzips ein übergeordnetes Gesetz. Damit sich die Sonne/Mond-Energie in der Persönlichkeit entwickeln kann, muß sie diszipliniert und zur Reife gebracht werden. Indem wir in unserem Leben diesen beiden Archetypen, Mutter Natur und dem weisen alten Mann, begegnen, können wir wachsen, reifen und uns entfalten; wir durchleben mehrere Zyklen im Leben. Viele Menschen schätzen Weisheit und Reife auf der inneren, seelischen Ebene nicht genügend. Diese Einstellung behindert den Wachstumsprozeß, denn wenn wir den alten Weisen nicht schätzen, können wir selbst nicht weise werden. Der letzte Zyklus in unserem Leben gibt uns Zeit, uns spirituell zu entwickeln. Wenn wir eingeengt werden durch den Kampf zwischen dem männlichen und weiblichen Prinzip, dann können wir weder den einen noch den anderen Teil auf eine glückliche und gesunde Art erleben, und wir verpassen die kreativste Zeit in unserem Leben. Die alten Philosophien hielten das Universum nicht für unseren Feind. Das Postulat »Erkenne dich selbst« war nicht eine Aufgabe ohne Freude. Die Alchemisten nannten es *Opus magnum* – das große Werk.

Das Wachstum eines Individuums, das Erforschen der Möglichkeiten während des Individuationsprozesses, erfordert den Ausgleich der Polaritäten. Jeder Planet hat sowohl eine männliche als auch weibliche Seite. Die männliche Seite des Mars (Widder) liegt der männlichen Seite der Venus (Waage) gegenüber. Es ist ein Dialog zwischen »Ich handle« und »Ich teile mit dir«; mein Selbstausdruck gegenüber dem Selbstausdruck meines Partners; meine körperliche Betätigung gegenüber der eines anderen. Mars ist hier das Handeln, das männliche Prinzip. Die männliche Seite der Venus sind unsere Vorstellungen von Harmonie und Liebe. Der männliche oder intellektuelle Liebesbegriff kommt von der Waage.

Die weibliche Seite der Venus (Stier) liegt der weiblichen Seite des Mars (Skorpion) gegenüber: der Wunsch nach materieller Bereicherung gegenüber dem Verlangen nach Transformation. Die weibliche Venus bedeutet Sinnlichkeit, die Freude an sinnlichem Vergnügen, bedingt durch die Herrschaft des Zeichens Stier. Die weibliche Seite von Mars bedeutet Fortpflanzung, etwas zur Verkörperung bringen. Dies kann sowohl Kinder als auch die eigene Umwandlung einer Lebenskraft bedeuten, die uns zu einem anderen

Bewußtsein führt. Diese Seite von Mars und Venus, die weibliche Seite, vermag uns körperlich und geistig zu regenerieren. Die männliche und weibliche Seite von Merkur und Jupiter richtet sich ebenfalls nach den jeweiligen Zeichen. Merkur in den Zwillingen ist männlich – reiner Gedanke, Idee, das »Wort«. Jupiter ist im Schützen männlich, wo wir unsere Religionsphilosophie, unsere Ethik und unser Verhalten formulieren. Damit sich unsere Moralvorstellungen auf der konkreten Ebene offenbaren können, wird Merkur im Zeichen Jungfrau weiblich, konkret. Jupiter wird in den Fischen weiblich; das »Wort« wird zur Tat.

Die weibliche Seite von Merkur und Jupiter gibt uns die Fähigkeit, unsere Ideen zu verwirklichen und ein spirituelles Bewußtsein zu entwickeln. Die unterentwickelte Seite der Jungfrau äußert sich in Kritiksucht. Solche Menschen kritisieren alles, angefangen beim Wetter bis zu ihren Lieben. Die höhere Stufe der Jungfrau ist das Dienen, die Moralvorstellungen in der täglichen Routine verwirklichen. Wir alle kennen Menschen, die moralträchtige Reden schwingen und nicht dahinterstehen, wenn es um ihre Gefühle oder Finanzen geht. In den Fischen offenbart sich die Ethik des Schütze/Jupiter: Können wir uns wirklich entfalten, oder üben wir uns nur in Lippenbekenntnissen über unser spirituelles Bewußtsein? Wenn wir nur über die Moral nachdenken und nicht nach ihr leben, wird die weibliche Seite von Jupiter und Merkur nicht zum Ausdruck gebracht. Die Jungfrau/Fische-Achse erhebt uns in geistige Höhen.

Das Wechselspiel männlich/weiblich stellt sich bei Mond/Saturn und Sonne/Saturn anders dar. Saturn steht für Struktur. Die Themen des weiblichen Saturns in Interaktion mit dem Mond sind emotionale Stärke, Zentrierung des seelischen und körperlichen Selbst, die Entwicklung des Selbstbewußtseins in emotionsgeladenen Situationen und die Entwicklung der Intuition und des Gefühls. Wir sollen stark genug sein, um mit aufwühlenden Gefühlen umgehen zu können, ohne verbittert und unzufrieden zu werden. Mond und Saturn in den sich gegenüberliegenden Häusern vier und zehn geben uns eine Vorstellung davon, wie sich eine Beziehung zwischen diesen beiden Planeten im Leben auswirkt. Dies wird uns oft vor Augen geführt, besonders wenn das Kind (die dritte Partei) derjenige ist, der Kompromisse zu schließen lernen muß. Mond und Saturn sind die verschiedenen Rollen, die die Eltern spielen.

In John Steinbecks Kurzgeschichte *Das rote Pony* schenkt die Mutter Liebe, Mitgefühl und Verständnis; der Vater hingegen ist hart und streng. Er gibt seinem Sohn die Antworten »des Mannes«, und der Sohn fühlt sich von den Handlungsweisen seines Vaters häufig verletzt, fürchtet ihn sogar. (Fürchten wir uns nicht alle vor der Realität der Natur?) Der Leser identifiziert sich emotional mit dem Sohn. Am Ende der Geschichte beginnt jedoch der Junge, die Art des Vaters zu verstehen, seinen Saturn zu akzeptieren. »So ist das Leben«, sagt Saturn. »Schließe Frieden damit.« Der Schmerz des heranwachsenden Jungen, als sein Pony stirbt, ist demjenigen sehr ähnlich, den wir als Erwachsene empfinden, wenn etwas, das wir lieben, stirbt – sei es ein geliebter Mensch oder auch eine bestimmte Idee.

Die Saturn/Mond-Opposition sagt uns, daß wir weitermachen müssen, und indem wir weitergehen, muß sich unsere Perspektive verändern. Steinbeck vermittelt diesen Gedanken auf eine wunderbar philosophische Art. Nach dem Tod des Ponys verliert der Junge das Vertrauen zu dem Mann, der versucht hatte, es zu retten. Er glaubte, dieser Pony-Züchter sei unbesiegbar, und muß erfahren, daß niemand unbesiegbar ist. Als er später die Mäuse auf der Farm vernichten will, sagt er zu dem Mann: »Ich wette, sie wissen nicht, was mit ihnen heute passieren wird.« Und der antwortet: »Nein, weder du noch ich, noch sonst jemand.«

Auf der männlichen Seite geht es um die Zentrierung und die Sicherheit des spirituellen Selbst bei der Lösung des Sonne/

Saturn-Konflikts. Um unser Bewußtsein zu entfalten, müssen wir lernen, unsere Energie auf mehr als nur eine Ebene zu konzentrieren. Wenn wir die Welt der Ideen durch ein erweitertes Bewußtsein verfolgen, müssen wir diese Ideen in unseren Lebensstil integrieren, denn es ist unser Lebensstil, der unsere Ideen auf die Probe stellt. Wenn uns geistige oder seelische Probleme überwältigen, dann haben wir uns noch nicht richtig mit unserem Saturn auseinandergesetzt. Beispielsweise werden manche Kinder von ihren Eltern derart beschützt, daß sie die Realität nicht erleben können. Sobald sie in die Welt der Erwachsenen eintreten, sind sie vielleicht schockiert darüber, was dort gang und gäbe ist. Wenn der männliche Saturn (Wassermann) in die Familienerlebnisse integriert wurde, haben Kinder eher die Möglichkeit, den Prüfungen Saturns gegenüberzutreten. Saturn kann sogar zu einem Freund werden.

Wenn die Polarität männlich/weiblich nicht ausgeglichen wird, kann die *Anima* oder der *Animus** in der Persönlichkeit überhandnehmen. Gefühle von Liebe und Haß können in unberechenbarer Weise das Bewußtsein überschwemmen, und wir merken plötzlich, daß wir keinen Fortschritt gemacht haben. Wenn unser Bewußtsein richtig entwickelt ist, wird es uns in Krisenzeiten nicht im Stich lassen. Eine Krise kann als ein Mangel an Reife angesehen werden, die wir für den augenblicklichen Entwicklungsstand benötigen.

Die Symbolik der gegenüberliegenden Zeichen deutet auf die Kompromisse, die notwendig sind, hin, und wie die Persönlichkeit sich entfalten wird, um ihr Potential zu verwirklichen. Die Zeichen und Häuser repräsentieren die Gesetze der Natur und des Universums. Sie symbolisieren Lebensbereiche, die durch den entsprechenden Energieeinsatz bewältigt werden. Wenn in den Zeichen und Häusern Planeten in Opposition

---

* Die weiblichen und männlichen Anteile der Persönlichkeit. Vgl. Kap. 3.

stehen, können wir sie als Hinweis darauf nehmen, wie wir Kompromisse schließen müssen.

Das Horoskop wird sehr kompliziert, wenn die genaue Geburtszeit hinzukommt, weil die Häuser sich meist nicht mit den Zeichen decken. Statt Widder finden wir vielleicht Zwillinge im ersten Haus. Das bedeutet, daß wir neue Unternehmungen auf eine Zwillinge-Art angehen; Merkur (Herrscher von Zwillingen) vereint sich mit Mars (Herrscher des ersten Hauses). Das erste Haus wird mit dem dritten Zeichen kombiniert. Statt auf eine konkrete, unmittelbare Art zu handeln (wie es ein Widder-Aszendent tun würde), wird man den Verstand einsetzen, mit Überlegung vorgehen.

Der Jungfrau-Aszendent wird zur Selbstkritik tendieren; Jungfrau ist der Analytiker. Es wird erst gehandelt, wenn alle Einzelheiten untersucht sind. Menschen mit diesem Aszendenten organisieren ihre Arbeit sehr gut und beenden, was sie beginnen. Bei Aszendent Jungfrau vereint sich das erste Haus mit dem sechsten Zeichen. Diejenigen, die mit der Jungfrau-Energie nicht vertraut sind, werden sehr verwirrt durch die vielen Einzelheiten bei einem Neuanfang. Jungfrau-Geborene reagieren sehr sensibel auf Kritik, weil sie in ihrer Kindheit zuviel kritisiert wurden.

Mit Krebs am Aszendenten bekommt die Mars-Energie des ersten Hauses eine zusätzliche Mondbetonung. Jedes neue Unternehmen wird zugleich eine emotionale und eine körperliche Anstrengung. Das erste Haus wird mit dem vierten Zeichen kombiniert. Diese Menschen können angesichts eines neuen Anfangs wegen der seelischen und körperlichen Anstrengung überreagieren. Von der konstruktiven Seite können Menschen mit dem Krebs-Aszendenten durch ihr Hegen und Pflegen wohltuend wirken. Sie geben meist gute Lehrer ab und eignen sich überhaupt gut für soziale Berufe. Wenn man hier den gleichzeitigen Impuls von Handeln und Emotion nicht erkennt, kommt man in körperliche Spannung. Jedem Neubeginn wird dann mit Vorsicht und Besorgnis entgegengesehen.

Das Horoskop ist ein architektonischer Plan des Lebensrätsels des einzelnen. Wenn man den Plan versteht, wird es leichter, mit dem Universum zu kooperieren und die Energien für die Entwicklung seines Potentials einzusetzen. Wenn wir die verschiedenen Stufen des Wachstums, die uns möglich sind, erkennen, werden das Leben und der Reifeprozeß sehr aufregend! Jeder Tag ist ein neuer Wachstumsprozeß, jedes Jahrzehnt bringt neue Erkenntnisse, und jede Lebensphase wird zur willkommenen Wandlung.

3. Polaritäten

Die Astrologie, wie wir sie heute kennen, baut auf dem Werk des Ptolemäus (2. Jhdt. n. Chr.) und derjenigen auf, die es interpretierten. Doch die sich wandelnden Auffassungen und Philosophien der verschiedenen Auslegungen haben die ursprünglichen, philosophisch und symbolisch motivierten Gedanken des Ptolemäus wohl in veränderter Form überliefert.

Ptolemäus sagte: »Sechs Zeichen sind männlich, dem Tag geweiht, sechs sind weiblich und nächtlich. Die Ordnung ist stetig so, daß Tag und Nacht sich folgen, denen dann Männliches und Weibliches entspricht. Nehmen wir also ♈ aus obigen Gründen zum Anfangspunkt. Er ist männlicher Herrscher, und das Tätige ist immer früher als das Leidende, so ist ♈ und ♎ männlich, taggeweiht. Durch sie geht auch der Äquinoktialkreis, der den ersten und kräftigsten Anstoß des Erdlebens gibt. Ihnen folgen dann abwechselnd männliche und weibliche.«[*]

Die frühen Religionsphilosophien gebrauchten die Begriffe »männlich« und »weiblich«, um zwischen der Welt der Idee, des Logos – Erkenntnis, die durch den Geist erlangt wird –, und der Offenbarung der Idee in der Welt der Materie zu unterscheiden. Der Logos (durch das Männliche symbolisiert) formt die Idee, und das weibliche Prinzip (durch die Frau symbolisiert) gebiert das »Kind«, das vollkommene Wesen, das sich in der Materie manifestiert.

In der Astrologie wie auch in anderen Bereichen wurde und wird dies vielfach mißverstanden. Bei den primitiven Religionen und Philosophien war das weibliche Prinzip dominant, weil die Frau als Gebärende hohe Anerkennung genoß. Man

[*] Claudius Ptolemäus, *Tetrabiblos,* Baumgartner Verlag, München, S. 17

sah nicht, daß es das männliche Prinzip (die Idee) war, welches das weibliche befähigte, das Sichtbare zu schaffen. Im Laufe der weiteren Menschheitsentwicklung brach ein philosophischer Streit darüber aus, ob das männliche oder das weibliche Prinzip höher einzustufen sei, weil man die Symbolik nicht verstand. Sie wurde auf den biologischen Bereich übertragen, und man vergaß, daß die Prinzipien ständig ineinander verflochten sind. Die Fehlinterpretation, dem Mann die Kraft des männlichen Prinzips und der Frau diejenige des weiblichen zuzuschreiben, liegt freilich nahe, doch dieses Mißverständnis trennt die Symbole, die vereint die Lebensdynamik darstellen sollen.

Ein Bild, welches das Vollkommene, die Ganzheit symbolisiert, das sowohl männlich als auch weiblich ist, erscheint in vielen religiösen Darstellungen: das Wesen, das zur einen Hälfte Mann und zur anderen Frau ist.

C. G. Jung vertrat die Ansicht, daß der Mensch eine Kombination des männlichen und weiblichen Prinzips verkörpert (vgl. die Arbeit »Antwort auf Hiob«*). Das männliche ist das Prinzip der Perfektion und das weibliche das der Vollständigkeit. Um als Mensch zu wachsen, um sich selbst zu begreifen, müssen wir die *Kombination* dieser Prinzipien in uns und in anderen erkennen.

Wenn man den Tierkreis als ein Symbol betrachtet, sieht man dieses philosophische Prinzip in der Astrologie angewandt. Die Feuer- und Luftzeichen sind positiv, dem männlichen Prinzip angehörend. In den Zeichen Widder, Zwillinge, Löwe, Waage, Schütze und Wassermann können wir geistige Aktivität erkennen. Zum Beispiel sind Widder-Geborene äußerst idealistisch eingestellt. Sie haben eines gemeinsam: Sie verfolgen Ideale oder eine Sache mit großer Zielstrebigkeit. Sie können Dingen, die sie interessieren, mit der größten

* In: *Gesammelte Werke, 11. Band, Zur Psychologie westlicher und östlicher Religion*

Begeisterung Vorschub leisten. Zwillinge-Geborene interessieren sich für die Welt der Ideen, alle Arten von Bildung und deren Verbreitung durch die Medien. Löwe-Geborene sind ebenfalls am Ideal orientiert – wie die Dinge sein *sollten*. Sie haben ausgeprägte Vorstellungen darüber, wie ein ideales Leben aussieht, was ideales Verhalten, eine ideale Autoritätsfigur, eine ideale Religion und so fort ist. Wenn sie nicht nach diesen Idealen leben, dann deshalb, weil sie verletzt worden sind. Waage-Geborene sind große Demokraten. Sie interessieren sich für das Intellektuelle – wie zum Beispiel Ideen, Bildung und Künste der Gemeinschaft von Nutzen sein können. Menschen, die im Zeichen Schütze geboren wurden, sind theoretisch ausgerichtete Idealisten. Sie sind die Philosophen, die sich für politische Ideale engagieren, um Gesetze für die Gemeinschaft zu schaffen. Daher findet man sie unter den Anwälten und Politikern. Wassermann-Geborene sind große Humanisten, nicht unbedingt auf persönlicher Ebene, sondern in bezug auf Gruppen. Sie denken in humanistischen Maßstäben, sie haben ein Ideal vor Augen, dem die Menschheit entgegenwachsen kann. Sie sind als die Vorreiter des Wassermann-Zeitalters bekannt, die ein höheres Bewußtsein anstreben, das den Menschen über seine geschlechtliche Gebundenheit hinausführt.

Die negativen Zeichen stellen das weibliche Prinzip, das Prinzip der Vollständigkeit dar. Es sind die Erd- und Wasserzeichen Stier, Krebs, Jungfrau, Skorpion, Steinbock und Fische. Sie haben die Fähigkeit, den Ideen der positiven Zeichen Gestalt zu geben. Stiere sind sehr praktisch, wissenschaftlich und realistisch. Sie sortieren die Ideen des Widder und verwerten, was davon gut ist. Der Krebs hat ein treffsicheres Gespür dafür, was die Menschen brauchen, und er kann es herbeischaffen mit Hilfe der Einfälle des Zwillings. Die Jungfrau überprüft die Ideen des Löwen und verleiht seinem Streben zur Perfektion Ausdruck. Der Skorpion versucht, alles, was er sieht, zu wandeln. Da er der Waage folgt, interessiert er sich für das materielle und spirituelle Wohlergehen der Gruppe. Der Steinbock folgt dem Schützen und bringt die Gesetzeskonzepte zur Verwirklichung. Der Schütze interessiert sich für Gesetze, Ideen, Philosophien; der Steinbock will sie verwirklicht sehen. Wenn sich das konkret offenbart, haben wir die Unternehmensstruktur, das Präsidentenamt, den Kirchendiener. Die Fische folgen dem Wassermann; sie setzen die humanitären Ideen des Wassermanns um und verleihen ihnen menschliche Güte und Sympathie.

Diese Ideen äußern sich nicht unbedingt in der Persönlichkeit des einzelnen. Wir streben danach, unsere Energien richtig anwenden zu lernen. Nur wenige sind in der Lage, ihre natürlichen Talente von Geburt an auszuleben; wir müssen erst lernen, unsere Anlagen zu nutzen. Im Markusevangelium, Kap. 4, sagt Christus, daß wir viele Senfkörner aussäen in der Hoffnung, daß sie wachsen werden. Einige fallen auf steinigen, andere auf fruchtbaren Boden.

Wenn wir Menschen beobachten, die am selben Tag geboren sind mit ähnlichen Konstellationen im Horoskop, dann können wir erkennen, daß diese Horoskope wie Senfkörner sind. Vielleicht werden wir wachsen und etwas vollbringen, das der Menschheit zu einem höheren Bewußtsein verhilft. Wenn wir unser Horoskop aus dieser Perspektive betrachten, dann sehen wir eine wunderbare Ordnung und einen Sinn im Universum.

Das männliche und weibliche Prinzip ist sowohl in der Symbolik des Tierkreises als auch im Individuum angelegt. Auf der persönlichen Ebene bedeuten die positiven Sonnenzeichen (Feuer und Luft) eine starke Vaterfigur oder eine Betonung des männlichen Prinzips. Menschen, die in diesen Zeichen geboren sind, erleben in den ersten drei Lebensjahren den Vater als den dominanten Elternteil. Sie empfinden den Vater als den einflußreicheren in der elterlichen Beziehung und ahmen sein Verhalten nach.

Die Ideale, die ein Vater seinem Sohn vermittelt, werden in

unserer Gesellschaft akzeptiert. Sie bejaht den expansiven, starken Männertyp. Der unter einem positiven Zeichen geborene Mann ist zwar einfühlsam seiner Mutter gegenüber, aber er meint, Frauen seien nicht so wichtig wie Männer. Im Grunde respektiert er Autoritätspersonen und wird beruflich hierarchisch strukturierte Unternehmen vorziehen. Er wird sich am Arbeitsplatz unter Männern wohl fühlen, weniger im Umgang mit Frauen, besonders wenn sie leitende Positionen innehaben.

Anders verhält es sich mit der Frau, die unter einem positiven Zeichen geboren ist. Der Vater ist ebenfalls der beherrschende Elternteil. Sie hat mehr Interesse an Karriere als am Haushalt und wird deshalb mehr Schwierigkeiten haben, sich an ihre gesellschaftliche Rolle anzupassen. Sie wird den anderen »zu herrisch«, zu intellektuell, zu unabhängig, zu sehr im Beruf engagiert, zu sehr der männlichen Gedankenwelt verbunden sein. Aus diesem Grund werden sich Männer in ihrer Gesellschaft nicht wohl fühlen, oder sie wird selbst schlecht mit ihrer Frauenrolle zurechtkommen. Vielleicht lehnt sie ihre Weiblichkeit ab und reagiert empfindlich darauf, »nur« eine Frau zu sein. Wenn sie nicht begreift, woher sie ihre Wertvorstellungen bezieht, wird sie sich lange Zeit quälen, weil sie die Ursache ihres Unglücklichseins und ihrer Selbstablehnung nicht erkennen kann. Vielleicht wird sie sich in Umstände hineinbegeben, die für sie im Grunde unannehmbar sind, etwa viele Kinder zur Welt bringen, um sich zu beweisen, daß sie eine »richtige« Frau ist. Sie braucht jedoch einen Beruf oder Interessenbereiche auch außerhalb der Familie.

Die Frau, die unter einem positiven Zeichen geboren ist, wird als Heranwachsende und junge Erwachsene den Reden der Männer eifrig Gehör schenken und ihnen zuviel Bedeutung beimessen. Der Vater war wichtig, daher sind Männer wichtig, und was sie sagen, ist wichtiger als das, was Frauen sagen. Sie freunden sich eher mit Männern als mit Frauen an, weil sie das Weibliche unterbewerten.

Die negativen oder weiblichen Zeichen sind die Wasser- und Erdzeichen Stier, Krebs, Jungfrau, Skorpion, Steinbock und Fische. Diese Menschen werden in eine stark mutterbeherrschte Atmosphäre hineingeboren. Als Kinder wird ihnen vornehmlich das weibliche Prinzip vermittelt. Der Vater ist eher passiv, weniger Autoritätsperson. Autorität übt die Mutter aus. In manchen Fällen (öfter bei Krebs und Skorpion) fehlt der Vater.

Die Frau, die unter einem negativen oder weiblichen Zeichen geboren ist, fühlt sich mit ihren weiblichen Pflichten und Fähigkeiten wohl, weil sie die Charaktereigenschaften und ein Bewußtsein ihrer Stärke von der Mutter übernimmt. Manchmal ist das weibliche Prinzip zu stark ausgeprägt, ohne daß sich die Frau ihrer Stärke und Macht bewußt ist. In einem solchen Fall wird die Persönlichkeit überwältigend und verursacht Schwierigkeiten in Beziehungen.

Andererseits ist ein Mann, der unter einem weiblichen Zeichen geboren wurde, in der Männerwelt verunsichert, weil er in einer von Frauen dominierten Welt aufgewachsen ist. Unbewußt hat er das Gefühl, daß er nicht so stark ist wie die Frauen. Er hat, anders als der unter dem positiven Zeichen geborene Mann, mehr weibliche Charakterzüge und ist eher intuitiv. Es können Identitätsprobleme entstehen, weil er aus einer Umgebung kommt, in der es keine bedeutende Vaterfigur gab. Eine weitere Erscheinung wäre ein grundsätzlicher Mangel an Respekt vor Autoritätspersonen, da diese meist Männer sind. Männer, die in einem negativen Zeichen geboren sind, neigen dazu, im Beruf neue Wege zu gehen, weil sie für das Bestehende wenig Achtung haben und es ändern wollen. Oder sie wenden sich gegen die Gesellschaft und werden im Extremfall zu Kriminellen. Diese Männer müssen dahin gehend beraten werden, daß sie ihre intuitiven Fähigkeiten *nutzen*, anstatt sie unter einem vorgeblich männlichen Chauvinismus zu vergraben. Der Chauvinismus des unter einem negativen Zeichen geborenen Mannes ist meist ein Zeichen der Unsicherheit bezüglich des eigenen Selbstwertes. Er hört zu sehr auf Frauen, nimmt sie zu ernst und hat Schwierigkeiten, sich in ihrer Gegenwart auszudrücken (ähnlich seinem Gegenstück, der unter einem positiven Zeichen geborenen Frau). Oft meinen diese Männer, daß ein Problem erst in Gedanken gelöst werden muß, bevor man es mit Frauen besprechen kann. Dies rührt aus einer mutterbeherrschten Atmosphäre her, in der die Frauen alle Antworten gaben; und erst wenn der Mann die Ursache für den Mangel an Kommunikation begreift, kann er etwas verändern.

Manche Menschen haben Schwierigkeiten mit ihrem Sonnenzeichen. Sie erinnern sich nicht bewußt an ihre ersten drei Lebensjahre, und manchmal scheinen die Einzelheiten nicht zu stimmen. In diesem Fall sollte der Betreffende soviel wie möglich aus der Kindheit in Erinnerung rufen und sich mit dem Begriff der Polarität befassen, bevor er ihn ablehnt. Man kann Beispiele von Situationen, wie sie im Kapitel »Mutter, Vater und das Kind« beschrieben werden, untersuchen. Auch darf man nicht außer acht lassen, daß astrologische Konstellationen oft Familiengeheimnisse enthüllen!

Ich machte eine interessante Erfahrung mit einer jungen Klientin, deren leiblicher Vater nicht mit der Vaterfigur in ihrem Horoskop übereinstimmte. Ich erwähnte, das Vaterbild sei verworren, und fragte sie, ob der Mann ihr wirklicher Vater sei. Sie eilte nach Hause, um ihrer Mutter zu erzählen, was ich gesagt hatte. Voller Entrüstung rief mich ihre Mutter an und warf mir vor, daß ich ihre Ehe zerstören würde. Als ich sie fragte, ob das Kind unehelich sei, erzählte sie mir, daß sie früher mit einem anderen Mann verheiratet gewesen war, sich von ihm scheiden ließ, als das Kind zweieinhalb Jahre alt war, und sie sich wieder verheiratete. Das Kind wurde in dem Glauben belassen, der zweite Ehemann sei ihr richtiger Vater. Sie erinnerte sich jedoch an ihren leiblichen Vater, und wenn sie ihre Mutter nach ihm fragte, gab diese ihr zur Antwort, daß sie sich das nur einbilde. Das Kind befielen starke Selbstzweifel. Im Alter von dreizehn Jahren begann es harte Drogen zu nehmen; dies war auch der Grund, warum das Mädchen in die Beratung kam. Ich war der Meinung, sie könne sich erst von den Drogen befreien, wenn sie ihre Erinnerungen und die Wahrheit über ihre Vergangenheit akzeptiert habe. Die Mutter gestand schließlich ihrer Tochter deren wahre Herkunft ein, der Vater war jedoch inzwischen gestorben. Das Mädchen konnte nur in Gesprächen mit Verwandten etwas über den Vater erfahren. Es war ihr versagt worden, ihn jemals kennenzulernen, aber da er in ihrer Persönlichkeit dominierte, spielte er eine wichtige Rolle für sie. (Übrigens kam das Mädchen von den Drogen los; ihre Mutter begab sich in astrologische Beratung, um die Gründe für das Verhalten ihrer Tochter gegenüber aufzudecken.)

In der Literatur werden häufig Beispiele von seelischer Labilität oder Geisteskrankheit beschrieben, die entweder durch das Verdrehen von Tatsachen oder die Unfähigkeit des Kindes entstehen, ein unangenehmes Ereignis in der Familie zu akzeptieren. Aschenbrödel ist ein Beispiel für den Verlust von Liebe, den ein Kind, das mit seiner Stiefmutter lebt, bewußt erfährt. Es muß daher seinen Wert und seine Gefühle durch den Kontakt mit dem Prinzen erleben. Eines meiner Lieblingsbücher ist *Der geheime Garten** von Frances H. Burnett. Es handelt von einem Jungen, dessen Mutter bei seiner Geburt stirbt. Das Kind kann seinen Vater nicht kennenlernen, weil der Vater ihm die Schuld für den Tod der Mutter gibt. Er wird von Bediensteten aufgezogen, während der Vater ständig auf Reisen ist. Er bekommt erst einen Einblick in die Geschichte der Mutter und begegnet seinem Vater, als er den geheimnisvollen Garten entdeckt, der seiner Mutter gehört hatte.

Solche Geschichten stellen uns die seelischen und geistigen Qualen deutlich vor Augen, die ein Kind durchmacht, wenn es

---

* Frances H. Burnett, *Der geheime Garten,* München 1978

das Wissen um ein Geheimnis der Eltern nicht verkraften kann. Wenn ein Kind ein traumatisches Erlebnis hat, wird die Erinnerung daran meist verdrängt. Kommt der Astrologe einer schmerzlichen Erinnerung nahe, kann es sein, daß der Klient das Thema nicht mehr weiterverfolgen möchte. Hier kann die Therapie ansetzen. In einer therapeutischen Umgebung kann man die schmerzlichen Erlebnisse aufarbeiten und vielleicht zu einer neuen Einsicht gelangen.

Es mag vorkommen, daß ein Kind ein Ereignis falsch interpretiert, oder aber es erinnert sich richtig daran, während die Eltern nicht die ganze Wahrheit über den Vorfall erzählen. Oft denken Eltern, es sei besser für das Kind, wenn es die Wahrheit nicht kenne; in den meisten Fällen ist eine solche Meinung jedoch völlig verkehrt. Wir müssen uns nach dem Warum fragen, uns mit unserem Innenleben befassen; dies ist eine notwendige Entwicklung.

Wenn wir den Einfluß der Eltern und seine Auswirkung auf die Persönlichkeit in einem Horoskop untersuchen, so müssen wir unvoreingenommen bleiben. Denken Sie an ein Kind, das eine Betonung der positiven Zeichen und somit eine Vaterdominanz im Horoskop aufweist, während die Mutter beteuert, daß es keinen Mann im Leben des Kindes gab. Ich würde diese Aussage taktvoll und behutsam in Frage stellen, denn die Konstellationen deuten auf die Anwesenheit eines Mannes. Wie aber bekommen wir die richtige Information? Eine meiner Freundinnen brachte kurz nach ihrer Scheidung ein Kind im Zeichen Löwe zur Welt. Dieses Kind wird später behaupten, es sei ohne Vaterbild aufgewachsen, da sich die Eltern hatten scheiden lassen und die Mutter sich nicht wiederverheiratete. Ich weiß aber, daß es einen Mann gibt, der dieser Frau zu Seite steht und ihr hilft, und zwar im gleichen Maße, wie es ein Ehemann tun würde. Er lebt zwar nicht mit ihr zusammen, verbringt jedoch den größten Teil seiner Freizeit mit ihr. Eines Tages werden sie heiraten, aber nicht bevor das Kind drei oder vier Jahre alt geworden ist. Natürlich wird sie dem Kind erzählen, es habe keinen Mann gegeben, als es geboren wurde, denn wenn sie ihm die Wahrheit erzählt, muß sie zugeben, daß sie ein »Verhältnis« hatte. Viele Eltern verschweigen den Kindern solche Einzelheiten über Dinge, die sie als Angelegenheiten von Erwachsenen betrachten.

Wenn wir die Polarität des Sonnenzeichens festgestellt haben, können wir aus der »Dreiheit« – der Kombination von Sonne, Mond und Aszendent – im Horoskop weitere Schlüsse über die Komplexität der Persönlichkeit ziehen, die sich aus den Polaritäten des männlichen und weiblichen Prinzips ergibt. Die Sonne repräsentiert den Geist, das wahre Selbst; der Mond zeigt, wie wir empfinden und wie wir auf das Leben reagieren; der Aszendent gibt Hinweise darauf, wie wir Dinge angehen und wie wir uns darstellen.

C. G. Jung sagte, daß die Elemente im Unbewußten des Mannes zu 60% männliche und zu 40% weibliche Anteile sind. Den weiblichen oder rezessiven Teil nannte er *Anima*. Eine Frau besitzt 60% weibliche und 40% männliche Anteile; ihr männlicher, rezessiver Anteil wird *Animus* genannt. Jung und andere haben viel darüber geschrieben, wie sich Anima und Animus in der Persönlichkeit auswirken. In der Astrologie werden diese Begriffe als Polarität bezeichnet. Um die Dreiheit in einem Horoskop zu bestimmen, müssen wir einen Teil der Definition von Anima und Animus berücksichtigen:

Die Anima verkörpert alle weiblichen Seeleneigenschaften im Manne, Stimmungen, Gefühle, Ahnungen, Empfänglichkeit für das Irrationale, persönliche Liebesfähigkeit, Natursinn und als Wichtigstes die *Beziehung zum Unbewußten*... Die individuelle Erscheinungsweise der Anima im Manne ist zunächst meistens vom Charakter seiner Mutter her geprägt. Erlebte er sie als negativ, dann wirkt sich die Anima oft als depressive Laune, Reizbarkeit, ewige Unzufriedenheit und Empfindlichkeit aus...
[Sie hat] doch auch ebenso viele positive Seiten. Sie

bewirkt, daß der Mann die »richtige« Frau finden kann und, darüber hinaus, daß er überall im Halbdunkel des Unbewußten, wo sein Verstand weniger klar sieht, die richtigen Werte und Unwerte unterscheiden kann. Noch lebenswichtiger ist aber, daß ihm diese *Gestimmtheit auf die richtigen Werte den Weg in die eigene Tiefe freigibt*...

Alle diese Aspekte der Anima besitzen die gleiche Neigung wie der Schatten, sich auf einen Menschen zu projizieren, so daß sie dem Manne als Eigenschaften einer wirklichen Frau erscheinen. Es ist auch dieser Projektionsvorgang, welcher bewirkt, daß ein Mann sich plötzlich »Hals über Kopf« verliebt und beim ersten Treffen fühlt: »Das ist sie!«...*

Die männlichen und weiblichen Polaritäten des Sonnenzeichens können das Gleichgewicht der Kräfte in der Persönlichkeit anzeigen – welcher Elternteil das Wertsystem bestimmte. Die Dreiheit gibt einen zusätzlichen Einblick in die Entstehung der Persönlichkeit und wie das männliche und weibliche Prinzip vom Individuum auf die Umwelt projiziert wird.

Ein Mann mit zwei männlichen und einem weiblichen Faktor in der Dreiheit (Abb. 6) ist relativ ausgewogen. Er erfüllt C. G. Jungs Definition von 60% männlichen und 40% weiblichen Anteilen; die Verteilung des männlichen und weiblichen Prinzips geschah zugunsten seines Geschlechts. Er hat es leichter bei der Aufarbeitung seiner persönlichen Schwierigkeiten, weil er sich nicht mit einer übermächtigen Anima-Figur auseinandersetzen muß. Er ist auf seinen Kulturkreis eingestimmt.

Ein Mann mit zwei weiblichen und einem männlichen Faktor in seiner Dreiheit (Abb. 7) steht auf weniger gutem Boden. Die 60-zu-40-Verteilung ist aus dem Gleichgewicht geraten.

* Marie-Louise von Franz, »Der Individuationsprozeß«, in: C. G. Jung, *Der Mensch und seine Symbole,* Olten 1968, S. 177 ff.

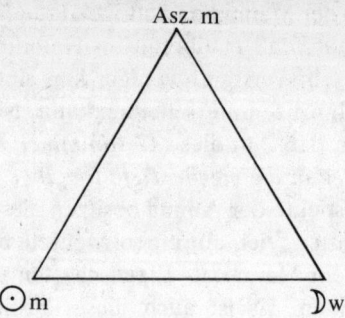

Abb. 6: Eine Dreiheit mit zwei männlichen und einem weiblichen Faktor

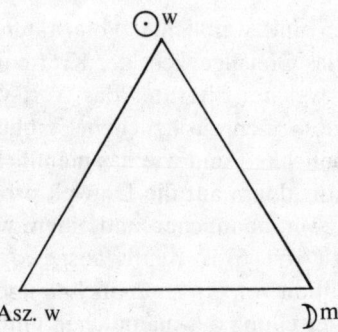

Abb. 7: Eine Dreiheit mit zwei weiblichen und einem männlichen Faktor

Der weibliche Einfluß – der Mutter – bekommt ein größeres Gewicht. Er wird zu »Anima-Besessenheit« und zum Irrationalen neigen. Er ist intuitiv, emotional, gefühlsbetonter und sensibler, als es Männer sein »dürfen«, und dies wird ein Gefühl des Unbehagens in ihm hervorrufen im Austausch mit seiner Umwelt. Wenn er seine weiche Seite nicht anerkennt, könnte er übertrieben reizbar, ja sogar zum Nörgler werden. Er wird leichter dazu neigen, seinen Anima-Anteil auf eine

Frau zu projizieren und ihr die Schuld für seine Schwierigkeiten zuzuschieben.

Dem Mann mit drei männlichen Faktoren in seiner Dreiheit (Abb. 8) fehlt das innere weibliche Vorbild. Wenn die Drei-

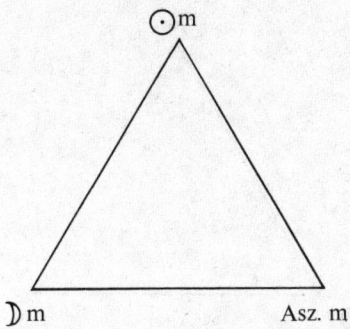

Abb. 8: Eine Dreiheit mit drei männlichen Faktoren

heit nur aus positiven Zeichen besteht, wird die Welt nur mit dem Verstand oder dem Geist erfaßt. Diese Männer sind gänzlich auf das männliche Prinzip ausgerichtet – auf Ideen und Ideale. Sie leben im Kopf. Solch ein Mann überlegt alles, was er tut, er »denkt« sogar seine Gefühle. Im Austausch mit Frauen gibt es Schwierigkeiten, weil er ihnen kaum zuhört. Er wird das Weibliche und seine Gefühle auf eine Frau projizieren, die seine Erwartungen nicht erfüllen kann. Er wird Schwierigkeiten haben, Frauen als Menschen zu sehen, die auch Fehler machen. Um seine Traumfrau zu suchen, wechselt er häufig die Beziehungen. Auf der anderen Seite des Pendels findet man den Mann, der gewalttätig wird, wenn die Frau, die er liebt, sich nicht so verhält, wie er es erwartet. Dabei wird er Schwierigkeiten haben, seine Vorstellungen über das erwartete Verhalten mitzuteilen, da er sich gar nicht bewußt ist, was er projiziert. Er ist jedoch ein geistiger, idealistischer Mensch, mit der Fähigkeit zu intellektuellen oder gar spirituellen Beziehungen. Eine Frau, die einen solchen Mann liebt, wird das Gefühl haben, daß sie sich sehr anstrengen muß, um von ihm verstanden zu werden.

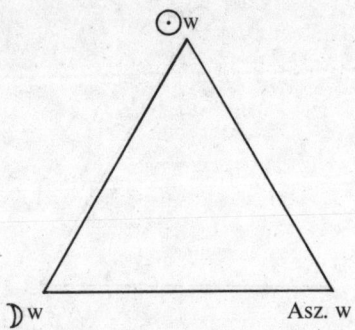

Abb. 9: Eine Dreiheit mit drei weiblichen Faktoren

Der Mann mit drei weiblichen Faktoren in seiner Dreiheit (Abb. 9) hat folgende Probleme: Weibliche Planeten stehen für Intuition und emotionale Reaktionen, die man traditionell den Frauen zuschreibt; er kann kein John-Wayne-Typ sein, weil er zu intensiv fühlt. Er mag in bezug auf seine Männlichkeit unsicher sein und daher, ohne sich dessen bewußt zu sein, in Gesellschaft ein ängstliches Verhalten zeigen. Diese Kombination bedeutet aber auch die Fähigkeit zur Gefühlstiefe, zu Intuition und Kreativität. Seine Beziehungen zu Frauen werden, wenn er sich öffnen kann, von Wärme und Gefühl geprägt sein, da Frauen einen leichten Zugang zu ihm haben werden. Oft versuchen diese Männer, sich »hart« zu geben, sie spielen den starken Mann, um ihr empfindliches Innenleben zu beschützen. In unserem Kulturkreis ist es verpönt, wenn ein Mann weint, wenn er Gefühle zeigt, wenn er im Umgang weich und emotional ist. Ein Mann mit dieser Kombination wird oft zum Don Juan, der durch seine vielen sexuellen Abenteuer beweisen muß, daß er ein Mann ist. Sexuelle Betätigung gibt jedoch keine emotionale Sicherheit, denn jedesmal, wenn er eine neue Frau kennenlernt, muß er sich neu »aufbauen«, immer wieder von neuem. Sobald er jedoch seine Eigenart angenommen hat, kann er ein wunderbarer Mensch voller Wärme sein.

Die Jungsche Definition des Animus ist folgende:

Auch die gegengeschlechtliche Verkörperung des Unbewußten in der Frau – der Animus – trägt positive und negative Züge. Der Animus äußert sich aber bei den Frauen nicht so häufig als erotische Phantasie oder Stimmung, sondern eher als »heilige« Überzeugung. Wenn letztere laut und männlich energisch geäußert wird, ist diese männliche Seite in der Frau leicht erkennbar; sie kann aber auch in einer äußerlich sehr weiblich wirkenden Frau als stille, aber eisern-unerbittliche Macht auftreten. Plötzlich stößt man dann bei ihr auf etwas, das kalt, nicht mehr diskutierbar und eigensinnig wirkt.

Die Lieblingsthemen, die der Animus der Frau in ihrem Innern aufdrängt, lauten etwa: »Ich suche doch nichts als Liebe, doch ›er‹ liebt mich nicht.« Oder: »Es gibt nur zwei Möglichkeiten in dieser Situation«, welche natürlich beide unerfreulich sind (der negative Animus glaubt nie an Ausnahmen). Man kann dem Animus selten widersprechen, denn er hat sowieso immer recht, nur fußt seine Meinung gerade nicht auf der aktuellen Lage. Er äußert meistens scheinbar vernünftige Ansichten, die jedoch leicht »daneben« treffen.

Wie auf die Anima des Mannes die Mutter prägend einwirkte, so der Vater auf den Animus der Tochter. Der Vater gibt dem Geist der Tochter die spezifische Färbung jener erwähnten undiskutierbaren Ansichten, die so oft die Wirklichkeit der Tochter verfehlen . . .

[Der Animus verkörpert eine bestimmte Form, welche] die Frau von allen menschlichen Beziehungen weglockt und besonders von der Liebe zu einem wirklichen Manne abhält...

Wie die Anima, so besteht aber auch der Animus nicht nur aus negativen Eigenschaften. Er besitzt ebenfalls eine ungemein positive und wertvolle Seite, wo auch er, wie die Anima, eine Brücke zum Erleben des Selbst schlagen und schöpferisch wirken kann.

... der Animus der Frau [kann] zu Mut, Unternehmungsgeist, Wahrhaftigkeit und in seiner höchsten Form zu geistiger Tiefe und Verinnerlichung führen...

Auf der vierten Stufe verkörpert er dann den »Sinn« und wird zum Vermittler schöpferischer und religiöser innerer Erfahrungen, durch die das Leben einen individuellen Sinn findet... Er kann sie dann auch mit dem geistigen Zeitgeschehen verbinden, wobei Frauen oft neuen schöpferischen Ideen gegenüber aufgeschlossener sein können als die Männer...*

Die Dreiheit im Horoskop einer Frau ist der Ausdruck ihrer Persönlichkeit und des Gleichgewichts der weiblichen Eigenschaften gegenüber dem Animus. Die Frau mit zwei weiblichen und einem männlichen Faktor (Abb. 10) ist relativ ausgewogen. Nach Jungs Definition einer 60-zu-40-Verteilung von weiblichen und männlichen Energien muß man annehmen, daß sie sich mit dieser Kombination wohl fühlt. Sie kann damit ihre Probleme besser aufarbeiten als mit manchen anderen Kombinationen. Sie wird ihre Krisen besser bewältigen können, weil sie nicht mit einem übermächtigen Animus belastet ist.

Bei der Frau mit zwei männlichen und einem weiblichen Faktor in ihrer Dreiheit (Abb. 11) gerät die Verteilung aus dem

* Ebenda, S. 191 ff.

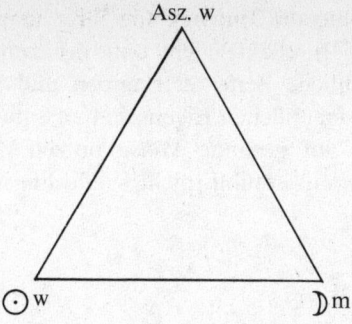

Abb. 10: Eine Dreiheit mit zwei weiblichen und einem männlichen Faktor

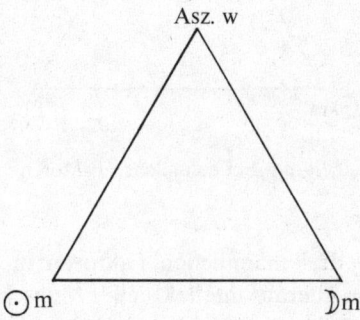

Abb. 11: Eine Dreiheit mit zwei männlichen und einem weiblichen Faktor

Gleichgewicht. Sie wird eher zu »Animus-Besessenheit« neigen, und ihr Verhalten wird eher auf Ablehnung stoßen. Vielleicht wirkt sie zu aggressiv. Sie wird ihr Dasein als Frau weder hoch einschätzen, noch wird sie sich mit ihrer biologischen Funktion anfreunden können. Mit Männern wird sie wahrscheinlich übertrieben angriffslustig sein und intellektuelle Kameradschaft einer Liebesbeziehung vorziehen. Beruflicher Status wird ihr wichtiger sein als eine persönliche Beziehung.

Diese Frau sollte die Entwicklung ihrer männlichen Eigenschaften (ihren Intellekt) nicht unterdrücken, sie muß aber auch ihre weibliche Seite anerkennen und schätzenlernen. Indem sie ihre männlichen Eigenschaften entwickelt, kann sie ihre Energien auf gesunde Weise nutzen. Jedoch können Gefühle immer nur gefühlt, nicht »gedacht« werden.

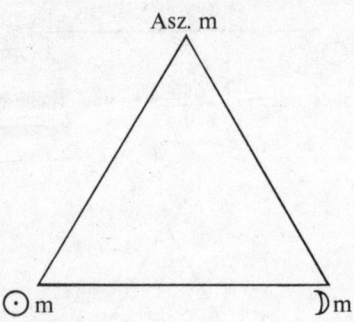

Abb. 12: Eine Dreiheit mit drei männlichen Faktoren

Eine Frau mit drei männlichen Faktoren in ihrer Dreiheit (Abb. 12) ist ein überaus intellektueller Mensch. Sie geht alles mit dem Verstand an, sogar die Vermittlung von Gefühlen. Sie fühlt sich als Frau nicht sehr sicher und neigt zur Kompensation. Eine Überkompensation drückt sich durch übertriebene Weiblichkeit und Erotik aus. Um als Frau Aufmerksamkeit zu erregen, wird sie ihren Körper zur Schau stellen, sich aber darüber ärgern, wenn es tatsächlich bemerkt wird. Diese Frau wird häufig Opfer sexuellen Mißbrauchs, sogar von Vergewaltigung, da sie dies durch ihr Verhalten anzieht. Auf der einen Seite möchte sie eine intellektuelle Beziehung, auf der anderen braucht sie die Bestätigung als Frau.
Marilyn Monroe hatte drei männliche Faktoren in ihrer Dreiheit. Man hielt sie für eine der schönsten Frauen auf der Welt

und konnte nicht verstehen, warum sie so unglücklich war. Wenn man ihr Horoskop aus psychologischer Sicht betrachtet, kann man erkennen, warum sie sich in dieser Zwickmühle befand. Sie war dem Anschein nach weiblich, und sie war schön. Jedoch konnte sie selbst nicht daran glauben. Sie brauchte pausenlos Bestätigung, daß sie gute Arbeit leistete und eine attraktive Frau war.

Von mehreren Frauen mit einer positiven Dreiheit, die in meine Beratung kamen, habe ich erfahren, daß sie mehr als einmal vergewaltigt wurden. Dennoch hören sie nicht auf, sich aufreizend zu kleiden. Männer wissen oft nicht, wie sie sich solchen Frauen gegenüber verhalten sollen. Sie glauben, daß die Frauen wissen, was sie durch ihr Aussehen erreichen wollen. Daß sie in Wirklichkeit nur *reden*, einen intellektuellen Austausch wollen, können die Männer nicht begreifen. Diese Frauen sind in der Welt des Verstandes ebenso zu Hause wie ein Mann. Der Intellekt liegt ihnen näher als Gefühl und Intuition. Wenn ein Mann solche aufreizenden Frauen sieht, sie aber dann reden hört, weiß er oft nicht mehr, woran er ist.

Manche dieser Frauen gehen ihr Problem an, indem sie viele Kinder auf die Welt bringen, weil sie glauben, so ihre Weiblichkeit beweisen zu können. Sie müssen sich aber auch beruflich oder außerhalb des Familienkreises betätigen, selbst wenn es nur im Elternbeirat der Schule ihrer Kinder ist. Die geistige Energie muß genutzt werden. Indem sie sich ihrer Eigenart bewußt werden, können sie beginnen, ihre Probleme zu lösen. Mit der Entwicklung ihres Selbstwertgefühls wird sich auch ihre äußere Erscheinung verändern.

Eine Frau mit drei weiblichen Faktoren in ihrer Dreiheit (Abb. 13) ist ausgesprochen weiblich. Sie ist sehr mächtig, da ihre Mutter überaus stark war, und sie wird sich ihrer Stärke bewußt sein. Sie hat zu den männlichen Anteilen ihrer Psyche kaum Zugang und wird deshalb ihren Animus auf die Männer in ihrer Umgebung projizieren. Es wird für einen Mann sehr schwierig sein, dem Bild, das sie von ihm hat, gerecht zu

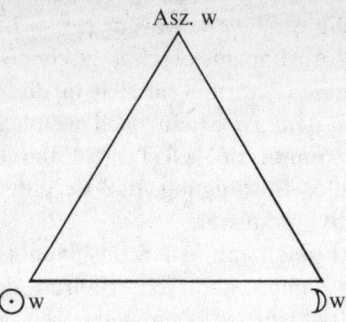

Abb. 13: Eine Dreiheit mit drei weiblichen Faktoren

werden. Ihr Männerbild reflektiert die Vorstellungen von den Helden und Rittern, wie sie beispielsweise in der Artussage beschrieben werden. Ein Mann, der diesem Bild nicht entspricht, wird bald gegen den nächsten ausgewechselt. Sobald sie sich aber der Projektion bewußt wird, ist es leicht, das Ungleichgewicht an Energien zu korrigieren.

Wenn wir unseren Animus auf jemand projiziert haben, erwarten wir von demjenigen, daß er Dinge für uns tut, die wir selbst tun sollten. »Ich könnte weit mehr erreichen, wenn er mir helfen würde«, spricht unser Animus.

Das männliche und das weibliche Prinzip symbolisiert die Wechselbeziehung zwischen dem Denken und dem Fühlen. Die Verteilung dieser Prinzipien im Horoskop und die Diskussion über Persönlichkeitsanteile wie Anima und Animus sagt nichts über Homosexualität aus. Manche Studenten und Klienten glauben, daß Frauen mit einem überbetonten Animus und Männer mit einer überbetonten Anima homosexuell seien. Die Verteilung der Faktoren im Geburtshoroskop zeigt vielmehr an, wie wohl oder unwohl wir uns in unseren biologischen Rollen fühlen. Die Wahl der Sexualität hat einen anderen Ursprung. Eine Frau mit acht männlichen Faktoren im Horoskop kann eine genauso gute Frau und Mutter sein wie eine Frau mit acht weiblichen Faktoren. Und ein Mann mit vielen weiblichen Faktoren kann mit seiner Heterosexualität genauso glücklich sein wie der Mann mit vielen männlichen Faktoren.

Nicht zuletzt müssen wir auch die Verteilung der Planeten im Horoskop in Betracht ziehen. Wenn in einem Horoskop sieben oder acht Feuer- und Luftplaneten stehen, dann hat der Betreffende eine Menge geistiger Energie. Solche Menschen sind Denker, sie beurteilen alles mit dem Verstand. Die Interessen eines Mannes mit acht Planeten in positiven Zeichen liegen im geistigen, spirituellen Bereich. Er wird Schwierigkeiten haben, seine Gefühle zum Ausdruck zu bringen; er wird die Sexualität aus intellektueller Sicht betrachten. Wahrscheinlich kann er Sex und Liebe nicht in Einklang bringen, sondern er wird sie trennen.

Eine Frau mit sieben oder acht Planeten in positiven Zeichen wird ein interessantes Leben führen, denn sie wird einen Ausgleich finden müssen zwischen ihren männlichen und weiblichen Anteilen. Es wird ihr ähnlich ergehen wie der Frau mit drei männlichen Faktoren in ihrer Dreiheit. Um ein Selbstwertgefühl zu bekommen, wird sie lernen müssen, sich mit ihrer Weiblichkeit anzufreunden. Anderenfalls könnte sie ihrer biologischen Rolle ablehnend gegenüberstehen. Diese Frauen entwickeln dann in den mittleren Jahren Frauenkrankheiten, bei vielen von ihnen wird die Gebärmutter entfernt. Da sie intellektuell ausgerichtet sind, werden sie in die astrologische Beratung kommen und von Sexualproblemen in der Gesellschaft sprechen. Sie werden sich in ihrer Weiblichkeit unsicher fühlen und ein übertrieben frauliches Bild darbieten. Die Reaktionen der Männer werden ihnen Unbehagen bereiten, sie werden wahrscheinlich oft Belästigungen ausgesetzt und sogar Opfer von Vergewaltigungen sein – vergewaltigt von Männern, die sie kennen. Eine Frau in dieser Zwickmühle braucht Verständnis und Beratung. Wir alle werden den verschiedenen Situationen des Lebens ausgesetzt, weil wir daraus etwas lernen sollen. Bevor wir erkennen, daß wir einen inneren »Mangel« kompensieren, bleiben unsere Möglichkeiten zum Wachstum beschränkt. Diese Frauen hegen oft Grollgefühle Männern gegenüber. Sie engagieren sich in Frauenbewegungen aus den falschen Gründen heraus – nämlich einer Abneigung gegen Männer. Sie täten besser daran, durch das Annehmen der weiblichen Werte ein höheres Bewußtsein anzustreben.

Wenn diese Frauen im Unterbewußtsein ihre Rolle als Frau ablehnen, werden sie wahrscheinlich keine Kinder bekommen. Manchmal sind es Frauen, die Kinder haben möchten, aber nicht schwanger werden können.

Mit sieben oder acht Planeten in Erd- und Wasserzeichen hat der Mensch viel »weibliche« Energie. Da das weibliche Prinzip die Erscheinung in der Wirklichkeit symbolisiert, können diese Menschen sehr produktiv sein. Um zu bekommen, was sie wollen, werden sie strategisch vorgehen und mehr List als ihre positiv betonten Mitmenschen anwenden. Die Frau mit acht Planeten in negativen Zeichen ist sehr weiblich, ähnlich wie diejenige mit einer weiblichen Betonung in ihrer Dreiheit. Sie wird sich ihrer ungeheuren Macht und ihrer Stärke bewußt werden müssen. Die Probleme, die hier entstehen, sind eine Überbetonung materieller Werte und zuwenig Konzentration auf die geistige und seelische Entwicklung. Diese Probleme machen sich besonders in Beziehungen bemerkbar, wenn einer der beiden Partner extrem materialistisch eingestellt ist, der andere aber nicht. Frauen mit einer starken Betonung der weiblichen Planeten wirken wie eine der überwältigenden Mutterfiguren in den alten Religionen, wie die indische Göttin Kali, die ihre Kinder gebiert und sie dann verschlingt. Diese Frauen können, ohne es zu wollen, ihre Ehemänner und Söhne erdrücken, es sei denn, sie werden sich ihrer Kraft bewußt.

Der Mann mit sieben oder acht weiblichen Planeten in seinem Horoskop ist ebenfalls auf materielle Werte fixiert. Er wird nicht ganz dem Männerideal in seinem Kulturkreis entsprechen. Er wird sehr intuitiv, sensibel und emotional sein. Er wird immer eine Neigung zum Don-Juan-Verhalten haben und das Leben gefühlsmäßig angehen. Im Unterbewußtsein hält er sich wahrscheinlich für weiblich. Er fühlt sich in seiner Männlichkeit unsicher und weiß nicht, wie es ist, »ein Mann zu sein«. Das Verhalten eines solchen Menschen wirkt nach außen chauvinistisch. Um seine Empfindsamkeit zu kompensieren, wird er den »starken Mann« spielen, während er in Wirklichkeit ein gefühlsbetonter, intuitiver, warmer, sensibler Mensch ist. Wenn er seinen intuitiven Fähigkeiten Beachtung schenkt, wird er ihnen durch Kreativität Ausdruck verleihen können. Fühlt er sich jedoch mit seiner Sensibilität unwohl, könnte er vielleicht homosexuell sein oder sich zumindest Sorgen darüber machen.

Im Grunde zeigt die Verteilung der männlichen und weiblichen Prinzipien in uns das Gleichgewicht von Idee und Wirklichkeit an. Beide sind notwendig für ein ausgewogenes Leben. In den Philosophien und Religionen hat es immer vier Kräfte gegeben, Kräfte, die man von den Eigenschaften des Feuers, der Luft, der Erde und des Wassers abgeleitet hat. Feuer und Luft symbolisierten den Samen, Erde barg ihn, und Wasser brachte ihn zum wachsen. Daher symbolisieren Feuer und Luft den Geist und die Seele, während die Erde und das Wasser den Körper und die Fortpflanzung der Art darstellen. Wenn wir das Wirken dieser Kräfte in uns selbst untersuchen, können wir erkennen, welche Teile entwickelt werden müssen, um ein abgerundetes Bild des Universums zu bekommen. Die zwölf Tierkreiszeichen sind symbolisch in jedem Menschen angelegt, da unser Horoskop aus zwölf Häusern und zwölf Zeichen besteht. Indem wir die Verteilung der männlichen und weiblichen Energien in unserem Horoskop begreifen, können wir erkennen, was wir brauchen, um erfülltere und glücklichere Menschen zu werden.

4. Dynamik und Elemente

Wir greifen alle nach etwas Bestimmtem: Einige von uns
streben nach Macht, einige nach Spiritualität; andere wiederum suchen Reichtum oder materielle Sicherheit, während
wieder andere sich nach sinnlichen Erlebnissen oder Vergnügungen umsehen. Wir leben und wir sterben, wir lachen und
wir weinen – aber was den einen bewegt, läßt den anderen
kalt. Die Aufteilung in kardinal-fix-veränderlich und Feuer-
Erde-Luft-Wasser im Horoskop kann uns einen Einblick
geben in die Antriebe und Bedürfnisse des einzelnen. Die
Dynamik und die Elemente zeigen auf eine ganz grundlegende
Art, wie der natürliche Energiefluß des Betreffenden ist und
was er in seinem Leben zu finden sucht.

Dynamik

Die Dynamik (oder Qualitäten, wie sie manchmal genannt
werden) wird ermittelt, indem man die Planeten in den kardinalen, fixen und veränderlichen Zeichen zählt. Es gibt acht
Planeten plus Sonne und Mond im traditionellen Horoskop.
Wenn man die verschiedenen Kombinationen versteht, kann
man den Energiefluß verschiedener Menschen erkennen. Die
ideale Verteilung von kardinalen, fixen und veränderlichen
Zeichen ist eine 3-3-4-Aufteilung. Jedoch gibt es Horoskope
mit ausgefalleneren Energiehäufungen. Zum Beispiel: 1 kardinal, 2 fix, 7 veränderlich. Menschen mit einer gleichmäßigen
Verteilung der Energie (die 3-3-4-Aufteilung) können mit
Lebenskrisen besser fertig werden als Menschen, die eine 1-2-
7-Aufteilung einüben müssen, damit sie sich zu einem Vorteil
auswirkt.
Die kardinalen Zeichen sind Widder, Krebs, Waage und
Steinbock. Kardinale Zeichen sind im Grunde erfolgsorien-

tiert. Jedes ist auf seine Art aggressiv. Kardinale Energie symbolisiert die wichtigen Lebensbereiche, wie sie in Kap. 2 beschrieben werden. Widder symbolisiert die Energie persönlicher Errungenschaften. Dies wird von anderen manchmal als Aggression erlebt, aber Widder hat die Marsenergie zum Inhalt – die Energie des Neubeginns im Tierkreis. Deshalb wird er als Pionier angesehen, denn er ist das Zeichen des Aufbruchs und der Eroberung. Krebs symbolisiert die emotionale Energie, die Kraft des gefühlsbetonten Engagements, die von der intensiven, besitzergreifenden Mutterliebe bis zur Liebe von Macht und Besitz reicht. Waage symbolisiert eine andere Art von Energie – die Energie der »diplomatischen Aggression«. Der Erfolg wird durch die Kraft des Geistes oder des Intellekts erreicht. Steinbock symbolisiert die Aggression, die für Management und Führung notwendig ist. Die kardinalen Zeichen zeigen also das Aggressions- bzw. Energiepotential des einzelnen. Es sind Antriebsenergien. Wir benötigen sie, um neue Projekte in Angriff nehmen zu können.

Menschen mit keinem oder nur einem Planeten in kardinalen Zeichen scheinen wenig physische Energie zu besitzen. Sie wollen Verantwortung auf sich nehmen, die sie womöglich nicht tragen können. Wenn solche Menschen Aktivitäten planen, ist es hilfreich, wenn sie die Bedürfnisse ihres Sonnenzeichens berücksichtigen und sich fragen, ob sie die Verantwortung auf sich nehmen möchten.

Zum Beispiel werden sich Widder-Geborene mit nur einer einzigen kardinalen Besetzung in allerhand Aktivitäten stürzen wollen, weil der Widder sich gern mit vielen neuen Ideen befaßt. Der Mangel an kardinaler Energie ist jedoch ein Hinweis, daß er mit der Verantwortung möglicherweise nicht umgehen kann, weil die Energie nicht ausreicht. Stiere mit nur einem Planeten in einem kardinalen Zeichen werden langsamer als der Widder vorgehen; sie neigen dazu, ihre Energie zu bewahren. Sie stürzen sich nicht auf Aktivitäten wie der Widder, und deshalb sind sie nicht so schnell verbraucht. Stiere mit nur einem kardinalen Planeten fühlen sich träge, sie spüren einen Mangel an physischer Energie.

Manche Sonnenzeichen verspäten sich ständig, haben Schwierigkeiten, ihre Termine wahrzunehmen oder rechtzeitig zur Arbeit zu gelangen. Oft entstehen Probleme durch terminliche Überlastung, die dann gelöst werden müssen. Eine mangelnde Kardinalbetonung bedeutet gleichzeitig, daß die fixen und veränderlichen Zeichen gut betont sind. An der jeweiligen Betonung können wir den natürlichen Energiefluß des Betreffenden erkennen.

Wenn fünf oder mehr Planeten in kardinalen Zeichen stehen, ist eine große Antriebsenergie vorhanden. Diese Menschen springen oft ohne Überlegung in Situationen hinein. Sie sind kleine Kraftwerke, deren Energie in Bahnen geleitet werden muß. Es sind die Kinder, die ständig in Bewegung sind und ihre Eltern an den Rand der Erschöpfung treiben. Ihre Energien können jedoch im Erwachsenenalter zu hoher Produktivität führen. Wenn der größte Teil der Energie kardinal ist, werden diese Menschen handeln, bevor die Situation durchdacht ist. Ihr ungeduldiges und unüberlegtes Handeln kann zur Folge haben, daß sie die Hälfte ihrer Energie dazu verwenden müssen, um sich aus Zwangssituationen zu befreien, in die sie sich unnötigerweise hineinmanövriert haben. Wenn sie aus irgendeinem Grund ihre Anlage nicht ausleben können, kann diese Energie sich nach innen kehren und ungeheure innere Spannung auslösen. Wenn das geschieht, entstehen streßbedingte Krankheiten, weil die Umstände im Leben dieses Menschen es nicht erlauben, seine inneren Energien auszuleben.

Die fixen Zeichen sind Stier, Löwe, Skorpion und Wassermann. Sie zeigen an, wieviel natürliche Festigkeit der einzelne hat und wie sehr er an sich selbst glaubt. Der Anteil der fixen Zeichen zeigt den Grad der Sturheit, der Starrheit und der festgefahrenen Meinungen. Sie weisen auf den Wunsch eines Menschen hin, zu bauen, denn die fixen Zeichen sind die

Bauherrn des Tierkreises. Sie zeigen auch Anschauungen über die Seele, über Spiritualität und Transformation, über Ethik und Humanität.

Kein oder nur ein Planet in fixen Zeichen zeigt einen Mangel an innerer Festigkeit oder Selbstsicherheit. Jedoch kann eine Unterbetonung der fixen Zeichen ausgeglichen werden durch mehrere Planeten in Erde, worüber weiter unten noch zu sprechen sein wird. Menschen mit einer zu geringen Betonung der fixen Zeichen können von anderen leicht beeinflußt werden, weil sie keine stark ausgeprägte eigene Meinung haben. Sie spüren die verschiedenen Lebenskrisen besonders heftig, weil ihr Selbstgefühl nicht tief verwurzelt ist. Sie möchten sich mit Zeichen der Stabilität und Sicherheit umgeben, denn sie kompensieren dadurch ihren inneren Mangel. Wenn sie diese Zusammenhänge verstanden haben, können sie darangehen, ihr Leben sinnvoll zu gestalten; und sie werden erst Selbstvertrauen entwickeln, indem sie Lebenserfahrungen sammeln.

Menschen mit fünf oder mehr Planeten in fixen Zeichen sind sich ihrer Überzeugungen sicher und können ausgesprochen stur sein. Es ist schwer, sie zu verändern. Sie haben Schwierigkeiten, sich an etwas Neues anzupassen oder die Stelle zu wechseln, und sie geraten leichter in die »Tretmühle«. Die Persönlichkeit ist fest verschanzt, sie stellt sich gegen den Sturm. Dies sind robuste Menschen. Eine Mehrzahl von Planeten in fixen Zeichen ist sowohl ein Segen als auch ein Fluch: Einerseits sind sie bekannt für ihre Stabilität, ihre Ausdauer und Überlebensfähigkeit; andererseits sind sie nicht bereit, sich oder ihre Einstellungen zu verändern, Neues hinzuzulernen oder die Meinungen anderer anzuhören. Durch das Bewußtwerden der Problematik der fixen Zeichen kann man die negativen Eigenschaften leichter angehen und die konstruktive Seite entwickeln.

Die veränderlichen Zeichen sind Zwillinge, Jungfrau, Schütze und Fische. Planeten in diesen Zeichen zeigen, wieviel Energie wir für Veränderungen investieren können. Sie lassen erkennen, wie anfällig wir gegenüber äußeren Einflüssen sind, wie leicht wir umgestimmt werden können, aber auch wie offen wir sind.

Kein oder nur ein Planet in veränderlichen Zeichen bedeutet eine Häufung in kardinalen und/oder fixen Zeichen. Eine Unterbetonung der veränderlichen Zeichen ist bei jenen Menschen zu finden, die sich normalerweise weder für Veränderungen noch für neue Ideen interessieren. Sie lassen sich nicht von außen beeinflussen, beispielsweise von Modeerscheinungen. Das Fehlen einer veränderlichen Betonung macht sich vor allem in Beziehungen bemerkbar. Diese Menschen werden sich in einer Partnerschaft kaum mit den Bedürfnissen und Interessen des anderen auseinandersetzen. Sie haben auch keine gute Gruppenorientierung; sie arbeiten allein besser als im Team.

Menschen mit fünf oder mehr Planeten in den veränderlichen Zeichen lassen sich fast von jedem beeinflussen. Es fällt ihnen schwer, auf ihre eigenen Bedürfnisse zu achten, weil die anderen immer recht zu haben scheinen. Diese Menschen können sich leicht verändern, sich an immer neue Bedingungen anpassen; sie können so übertrieben anpassungsfähig sein, daß sie nie selbst eine Entscheidung treffen wollen. Andererseits sind sie die Schöpfer neuer Ideen und Vorstellungen, die der Gemeinschaft zugute kommen. Sie erforschen neue Philosophien, neue Einstellungen und neue Strömungen. Es ist wichtig, daß sie lernen, ihre persönlichen Bedürfnisse zu schätzen, denn sie könnten zuviel von ihrem Leben anderen opfern.

Elemente

Bei den Naturphilosophen der Antike galten die vier Elemente Erde, Wasser, Luft und Feuer als der Urgrund aller Dinge; für uns ist es wichtig, zu verstehen, wie sie sich in der Welt und in der menschlichen Seele offenbaren. Die Elemente helfen uns, unsere Ausrichtung zu erkennen; die menschlichen Beweggründe sind immer auf etwas gerichtet. Die Karma-Astrologen sagen, daß wir jene Erfahrungen anziehen, die uns bei der Entwicklung unseres Bewußtseins helfen. Auf der Suche nach einer seelischen Ganzheit streben wir nach Erfahrungen außerhalb unserer selbst, um einen inneren Mangel auszugleichen. Die Elemente, die uns fehlen, scheinen jene Eigenschaften zu symbolisieren, die wir zu entwickeln versuchen. An ihrer Ausgewogenheit oder Unausgewogenheit können wir leicht erkennen, was wir brauchen und was wir haben.

Durch die Elemente kann man das Temperament des einzelnen erkennen, man sieht, was ihm fehlt und wonach er deshalb in seinem Leben suchen wird. Man verwendet eine Skala von eins bis zehn und zählt die acht Planeten plus Sonne und Mond. Die Elementebesetzung zeigt die Lebensbereiche, die den einzelnen am meisten interessieren. Wir scheinen den Elementen, die gut repräsentiert sind, zuwenig Beachtung zu schenken, sind auf der Suche nach denen, die uns fehlen. Wenn wir Beziehungen eingehen, wählen wir oft Menschen mit einer Energiekombination, die unsere eigene kompensiert oder vervollständigt. Wir möchten die unbetonten Elemente entwickeln und scheinen etwas befangen, die betonten zum Ausdruck zu bringen.

Die Feuerzeichen sind Widder, Löwe und Schütze. Kein oder nur ein Planet in Feuer deutet auf ein Bedürfnis nach der Eigenschaft des Feuers im eigenen Leben hin. Menschen ohne Feuerbesetzung brauchen ein großes Maß an Liebe und Anerkennung. Wahrscheinlich erwarten sie zuviel Aufmerksamkeit von den Eltern oder Menschen, die sie lieben. Sie können so viel Bewunderung fordern, daß es unmöglich ist, diesem Bedürfnis zu entsprechen. Sie wollen stets im Mittelpunkt stehen, unterbrechen Gespräche anderer, denn sie werden ärgerlich, wenn die Welt nicht an ihren Lippen hängt. Sie möchten bekannt oder berühmt sein. Wenn sie diese Energie für ihre berufliche Laufbahn nutzen, können sie allerdings sehr produktiv sein.

Menschen mit fünf oder mehr Planeten in Feuerzeichen sind meist ziemlich schüchtern. Die alten Lehrbücher behaupten, daß diese Menschen sehr feurig sind und Aufmerksamkeit heischen wollen. Ich selbst glaube, eine Überbetonung von Feuer wirkt sich gegensätzlich aus. Menschen mit einer starken Feuerbetonung sind zwar aufgeschlossen, fröhlich und idealistisch beim Umgang mit Menschen, die sie gut kennen, sie sind jedoch ziemlich scheu in einer fremden Umgebung. Sie können Probleme in ihren Beziehungen haben, da feuerbetonte Menschen ihre Bedürfnisse nicht deutlich zum Ausdruck bringen, und sie ärgern sich über diejenigen, die ihre Gedanken nicht »lesen«. Da sie sich in die Wünsche und Vorstellungen des Partners einfühlen können, erwarten sie das gleiche von ihm. Viel Feuer bedeutet auch hohe Ideale. Diese Menschen suchen idealistische Liebesbeziehungen und können sich verletzt fühlen, wenn der Partner menschliche Schwächen zeigt. Sie werden ihm gegenüber auch nicht ihre wahren sexuellen Bedürfnisse äußern. Sie wünschen sich vielleicht mehr Zärtlichkeiten, aber sie sagen es nicht. Dies kann nach einer Weile zur Trennung führen, da die ständige Unzufriedenheit den Groll im Inneren wachsen läßt. Das Vorherrschen von Feuerplaneten in ihrem Horoskop kann auf tiefsitzende Schwierigkeiten hinweisen, Beziehungsprobleme durchzuarbeiten, weil ihre Gefühle zu leicht verletzt und ihre Ideale zerbrochen werden. Wenn diese Menschen lernen, etwas mehr Humor zu entwickeln, können sie den nötigen Abstand zu sich selbst gewinnen und zu solchen Leitbildern finden, nach denen sie glücklicher leben.

Die Erdzeichen sind Stier, Jungfrau und Steinbock. Sie symbolisieren unsere Sicherheit, auch die materielle, zeigen, mit welcher Entschlossenheit wir vorgehen, und sagen uns – wie die fixen Zeichen – etwas darüber, wie wir die stürmischen Zeiten in unserem Leben überstehen.

Menschen mit keinem oder nur einem Erdplaneten haben keine natürliche Selbstsicherheit. Es scheint ein typisches Merkmal zu sein, daß sie dem Geldverdienen zuviel Bedeutung zumessen, aber auch ihr Wunsch nach emotionaler Sicherheit ist überbetont. Sie sind sehr ehrgeizig, wollen ein solides Zuhause in einer schönen Vorstadtgegend und möchten über ein hohes Bankkonto verfügen; sie brauchen eine langfristige Absicherung. Menschen ohne Erdbesetzung neigen dazu, in ihren persönlichen Beziehungen zu leiden, weil Liebe für sie Sicherheit bedeutet. Daher bleiben sie häufig eher in einer unglücklichen Partnerschaft verhaftet, als daß sie sich mit der Möglichkeit des Alleinseins auseinandersetzen. Sie halten eine schlechte Ehe aufrecht wegen des Hauses, des gewohnten Lebensstils oder der finanziellen Sicherheit.

Menschen mit fünf und mehr Planeten in Erdzeichen neigen zu Sturheit und zu starren Ansichten. Finanzielle Sicherheit ist für sie nicht wichtig, deshalb verhalten sie sich beispielsweise ihrem Chef gegenüber nicht immer diplomatisch. Sie nehmen nicht gern Anweisungen entgegen und reagieren empfindlich, wenn sie getadelt werden. Sie können den materiellen Gewinn ihres Erfolges genießen, sie werden jedoch um der Sicherheit willen nicht in Situationen verharren, die sie nicht befürworten. Sosehr sie ihre Liebesbeziehung schätzen und genießen, werden sie jedoch nicht völlig darin aufgehen; sie können sich auch leicht von einem Partner trennen. Diese Menschen sind autark, in Beziehungen verhalten sie sich oft dogmatisch und stur, oder sie sind verärgert. Am liebsten würden sie alles selbst bestimmen, ohne die Bedürfnisse und Wünsche des anderen zu berücksichtigen. Es gibt nur einen Weg – den ihren.

Die Luftzeichen sind Zwillinge, Waage und Wassermann. Luftzeichen bedeuten im allgemeinen ein Interesse an Kommunikation. Wenn uns die Lufteigenschaft fehlt, neigen wir dazu, die intellektuelle Entwicklung überzubewerten. Bei starker Luftbetonung lernen wir am besten durch den Austausch mit anderen.

Wenn wir keinen oder nur einen Planeten in Luft haben, bedeutet das einen Mangel an intellektuellen Fähigkeiten. Deshalb streben diese Menschen nach geistiger Entwicklung. Sie sind im allgemeinen wißbegierig; sie lesen viel oder betreiben Studien in Gebieten, die sie interessieren. Wenn sie sich keine Hochschulausbildung leisten können, lernen sie autodidaktisch. Viele Feuer- und keine Luftplaneten werden einen »Bücherwurm« hervorbringen. Menschen ohne Luftbesetzung befassen sich gerne mit Theorien und Systemen. Sie sind immer offen für etwas Neues und interessante, vielseitige Gefährten.

Bei Menschen mit fünf oder mehr Planeten in Luft kann es sein, daß ihnen die intellektuelle Entwicklung nur insofern von Bedeutung ist, als sie die beruflichen Ziele fördert. Wenn die Karriereplanung es erfordert, daß man einen Universitätsabschluß hat, so werden sie ihn deswegen anstreben. Sie brauchen eine Beschäftigung in einer sich ständig verändernden Umgebung, müssen eine Vielzahl von Leuten kennen und sich mit ihnen austauschen. Sie lernen am besten durch Gespräche und durch Zuhören. Sie fühlen sich oft wohl in Medien- oder Lehrberufen, weil sie gern anderen vermitteln, was sie gelernt haben. Es sind Schriftsteller und Reporter, Menschen, die gut arbeiten können, wenn ihre Umgebung abwechslungsreich ist. Sie sind engagiert in gesellschaftlichen Gruppierungen, etwa Frauenemanzipation, Bürger- und Menschenrechtsbewegungen und in Gruppen, die politische Ziele verfolgen.

Die Wasserzeichen sind Krebs, Skorpion und Fische. Die Anzahl der Planeten in Wasserzeichen im Horoskop geben Hinweise auf die Gefühlswelt des einzelnen, seine intuitiven und psychischen Fähigkeiten. Ein Mangel an Wasserzeichen führt uns auf die Suche nach Liebe und nach Gefühlen, um unsere intuitiven Fähigkeiten zu entwickeln. Wenn wir mehrere Planeten in Wasserzeichen haben, zögern wir oft, unsere Gefühle zu zeigen und unsere natürlichen intuitiven Fähigkeiten zum Ausdruck zu bringen.

Menschen mit keinem oder nur einem Planeten in Wasser neigen dazu, jedes emotionale Erlebnis bis aufs äußerste auszukosten. Sie sind bestrebt, den Mangel an Gefühlen auszugleichen. Deshalb stürzen sie sich in emotionale Situationen, um sie völlig auszukosten. Jede kleinste Gefühlsregung wird intensiv erlebt, gleich, ob das Erlebnis nun zu ihrem Vorteil ist oder auch nicht. Menschen mit einer durchschnittlichen Wasserbesetzung halten die Reaktionen ihrer »wasserlosen« Freunde für übertrieben. Diese jedoch *suchen* intensive emotionale Erlebnisse. Im Laufe ihres Reifungsprozesses erkennen die Menschen mit fehlender Wasserbetonung, daß sie mehr leiden als ihre Mitmenschen mit Wasserbetonung, und sie hören auf, unnötigen gefühlsbeladenen Erlebnissen nachzustreben.

Andererseits sind Menschen mit fünf oder mehr Planeten in Wasserzeichen so sensibel, daß sie dazu neigen, sich zu verschließen, und eine zu intensive Gefühlsbindung scheuen. Sie können hart oder kalt erscheinen, weil sie sich mit einer Schutzmauer umgeben. Wahrscheinlich fürchten sie sich, da sie glauben, sie könnten den Schmerz nicht ertragen, falls eine gewünschte Beziehung nicht zustande kommt. Im Alltag werden sie sehr methodisch vorgehen, weil sie vermeiden wollen, daß sie von Gefühlen »überschwemmt« werden. Oft sind sie medial veranlagt. Sie interessieren sich für Formen spiritueller Entwicklung oder für das Okkulte.

Man hört oft Beschwerden wegen der angeblichen Gefühlskälte der wasserbetonten Menschen. In Liebesbeziehungen verhalten sie sich zwar oft wie Verliebte, ihre Gefühle bleiben jedoch so verborgen, daß sich der Partner nie wirklich geliebt fühlt. Menschen mit vielen Wasserzeichen müssen lernen, sich selbst und ihren Gefühlen zu vertrauen; sie müssen lernen, sich hinzugeben, ohne Angst zu haben, daß sie dabei alles verlieren. Wasser ist eine der mächtigsten Substanzen im Universum. Wenn Feuer es »verbrennt«, wird es zu Dampf und kommt als Wasser wieder zurück; wenn die Erde es aufsaugt, wird mit der Zeit ein Strom oder eine Quelle daraus; wenn die Luft es verdunstet, kommt es als Regen zurück. Das Wasser braucht seine Umgebung nicht zu fürchten, denn es kehrt immer wieder zu seinem ursprünglichen Zustand zurück.

Wir scheinen das zu suchen, was uns in unserem Horoskop fehlt. Wenn eine bestimmte Qualität (kardinal, fix oder veränderlich) in unserem Horoskop betont ist, neigen wir dazu, Menschen anzuziehen, bei denen eine andere Qualität vorherrscht. Die Energie des anderen kann die unsrige ausgleichen, aber wir nehmen es dem anderen trotzdem übel. Ein Mensch mit fünf Planeten in kardinalen Zeichen könnte eine Ergänzung finden bei einem Partner mit fünf Planeten in fixen Zeichen. Natürlich werden ihre Meinungen und Reaktionen auf die Situationen des Lebens verschieden sein. Der kardinale Typ will immer in Bewegung sein, während der fixe Typ bleiben möchte, wo er ist. In ihrer Beziehung wird der eine den anderen beeinflussen. Entweder werden sie einander helfen, oder sie werden sich übereinander ärgern.

Ebenso ziehen wir das Temperament an, das uns in unserem Geburtshoroskop fehlt. Man kann dies oft in Beziehungen beobachten. Jemand mit viel Feuer und Erde wird jemanden anziehen, der viel Luft und Wasser hat. Sofort werden Verständigungsschwierigkeiten auftreten! Wenn wir uns eine Partnerschaft wie einen Kreis vorstellen, so kann die Person, die unsere Lücken ausgleicht, uns helfen, eine besser abgerundete Persönlichkeit zu werden. Wenn beispielsweise jemand ohne Erdbesetzung eine Beziehung eingeht mit jemandem, der eine gute Erdbesetzung hat, können beide einander ausgleichen. Der Mensch mit einem Mangel an Erde ist möglicherweise zu sehr auf materielle Sicherheit ausgerichtet, während der Mensch mit viel Erde derartig eigensinnig und stur ist, daß er nicht erreichen kann, was er sich in seinem Beruf wünscht. Indem sich diese zwei Menschen kennenlernen, kann der eine dem anderen helfen, seinen Mangel auszugleichen.

Die Probleme, die zwischen zwei Menschen wegen der unterschiedlichen Elementebetonung entstehen, können manchmal sehr leicht gelöst werden. Ein Beispiel: Eine Klientin kam zu mir, um ihr Horoskop mit dem ihres Partners zu vergleichen. Sie konnte ihren Mann nicht verstehen und machte sich Gedanken, ob sie die Ehe aufrechterhalten sollte. Sie hatte weder eine Feuer- noch eine Erdbesetzung. Eines der Dinge, die sie im Leben erreichen wollte, war, ein Haus auf dem Lande zu besitzen. Ihr Mann, er hatte eine gute Feuer- und Erdbetonung, kaufte ihr schließlich das Haus, aber er kümmerte sich nicht weiter darum. Wir besprachen die grundlegenden Unterschiede in ihren Temperamenten, und sie begann zu verstehen, worauf ihre Probleme zurückzuführen waren. Es gelang ihr, die Situation mit einem gewissen Humor zu betrachten; und als sie ihre Erkenntnisse ihrem Mann vermittelt hatte, begann auch er, seine Reaktionen auf ihr Verhalten zu verstehen, und sie konnten ihre Beziehung wiederbeleben. Ein Verständnis der Elementeaufteilung ist wichtig, wenn wir unsere Bedürfnisse und die unseres Partners begreifen wollen.

Die Verteilung der Elemente und der Qualitäten in einem Horoskop kann sehr viel über eine Person aussagen. Marilyn Monroe beispielsweise hatte eine Besetzung von zwei Planeten in Feuer, keine in Erde, vier in Wasser und vier in Luft. Man kann behaupten, daß die Feuerbesetzung ihr ein gesundes Bedürfnis nach Aufmerksamkeit und Liebe gab. Vielleicht war sie etwas zu anspruchsvoll, was ihr Verlangen nach Aufmerksamkeit betraf. Drei Planeten in Feuerzeichen wäre eine normale Aufteilung, wenn aber zwei in Feuer und keine in Erde zusammenkommen, ist der Mensch im Grunde unsicher. Dies veranlaßte Marilyn, Zuwendung und Sicherheit bei anderen zu suchen. Das Fehlen des Erdelements in ihrem Horoskop bedeutet, daß ihr ein Gefühl der inneren Beständigkeit fehlte, weshalb es für sie sehr wichtig war, geliebt zu werden und eine finanzielle Absicherung zu haben. Die vier Planeten in Luftzeichen zeigen an, daß sie sich weniger für das Lernen aus Büchern als für den Austausch mit Menschen interessierte. Sie war in der Öffentlichkeit bekannt und kam mit immer neuen Menschen in Berührung. Sie wußte aber nicht so genau, was sie eigentlich von ihnen wollte. Die vier Planeten in Wasserzeichen bestimmten ihre Reaktionsweise. Sie sehnte sich zwar nach Liebe (zwei Planeten in Feuer), hatte aber Furcht, sich darauf einzulassen (vier Planeten in Wasser). Der Mangel an Erde zeigt das Bedürfnis nach gefühlsmäßiger Geborgenheit, jedoch hielt die starke Wasserbetonung sie davon ab, sich wirklich jemandem hinzugeben, ihn ganz Anteil nehmen zu lassen, aus Angst, sich zu verlieren. Diese Art von innerem Kampf ist astrologisch leicht zu erkennen, aber er ist schwierig zu überwinden für denjenigen, der damit leben muß. Marilyn hätte ihr inneres Durcheinander ausgleichen können, hätte sie gewußt, was ihre Bedürfnisse waren. Sie brauchte Liebe; aber um Liebe zu bekommen und zu behalten, muß man Liebe schenken. Sobald wir unsere Sicherheitsbedürfnisse verstehen, können wir feste Partnerschaften eingehen, die unser Wachstum fördern, und wir können Beziehungen aufgeben, die unsere Unsicherheit nur verstärken.

Marily hatte zwei Planeten in kardinalen, vier in fixen und vier in veränderlichen Zeichen. Nur zwei Planeten in kardinalen Zeichen deuten auf einen Mangel an körperlichem Durchhaltevermögen. Zwar war sie sehr ausdauernd mit den vier Planeten in fixen Zeichen, sie litt jedoch an ständigen Selbstzweifeln. Die vier Planeten in veränderlichen Zeichen verursachten ihre Zweifel. Sie mußte ihre Entscheidungen immer wieder überdenken, sich fragen, ob sie richtig oder falsch waren, und schließlich hielt sie an einer Entscheidung fest, nur um überhaupt eine getroffen zu haben. Sie schwankte hin und her zwischen der Festlegung und der Infragestellung von Zielen und Vorhaben. Wahrscheinlich gab sie sich an einem Tag offen und am nächsten stur.

Wenn man die ungünstige Verteilung der Qualitäten mit dem Mangel an Erde und der geringen Feuerbesetzung kombiniert, begreifen wir, warum sie ständig an sich selbst zweifelte. Mit vier Planeten in veränderlichen Zeichen neigt man dazu, viele Fragen zu stellen und viele neue Projekte zu beginnen, ohne sie zu beenden. Da sie im Zeichen Zwillinge geboren wurde, liebte sie die Abwechslung. Ihre Feuerbesetzung verlangte ständige Zuwendung, und wenn sie diese nicht bekam, wurde sie wegen des Mangels an Erde äußerst unsicher.

Diese Verteilung der Elemente und Qualitäten kann die Voraussetzung für ein interessantes Leben und eine faszinierende Persönlichkeit sein. Sie muß nicht – wie bei Marilyn – mit Selbstmord enden. Solche Menschen können viel schaffen, wenn sie sich ihrer Energien und ihrer Bedürfnisse bewußt werden.

Elvis Presley hatte folgende Verteilung: einen Planeten in Feuer, vier in Erde, zwei in Luft und drei in Wasser, was eine völlig andere Persönlichkeit bedeutet. Der einzige Planet im Feuerzeichen Widder trieb ihn in die Welt hinaus, um Aufmerksamkeit zu erregen, ähnlich wie bei Marilyn. Er konnte jedoch sein Bedürfnis nach Anerkennung durch die vier Planeten in Erdzeichen ausgleichen. Zwar brauchte er auch Aufmerksamkeit, er hätte deswegen aber seine ethischen Prinzipien nicht aufgegeben. Er wollte selbst bestimmen, was er tat. Er wäre nicht mit jemandem zusammengeblieben, der ihm nicht seinen Willen gelassen hätte. Die zwei Planeten in Luftzeichen machten ihn wißbegierig und vielseitig interessiert. Mit drei Planeten in Wasserzeichen war er sensibel und gefühlsbetont, wenn auch nicht übermäßig. Er fürchtete sich weniger vor Bindungen als Marilyn, denn er hatte weniger Planeten in Wasserzeichen als sie. Die Schwierigkeiten in seinem Horoskop liegen in der ungleichen Verteilung von Feuer und Erde. Es war ein ausgeprägtes Bedürfnis nach Beachtung wegen des einzigen Planeten in Feuer gepaart mit der Unfähigkeit zu geben wegen der starken Erdbetonung.

Erdbetonte Menschen stellen ihre eigenen Bedürfnisse in den Vordergrund und mißachten die Bedürfnisse des Partners oder sind sich deren gar nicht bewußt. Man kann sich gut vorstellen, daß Elvis in persönlichen Beziehungen schwierig war, denn seine Elementeverteilung machte ihn zu einem anspruchsvollen Liebhaber. Marilyn wäre viel länger in einer Beziehung geblieben als Elvis, denn sie brauchte mehr emotionale Sicherheit als er.

Wenn wir die Betonung der Qualitäten bei Elvis untersuchen, finden wir sechs Planeten in kardinalen, zwei in fixen und zwei in veränderlichen Zeichen. Dies zeigt einen Menschen mit großer Energie. Elvis konnte viel leisten. Er absolvierte ein dichtgedrängtes Veranstaltungsprogramm, ohne je dabei zu ermüden. Mit sechs Planeten in kardinalen Zeichen stürzt man sich in Aktivitäten, ohne sich um die Folgen zu kümmern. Die zwei Planeten in fixen Zeichen deuten auf eine mäßige Selbstsicherheit hin, während die zwei Planeten in veränderlichen Zeichen einen Mangel an Bereitschaft, sich zu ändern, andeuten. Wahrscheinlich machte er sich darüber gar keine Gedanken.

Elvis gab der Welt seine eigene Art von Musik, die er im Lauf der Zeit nicht den neuen Stilrichtungen des Popmusikmarkts anpaßte. Das Interesse an ihm ließ nach, und er konnte erst sein Comeback feiern, als die »Oldies« wieder populär wurden. Mit nur zwei Planeten in veränderlichen Zeichen war es ihm wahrscheinlich nicht möglich, sich auf den neuen Geschmack einzustellen. Zusammen mit den vier Planeten in Erdzeichen kann man annehmen, daß er sich nicht anpassen *wollte*. Er wollte »seine Sache machen«, gleichgültig, ob es jemandem gefiel oder nicht.

Ein weiteres Beispiel: Ein Mensch mit fünf Planeten in Feuer, fünf in Erde, keinem in Wasser und ebenfalls keinem in Luft wird einen ungewöhnlichen Charakter haben. Er wird voller Zorn sein. Der Mangel an Wasser bedeutet, daß er emotionale Erlebnisse suchen wird. Der Mangel an Luft weist auf

Wißbegier und auf ein Interesse an der Entwicklung intellektueller Fähigkeiten. Die Feuerbetonung zeigt einen extremen Idealismus und ein hochentwickeltes ethisches Bewußtsein. Die fünf Planeten in Erde machen diesen Menschen unbeweglich, stur und ziemlich selbstsüchtig. Er wird seinen Willen durchsetzen wollen. Die starke Feuerbetonung jedoch weist auf Schwierigkeiten hin, seine Bedürfnisse und Wünsche zu äußern. In einer Beziehung wird dieser Mensch Groll ansammeln, weil das moralische Empfinden der Feuerzeichen den Ausdruck von Zorn nicht erlaubt. Die dadurch aufgestaute Energie führt dann zu inneren Spannungszuständen. Um diese Spannungen abzubauen, wird er nicht nur lernen müssen, seine Bedürfnisse zu äußern und diejenigen der anderen zu verstehen, sondern er muß auch lernen, seine Ideale an seine Bedürfnisse anzupassen. Menschen mit starker Feuerbetonung haben oft übertriebene Moralvorstellungen, deren Herkunft sie nicht in Frage stellen. Man hört sie Dinge sagen wie: »Das müßte verboten werden« oder »Das ist ungerecht«, ohne daß sie Gründe für ihre Einstellung nennen können. Eine solche Engstirnigkeit macht das Verhältnis zum Partner sehr schwierig.

Wenn man eine fehlende Feuerbesetzung mit sieben Planeten in Luftzeichen, einem Planeten in Erde und zwei Planeten in Wasserzeichen kombiniert, haben wir einen Menschen, der sehr viel Aufmerksamkeit (Mangel an Feuer) braucht und sich ständig nach einem Publikum umsieht. Das Vorherrschen von Planeten in Luftzeichen ermuntert zu einem geselligen Leben, daher erscheinen sie wie wurzellose Herumtreiber, die von einer Gesellschaft zur anderen rennen und sich »großartig amüsieren«. Sie lernen und machen ihre Erfahrungen im Umgang mit Menschen aus verschiedenen sozialen Schichten; sie lernen einfach gern immer neue Leute kennen. Über Aktuelles können sie sich deshalb unterhalten, weil sie es von ihren Bekannten aufgeschnappt haben. Der Mangel an Erde gibt ihnen ein Gefühl der Unsicherheit; sie kennen ihren eigenen

Standpunkt nicht. Wenn Menschen, die im Austausch mit anderen ihre Lebenserfahrungen sammeln, keine Feuerbesetzung haben, können sie übermäßig anspruchsvoll sein. Wenn sie keine Erdbetonung haben, wollen sie geliebt werden, ohne Feuerbetonung aber suchen sie Beachtung. Menschen mit dieser Kombination begegnen ihrer Unsicherheit in persönlichen Beziehungen, indem sie mit anderen flirten. Wenn der Partner sie deshalb verläßt, verstärkt sich die Unentschlossenheit. Manchmal versuchen sie dann auch, ihre Hilflosigkeit dadurch zu kompensieren, daß sie materielle Beständigkeit anstreben und keine Möglichkeit auslassen, mehr Geld zu verdienen. Indem sie immer unsicherer und mißtrauischer werden, gehen sie immer mehr oberflächliche Partnerschaften ein; es sei denn, sie können diesen Teufelskreis durchbrechen.

Ganz anders kommt eine Kombination von drei Planeten in Feuer, keinem in Erde und Luft und sieben in Wasserzeichen zum Ausdruck. Die Feuerbesetzung macht idealistisch, und die Wasserbesetzung bringt eine Veranlagung zum Praktischen hervor. Die starke Wasserbetonung erlaubt es nicht, sich vertrauensvoll einer Beziehung hinzugeben, und die Feuerbetonung reicht gerade aus, um eine Neigung zu Schüchternheit zu bewirken. Wenn die emotionalen Bedürfnisse dieser Menschen nicht erfüllt werden, können sie wegen der fehlenden Erdbesetzung sehr unsicher werden. Sie brauchen ständig Bestätigung, daß sie geliebt werden, da sie aber nach außen hin kalt erscheinen, bekommen sie diese Bestätigung nicht. Die Feuer/Wasser-Kombination erzeugt »Dampf«, das heißt Spannungen; es ist schwierig, damit zu leben. Wegen der fehlenden Erdbesetzung werden diese Menschen versuchen, materielle Sicherheit zu erlangen. Die fehlende Luftbesetzung zeigt, daß sie ihre Ansichten und Meinungen aus Büchern gewinnen, da sie lieber lesen, als sich mit Menschen einzulassen. Wenn sie aber einmal gelernt haben, anderen zu vertrauen, können sie sehr interessante Partner sein. Mit ihren Gefühlen werden sie jedoch immer Probleme haben, weil sie sich nicht nur auf eine Sache festlegen wollen. Es kommt bei dieser Kombination sehr darauf an, wo die Sonne steht. In meinem Beispiel würde sie entweder in einem Feuer- oder Wasserzeichen stehen. Mit der Sonne in Feuer wäre dieser Mensch sehr edel und zurückhaltend. Sein ausgeprägter Idealismus könnte ihn jedoch unbeweglich und steif erscheinen lassen. Mit der Sonne in einem Wasserzeichen wäre er launisch und schwer zugänglich, so daß man kaum die Möglichkeit hätte, ihn wirklich kennenzulernen.

Wenn wir auf diese Weise mit den verschiedenen Kombinationen von Qualitäten und Elementen experimentieren, bekommen wir ein zusammenhängendes Bild von den verschiedenen Energien, welche die Menschen motivieren, und wir lernen, Menschen zu begreifen, die ganz anders sind als wir selbst.

5. Die Tierkreiszeichen

Wenn man ein Horoskop auf die Grundstruktur der Persönlichkeit untersuchen will, muß man besonders das Sonnenzeichen berücksichtigen. Es gibt den einzelnen Charakterzügen und Bedürfnissen eine besondere Färbung. Es zeigt auch, welcher Elternteil der beherrschende war in den ersten drei Lebensjahren.

Jeder Planet nimmt etwas von dem Zeichen auf, in dem er steht. Der dominante Elternteil wird jedoch nur durch die Sonne repräsentiert. Mars in Krebs beispielsweise wird die Krebseigenschaften annehmen – Empfindsamkeit, Besitzergreifen, die Neigung, sich wie ein kleiner Junge oder ein kleines Mädchen zu geben, aber auch die Elternrolle zu übernehmen. Es gibt jedoch keine Hinweise darauf, welcher Elternteil der dominante war.

In der Regel werden die Zeichen entsprechend ihrer Anordnung im Tierkreis behandelt. Hier habe ich sie nach Elementen geordnet, denn wenn man die Bedeutung der Elemente richtig einschätzen kann, kommt man zu einem besseren Verständnis des Horoskops.

Die Feuerzeichen

Menschen, die in einem der drei Feuerzeichen Widder, Löwe oder Schütze geboren sind, hält man für begeisterungsfähig und idealistisch. Kinder, die in einem Feuerzeichen geboren wurden, sind äußerst sensibel und werden von ihren Eltern oft mißverstanden. Konflikte zwischen Eltern und Kind, die von verschiedenen persönlichen Wertvorstellungen herrühren, führen später bei den im Feuerzeichen Geborenen zu empfindlichen Reaktionen, wenn es um ihre Ideale geht.

Das Element zeigt an, welcher Elternteil der wichtigere für

das Kind war. Der wichtige muß nicht gleichzeitig der geliebte Elternteil sein, denn seine Bedeutung könnte sowohl durch Liebe als auch durch Haß begründet sein. Wesentlich ist, zu bedenken, daß einer der beiden Eltern einen stärkeren Einfluß auf das Kind ausübte. Die in einem Feuerzeichen geborenen Kinder werden mehr vom Vater als von der Mutter beeinflußt. Sie nehmen die Ansichten desjenigen auf, der ihnen in ihren ersten drei Lebensjahren als der mächtigere erschien.

Das Feuerzeichen-Kind steht seiner Mutter gefühlsmäßig sehr nahe. Wenn es älter wird, erlebt es diese Zuneigung als eine Art Mitgefühl. Mutter ist dann »die Arme«, deren Lebensweise die Töchter auf keinen Fall nachahmen möchten. Die Söhne sind ebenfalls besorgt und mitfühlend, sie befürchten jedoch eine zu große emotionale Nähe.

Es mag sein, daß sich der Vater seines starken Einflusses nicht bewußt ist, für Feuerzeichen-Kinder gibt es jedoch nichts Wichtigeres als ihn. Sie übernehmen sein Wertsystem und setzen sich in der Welt auf eine »väterliche« Art durch (vgl. Kap. 3).

Die Angriffslust der Feuerzeichen ist eher geistiger als physischer Art. Sie streben immer einen Idealzustand an, und sie leiden, wenn er nicht erreicht wird. Man kennt sie als stolze Menschen. Sie sind äußerst idealistisch und wahrscheinlich zu perfektionistisch, jedes Zeichen aus seinen eigenen Gründen. Die konstruktive Seite der Feuerzeichen ist ein starkes ethisches Empfinden. Wenn sie gegen ihre eigenen Vorstellungen verstoßen, dann deshalb, weil sie sich als Versager sehen und sich als Strafe Leid zufügen wollen.

Widder. Widder ist ein persönliches Feuerzeichen und wird deshalb oft als selbstsüchtig angesehen. Widder-Geborene sind nicht absichtlich egoistisch, sie neigen eher zu Gedankenlosigkeit. Sie verfolgen ihre Interessen mit großer Begeisterung, ohne zu merken, daß sie dabei jemanden überrumpeln oder verletzen könnten. Wenn man sie darauf aufmerksam macht, reagieren sie abwehrend. Nachdem sie sich aber die Situation haben durch den Kopf gehen lassen, werden sie sich wahrscheinlich entschuldigen. Sobald sie entdecken, daß sie jemanden verletzt oder übergangen haben, sind sie voller Reue. Wenn sie reifer werden, entwickeln sie mehr Geduld, um zu vermeiden, daß andere verletzt werden.

Die erste Antwort eines Widders auf einen Vorschlag lautet: »Nein.« Zum Glück ist das nicht unbedingt endgültig. Wenn sie ich den Vorschlag überlegt haben, werden sie ihn annehmen, vorausgesetzt, er ist gut. Widder-Geborene haben es immer eilig; sie schauen in die Zukunft und wollen etwas erreichen, ohne genau zu wissen, was dieses geheimnisvolle »Etwas« ist. Man hat ihnen schon früh vermittelt, daß Erfolge wichtig sind, denn der Vater hielt sie für wichtig. Er hat vielleicht nichts im Leben erreicht, doch sind die Vorstellungen des Kindes und nicht die objektiven Tatsachen von Bedeutung.

Vielleicht redet der Vater des Widder-Kindes nur über Erfolg, es kann aber auch einer sein, der es wirklich weit bringt. Diese Kinder haben dann ein Vorbild, das sich Sorgen um das eigene Fortkommen macht. Vielleicht wird der Vater in seinem Beruf besonders geachtet, auch als Arbeiter, der seine Aufgaben sehr gut verrichtet. Es kann aber auch sein, daß er als Arbeiter unglücklich ist, weil er beispielsweise lieber Geschäftsmann wäre. Wenn dieser Vater abends nach Hause kommt, spielt er entweder den großen »Helden« oder den »Tyrannen«. Die Verhaltensmuster des Kindes werden sich nach dem jeweiligen Vaterbild entwickeln.

In diesem Modell hat die Mutter eine untergeordnete, dienende Funktion. Das bedeutet nicht, daß sie vom Kind abgelehnt wird. Wenn der Vater tyrannisch ist, empfindet das Widder-Kind seine Mutter als eine arme, eingeschüchterte Frau, die bei ihrem Mann bleibt, weil sie nicht weiß, wie sie ihre Lage verändern soll. Das Kind wird die Mutter verteidigen, es wird bei Streitigkeiten zwischen den Eltern auf der

Seite der Mutter sein und sich vornehmen, ihr zu helfen, sie emotional und finanziell zu unterstützen, sobald es größer geworden ist. Sie erfährt jedoch mehr Mitleid als Liebe von dem Kind, und als Erwachsener wird es die Haltung des Vaters annehmen.

Der Widder-Mann fühlt sich mit seiner Zuneigung zu seiner Mutter nicht ganz wohl; er ist ihr näher als die Widder-Frau. Wegen dieser Nähe fürchtet er, daß er ihr im Gefühlsleben ähnlich sein könnte. Aus diesem Grund kann es sein, daß er ihr als Erwachsener aus dem Wege gehen wird, denn er will möglichst wie sein Vater sein. Die emotionale Nähe zu seiner Mutter beeinträchtigt sein Selbstbild. Männer mit der Sonne in Feuer haben eine problematische Einstellung zur Sexualität. Sie sind in ihrem Vorgehen aggressiv und gefühlsbetont, haben aber auch idealistische Vorstellungen. Wenn sie zum Idealisieren neigen, verhalten sie sich bei sexuellen Kontakten etwas verschämt und behandeln die Frauen wie »kleine Mädchen«, spielen eine väterliche Rolle. Vielleicht ist dieses Verhalten dem Vater abgeschaut, der ebenso mit der Mutter umging. In der Kindheit von Feuer-Geborenen kommt es nicht selten vor, daß die Mutter ihren Ehemann »Vater« nennt.

Das Bild, das sich ein Widder-Mann von einer Frau macht, ist eine Mischung aus Lolita und den Fräulein der Gralsritter. Er mag das wohlerzogene Mädchen, das keine unanständigen Wörter benutzt, das ganz Dame ist und ihn nicht in unangenehme Situationen bringt. In seinen jungen Jahren hat er einen Hang zum Männlichkeitswahn. Das junge, unschuldige Geschöpf seiner Träume muß seinem Animabild – dem schönen Mädchen, das »gerettet« werden muß – entsprechen. Da seine Wahl oft auf Krebs-Frauen fällt, wird er in Liebesbeziehungen häufig enttäuscht. Krebs-Frauen sind oft stärker, als sie wirken, daher bekommt er das Gefühl, daß er die Beziehung nicht mehr in der Hand hat. Er fühlt sich in Beziehungen überhaupt unsicher. Was er für Liebe hält, ist sein schwärmerisches Werben, das er aufrechterhalten möchte. Sobald er jedoch etwa Lockenwickler sieht oder sich mit einem Problem auseinandersetzen muß, um zu einem Kompromiß zu kommen, verliert die »Romanze« an Faszination.

Die Widder-Frau hat ebenfalls Mitgefühl für ihre Mutter, aber sie schwört, daß sie sich niemals in die gleiche Situation wie ihre Mutter manövrieren wird. Sie ist weder an der Karriere noch an der Ehe ihrer Mutter interessiert. Der Einfluß des Vaters kann so beherrschend sein – sei es durch Liebe oder Haß –, daß aus ihr ein »besserer Mann« als die meisten Männer wird. Mit anderen Worten, für die Widder-Frau ist es wichtig, sich wie ein Mann und nicht wie eine Frau zu verhalten, rational statt emotional. Zum Partner wählt sie sich oft einen naiven Mann, so daß sie im Grunde – wie ihr Vater – die führende Rolle in dem Verhältnis übernimmt.

Um sich zu beweisen, muß sie alles perfekt machen. Daher fällt es ihr schwer, ihrem Partner etwas zu überlassen. Sie kann nicht zusehen, wie er sich mit einer Arbeit abmüht, die ihr leichtfällt, und macht sie schließlich selbst. Mit der Zeit merkt sie, daß er gar nichts mehr tut. Warum sollte er auch? Eines Tages wird sie sich in einer Situation überfordert fühlen und zusammenbrechen, ohne daß ihr jemand zu Hilfe kommt, da ihr Mann es gar nicht für möglich hält, daß sie überhaupt Hilfe braucht. Ihre Identifizierung mit dem Vater kann so überwältigend sein, daß sie reife Menschen meidet und nur noch Menschen liebt, die »gerettet« werden müssen.

Dieses Verhalten soll als Beispiel dienen für die Frauen mit einer Betonung der positiven Zeichen, die zu starke männliche Charakterzüge haben. Wenn diese Anlage nicht verstanden wird, kann das zu Mißverständnissen im Privat- und im Berufsleben führen. Sie entstehen dadurch, daß man ein Verhalten imitiert, daß als »männlich« definiert wird. Eine Widder-Frau kann Berufsziele verfolgen, sich geistig entwickeln und kreative Ausdrucksformen finden, die ihr Freude bereiten, wenn sie erkennt, daß sie mit diesen Energien gesegnet ist. C. G. Jungs Definition des Animus gibt hierzu einigen Aufschluß (vgl. Kap. 3). Die Frau mit einer Betonung der positiven Zeichen verleiht ihrem Animus mehr Gewicht und verliert zum Teil den Zugang zu den weiblichen Werten. Sie glaubt, daß Frauen nicht soviel wert sind, und will sich daher so verhalten, wie ein Mann; dadurch wird ihre Persönlichkeit oft durch eine gewisse Härte geprägt.

Widder-Frauen werden als Erwachsene mit ihrem Vater sehr stark konkurrieren. Sie verkörpern selbst die Stärke der mythischen Vaterfigur. Es kann sein, daß sie den Vater übertrumpfen wollen. Es kann sogar so weit gehen, daß sie versuchen, die Position des Vaters zu untergraben. Ich hatte eine Widder-Frau als Klientin, die in die Ehe ihrer Eltern zu einer Zeit eingriff, als sich die Mutter in einem gesundheitlich kritischen Zustand befand. Sie wollte die Form der Therapie für die Mutter bestimmen, während der Vater anderer Meinung war. Es kam der Tochter auch gar nicht in den Sinn, die Betroffene selbst zu fragen. Die Lösung des Problems ging sie mit der typischen Widder-Begeisterung an: Sie wollte beweisen, daß *sie* »der bessere Mann« war. Natürlich löste ihr Verhalten bei jedermann Befremden aus, was sie ihrerseits jedoch nicht verstehen konnte.

Wenn Widder-Geborene sich über ihr Energiepotential und über ihre Beweggründe nicht im klaren sind, können ihre wunderbaren Absichten verschwendet werden, weil sie sich nicht in verständlicher Weise äußern. Die Widder-Frau kann in ihrem Bestreben, anderen behilflich zu sein, ihnen ihre Ideen aufdrängen, bevor diese bereit sind, sie aufzunehmen, oder überhaupt danach gefragt haben.

Der Einfluß des Vaters auf die Widder-Frau macht aus ihr eine Art Scarlet O'Hara, die Heldin des Romans *Vom Winde verweht*, die vor starken Männern davonläuft und den schwächeren als die starke Frau begegnet, weil der Vater das auch so gemacht hätte. Wenn Widder-Geborene ihr Verhalten überdenken, stellen sie fest, daß sie ihrem Vater auf eine unangenehme Weise ähnlich sind. Wir müssen unseren Idealismus relativieren, da wir sonst in einer unwirklichen Welt leben. Wir würden unrealistische Forderungen an unsere Partner stellen und uns dann verletzt fühlen, wenn diesen Forderungen nicht entsprochen wird. Widder-Geborene stellen Ansprüche, ohne die Bedürfnisse des Partners zu berücksichtigen. Oft können sie über ihre Ideale nicht sprechen, und wenn ihre Gefühle verletzt werden, ziehen sie sich zurück. Wenn diese Menschen jedoch zu sehr von ihren Idealvorstellungen abrücken, begeben sie sich häufig in Beziehungen, die ihnen schädlich sind. So könnte sich etwa ein Widder-Mann, der im Grunde treu ist, in oberflächliche Partnerschaften einlassen und somit seine emotionalen und sexuellen Bedürfnisse verleugnen. Die Widder-Frau könnte Männer mit ihr extrem scheinenden sexuellen Wünschen anziehen und müßte den Teil ihrer Persönlichkeit unterdrücken, der sich nach einem romantischen Verhältnis sehnt.

Wenn außer der Sonne noch ein anderer Planet im Widder steht, bekommt dieser Planet eine Widder-Färbung. Venus in Widder bedeutet, daß der Betreffende eine zu idealistische Vorstellung von der Liebe hat. Für ihn müssen Liebesbeziehungen einen ideellen, intellektuellen und zugleich aggressiven Charakter haben. Er ist ein lustbetonter Mensch. Mit Mars in Widder bekommt seine Handlungsweise zusätzlich eine aggressive Note. Dabei handelt es sich um eine eher intellektuelle als physische Aggression, es sei denn, es ist ein verletzter Mars. Der Widder ist immer in Eile, in besonderem Maße Mars in Widder, was sich auch bei seinen sexuellen Kontakten negativ auswirkt. Wenn der Intellekt des Widders durch Saturn beeinflußt wird, nimmt der Betreffende seine geistigen Fähigkeiten sehr ernst. In jungen Jahren wird er sich Sorgen machen, befürchten, er sei nicht intelligent genug, und sehr schüchtern sein. Aus Furcht, als dumm zu gelten, wird er sich intensiven Studien widmen, um den vermeintlichen Mangel auszugleichen.

Löwe. Die Energie des Löwen kommt anders zum Ausdruck als die des Widders. Löwe-Geborene wirken nicht so selbstsüchtig. Wie der Widder, so ist auch der Löwe in einer vom Vater beherrschten Atmosphäre aufgewachsen, obwohl der Einfluß des Vaters ein anderer ist. Zum Beispiel leben Löwe-Kinder viel stärker in einer gedanklichen Phantasiewelt als Widder-Kinder.

Religion und Moralvorstellungen sind für den Löwen sehr wichtig, denn sie wurden ihm als Kind intensiv vermittelt. Er übernimmt vom Vater hohe, aber unrealistische moralische Ansprüche. Seine Schwierigkeiten gründen auf diesen unbewußten Botschaften, die oft nur ein Deckmantel für Perfektionismus sind; und er wird entweder zum Richter über das Verhalten anderer oder fürchtet sich davor, etwas Neues zu beginnen – weil er die Fehler, die ihm dabei unterlaufen könnten, unbedingt vermeiden will. Dieses unbewußte Bedürfnis nach Perfektion bereitet dem Löwen große Schwierigkeiten bei seiner Handlungsfreiheit. Er kann sich jedoch dann für neue Vorhaben und Ideen begeistern, wenn er sie ausgiebig geprüft und gutgeheißen hat. Er drückt sich auch nicht vor Verantwortung, wenn er einmal sein Wort gegeben hat, bleibt er dabei. Man findet ihn häufig in leitenden Positionen, denn er nimmt seine Verantwortung sehr ernst.

Der Löwe braucht Anerkennung. Manche Leute halten ihn für aufgeblasen, das ist jedoch nicht der Fall, er braucht einfach Bestätigung. Oft fürchtet er, daß er sie nicht bekommt; dann zieht er sich zurück und wartet auf ein Zeichen der Anerkennung. Für den Löwen ist es wichtig, daß er lernt, sich selbst zu bejahen, wenn er seine Energie richtig nutzen will. Wenn die Anerkennung aus seinem Inneren kommt, braucht er sie nicht bei anderen zu suchen, und die Energie kann für konstruktive Ziele eingesetzt werden.

Der Einfluß des Vaters und seine moralischen Prinzipien wirken sich beim Löwen in allen Lebensbereichen aus. Er hat Maßstäbe für seine Arbeit, das Leben in der Gesellschaft und für die Liebe. Wenn man mit Löwe-Geborenen über ihre Kindheit spricht, stellt man fest, daß sie den Einfluß auf ihre Einstellung nicht der Mutter zuschreiben. Klienten, die früh von ihrem Vater verlassen wurden oder deren Vater schon sehr alt war, haben mit sich selbst die größten Schwierigkeiten. Es ist sehr schwer für sie, ohne Vatereinfluß aufzuwachsen. Sie wissen nicht, woran sie sich orientieren sollen, und fühlen sich als Außenseiter.

Wenn das Löwe-Kind glaubt, es werde nicht genügend respektiert, verliert es häufig seine Selbstachtung. Eine Löwe-Frau kann sich in Liebesbeziehungen einlassen, die für sie äußerst erniedrigend sind, und der Löwe-Mann geht eine sexuelle Beziehung ein, die ihn innerlich verletzt. Ein Löwe-Mann kam zu mir in die Beratung und erzählte mir, er lebe in einer »offenen Ehe« und wie wunderbar das sei. Wir brauchten mehrere Sitzungen, bis er eingestand, daß er dies nur seiner Frau zuliebe tue. Er sei für seine Frau sexuell nicht mehr attraktiv, wolle sie, auch wegen seines Ansehens in der Gemeinde, jedoch nicht verlieren. Wenn ein idealistischer Mensch sich Anforderungen beugt, die er moralisch nicht vertreten kann, wird er sich innerlich zugrunde richten. Feuerzeichen können buchstäblich an einem gebrochenen Herzen sterben. Wenn sie verletzt und gedemütigt werden, beginnen sie zudem, sich selbst Schmerz zuzufügen; Feuerzeichen sind anfälliger für masochistisches Verhalten als die anderen Zeichen.

Die Löwe-Frau ist ebenfalls von den Meinungen ihres Vaters beeinflußt. Sie wird deshalb danach streben, im Berufsleben erfolgreich zu sein. Sie braucht bei ihrer Arbeit Anerkennung, und sie möchte zu jeder Zeit mit dem nötigen Respekt behandelt werden, anderenfalls würde sie sich verletzt fühlen. Sie ist wie die Widder-Frau auf der Suche nach dem Märchenprinzen, der sie »aus ihrer Not retten« soll. Jedoch muß er sich ihr unterordnen, nachdem er sie erobert hat. Dieses Bedürfnis verursacht verständlicherweise Verwirrung in Beziehungen.

Eine Löwe-Frau wird oft eine Bindung mit einem schwächeren Mann eingehen, weil sie das Familienoberhaupt sein möchte. Sie braucht Anerkennung, aber sie darf ihren Partner nicht zu nahe kommen lassen, da er sonst ihre Unzulänglichkeit bemerken könnte. Oft wird sie in einer unannehmbaren Situation verharren – in der Meinung, man müsse in dem Bett, das man sich gemacht hat, auch liegen. Zuweilen wird sie sich in einer solchen Lage wiederfinden, weil ihr Mann ihr vor der Ehe Anerkennung und Achtung entgegenbrachte, wodurch sie sich so geschmeichelt fühlte, daß sie nicht bemerkte, was für ein Mensch er in Wirklichkeit ist.

Manche Löwe-Frauen werden von ihrem Vaterbild so beeinträchtigt, daß sie kein befriedigendes Sexualleben führen können. Sie möchten einen absolut perfekten Partner. Jeder neue Kandidat wird dermaßen streng beurteilt, daß Löwe-Frauen schließlich alt werden, ohne je zu heiraten. Es ist ihnen nicht möglich, eine lebendige Beziehung ohne Schuldgefühle zu erleben. Dies ist meistens dann der Fall, wenn das Löwe-Kind streng religiös erzogen wurde. Eine meiner Klientinnen, eine Löwe-Frau, »sparte« sich bis zu ihrem 42. Lebensjahr auf und heiratete einen Mann, der sich ihre Jungfräulichkeit wünschte. Nach der Hochzeit stellte sich heraus, daß er impotent war. Mit 44 war sie zwei Jahre verheiratet und immer noch Jungfrau. Natürlich werden nicht alle Löwe-Geborenen so ungünstig von ihrem Vaterbild beeinflußt, das Geburtshoroskop kann uns aber Aufschluß geben über die Auswirkungen der ethisch-moralischen Erziehung auf die Sexualität.

Der Löwe-Mann möchte so stark und so perfekt sein, wie er seinen Vater sieht, und er versucht, nach dessen Maßstäben zu leben. Er wird im Beruf Verantwortung tragen und eine leitende Position einnehmen. Oft findet man ihn in hohen Führungsposten. Wenn seine frühkindliche Umgebung eine höhere Schulbildung nicht ermöglichte, wird er als Erwachsener eine Umgebung aufsuchen, in der man ihn kennt und achtet wegen seiner Integrität und seiner Fähigkeiten. Der

Löwe ist vertrauenswürdig und hingebungsvoll bei seiner Arbeit, wenn man ihm Verantwortung überträgt, und oft wird er sogar Verantwortung übernehmen in Bereichen, für die er nicht bezahlt wird. Er gibt sich mit ganzem Herzen seiner Aufgabe hin und erwartet dafür Achtung und Anerkennung. Löwe-Männer können zutiefst verletzt sein, wenn man sie nach langen Dienstjahren in eine geringere Position abschiebt. Eine Beratung sollte darauf gerichtet sein, das eigene Selbstgefühl des Betreffenden zu stärken, damit er nicht auf Anerkennung von anderen angewiesen ist. Wenn wir unsere Mitte gefunden haben, können wir zu unserer augenblicklichen Sicht der Dinge Abstand gewinnen und erkennen, wie die Situation in Wirklichkeit ist.

Hat ein Löwe jemandem einmal sein Vertrauen geschenkt, wird er es kaum je wieder in Frage stellen. Eine Freundschaft aus jungen Jahren genießt auch später seine Hochachtung, selbst wenn sich der Freund erheblich verändert hat; er bleibt loyal, er wird ihn bis zum bitteren Ende verteidigen.

Sein Idealismus führt den Löwen manchmal dazu, sich in der Politik zu betätigen, was ihm aber nicht unbedingt guttut. Es fällt ihm nämlich schwer, notwendige politische Kompromisse zu schließen. Er wird seinen Parteifreunden auch zuviel Vertrauen schenken und zu spät erkennen, wenn er übervorteilt wurde. Man kann dem Löwen sein inneres Leiden dann nicht immer ansehen, sein Schmerz ist aber heftig und tief.

In einer Liebesbeziehung fühlt sich der Löwe-Mann wohl, solange er der »König« in seinem »Schloß« ist. Sobald aber die Dinge nicht so verlaufen, wie er es möchte, zieht er sich in Schweigen und Einsamkeit zurück. Er kann über seine Empfindsamkeit und sein Verletztsein nicht sprechen. Er ist so sensibel, daß er sich bereits zurückzieht, wenn jemand nur unabsichtlich etwas sagt, was der Löwe mißversteht, oder wenn er glaubt, man erweise ihm nicht genügend Respekt. Viele Löwe-Männer wollen nicht, daß ihre Frauen arbeiten, weil sie meinen, ihr Ansehen in der Gemeinschaft erleide dadurch Schaden.

Löwe-Männer setzen hohe Maßstäbe an. Dies kann auch zu Schwierigkeiten führen, wenn eine innere Haltung es ihnen verbietet, mit der Frau, die sie sehr lieben, Geschlechtsverkehr zu haben. Sie wird in der Vorstellung auf ein Podest gestellt, scheint unberührbar. Oft haben Löwe-Männer, denen von Kind auf signalisiert wurde, Sexualität sei etwas Verbotenes, keine starke sexuelle Bindung an ihre Frauen. Sie werden sich bei einer Partnerin, die sie nicht so sehr lieben, freier fühlen und ein ausgefülltes Geschlechtsleben mit ihr führen.

Wir haben gesagt, daß Löwen gerne richten und urteilen. Sie messen an den Moralvorstellungen, die sie von ihrem Vater übernommen haben, ihre Umwelt, ohne zu berücksichtigen, daß die Menschen verschieden sind. Jeder von uns muß seinen eigenen Weg gehen und seine eigenen Antworten finden. Der Löwe will uns vorschreiben, wie wir zu leben haben, ohne auf unsere Bedürfnisse zu achten. Der Löwe ist perfekt, alles andere ist ihm zweitrangig. Obwohl wir diese Eigenschaften abstoßend finden, müssen wir bedenken, daß sie Auswüchse eines Bedürfnisses nach Anerkennung sind. Wenn der Löwe keine Achtung findet, beginnt er zu mißbilligen, was andere tun.

Die kreative Energie des Löwen kann sich erst offenbaren, wenn er seine Moralvorstellungen überprüft, die ethischen Grundlagen seiner Entscheidungen untersucht und Verhaltensmaßstäbe entwickelt, die es ihm erlauben zu wachsen.

Wenn andere Planeten als die Sonne im Zeichen Löwe stehen, werden sie zwar nicht den Einfluß der Eltern anzeigen, sie werden aber die Löwe-Eigenschaften aufnehmen. Venus in Löwe bedeutet, daß wir idealistische Vorstellungen von der Liebe haben und von unseren Lieben Anerkennung und Respekt erwarten. Aus diesem Grund sind wir geliebten Menschen gegenüber empfindlich. Der Löwe ist sich über den Unterschied von »Respekt« und »Liebe« nicht ganz im klaren. Mit Venus im Löwen werden diese Begriffe verwirrt. Mit

Mars im Löwen bekommen unsere Handlungen eine Löwe-Färbung; wir neigen entweder zur Aufgeblasenheit oder zum Stolz, können gesellschaftlich akzeptiert sein oder Anerkennung fordern. Saturn in Löwe bedeutet, daß der Betreffende das Gefühl hat, nicht genug Respekt und Anerkennung zu erhalten, was ihn sehr empfindlich machen kann. Er ist ein Mensch mit hohen ethischen Vorstellungen, der sich selbst sehr ernst nimmt, der geachtet werden möchte und auch anderen mit Respekt begegnet.

Schütze. Der Schütze ist das am wenigsten persönliche von den Feuerzeichen. Sein Idealismus führt ihn in die Politik, zur Formulierung von Gesetzen, zur Philosophie und Religion. Auch er kommt aus einer Umgebung, die stark vom Vater beeinflußt war. Jedoch hegen Schütze-Geborene oft einen Groll gegen ihre Väter. Als Kinder werden sie von ihnen geliebt, aber später im Stich gelassen wegen anderer Interessen, die den Vater in Anspruch nehmen. Der Schütze braucht von seinem Vater Respekt und Anerkennung, möchte jedoch unabhängig von ihm bleiben. Aus Gründen, die nur ihm bekannt sind, glaubt der Schütze-Geborene, daß sein Vater ein erfolgreicher Mensch ist. Wie alle in Feuerzeichen Geborene hält er es für unmöglich, die Großartigkeit seines Vaters je erreichen zu können.
Die meisten Schützen wachsen in einem Umfeld auf, das ihnen die Erfüllung der Grundbedürfnisse wie Nahrung und Unterkunft genügend gewährleistet, jedoch glauben sie sich gefühlsmäßig vernachlässigt. Nach außen hin strahlen sie Selbstsicherheit und Begeisterung aus, aber innerlich fühlen sie sich unzulänglich. Es ist das typische Dilemma der Feuerzeichen: Ihre Ideale sind oft so hochgesteckt, daß sie sie kaum erreichen können.
Der Schütze verfolgt seine Ideale unabhängig, sein Interesse gilt der Freiheit. Sein Kampf um politische Freiheit schließt – zumindest in der Theorie – auch die Notwendigkeit einer

Revolution nicht aus. Käme es jedoch zum tatsächlichen Kampf, verlöre er an Engagement: Er würde dem Schlachtfeld den Rücken kehren und sich der philosophischen Kontemplation widmen. Er ist ein großartiger »Revolutionär am Kaminfeuer«! Wenn sich der Schütze für Politik interessiert, wird es ihm ebenso ergehen wie dem Löwen. Nachdem er sich näher darauf eingelassen hat, merkt er, daß ihm die Politik nicht das bietet, was er in seinen idealistischen Vorstellungen erwartet hatte. Er kann die Kompromisse nicht akzeptieren, da sie ihn zu weit fort von seinen Idealen führen würden.

Der Idealist mag keine Ungerechtigkeit. Er klagt, es gehe in der Welt nicht »fair« zu, und möchte etwas daran ändern. Die Feuerzeichen fühlen sich von der Ungerechtigkeit verletzt, auch von derjenigen, die sie in der Natur beobachten. Es ist ihr Anliegen, einen Sinn für Gerechtigkeit in der Welt zu entwickeln, weil das Universum keine moralischen Unterschiede macht. Da es uns oft ungerecht und unmenschlich erscheint, wollen wir in unserem Idealismus nicht einsehen, daß das Leben ein ständiges Dahinfließen, ein ewiger Wandel ist; eine Kraft, die symbolisch dem Wasser sehr ähnlich ist: Es befindet sich in ständigem Fluß. Vielleicht können wir jetzt besser erkennen, warum die Feuerzeichen die Wasserzeichen nicht verstehen und umgekehrt. Wir brauchen nur an ihre unterschiedliche Symbolik zu denken!

Der Einfluß, den der Vater auf die Beziehungen des Schützen hat, ist sehr stark. Der Schütze liebt die Kameradschaft. Er liebt »männliche« Betätigung – Sportereignisse, das Jagen, die »Mann-und-sein-Hund«-Romantik. Das Kind ist davon sehr beeindruckt, es wirkt sich aber bei Jungen und Mädchen später verschieden aus. Da der Schütze sich mit Fragen der Ethik, der Gerechtigkeit und dem Gang des Universums befaßt, hat er es in persönlichen Beziehungen schwer.

Die Schütze-Frau ist ebenfalls stark vom Vater beeinflußt. Die Betonung des männlichen Prinzips stört die Entwicklung ihres weiblichen Selbst. Der Einfluß der Mutter ist unbedeutend, und wie die Frauen in den beiden anderen Feuerzeichen empfindet sie für ihre Mutter Sympathie statt Liebe. Sie möchte als intelligent, rational gelten und bekannt sein für ihre sachliche und logische Auffassungsgabe. Sie weiß aber auch, daß sie eine Frau ist, und hinter ihren politischen, sportlichen und beruflichen Aktivitäten lauert eine nagende Angst, daß sie nicht die Frau ist, die sie sein könnte, oder Männer ihre Weiblichkeit nicht schätzen. Sie wird diesen Konflikt nicht bewußt wahrnehmen, innerlich spielt sich jedoch ein Kampf zwischen dem männlichen und dem weiblichen Teil ab. Sie wird sich intellektuell geben, während ihr Körper eine betont erotische Sprache sprechen wird. Die Männer, mit denen sie sich unterhält, wissen nicht, was von ihnen erwartet wird, und werden Annäherungsversuche machen, die dann unangenehm, weil unerwünscht sind. Sie möchte nicht »sexy« sein, sondern sie wünscht sich eine Beziehung mit intellektuellem Austausch. Sie möchte eine Kameradschaft, wie sie sie einst mit ihrem Vater hatte. Solange sie jedoch ihre Weiblichkeit ablehnt und somit einen Teil ihrer vitalen Kraft, wird sie zu Animus-Projektionen tendieren (vgl. Kap. 3). Sie wird von Beziehungen immer etwas enttäuscht sein, denn kein Mann kann dem hohen Ideal des »edlen Ritters« entsprechen. Ihre Projektionen und die Reaktionen der Männer könnten mit der Zeit zu einer Abneigung gegen Männer führen, weil sie glaubt, alle wollten nur Sex. Eine Lösung für ihren Konflikt ist möglich, wenn sie ihre eigenen Bedürfnisse versteht. Sie kann das starke männliche Prinzip für ihren Beruf nutzen und das weibliche trotzdem zur Geltung kommen lassen. Wenn sie das verstanden hat, kann sie den Menschen mit Interesse und Offenheit statt Abwehr begegnen.

Der Schütze-Mann möchte genauso erfolgreich wie sein Vater sein, er glaubt jedoch nicht, daß es ihm je so wie seinem Vorbild gelingen wird. Er hat zwar hohe berufliche Ziele, aber seinem Vater schien alles leichter von der Hand zu gehen. Das

Schütze-Kind bleibt nicht bei der Sache, wenn es um das Verfolgen von Zielen geht. Es glaubt nicht, daß man hart arbeiten muß, denn es hat nicht beobachten können, wie der Vater seinen Erfolg wahrscheinlich mühsam errang. Deshalb leistet der Schütze nicht das, was er leisten könnte, und daher kommen seine Ideen nicht zur fruchtbaren Vollendung. Es kann sogar sein, daß ihn seine Frau aushalten muß, denn oft kommt er in Lebensumstände, die eine Unterstützung erforderlich machen.

Der Schütze-Mann gewinnt seine Vorstellungen von Männlichkeit aus der kameradschaftlichen Haltung, die er bei seinem Vater erfuhr und die er zum Ideal erhob. Mit sexuellen Beziehungen hat er Probleme, weil es ihm seine idealistische Einstellung schwermacht, körperliche Kontakte zu haben, ohne von Schuldgefühlen geplagt zu werden. Er nimmt seine sexuellen Bedürfnisse mit einem Gefühl der Verschämtheit wahr. Deshalb macht er oft taktlose Annäherungsversuche, die vielleicht einen unbewußten Wunsch ausdrücken, nicht »anzukommen«. Oft wird er eine Frau lieben und mit einer anderen schlafen. Er wird eine sexuelle Beziehung zugunsten einer Kameradschaft aufgeben. Er wird sich eher einem Sportverein anschließen, als ein Verhältnis mit einer Frau aufzubauen. Er kommt aus einem vom Vater beherrschten Elternhaus, was ihm bedeutet, daß Väter wichtig und Mütter unwichtig sind. Deshalb wird er seinen Umgang mit Frauen einschränken, weil er in ihnen nur »Köchinnen« und »Hausmütterchen«, aber keine »Kameraden« sieht. Wenn der größte Teil seiner Kontakte schließlich aus Männerfreundschaften besteht, denen er zugeneigt ist, wird er sich wohl auch fragen, ob er vielleicht zur Homosexualität neigt, da er weiß, daß er sich bei Frauen nicht wohl fühlt.

Die Schütze-Frau möchte ein Kamerad sein und vernachlässigt ihre weiblichen Eigenschaften. Der Schütze-Mann möchte ebenfalls seiner Partnerin ein Kamerad sein, aber er hegt Zweifel an seiner Männlichkeit. Beide müssen sowohl ihrem

Gefühl als auch dem Intellekt ausgewogenen Raum geben, lieben zu lernen ist für sie ein wichtiger Schritt auf diesem Weg.

Ein bedeutendes Thema für den Schützen ist die Ehrlichkeit. Er ist stolz darauf, so idealistisch und ehrlich wie sein Vater zu sein. Jedoch ist er oft nicht aufrichtig zu sich selbst. Seine unbedingte Ehrlichkeit kann von anderen auch leicht als Taktlosigkeit oder gar Verletzung empfunden werden. Dann wundern Schützen sich, warum sich die Menschen von ihnen abwenden. Wenn Sie beispielsweise einen Schützen fragen: »Wie gefällt dir meine Frisur?«, dann wird er im günstigen Fall antworten: »Sie sieht *heute* ganz gut aus.«

Der Schütze lernt mit der Zeit, daß er nicht auf alle Fragen eine Antwort finden muß; er lernt das Zuhören. Zuhören zu können ist eine der wichtigen Eigenschaften eines Richters; ebenso gehören Gerechtigkeit und Wahrheitsliebe zu den positiven Eigenschaften des Jupiter – um gerecht urteilen zu können, muß man gut zuhören.

Andere Planeten in Schütze nehmen die Freiheitsliebe und die Unabhängigkeit dieses Zeichens auf. Venus im Schützen bedeutet, daß der Betreffende sich eine ideale Liebesbeziehung in Unabhängigkeit wünscht. Dies kann eine gesunde, offene Beziehung sein, oder aber Verliebtsein wird als Verlust der Freiheit empfunden. Mars in Schütze handelt unabhängig und frei; er braucht auch in seinem Beruf Bewegungsfreiheit. Saturn in Schütze nimmt seine Unabhängigkeit sehr ernst, er fürchtet, er könne nicht frei genug sein, und nimmt jede Art von Einschränkung, die seine Freiheit und Unabhängigkeit beschneidet, übel. Saturn in Schütze bedeutet auch, daß sich der Betreffende mit dem Gesetz beschäftigt, mit dem eines Landes oder mit übergeordneten universellen Gesetzen, denn er ist interessiert an der Gerechtigkeit.

Die Erdzeichen

Die Erdzeichen sind Stier, Jungfrau und Steinbock. Sie sind von Natur aus praktisch veranlagt, und sie wollen ein vernünftiges Leben führen. Erdzeichen streben nach Stabilität. Sie können ein Projekt zu Ende führen, denn sie sind die zuverlässigen Arbeiter des Tierkreises, und deshalb werden sie in ihrem Beruf oft mit Verantwortung betraut. Da die Mutter der beherrschende Elternteil ist, suchen sie auf ihre Fragen materielle Antworten. Die Erdzeichen folgen den Feuerzeichen. Das Element Erde bringt die Ideale des Feuerelements zur Verwirklichung und findet für dessen Traum eine praktische Anwendung.

Stier. Da der Stier ein negatives oder weibliches Zeichen ist, wächst das Stier-Kind in einem Haushalt auf, der von der Mutter beherrscht wird. Der Vater ist wahrscheinlich auch häufig anwesend, aber er ist passiv. Wenn sich der Vater passiv verhält, muß die Mutter die Verantwortung in der Familie übernehmen. Das Kind formt seine Werte und richtet seine Entscheidungen nach der Lebensphilosophie der Mutter.
Stier wird von Venus regiert. Viele Leute unterschätzen den Stier, weil er gutmütig und etwas schwach erscheint. Dies ist jedoch nicht der Fall. Ihre Kindheit hat sie nicht dazu ermuntert, spontan zu sein. Daher zeigt der Stier nicht gern seine Reaktionen, weder im Beruf noch in einer Beziehung. Die übermächtige Mutter beeinflußt das Kind mit so viel »Mutterliebe«, daß dieses im Selbstausdruck seine Offenheit und Leichtigkeit verliert. Man sagt, der Stier sei stur, wütend und manchmal unbeweglich. Das trifft auf alle fixen Zeichen zu. Der Stier möchte sich eine verläßliche Umgebung schaffen, da er sich in seiner Kindheit nicht auf viele Dinge verlassen konnte.
Die Ansammlung materieller Güter gibt ihm das Gefühl, sich

eine stabile Welt zu schaffen. Der Stier fühlt sich zu Geldberufen hingezogen – aus Sicherheitsgründen: Wurde er Bankdirektor, hat er weder versucht, Beziehungen aus dem Weg zu gehen, noch interessierte ihn das Geld um des Geldes willen, sondern er möchte in einer sicheren Umgebung arbeiten. Die Welt der Finanzen ist verläßlich, eine Mark bleibt eine Mark. Wenn ein Stier nicht gern Beziehungen mit Menschen eingeht, ist es deshalb, weil andere ihre Einstellung dazu von einem Tag auf den anderen ändern können.

Stiere sind sehr sinnlich und brauchen eine emotionale Bindung zur Erfüllung ihrer Bedürfnisse. Wenn sie in ihrer Partnerschaft Probleme haben, verlagern sie ihre sinnlichen Bedürfnisse von Sex auf Nahrung und bekommen bald Gewichtsprobleme. Manche ziehen sich in ein Kloster zurück, um ihre emotionalen Bedürfnisse nicht ausleben zu müssen.

Die Stier-Frau wächst mit einer dominanten Mutter auf, daher hat sie einen anderen Animus als die Frau mit Sonne in Feuer. Ihre Animus-Figur ist ein Bild des Vaters, der keine bedeutenden Entscheidungen gefällt hat. Da ihr Vater passiv war, wird sie annehmen, daß alle Männer passiv sind. Sie ist ihm jedoch gefühlsmäßig nahe und wird sich gegen die starke, übermächtige Mutter auf seine Seite stellen.

Die Stier-Frau wünscht sich eine Beziehung mit einem Mann, aber sobald sie einen gefunden hat, behandelt sie ihn, wie ihre Mutter ihren Vater behandelt hat – als ein Objekt, das man kontrolliert und manipuliert. Die Stier-Frau hat nicht die Absicht, Männer herumzukommandieren; sie ist sich nicht bewußt, daß sich Männer von ihr bevormundet fühlen. Sie merkt erst später in ihrem Leben, daß die Beziehung, die sie zu ihrem Mann hat, der Beziehung ihrer Mutter zu ihrem Vater sehr ähnlich ist.

Sie ist eine starke Frau mit vorgefaßten Meinungen. Wenn sie sich entwickelt, kann sie ihren Materialismus zu einer positiven Kraft werden lassen, die dann ihre Fähigkeit zur Solidarität, ihre Wärme und ihre Begeisterung sowie ihre Suche nach einer spirituellen Entwicklung offenbart. Wenn sie ihrer Unaufrichtigkeit nachgibt, hat sie Angst in der Beziehung. Stiere wollen Menschen, die sie lieben, nicht weh tun, daher sagen sie ihnen nicht die Wahrheit. Sie werden wütend, wenn man sie nicht versteht oder wenn sie nicht bekommen, was sie wollen. Wenn der Stier verärgert ist, zieht sich seine Kehle zusammen, denn Spannungen zeigen sich beim Stier am Hals. Die Stier-Frau kann Ablehnung ganz schlecht ertragen. Sie wird wütend, wenn ihr Partner mit ihr nicht glücklich ist, da sie von sich selbst soviel aufgegeben hat, um ihn glücklich zu machen. Wenn sie lernt, sich anderen Menschen aufrichtig mitzuteilen, wird sie jemanden finden, der sie wirklich gern hat.

Ihre Probleme mit der Weiblichkeit entstehen, vor allem in ihrer Jugend, wegen der erdrückenden und eifersüchtig konkurrierenden Mutter. Oft kann eine Mutter so stark konkurrieren, daß die Tochter gar kein Gefühl für ihre weibliche Identität bekommt. Dabei ist der Stier eines der sinnlichsten und am meisten weiblich betonten Zeichen im Tierkreis. Die Frauen sind voller Sinnlichkeit und Erotik. Männer können den Verlockungen ihrer wollüstigen, triebhaften Sinnlichkeit kaum widerstehen. Ein Beispiel ist Barbra Streisand mit ihren Führungsqualitäten, ihrem Talent und ihrer Sinnlichkeit. Wenn man Barbra auch nicht als eine der großen Schönheiten dieser Welt bezeichnen kann, so ist sie doch voller Dynamik und Anziehungskraft.

Als Mann mit einer dominanten Mutter und einem passiven Vater hat der Stier-Mann Probleme. Sein Wertsystem entwikkelt sich als Reaktion auf die Werte seiner Mutter. Er muß beweisen, wie »gut« er zu seiner Mutter ist. Die Mutter ist mächtig, und sie hat das Sagen, was seine Erziehung betrifft. Unter diesen Umständen wird er sehr vorsichtig sein in seinen Äußerungen ihr gegenüber; aus Furcht, sie könne ihn vernichten. Dieses unbewußte Gefühl überträgt er auf seine späteren Beziehungen mit Frauen, was einen Zwiespalt in ihm auslöst.

Er interessiert sich für Frauen, genießt den Umgang mit ihnen, dennoch ist er ängstlich bedacht, keine unfertigen Gedanken zu äußern; aus Angst, abgelehnt zu werden.

Als der Stier-Mann noch ein Kind war, erschien ihm seine Mutter so stark, daß sie seinen Vater erdrückte. Entweder blieb der Vater passiv, und das Kind war enttäuscht, oder es lehnte seinen Vater ab, weil er für seine Mutter kein »richtiger Mann« war. Der Junge ist der Mittelpunkt im Leben der Eltern, er darf mit ihnen in einem Bett schlafen. Manchmal verläßt der Vater die Familie; dann wird er ein enger Freund seiner Mutter. Weil er sie sehr liebt, bekommt er Schuldgefühle, wenn er sich für andere Frauen interessiert. Dies führt zu Problemen in seiner eigenen Ehe. Manchmal weiß er nicht, ob die Bedürfnisse seiner Mutter oder die seiner Frau Vorrang haben. Er glaubt, seiner Mutter beweisen zu müssen, was für ein verantwortlicher Mensch aus ihm geworden ist, und er lädt sich zu viele Verpflichtungen ihr gegenüber auf.

Manchmal ist der mütterliche Einfluß so stark, daß der Stier-Mann eine unausgesprochene Furcht in sich trägt, er könne homosexuell sein. Wenn eine Mutter ihrem Kind emotional zu nahe steht, hat das Auswirkungen auf die Psyche des Kindes. Zuneigung wird mit Sexualität oder mit Loyalität verwechselt. Durch die große Nähe wird auch die Kreativität des Kindes beeinträchtigt. Wenn die Mutter zu stark ist, erstickt sie die kreative Entwicklung des Kindes. Der Stier ist kreativ, er traut sich aber oft nicht, diese Energien für etwas anderes als den Bau von emotionalen Festungen zu nutzen.

Das Stierkind leidet unter Spannungen, an denen es festhält, da es nicht ermuntert wird, spontan auf Schwierigkeiten und Kindheitsängste zu reagieren. Wenn die Spannungen nicht gelöst oder bewußtgemacht werden, stauen sie sich immer mehr auf, bis es zu einem körperlichen Zusammenbruch, einer Krankheit kommt. Diese Krankheiten sind ein Signal, das auf die Notwendigkeit hinweist, die Spannungen abzubauen und neue Lebensweisen einzuüben, die der Entwicklung seiner Talente dient.

Andere Planeten im Stier nehmen in ihre Symbolik die Eigenschaften des Zeichens mit auf. Saturn in Stier hat Angst, er könne nicht praktisch genug sein. Er nimmt die Sinnlichkeit sehr ernst. Das bedeutet entweder, daß der Betreffende seine erotischen Beziehungen mit großem Ernst pflegt, oder aber er fürchtet sich davor. Mit Mars in Stier werden die Aktivitäten Stier-Charakter haben: Er wird sich praktisch und vernünftig geben, und er wird sexuelle Beziehungen anknüpfen und sie genießen. Venus in Stier bedeutet, daß der Betreffende zwar das Sinnliche genießt, jedoch behält die materielle Seite ihre Wichtigkeit. Für diese Menschen ist oft materieller Besitz die Voraussetzung für eine Liebesbeziehung.

Jungfrau. Das Jungfrau-Kind wird ebenfalls in eine Umgebung hineingeboren, die von der Mutter dominiert wird. Da sich die Sonne in einem weiblichen Zeichen befindet, ist der Vater passiv. Das Erdelement kommt in der Jungfrau anders zum Ausdruck, da die frühkindliche Umgebung sehr viel Wert auf Bildung und die Entwicklung der mentalen Fähigkeiten legt.

Seit Jahrhunderten wirft man der Jungfrau vor, daß sie zu kritisch, zu intellektuell, zu rational, zu sehr mit Bildung befaßt, zu sehr mit der Fehlersuche bei anderen beschäftigt ist und daß sie sich zu sehr auf unwichtige Einzelheiten anstatt die wesentlichen Dinge konzentriert. Diese Eigenschaften scheinen tatsächlich einen Teil der Jungfrau zu charakterisieren. Aber wie sind sie zustande gekommen?

Das Jungfrau-Kind wächst in einer Familie auf, in der die Mutter über den Vater verärgert ist. In vielen Fällen kommt das Kind auf Wunsch und durch die Entscheidung der Mutter zur Welt. Die Mutter befindet sich aber dann in einer Krise, weil sie nicht mehr berufstätig sein kann, sondern sich daheim um das Kind kümmern muß. Bei ihrer Arbeit kam sie mit anderen Menschen zusammen, sie hatte Gelegenheit zum Austausch, was sie nach der Geburt des Kindes entbehren muß. Sie wird wütend auf ihren Mann, auch weil sie sich jetzt, da ihr Einkommen der Familie fehlt, keine Kinderfrau leisten können.

Es kann aber auch sein, daß die Geburt des Kindes eine zusätzliche finanzielle Belastung für die Familie darstellt, da sie schon vorher schlecht zu Rande kam. Die Mutter kann ihre Situation nicht akzeptieren und beginnt sich zu fragen, ob ihr Mann überhaupt imstande ist, seine Familie zu ernähren. Sie wird nicht nur ihren Mann, sondern zweifellos auch ihre Mutter, ihre Verwandten und die ganze Nachbarschaft kritisieren. Es wird nicht lange dauern, und die Kritik trifft auch das Kind. Da die Mutter sehr mächtig ist, wird dies von ihrem Kind sehr ernst genommen.

Im allgemeinen entwickelt die Jungfrau das ernsthafte Bedürfnis, anerkannt und gebraucht zu werden. Sie wählt einen Beruf, der nützlich ist, der dem Wohle einer Gruppe dient, oder sie sucht sich eine Beschäftigung, wo sie zuviel arbeiten muß und zuwenig Lohn dafür bekommt. Sie ist die Freude eines jeden Arbeitgebers, da sie mehr Einsatz bringt, als sie an Entgelt verlangt. Ihr Problem beginnt, wenn sie an allem und jedem etwas auszusetzen hat. Sie lebt nach der Devise: »Wenn ich an dir eine Fehler finde, bevor du einen an mir findest, dann ist alles in Ordnung.« Kinder, die mit kritischen Eltern aufwachsen, werden als Erwachsene selbst zu Kritikern.

Durch die Einstellung der Mutter werden dem Jungfrau-Kind Wertvorstellungen eingeflößt, die ihm im Erwachsenenalter Unbehagen bereiten können. Oft macht die Mutter eine Phase durch, in der sie die Sexualität ablehnt, sich verstärkt über Hygiene Sorgen macht und die normalen körperlichen Funktionen mit Ekel betrachtet. Man hat beispielsweise häufig beobachtet, daß die Mütter von Jungfrau-Geborenen extrem widerwillig die Windeln ihrer Kinder wechseln. Das Kleine spürt dies und verinnerlicht den Abscheu. Es entwickelt Schuldgefühle wegen seiner Ausscheidungen, später auch wegen seiner sexuellen Wünsche. Die meisten Jungfrau-Geborenen empfinden Scham bei geschlechtlichen Kontakten, und mancher von ihnen enthält sich schließlich ganz. Die Jungfrau ist ein Erdzeichen. Sie wird dargestellt als Frau, die ein Bündel Ähren in der Hand hält. Die Ähre ist ein lebenspendendes Symbol der Reife und der Nahrung, die aus der Erde kommt. Wenn wir jemanden als »erdig« bezeichnen, so meinen wir damit einen praktischen, sinnlichen, erdverbundenen Menschen. Der Jungfrau-Geborene hat jedoch Schwierigkeiten, seine sexuellen Wünsche mit seiner Einstellung zum Geschlechtsleben in Einklang zu bringen.

Die im Jungfrau-Zeichen geborene Frau ist als Kind ihrer Mutter sehr nahe – sei es durch Liebe oder durch Haß. Sie hat das Gefühl, als würde man sie ständig kritisieren, und wird verunsichert. Sie hat kein sehr großes Vertrauen in ihre Fähigkeit, das Leben zu meistern, da sie immerzu Ermahnungen und Nörgeleien erfährt. Als Mädchen hat sie oft schon früh sexuelle Erlebnisse, weil sie einen »sicheren Hafen« sucht, zudem möchte sie sich selbst als Frau erleben. Manche von ihnen heiraten, nur um vom Zuhause und von der Mutter fortzukommen. Mit der Zeit verursacht ihr das Sexualleben Schuldgefühle, da sich ihre frühkindliche Prägung immer wieder aufdrängt. Es kann sogar so weit gehen, daß sie auf ihre sexuellen Bedürfnisse wütend ist.

Oft beginnt sie nach ihrer Heirat ein Universitätsstudium, um sich für eine bessere Position zu qualifizieren. Sie fängt dann an, ihren Mann so zu behandeln, wie ihre Mutter ihren Vater behandelt hat – es folgen Enttäuschungen, und die Ehepartner leben sich auseinander.

Der im Zeichen Jungfrau geborene Mann hat es schwierig. Als Kind lebt er in einer Atmosphäre, die von der Mutter beherrscht ist, während der Vater kritisiert und abgelehnt wird. Wenn er aufwächst, ärgert er sich über die Unfähigkeit seines Vaters. Er glaubt, daß seine Mutter, die der Mittelpunkt seiner Welt ist, nicht so unglücklich wäre, wenn der

Vater besser für die Familie sorgte. Folglich wird er später viel zu hart arbeiten, um zu beweisen, daß er nicht der Versager ist, der sein Vater war, und er wird böse werden, wenn man seine Arbeit nicht schätzt.

Er wird im gleichen Maße wie seine Schwester den Ekelgefühlen seiner Mutter ausgesetzt sein, und er wird als Erwachsener eine zwiespältige Einstellung der Sexualität gegenüber haben. Er wird sich zwar sexuelle Beziehungen wünschen, er hält den Sex jedoch für etwas Vulgäres. Der Jungfrau-Mann kann seiner Mutter gegenüber sehr viel Groll hegen. Wenn sie übermächtig und zu kritisch gewesen ist, wird er vielleicht gar nichts mit Frauen zu tun haben wollen, denn jedesmal, wenn er eine Frau sieht, denkt er an die Eigenschaften seiner Mutter.

Männer, die in einem weiblichen Zeichen geboren sind, haben größere Schwierigkeiten mit Frauen als solche, die in männlichen Zeichen geboren wurden. Da die Mutter die Beherrschende zu Hause war, da sie »die Welt regierte«, fällt es diesen Männern schwer, sich mit Frauen unbefangen und frei zu unterhalten, weil in ihrem Unterbewußtsein feststeht: Die Frauen haben die Macht. Wenn sie lernen, daß diese »Macht« eine Beziehung hat zu dem weiblichen Prinzip, das in ihnen selbst verborgen ist und das sie nutzen können, um etwas Konkretes in der Welt zu schaffen, dann können sie Männern und Frauen als Menschen frei begegnen. Bevor sie das männliche und weibliche Prinzip im Universum nicht begriffen haben, werden sie den Worten der Frauen zuviel Gewicht beimessen. Es wird ihnen schwerfallen, sich die Meinungen von Frauen anzuhören, ohne überzureagieren. Eine Frau, die in Meinungsverschiedenheiten mit einem Jungfrau-Mann gerät, hat keine Ahnung, was mit ihm los ist. Sie merkt nur, daß er sich endlos im Detail verliert, daß er die Statistik und Zitate aus Büchern herbeizieht, um seinen Standpunkt zu erörtern, daß sie aber keine direkten, eindeutigen Antworten bekommt. Wenn es sich dazu um eine in einem positiven

Zeichen geborene Frau handelt, die selbst von Männern anerkannt werden möchte, dann kann man einen überaus interessanten Austausch von Argumenten zwischen den beiden hören, die aus dem Unterbewußtsein gesteuert werden.

Wenn der Jungfrau-Geborene eine echte Beziehung aufbauen möchte, muß er sich ernsthaft bemühen, die Kunst des Austauschs zu lernen. In der Kindheit hat man es ihm nicht beigebracht, da zwischen seinen Eltern keine Beziehung bestand. Die Eltern spielten die unpersönlichen Rollen des »Herrn und Frau Sowieso«. Daher müssen Jungfrau-Menschen selbst herausfinden, was eine Beziehung ist, wie sie damit umgehen können und ob sie sich darauf einlassen wollen.

Am schwierigsten zu begreifen ist die Tatsache, daß es für Jungfrau-Geborene normal ist, Menschen, die sie gern haben, zu kritisieren. Selbst werden sie jedoch nicht gern kritisiert, weil sie schon von Haus aus an sich zweifeln. Daher hören sie sich nicht gern Vorschläge von ihren Partnern an. Wenn sie erkennen, daß sie mit jemandem, den sie lieben, ihre Gedanken und ihre Gefühle teilen müssen, wenn sie merken, daß sie jemanden so sehr mögen, daß ihnen seine Gefühle nicht gleichgültig sind, und wenn sie aufhören können, sich bei jeder Diskussion zu verteidigen, dann sind sie auf dem Weg, eine gute Partnerschaft aufzubauen.

Andere Planeten im Zeichen Jungfrau nehmen wiederum die Eigenschaften des Zeichens auf. Menschen mit der Venus in Jungfrau haben eine analytische Einstellung zur Liebe, und sie kritisieren alles, was sie gern haben. Mars in der Jungfrau verhält sich sehr methodisch, was man für den Beruf wunderbar verwenden kann. Weniger günstig ist das methodische, distanzierte Verhalten für sexuelle Beziehungen, die dadurch an Emotionalität verlieren. Saturn in Jungfrau nimmt Kritik sehr ernst und zweifelt an seinen intellektuellen Fähigkeiten. Die Zweifel werden sich mehr in der Kindheit zeigen, während beim Erwachsenen die intellektuellen und analytischen Fähigkeiten überentwickelt sein werden.

Steinbock. Menschen mit Sonne im Steinbock haben ihre Einstellung zu Tradition, zu Machtstrukturen und zur Erlangung von Macht von ihrer Mutter übernommen. Der Vater ist wiederum passiv. Jedoch haben die meisten Steinböcke Väter, die angesehene Familienmitglieder, wenn auch unnahbar und unbeteiligt in Familienangelegenheiten waren. Die unmittelbaren Entscheidungen, die das Familienleben betrafen, wurden von der Mutter gefällt, denn sie regierte in den Augen des Kindes das Universum. Wenn Vater nach Hause kam, brachte er nur die Ordnung durcheinander, denn der kleine Steinbock hatte während der Abwesenheit des Vaters das zweite Kommando. Im Gegensatz zu den anderen Erdzeichen fürchtet der Steinbock die Begegnung mit seinem Vater.

Die Mutter des Steinbocks ist in ihrer Einstellung traditionsgebunden. Sie leitet einen saturnischen Haushalt, wo die Kinder gesehen, aber nicht gehört werden dürfen. Steinbock-Kinder sind in der Regel wohlerzogen, und sie mißbilligen zuviel Frivolität im Leben. Sie nehmen ihre Verantwortung sehr ernst. Sogar ihr Humor hat etwas Ernsthaftes – er ist zynisch oder satirisch. Lustige Geschichten können sie mit einem unbewegten Gesicht erzählen.

Die Mutter des Steinbocks möchte im Leben vorankommen und überträgt diese Einstellung auf das Kind. Sie flößt ihm ein Gespür für Menschenführung, für Macht und für die Notwendigkeit von Macht und Kontrolle ein, denn sie ist eine mächtige, kontrollierende Person. Sie nutzt jede Information, um ihre Familie bei der Stange zu halten. Das Kind lernt von ihr, wie man das macht.

Der Steinbock begibt sich in die Welt und hält Ausschau nach einem Ort, wo er emporklettern kann, da er um jeden Preis nach oben möchte. Oft begreifen sie nicht, daß sie geborene Führungspersönlichkeiten sind. Der Mensch wird in dieses Zeichen geboren, weil er bereit ist, etwas über seine Verantwortung und seine Macht zu lernen. Wenn er es mit dem Vorankommen eilig hat, wird er jedes Mittel, einschließlich

Menschen, einsetzen, um sein Ziel zu erreichen. Er wird deshalb oft als gewinnsüchtig betrachtet. Wenn er lernt, sich seine Position mit Geduld zu erarbeiten, wird ihn seine saturnische Kraft zu Führungspositionen verhelfen, falls er sich richtig vorbereitet hat.

Die Steinbock-Frau wird ihr Zuhause verlassen, sobald sie erwachsen ist, da sie von dem starken Einfluß ihrer Mutter fortkommen möchte. Sie merkt erst später, daß auch sie die Stärke und die Fähigkeit hat, andere zu manipulieren. Sie sollte bei der Partnerwahl vorsichtig sein, denn sie braucht einen Mann, der genauso stark motiviert und ehrgeizig ist wie sie. Wenn er diesen Anspruch nicht erfüllen kann, wird sie böse auf ihn werden und ihn emotional zerstören. In der Jugendzeit spürt sie ihre Stärke noch nicht. Als Teenager ist sie oft das häßliche junge Entlein und kann daher nicht zu sehr auf ihre Weiblichkeit vertrauen. Ab dreißig etwa beginnt sie sich zu wandeln, und sie bleibt bis ins hohe Alter eine attraktive Frau. Für den Mann, der eine Karriere in Wirtschaft oder Politik plant, ist sie eine großartige Partnerin, da sie unermüdlich für seine Ziele arbeiten wird.

Die Steinbock-Frau muß lernen, ihre Gefühle zu zeigen und mit anderen zu teilen, da sie sich in diesem Bereich unwohl fühlt. Gefühlsreaktionen bedeuten für sie, daß sie die Kontrolle verloren hat. Sie hat das Bedürfnis, ihre Welt zu jeder Zeit überschaubar zu gestalten. Das Prinzip, das sie vertritt, hat zu tun mit dem Aufbauen, dem Ansammeln und dem Überschauen des Universums. Sie möchte Grenzen schaffen, der emotionale Ausdruck jedoch überschreitet Grenzen. Um emotionale Erfüllung zu erlangen, wird sie lernen müssen, die Kontrolle aufzugeben und sich dem Fluß des Lebens anzuvertrauen. Diese Erfahrung wird sie nicht enttäuschen.

Der Steinbock-Mann nutzt seine Energie auf eine andere Art. Er hat vor seiner Mutter großen Respekt; vor allem achtet er darauf, wie sie seinen Vater behandelt. Er will wie sein Vater werden, wenn er erwachsen ist; er muß jedoch das Verhalten seiner Mutter nachahmen, um das zu erreichen, was sein Vater erreicht hat. Sie hat die Stärke, auf die sich der Vater verläßt, und das Kind wird sie von ihr übernehmen. Sie geht mit Männern auf eine gewisse Art um, und diese Art wird er sich aneignen. Auch er wird so sehr damit beschäftigt sein, nach oben zu kommen, daß er den Mitteln, die er einsetzt, kaum Beachtung schenken wird. Für den Materialisten heiligt der Zweck die Mittel. Es ist jedoch eine lange Reise zum Gipfel und zur Erlangung der Macht, die er auf eine falsche oder eine richtige Weise antreten kann. Der Steinbock ist der Mächtige im Tierkreis. Seine Aufgabe ist es, zu lernen, seine Macht mit Verantwortung auszuüben. Er muß lernen, den richtigen Leuten Verantwortung zu übertragen und zu erkennen, wer die richtigen Leute sind, und er darf dabei falsche Loyalität nicht in seine Entscheidungen einfließen lassen. Er muß außerdem lernen, Menschen, die er liebt, zu vertrauen.

Der Steinbock neigt dazu, die absolute Kontrolle in einer Beziehung haben zu wollen. Manchmal heiratet er aus materiellen Gründen und wird dadurch später unsicher in der Beziehung. Er heiratet beispielsweise die Tochter seines Chefs oder »die richtige Frau«, die ihm bei seinem gesellschaftlichen Aufstieg helfen kann. In dieser Ehe wird es an Liebe und Vertrauen fehlen, deshalb wird er seine Frau kontrollieren. Um seinen Status zu schützen, muß er über jede Bewegung, die sie macht, informiert sein. Er wird mit ihren Freundschaften nicht einverstanden sein, und er wird in Argumenten die Tatsachen so hinbiegen, daß sie für ihn günstig sind. Wenn man eine Beziehung unter Kontrolle halten will, verstärken sich die Gefühle der Unsicherheit immer mehr, bis man schließlich paranoide Symptome entwickelt. Es ist nicht möglich, alles unter Kontrolle zu haben. Irgendwann entgleitet einem ein Detail, und eines Tages bricht das ganze System zusammen.

Es wird behauptet, daß der Steinbock von der Höhe in die Tiefe stürzt. Das Symbol des Steinbocks ist die Bergziege, die zum Gipfel steigt. Es gilt, beim Klettern Sicherheit zu entwik-keln, um den Fall zu vermeiden. Manche meinen, der Stein-bock sollte nicht auf den Gipfel steigen. Wesentlich für ihn ist jedoch, sich die Erfahrungen eines guten Bergsteigers anzu-eignen, damit er, wenn er oben angekommen ist, etwas Gutes bewirken kann. Die Welt braucht Menschen, die vorangehen und neue Wege weisen und die der Gesellschaft Ordnung und Sinn geben. Der Steinbock ist ein Erdzeichen. Er folgt dem Schützen. Der Schütze formuliert die Theorien für Ordnung und Gesetz sowie für die spirituelle und philosophische Ent-wicklung des Individuums. Es ist die Aufgabe des Steinbocks, diese Ideen in die Wirklichkeit umzusetzen. Er hat gute Gründe, seine Trittfestigkeit zu entwickeln, denn er trägt die Verantwortung für den Aufbau von Traditionen und Institu-tionen. Diejenigen, die ihre Macht gedankenlos oder selbst-süchtig ausnutzen, werden sie verlieren, denn das ist nicht im Sinne des Universums.

Der Steinbock ist ein theoretisch ausgerichtetes Erdzeichen. Alle Erdzeichen haben etwas zu tun mit dem Verwirklichen von Ideen. Die Aufeinanderfolge von Feuer und Erde im Tierkreis macht das Zusammenwirken des männlichen und des weiblichen Prinzips anschaulich. Indem die Menschen diese Energien in sich wirken lassen, können sie zu einer Ausgewogenheit der beiden Prinzipien gelangen, wie sie in dem Symbol des Tao ein Sinnbild gefunden hat. Die materiel-len oder weiblichen Zeichen haben das Problem, daß sie keine Veränderung im Universum wünschen.

Planeten im Steinbock werden die Eigenschaften des Zeichens bis zu einem gewissen Grad aufnehmen. Venus im Steinbock bedeutet, daß der Betreffende Tradition und Stabilität in einer Liebesbeziehung schätzt. Mars in Steinbock wird zu Handlun-gen motiviert, die ihn Kontrolle ausüben lassen. Es ist ein Mensch, der sich traditionsbewußt verhält, dessen Tun von Machtbestrebungen bestimmt ist, der kontrolliert bleiben möchte und dadurch seine Spontaneität verliert. Saturn in

Steinbock nimmt entweder Traditionen sehr ernst, oder er fürchtet sie, oder er fühlt sich durch sie und durch Autoritäten eingeengt.

Die Luftzeichen

Menschen, die mit der Sonne in einem Luftzeichen geboren wurden, brauchen Austausch und Kommunikation. Die Luftzeichen symbolisieren die verschiedenen Arten von Kommunikation im Universum. Luftbetonte Menschen interessieren sich für die Erforschung der Welt der Gedanken. Sie sind Kopfmenschen, mental ausgerichtet, sie erfassen die Welt mit ihrem Verstand. Sie lieben den Umgang mit Sprache, mit Bildung und mit philosophischen und geistigen Themen. Diese Kinder wachsen meist in Familien auf, in denen die Verständigung untereinander auf einer sprachlichen Ebene stattfindet, die das Kind nicht verstehen kann. Dieser Umstand motiviert es, nach der Bedeutung von Wörtern und Gedanken zu forschen und andere Formen der Kommunikation mit einzubeziehen.

Zwillinge. Die Zwillinge sind ein persönliches Luftzeichen. Sie möchten wissen, wie sie in die Welt hineinpassen. In ihrem Bewußtsein gibt es viele persönliche Fürwörter wie »ich«, »mir«, »mein«, und sie möchten sich mit einem größeren Ganzen verbinden. Der Zwilling wächst in einer vom Vater beherrschten Atmosphäre auf. Es ist schwierig für ihn, die Unterhaltungen seiner Eltern zu verstehen; Meinungsverschiedenheiten tragen sie verbal aus. Da Kinder sich über die Bedeutung von Wörtern nicht sicher sind, wissen sie nicht, worum es bei diesen Aufregungen geht. Sie wissen nur, daß es sich um etwas Wichtiges handeln muß, da sich die Eltern über diese »seltsamen Wörter« sehr empören. Zwillinge-Kinder lernen die Sprache schnell, weil sie gute Nachahmer sind, obschon sie oft nicht wissen, was ihre Wörter bedeuten. Da der Zwilling die Welt der Kommunikation faszinierend findet, beschäftigt er sich sowohl mit Konversation als auch mit Büchern; die Medien im allgemeinen sind für ihn von Interesse, daher kann er oft auf diesem Gebiet einen bedeutenden Beitrag leisten.

Der Zwilling erforscht den Intellekt und ist in der Regel ein wißbegieriger Mensch. Seine Neugier kann sich auf verschiedene Weise zeigen, je nachdem, welche Erziehung er genossen hat. Wenn er nicht sonderlich gebildet ist oder wenn er eine zu große Luftbetonung in seinem Horoskop hat, wird er sehr gesprächig sein. Durch das Sprechen kann er lernen, er kann sich unterhalten und amüsieren; daher wird er ein lebhaftes, geselliges Leben führen. Jeder neue Mensch, den er kennenlernt, ist für ihn eine Quelle von Information und Unterhaltung. Indem er immer neue Menschen kennenlernt, vergißt er aber auch leicht die alten Bekanntschaften, was ihm eventuell in seinen Liebesbeziehungen Schwierigkeiten bereiten kann. Wenn er mit einem intellektuellen Hintergrund und einer besseren Schulbildung aufgewachsen ist, wird er sich geistig entwickeln wollen und vielleicht ein Sprach- oder Pädagogikstudium aufnehmen. Außerdem wird er voller Begeisterung Informationen und Erlebnisse mit allerhand neuen und interessanten Bekanntschaften austauschen. Der gebildete und der weniger gebildete Zwilling haben beide dasselbe Problem: Schwierigkeiten, ihr Interesse an einer Beziehung aufrechtzuerhalten.

Es fasziniert den Zwilling, wie seine Eltern mit der Körpersprache auf bestimmte Wörter reagieren, er fühlt sich aber ausgeschlossen. Deshalb versucht er, diese Situationen als Erwachsener in seinen Beziehungen zu reproduzieren. Er braucht den verbalen Austausch mit seinem Partner. Es kann mit einem harmlosen Geplänkel beginnen und sich zu einem Gezänk steigern. Wenn der Partner das Bedürfnis des Zwillings nach einer (körperlichen) Reaktion auf seine Worte nicht versteht und daher nicht entsprechend auf die Situation reagiert, kann es zu einem fürchterlichen Krach kommen, bei dem viele Gefühle verletzt werden und Mißverständnisse entstehen. Nach dem Streit fühlt sich der Zwilling wunderbar wohl, sein Partner jedoch ist drauf und dran, die Koffer zu packen. Nach einer Folge von mehreren solcher Kämpfe kann es sein, daß der Zwilling eines Tages ohne Partner dasteht.

Eine der Schwierigkeiten, die der Zwilling in Beziehungen hat, stammt von dem Mangel an Interesse oder gar der Furcht davor, sich mit Problemen auseinanderzusetzen, um zu einem Kompromiß oder einer Lösung zu kommen. Da er von Natur aus gesellig ist, fällt es ihm leichter, sich neuen Interessen zuzuwenden, als an der Lösung von »alten« Problemen mit einem Partner zu arbeiten. Der Zwilling muß lernen, Meinungsverschiedenheiten durchzuarbeiten, ohne dabei wütend zu werden.

Die Zwillinge-Frau bewundert als Kind ihren Vater, denn er bekleidet oft eine angesehene Position. Wenn dies nicht der Fall ist, hat er vielleicht etwas Besonderes geschaffen. Auch sie möchte etwas Besonderes werden, so wie er, obwohl sie neben ihrer Bewunderung auch einen Groll gegen ihn hegt. Irgendwann in ihrer Kindheit, als sie seine Beachtung dringend brauchte, hatte er sie ignoriert. Diesen Groll gegen ihren Vater trägt sie in ihr Erwachsenenleben.

Da der Zwilling ein mental ausgerichtetes Zeichen ist, hat die Zwillinge-Frau es schwer, ihre emotionalen Bedürfnisse mit ihrem Berufsleben zu vereinbaren. Ihre körperlichen Bedürfnisse sind ihr manchmal fremd. In ihrer Partnerwahl tendiert sie zu Männern, die sie geistig anregen, und sie wünscht sich eine Kameradschaft mit ihrem Partner ähnlich wie die Schütze-Frau. Sie ist gern in der Gesellschaft von Männern, da sie glaubt, mit ihnen ihre Ideen teilen zu können. Weil sie in einem männlichen Zeichen geboren wurde, muß sie ihren Intellekt nähren. Aus diesem Grund wird sie ihrer Weiblichkeit ablehnend gegenüberstehen. Die weniger entwickelte

Zwillinge-Frau wird den Umgang mit Frauen meiden, weil sie Frauen für minderwertig hält. Indem sie bewußter wird, beginnt sie ihre Beziehungen zu Frauen, die sich für ihre geistige Entwicklung interessieren, zu schätzen. Sie kann dann sogar die Konversation mit Frauen mehr genießen als Gespräche mit Männern, weil keine sexuellen Hintergedanken im Spiel sind.

Der Zwillinge-Mann ist ein Herumtreiber. Es ist nicht leicht, von ihm Besitz zu ergreifen, da er ständig unterwegs ist. Er öffnet sich selten Männern gegenüber und bevorzugt die Gesellschaft von Frauen. Er flirtet gern. Da er Männern nicht traut, hat er wenige Männerfreundschaften. Sein Mißtrauen stammt aus seiner Beziehung zu seinem Vater.

In der Kindheit möchte er mit seinem Vater zusammensein. Wie das Zwillinge-Mädchen, so wird auch er irgendwann von ihm zurückgewiesen, und das zu einer Zeit, als er ihn braucht und ihm vertraut – daher sein Mißtrauen gegen Männer. Als Partner sucht er einen Kameraden oder eine Frau, mit der ihn Freundschaft verbindet. Er geht selten eine Beziehung auf bloßer sexueller Grundlage ein. Er ist seiner Mutter emotional verbunden. Als Kind brauchte er sie als Stütze, deshalb wählt er oft eine starke Frau, hinter der er sich »verstecken« oder auf die er sich verlassen kann. Auffallend gut aussehende Zwillinge-Männer werden keine hübsche, sondern eine verläßliche Frau vorziehen.

Während der Kindheit des Zwillinge-Geborenen werden die intellektuellen Fähigkeiten von den Eltern überbetont. Das Kind wird für Dinge belohnt, die es noch nicht versteht. Es kann die Erwachsenen nicht begreifen, da im Elternhaus Gefühle mit Worten ausgedrückt werden. Wenn das Kind aufwächst, merkt es, daß andere Menschen mit Gefühlen anders umgehen, und der Zwilling weiß nicht, was sie von ihm wünschen. Verantwortung löst bei ihm Widerstände aus, da er zum einen nicht weiß, was von ihm erwartet wird, und zum anderen fürchtet er, seine intellektuelle Freiheit einbüßen zu müssen. Zwillinge haben sich der Meinungsfreiheit verschrieben.

In persönlichen Beziehungen fühlen sich Zwillinge oft mißverstanden, da sie ihre Liebe mit dem Verstand zum Ausdruck bringen. Worte sind für den Zwilling wichtiger als Gesten, aber die anderen elf Zeichen des Tierkreises reagieren auf diese Art von Liebesbezeigungen nicht. Wenn der Zwilling seinem Partner sagt, daß er ihn liebt, dann tut er das wahrscheinlich auch von ganzem Herzen, jedoch kann er es nicht zeigen. Seine intensive Zuneigung hat sich am nächsten Morgen vielleicht völlig verändert, und er fühlt sich bedroht, wenn er darauf aufmerksam gemacht wird. Weder der Zwillinge-Mann noch die Zwillinge-Frau möchten sich in der Liebe festnageln lassen. Liebe ist für sie ein hohes Ideal, über das man nachdenken, phantasieren und träumen kann. Der Zwilling hält die Worte »Ich liebe dich« für einen hinreichenden Beweis seiner Zuneigung, auch wenn sie nur im Abstand von sechs Monaten gesprochen werden. Während der Zwilling reifer wird, begreift er, daß er mehr als Worte geben muß. Er glaubt, daß sein Partner das Bedürfnis hat, seine Liebe zu testen. Er mag es nicht, auf die Probe gestellt zu werden.

Im Beruf gerät der Zwilling manchmal in Gefahr, sich zu übernehmen. Dies hängt mit einer Scheu vor direkter und ehrlicher Auseinandersetzung zusammen. Der Zwilling stellt sich lieber vor, was der andere gern hören möchte, als daß er die Dinge beim Namen nennt. Man sagt dem Zwilling nach, er habe zwei Gesichter, sei also unaufrichtig. Diese Eigenschaft hat er sich in der Kindheit angeeignet, um besser anzukommen; er glaubt, daß die anderen nicht hören wollen, was er wirklich sagen möchte. Zum Beispiel kam eine Klientin mit einem schwierigen Problem zu mir in die Beratung. Sie hatte einen Auftrag zur Neufassung eines Buches für einen Professor an der Universität übernommen, konnte es jedoch innerhalb der vereinbarten Zeit nicht fertigstellen. Anstatt dem Professor zu sagen, daß sie mit dem Projekt noch nicht einmal begonnen hatte, erzählte sie ihm, es sei fast fertig. Sie glaubte, er wolle das hören. Da sie noch in einem anderen Bereich für ihn arbeitete, fürchtete sie, ihre Stelle zu verlieren, wenn er entdecke, daß sie mit dem Buch noch nicht begonnen hatte. Ihre Befürchtung war natürlich völlig berechtigt. Ihre Frage an mich war: »Was kann ich ihm erzählen, damit er mir diesen Ausrutscher verzeiht?«

Ich kenne einen weiteren Zwilling, der eine Einladung zu einer Gesellschaft erhielt, zu der er nicht hingehen wollte. Anstatt die Einladung einfach abzusagen, rief er den Gastgeber an und erklärte, er könne deswegen nicht kommen, weil er zu einem Vorstellungsgespräch gehen müsse. Die Einladung galt für einen Samstagabend um neun Uhr, und jeder wußte, daß man um diese Zeit zu keinem Vorstellungsgespräch gehen kann. Damit wurden unnötigerweise Gefühle verletzt, und sein Ruf, nicht vertrauenswürdig zu sein, verschlechterte sich noch. Wenn der Zwilling dieses Verhalten auch in seinem Beruf zeigt, wird er auf die Dauer wahrscheinlich Schwierigkeiten haben, seine Stelle zu behalten.

Zwillinge wissen oft nicht, wohin sie gehören. Sie suchen in der Welt einen sicheren Ort, und dieses Bedürfnis nach Sicherheit ist die Ursache für ihre Doppelzüngigkeit. Der Zwilling gerät in eine Zwickmühle, wenn sein Bedürfnis dazuzugehören in Konflikt kommt mit seinem Bedürfnis nach Unabhängigkeit, denn er will nicht festgehalten werden. Im Beruf entstehen oft Probleme, weil er die Anweisungen oder Richtlinien, die er für eine Aufgabe erhält, manchmal nicht versteht. Anstatt nachzuhaken, fällt er oft eigenmächtige Entscheidungen, weil er meint, man halte ihn für unfähig, wenn er Fragen stellt.

Manchmal verfälschen Zwillinge sogar ihre persönlichen Daten. Einer meiner Klienten bewarb sich um eine Stelle mit einem falschen Diplom. Ein anderer verschaffte sich einen Prospekt einer Firma, lernte die Namen des Vorstands auswendig, stellte sich im Personalbüro vor und behauptete, er käme auf – mündliche – Empfehlung dieser Herren. Die Mitarbeiter in der Personalabteilung wollten die angebliche Empfehlung aus der Chefetage nicht nachprüfen. Mein Klient arbeitete in dieser Firma zwei Jahre lang, bevor man die Täuschung entdeckte.

Zwillinge können eine Situation übertreiben oder herunterspielen, je nach Bedarf und Interesse des Augenblicks. Am meisten fällt diese Eigenschaft in ihrem Verhältnis zum Zeitablauf und zur Pünktlichkeit auf. Entweder sind sie verspätet, oder sie kommen zu früh. Wenn sie sich amüsieren, vergeht die Zeit wie im Fluge, wenn sie sich langweilen, schleppt sie sich dahin. Wenn der Zwilling pünktlich ist, hat er sich wahrscheinlich vorher gelangweilt. Ein andermal ist er völlig überrascht, wenn er hört, daß er sich um zwei Stunden zum Essen verspätet hat!

Planeten im Zeichen Zwillinge geben der Persönlichkeit etwas Widersprüchliches und deuten auf geistige Interessen hin. Venus in den Zwillingen bedeutet, daß der Betreffende gern die Eigenschaften und Interessen des Zwillings hätte. Ihm gefällt der Widerspruchsgeist und das Verhalten des Zwillings. Mars in den Zwillingen streitet gern, aber er denkt, bevor er handelt. Er neigt überhaupt dazu, mit dem Verstand zu handeln. Er könnte im Bereich der Sexualität eine Vielfalt an Ideen entwickeln und ein interessanter, ungewöhnlicher Liebhaber sein. Ein Mensch mit Saturn in den Zwillingen fühlt sich durch die Polemik gehemmt; er nimmt neue Ideen sowie Bildung und Erziehung sehr ernst und wird oft selbst Pädagoge. Bildung ist ihm wichtig, weil er entweder fürchtet, nicht gebildet genug zu sein, oder weil er mit großem Ernst bestrebt ist, seine intellektuellen Fähigkeiten weiterzuentwikkeln.

Waage. Das zweite Luftzeichen ist auf etwas weniger persönliche Art intellektuell ausgerichtet als der Zwilling. In der Familie der Waage herrschen zwischen Vater und Mutter

Meinungsverschiedenheiten. Oft werden Waage-Kinder zu einer kritischen Zeit für die Ehe der Eltern geboren. Die Eltern wollen sich »wegen der Kinder« nicht trennen. Wenn Kinder hören, daß sie der Grund sind, weshalb sie zusammenbleiben, fühlen sie sich ihnen gegenüber zutiefst verpflichtet, und dies ist die Ursache für ihren tief verwurzelten Groll. Wegen der angespannten Atmosphäre in der Familie lernen sie, sich diplomatisch zu verhalten. Sie versuchen, die Wogen zu glätten und die harten Auseinandersetzungen zwischen den Eltern abzumildern. Diese Gewohnheit wird zu einem eingefleischten Verhalten, so daß es für Waage-Kinder schwierig ist, ihre Gefühle und ihren Ärger zum Ausdruck zu bringen oder mit ihrer Umgebung Meinungsverschiedenheiten auszutragen. Weil sie ihre Gefühle und Gedanken zurückhalten, verwandeln sie sich in Wut, die sich nach innen gegen den Körper richtet. Sie stellen die Idee, die sie vertreten, über ihre persönlichen Gefühle. Ihre Diplomatie beschwichtigt selten ihr eigenes aufgewühltes Innere, Worte können ihre Lage nicht bessern; und oft entwickeln sie seltsame, geheimnisvolle Krankheiten. Wenn sie kein Ventil für ihre emotionalen Bedürfnisse finden, werden sie oft zu Hypochondern.

Da die Eltern zusammenbleiben, um den Schein zu wahren, legen Waage-Menschen großen Wert auf ihr gesellschaftliches Image. Sie sind in Gefahr, deswegen keinen eigenen Lebensstil zu entwickeln. Anstatt Beziehungen zu knüpfen, die für sie persönlich sinnvoll wären, ziehen sie Partner vor, die ihr Prestige anheben. Sie halten an ihnen fest, auch wenn sie dadurch seelisch Schaden nehmen. Sie werden Ehen schließen, die ihrem Status dienen, oder aber sie fürchten sich vor einer Bindung und heiraten überhaupt nicht. Damit reagieren sie auf ihre Erfahrungen aus der Kindheit, als es nur Streit und Zwietracht gab, und sie meinen, alle Ehen seien so wie die ihrer Eltern.

Wir alle bringen unsere frühen Kindheitserlebnisse mit in unsere Beziehungen, es sei denn, wir bemühen uns bewußt, unser Verhalten zu verändern. Waage-Menschen, die sich ihrer Beweggründe nicht bewußt sind, schaffen die Umstände ihrer Kindheit wieder von neuem und begeben sich voller Erwartungen in ein Verhältnis, das sie mit der Zeit in den Zustand des »kalten Krieges« verwandeln, wie sie es aus ihrer Jugend kennen. Sie sagen selten, was sie wirklich denken, und wenn man sie verletzt hat, werden sie den günstigen Zeitpunkt abwarten, um einen Angriff auf ihren Partner zu starten. Ihre Worte sind so präzise gewählt, daß sie den anderen mitten ins Herz treffen. Der wird entweder bleiben und darunter leiden oder die Beziehung abbrechen.

Die Neugier der Luftzeichen zeigt sich bei der Waage anders als beim Zwilling, denn die Waage interessiert sich mehr für gesellschaftliche Akzeptanz als für das Widersprüchliche in der Welt. Die Waage ist ebenfalls an Bildung interessiert; darüber hinaus ist sie die große Vermittlerin. Wir anderen lassen es gern zu, wenn sie einige Probleme für uns löst, denn sie hat die Fähigkeit, ganz verschiedene Menschen mit unterschiedlichen Standpunkten zusammenzubringen. Man findet Waage-Geborene oft als Ärzte, Rechtsanwälte, Psychologen, häufig auch als Manager in großen Unternehmen. Wenn sie nicht eine solche Karriere anstreben, dann beschäftigen sie sich mit Dingen, die die Welt verschönern. Da ihre Lebensumstände in der Kindheit unangenehm waren, fühlen sie sich zu Aufgaben hingezogen, die das Vergnügen, die Schönheit und die Harmonie in die Welt bringen. Sie arbeiten in der Raumausstattung, im Handel mit Antiquitäten, in der Mode- und Kosmetikbranche. Sie haben eine Vorliebe für die Klassik. Klassische Musik beispielsweise kann auf einen Menschen mit inneren Spannungen beruhigend wirken. Sie interessieren sich für den Tanz als Kunstform, und sie sind diejenigen, die bei der Entstehung neuer Kunstformen vorangehen.

Da der Waage-Geborene nicht gern hinter die Oberfläche schaut, hat er es bei der Lösung seiner persönlichen Probleme besonders schwer. Sobald er eine Therapie oder eine ähnliche

Behandlung beginnt, wird er verärgert. Er möchte nicht mit dem jahrelang aufgestauten, unterdrückten Zorn in Berührung kommen. Die meisten Menschen wollen sich nicht eingestehen, daß sie auf ihre Eltern eine Wut haben oder voller Feindseligkeit sind, weil sie ihre Emotionen nicht zum Ausdruck bringen können. Leute, die einen Waage-Menschen näher kennen, sind oft überrascht über den Zorn und den Haß, der sich unter der Oberfläche verbirgt. Es wird behauptet, die von Venus regierten Zeichen Stier und Waage seien warme, liebevolle, gutmütige und zufriedene Menschen. Das ist nicht der Fall. Sie sind lediglich wunderbare Schauspieler und Diplomaten.

Die indische Göttin Maya ist das Symbol für Schönheit und Illusion. Sie soll uns lehren, daß die Schönheit eine Illusion ist und wir tiefer schauen müssen, um die Wahrheit zu finden. Wenn wir die Schönheit des Waage-Geborenen sehen, bemerken wir oft nicht den Schmerz, den er in seinem Inneren trägt. Erst wenn er seinen Schmerz erlebt und offenbart, kann er ihn loslassen.

Die Luftzeichen haben die Aufgabe, neue Ideen zu formulieren und sie den Menschen bewußtzumachen. Die Waage folgt der Jungfrau. Die analytisch veranlagte Jungfrau siebt und trennt den Weizen von der Spreu. Die Waage nimmt den Weizen, den Kern der Idee, und bringt sie im Bewußtsein eine Stufe höher. Die Jungfrau deckt auf, sie enthüllt den Kern, während die Waage weitergeht und sich fragt, wie man das Geerntete verwerten kann. Sie tut das, indem sie etwas Schönes gestaltet und es in dieser angenehmen Form dem Bewußtsein zugänglich macht. Der Skorpion wird das von der Waage Geschaffene wiederum verwandeln, die Luftzeichen aber bringen die Dinge in das Bewußtsein.

Die Waage-Frau hat es schwerer als der Waage-Mann wegen der Betonung des männlichen Prinzips in ihrer Persönlichkeit. Sie wird daher mehr Wert legen auf die Betonung männlicher Werte wie Karriere, Sachlichkeit und Ideenreichtum. Sie sieht zwar sehr weiblich aus und ist meist überaus attraktiv, jedoch hält sie sich selbst nicht für weiblich und strebt eher nach einer Stellung, wie sie die Männer genießen. Sie begibt sich in eine Ehe mit einem unterschwelligen Gefühl der Feindseligkeit, da sie nicht als »Nur«-Hausfrau angesehen werden möchte. Sie wünscht sich einen geistigen Austausch in der Beziehung, aber da sie oft so schön ist, sieht man in ihr nur ein liebreizendes Objekt. Wenn sie ständig wie ein schönes Spielzeug behandelt wird, kann sie sehr ärgerlich werden und ihren Partner angreifen. Um ihre gesellschaftliche Stellung zu verbessern, wird sie eine Beziehung eingehen, die qualvoll für sie sein kann. Sie wird darin ausharren und zulassen, daß ihre Gefühle mißhandelt werden, nur um ihren guten Ruf nicht zu gefährden. Weil sie es gewohnt war, ihre Eltern streiten zu hören und in ständiger Spannung zu leben, erscheint es ihr »normal«, daß auch sie so leben soll.

Der Waage-Mann ist dieser Gefahr nicht in dem Maße ausgesetzt wie die Waage-Frau, denn er übt mehr Kontrolle über seine Lebensumstände aus. Auch er wird in angespannten Eheverhältnissen verweilen, weil er meint, er müsse Konflikte besänftigen, anstatt seine Gefühle auszudrücken. Mit der Zeit bricht bei ihm eine offene Feindseligkeit aus, da er seine Gefühle und Bedürfnisse nicht äußert. Er wird dann beispielsweise beginnen, mehr Geld auszugeben, als er verdient; er wird versuchen, mit Bessergestellten Schritt zu halten, um sich nach außen hin zu profilieren. Wenn er unreif und leichtsinnig ist, wird er bald verschuldet sein und unter den Druck von Gläubigern geraten. Auch der Waage-Mann ist ein attraktiver Mann. Da er so gut aussieht, merkt man ihm oft seine inneren Spannungen nicht an. Seine Frau meint dann, daß seine schlechte Stimmung mit ihr zu tun hat, während er eigentlich mit sich selbst unglücklich und deprimiert ist. Daher bekommt er selten das Verständnis und die Zuneigung, die er braucht. Er muß lernen, seine Bedürfnisse offen zu äußern und seine Gefühle ehrlich einzugestehen, anstatt die Emotionen anderer zu beschwichtigen, damit er aus seiner Einsamkeit herauskommen kann.

Andere Planeten in der Waage reflektieren die Eigenschaften dieses Zeichens. Venus in der Waage bedeutet, daß der Betreffende eine Vorstellung von der Liebe als wunderschöne, reibungslose Lebenserfahrung hat. Er wird daher leichter auf den schönen Schein hereinfallen, als eine ehrliche Beziehung aufzubauen. Mars in Waage wird das Verhalten eines Diplomaten zeitigen; seine Sprache wird einen forschen Ton an sich haben, und sein Handeln wird den unterdrückten Ärger nicht verbergen können. Oft wird er seiner Umwelt beschwichtigend zu Hilfe eilen. Für den Menschen mit Saturn in Waage ist es überaus wichtig, von der Gesellschaft angenommen zu werden. Er wird großen Wert legen auf feine, liebenswürdige Umgangsformen, denn er meint, er müsse sich den Eintritt in die »gute Gesellschaft« verdienen. Aus Furcht, nicht akzeptiert zu werden, könnte er sich zu einem Fanatiker für höfliche Umgangsformen entwickeln.

Wassermann. Die Atmosphäre im Elternhaus des Wassermann-Kindes ist unpersönlich. Der dominante Vater prägt das Kind. Er interessiert sich für das Ungewöhnliche, das Unkonventionelle und ist bekannt als jemand mit seltsamen, verrückten Ansichten. Er lebt in seiner Gedankenwelt, weit entfernt von Kind und Familie. Das Kind möchte von seinem Vater anerkannt und angenommen sein, deshalb übernimmt es diese Eigenschaft des Vaters. Wassermann-Geborene leben in viel stärkerem Maße in der Welt der Ideen als die anderen beiden Luftzeichen. Aus irgendeinem Grund leben sie in der Annahme, daß sie die Erwartungen ihrer Familie und der Umgebung nicht erfüllen, und sie wachsen mit dem Gefühl auf, sie seien von einer durchsichtigen Wand umgeben, die sie von den anderen trennt. Dadurch fühlen sie sich einsam, und sie verbringen einen großen Teil ihres Lebens damit, Gruppen zu finden, denen sie sich anschließen können, um dieser Einsamkeit zu entfliehen und das Gefühl zu haben, daß sie dazugehören. In den langen Perioden des Alleinseins, in denen sie zu keiner Gruppe »gehören«, entwickeln sie die Angewohnheit, alles in Frage zu stellen: jede Tradition, jede Moral, und sie bleiben nicht lange einer einzigen Idee treu. Dieses Abseitsstehen veranlaßt sie schon als Kinder, ihre mentalen Fähigkeiten stärker zu entwickeln, daher können sie unendlich kreativ sein. Da sie schon als Kind nicht in ihre Umgebung »hineinpaßten«, sind sie auch als Erwachsene Außenseiter. Es ist, als habe jemand ein kantiges Objekt in ein rundes Loch gesteckt. Ihre Eigenbrötlerei hat aber auch eine gute Seite: Aus ihrer Eigenwilligkeit heraus werden sie zu Erneuerern und Entdeckern.

Der Wassermann hat die Fähigkeit, alles aus einem neuen Blickwinkel zu betrachten. Er bringt neue Ideen in den sozialen, den spirituellen, den humanitären und den wissenschaftlichen Bereich. Er verhilft den traditionsgebundenen Vorstellungen des Steinbocks zu einer neuen Sicht. Diese Begabung macht ihn nicht unbedingt beliebt, sondern sie bestätigt noch seine Außenseiterstellung. Da sein Außenseitertum und seine Einsamkeit für ihn im Mittelpunkt stehen, kann er sich seiner Kreativität nicht so leicht bewußt werden.

Wie bereits erwähnt, wächst der Wassermann in einer unpersönlichen Atmosphäre auf, einer Welt von Ideen, Gedanken und Worten. Die Eltern bewältigen ihr Leben rational, ihre Reaktionen sind weder intensiv, noch reflektieren sie persönliches Engagement. Daher ist der Wassermann in persönlichen Beziehungen unbeholfen, denn ihm fehlen Erfahrung und Vorbild aus der Kindheit. Wenn er persönlichen Problemen begegnet, versucht er, sie mit solchen Ideen und Konzepten zu lösen, die eher für die Welt der Theorie geeignet sind. Obwohl er sich ernsthaft mit gesellschaftlichen Prozessen und ihrer Verbesserung befaßt, hat er große Schwierigkeiten, sie in seinen persönlichen Beziehungen in die Praxis umzusetzen. Er fühlt sich in der Gruppe wohler als in einer Zweierbeziehung.

Die Wassermann-Frau möchte in die Fußstapfen ihres Vaters treten. Wie ihre Schwestern in den anderen positiven Zeichen möchte sie Karriere machen. Sie fühlt sich im sexuellen Bereich unsicher, da sie von ihrer Mutter kein weibliches Vorbild erhielt. Um auch auf diesem Gebiet so wie ihr Vater zu sein, der wegen seiner Unkonventionalität bekannt war, möchte sie ungewöhnlich und »anders als die anderen« sein. Da das Schwergewicht auf ihren mentalen Fähigkeiten liegt, wird sie sich als Frau und in ihrem Körper immer unsicher fühlen, weil er ihr eher fremd ist. Sie wird unruhig, wenn man ihrem Körper zuviel Aufmerksamkeit schenkt. Sie gerät in eine Zwickmühle, wenn sie nicht weiß, ob sie ihren Gefühlen oder ihrem Verstand folgen soll. Sie wird zwischen den beiden hin und her schwanken. Aus ihrer Unsicherheit ergibt sich manchmal ein Hang zur Promiskuität, da sie in den ständig wechselnden Beziehungen ihre Identität zu finden sucht. Sie läßt davon ab, wenn ihr Gefühl für ihre Identität stärker wird oder wenn sie zu sehr verletzt wird. Sie muß lernen, daß sich das Selbstgefühl von innen heraus entwickelt und nicht durch die Anerkennung von außen erworben werden kann.

Der Wassermann-Mann hat Schwierigkeiten, sich für längere Zeit auf eine persönliche Beziehung einzulassen, weil er, wie die Wassermann-Frau, ein starkes Bedürfnis nach intellektuellem Austausch in der Gruppe hat. Da auch er im Geschlechtsleben unsicher ist, wird er eine Weile damit experimentieren, bevor er entscheidet, in welche Richtung er gehen will. Die meisten Probleme in seinen Beziehungen stammen von seinem unpersönlichen Verhalten. Er weiß nicht, wie man dem Partner ein Gefühl der Geborgenheit vermitteln kann, da seine Fähigkeit, Gefühle zu äußern, verkümmert ist. Er ist sich nicht im klaren, was von ihm erwartet wird, aber er muß lernen, auf persönlicher Ebene mit dem Partner umzugehen.

Als Kind mußte ihn seine Mutter oft gegen die – körperliche oder geistige – Gewalt seines Vaters beschützen, daher nimmt er Hilfe von Frauen ungern und nur mit Vorsicht an. Wegen der Forderung der Mutter, ihre Hilfe nicht zu vergessen, meint er, daß ihn alle Frauen an eine Verpflichtung binden wollen. Er kann ein interessanter und vielseitiger Partner sein, wenn man sein Bedürfnis nach Freiheit versteht.

Planeten im Wassermann reflektieren das Unkonventionelle, das Unorthodoxe des Zeichens und seine Ideen des New Age. Mit Venus im Wassermann liebt der Betreffende das Ungewöhnliche und das Geistige an einer Liebesbeziehung. Er hat eine Vorliebe für den »schönen Fremden« oder für jemanden, der etwas Außergewöhnliches im Leben geschaffen hat. Mit Mars im Wassermann verhält sich der Betreffende unangepaßt und etwas verrückt. Er wird sich für sexuelle Praktiken interessieren, die außerhalb des Gewöhnlichen liegen, oder er wird ständig an Sex denken. Saturn im Wassermann wird versuchen, die Freiheitsbestrebung und das Unkonventionelle zu beschränken, da er sich vor neuen Ideen fürchtet, oder aber die Gedanken der New-Age-Bewegung sehr ernst nehmen.

Die Wasserzeichen

Wasser symbolisiert das Veränderliche in der Welt. Es dient als Sinnbild für den Wandel, der sich auf lange Sicht vollzieht, von Dauer ist, ebenso zeigt es auch die kurzfristigen, immer wieder eintretenden Veränderungen im Leben: Der Fluß ist stets in Bewegung und verlagert seinen Lauf allmählich; das Meer spült ständig seine Wellen an Land und gibt der Küste mit der Zeit eine neue Form; Quellen sprudeln ununterbrochen, um die Erde zu nähren und den Boden fruchtbar zu erhalten.

Die Wasserzeichen verleihen den Vorstellungen und Konzepten der Luftzeichen Gefühl und intuitives Verstehen. Der wirklich kreative Prozeß benötigt die Eigenschaften des Wassers, um »luftige« Ideen mit Gefühl zu bereichern.

Krebs. Der Krebs ist ein persönliches Wasserzeichen. Da er als Kind sehr intensiv auf seine Umgebung reagiert, ist er ein höchst empfindsamer Mensch. Der Mond, der verantwortlich ist für Ebbe und Flut und für Stimmungsschwankungen, regiert dieses Zeichen. Krebs-Geborene haben es nicht leicht, denn die emotionalen Spannungen und ihre Empfindsamkeit schaffen in ihrem Inneren großen Aufruhr. Aus diesem Grund wird die Kraft, die der Krebs besitzt, nicht für jedermann augenfällig. Es ist ein kardinales Zeichen, voller Energie und Ehrgeiz, es zu etwas in der Welt zu bringen. Man kann wegen seiner inneren Spannungen die Antriebskraft nicht leicht erkennen.

Man sagt, daß Krebse die Waisenkinder des Tierkreises sind, da mehr Krebs-Kinder ihre Mutter oder ihren Vater verlieren als alle anderen Zeichen. (Dies trifft auch auf Mond in Krebs oder Krebs-Aszendent zu.) Haben sie jedoch das Glück gehabt, beide Eltern zu behalten, dann fühlen sie sich dennoch emotional verwaist oder benachteiligt.

Das Krebs-Kind kommt in einer Familie zur Welt, die von der Mutter beherrscht wird. Es hat den Eindruck, die Mutter regiere nicht nur die Familie, sondern die ganze Welt, da der Vater oft abwesend ist. Dies kann berufliche Gründe haben, das Kind aber weiß nicht, warum er fort ist. Oft wird ihm nicht einmal bewußt, daß er überhaupt existiert; es sieht nur, wie seine Mutter alles macht. Sie manipuliert und kontrolliert ihre Umgebung nicht als eine *Frau,* sondern indem sie die *Rolle* entweder der Mutter oder des hilflosen kleinen Mädchens spielt. Das Kind beobachtet dieses Verhalten und ahmt es später nach: Das Krebs-Mädchen spielt die große Mutter oder das hilflose kleine Mädchen, während der Krebs-Junge den »Vater, der alles richtet«, oder den unbeholfenen, netten großen Jungen spielt. Der Krebs weiß nicht, wie er die Rolle des erwachsenen Mannes oder der erwachsenen Frau ausfüllen soll. Er übt die Kontrolle über seine Beziehung aus, indem er entweder Eltern oder Kind spielt. Dieses Verhalten bereitet ihm nicht nur in Partnerschaften, sondern auch im Beruf Schwierigkeiten.

Die Krebs-Frau stellt sich als das hilflose kleine Geschöpf dar, das Schutz braucht. Sie heiratet einen Mann, der sie vor ihrer Umgebung beschützen soll. Sie entwickelt sich jedoch zu einer starken Frau, da sie von einer dominanten Mutter beeinflußt wurde. Als Frau hat sie es nicht schwer, sie nachzuahmen. Sie ist sich vor ihrem dreißigsten Lebensjahr gar nicht ihrer Stärke bewußt. Als Kind kam sie zu kurz, da sie von ihrer Mutter keine Liebe verspürte. Folglich wird sie als Erwachsene nach Sicherheit streben, und sobald sie sich in einer Beziehung nicht ganz wohl fühlt, beginnt sie Ränke zu schmieden, um die Kontrolle zurückzugewinnen. Sie wird sich entweder so hilflos geben, daß ihr Partner sich um sie kümmern muß, oder ihre Unsicherheit offenbart sich in Eifersuchtsszenen. Wenn man unsicher ist, neigt man zu übertriebenen Reaktionen. Sie kann sogar auf die Freunde ihres Mannes oder seine Arbeit eifersüchtig sein. Sie ist der Typ Frau, die ihren Mann täglich bei der Arbeit anruft, oder sie macht ihm eine Szene, wenn er nach Hause kommt, weil er sich nach Feierabend noch mit jemandem unterhalten und daher etwas verspätet hat. Ihr Verhalten wird penetrant, wenn sie die ständige Beteuerung seiner Liebe und Zuneigung fordert. Sie selbst ist nicht in der Lage, Liebe zu geben, weil sie es von ihrer Mutter nicht gelernt hat. Sie lernte durch das Beobachten ihrer Mutter, wie man einen Mann kontrolliert, wie man ihn sanft manipuliert, um zu bekommen, was man will. Sie hat ihre Lektion so gut gelernt, daß ihr ganzes Verhalten – bis sie ihm entwachsen ist – auf die Forderung »Gib mir!« ausgerichtet zu sein scheint. Wenn sie jedoch eine sinnvolle, erfüllende Partnerschaft anstrebt, dann stehen diese Eigenschaften ihr im Wege.

Da ihre Mutter eine fähige Person war, kann die Krebs-Frau viel Ehrgeiz in einem Beruf entwickeln. Sie möchte viel Geld verdienen, damit sie es ausgeben kann. Sie braucht ein schönes Zuhause, in das sie sich zurückziehen kann, wenn sie der

Welt überdrüssig ist. Die Krebs-Frau ist nicht das Heimchen am Herd, wie oft angenommen wird. Sie braucht zwar ein schönes Heim, sie muß sich aber unter Menschen bewegen können, denn der Mond steht nicht nur für das Heim, sondern auch für das Volk. Sie ist in ihrem Beruf erfolgreich, sobald sie etwas gefunden hat, das ihr zusagt. Viele Krebs-Frauen ergreifen einen Beruf, in dem sie viel auf Reisen sind. Oft streben sie in leitende Positionen, da sie dort ihre Kraft und Energie als die »große Mutter« auf konstruktive Weise verwirklichen können.

Der Krebs-Mann hat größere Schwierigkeiten, sich von den Einflüssen seiner frühkindlichen Umgebung zu befreien. Aufgewachsen in einer von der Mutter beherrschten Atmosphäre, ist ihm bewußt, daß Frauen stark und mächtig sind, und er nimmt das Verhalten und die Ansichten seiner Mutter an. Er hat entweder eine zu enge Beziehung zu ihr und wird zum »Muttersöhnchen«, oder aber er hegt ihr gegenüber eine Abneigung und läßt seinen Haß später an den Frauen aus, die seine Partnerinnen werden. In jedem Fall wird er sich in der Gesellschaft von Frauen wohler fühlen, da er sich mit ihnen besser unterhalten kann und sie besser kennt. In Beziehungen spielt er entweder die Rolle des fürsorglichen Vaters oder des großen Jungen. Gleichgültig, mit welcher Rolle er begonnen hat, sobald die Beziehung fest ist, wird er in die Rolle des netten großen Jungen schlüpfen, sooft er etwas erreichen möchte. Auch er sucht seelische Erfüllung und Zuneigung, wobei ihm eine Art mütterlicher Zuwendung wichtiger ist als ein erfülltes Geschlechtsleben. Oft wird er außerhalb seiner Ehe sexuelle Beziehungen haben, da seine Frau für ihn nicht Sexualpartner, sondern Mutter ist.

Der Krebs-Mann braucht viel Aufmerksamkeit, und um sie zu bekommen, versucht er, seine Frau zu verärgern, indem er sich in Affären verwickelt, bei denen er ertappt werden möchte. Seine Frau wird natürlich wütend sein, wenn sie ihn erwischt, was für ihn ein Beweis dafür ist, daß sie ihn gern hat.

Dies kann jedoch das Ende der Partnerschaft oder der Ehe bedeuten. Er sucht nach Liebe, die er selbst nicht erwidern kann, denn er hat das Lieben nicht von seiner Mutter gelernt. Er muß als Erwachsener lernen, zu lieben, anstatt sich selbst zurückzuhalten und vom anderen ständig Liebesbezeigungen zu fordern.

Der Krebs-Mann ist nicht so sehr an einer beruflichen Karriere interessiert wie die Krebs-Frau. Wenn er ehrgeizig ist, kommt sein Drang nach Erfolg meist von anderen Konstellationen in seinem Horoskop. Er kommt bei seiner Arbeit gut zurecht, denn er spielt entweder den väterlichen Mitarbeiter im Büro, oder er spielt den netten großen Jungen und erzielt die höchsten Verkaufsquoten für seine Firma. Als Handelsreisender ist er deshalb so erfolgreich, weil er als der nette Junge bei seinen Kunden Vertrauen weckt. Wenn er bei seiner Arbeit Schwierigkeiten hat, dann wegen seiner rebellischen Art. Die von der Mutter beherrschten Zeichen – allen voran der Krebs – respektieren männliche Autorität nicht. Sie sind oft launisch und scheren sich um die Anerkennung des Vaters nicht. Folglich wird der Krebs auch häufig seinem Arbeitgeber widersprechen. Der Krebs-Mann braucht eine freie Arbeitsatmosphäre, und seine Tätigkeit muß ihn interessieren, ansonsten ist er fehl am Platze.

Der Krebs steht für Nahrung und Wachstum. Sowohl der Krebs-Mann als auch die Krebs-Frau eignen sich gut für den Lehrberuf und als Ausbilder allgemein, da sie die Fähigkeit haben, andere zu ermutigen und ihnen zu helfen. Sie sind nicht nur gute Lehrer, sondern sie bewähren sich in sämtlichen Helferberufen, und sie sind bekannt für ihre Hilfsbereitschaft. Da sie auf die Bedürfnisse anderer eingestellt sind, können sie im Geschäftsleben erfolgreich werden in Branchen, die sich auf das wechselnde Modebewußtsein der Menschen konzentrieren.

Der Krebs ist launenhaft und intuitiv. Er kann sich besser auf sein Gefühl als auf seinen Verstand verlassen. Da man dem, was er sagte, als Kind keine Beachtung schenkte, wird es für ihn oft sehr wichtig, einen Hochschulabschluß zu erwerben, damit jeder sehen kann, daß er genauso intelligent ist wie andere. Er wird als Kind nicht ernst genommen, weil er emotional anstatt rational reagiert. Er hat einen Zugang zu seiner Gefühlswelt und seinen intuitiven Fähigkeiten, was sich andere hingegen erst mühselig erarbeiten müssen. Krebs-Geborene reagieren weniger auf Worte als auf Gefühle. Wenn sie eine Situation beurteilen sollen, ist es besser, man fragt sie, was sie *fühlen,* statt was sie *denken.* Wenn sie ihre Gefühlswelt verleugnen wollen, werden sie steif und übertrieben rational. Damit verdecken sie eine wunderbare Empfindsamkeit, die sie nicht zu schätzen gelernt haben, die aber zum Ausdruck kommen muß.

Andere Planeten im Krebs äußern sich in Eigenschaften wie Eifersucht, besitzergreifendem Verhalten, Empfindsamkeit, Intuition und dem Bedürfnis nach Zuneigung. Venus im Krebs bedeutet, daß der Betreffende in einer Liebesbeziehung sehr sensibel, etwas ängstlich, mißtrauisch, besitzergreifend und sehr gefühlvoll sein wird. Mars in Krebs handelt emotional; er wird von seinen Gefühlen motiviert, und er will aktiv von jemandem Besitz ergreifen. Saturn in Krebs nimmt seine emotionale Sicherheit sehr ernst, er fürchtet sich vor gefühlsbetonten Beziehungen und glaubt, er sei nicht sensibel und einfühlsam genug.

Skorpion. Das Skorpion-Kind wächst ebenfalls in einer von der Mutter beherrschten Umgebung mit einem Mangel an Wärme und Liebe auf. Oft ist der Vater abwesend, oder in der Familie hat sich wenige Tage vor der Geburt des Kindes ein Todesfall ereignet, der die Eltern bedrückt. Es herrscht eine Atmosphäre von Trauer, Schmerz und Tod. Oft ist das Kind unerwünscht, vielleicht zu früh auf die Welt gekommen, oder es sind bereits mehr Kinder vorhanden, als eigentlich versorgt werden können.

Das Kind nimmt diese unwirtliche Atmosphäre in seinem Innern auf und speichert sie. Wie alle Kinder braucht es Liebe und Zuwendung, jedoch wird es vom Vater ignoriert, und die Mutter versorgt es mit dem Nötigsten. Es erlebt wenig Zärtlichkeit oder Wärme. Später befallen die Eltern Schuldgefühle, und sie versuchen, ihre Fehler wiedergutzumachen, indem sie das Kind verwöhnen oder ihm verschiedene verlockende Angebote machen, die es jedoch alle zurückweist. Die Möglichkeiten und Privilegien, die ihm später eingeräumt werden, bedeuten ihm nichts. Daher meinen die Eltern, sie haben ein undankbares Kind.

Die Erfahrungen in seiner Kindheit sind die Ursache für die lebenslange Suche des Skorpions nach Liebe und Zuneigung. Er sucht die vermißte Mutterliebe. Der Skorpion hat den Ruf, er überbetont sexuelles Zeichen zu sein; er ist jedoch nicht so sehr auf Sex erpicht, wie es den Anschein haben mag. Er verwechselt in seiner Jugend Liebe mit Sex, weil er glaubt, daß er geliebt wird, wenn er mit jemandem schläft. Daher legt er viel Wert darauf, »gut im Bett« zu sein. Wenn man mit ihm jedoch länger zusammen ist, merkt man, daß ihm das Sexuelle nicht mehr soviel bedeutet wie zu Anfang. Statt dessen wird ihm Zuneigung wichtiger. Wenn sich der junge Skorpion unsicher fühlt, wird er eine sexuelle Beziehung anknüpfen, um das Gefühl der Unsicherheit loszuwerden. Es geht ihm dabei nicht in erster Linie um das sinnliche Vergnügen, sondern es ist ein Mittel für ihn, den anderen unter seinen Einfluß zu bringen.

Das Leben des Skorpions ist großen persönlichen Wandlungen unterworfen. Einerseits versucht er, gesicherte Familienverhältnisse zu schaffen, andererseits will er ständig die Welt verändern. Da er als Kind nicht akzeptiert wurde, wird dies ein wichtiges Lebensthema für ihn. Um angenommen zu werden, versucht er, Menschen, die ihm etwas bedeuten, zu beherrschen. Dadurch erfährt er wiederum Ablehnung, kann jedoch nicht begreifen, warum. Er macht diese Erfahrungen, um mit der Zeit festzustellen, daß es wichtiger ist, sich selbst zu verändern, als andere Menschen beeinflussen zu wollen. Im Laufe seiner Entwicklung macht er viele Entdeckungen für sich selbst, denn er ist ein guter Beobachter.

Was seine Berufsziele betrifft, so kann der Skorpion in verschiedene Richtungen gehen. Er gliedert sich gern in die Struktur eines Unternehmens ein, da die Firma für ihn den Charakter einer großen Familie hat. Dort kann er Aufnahme und Anerkennung finden und sogar befördert werden. Es ist außerdem eine Möglichkeit, das zu bekommen, was er bei seinem strengen und distanzierten Vater vermißt hat.

Der Skorpion eignet sich gut für naturwissenschaftliche und soziale Forschung, da ihm seine Beobachtungsgabe bei dieser Art von Tätigkeit zugute kommt. Detektiv- und Polizeiarbeit oder jede Art von analytischer Arbeit ist für dieses Zeichen ebenfalls geeignet. Der Skorpion interessiert sich außerdem für alle heilenden Berufe, denn er kann dabei seine Neigung zur Forschung und seine Begabung zur heilenden Verwandlung ausleben.

Die Skorpion-Frau ist so stark und unergründlich wie ihre Mutter. Ihre Eigenart verleiht ihr große Anziehungskraft und eine geheimnisvolle Ausstrahlung. Innerlich ist sie jedoch unsicher – mit einem Gefühl der Wertlosigkeit, das sie nur in einer Liebesbeziehung besänftigen kann. Sie benutzt ihre Sexualität zur Machtausübung. Sie kann sich beispielsweise einem Mann hingeben, bis sie ihn beherrscht, um sich ihm dann zu entziehen. Der Mann kann nicht begreifen, warum diese leidenschaftliche Frau plötzlich eiskalt geworden ist. Er wird mißtrauisch und glaubt, sie habe einen anderen gefunden. Manchmal heiratet die junge Skorpion-Frau einen Mann, der sie schlecht behandelt, weil sie meint, sie habe keinen besseren verdient. Mit der Zeit merkt sie jedoch, daß sie mehr braucht und sich mit dieser Ehe nicht mehr zufriedengeben kann, und sie verläßt ihn. Auf der Suche nach einem starken Mann wird sie manipulieren und ihre Anziehungskraft spielen lassen, wie eine Spinne im Netz, die schließlich ihre Beute bekommt. Wenn es sich jedoch herausstellt, daß er zu stark ist und sich nicht beherrschen lassen will, überfällt sie ein Unbehagen, und sie verläßt ihn ebenfalls.

Die unentwickelte Skorpion-Frau kann sich nicht von ihrer Mutter lösen. Wenn diese sie noch als Erwachsene zu sehr beeinflußt, wird sie es schwer haben, eine gute Beziehung zu ihrem Mann aufzubauen. Ihr Mann wird das Gefühl bekommen, mit zwei Frauen verheiratet zu sein – seiner eigenen und mit seiner Schwiegermutter. Wenn ihm das zuviel wird, wird er seine Frau verlassen. Die Skorpion-Frau, die bereits eine Entwicklung durchgemacht hat, wird eine Beziehung suchen, die ihr die Möglichkeit gibt, zu lernen und zu wachsen. Sie braucht jemanden, mit dem sie ihre Erfahrungen und ihre Lernprozesse teilen kann. Dies sind faszinierende Frauen.

Der Skorpion-Mann hat es schwerer als die Skorpion-Frau. Er hat den Ruf des phantastischen Liebhabers, den er aber innerlich nicht nachvollziehen kann. Er wünscht sich eine Liebesbeziehung mit einer mütterlichen Frau, die ihm viel Zuneigung gibt, da er sie als Kind nicht bekommen hatte. Oft wählt er ältere oder mollige Frauen mit einem großen Busen – dem Attribut der Mütterlichkeit. Man kommt schwer an ihn heran, er ist unergründlich und launisch. Diese Eigenschaften wirken auf manche Frauen wie ein Magnet. Er verwechselt Liebe mit Sex und vermag selbst nicht Liebe zu geben, da er als Kind wenig empfing. Er gibt nicht gern zu, daß er jemanden liebt, weil er glaubt, er werde dadurch verletzlich.

Es kommt nur selten vor, daß ein Skorpion-Kind in seiner Familie nicht kritisiert und herabgesetzt wird. Das Geheimnisvolle an ihm ist lediglich ein Deckmantel für seine Angst vor Ablehnung. Das Skorpion-Kind ist außerordentlich intuitiv, und es ist, was man als »wissend« bezeichnen kann. Wenn es sein »Wissen« mit anderen teilen will, wird es ausgelacht. Um sich nicht der Lächerlichkeit preiszugeben, behält es später seine Gedanken für sich und erwirbt sich dadurch das Image des »großen, dunklen, faszinierenden Fremdlings«.

Sowohl der Skorpion-Mann als auch die Skorpion-Frau entwickeln Krankheiten, die durch innere Spannungen bedingt sind. Der Skorpion ist so sehr von seinen Launen, seinen Emotionen, seiner Empfindsamkeit, seinen Intuitionen und seiner Angst vor Ablehnung beherrscht, daß er all diese Gefühle hinunterdrückt, wo sie dann in seinem Inneren rumoren. Um die Vierzig beginnen diese Spannungen sich bemerkbar zu machen als streßbedingte Krankheiten, vor allem Krankheiten der Verdauungsorgane.

Der Skorpion muß lernen, mit anderen zu teilen. Indem er seine Ideen und Träume mit anderen teilt, kann er herausfinden, ob ihn jemand wirklich mag. Da der Skorpion so sehr auf sinnvolle, intensive Beziehungen angewiesen ist, kann er von seiner Offenheit nur profitieren. Er kann zwar Menschen anziehen, die von seiner geheimnisvollen Unergründlichkeit beeindruckt sind, aber er wird sein wahres Selbst nicht offenbaren. Es ist jedoch lohnender, offen zu sein und zu wissen, ob man abgelehnt oder angenommen wird. Wenn man uns ablehnt, wäre für eine Beziehung ohnehin keine Basis vorhanden. Werden wir jedoch akzeptiert, dann haben wir die Grundlage für eine wunderbare, intensive Erfahrung mit einem anderen Menschen.

Andere Planeten in Skorpion nehmen die Intensität und den Magnetismus dieses Zeichens an. Die Stellung der Venus in Skorpion ist kompliziert. Da sich der Skorpion unerwünscht fühlt, besagt diese Stellung, daß der Betreffende sich unerwünscht fühlen *möchte*. Es ist eine masochistische Konstellation und charakterisiert Menschen, die in Beziehungen viel leiden. Mars in Skorpion handelt skorpionisch, das heißt forschend, beobachtend, und er hält sich für unerwünscht. Saturn in Skorpion leidet sehr unter Ablehnung. Ihm ist besonders an der Gründung einer Familie gelegen. Aus Furcht, abgelehnt zu werden, entwickelt er defensive Verhaltensweisen; neuen Situationen nähert er sich nur mit äußerster Vorsicht.

Fische. Fische ist ein geistiges, am wenigsten persönliches Zeichen. Es scheint, daß die Schwierigkeiten des Fische-Geborenen bereits bei seiner Geburt beginnen. Entweder ist die Geburt lang und schwierig, oder das Kind kommt mit einer Krankheit zur Welt, beispielsweise einem Ekzem. Fische-Kinder erkranken oft in ihrer Kindheit an einem schweren Fieber oder einer Grippe, wobei man sich große Sorgen macht, ob das Kind die Krankheit ohne einen Hirnschaden überstehen wird. Da das Fische-Kind überaus aufnahmefähig ist, prägt sich diese früh erfahrene Angst und Sorge in seinem Inneren ein. Daher fängt es schon früh an, sich über seine Gesundheit und sein Wohlergehen Sorgen zu machen.

Die Mutter des Fische-Geborenen macht sich viele Sorgen und hat vor allem Angst. Sie ist um ihr Leben besorgt, sie glaubt, jemand würde sie eines Tages berauben, niederschlagen oder töten. Sie spielt die Rolle der Märtyrerin, die mit großem Seufzen ihr Schicksal entgegennimmt. Das Fische-Kind nimmt all das wie ein Schwamm in sich auf. Fische-Kinder sind so intuitiv und scheinen so viel zu wissen, daß es den Eltern unheimlich dabei wird. Eine Mutter erzählte mir, daß sie von ihrem Bruder besucht wurde, als ihr (Fische-)Kind ein halbes Jahr alt war. Als das Kind vier war, kam er zum zweitenmal zu Besuch, und das Kind fragte ihn, was er mit seinem Bart gemacht habe, da er einen trug, als er das letzte-mal zu Besuch war. Die Mutter war sprachlos. Sie konnte nicht begreifen, woher das Kind von dem Bart wußte, da es keine Fotos von dem Onkel gab und sie dem Kind nichts von einem Bart erzählt hatte. Es ist erstaunlich, was für ein Erinnerungsvermögen Fische-Kinder haben. Karma-Astrologen meinen, daß der Fisch Ängste, Befürchtungen und ein Wissen über Dinge aus einem früheren Leben mitbringt. Vielleicht ist das der Grund für seine Kreativität und seine intuitiven Fähigkeiten. Seine frühe Kindheit flößt ihm jedoch eine Furcht vor seiner Intuition ein, und obwohl Fische ein geistiges Zeichen ist, fürchten sich Fische-Geborene vor dem Erforschen des

Okkulten, des Religiösen und des Spirituellen. Es kann sein, daß ihre Furcht daher stammt, daß sie als Kinder zuviel wußten und jedesmal, wenn sie etwas von ihrem Wissen äußerten, entweder übergangen, bestraft oder ausgelacht wurden. Daher verbergen sie ihr spirituelles Selbst. Je größer ihre Intuitionskraft, desto mehr sind sie gegen die Religion; je größer ihre mediale Begabung, desto stärker ist ihre Ablehnung des Okkulten in jeder Form.

Je mehr der Fisch seine Kreativität und seine intuitiven Fähigkeiten leugnet und versucht, so hart und rational zu sein wie die anderen Zeichen, um so unglücklicher wird er. Häufig betäubt er sich mit Alkohol und Drogen. Da er aber das angenehme Leben zu sehr schätzt, wird er selten bis zur Verwahrlosung hinabsinken. Er ist der »rätselhafte« Alkoholiker, der nachts trinkt und am nächsten Tag zur Arbeit erscheint, oder er verlegt seine Besäufnisse und den Drogenkonsum auf das Wochenende. Manchmal trinkt er, weil er mit seinen paranormalen Erlebnissen nicht fertig wird. Er will sich abstumpfen, um die prophetischen Visionen oder Träume zu vermeiden, da sie ihm angst machen und er nicht weiß, wie er seine medialen Fähigkeiten in konstruktive Bahnen leiten kann.

Die Fische-Frau übernimmt die unheilvollen Erwartungen und die Gewohnheiten von ihrer Mutter. Sie nimmt der Mutter ihre Macht übel und ist auf den Vater wütend, weil er in der Ehe nicht für seine Rechte eingestanden ist. Die Fische-Frau wählt einen Mann, der ebenso schwach wie ihr Vater ist, und ärgert sich dann über seinen Charakter. Ihr erster Ehepartner ist meist ein Mann, für den sie Mitleid empfindet. Wenn ihr bewußt wird, was sie getan hat, fängt sie an, sich selbst zu bemitleiden und märtyrerhafte Züge zu bekommen. Sie verwechselt Sympathie und Liebe und scheint nicht zu wissen, daß man mit jemandem, den man bemitleidet, keine Liebesbeziehung haben kann. Die Fische-Frau sollte ihre Neigung zum Altruismus in einen Beruf und nicht in ihre Ehe einbringen. Sie leidet oft unter Männern, die entweder unfähig sind oder sie schlecht behandeln. Wenn sie lernt, bessere Partner zu wählen, und sich weigert, den Leidensweg ihrer Mutter als den ihren zu betrachten, dann wird sie gesündere Beziehungen knüpfen können.

Der Fische-Mann macht denselben Fehler wie die Fische-Frau. Er heiratet eine Partnerin, die ihm leid tut. Seine erste »große Liebe« ist wahrscheinlich ein Mädchen oder eine Frau, die vor sich selbst oder etwas anderem gerettet werden muß. Bald merkt er, daß er sich immerzu um sie kümmern muß und niemand da ist, mit dem er sein Leben teilen kann; und er versucht, sich von ihr zu trennen. Wenn es ihm jedoch nicht gelingt, die Märtyrerrolle abzulegen, die er durch das Verhalten seiner Mutter als etwas Normales angenommen hat, wird er auch in den folgenden Beziehungen den Märtyrer spielen müssen. Er wird an das Leben gar keine anderen Erwartungen stellen, als daß er schlecht behandelt und mißbraucht wird. Er muß lernen, über seine Probleme zu sprechen. Er neigt dazu, sich in sein Leid zurückzuziehen, sobald die Schwierigkeiten durchgearbeitet werden müssen, die während des Zusammenlebens entstehen. Dieses Verhalten hat er von seiner Mutter gelernt, und er weiß nicht, wie er sich anders verhalten könnte. Eine Möglichkeit, seine Beziehung zu verbessern, wäre, genausoviel zu investieren, wie er für sich selbst erwartet. Die Wasserzeichen haben jedoch Schwierigkeiten, von sich persönlich etwas zu geben. Sie sind eher daran interessiert, vom Partner etwas zu bekommen, da man ihnen in ihrer Kindheit das gegenseitige Geben und Nehmen, das für eine gute Gemeinschaft notwendig ist, nicht beigebracht hat.

Der Fisch ist theoretisch orientiert. Er ist, wie der Wassermann, ein unpersönliches Zeichen. Fische-Geborene reden über Gefühle, über spirituelle Entwicklung und Bewußtsein. Wenn sie aber Verständnis und Offenheit in ihren persönlichen Beziehungen zeigen sollen, geschieht dies verbal, nicht durch Handeln. Sie imitieren ihre Mutter: Was die Mutter ihrem Vater gegeben hat, das geben sie ihrem Partner, ihren Freunden und ihren Kollegen. Oft hat die Mutter Menschen benutzt, daher benutzen auch sie ihre Mitmenschen. Manchmal melden sie sich nur, wenn sie etwas brauchen. Sie fragen nicht, wie es einem geht und ob alles in Ordnung ist, sondern sie erzählen, wie schlecht es *ihnen* geht und was *sie* alles brauchen. Wenn man sie über längere Zeit beobachtet, stellt man fest, daß ihnen in Wirklichkeit nichts fehlt, daß es ihnen eigentlich gutgeht und sie mehr klagen, als nötig wäre. Man bekommt den Verdacht, das Klagen mache ihnen Spaß. Der Fisch hat die Aufgabe, sein spirituelles Bewußtsein zu entwickeln. Er bringt »von der anderen Seite« ein großes Wissen mit, aber er muß lernen, dieses Wissen in die Praxis umzusetzen.

Beruflich sind Fische meist ziemlich erfolgreich. Sie scheinen vom Leben begünstigt, und sie erreichen oft Positionen, für die sie weder ausreichende Erfahrung noch Vorbildung besitzen. Sie fühlen sich zum klassischen Theater, zur Literatur und Kunst oder den sozialen Berufen hingezogen. Sie arbeiten auch gern in Dienstleistungsbetrieben, beispielsweise als Manager in einem großen Kurhotel, und in Stellen, die ihnen ein bequemes Leben bieten. Sie neigen eher dazu, sich für leichtes Geld zu verkaufen, anstatt ihre kreativen Energien zu nutzen, leiden aber später unter dem Brachliegen ihrer Kreativität. Das leichtverdiente Geld kann sie sogar dazu verlocken, sich im ältesten Gewerbe der Welt zu betätigen. Diese Fehlentscheidungen fügen ihrer empfindsamen Seele großen Schaden und tiefes Leid zu.

Das Fische-Kind braucht viel Ermutigung in seinen ersten Lebensjahren. Es sollte mit Musik, Tanz und anderen kreativen Ausdrucksformen in Berührung kommen. Diese Kinder leben in einer Welt der Phantasie, voller eingebildeter Spielkameraden, und wenn sie mit der Wirklichkeit ihrer familiären Umgebung nicht zurechtkommen, schaffen sie sich eine gesonderte, eigene Welt. Diese Begabung zur Schaffung von inneren Bildern kann, wenn in konstruktive Bahnen geleitet, im Erwachsenenalter zu einem kreativen Schaffen führen, das die Welt bereichert und beglückt. Albert Einstein war ein Fische-Geborener, der sich zu einer »Seelenschau« zurückziehen konnte und dadurch der Naturwissenschaft eine neue Perspektive schenkte. Alle Fische-Geborenen haben mehr oder weniger diese Begabung. Um jedoch kreativ zu sein, müssen sie ihre Märtyrerrolle aufgeben.

Andere Planeten in den Fischen reflektieren die Empfindsamkeit, die intuitiven Fähigkeiten und den Hang zum Märtyrertum dieses Zeichens. Venus in den Fischen zeigt einen Menschen, der unter dem Einfluß einer gequälten Mutter aufgewachsen ist. Er meint, daß Liebe nur mit Leid verbunden ist, und er wird sich tragischen Erlebnissen aussetzen. Mars in den Fischen gibt sich wie ein Märtyrer, seine Handlungen scheinen von großem Leiden motiviert, sei es auf persönlicher oder beruflicher Ebene. Sie zeigen seine Empfindsamkeit und seine intuitiven Fähigkeiten. Saturn in den Fischen nimmt die Märtyrerrolle sehr ernst. Er macht sich stets große Sorgen, auch wenn er Probleme erst erfinden muß. Er fürchtet sich vor seiner medialen Begabung und steht dem Okkulten mit Argwohn gegenüber.

Nachwort

Die Feuerzeichen sind voller Ideale. Sie wollen der Auseinandersetzung mit der Realität aus dem Weg gehen, weil sie ihre rosigen Vorstellungen von der Welt nicht aufgeben möchten.

Es folgen die Erdzeichen mit ihrer Vernunft und ihrer praktischen Veranlagung, die geeignet sind, die Ideale der Feuerzeichen zu verwirklichen.

Die Luftzeichen folgen den Erdzeichen, die greifbare Wirklichkeit bedingt die geistige Entwicklung. Der Geist kann sich über die körperlichen Bedürfnisse hinwegsetzen, und der Mensch lebt mehr in der Welt der Gedanken als in seinem Körper.

Die Wasserzeichen verleihen der abstrakten Gedankenwelt die Tiefe und das Persönliche der Gefühle. Verbunden mit der Vision der Feuerzeichen verhelfen sie dem Menschen zu seelischer und spiritueller Entwicklung.

Der Mensch erlebt Ganzheit, wenn die Eigenschaften des Feuers, der Erde, der Luft und des Wassers in seine Persönlichkeit integriert sind. Die Ausgewogenheit oder Unausgewogenheit des einzelnen kann man an der Elementeverteilung erkennen.

II. Planeten und Aspekte

Einführung

Im zweiten Teil dieses Buches werden die Planeten und ihre Hauptaspekte behandelt. Zuerst werden Sonne und Mond beschrieben, dann folgen die Planeten in der Reihenfolge ihres Umlaufs um die Sonne. Die Aspekte, die ein Planet in einem Horoskop aufweist, verändern die Aussage über seine Bedeutung und Funktion. Zusätzlich muß die Häuserstellung der jeweiligen Planeten in Betracht gezogen werden. So wird beispielsweise ein Quadrat zwischen dem zweiten und dem fünften Haus etwas anders zu deuten sein als ein Quadrat zwischen dem ersten und vierten Haus. Diese Abwandlungen sind so komplex, daß sie in diesem Buch nicht in ihrer Gesamtheit behandelt werden. Ich verweise jedoch auf die generelle Beschreibung der Häuser in Teil I, Kapitel 2, die als Basis zum Verständnis dieser Komplexität dienen kann.

Um die grundsätzliche Bedeutung eines Aspekts zwischen zwei Planeten darzustellen, muß ich mich einer Rezeptbuch-Manier bedienen. In der Praxis kann man jedoch unmöglich in dieser Weise verfahren, da eine Aussage schon durch die Häuserstellung modifiziert werden muß; zudem hat das Sonnenzeichen einen bedeutenden Einfluß darauf, wie der Betreffende den Aspekt ausleben wird. Der Astrologe muß die Kunst der Synthese beherrschen, da kein Horoskop genau wie ein anderes ist. Zudem ist nicht ersichtlich, auf welcher Ebene der Betreffende seine Anlagen nutzt, wie er sein Energiepotential verwertet. Weiterhin wird die Aussage über einen Aspekt beeinflußt von Faktoren wie Alter, persönlicher Rei-

Tabelle 2

Aspekt	Entfernung in Graden	Bedeutung
Konjunktion	0°	Steigerung/Verbindung
Sextil	60°	fördernd
Quadrat	90°	frustrierend, hemmend
Trigon	120°	harmonisch/kooperativ
Opposition	180°	Kompromiß/Spannung
Quinkunx	150°	anstrengend, belastend

fegrad, die Einstellung zu persönlicher Verantwortung und die Möglichkeit, die sie in ihrer Umwelt finden. Aspekte können inneren Schmerz und Spannungen anzeigen. Selbst Menschen, die in ihrem Leben eine Wandlung vollzogen haben, sind mit diesem Aspekt durch Erinnerungen verbunden, wenn er auch neue Ausdrucksformen bekommen hat.

In Tabelle 2 sind die Hauptaspekte aufgeführt. Sie werden in sogenannte Spannungsaspekte (Quadrat, Opposition) und harmonische Aspekte (Sextil, Trigon) unterteilt. Die Ansichten über die Definition der Aspekte sind bei den Astrologen verschieden. In den alten Lehrbüchern liest man von »guten« und »schlechten« Aspekten, sie bedürfen jedoch einer individuellen Modifizierung. Man darf beispielsweise nicht vergessen, daß die »guten« oder harmonischen Aspekte, wenn sie in einem Horoskop überwiegen, oft zur Folge haben, daß der Betreffende seine Anlagen und seine Stärken nicht entwickelt. Hingegen findet man oft in den Horoskopen von bedeutenden Menschen eine Vielzahl von »schlechten« Aspekten. Dies muß zu der Annahme führen, daß die sogenannten »schlechten« Aspekte wiederum viel Gutes bewirken können. Meine Definition der Aspekte in Kurzfassung:

Konjunktion. Bei der Konjunktion ist es wichtig, den Charakter der beteiligten Planeten zu berücksichtigen. Saturn in Konjunktion mit Sonne zum Beispiel wird auf die Sonne einengend wirken, die Saturn-Eigenschaft wird auf die Sonne abfärben, während eine Konjunktion von Mars und Sonne eine Steigerung des Aktivitätsdrangs bedeutet.

Sextil. Dies scheint ein harmonischer Aspekt zu sein. Die Harmonie kann jedoch übertrieben werden, und das Energiepotential der Planeten käme nicht voll zum Ausdruck. Das Sextil kann sehr hilfreich sein bei der Suche nach konstruktiven Lösungen für Spannungen, die durch die schwierigeren Aspekte verursacht werden.

Quadrat. Das Quadrat ist wegen seines Frustrationscharakters eines der schwierigsten Aspekte. Es bedeutet, daß Energie aufgewendet wird, um sie gegen einen oder beide beteiligten Planeten zu richten. Somit entstehen Blockierungen, wenn es dem Betreffenden nicht gelingt, die Energie zu nutzen und die Blockaden in Bausteine zu verwandeln. Das Quadrat sagt uns, wo wir unsere Energien umleiten müssen. Es liegt an uns, auf welche Weise, ob konstruktiv oder destruktiv, wir sie nutzen wollen. Quadrate zeigen innere Spannungen an, da sich zwei verschiedene Persönlichkeitsanteile in einem Individuum bekämpfen.

Trigon. Das Trigon wird von allen Aspekten als der leichteste angesehen. Manche glauben, daß er Glück bedeutet; andere wiederum meinen, daß die Kräfte und Anlagen, die von den beteiligten Planeten symbolisiert werden, einen mühelosen Ausdruck finden können. Diese harmonische Zusammenarbeit kann jedoch auf Probleme anderer Art hinweisen, etwa eine Betonung eines bestimmten Elements im Horoskop. Ein Trigon in Feuerzeichen könnte bedeuten, daß der Betreffende zu idealistisch und dadurch leicht verletzbar ist. Oder es könnte eine Verzerrung der Gesamtperspektive geben, resultierend aus der guten Zusammenarbeit der beteiligten Kräfte.

Opposition. Viele Astrologen halten die Opposition für einen der schwierigsten Aspekte. Da sie aber eine Gegenüberstellung gleichgerichteter Zeichen ist (beispielsweise das positive Widder- gegenüber dem positiven Waagezeichen), glaube ich, daß es leichter ist, einen Kompromiß zwischen den beiden Kräften zu finden, als das beim Quadrat der Fall ist. Bei Planeten in Opposition entsteht das Bedürfnis nach Ausgleich, nach Spannungserleichterung, nach Mäßigung. Zwar bringt dieser Aspekt große innere Unzufriedenheit mit sich, läßt aber genügend Energie frei, um sie in konstruktive Bahnen zu leiten.

Quinkunx. Dieser Aspekt ist anstrengend und wird wegen seines belastenden Charakters als der Gesundheitsaspekt betrachtet. Zwei verschieden gerichtete Kräfte arbeiten gegeneinander, jedoch nicht mit der Schärfe, die wir beim Quadrat oder bei der Opposition finden. Da sich die Spannung nicht in dem Maße bemerkbar macht, stehen zwei Kräfte ständig in Konflikt, ohne daß der Betreffende etwas dagegen unternimmt. Dadurch wird Energie gebunden, und mit der Zeit lehnt sich der Körper dagegen auf. Wenn man sich des Konflikts bewußt wird, kann man darauf hinarbeiten, die Energie wieder in Fluß zu bekommen, um sie für eine Lösung des Konflikts einzusetzen.

Orbis. Der Orbis ist der Spielraum der Ungenauigkeit, den die sich aspektierenden Planeten haben. Zum Beispiel beträgt die genaue Konjunktion 0°. Steht nun ein Planet auf 15° Widder in Konjunktion mit einem Planeten auf 17° Widder, so haben diese beiden Planeten einen Aspekt (Konjunktion) mit 2° Orbis.
Das Thema Orbis ist unter den Astrologen heiß umstritten. Manche nehmen einen sehr engen, manche einen sehr weiten Orbis. Mir ist aufgefallen, daß die Verfechter des kleinen Orbis Benutzer von kleineren Aspekten wie Halbquadrat,

Halbsextil und so fort sind, während die Befürworter des großen Orbis nur die Hauptaspekte verwenden. Ich selbst erlaube einen weiten Orbis. Für die Konjunktion, das Trigon, das Quadrat und die Opposition gebe ich 10°, für das Sextil 6° und den Quinkunx 5°. Wenn Sonne oder Mond beteiligt sind, weite ich den Orbis bis auf 15° aus, da mir Klienten berichtet haben, daß sie die Wirkung der Aspekte mit diesem Orbis sogar körperlich spüren. Dieser weite Orbis gilt nicht für das Sextil und den Quinkunx.

1. Sonnen-Aspekte

Unser Individuationsprozeß beginnt, wenn wir unser Ich-Bewußtsein – symbolisiert durch die Sonne – sinnvoll mit den anderen Komponenten unserer Psyche – symbolisiert durch die Planeten und deren Aspekte – in unserem Bewußtsein verbinden. Das Bewußtwerden ist eine Reise, wie sie C. G. Jung beschrieben hat, eine Suche nach unserem Selbst. Wir werden wie Gautama Buddha oder Jason auf der Suche nach dem Goldenen Vlies oder Hermann Hesses Narziß und Goldmund. Wir begeben uns auf die Reise des Helden, einer Seele, die auf der Suche nach sich selbst ist.

Die Sonne ist die geistige Kraft, die uns das Leben schenkt. Ihre Energie fließt in uns, wenn wir geboren werden, und sie verläßt den Körper wieder bei unserem Tode. Sie ist die Kraft und die Energie unserer Seele, ein Symbol für unser Selbstgefühl, unsere Motivationen und Antriebe und schließlich für unsere Erkenntnisse, wenn wir unser Schicksal erfüllt haben. Sie ist das Zentrum unseres Sonnensystems, und sie symbolisiert unsere Mitte, unseren Wesenskern. Wir inkarnieren in einem bestimmten Segment des Tierkreises, damit wir Erfahrungen und Lernprozesse durchleben können, die mit diesen Graden zusammenhängen. Wir sammeln Erfahrungen mit Werten, Philosophien und Gefühlen, die einen Bezug haben zu den Zeichen im Tierkreis. Wir werden in eine ganz bestimmte familiäre Situation hineingeboren, weil wir sie für unseren jetzigen Weg und unsere Aufgabe brauchen.

Die Sonne gibt uns Hinweise über unser Vatererlebnis zu einer Zeit, als unsere Persönlichkeit sich zu formen begann. Sie sagt uns, wie wir unseren Vater erlebten und welche Werte wir von ihm übernommen haben. Die Aspekte zur Sonne zeigen das Befinden unseres Vaters, als wir geboren wurden. Wir können uns nicht an die Umstände unserer frühen Kindheit erinnern, die Stellung der Sonne und ihre Aspekte helfen uns jedoch dabei, die Atmosphäre, der wir ausgesetzt waren, zu verstehen. Eine verletzte Sonne zeigt beispielsweise an, daß unser Vater zur Zeit unserer Geburt eine Krise durchmachte, sich nicht wohl fühlte, was auf das Selbstgefühl des Kindes übertragen wird. Wenn unser Selbstgefühl verletzt ist, wird unsere Seele krank. Die Psychotherapie kann uns helfen, uns von den Einflüssen unserer Eltern zu befreien, und das Geburtshoroskop kann uns zeigen, wo die Wurzeln der Konflikte in der Eltern-Kind-Beziehung liegen.

Sonne/Mond-Aspekte

Der wichtigste Sonne-Aspekt ist der, den sie mit dem Mond bildet. Der Mond symbolisiert den Einfluß der Mutter in unserem Leben. Er steht für unsere Gefühle und Bedürfnisse und sagt etwas über das Selbstgefühl unserer Mutter zur Zeit unserer Geburt aus. Die Mond-Aspekte bringen ihre körperlichen und emotionalen Probleme – und wie diese uns beeinträchtigen – zum Ausdruck. Wenn sich die Eltern bei unserer Geburt nicht gut vertrugen, wird in unserem Horoskop zwischen Sonne und Mond ein Spannungsaspekt bestehen. Wenn das Kind mit einem Sonne/Mond-Quadrat zur Welt kommt, bedeutet dies, daß es zwischen den Eltern Feindseligkeiten gibt. Vielleicht besteht Feindschaft und Gram zwischen den Eltern, weil ihre Beziehung nicht das geworden ist, was sie erwartet hatten. Was auch immer die Ursache sein mag, das Kind nimmt die Unruhe in der Atmosphäre auf und gewinnt die Einstellung, daß Mütter und Väter in Konflikt miteinander leben. Da unser persönliches Verantwortungsgefühl vom Verhalten unserer Eltern beeinflußt wird, hat jemand mit einem Spannungsaspekt zwischen Sonne und Mond größere Selbstzweifel in einer Beziehung als andere Menschen. Es wird für ihn schwierig, sich in der Welt zurechtzufinden. Das Nährende und das Kreative sind in Konflikt, er kann seinen Drang zur

Selbstverwirklichung und seine Bedürfnisse nicht in Einklang bringen. Wenn wir die Qualitäten in die Deutung mit einbeziehen, bekommen wir ein besseres Verständnis für den Konflikt.

Spannungsaspekte zwischen Sonne und Mond in kardinalen Zeichen. Nehmen wir ein Sonne/Mond-Quadrat in kardinalen Zeichen. Wir wissen, daß die kardinalen Zeichen Antriebsenergie bedeuten. In diesem Fall geht die Energie in zwei verschiedene Richtungen. Widder zum Beispiel ist unternehmungsfreudig, idealistisch, intellektuell, aggressiv, und er ist dem männlichen Prinzip zugeordnet. Das Quadrat zum Krebs macht den Konflikt augenfällig, denn der Krebs handelt emotional. Er ist sensibel, mütterlich, gefühlvoll, besitzergreifend, und er gehört dem weiblichen Prinzip an. Einfach ausgedrückt, besteht der Konflikt zwischen der Idee und dem Manifesten, zwischen Idee und Gefühl, dem Idealismus des Widders und dem praktischen Sinn des Krebses. Es ist das Bedürfnis des Widders, die Dinge auf intellektueller Ebene anzugehen, gegen das des Krebses, die Lebenserfahrung zu *spüren;* ein Streit zwischen Ideal und Wirklichkeit. Wenn das Ich in eine Richtung und die Bedürfnisse in eine andere gehen, dann ist eine Verminderung des Selbstausdrucks und eine Ängstlichkeit beim Äußern von Gefühlen die Folge. Da wir keine der beiden Komponenten ignorieren können, versuchen wir, eine Seite zu unterdrücken, bis sie sich schließlich explosionsartig Luft macht. Eine Zeitlang gelingt es uns danach, den Schein der Ausgeglichenheit wiederherzustellen, bis es zur nächsten Explosion kommt. Wir müssen begreifen, daß beide Seiten berechtigt sind, zum Ausdruck zu kommen, und wir müssen einen Weg dazu finden, um in Frieden leben zu können.

Das Quadrat zwischen Widder und Krebs symbolisiert den »rationalen« Vater in Konflikt mit der »emotionalen« Mutter, den ideell ausgerichteten Vater gegen die besitzergreifende, übermächtige Mutter. Die Eltern benutzen ihre Energien, um gegeneinander zu kämpfen. Das Kind hält Zwietracht für eine normale Lebenserfahrung, jedoch führt sein innerer Konflikt zu einer Verlangsamung seiner Entwicklung. Andererseits kann daraus eine tiefe, innere Erkenntnis entstehen, die durch lange, harte Erfahrungen erworben wurde.

Spannungsaspekte zwischen Sonne und Mond in fixen Zeichen. Nehmen wir eine Sonne in Wassermann in Opposition zum Mond im Löwen. Während die kardinalen Zeichen die Dinge in Angriff nehmen, wollen die fixen Zeichen bewältigen und meistern. Sie besitzen mehr Festigkeit, sind stark verwurzelt und halten an Problemen fest. Ein Mensch mit Sonne in Wassermann sucht Anerkennung bei Gleichgesinnten; er steht unter dem Einfluß eines dominanten Vaters, und er ist exzentrisch. Er möchte Aufmerksamkeit und Anerkennung sowie das Vorrecht, ein besonderer Mensch zu sein. Er liebt das Neue, das Unorthodoxe. Der Mond im Löwen besagt, daß der Betreffende stolz ist und erwartet, mit Anerkennung und Respekt behandelt zu werden. In diesem Fall wird sich der Einfluß des Vaters durchsetzen. Mit dieser Konstellation wird der Betreffende Anerkennung dafür erwarten, daß er anders ist als die anderen. Seine Bedürfnisse und sein Drang zur Selbstverwirklichung werden sich auch hier schlecht vereinen lassen, so daß schmerzliche Erfahrungen unvermeidbar sind. Er wird zwischen den Bedürfnissen des Wassermanns und denen des Löwen hin und her schwanken. Eine Integration der beiden Kräfte kann erst möglich werden, wenn er sich des Konflikts bewußt wird.

Die Opposition zwischen Wassermann und Löwe deutet auf einen Bruch in der Beziehung der Eltern hin, der sich in den ersten drei Lebensjahren des Kindes ereignete. Vielleicht engagierte sich der Vater für etwas, das die Mutter nicht billigte; oder sein Verhalten gefährdete ihr Ansehen. Wenn die Eltern zusammenblieben, haben sie wahrscheinlich eine

Lösung für ihre Meinungsverschiedenheiten gefunden. Trennten sie sich aber, dann wird das Kind einer anderen Art von Problemen begegnen: Es ist leichter für den Betreffenden, die verschiedenen Strebungen der Opposition in Einklang zu bringen, wenn die Eltern zusammenblieben, weil das Kind die Eltern im Grunde doch als solidarisch erlebt. Bei einer Trennung wird es größere Schwierigkeiten haben, die beiden Persönlichkeitsanteile zu versöhnen.

Spannungsaspekte zwischen Sonne und Mond in veränderlichen Zeichen. Nehmen wir eine Frau mit der Sonne in Jungfrau im Quadrat zum Mond im Schützen. Sie wuchs in einer von der Mutter beherrschten Atmosphäre auf, fühlte sich aber emotional zu ihrem Vater hingezogen. Die Mutter regierte die Welt; der Vater war der Versager, und dieses Bild überträgt das Mädchen auf sich selbst. Es verbündete sich mit dem Vater gegen die Mutter. Als erwachsene Frau wird sie sich gerne an ihre Kameradschaft mit ihm erinnern, nicht weil sie ihn respektierte, sondern weil sie so gut gegen die Mutter zusammenhielten.

Das Kind bekommt von seiner Mutter viel Kritik über den Vater zu hören, denn sie möchte das Mädchen auf ihre Seite ziehen. Dadurch entwickelt es Schuldgefühle, da es den Vater ohne die Erlaubnis der Mutter liebt, und es gerät innerlich unter Druck. Dieser wird noch verstärkt durch die Kämpfe der Eltern, denn das Quadrat steht für Zwistigkeiten. Vielleicht entscheidet sich der Vater für die Freiheit, und er verläßt die Familie. Bleibt er, dann wird er sich wahrscheinlich sehr distanziert verhalten. (Es ist interessant, die Konstellationen der Kinder zu untersuchen, die später geboren werden, denn man kann daraus ersehen, wie sich diese Ehe entwickelte, wer von den Eltern den Sieg davongetragen hat.)

Das Kind wird durch das Elternbild eine Unsicherheit in seinem Selbstbild und im Äußern seiner Gefühle entwickeln. Die Jungfrau-Frau möchte so stark sein wie ihre Mutter, sobald sie sich jedoch verliebt, wird sie sich an das Verhältnis ihrer Eltern erinnern, und es kann sein, daß sie ihre Beziehung abbricht – aus Furcht, ihre Unabhängigkeit zu verlieren.

Dieser Aspekt kann auch eine äußerst unabhängige Mutter und einen sehr passiven Vater bedeuten. Seine Passivität ist die Folge des verlorenen Kampfes gegen seine Frau und seiner Liebe zu den Kindern, für die er in der Ehe geblieben ist. In diesem Fall wird das Mädchen unzulängliche, passive Männer ablehnen, diesen Typ Mann als Erwachsene aber immer wieder anziehen, bis sie sich die Auswirkungen der Elternbeziehung bewußtgemacht hat.

Der Astrologe braucht keine Vermutungen über die frühe Kindheit eines Klienten anzustellen. Er braucht ihn nur auf den Einfluß der Eltern hinzuweisen und abzuwarten, bis der Klient selbst die Einzelheiten aufdeckt. Der Klient muß selbst den Schlüssel zur Auflösung und Bewußtmachung seiner Blockierungen finden; der Astrologe ist da, um ihm den Weg zu zeigen.

Ein Spannungsaspekt zwischen Sonne und Mond bedeutet eine lebenslange Suche nach der eigenen Identität. Viele Menschen sind unglücklich damit. Sie suchen eine Antwort in der Therapie, in einer Religion oder Philosophie, oder sie schlagen irgendeinen anderen Weg ein, um den Sinn ihres Daseins zu ergründen. Der Aspekt kann uns zu einer spirituellen Entwicklung oder einem interessanten Leben führen, wenn er auch nicht glücklich macht.

Sonne/Mond-Konjunktion. Diese Konstellation bedeutet, daß ein Elternteil die Rolle beider Eltern übernommen hat. Entweder ist der eine stark und beeinflußt und dominiert den anderen, oder einer der Eltern ist abwesend, so daß der andere beide Rollen übernehmen muß. Es kann sein, daß der eine krank ist und der andere die Verantwortung für die Familie übernimmt. In den meisten Fällen kann man an der Zeichenstellung erkennen, welcher der stärkere war, das heißt, ob sich die Konjunktion in einem positiven oder negativen Zeichen befindet.

Wenn man versucht, die Umstände der frühen Kindheit zu beleuchten, sagen die Eltern oft nicht die Wahrheit über die damaligen Verhältnisse. Eine meiner Klientinnen mit Sonne/Mond-Konjunktion in einem positiven Zeichen behauptete, daß sie allein von der Mutter beeinflußt wurde, der Vater nicht anwesend war und die Mutter sich um alles kümmerte, als sie ein kleines Kind war. Ich konnte mit ihr nicht übereinstimmen und bat sie, ihre Mutter nochmals zu fragen. Als sie mit ihrer Mutter sprach und ihr erklärte, daß ihre Astrologin von einem starken männlichen Einfluß in ihrer Kindheit gesprochen hatte, bejahte dies die Mutter. Die Mutter war damals sehr krank gewesen und hatte das Kind zur Betreuung seinem leiblichen Vater gegeben, der es ein Jahr lang versorgte, bis die Mutter das Kind wieder zu sich nehmen konnte. Leider wollen Eltern nicht immer so offen über ihre Vergangenheit sprechen, was es schwierig für uns macht, wenn wir an die Wurzeln und die Ursachen unseres Verhaltens kommen wollen.

Sonne/Mond-Trigon oder -Sextil. Diese Aspekte zeigen, daß sich die Eltern zur Zeit der Geburt des Kindes in ihrer Beziehung wohl fühlten. Das muß von dem Kind aber nicht unbedingt so aufgefaßt werden; in seiner Art, die Welt zu sehen, kann es das Verhältnis von Vater und Mutter auch als schlecht mißdeuten. Es glaubt vielleicht, sie führen keine gute Ehe, weil sie sich manchmal streiten, und erkennt nicht, wenn es sich dabei um nicht so ernst gemeinte Rangeleien handelt. Als Erwachsene zeigen sie jedoch häufig das gleiche Verhalten in ihren eigenen Beziehungen, weil es ihnen so vertraut ist.

Menschen mit Sonne/Mond-Trigon oder -Sextil in ihrem Horoskop haben die Kraft, sich auf produktive Weise zu verwirklichen. Das Kind wird vom Vater günstig beeinflußt; es erlebt ihn als tatkräftige, starke Persönlichkeit, die es akzeptieren kann. Wenn das Kind aufwächst, wird es mit Autoritätspersonen gut zusammenarbeiten können und auch von ihnen akzeptiert werden.

In diesen Konstellationen sind die geistigen Bestrebungen mit den emotionellen Bedürfnissen in Einklang. Man mag das positiv oder negativ betrachten. Ein Trigon in Feuerzeichen kann beispielsweise übertrieben idealistisch, eines in Wasserzeichen übertrieben emotional machen, so daß der Betreffende eine einseitige Perspektive entwickelt. Wenn er sich diese Gefahr bewußtmacht, kann er die Konstellation nutzen für harmonische persönliche Beziehungen. So gesehen kann jemand mit Sonne/Jupiter-Trigon für sich das erreichen, was er sich wünscht. Probleme entstehen, wenn der Betreffende in seiner Selbstzufriedenheit übersieht, daß ihm seine Einstellung auch schmerzhafte Erlebnisse bescheren kann. Ein übertrieben idealistischer Mensch mit einem Feuer-Trigon ist zum Beispiel in einer Beziehung sehr verletzlich; ein Wasser-Trigon legt zuviel Gewicht auf Gefühl; das Luftzeichen-Trigon versucht, etwas mit dem Verstand zu erfassen, was Gefühl erfordert; das Erdzeichen-Trigon würde seine übertriebene Sammlerleidenschaft rechtfertigen und verteidigen.

Sonne/Merkur-Aspekte

Der Merkur bildet nur wenige Aspekte mit der Sonne. Er kann sich nicht mehr als ein Zeichen von ihr entfernen und steht daher in demselben Zeichen wie die Sonne oder in einem benachbarten. Wenn die Sonne beispielsweise im Krebs steht, befindet sich Merkur entweder im Krebs, in den Zwillingen oder im Löwen. Mit Sonne und Merkur im Krebs fühlt sich der Betreffende nicht nur wie ein Krebs, sondern er zeigt ein Krebs-Verhalten in seiner Sprache und seiner Kommunikation. Merkur steht nicht nur für den Verstand, sondern auch für die fünf Sinne. Daher ist alles, was diese Menschen erfahren und tun, sehr gefühlsbetont und -bestimmt. Steht jedoch der Merkur in den Zwillingen und die Sonne im Krebs, dann sind zwar die Krebs-Eigenschaften vorhanden, sie werden aber auf Zwillinge-Art ausgedrückt. Wenn der Merkur der Sonne folgt, neigt der Betreffende dazu, das Leben zu beobachten und das ihm interessant Erscheinende zu berichten. Ein Mensch mit Sonne in Krebs und Merkur in den Zwillingen ist ein Widerspruchsgeist, was ihm Schwierigkeiten bereiten wird, denn das Einnehmen konträrer Positionen wird nicht immer den Bedürfnissen der Krebs-Sonne entsprechen. Der Krebs ist sensibel, emotional und besitzergreifend. Merkur in den Zwillingen ist intellektuell, neugierig, und er liebt die Kontroverse. Er diskutiert aus bloßer Freude am Diskutieren. Der Zwillinge-Merkur könnte den Krebs-Geborenen zu einem Verhalten anspornen, das er emotional nicht verkraften kann. Nehmen wir als Beispiel eine Krebs-Frau, die ihrem Ehemann oder Liebhaber gegenüber sehr besitzergreifend und wegen ihrer Empfindsamkeit sehr verletzlich ist. Durch die Merkur-Stellung vermittelt sie ihrem Partner den Eindruck, sie sei großzügig eingestellt. Dieser wird deswegen nicht verstehen, daß es sie quält, wenn er auf Partys mit anderen Frauen flirtet. Um ihre Eifersucht zu überspielen, wird sie versuchen, ihn beim Flirten noch zu übertreffen. Der Zwillinge-Merkur gibt dem Partner die Freiheit, mit jedem zu sprechen, während die Bedürfnisse des Krebses nach emotionaler Sicherheit nicht zum Ausdruck gekommen sind. Es ist schwierig, jemanden zu verstehen, der mit Worten das eine vermittelt, aber innerlich etwas ganz anderes braucht.

Eine Krebs-Sonne mit Merkur im Löwen ist ebenfalls eine empfindliche Kombination. Die Verhaltensstruktur und das Wertsystem werden vom Krebs bestimmt. Der Betreffende verhält sich mütterlich, fürsorglich, und er ist sehr empfindsam und besitzergreifend. Mit Merkur im Löwen hat er eine Art im Umgang mit anderen, die sein Bedürfnis nach Respekt deutlich zeigt. Seine stolzen Reden und sein Verhalten – die eigentlich seine Empfindsamkeit verbergen sollen – werden ihn schließlich allein dastehen lassen. Jemand mit dieser Kombination hat allerdings auch die Möglichkeit, die Zukunftsorientierung des Feuerzeichens mit der Wahrung traditioneller Werte (Krebs) zu vereinen. Er könnte etwas Altem, Hergebrachten neue Perspektiven eröffnen.

Da die Bahn des Merkurs zu nahe bei der Sonne verläuft, bilden die beiden Planeten weder Oppositionen, Quadrate, Trigone noch Sextile. Der Merkur ist das Prinzip, das uns dabei hilft, die Eigenschaften unseres Zeichens zum Ausdruck zu bringen, was zu unserem persönlichen Wachstum beiträgt, ob er nun mit unserem Sonnenzeichen in Einklang steht oder nicht. Oft glaubt man, es sei leichter, wenn Sonne und Merkur im selben Zeichen stehen, weil das, was man vermittelt, mit dem, was man fühlt, eher übereinstimmt. Die Stellung des Merkurs zeigt, wie sich jemand darstellt, was für ein Widder, Stier oder Zwilling er ist. Der Astrologe kann durch diese Konstellation beim Betrachten des Horoskops einen Einblick in die Reaktionsweise des Klienten gewinnen. Aspekte zu Merkur können ein wesentliches persönliches Problem verschleiern oder vom zentralen Anliegen der Sonne ablenken. Es ist wichtig, daß der Astrologe zu unterscheiden lernt zwischen dem, was der Klient sagt, was er braucht und was er tut.

Sonne/Venus-Aspekte

Ähnlich wie der Merkur entfernt sich die Venus nicht weit von der Sonne. Sie steht ebenfalls entweder im selben Zeichen wie die Sonne, in einem davor oder einem danach. Ihre Entfernung reicht nicht aus, um ein Sextil mit der Sonne zu bilden. Venus repräsentiert, was wir uns im Leben wünschen: die Annehmlichkeiten, die Dinge, mit denen wir uns gern umgeben, der Mensch, der wir sein möchten, unser Verhältnis zur Kunst und zur Liebe. Sie zeigt, wie wir Liebe empfangen und welche Einstellung wir zu ihr haben. Die Stellung der Venus zur Sonne gibt uns einen Hinweis, wie der Betreffende in Wirklichkeit ist (Sonne) und wie sich das verhält zu dem, was er *sein möchte* (Venus). Wenn jemand darüber spricht, wie er gerne wäre, dann spricht die Venus aus ihm.

Menschen mit Venus im selben Zeichen wie die Sonne sind ganz zufrieden mit sich selbst, sie mögen sich in der Regel, wenn nicht ein anderer Planet auf die Sonne/Venus-Konjunktion einen Spannungsaspekt wirft. Diese Selbstzufriedenheit kann auch zu Selbstgefälligkeit ausarten. Eine Sonne/Venus-Konjunktion in der Jungfrau kann bedeuten, daß der Betreffende es genießt, alles zu kritisieren. Wenn wir versuchen, die Bindung zu unseren Eltern aufzuarbeiten und uns selbst besser zu verstehen, kann uns eine Sonne/Venus-Konjunktion Schwierigkeiten bereiten, da wir dann dazu neigen, auf demselben Gleis zu fahren, anstatt einen anderen Weg einzuschlagen. Diese Konstellation kann bedeuten, daß wir den bewußten Entschluß gefaßt haben müssen, bevor wir die Beweggründe für unser Verhalten ernsthaft untersuchen können.

Bei einer Sonne/Venus-Konjunktion hat entweder der Vater einen starken Einfluß auf das Kind, oder das Kind spielt die Rolle der Mutter, um Anerkennung vom Vater zu bekommen. (Die Venus hat Beziehung zur Mutter, und die Sonne ist der leibliche Vater – vgl. Kap. 4, »Venus-Aspekte«.) Es ist schwierig, sich dieser Nähe zum Vater bewußt zu werden, sie erlangt jedoch immer dann Bedeutung, wenn der Betreffende anfängt, sich über sich selbst und seine Beziehungen Fragen zu stellen. Eine Frau mit Sonne/Venus-Konjunktion hat eine unbewußte Vaterbindung. Sie wird wahrscheinlich »ihren Vater heiraten«, also einen Mann mit den Eigenschaften des Vaters. Wenn neben der Sonne/Venus-Konjunktion keine seelischen Blockierungen durch Aspekte angezeigt sind, ist es verhältnismäßig einfach, mit dieser Konstellation zu arbeiten, wenn sich die Betreffende vom Einfluß des Vaters befreien möchte. Wenn aber Mond, Sonne und Venus Spannungsaspekte empfangen, wird das Problem undurchsichtiger, schwieriger anzugehen und bewußtzumachen.

Ein Mann mit Sonne/Venus-Konjunktion hat eine enge Gefühlsbindung an seinen Vater. Die Aspekte zur Konjunktion zeigen, wie sich diese Bindung auswirkt. Ein Mann mit Sonne und Venus im Krebs hat eine starke Beziehung zu seinem Vater, der für ihn jedoch ein »Versager« ist, denn beim Krebs-Kind regierte die Mutter die Welt. In seinen ersten drei Lebensjahren »speichert« das Kind die Gefühle, die es den Eltern gegenüber empfindet. Es wird das Verhalten der Mutter nachahmen und ihr Wertsystem verinnerlichen, sich jedoch wegen der emotionalen Nähe zum Vater mit ihm gegen die Mutter verbünden wollen. Als Erwachsener widmet er sich voller Hingabe seiner Arbeit, um beruflich etwas zu erreichen, er wird aber Beziehungen aus Scheu vor ihrer Komplexität meiden. Er wird sich zu väterlichen Männern hingezogen fühlen. In seinem Unterbewußtsein herrscht das Gefühl, daß er sich, um zu überleben, als Kind, als kleiner Junge verhalten muß. Aus seiner Männerverbundenheit erwächst für ihn die Notwendigkeit, sich vor Frauen zu schützen. Er wird Frauen mit einer chauvinistischen Haltung begegnen. Wenn dieser Mann noch Planeten in den Zwillingen, der Jungfrau oder der Waage hat, gerät er vielleicht in eine Krise, weil er sich nicht entscheiden kann, ob er hetero- oder homosexuell sein will. Die Männer- (Sonne) und Frauenrolle (Venus) ist wegen des Zusammenstands der Planeten für das Kind schwer zu trennen. Oft spielt der Junge die Rolle der Mutter, um seinem Vater nahezukommen.

Ein solches Bild der Eltern ist nicht ungewöhnlich, denn viele von uns werden mit dieser Konstellation geboren. Die Sonne repräsentiert den mächtigen Elternteil. Wenn jedoch die Venus eine Konjunktion mit der Sonne bildet, bedeutet dies, daß die Mutter mit dem Vater in engem Einvernehmen stand, auch wenn das von den anderen Konstellationen im Horoskop oder von den Eltern selbst nicht bestätigt wird. Gleichgültig, was die Mutter Gegensätzliches über den Vater sagt, in Wirklichkeit gefällt er ihr, wie er ist. Dies ist für das Kind verwirrend und bereitet ihm als Erwachsenem Schwierigkeiten im Umgang mit dem eigenen Lebenspartner. Der von der Mutter dominierte Mann wird sich gegenüber anderen Männern der Taktik der Mutter bedienen; ein vom Vater dominierter Mann glaubt, daß ihn ein »mystisches Band« mit seiner Geliebten verbinden sollte, und ist enttäuscht, wenn dies nicht zutrifft. Eine von der Mutter beeinflußte Frau wird eine Nähe zu ihrem Vater verspüren, die sie sich nicht erklären kann, und in ihren Gefühlen zwischen Liebe und Groll schwanken; und die vom Vater beeinflußte Frau wird einen Mann heiraten, der ihrem Vater ähnlich ist.

Man sollte diesen Aspekt erst näher erforschen, wenn sich herausstellt, daß etwas in der Persönlichkeit einen daran hindert, gesunde und dauerhafte Partnerbeziehungen einzugehen. Wenn wir meinen, wir haben nur deshalb diese Probleme, weil wir nur »fürchterliche Leute« kennenlernen, ist es an der Zeit, daß wir unsere inneren, unbewußten Beweggründe untersuchen, denn sie sind die Ursache für die Erfahrungen, die wir machen.

Wenn die Venus in dem Zeichen steht, das der Sonne folgt, oder dem, das ihr vorangeht, verändert sich sein Bild. Das Sonnenzeichen zeigt, was wir in diesem Leben lernen und erfahren sollen. Wenn sich die Venus in einem anderen Zeichen befindet, wird der Betreffende die Eigenschaften dieses Zeichens vorziehen, statt auf die Bedürfnisse des Sonnenzeichens zu achten. Eine meiner Klientinnen hat die Sonne im Steinbock und die Venus im Wassermann. Steinbock-Frauen sind stark. Sie haben innere Kraftquellen, die in eine sinnvolle Richtung gelenkt werden müssen. Die Steinbock-Frau fürchtet sich ein wenig vor ihrer Macht, ihre Aufgabe ist es jedoch, sie richtig einzusetzen. Meine Klientin weigerte sich, die traditionelle Frauenrolle anzunehmen; sie wollte weder mit Macht noch mit mächtigen Männern etwas zu tun haben. Sie war in einer intellektuellen Atmosphäre aufgewachsen. Ihre Venus in Wassermann wollte anders sein als die anderen, sie wollte unkonventionell sein. Sie zog in eine Wohngemeinschaft mit einem unbekannten Künstler, dessen wesentliche »künstlerische« Attribute das Tragen von Hippie-Bekleidung und das Rauchen von Haschisch waren. Als sie zu mir kam, ging es ihr nicht gut, ihr Körper war krank, weil ihre Psyche krank war – sie nutzte ihre Energie nicht richtig. Steinbock-Frauen sind gute Partnerinnen für Männer, denen sie vertrauen und glauben können. Dieser Mann war jedoch nicht an ihrer Hilfe interessiert. Ich besprach mit ihr ihre Bedürfnisse und hoffe, daß sie einen anderen Mann gefunden hat, mit dem sie besser zu Rande kommt. Wir müssen zuerst unsere eigenen Bedürfnisse kennenlernen, bevor wir an unseren Gefühlen und unseren emotionalen Bindungen arbeiten können. Wir brauchen keine abrupten Trennungen herbeizuführen. Wenn erst ein Prozeß in Gang gesetzt worden ist, wird die Zeit kommen, wo unergiebige Beziehungen sich auflösen und etwas Neues entsteht – wie eine Knospe oder ein neues Blatt. Nichts muß erzwungen werden.

Ein Steinbock mit Venus im Schützen wird sich anders verhalten. Er hat die Fähigkeit des Steinbocks, in der Geschäftswelt eine führende Position einzunehmen; er besitzt ebenfalls eine starke innere Kraft, jedoch ist er in seinen Äußerungen freimütiger, als man es von dem Steinbock gewöhnt ist. Diese Menschen leben riskant, sie haben ein starkes Freiheitsbedürfnis und sind nicht so vorsichtig wie jemand mit Venus im Steinbock. Sie schätzen es, Zeit für sich selbst zu haben. Konflikte entstehen, wenn sie Verantwortung übernommen haben, die ihrem Drang nach Unabhängigkeit zuwiderläuft. Verantwortung und Freiheit sind die Stichworte der Steinbock/Schütze-Kombination, die sich nicht immer gut verträgt. Wenn er sich in einer Ehe und im Beruf etabliert hat, wird er in beiden Bereichen unzufrieden sein. Da das Verantwortungsgefühl beim Steinbock sehr ausgeprägt und stark ist, werden die Schütze-Bedürfnisse eine Nebenrolle spielen, in den Bereich der Wünsche und Träume verdrängt werden, bis sie dann etwa im Alter von vierzig Jahren plötzlich hervorbrechen (wenn der laufende Uranus in Opposition zum Geburts-Uranus steht) und alle Vorsicht in den Wind geschlagen wird. Zu dieser Zeit könnte sich der Steinbock mit Trennungsgedanken beschäftigen.

Die Stellung der Venus in einem anderen Zeichen kann auch Offenheit und Aufgeschlossenheit bewirken, da sie dem Sonnenzeichen zusätzliche Gesichtspunkte ermöglicht. Der Betreffende kann jedoch auch das Gefühl haben, als habe er sein Leben nicht richtig gelebt, ihm fehlt das Gefühl für die eigene Identität. Diese Menschen beschäftigen sich oft mit dem Übernatürlichen oder mit Psychologie, oder sie nehmen an Selbsterfahrungsgruppen teil, wobei sie es dennoch fertigbringen, eine Auseinandersetzung mit sich selbst zu vermeiden. Sie jagen den falschen Zielen nach, denn ihr Eifer ist auf das »Ich will« anstatt auf das »Ich bin« gerichtet.

Sonne/Mars-Aspekte

Die Sonne repräsentiert das innere Selbst, das »Ich-bin«-Prinzip. Sie steht auch für den leiblichen Vater und gibt Hinweise auf sein Verhalten in den ersten drei Lebensjahren des Kindes. Der Mars symbolisiert Aktivität, das »Ich-will«-Prinzip; er zeigt die Handlungsweise eines Menschen. Am Aspekt zwischen Sonne und Mars kann man erkennen, ob sich das Selbst auf konstruktive Weise äußern kann. Wenn wir entgegen den Bedürfnissen der Sonne handeln, schränken wir unser Potential ein. Harte Aspekte weisen auf eine frühe Kindheit hin, die einer Selbstverwirklichung nicht besonders zuträglich war, da das Verhalten des Vaters für eine positive Entwicklung des Kindes kein gutes Vorbild lieferte. Es wird ein konstruktives Verhalten erst lernen müssen. Spannungsaspekte können jedoch zu erhöhter Kreativität führen, da sie die inneren Konflikte mehr bewußtmachen, als es die harmonischen Aspekte tun.

Mars ist auch das Symbol der menschlichen Triebe. Aspekte zwischen Sonne und Mars sagen etwas darüber aus, wie wir unsere eigene Geschlechtlichkeit und die der anderen empfinden.

Sonne/Mars-Konjunktion. Diesen Aspekt sollte man in Zusammenhang mit Aspekten, die die Sonne/Mars-Konjunktion mit anderen Planeten bilden, deuten. Mars hat die Eigenschaft, Konstellationen »aufzuheizen«, ihnen Energie und Spontaneität zuzuführen. Wenn Mars in Konjunktion mit der Sonne steht, ist der Betreffende sehr aktiv, lebendig und schnell im Handeln und in seinen Reaktionen. Es ist wichtig, die Eigenschaften des Zeichens, in dem die Konjunktion stattfindet, in die Deutung mit einzubeziehen, um zu beurteilen, wie sich die Energie äußern wird.

Sonne/Mars-Konjunktion im Widder beispielsweise kennzeichnet einen äußerst idealistischen, feurigen, spontanen Charakter, vorausgesetzt, die Sonne ist nicht durch Spannungsaspekte von anderen Planeten verletzt. Das Interesse dieser Menschen ist auf geistige Errungenschaften gerichtet. Ihre Ideen sind immer »sprungbereit«, so daß sie sich leicht in etwas verrennen oder in gewissen Situationen überreagieren. So können sie sich etwa übertrieben beschützerisch einem Freund gegenüber verhalten, oder sie werden wütend, wenn jemand ihre Ideale in Abrede stellen will. Der Vater dieses Menschen war ein spontaner, impulsiver Mann, den das Kind später nachahmt. Der Sonne/Mars-Aspekt verleiht eine große Lebendigkeit und Kraft zur Selbstheilung, die Energie kann produktiv genutzt werden. Körperlich drückt sich das erhitzte Temperament in Krankheiten mit hohem Fieber aus.

Eine Sonne/Mars-Konjunktion in den Fischen wird sich ganz anders auswirken. Das Mißtrauen gegenüber der Zukunft, die hohe Sensibilität, die Vorsicht und Ängstlichkeit des Fische-Geborenen werden durch diesen Aspekt noch verstärkt. Durch Mars wird seine Furchtsamkeit, aber auch seine medialen und intuitiven Fähigkeiten, gesteigert. Das Fische-Kind hat seine Ängste von seinem Vater übernommen. Es muß sich später mit dessen seelischen Unzulänglichkeiten auseinandersetzen, um einen Zugang zu seinen eigenen Bedürfnissen zu finden. Der Mars verleiht den Eigenschaften der Sonne eine größere Intensität und Vitalität.

Man muß beachten, wie Mars und Sonne zusätzlich aspektiert sind, um beurteilen zu können, ob es eine »schwierige« oder »leichte« Konjunktion ist. Eine leichte Konjunktion bedeutet einen besseren Energiefluß und damit einen ungehemmten Ausdruck der Kräfte.

Sonne/Mars-Sextil. Ein Kind mit dieser Konstellation wuchs in günstigen familiären Verhältnissen auf und konnte ein konstruktives Vaterbild entwickeln. Ob das Kind seinen Vater schätzte, darüber gibt das Sonnenzeichen Auskunft. Zum Beispiel kommt ein Kind mit Sonne in Widder und Mars in den Zwillingen aus einer vom Vater dominierten Familie. Der Vater war ein intellektuell ausgerichteter Mensch, der seine Energie auf sinnvolle Weise nutzte. Das Kind hat seinen Vater wahrscheinlich sehr bewundert. Ein Kind mit Sonne im Skorpion und Mars in der Jungfrau kommt aus einem mutterbeherrschten Haushalt und hat eine ganz andere Verhaltensgrundlage. Das Skorpion-Kind schätzt seinen Vater nicht besonders, denn seine Mutter regierte die Welt, während er sich passiv verhielt. Das bedeutet nicht, daß der Vater ein schlechter Mensch war; er war wahrscheinlich dem Kind gegenüber etwas kritisch, nutzte aber seine Energie auf eine möglichst konstruktive Weise. Trotzdem wird das Kind die Rolle der Mutter höher bewerten als die des Vaters. Um dem Kind die Möglichkeiten dieses Sextils zu erschließen, ist es empfehlenswert, mit einem Berater sein Problem durchzuarbeiten. Sextile bedeuten Möglichkeiten und Begabung. Diese Begabung muß jedoch trainiert und bewußt gefördert werden, wenn sie von bleibendem Wert sein soll.

Sonne/Mars-Quadrat. Wenn die Sonne unser inneres Selbst und unsere Selbstverwirklichung symbolisiert und der Mars unsere Handlungsweise repräsentiert, dann bedeutet das Quadrat zwischen den beiden Planeten Enttäuschung und Behinderung, die diese beiden Kräfte gegeneinander ausüben. Ein Mensch mit einer solchen Konstellation ist in der psychologischen Terminologie der selbstzerstörerische Typus. Wie sich die Selbstzerstörung äußert, hängt von den Zeichen ab, in denen Sonne und Mars stehen, sowie den Aspekten, die sie zu anderen Planeten bilden.

Da die Sonne den Vater repräsentiert, bedeutet das Sonne/Mars-Quadrat, daß der Vater zur Zeit der Geburt des Kindes nicht gut mit sich selbst umging. Es mag sein, daß der Vater gerade die erste Rückkehr des Saturn durchmacht. Er muß wichtige Berufsentscheidungen treffen: Entweder verleugnet er seine Bedürfnisse zugunsten des Gehalts und der guten Position, oder er nimmt ein niedrigeres Gehalt in Kauf und setzt seine Familie Einschränkungen aus, um eine neue berufliche Laufbahn zu beginnen. Wenn er sich entscheidet, dort zu bleiben, wo er ist, wird das Kind wahrscheinlich mit einem Sonne/Mars-Quadrat zur Welt kommen, weil der Vater etwas tut, was für ihn nicht gut ist.

Der Aspekt kann auch ein schwieriges soziales Umfeld bedeuten, er kann mit irgendeiner Form der Diskriminierung zusammenhängen. Das Kind mag beispielsweise dem Spott der Nachbarschaft ausgesetzt sein. Die negativen Eindrücke, die es durch sein Außenseitertum in sich aufnimmt, machen aus ihm später einen Menschen, der kaum Furcht kennt. Ein Mensch mit Sonne/Mars-Quadrat hat kein Gespür für Gefahr. Er begibt sich manchmal in gefährliche Gegenden, ohne sich zu schützen, und setzt sich Situationen mit ungewissem Ausgang aus, was andere ohne diesen Aspekt nie tun würden.

Das Sonne/Mars-Quadrat bedeutet, daß die Energie gegen die Interessen und die Bedürfnisse des Selbst gerichtet ist. Man kann dieser Konstellation ihre Zerstörungskraft nehmen, wenn man sich seiner Handlungsweise bewußt wird und bereit ist, für seine Erfahrungen die Verantwortung zu übernehmen. Nehmen wir das Beispiel einer Sonne im Stier mit Quadrat zu Mars im Löwen. Das Problem entsteht durch die Unterschiedlichkeit der Eigenschaften und Bedürfnisse dieser beiden Zeichen. Der Stier verbirgt seinen Ärger, er ist emotional und besitzergreifend und mag seine Gefühle nicht mit anderen teilen. Er staut seine Emotionen auf und macht sich in gewissen zeitlichen Abständen durch »Explosionen« Luft. Mars im Löwen kennzeichnet einen Menschen, der sehr stolz ist und der sich durch die Anerkennung und den Respekt anderer zum Handeln motiviert fühlt. Er will Bestätigung erfahren und seinen Idealismus zum Ausdruck bringen können. Wie aber kann jemand gleichzeitig besitzergreifend und idealistisch sein? Das Handeln (und der Sexualtrieb, ebenfalls repräsentiert durch Mars) kann der Erfüllung der Bedürfnisse des Selbst entgegenstehen und ihm sogar schaden. Da der Löwe auf die Anerkennung seiner Umwelt angewiesen ist, wird der Stier seine Wut und seine aufgewühlten Gefühle noch stärker zurückhalten. Diese unterdrückten Energien verursachen Schmerz, der zum Teil durch Verständnis der eigenen Beweggründe erleichtert werden kann.

Die Energie eines Menschen mit Mars im Krebs im Quadrat zu Sonne im Widder manifestiert sich auf andere Art. Der Widder ist idealistisch, er hat eine intellektuelle Ausrichtung und nähert sich neuen Situationen vom Verstand her. Er ist immer in Eile. Mars im Krebs handelt emotional, gegensätzlich zum intellektuellen Widder. Das Problem entsteht dadurch, daß der rationale Widder wegen der emotionalen Handlungsweise des Mars seine Bedürfnisse nicht erfüllen kann. Der Widder ist ein schneller Denker, während der Krebs-Mars einer Sache nachspüren und sich krebsartig an das

Neue heranmachen möchte. Der Widder möchte in Liebesbeziehungen fair sein, während der Mars im Krebs hier emotional und besitzergreifend reagiert. Der Sexualtrieb (Mars)
kann den Betreffenden in eine widersprüchliche emotionale
Beziehung verwickeln, wo kein geistiger Austausch mehr
stattfindet. Auf diese Weise können seine sexuellen Bedürfnisse seine geistige Entwicklung behindern.

Es gibt viele Wege, sich selbst zu zerstören. Die Selbstzerstörung kann sich durch geistige Stumpfheit, durch eine Beziehung ohne Vertrauensbasis oder durch eine Liebesbeziehung
äußern, die uns in ein inneres Elend stürzt, dem wir nicht ins
Auge sehen möchten. Wir greifen dann zur Befriedigung
unserer Bedürfnisse zu Alkohol oder übermäßigem Essen.
Wir verleugnen unsere eigenen Bedürfnisse in Beziehungen
mit Alkoholikern, Drogensüchtigen oder Menschen, die uns
keine Liebe geben können. All dies sind Äußerungen der
Selbstzerstörung. Sie hängt mit unserem Selbstwertgefühl
zusammen, denn wir meinen, wir hätten kein Recht,
Anspruch auf die Erfüllung unserer Bedürfnisse zu stellen.

Um die Energie des Sonne/Mars-Quadrats auf konstruktive
Weise zu nutzen, müssen wir einen Weg finden, wie wir die
Eigenschaften der beiden beteiligten Zeichen in Einklang
bringen können. Wir können zum Beispiel unser Vorgehen
beim Verfolgen unserer Berufsziele verbessern. Mit dem
Sonne/Mars-Quadrat verhalten wir uns in beruflichen Situationen oft unklug. Wir bedenken häufig unsere Ziele und
Bedürfnisse nicht, bevor wir handeln. Wenn wir lernen, uns
unsere Handlungen vorher zu überlegen, können wir unsere
Energie zu unseren Gunsten arbeiten lassen. Unser Gefühlsleben können wir verbessern, indem wir unsere Bedürfnisse
dem Partner gegenüber zum Ausdruck bringen.

Menschen mit Mars/Sonne-Quadrat wählen oft einen Partner,
der ihre Selbstverwirklichung nicht ermuntert oder fördert.
Wenn eine Frau mit Sonne im Widder und Mars im Krebs
einen Mann heiratet, der nicht wünscht, daß sie berufstätig ist

und Karriere macht, gerät sie in eine Zwickmühle, denn Widder-Frauen streben gern leitende Positionen an. Wegen ihrer Mars-Stellung möchte sie die Bedürfnisse ihres Partners befriedigen, sie möchte mütterlich und gefühlvoll sein und durchaus mit den Eigenschaften des Krebses leben, sie möchte aber auch einen Beruf haben. Die meisten Widder-Frauen wollen beides, sowohl Familie als auch Beruf. Wenn eine Widder-Frau jahrelang nur an ihren Haushalt gebunden ist, wird sie darunter leiden und mit der Zeit neurotisch werden. Sie muß beide Bedürfnisse befriedigen können. Bei einem Quadrat geht meist die Befriedigung des eigenen Bedürfnisses auf Kosten des anderen. Wenn das der Fall ist, wird die Ehe krisenanfällig, es folgt die Trennung, oder die Frau lebt ein verbittertes Dasein, ohne etwas Sinnvolles zur Ehe beizutragen.

Der Mann mit Sonne/Mars-Quadrat schadet sich oft im beruflichen Leben. Er muß sich darin üben, Berufschancen wahrzunehmen. Ein Mann mit der Sonne im Schützen und Mars in der Jungfrau braucht Freiheit und einen aufgeschlossenen Partner. Jedoch ist er anderen und sich selbst gegenüber derart kritisch, daß er kaum etwas zustande bringt. Vielleicht hat er eine Frau, die ihn ständig kritisiert, oder er ist ihr gegenüber kritisch eingestellt. Er braucht den geistigen Austausch mit seiner Partnerin, wird aber oft eine Frau heiraten, die durch ihre kleinlichen Nörgeleien seine Schütze-Bedürfnisse zum Absterben bringt.

Menschen mit dieser Konstellation, die entweder ihr Fehlverhalten nicht eingestehen können oder für alles die Schuld auf sich nehmen, werden seltene oder unheilbare Krankheiten entwickeln, die sie von der Beziehung »erlösen« sollen. Ein Kranker kann keine Verantwortung mehr tragen. Da diese Krankheiten erst im reifen Alter auftreten, ist es schwierig, einem Zwanzigjährigen das Problem verständlich zu machen. Er wird jedoch, wenn er um die Vierzig ist, wohl auf sein Leben zurückblicken und erkennen, daß er es sich genauso schwer gemacht hat wie der Vater.

Der Sonne/Mars-Aspekt steht immer unter dem Einfluß des stärkeren Elternteils. Um das zugrundeliegende Verhaltensmuster zu erkennen, muß der Astrologe die Haltung dieses Elternteils, als das Kind noch klein war, überprüfen.

Sonne/Mars-Trigon. Menschen mit dieser Konstellation in ihrem Horoskop haben die Fähigkeit, von ihrer Energie guten Gebrauch zu machen und etwas in der Welt zu erreichen, das sie als ein sinnvolles Ziel ansehen. Die Wahl ihrer Ziele hängt von der Stellung der Sonne und ihren Aspekten zu anderen Planeten ab. Mars repräsentiert das Prinzip »Ich handle« und die Sonne das Prinzip »Ich bin«. Wenn diese beiden Kräfte zusammenarbeiten, hat der Betreffende die Möglichkeit, erfolgreich zu werden, falls er sich entscheidet, auf dieses Ziel hinzuarbeiten.

Das Trigon zwischen Sonne und Mars bedeutet, daß der Vater einen gesunden Einfluß auf das Kind hatte und die Atmosphäre in der Familie geeignet war, dem Kind in seinen Bestrebungen Erfolgserlebnisse zuteil werden zu lassen. Da es von der Familie viel Hilfe und Ermunterung bekam und der Vater zur Zeit der Geburt des Kindes eine gute Phase erlebte, wird es erwarten, daß all seine Bemühungen auch in Zukunft von seiner Umgebung ermutigt und anerkannt werden. Mit der Zeit stellt es fest, daß es von den Eltern mehr Unterstützung bekommt als von den Altersgenossen. In diesem Fall kann es sein, daß es zu schnell aufgibt, wenn die Dinge nicht so laufen wie erwünscht. Sein Durchhaltevermögen kann man genauer erkennen, wenn man die Stellung der Sonne und die Saturn-Aspekte im Geburtshoroskop betrachtet. Im großen und ganzen ist die Konstellation positiv zu bewerten, denn sie bedeutet die Fähigkeit, Dinge zu vollbringen, die anderen unerreichbar erscheinen.

Sonne/Mars-Opposition. Opposition und Quadrat wirken sich einander ähnlich aus. Die Sonne symbolisiert den Wesenskern, die Kreativität des Individuums. Sie steht nicht nur für das Selbst, sondern auch für Autoritätspersonen, für Männer allgemein und für die Macht, die eine Autorität ausübt. Mars symbolisiert Aktivität und wie ein Mensch seine Ideen in Handlungen umsetzt. Er repräsentiert auch den Sexualtrieb, wie der einzelne zu seiner Sexualität steht und ob sein Geschlechtsleben zu seinem Wohlbefinden beitragen und sein Wachstum fördern kann.

Der Mars in Opposition zur Sonne bedeutet, daß das Kind in einer Familie zur Welt kam, die in ihrer Umgebung nicht willkommen war. Das Kind wächst auf ohne ein Gespür für Gefahr, für drohendes Unheil oder unheilvolle Ereignisse, die ihm Schaden zufügen könnten. Das Problem besteht darin, daß es um sein Überleben kämpft gegen Kräfte, die es verletzen können. Der Betreffende setzt jedoch nicht ausschließlich seinen Körper Gefahren aus, sondern diese Energie kann sich auf verschiedene Art äußern.

Der Spannungsaspekt zwischen Sonne und Mars kann einen waghalsigen, draufgängerischen Menschen charakterisieren. Er könnte ein Rennfahrer oder ein Kämpfer gegen übermächtige Widerstände sein. Vielleicht ist er jemand, der sich ständig in gefährliche Situationen begibt, oder ein Mensch, der wegen seiner sexuellen Bedürfnisse einen wesentlichen Teil seiner Persönlichkeit verleugnet. Ein Beispiel wäre die Frau, die sich in einen Mann verliebt, der nicht willig oder in der Lage ist, den Unterhalt einer Familie zu bestreiten. Ein Mann mit der Sonne/Mars-Opposition wechselt vielleicht von einer guten Stellung zur anderen nur wegen irgendwelcher geringfügigen Probleme, die bei der Arbeit auftauchen. Der Aspekt stellt den Mangel an Kooperation zwischen zwei Kräften – dem Bedürfnis, auf eine bestimmte Weise zu handeln, und dem zentralen Bedürfnis des Ichs – dar. Dieser Konflikt muß bewußtgemacht werden, damit eine Zusammenarbeit möglich werden kann. Die harten Aspekte (Quadrat und Opposition) können produktiver sein als Trigone, wenn sich der Betreffende das Energiepotential zunutze macht und die Verantwortung für seine Konflikte übernimmt.

Die familiären Verhältnisse eines Kindes mit Sonne/Mars-Opposition sind von Streitigkeiten gekennzeichnet. Der Vater ist destruktiv, er tut Dinge, die ihm nicht guttun. Diese Verhaltensweise übernimmt das Kind. Was noch schlimmer ist: Es gewinnt die Einstellung, daß Versagen, seine Ziele nicht zu erreichen, etwas Alltägliches, Normales ist. Diese negativen Einflüsse können sehr subtil sein. Ich kenne eine Familie, wo alle vier Kinder bei den Eltern blieben, obwohl sie schon über dreißig sind. Die Kinder sind überzeugt, daß unter ihnen wunderbare, liebevolle Beziehungen bestehen, dennoch hat keiner selbst geheiratet und eine Familie gegründet. Eine Tochter (ein vom Vater beeinflußtes Kind mit Sonne/Mars-Opposition) hat Schwierigkeiten, einen Beruf zu finden, der ihrer Begabung entspricht. Sie wechselt ständig den Beruf und ist nicht in der Lage, eine Sache zu Ende zu führen. Als sie geboren wurde, durchlebte ihr Vater die Erfahrung des Scheiterns, und dies scheint nun das Schicksal der Tochter zu werden. Als ich ihre Familienverhältnisse mit ihr besprach, gab sie schließlich zu, daß die Eltern gewalttätig und unberechenbar waren, als die Kinder klein waren. Die Gewalttätigkeit und Unberechenbarkeit der Eltern war so extrem, daß dieses Verhalten die Kinder davon abgehalten hat, sich auf Liebesbeziehungen im Erwachsenenalter einzulassen.

Diese Art von frühkindlicher Erfahrung kann zu einer unbewußten Furcht vor der Gründung einer Familie führen, weil man die Vorstellung hat, daß Babys dieselben Spannungen aus der Kindheit hervorrufen würden. Wir sind uns selten unserer Einstellung bewußt und haben es leichter mit der Behauptung, wir hätten noch keinen geeigneten, verantwortungsbewußten Partner gefunden, mit dem wir die Kinder haben wollten, die wir »uns doch so sehr wünschen«. Bevor wir unsere wahren Ängste nicht erkannt haben, fahren wir fort, unpassende Partner zu wählen und uns die Möglichkeit für eine warme, sensible Beziehung mit einem Menschen, der unser Wachstum und unsere Reife fördern könnte, zu versperren.

Mit einer Sonne/Mars-Opposition ist es ratsam, wenn man versuchen will, mit seiner Energie in konstruktiver Weise umzugehen, daß man bei einem Neubeginn alle Aspekte der neuen Situation vorher sorgfältig durchdenkt und sich vorstellt, was man eigentlich erreichen möchte. Wenn unsere Absichten oder die geplanten Handlungen zu unserer Gesamtsituation nichts Fruchtbares beitragen, ihr vielleicht sogar abträglich sind, dann müssen wir von ihnen ablassen, wenn wir weiterkommen möchten. Sobald die Energie umgeleitet wird, können sich gesunde Aktivitäten entwickeln. Anstatt uns durch unser Handeln zu verletzen, können wir ein positives Verhalten einüben, und der schwierige Aspekt kann zu einem Vorteil werden.

Sonne/Mars-Quinkunx. Der Quinkunx bedeutet Belastung, und wo immer wir ihn vorfinden, gibt es einen Konflikt zwischen zwei verschiedenen Lebenshaltungen. Wenn das zentrale Bedürfnis des Ichs (Sonne) in einem Konfliktaspekt mit dem Bedürfnis zu handeln (Mars) steht, hat der Betreffende das ständige Gefühl einer unterschwelligen Angst und Unsicherheit. Nehmen wir das Beispiel einer Sonne im Wassermann und Mars in der Jungfrau. Der Wassermann ist ein unkonventioneller Mensch, er kommt aus einer vom Vater dominierten Familie, ist sich über die Vergangenheit der Eltern nicht ganz sicher, möchte auf irgendeine Weise in der Welt ein Zeichen setzen, er interessiert sich für humanitäre Ideen und neue Staatsformen und möchte für sich und die Welt ein neues Bewußtsein schaffen. Mit Mars in der Jungfrau geht der Betreffende kritisch vor. Er handelt vernünftig, rational, seine Konzepte sind gut durchdacht, er stützt seine Informationen gern auf Statistiken, das Interessengebiet der Jungfrau. Wie kann ein Freigeist wie der Wassermann, der sich neuen Ideen und einem neuen Bewußtsein verschrieben hat, sich mit Statistiken abgeben? Statistiken sind eine Ansammlung von Daten, die aus vergangenen Ereignissen gewonnen wurden. Franklin D. Roosevelt war ein Wassermann. Er führte während einer nationalen Notlage Gesetze ein, die den Menschen zu überleben halfen. Er hätte das niemals tun können, wenn er jeden Schritt kritisch analysiert hätte, wie es Mars in der Jungfrau tut. Roosevelt hatte übrigens seinen Mars in den Zwillingen.

Der Quinkunx zwischen Mars und Sonne wirkt lähmend. Das belastende Verhalten muß zugunsten eines Handelns aufgegeben werden, das verhindert, daß der Betreffende in Isolation gerät, einsam wird und sein Dasein als sinnlos empfindet.

Sonne/Jupiter-Aspekte

Aspekte zwischen Sonne und Jupiter zeigen die Haltung, die wir uns selbst gegenüber haben, unsere inneren Werte und persönlichen Bedürfnisse. Jupiter zeigt unsere Einstellung zu uns selbst, der Familie und den Menschen in unserer Umgebung (vgl. Kap. 6, »Jupiter-Aspekte«). Wenn der Jupiter gut aspektiert ist, bedeutet dies, daß wir in einer aufgeschlossenen Umgebung aufgewachsen sind, unsere Eltern uns gut versorgten und gefühlvoll mit uns umgingen; diese Einstellung hat sich auf uns übertragen. Harte Aspekte zwischen Sonne und Jupiter lassen auf Schwierigkeiten in der Beziehungsfähigkeit schließen. Oft ist man nicht in der Lage, die eigenen Bedürfnisse zu erkennen. Diese Menschen werden oft beteuern, daß sie eine wunderbare Kindheit hatten, während die Konstellation das Gegenteil anzeigt.

Es fällt uns schwer, harte Jupiter-Aspekte zu akzeptieren; wir weigern uns, seelische Probleme anzuerkennen und zu ergründen. Wir können jedoch unsere Bedürfnisse nicht erfüllen, wenn wir nicht wissen, wer wir sind. Außerdem ist dies wichtig für den Umgang mit den Menschen, mit denen wir gemeinsam leben – Freunde, Partner, die Familie. Zu wissen, wer wir sind, kann das Gefühl sein, daß es schön ist, zu leben und teilzuhaben an der Welt, die uns umgibt.

Sonne/Jupiter-Konjunktion. Dies ist eine aufregende Konstellation. Es ist der Aspekt der Glückskinder. Sie werden zu einer Zeit geboren, während der es dem Vater und der Familie besser als anderen in der Nachbarschaft geht. Sie scheinen die erfolgreichste Familie zu sein. Wenn sie wohlhabend sind, wird das Kind in Komfort aufwachsen. Es wird gut ernährt, ist wohlbehütet, erhält eine gute Ausbildung, was jedoch nicht unbedingt heißt, daß es sich dabei auch wohl fühlt oder glücklich ist. Als Erwachsener wird dieser Mensch es leicht haben, sich mit diesen Werten zu umgeben, und durch seine Zuversicht wird er in seiner Umgebung Vertrauen erwecken. Das Vertrauen anderer lassen seine Vorhaben gelingen, es sei denn, die Konjunktion empfängt Spannungsaspekte von anderen Planeten.

Wenn der Vater eine innere Zufriedenheit ausstrahlt, entwickelt das Kind eine positive innere Einstellung und kann später mit Autoritätspersonen gut auskommen. Das Kind mit der Sonne in einem positiven Zeichen wird es jedoch leichter haben als das Kind mit der Sonne in einem weiblichen Zeichen, da die Erd- und Wasserzeichen stärker an der Mutter orientiert sind. In diesem Fall muß daran gearbeitet werden, daß sich der Einfluß des Vaters entfalten kann.

Sonne/Jupiter-Sextil. Diese Kinder wachsen in einer Familie auf, die ihnen viel Selbstsicherheit gibt. Wenn die Möglichkeiten dieses Aspekts genutzt werden, kann der Betreffende in seinem Beruf sehr erfolgreich sein, da er sich Autoritätspersonen oder gesellschaftlichen Gruppierungen gegenüber kooperativ verhält. Sein persönliches Wachstum entwickelt sich ebenfalls in eine positive Richtung, da er seine inneren

Bedürfnisse kennt, sie mitteilen kann und auch anderen Menschen gegenüber offen ist. Wahrscheinlich kommen diese Fähigkeiten erst um die Dreißig richtig zum Vorschein, und wenn Mars, Venus und Mond nicht zu sehr von Spannungsaspekten belagert sind, wird dieser Mensch die Herausforderungen der verschiedenen Lebensphasen während seines Reifungsprozesses gut meistern können.

Sonne/Jupiter-Quadrat. In diesem Fall kommt das Kind während einer Zeit zur Welt, in der sich der Vater in einer kritischen Phase befindet. Er ist weder mit sich noch mit seiner Arbeit zufrieden und wahrscheinlich noch sehr unreif. In dieser Atmosphäre kann das Kind nicht lernen, eine gute Beziehung zu sich selbst zu bekommen. Das Kind wird den Vater wahrscheinlich nicht mögen, und es wird kaum eine Kommunikation zwischen ihnen stattfinden. In der Familie lernt es nicht, sich seiner Bedürfnisse bewußt zu werden. Es wird den Vater besonders dann ablehnen, wenn es in einem positiven Zeichen geboren wurde. Bei vielen tritt er auch ganz aus dem Leben des Kindes.
Wenn das Kind in einer von der Mutter dominierten Familie zur Welt kommt, wird der Vater eine passive Rolle spielen und vom Kind weniger geachtet werden. Es wird von Männern allgemein nicht sehr viel halten und als Erwachsener Schwierigkeiten haben, sich mit ihnen zu verständigen.
Ist der Betreffende ein Mann, wird es ihm schwerfallen, männliche Autoritätspersonen anzuerkennen und mit ihnen zusammenzuarbeiten. Er wird ein schlecht entwickeltes Selbstbild und Bewußtsein für die eigenen Bedürfnisse haben, weil er glaubt, dazu nicht berechtigt zu sein. Ist es eine Frau, wird sie Männern gegenüber insgeheim einen Groll hegen. Dies könnte sich in Homosexualität äußern, wenn andere Konstellationen im Geburtshoroskop dies unterstützen, oder sie knüpft Beziehungen mit Männern, die Verständigungsschwierigkeiten haben, da sie von Männern nicht viel erwar-

tet. Sie hat ebenfalls ein schwach ausgeprägtes Selbstbild und kennt ihre Bedürfnisse nicht. Wegen ihres verminderten Selbstgefühls kann sie keinen Zugang zu den Eigenschaften und Kräften, wie sie in ihrem Horoskop angezeigt sind, bekommen. Solche Menschen behaupten dann, daß die Astrologie für sie nicht funktioniert.

Aufgrund der sehr eingeschränkten Wahrnehmung ihrer inneren Bedürfnisse entwickeln diese Menschen Verhaltensmuster, die ihre Bedürfnisse nicht einbeziehen. Sie kommen überhaupt nicht auf den Gedanken, daß sie ein Recht haben, ihre Bedürfnisse zu äußern. Ihr Verhalten reflektiert einen Hang zur Maßlosigkeit, und sie machen entweder andere oder die Umstände für ihr Mißgeschick verantwortlich, denn sie wollen nicht viel Zeit damit verbringen, nach ihren inneren Beweggründen zu forschen. An der Oberfläche wirken sie egoistisch, jedoch sind die zugrundeliegenden Probleme anderer Art.

Wenn ein Kind nicht gelernt hat, auf seine inneren Bedürfnisse zu achten, wird es seine Energie nicht dazu nutzen, sie zu befriedigen. Es entsteht die Situation, in der sich die Energie von der persönlichen Kontrolle löst und sozusagen ein Eigenleben führt. Der Mensch hat das Gefühl, nicht Herr der Lage zu sein. Er ist unglücklich, und wenn diese Stimmung zu lange anhält, erkrankt er. Damit will der Körper uns sagen, daß er diese Lebensweise nicht mehr ertragen kann.

Menschen mit Sonne/Jupiter-Quadrat muß man ermuntern, liebevoll mit sich selbst umzugehen, man muß ihnen zu verstehen geben, daß sie ein Recht darauf haben, auf der Welt zu sein, und daß, wenn sie bereit sind, die Verantwortung für sich zu übernehmen, ihre Umwelt sich mit ihnen verbünden wird, statt sich gegen sie zu stellen. Es gibt keine »schlechten« Horoskope; es gibt nur unglückliche Menschen, die den Sinn in ihrem Dasein nicht erkennen können. Die Natur und ihre Gesetze lehren uns, daß wir alle eine Daseinsberechtigung haben. Wir sind besser in der Lage zu geben, wenn wir unsere eigenen inneren Bedürfnisse verstehen. Erst dann können wir sie anderen mitteilen und offen für deren Bedürfnisse sein. Das macht eine gute Beziehung aus.

Sonne/Jupiter-Trigon. Dieser Aspekt wirkt sich ähnlich aus wie die Konjunktion. Mit dem Trigon lebt es sich jedoch leichter, und das ist nicht unbedingt förderlich für ein inneres Wachstum. Man sollte sich die Zeichenstellung der beteiligten Planeten ansehen. Eine Sonne in der Jungfrau im Trigon zu Jupiter im Stier charakterisiert beispielsweise eine Frau mit einer dominanten Mutter und einer kritischen Lebenseinstellung. Sie ist vielleicht in einer wohlhabenden Familie aufgewachsen und erwartet, daß für sie gesorgt wird. Zu mir kam eine Klientin mit dieser Konstellation; sie hatte mehrere homo- sowie heterosexuelle Beziehungen gehabt, in denen sie ihre Liebhaber ausbeutete, sie dann fortschickte, aber Wertgegenstände behielt, die sie in ihrer Wohnung gelassen hatten. Einer ihrer Liebhaber hatte antike Möbel bei ihr untergestellt, weil er gerade umzog, bekam diese jedoch nicht mehr zurück. Da nichts Schriftliches vereinbart gewesen war und der Mann hätte prozessieren müssen, um seine Sachen wiederzubekommen, verzichtete er lieber darauf. Dies ist ein typisches Beispiel für die Auswirkungen eines Sonne/Jupiter-Trigons.
Etwas zu erwerben ist ein wichtiges Thema für jemand mit Sonne/Jupiter-Trigon. Wir müssen uns aber Gedanken darüber machen, ob die Art und Weise, wie wir uns etwas verschaffen, noch moralisch gerechtfertigt ist. Das Verhalten dieser Frau war durch die Zeichenstellung des Sonne/Jupiter-Trigons veranlaßt. Die Jungfrau neigt dazu, ihren Partner zu kritisieren und in der Beziehung ihren Groll innerlich wachsen zu lassen. Der Stier sammelt gern wertvolle Dinge. Wenn die Problematik dieser Konstellation nicht erkannt wird, kann sich der harmonische Aspekt auf negative Weise äußern. Ein Trigon zwischen der Sonne in den Zwillingen und Jupiter im Wassermann hätte eine andere Auswirkung gehabt. Das Paar

hätte seine Meinungsverschiedenheiten auf der intellektuellen Ebene ausgetragen, ohne die Besitzverhältnisse anzutasten. Materieller Besitz ist die Domäne der Erdzeichen. Die Luftzeichen sind mehr an geistigem Besitz interessiert.

Sonne/Jupiter-Opposition. Dies ist ebenfalls ein schwieriger Aspekt, da das Kind zwei grundlegenden Problemen begegnen wird. Erstens muß es mit einem negativen Vaterbild aufwachsen. Wenn der Vater der dominante Elternteil ist, wird das Kind das negative Bild verinnerlichen und Schwierigkeiten im Umgang mit anderen Menschen haben. Ist die Mutter die stärkere, muß man feststellen, ob es von ihr erdrückt wird oder ob es sich das Verhalten der Mutter zu eigen macht. Manchmal hassen von der Mutter beeinflußte Kinder ihren Vater, manchmal verbünden sie sich mit ihm. Auf diese Weise können sich zwei »Versager« gegenseitig behilflich sein, Schutz vor der mächtigen Mutter zu finden. In diesem Fall bekommt der ohnehin schon schwierige Konflikt noch zusätzlichen Nachdruck. Das Ergebnis ist der Verlust des Zugangs zu den eigenen inneren Bedürfnissen.

Das Kind erfährt früh in seinem Leben die Mißachtung und Mißbilligung seiner Eigenart durch den stärkeren Elternteil. Das Prinzip, das in Beziehung treten will (Jupiter), gewinnt die Oberhand, während die eigene Identität und die wesentlichen Bedürfnisse (Sonne) in den Hintergrund gedrängt werden. Das Kind wächst also auf, ohne seine Bedürfnisse zu erkennen. Das Verleugnen von Bedürfnissen läßt Spannungen entstehen, und mit der Zeit entstehen körperliche Krankheiten durch die psychische Belastung. Die Astrologie kann hier Hilfestellung leisten, denn durch sie kann man die Bedürfnisse des Sonnenzeichens bewußtmachen und versuchen, einen Kompromiß zu finden.

Eine meiner Klientinnen mit einer Sonne/Jupiter-Opposition ist an Krebs erkrankt. Sie hat sich in Psychotherapie begeben und beschäftigt sich jetzt mit Selbstanalyse. Ihre Sonne steht im Krebs, der Jupiter im Steinbock. Ihr ganzes Leben lang hat sie die Bedürfnisse ihres Sonnenzeichens unterdrückt. Der Krebs braucht den emotionalen Austausch, er wünscht sich Zuneigung und Wärme und die Möglichkeit, seine Gefühle zu äußern. Statt dessen versuchte diese Frau, ihre Werte und Verhaltensweisen am Steinbock zu orientieren und Haltung zu bewahren. Wäre es ihr möglich gewesen, einen Kompromiß zwischen den Werten des Steinbocks und des Krebses zu finden, ginge es ihr wahrscheinlich gut. Sie lebte ihre Krebseigenschaften aus, indem sie die Rolle der »großen Mutter« spielte und ihr Bedürfnis, selbst in die Arme genommen zu werden, vernachlässigte. Sie ging in der Unterdrückung ihrer Gefühle so weit, daß sie sich ständig unter Kontrolle hielt und sich jegliche Gefühlsäußerung wie Lachen, Weinen, Mitgefühl, Anteilnahme und jede spontane Regung versagte. Selbst in traumatischen Erlebnissen und großen Enttäuschungen konnte sie ihren Gefühlen nicht nachgeben. Sie bewahrte ihre Haltung gegenüber ihrer Umwelt, ihrem Mann, ihren Kindern und ihrer Familie, bis sie an Krebs erkrankte. Heute erlaubt sie sich, ihre Gefühle und Bedürfnisse zu zeigen, und erlebt nun eine wunderbare innere Befreiung. Sie hatte nie geglaubt, daß sie es verdiene, sie selbst zu sein.

Diese Problematik ist oft bei Sonne/Jupiter-Verbindungen zu beobachten, weil der Mensch mit einer solchen Konstellation dazu neigt, sein Innenleben zu verleugnen. Man erlebt in solchen Fällen wunderbare Heilerfolge, wenn das wahre Selbst entdeckt wird.

Sonne/Jupiter-Quinkunx. Dieser Aspekt bringt Belastung. Jupiter repräsentiert die Art, wie wir mit der Welt in Beziehung treten, und die Sonne symbolisiert unser inneres Wesen. Die Schwierigkeit besteht darin, daß die Art, wie wir Beziehungen aufnehmen, nicht mit unseren inneren Bedürfnissen übereinstimmt. Ich habe einen Klienten mit Sonne im Krebs mit Quinkunx zu Jupiter im Wassermann. Seine Krebseigenschaften sind stark ausgeprägt. Er ist emotional, intuitiv, besitzergreifend, sensibel, und er braucht viel emotionale Bestätigung. Nach außen gibt er sich unkonventionell; er ist aufgeschlossen, stellt Hergebrachtes in Frage und zeigt sich als jemand, den das Ungewöhnliche interessiert. Diese Haltung spiegelt sich auch in seinen Liebesbeziehungen wider, und eines Tages war er in einer sogenannten »offenen« Beziehung, in der seine Geliebte verlangte, daß sie sich auch mit anderen Partnern in der Öffentlichkeit treffen sollten. Mit dem Jupiter im Wassermann könnte ihm diese Art von Beziehung gefallen, jedoch entspricht sie nicht den Bedürfnissen der Krebs-Sonne. Er trägt die Situation mit Fassung, fühlt sich aber innerlich unwohl. Er zweifelt an sich selbst, weil seine Freundin offensichtlich noch andere Liebhaber braucht.

Wenn die Eigenschaften und Interessen der beiden beteiligten Zeichen im Konflikt miteinander stehen, wird sich ein Mensch mit dieser Konstellation unwohl fühlen. Beide Kräfte müssen zum Ausdruck gebracht und integriert werden. Wenn dieser Krebs-Mann in der Lage ist, die Bedürfnisse seines Sonnenzeichens mit seiner Partnerin durchzusprechen, wenn er ihr klarmachen kann, daß ihm Treue sehr viel bedeutet, dann besteht die Möglichkeit, die Bedürfnisse beider Kräfte zum Ausdruck zu bringen und eine Lösung zu finden. Wenn er es über sich bringen kann, den Leuten zu sagen, daß er sich zwar unkonventionell benehme, jedoch über Beziehungen »altmodische« Ansichten habe und seinen Partner mit niemandem teilen möchte, dann brauchen die Bedürfnisse des Sonnenzeichens nicht unterdrückt zu werden.

Allgemein kann man sagen, daß Spannungsaspekte zwischen Jupiter und Sonne eine Barriere für inneres Wachstum bedeuten. Wenn wir selbst nicht wissen, wer wir sind, wie können wir dann eine Beziehung aufbauen, in der wir uns dem anderen mitteilen? Jupiter und Saturn repräsentieren Kräfte, die es uns ermöglichen, unser Bewußtsein zu erhöhen. Die alten Häuser neun, zehn, elf und zwölf wurden von Jupiter und

Saturn regiert. Sie symbolisieren den unpersönlichen Bereich der Bewußtseinserweiterung. Spannungsaspekte zu Jupiter und Saturn sollten in einem Horoskop als erste berücksichtigt und verstanden werden.

Sonne/Saturn-Aspekte

Eine Verbindung zwischen Sonne und Saturn bedeutet, daß unser inneres Selbst Einschränkungen unterworfen ist. Um mit einem solchen Aspekt persönliches Wachstum zu erreichen, müssen wir das männliche Prinzip in der Natur (Saturn) verstehen. Saturn zeigt den psychologischen Einfluß des Vaters auf das innere Wachstum des Kindes, das durch dieses Prinzip erschwert wird. Saturn bedeutet Einschränkung, Hemmung und die Angst, daß etwas fehlt, ein Gefühl des Mangels. Da der Mensch dazu neigt, einen Mangel auszugleichen, haben wir die Möglichkeit, in diesem Bereich unsere Stärken zu entwickeln.

Sonne/Saturn-Konjunktion. Das Kind hat den Vater als jemanden erlebt, der seine Entwicklung verhinderte. Wenn es in einem positiven Zeichen geboren wurde, wird sich der Einfluß des Vaters noch gravierender auswirken, da das Kind die Einstellung und das Verhalten des Vaters übernehmen und stärker von seinem Einfluß belastet sein wird als das Kind ohne die Saturn-Verbindung.

Menschen mit diesem Aspekt sind selten spontan. Besonders wenn sie Entscheidungen treffen müssen, scheint der Vater in ihnen zu handeln. Sie haben seine Wertvorstellungen so stark verinnerlicht, daß ihr eigenes Sonnenzeichen kaum zum Ausdruck kommt.

Bei einer Sonne/Saturn-Konjunktion in einem weiblichen Zeichen ist der Einfluß des Vaters vermindert, weil die Mutter die Dominante in der Familie war. Der Vater wird dem Kind

Grenzen setzen, und das Kind wird wütend auf ihn sein. Wie sich seine Wut äußert, zeigt das Zeichen, in dem die Konjunktion stattfindet. Bei der Konjunktion in einem weiblichen Zeichen kommt die Einschränkung von einem passiven Vater. Das Kind erlebt, wie es vom »minderwertigen« Elternteil gemaßregelt wird, und reagiert mit Groll und Verachtung. Ein Beispiel wäre die Familie, in der die Mutter hart arbeitet und die Verantwortung für die Familie trägt, weil der Vater Alkoholiker und zudem brutal ist. Das Kind orientiert sich an der Mutter und erlebt den Vater in einer passiven Rolle mit zerstörerischem Verhalten. In dieser Situation muß das Kind eine ablehnende Haltung dem Vater gegenüber entwickeln. Andere Saturn-Einflüsse spielen sich subtiler ab, sie bleiben daher weitgehend unbewußt und sind schwieriger zu behandeln. Meist äußern sie sich in einem mangelnden Selbstwertgefühl – die Astrologie zeigt Wege, wie man ein Gefühl für den eigenen Selbstwert wiederaufbauen kann.

Im Beruf und bei der Karriere wirkt sich die Konjunktion von Sonne und Saturn günstig aus, da sich der Betreffende sehr ernst nimmt. Sein Ernst kann jedoch sein persönliches Leben überschatten, weil er kaum Freude empfindet. Er hat einen satirischen Humor, und es fehlt ihm an Spontaneität. Oft ist seine Gesundheit angeschlagen, da er sich so sehr nach den Normen seines Vaters richtet, daß seine Gefühle nicht zum Ausdruck kommen können und der Körper sich schließlich dagegen auflehnt.

Es ist wichtig, daß man das Sonnenzeichen berücksichtigt, in dem die Konjunktion stattfindet, denn die Entwicklung des Potentials in diesem Zeichen wird eingeschränkt. Ein Mensch mit diesem Aspekt ist in seiner Selbstsicherheit beeinträchtigt; sein Auftreten gegenüber anderen geschieht mit großer Vorsicht, und seine Kreativität scheint ihm nicht von großer Bedeutung. Wenn das Kind seinen Vater nicht gemocht hat, wird es als Erwachsener sich selbst noch weniger mögen. Deshalb ist die Entwicklung seines Selbstwertgefühls von hoher Wichtigkeit.

Ein Mensch mit Sonne/Saturn-Konjunktion im Löwen beispielsweise wird nach außen steif und pompös wirken. Er wird
anderen bestimmte Verhaltensnormen aufzwingen wollen; er
wird sich selbstgerecht geben und alles, was er sieht und hört,
be- und verurteilen. Es ist nicht leicht, ihn zufriedenzustellen,
und er wird mit einer demütig-süßen Pose an allem etwas
auszusetzen haben. Er wird von allen Respekt verlangen und
entrüstet sein, wenn dieser ihm nicht zuteil wird, selbst wenn
er ihn nicht verdient hat. Er wirkt pedantisch, aber überemp-
findlich, und wenn er diesem Aspekt keine positive Richtung
gibt, wird aus ihm ein aufgeblasener Langweiler. Wenn sich
der Betreffende jedoch ernsthaft mit sich selbst auseinandersetzt, kann er diese Energie zum Aufbau einer verantwor-
tungsreichen beruflichen Karriere nutzen, oder er kann ein
Betätigungsfeld wählen, das seinen Idealen entspricht, etwa
im sozialen oder medizinischen Bereich.

Im Gespräch mit dem Berater kommt bei diesem Menschen
die Kehrseite seines Verhaltens zum Vorschein. Es stellt sich
heraus, daß er aufopfernd, selbstverleugnend und sehr selbstkritisch ist. Löwe-Geborene sind Perfektionisten. Sie nehmen
– besonders bei der Sonne/Saturn-Verbindung – ihren Perfektionismus so ernst, daß sie sich deswegen selbst einschränken.
Als Kinder maßen sie dem Verhalten des Vaters große
Gewichtigkeit bei, und als Erwachsene wollen sie sich so verhalten, wie sie es von ihm kennen. Sie überlegen sich jeden
Schritt, den sie machen wollen, genau, denn der Löwe kann
Fehlschläge schlecht verkraften. Sie könnten seine Unvoll-
kommenheit enthüllen und den Verlust von Anerkennung
bedeuten. Mit der Zeit erkennen sie, daß ihr Seelenfrieden
wichtiger ist als die Diktate des Vaters. Zu dieser Erkenntnis
kommt man aber selten, bevor man Mitte Dreißig ist.

Ein Mensch mit Sonne/Saturn-Konjunktion in der Jungfrau ist
weit weniger selbstgerecht als der Löwe. Der Jungfrau-Geborene hat große Schwierigkeiten, Selbstsicherheit zu entwik-
keln. Er meint, er müsse sich durch Vorleistungen förmlich

erniedrigen, bevor er etwas verdient hat. Mit der Sonne/ Saturn-Konjunktion in diesem Zeichen wird eine solche Haltung noch verschärft. Die Kritikfähigkeit der Jungfrau, die sehr nützlich sein kann, wenn es darum geht, »den Weizen von der Spreu« zu trennen, kommt hier dadurch zum Ausdruck, daß der Betreffende damit beschäftigt ist, sich zu verteidigen und andere zu kritisieren. Die Kritik am anderen soll von der eigenen Unzulänglichkeit ablenken und den Mangel am anderen sichtbar machen. Obwohl die Jungfrau-Sonne bedeutet, daß die Mutter der dominante Elternteil war, besagt die Sonne/Saturn-Verbindung, daß sich das Kind mit dem Vater identifiziert. Wenn also die Mutter den stärkeren Einfluß hatte, während der Vater der »Versager« war, und das Kind identifiziert sich mit dem Vater, dann wird dieser Mensch harte »Entwicklungsarbeit« leisten müssen, um ein Selbstvertrauen aufzubauen.

Es spielt keine Rolle, welche günstigen Aspekte diese Konjunktion noch empfängt. Wenn sich der Betreffende nicht mit dem Vatereinfluß während der frühen Kindheit befaßt, kommen diese günstigen Aspekte nicht zum Tragen. Hat der Vater versagt, dann wird es das Kind auch tun. Wenn diese Menschen entdecken, daß sie die Wahl haben, wie sie ihre Energie nutzen wollen, vollzieht sich in ihnen eine unglaubliche Veränderung. Sobald sie ihr Verhaltensmuster erkannt haben (indem sie sich an das Verhalten des Vaters erinnern und sehen, wie sie ihn nachahmen), können sie sich von diesem Zwang lösen, die Konjunktion als Stärke betrachten und einsetzen. Wo immer wir den Saturn antreffen, repräsentiert er einen Teil von uns, den wir mit großer Sorgfalt behandeln sollten. Wir können die Saturn-Kräfte nach der Saturn-Rückkehr (um das 28. Lebensjahr) besser für unsere Entwicklung nutzen.

Sonne/Saturn-Sextil. Dieser Aspekt bedeutet, daß das Kind in seiner Entwicklung ermuntert wurde. Es kommt mit Autoritätspersonen gut zurecht, weil es keine Härte beim Vater erlebt hat. Als Erwachsener wird er sich gut in die Gesellschaft einordnen und sich problemlos in einer konventionellen Umgebung bewegen können. Sextile bedeuten Begabungen. Das Kind wird traditionelle Ausdrucksformen für seine Talente finden. Später wird es sich allmählich öffnen und seinen Horizont erweitern, nachdem es genügend Stabilität und Sicherheit entwickelt hat. Ab fünfzig etwa neigen Menschen mit dieser Aspektierung dazu, ihre Interessen auf spirituelle Themen zu lenken, wenn sie bereit sind, die übergeordneten Gesetze zu erkennen. Diese Entwicklung wird möglich, da der Vater für das Kind ein gesundes Vorbild war.

Sonne/Saturn-Quadrat. Die Atmosphäre, in der das Kind zur Welt kommt, ist geprägt vom Einfluß eines Vaters, der sich selbst nicht mag. Die Sonne repräsentiert das Prinzip »Ich bin« sowie den leiblichen Vater. Der Saturn zeigt, woher die Unterdrückung kommt. Er sagt auch etwas über den psychologischen Einfluß des Vaters auf das Kind aus. Bei dieser Aspektierung kann man den Vatereinfluß noch weiter zurückverfolgen und feststellen, daß der Großvater denselben Einfluß auf seinen Sohn ausgeübt hat.

Der Saturn-Zyklus verläuft in siebenjährigen Rhythmen. In der Bibel finden wir die Zahl Sieben in Verbindung mit vererbter Sünde, Straße und Buße. Man könnte diese Symbolik auch auf die Verhaltensmuster, die sich in einer Familie fortpflanzen, anwenden.

Das Sonne/Saturn-Quadrat kann bedeuten, daß der Vater sein Schicksal beklagt, als das Kind zur Welt kommt; vielleicht lehnt er es ab, Vater zu sein, ist mit seinem Beruf und seinem Lebensstil unzufrieden, oder seine Verantwortung wird ihm zur Last. Das Kind nimmt all die negativen Botschaften auf und verinnerlicht sie; und der Einfluß wird weder dem Kind noch den Eltern bewußt.

Das Verhaltensmuster des Kindes wird durch die Zeichen

bestimmt, die am Quadrat beteiligt sind. Der in einem positiven Zeichen Geborene wird gegen Traditionen, seinen Vater, Männer im allgemeinen und Institutionen jeglicher Art eingestellt sein. Er kann seine Energie zum Guten oder zum Schlechten benutzen. Es liegt am einzelnen, welchen Weg er wählt.

Auf das Kind mit einer dominanten Mutter hat das Sonne/Saturn-Quadrat eine andere Auswirkung. Ein Junge muß ein Selbstwertgefühl aufbauen in einer Umgebung, in der er benachteiligt ist wegen der Betonung des weiblichen Prinzips. Er sieht die Mutter als die Herrin seiner Welt; Männer haben für ihn keinen großen Wert; er mag seinen Vater nicht, und mit der Zeit wird er auch sich selbst nicht mögen. Ein Mädchen wird später Schwierigkeiten in ihren Beziehungen mit Männern haben; sie wird sich mit ihren Gefühlen der Abneigung gegen das Männergeschlecht auseinandersetzen müssen. Dies ist eine Konstellation, die eine Frau lesbisch werden lassen kann; oder sie wird ein Frauentypus, der Männer stark einschränkt. Auf der anderen Seite wird sie dazu neigen, in ihrer Passivität Männer zu wählen, die sie zerstören, denn nichts anderes erwartet sie von ihnen.

In vielen Fällen verläßt der Vater eines Kindes mit dieser Aspektierung seine Familie. Das ist vor allem für Mädchen von Bedeutung, denn sie haben später unbewußt die Erwartung, daß jeder Mann, den sie lieben, sie eines Tages verlassen wird, wie es ihr Vater tat. Wir wissen nicht genau, wie die frühkindliche Umgebung das Denken und Fühlen prägt, wir bekommen aber einen ziemlich guten Einblick, wenn wir unsere Erlebnisse mit dem Horoskop vergleichen. Da wir uns nicht immer an die frühen Geschehnisse erinnern können, kann uns die astrologische Symbolik behilflich sein, die verschütteten Erinnerungen heraufzuholen.

Menschen mit dem Sonne/Saturn-Quadrat tragen in sich einen Groll gegen Autoritätspersonen. Arbeitnehmer mit dieser Konstellation werden von ihren Vorgesetzten nicht besonders geschätzt, denn obwohl sie gute Arbeit leisten, strahlen sie eine ablehnende Haltung aus. Solche Menschen sollten selbständig arbeiten, denn sie eignen sich nicht zur Zusammenarbeit oder für eine untergeordnete Stellung.

Der Aspekt ist nicht nur in der Arbeitswelt, sondern auch in den Schulen für Schüler problematisch, denn Lehrer sind ebenfalls Autoritätspersonen. Der junge Mensch kann seine Saturn-Energie in einen Freund verwandeln. Mit seiner Fähigkeit zur Disziplin kann er die Welt verändern, da er mit Ausdauer und Zähigkeit etwas Begonnenes zu Ende bringt und mit seinem Realitätssinn Brauchbares verwirklichen kann.

Sie haben es schwer, ein Gefühl des persönlichen Selbstwerts zu entwickeln, da sie durch ihren Vater einem psychisch negativen Einfluß ausgesetzt waren. Sie müssen lernen, daß sie das Recht haben, sich Zeit für sich selbst zu nehmen, und ein Gespür für ihre Eigenart bekommen. Wenn das Selbstwertgefühl gering ist, hat der Betreffende Hemmungen, um Hilfe zu bitten. Daher wird es ihm schwerfallen, sich in eine Therapie zu begeben.

Diese Menschen neigen dazu, ihre Probleme auf die Umwelt zu projizieren. Sie glauben, andere seien daran schuld, daß sie keinen Erfolg haben; und oft sind die Argumente, die sie dabei anführen, sehr weit hergeholt. Sie machen ihren Partner verantwortlich, wenn die Beziehung nicht gut ist, und alle Probleme in der Welt werden von anderen verursacht. Sie sind nicht in der Lage, etwas zu einer Beziehung beizutragen, solange sie sich selbst nicht leiden können. Ein Partner mit einer gesunden Einstellung wird sich in der Regel von ihnen trennen. Sie können ihre Lage verbessern, wenn sie den Kern ihres Problems verstehen. Sie müssen lernen, daß sie etwas für sich selbst tun müssen, damit es ihnen bessergeht. Sie werden merken, daß sie auf dem richtigen Weg sind, wenn sie anfangen, sich wohl zu fühlen.

Sonne/Saturn-Trigon. Kinder mit diesem Aspekt werden zu einer Zeit geboren, in der der Vater einen beruhigenden Einfluß auf die Familie hat. Werte wie Zielstrebigkeit und Gründlichkeit werden ihnen vermittelt. Jede Sonne/Saturn-Verbindung bringt eine ernsthafte Note in das Verhalten des einzelnen; es verliert an Leichtsinnigkeit. Die Atmosphäre in der Familie – und besonders die Einstellung des Vaters – stattet das Kind mit der Fähigkeit aus, sich später in der Welt zu bewähren und sich auf positive, bewußte Art zu äußern. Als Erwachsene können sie gut mit Autorität und mit Menschen in führenden Positionen umgehen, sie fühlen sich in traditionellen Einrichtungen zu Hause und sind oft in der Unternehmensführung zu finden. Sie haben die nötige Ausstrahlung, um sich in leitende Positionen hochzuarbeiten, denn sie genießen das Wohlwollen der Mächtigen. Wenn sie Schwierigkeiten haben, rühren diese von anderen Aspekten im Horoskop, jedoch wird das Sonne/Saturn-Trigon immer eine Trumpfkarte für sie bedeuten.

Was die geistig-spirituelle Entwicklung betrifft, so wird sie sich – ähnlich wie beim Sonne/Saturn-Sextil – erst in der zweiten Lebenshälfte vollziehen. Sie wird meist auf einer traditionellen Ebene bleiben, und der Betreffende wird sich entweder für die etablierten westlichen oder die östlichen Religionen interessieren.

Menschen mit diesem Aspekt haben oft ein langes Leben, wenn sie den Weg einschlagen, der nach ihrem Horoskop sinnvoll ist. Die Karma-Astrologie schreibt ihnen die Fähigkeit zu, sich von Vererbtem zu lösen und neue Strukturen und Veränderungen einzuführen. Diese Menschen können auf das kollektive Unbewußte, wie C. G. Jung es beschreibt, einen positiven Einfluß ausüben und dazu beitragen, daß sich die Menschheit auf eine höhere Stufe des Bewußtseins zubewegt.

Sonne/Saturn-Opposition. Dieser Aspekt hat große Ähnlichkeit mit der Konjunktion und dem Quadrat. Der psychische

Einfluß des Vaters ist hier von ebenso großer Bedeutung wie bei den anderen beiden Aspekten. Er kann auch einen Verlust des Vaters bedeuten, sei es emotional oder konkret. Durch die Einstellung des Vaters büßt der Betreffende das Gefühl für die eigene Identität ein, und er ist in noch größerem Maße Einschränkungen seines Selbst unterworfen, als es bei den anderen beiden Aspekten der Fall ist.

Es ist notwendig, daß er im Laufe seines Reifungsprozesses lernt, ohne das Gefühl, unterdrückt zu werden, zu leben. Er sieht die Kräfte, die ihn einengen und gegen die er ankämpft, außerhalb seiner selbst. Er ist sich nicht bewußt, daß sie in Wirklichkeit psychischer Natur sind. Indem er sich mit seiner frühen Kindheit auseinandersetzt und besonders das Verhalten seines Vaters und dessen Auswirkungen auf ihn erforscht, kann er beginnen, sich von den negativen Einflüssen zu befreien und die Energie, die er zum Kämpfen gegen Restriktionen verwendet hat, für seinen Beruf zu nutzen.

Ein Mann mit diesem Aspekt glaubt, daß sich Männer, Autoritätspersonen und Gesetze gegen ihn verschworen haben, um ihn zu Fall zu bringen. Die Frau mit diesem Aspekt hat Schwierigkeiten, sich in dieser »Männerwelt« zu behaupten. Wenn sie den repressiven Einfluß des Vaters nicht erkennt, wird sie Männer als Partner wählen, die sie unterdrücken, da sie dieses Verhalten bei Männern für normal hält. Sowohl der Mann als auch die Frau mit diesem Aspekt haben ein mangelhaftes Selbstwertgefühl. Eine völlig negative Auswirkung dieser Konstellation kann sogar einen Verbrecher hervorbringen. Es spielt keine Rolle, was für eine Art von Gesellschaft es ist, in der er lebt, er ist einfach dagegen. Oder er wird zu dem hoffnungslosen Revolutionär, der um sinnlose Ziele kämpft, nur um seiner Rebellion Ausdruck zu geben. Wenn das Horoskop im übrigen viel Idealismus aufweist, wird die revolutionäre Energie nach innen gerichtet, wobei außerordentliche Spannungen entstehen, die zu chronischen Krankheiten oder einem Zusammenbruch führen können.

Die Unfähigkeit, sich auf eine positive Weise auszudrücken, ist auf die Einstellung des Vaters zu sich selbst zurückzuführen. Wenn der Vater entweder gestorben ist oder die Familie verlassen hat, ist es sehr schwierig, auf den Grund des Problems zu kommen, da das Bild des Vaters mystifiziert wird. Er bleibt als geheimnisvolle, bewundernswerte Figur im Gedächtnis zurück. Falls es dem Betreffenden gelingt, den mystischen Schleier zu lüften und die Persönlichkeit des Vaters realistisch zu betrachten, kann der Einfluß seine magische Kraft verlieren und den Zwang zum Opponieren brechen. Wahrscheinlich war der Vater ein selbstzerstörerischer Mensch, der es darauf angelegt hatte, zu versagen. Ein Kind kann solche Prozesse nicht verstehen, der Erwachsene kann jedoch die an den Vater gebundenen Energien lösen und umleiten.

Der väterliche Archetypus repräsentiert das übergeordnete Gesetz. Die Weigerung, das universelle Gesetz anzuerkennen, führt zum persönlichen Scheitern. Allen Erscheinungen innewohnend ist ein Sinn. Die fernöstlichen Lehrer geben ihren Schülern ihnen zunächst unverständliche Antworten und stellen ihnen unergründlich scheinende Fragen, weil sie wissen, daß das Begreifen des Universums immer auf ganz persönlicher, individueller Ebene stattfindet. Wir müssen unsere eigenen Antworten finden. Menschen mit der Sonne in Opposition zu Saturn möchten ihr eigenes Universum schaffen, bevor sie das bestehende begriffen haben. Ihr Wunsch nach Veränderung wird oft zum Selbstzweck; und ihr Altruismus kann häufig mehr Schaden anrichten als Gutes bewirken, wenn sie in Prozesse eingreifen, deren Sinn sie nicht erfassen. Wenn wir versuchen, eine Welt nach unseren Vorstellungen zu schaffen, kommen wir mit der Natur in Konflikt. Wir sollten unsere Energie lieber dafür einsetzen, die Menschen zunächst zu verstehen, um ihnen dann einen Nutzen bringen zu können.

Wenn der Klient außer der Sonne/Saturn-Opposition noch

Planetenstellungen in Zeichen hat, die die Selbstgerechtigkeit zusätzlich fördern und unterstützen, so kann diese Kombination im Extremfall dazu führen, daß er sich fast gottgleich gebärdet: Er ist der Überzeugung, daß nur er recht haben kann, jeder andere ist im Unrecht. Er ist ein Beispiel dafür, welche ungesunden Auswirkungen der Einfluß des Vaters und seine Unfähigkeit, das Kind zu unterstützen und zu fördern, haben kann. Das Kind baut wegen der Einschränkung seines Ichs einen unbewußten Groll auf, der später in Rebellion ausbricht. Die Lehre, die wir aus dieser Konstellation ziehen können, ist, daß Einschränkungen und Grenzen hilfreich sein können, wenn wir unsere Energie konstruktiv einsetzen. Wir müssen aufhören, blind gegen Autorität anzukämpfen, damit wir erfahren können, daß wir mit ihr und durch sie unsere Ziele erreichen können.

Sonne/Saturn-Quinkunx. In diesem Aspekt ist der Einfluß des Vaters nicht gänzlich negativ, er bedeutet aber für das Kind eine Belastung. Es muß sich entscheiden zwischen den inneren Bedürfnissen und den vorgegebenen Normen. Der Vater mißbilligt das Verhalten des Kindes, jedoch geschieht das auf eine unmerkliche Art, ohne daß Gewalt angewendet wird. Als Erwachsener wird der Betreffende einen Kompromiß finden müssen, der es verhindert, daß die Einschränkungen den Selbstwert beeinträchtigen. Ein Gefühl der Unzulänglichkeit wird subtil, aber stetig der Selbstverwirklichung im Wege stehen. Man kann sich die Eigenschaften der beteiligten Zeichen, Planeten und Häuser zunutze machen, um dieser Energie eine positive Richtung zu geben.

Sonne/Uranus-Aspekte

Sonne/Uranus-Verbindungen kennzeichnen einen Menschen, der auf unkonventionelle Art lebt. Diese Unkonventionalität kann auf ganz verschiedene Weise zutage treten – die Spannbreite reicht von einem »gesunden« Unangepaßtsein bis zur Perversität. Das frühkindliche Umfeld kann man aus den übrigen Konstellationen des Horoskops ersehen.

Uranus ist ein langsam laufender und daher ein Generationsplanet, der bei vielen Tausenden von Menschen im selben Zeichen steht. Wenn zum Beispiel die Sonne in Konjunktion mit dem Uranus kommt, haben viele Menschen, die im selben Monat geboren sind, dieselbe Konstellation. Die Stellung des Uranus wirkt sich auf das Verhalten einer ganzen Generation aus. Er beeinflußt das Denken im spirituellen, religiösen und humanitären Bereich. Er symbolisiert Befreiung, Bewußtseinserweiterung und -veränderung. Menschen mit einer Sonne/Uranus-Verbindung haben eine besondere Beziehung zu den Themen, die der Uranus in dieser Epoche anspricht. Sie können ihre Energie auf sinnvolle Weise nutzen, oder sie leben sie lediglich in persönlicher Exzentrizität aus. Diese Menschen sind wie die Senfkörner, die entweder auf fruchtbaren Boden fallen oder aber niemals Früchte tragen, je nachdem, in welche Umgebung sie kommen. Sie haben die Wahl, welchen Weg sie gehen wollen, auch wenn sich ihre frühkindlichen Erlebnisse ihrer bewußten Kontrolle entziehen. Es ist interessant, Kinder mit Sonne/Uranus-Aspekten zu beobachten, denn sie sind die Vorreiter des New Age. Menschen, deren persönliche Planeten keine Verbindung mit Uranus haben, sind selbst nicht an den neuen Strömungen beteiligt, sondern werden mit dem Strom mitgezogen oder in ihm gefangen.

Sonne/Uranus-Konjunktion. Menschen mit diesem Aspekt sind »Ehrenmitglieder« des Wassermann-Zeichens. Zu den

Eigenschaften des Sonnenzeichens muß man die Eigenschaften des Wassermann-Zeichens hinzunehmen. Diese Menschen haben sich entschieden, im Wassermann-Zeitalter tätig engagiert zu sein, indem sie das Bewußtsein des eigenen Sonnenzeichens entfalten. Während dieses Buch entstand, lief der Uranus durch den Skorpion. Das bedeutet, daß Skorpion-Geborene während dieser Zeit mit ihrer Bewußtseinserweiterung befaßt waren. In der nächsten Generation werden es die Schütze-Geborenen sein, die sich dieses Themas annehmen. Der Planet Pluto folgt im Abstand von einigen Generationen dem Uranus und wird bei seinem Übergang Umwälzungen in das Leben der Menschen mit Sonne/Uranus-Konjunktion (im Skorpion) bringen. Durch die Erschütterungen, die sie erleben werden, haben sie die Möglichkeit, etwas Entscheidendes zu bewirken. Sie tragen in sich den Geist des »neues Erlösers« und somit auch eine große Verantwortung. Die Energie, die durch diese Konstellation ausgelöst wird, zwingt förmlich zum Wachstum, zur Transformation und zur Bewußtmachung.

Das Leben dieser Menschen wird in ungewöhnlichen, unberechenbaren, exzentrischen Bahnen verlaufen auf der Suche nach dem richtigen Weg. Sie werden von ihrem Vater, einem ungewöhnlichen, unkonventionellen Mann, beeinflußt und durch sein Verhalten zum inneren Wachstum angeregt. Als Kinder erleben sie, wie der Vater aus dem gewohnten Gleis ausbricht, und so wiederholt sich dieses Erlebnis auch in ihrem Leben. Karma-Astrologen sagen, daß wir unser Leben selbst auswählen; wir entscheiden uns, die Eigenschaften unseres Sonnenzeichens auf eine höhere Ebene zu bringen.

Jemand mit einer Sonne/Uranus-Konjunktion muß lernen, seiner Energie ein Ziel zu geben, um nicht von ihr beherrscht zu werden. Eines seiner Probleme besteht darin, daß er mit seiner ungewohnten Denkweise von vielen nicht verstanden wird. Seine Eltern haben mit seiner Erziehung Schwierigkeiten, da er als Kind das unangepaßte Verhalten seines Vaters nachahmt und zu einem schwierigen, schwer erziehbaren, sturen und exzentrischen Sprößling wird, der vor allem unabhängig sein möchte. In manchen Fällen wird er vom stärkeren Elternteil gezwungen, sich anzupassen und einzuordnen.

Der Astrologe kann dem Betreffenden helfen, seine Energien auf konstruktive Weise einzusetzen, damit er als Widder, Stier oder Skorpion neue Wege gehen kann, die andere vor ihm noch nicht gegangen sind.

Sonne/Uranus-Sextil. Der Mensch mit diesem Aspekt wächst in unkonventionellen, aber günstigen Familienverhältnissen auf und kann als Erwachsener sehr kreativ und innovativ sein. Er begreift den neuen Zeitgeist, die neue Ethik und Moral sowie die Bedürfnisse der Massen, und er kann mitwirken, Veränderungen auf breiter Basis zu schaffen. Er hat die Möglichkeit, die besten Ideen derjenigen umzusetzen, die mit Sonne/Uranus-Konjunktion geboren sind.

Sonne/Uranus-Quadrat. Da die Sonne das Ich und der Uranus die Verhaltensmuster einer ganzen Generation repräsentiert, ist dieser Aspekt schwierig für den einzelnen. Er hat einen sturen Exzentriker als Vater erlebt, der gern die Pläne anderer vereitelte oder mit einer ablehnenden Haltung der Gesellschaft gegenüberstand. Vielleicht war er ein Widerständler aus politischen oder religiösen Gründen oder auf irgendeine andere Art engagiert, die herrschenden Bedingungen zu verändern. Seine Einstellung kann positiv, aber auch negativ gewesen sein, er erreichte entweder etwas Fruchtbringendes, oder aber er war lediglich störrisch und verschroben. Wahrscheinlich bereitete ihm das Verhalten seines Kindes Schwierigkeiten.

Der Aspekt muß je nach Sonnenzeichen und Geschlecht des Kindes verschieden gedeutet werden. Steht die Sonne in einem positiven Zeichen, so wird aus ihm ein Radikaler. Dies trifft für beide Geschlechter zu. Kommt der Betreffende jedoch aus Verhältnissen, in denen die Mutter dominant ist, wird er die radikale Einstellung des Vaters ablehnen. Der von der Mutter beeinflußte Mann wird es schwer haben, seine eigene Exzentrizität zu akzeptieren. Nimmt er sie aber an, dann auf Kosten seiner Selbstverwirklichung. Die Frau mit der dominanten Mutter lehnt ebenfalls die Einstellung ihres Vaters ab, wird jedoch Männer als Partner wählen, die seine Eigenschaften haben. Aus diesem Grund wird sie ihre eigenen Anlagen nicht entwickeln.

Das Unkonventionelle wird das ganze Leben hindurch Bestandteil der Persönlichkeit bleiben. Ob der einzelne damit produktiv oder unproduktiv umgeht, ist eine individuelle Entscheidung. Wir lernen erst im Laufe unseres Reifungsprozesses durch wiederholte Erfahrungen, wie wir unsere Energien produktiv nutzen können. Wenn eine Frau einen unkonventionellen oder rebellischen Mann heiratet, kann es ihr passieren, daß, wenn sie eine Familie gründen will, ihr Mann die Verantwortung einer Vaterschaft nicht annehmen möchte. Dieser Umstand könnte sie in ihrem eigenen Wachstum einschränken, wenn sie ihre Kinder allein, ohne Hilfe eines anderen erziehen muß.

Sonne/Uranus-Trigon. Mit diesem Aspekt hat der Betreffende eine positive Entwicklung in diesem Leben »gewählt«. Das Kind kommt in ein häusliches Klima, das ihm Möglichkeiten zum Wachstum bereitet. Die Eltern fühlen sich gern als ungewöhnliche Menschen und machen das Kind mit neuen Ideen vertraut. Geht seine Entwicklung in eine glückliche, positive Richtung, so wird es als Erwachsener eine Welt vorfinden, in der seine Ideen angenommen und verwertet werden können. Das Trigon birgt aber gleichzeitig eine Gefahr in sich. Dieser Aspekt kann einen Menschen auch dazu bringen, Opfer einer der problematischen Erscheinungen seiner Generation zu werden, beispielsweise des Drogenmißbrauchs. Wird der einzelne in einer solchen Woge gefangen, so neigt er mit dem Trigon dazu, in diesem Fahrwasser mitzuschwimmen.

Die Originalität und Kreativität dieses Aspekts kann nur zum Vorschein kommen, wenn die Energien wirklich genutzt werden. Im Beruf kann er helfen, alte Strukturen zu modernisieren und Traditionen neue Perspektiven zu eröffnen. Im Privatleben wird er durch seine Originalität und die Fähigkeit, neue Wege aufzuzeigen, seine Mitmenschen fesseln.

Sonne/Uranus-Opposition. Das Verhalten des Vaters dieses Kindes ist zur Zeit seiner Geburt nicht produktiv. Er ist derart unberechenbar, daß das Kind mit einem Gefühl der Unsicherheit über seine eigene Identität aufwächst. Es ist Erlebnissen besonderer Härte ausgesetzt. Vielleicht muß das Kind die harten Bedingungen, unter denen der Vater leidet, ausbaden. Es muß sich darauf einstellen, daß das Leben nicht leicht sein wird. Mit dieser Einstellung wird es Erfahrungen machen, die diesen Eindruck bestätigen.

Ein Mensch mit diesem Aspekt hat Schwierigkeiten in Beziehungen, weil sein Verhalten für andere schwer verständlich ist. Oft fühlt er sich in seiner eigenen Generation nicht zu Hause und gewinnt die Überzeugung, daß er ganz anders ist als die anderen. Unkonventionelle und exzentrische Menschen können interessant, aber auch selbstzerstörerisch sein. Wenn sie ihre Exzentrizität nur als Selbstzweck verfolgen oder um andere vor den Kopf zu stoßen und auf sich aufmerksam zu machen, dann fragen sie sich nicht, ob ihr Verhalten konstruktiv ist. Man kann nicht vorhersehen, wie der einzelne unter diesem Aspekt leben wird, da jeder die Wahl hat als Erwachsener, wie er sein Leben gestalten wird. »Uranier« sind entweder ihrer Zeit voraus, oder sie leben in der Vergangenheit. Es ist schwierig, sie zu charakterisieren.

Das Kind hat kein klares Bild von seinem Vater. Wenn seine Sonne in einem positiven Zeichen steht, wird es unter dem Vater leiden, weil dieser ihm entweder körperlich oder seelisch Gewalt antut. Ist die Mutter dominant, dann ist der Vater noch unberechenbarer, jedoch weniger produktiv, weniger reif und nicht gewillt, seine Verantwortung als Vater anzunehmen.

Dennoch bietet der Aspekt die Möglichkeit zur Transformation. Da das Kind bei seinen Eltern ungewöhnliche Verhaltensmuster erlebte, kann es als Erwachsener ganz neue Denkweisen entwickeln. Diese Menschen machen eine bewußte Entwicklung durch, oft sind sie die Philosophen der modernen Generation, denn Uranus erhöht das Bewußtsein. Sie können diese Stufe jedoch erst erreichen, wenn sie ihren Vaterhaß überwunden haben und aufhören, sich wegen ihrer Kindheit selbst zu bemitleiden.

Ein Stier mit Uranus im Skorpion in Opposition zu seiner Sonne wird beispielsweise die transformativen Eigenschaften des Skorpions mit den Eigenschaften des Stiers verbinden müssen. Diese Opposition vereint selbstbezogene Sinnlichkeit mit dem Drang, sich und andere zu wandeln. Der Betreffende wird eine ungewöhnliche Stier-Persönlichkeit mit einem ausgefallenen Lebensstil und interessanten Ansichten sein. Bevor er sich jedoch geistig entwickeln kann, muß er den Groll gegen seine Familie überwinden.

Sonne/Uranus-Quinkunx. Jemand mit diesem Aspekt muß sich stärker darum bemühen, sich seine Anlagen bewußtzumachen, als jemand mit anderen Uranus-Aspekten. Er wird von den neuen Strömungen nicht direkt ergriffen werden, sie werden aber störend auf ihn einwirken. Er muß die Werte des Zeichens, in dem der Uranus steht, mit den Eigenschaften seines Sonnenzeichens kombinieren. Das Ich muß das uranische Verhalten in seinen Selbstausdruck mit einbeziehen. Dies geschieht wohl am leichtesten im Beruf. Der Betreffende kann viel Zeit vergeuden, wenn er die Spannung zwischen den beteiligten Zeichen nicht stark genug spürt, um zu bemerken, daß er etwas unternehmen muß. Er kann seine Spannungen »aussitzen« – oder sie in produktives Handeln verwandeln.

Sonne/Neptun-Aspekte

Aspekte zwischen diesen beiden Planeten bedeuten, daß das Ich mit Kräften in Berührung kommt, die es inspirieren, aber auch täuschen können. Die Sonne zeigt an, wer wir sind, wohin wir uns entwickeln und welche Anlagen uns zur Verfügung stehen. Neptun repräsentiert die Welt der Träume, Inspirationen und Illusionen. Im Hinduismus wird das Blendwerk, der äußere Schein, durch Maya symbolisiert. Jemand mit einer Sonne/Neptun-Verbindung muß lernen, den Bereich der Inspiration und der Täuschung mit den Eigenschaften des Selbst zu vereinen. Der Aspekt kann entweder sehr kreativ sein oder den Betreffenden in eine Traumwelt versetzen.

Sonne/Neptun-Konjunktion. Dies ist ein bedeutender Aspekt. Menschen mit dieser Konstellation haben ein vergeistigtes Vaterbild verinnerlicht. Sie haben für dieses Leben eine spirituelle Entwicklung gewählt, wessen sie sich jedoch nur unter Schwierigkeiten bewußt werden.

Diese Menschen scheinen bereits als Kinder Einsichten zu besitzen, die von der Familie nicht geschätzt werden. Diese Einsichten stammen zum Teil vom Vaterbild, obwohl das Bild unscharf und verzerrt ist und die Erinnerungen an den Vater im Erwachsenenalter fast völlig verschwimmen. Da dieses Bild nur intuitiv und nicht bewußt wahrnehmbar ist, sind sie von Selbstzweifeln befallen. Ihr Selbstbild wird durch die Neptun-Verbindung stark von der Phantasie beeinflußt. Bei diesen Kindern ist ein hohes Potential an Intuition und Kreativität vorhanden; sie sehen und hören Dinge, die andere nicht wahrnehmen, und verbreiten dadurch in ihren Familien ein Gefühl des Unbehagens. Ähnlich wie beim Fische-Geborenen sind ihre intuitiven Fähigkeiten sehr stark ausgeprägt. Sie leben in zwei verschiedenen Welten, der konkreten Welt von Eltern, Familie und Schule und der Welt der Phantasie und Illusion.

Wenn sie in ihrer Kindheit die richtige Unterstützung bekommen, können sie äußerst schöpferische Menschen werden und sich zur Kunst im allgemeinen, zu Tanz und Musik im besonderen hingezogen fühlen. Wenn ihre frühe Entwicklung ungünstig verläuft, haben sie oft keinen Bezug zur Realität und bekommen das Gefühl, ihr Leben sei eine Lüge. Je nachdem, wie das übrige Horoskop aussieht, schlagen sich diese Menschen auf irgendeine Weise bis zum Erwachsenenalter durch, um oft auf Umwegen doch noch zu einem kreativen Ausdruck zu kommen. Sie haben Schwierigkeiten mit unserer Auffassung von Realität. Manchmal flüchten sie sich aus der harten Wirklichkeit mit Hilfe von Drogen und Phantasien.

Ich habe beobachtet, daß Menschen mit Sonne/Neptun- oder Aszendent/Neptun-Konjunktion häufig den Eindruck machen, als seien sie dumm. Bei der Arbeit werden sie von den Kollegen wegen ihres »seltsamen« Verhaltens nicht ganz ernst genommen. Frauen, die sich dieses Aspekts bewußt sind, können das aber auch nutzen: Sie erreichen manches Ziel, weil sie unterschätzt werden. Sie scheinen ihrer Umwelt nicht bedrohlich, vorausgesetzt, der Merkur ist nicht an der Konjunktion beteiligt. Menschen, die besser durchschaubar oder »klüger« sind, haben mit größeren Schwierigkeiten beim Emporklettern in der Firmenhierarchie zu kämpfen als jemand mit einem Neptun-Aspekt.

Jemand mit Sonne/Neptun-Konjunktion benötigt Stabilität, denn sie fehlt ihm. Es fällt ihm zu leicht, in Bereiche der Phantasie, der Täuschung und Illusion oder kreativen Imagination abzuwandern. Wenn sich die Gedankenwelt zu weit vom Ich entfernt – und besonders wenn die Sonne hauptsächlich Spannungsaspekte empfängt –, kann der Betreffende eine Neigung zum Suizid entwickeln, die bei schwierigen Übergängen über die Sonne auftritt. Er spielt mit dem Gedanken, sich umzubringen, wenn er sich selbst bemitleidet. Wenn wir es jedoch satt haben, uns selbst zu bemitleiden, beginnen wir uns zu fragen, warum wir auf der Welt sind, gehen weiter und fragen nach dem Sinn des Lebens und des Universums. Indem wir das Leben und seine Zyklen in der Natur beobachten, bringen wir auch unser eigenes Leben mit diesen Mustern in Verbindung. So kann das Leben sehr aufregend werden. Dazu gehört auch eine bewußte Auseinandersetzung mit dem Tod. Wir nähern uns dem Tode bereits im Augenblick unserer Geburt. Vielleicht wird es uns möglich sein, im Wassermann-Zeitalter die Erkenntnis wiederzugewinnen, daß der Tod ein natürliches Ereignis ist, vor dem wir uns nicht zu fürchten brauchen.

Menschen mit dieser Konjunktion, aber auch mit dem Quadrat und der Opposition, werden ganz verschiedene Wege der Erkenntnis gehen. Es kann eine aufregende Reise sein. Die Hindernisse auf dem Weg werden oft von einem Mißverständnis über die Rolle des Vaters verursacht. Vielleicht war er ebenfalls auf der Suche nach etwas, das er nicht fand. Auch er war auf der Suche nach sich selbst, auf seine Art. Wenn er sich selbst verleugnete oder das Suchen aufgab, wenn er die Familie verließ oder starb, als der Betreffende noch sehr jung war, dann wird dieser große Schwierigkeiten haben, die Wahrheit über das Wesen des Vaters zu ergründen. Weiß er jedoch, daß der Vater ein Suchender war, kann er mehr Klarheit gewinnen und die Fragen und Selbstzweifel besser angehen. Nahe Verwandte außerhalb des engsten Familienkreises können dabei oft hilfreiche Informationen geben.

Sonne/Neptun-Sextil. Ein Mensch mit diesem Aspekt wurde in seiner Kindheit vom Vater ermuntert, seine kreative und geistige Begabung zum Ausdruck zu bringen. Aber die Förderung war sehr subtil, und die Begabung bedarf einer weiteren besonderen Entwicklung und Pflege über die Zeit der Kindheit hinaus. Klienten mit Sonne/Neptun-Sextil neigen nämlich beispielsweise dazu, die spirituellen Bewegungen in der Welt nur aus der Ferne zu beobachten – oder aber sich einer Religion nach der anderen anzuschließen.

Dieser Aspekt wird oft erst ab dem dreißigsten Lebensjahr ausgeschöpft und auf positive Art genutzt. Neptun-Verbindungen bedeuten Intuition und Kreativität. Wer sie nutzt, kann in jedem Bereich kreativ tätig sein.

Sonne/Neptun-Quadrat. Hier wird das Kind in eine Atmosphäre hineingeboren, die eine spirituelle Entwicklung *erfordert*. Der Vater will sich spirituell entwickeln, er ist auf der Suche nach sich selbst, aber er scheint in seinen Bemühungen keinen Erfolg zu haben, es kommt bei ihm zu keinem spirituellen Wachstum. Vielleicht ist sein religiöses Interesse widernatürlich, oder er arbeitet mit messianischem Eifer *gegen* Religionen, was ihn an seiner seelischen Entwicklung hindert.

Der Vater könnte zum Beispiel einer jener strengen Gläubigen sein, die im Namen Gottes das Lachen, das Lieben und das Mitgefühl verlernt haben. Viele Menschen meinen, ihre Religiosität erlaube keine Vergnügungen und Gott sei zornig und fordernd. Es gibt viele Arten von Gottesbewußtsein. In den Weltreligionen wird Gott jedoch als der Schöpfer angesehen, als eine Instanz, die dem Universum Ordnung und Sinn verleiht. Jemand mit einem Sonne/Neptun-Quadrat muß sich in diesem Leben mit der Gottesfrage auseinandersetzen. War der Vater ein Religionsfanatiker, dann wird der Betreffende alles, was mit Religion zusammenhängt, als verrückt betrachten. War er Atheist, dann hat der Betreffende ein distanziertes Verhältnis zur Religion; möglicherweise hat die Einstellung des Vaters den Zugang dazu völlig versperrt.

Menschen mit diesem Aspekt wird oft ein Vaterbild suggeriert, das nicht ganz der Wahrheit entspricht. Wenn sich die Eltern beispielsweise scheiden ließen und im Unfrieden auseinandergingen, wird die Mutter den Kindern erzählen, daß sie sich von ihrem Mann getrennt hat, weil er ein unfähiger Mensch gewesen sei. In Wirklichkeit hat sie ihn vielleicht wegen ihrer eigenen unangenehmen Charaktereigenschaften vertrieben. Wenn in einem Horoskop ein Sonne/Neptun-

Aspekt vorhanden ist, muß man die Berichte der Mutter über den Vater mit Vorsicht angehen. Er war besser oder auch schlechter, als sie ihn beschreibt. Es ist möglich, daß sie ihn gar nicht verstand, da er sich in einer ganz anderen Welt befand als sie.

Die Eltern können mehr, als ihnen bewußt ist, die Vorstellung von Wirklichkeit ihres Kindes verwirren. Ein Neptun-Kind ist wissend und intuitiv. Wenn es Fragen stellt, wird es den Antworten der Eltern Glauben schenken und eher an sich selbst zweifeln. Es weiß, was es wahrgenommen hat, aber die Mutter behauptet das Gegenteil! Dieser Umstand beeinträchtigt später seine Fähigkeit, Entscheidungen zu treffen, seine Vorstellung von Wirklichkeit und sogar seine inneren Überzeugungen. Wenn sich ein Kind über die Wirklichkeit nicht im klaren ist, wird es als Erwachsener an sich selbst zweifeln. Dadurch kann es leichter zum Opfer von Menschen werden, die ihm eine neue Spiritualität vorgaukeln, und es wird alle möglichen religiösen Bewegungen unterstützen.

Da Menschen mit Sonne/Neptun-Quadrat oft in einer anderen Wirklichkeit leben, fehlt ihnen Perspektive. Ihre Ziele sind häufig verschwommen, weil sie das Wesen ihrer Persönlichkeit nicht verstehen. Die Sonne repräsentiert unser innerstes Wesen; sie ist der Funke, der unserem Körper das Leben spendet, und es ist unser innerstes Wesen, das unseren Körper beim Tode verläßt. Man kann die Sonne somit als das Fundament unserer Persönlichkeit betrachten, als den Felsen, auf den wir bauen. Wenn sie nun durch einen Spannungsaspekt von Neptun verletzt wird, dann hat dies zur Folge, daß wir unserer fundamentalen Wesensstruktur blind gegenüberstehen. Man kann diesen Aspekt aufarbeiten, indem man sich bewußt wird, daß viele Erinnerungen, die das Unterbewußtsein beherrschen, von anderen suggeriert wurden. Es ist notwendig, daß sich der Betreffende ein Selbstbild auf bewußter Ebene schafft. Wenn er das erreicht, kann er auf konstruktive, schöpferische Weise leben.

Sonne/Neptun-Trigon. Menschen mit diesem Aspekt können ihre spirituellen Erkenntnisse positiv nutzen, da die geistige Entwicklung ihres Vaters ihnen diesen Vorteil bescherte. Das Kind wird in eine Atmosphäre hineingeboren, in der sein Vater ein Ziel des persönlichen spirituellen Wachstums verfolgt, auch wenn das Kind das nicht bewußt wahrnimmt.

Der Weg oder die Wahl des Vaters muß nicht der Weg des Kindes sein, denn das Kind muß den Weg seines eigenen Sonnenzeichens gehen. Wenn der Betreffende das erkannt hat, kann er seine schöpferische Begabung auf seine Weise nutzen. Sollte seine Kreativität jedoch nicht zum Vorschein kommen, muß man sehen, welche Aspekte im Horoskop diese Entwicklung blockieren.

Begabung sei ein Geschenk aus einer früheren Inkarnation, sagen die Karma-Astrologen, die in diesem Leben zum Ausdruck kommen soll. Das Problem, das beim Trigon manchmal entsteht, hängt mit der Notwendigkeit zusammen, daß man sowohl den Geist als auch den Körper in seine Entwicklung einbezieht. Vernachlässigt man den Körper, so bleibt auch die geistige Entwicklung begrenzt. Der Körper ist der Tempel der Seele. Alle menschlichen Regungen sollten im Einklang mit der geistigen Entwicklung stehen, wenn das gesamte schöpferische Energiepotential genutzt werden soll. Der Körper schafft ein Gleichgewicht; er fördert die geistige Entwicklung durch konkrete Erfahrungen.

Der Vater bietet dem Kind durch seine Einstellung ein Verhaltensmuster an, das hilfreich sein kann. Dieses Muster kann der Weg zur Selbstverwirklichung sein, wenn das Kind im Laufe seiner späteren Entwicklung nicht in den Träumen seiner Generation versinkt. Das Verhaltensmuster des Vaters braucht nicht imitiert zu werden, sondern kann als Grundlage für den eigenen Selbstausdruck dienen.

Sonne/Neptun-Opposition. Dieser Aspekt wirkt ähnlich wie das Quadrat und die Konjunktion, es ist jedoch noch ein

Gefühl des Verlustes und ein Bedürfnis nach Kompromissen dabei. Der Vater ist mit seinen eigenen geistig-spirituellen Interessen so beschäftigt, daß er das Kind nicht wahrnimmt. Das Kind versteht nicht, warum der Vater so weit entfernt ist. Wenn es den Eltern Fragen stellt, bekommt es keine wahrheitsgetreuen Antworten. Die Opposition zwischen Sonne und Neptun bedeutet, daß der Vater entweder in ein romantisches Licht gesetzt oder verunglimpft wird. Das Kind ist verwirrt, es bekommt kein klares Bild vom Vater und folglich auch nicht von sich selbst. Die Welt der Phantasie, der Kreativität und der Illusion bereitet diesem Kind viel Freude. Es kann seiner Neigung, sich in einer Traumwelt zu verlieren, kaum widerstehen. Sein Gespür für die konkrete Wirklichkeit ist auf irgendeine Art gestört, und es hat das Gefühl, nicht »wahrhaft« zu existieren. Es ist außerordentlich intuitiv und medial veranlagt und wird von anderen schlecht verstanden.

Da diese Menschen nicht wissen, was von ihnen erwartet wird und wie sie sich in der Gesellschaft verhalten sollen, haben sie Schwierigkeiten in Liebesbeziehungen. Sie wollen durch Gedankenübertragung anstatt verbal kommunizieren. Ihre Erwartungen dem Partner gegenüber sind unrealistisch und voller Phantasien. Dieses Verhalten läßt Beziehungen vielfach erst gar nicht zustande kommen, da der Betreffende von zu vielen Menschen zu oft enttäuscht wird. Er hat eine problematische Einstellung zu seinem Körper und wird daher Schwierigkeiten haben mit der körperlich-sinnlichen Liebe, denn für ihn ist die Liebe ein spirituelles Erlebnis.

Viele dieser Schwierigkeiten können auf die Einstellung des Vaters zurückgeführt werden. Als das Kind noch klein war, lebte dieser zurückgezogen in seiner eigenen Welt. Ist das Kind ein Junge, wird er wie sein Vater werden. Ist es ein Mädchen, dann wird es sich später wünschen, daß alle Männer wie ihr Vater wären. Beide sind überrascht, wenn sie erfahren, daß andere Menschen sich nicht wie ihr Vater verhalten. Verstehen sie ihr Energiepotential, können sie äußerst schöp-

ferisch werden. Sie fühlen sich wie »im siebten Himmel«
– ähnlich wie beim Quadrat oder bei der Konjunktion –, wenn
sie eine Richtung für ihre schöpferischen Fähigkeiten gefunden haben. Sie lieben ihre Arbeit; sie sind voller Ideen,
Enthusiasmus und Freude.

Sonne/Neptun-Quinkunx. Dieser Aspekt macht sich weniger
als Selbstzweifel bemerkbar, sondern als ein innerer Kampf
zwischen den Bedürfnissen des Selbst und den schöpferischen
Impulsen, die in eine andere Richtung gehen wollen. Das
Ergebnis sind unproduktive Tagträume. Der Betreffende muß
lernen, die Bedürfnisse des Sonnenzeichens mit den kreativen
Impulsen in Einklang zu bringen, was am besten im Beruf
möglich ist.

Sonne/Pluto-Aspekte

Wenn diese beiden Planeten zusammentreffen, stehen zwei
verschiedene Persönlichkeitsanteile in Wechselwirkung zueinander. Die Sonne repräsentiert das Prinzip »Ich bin«; Pluto ist
ein Generationsplanet, der gleichzeitig auf ganze Menschenmassen einwirkt, wenn er einen Aspekt bildet. C. G. Jung
sprach vom kollektiven Unbewußten und dem Wachsen des
menschlichen Bewußtseins. Pluto ist der Planet der Wandlung. Er wurde zum Regenten des Skorpions bestimmt, dem
Zeichen der Transformation und Wiedergeburt. Wenn Sonne
und Pluto miteinander in Beziehung stehen, bedeutet das
Wandlung und Wachstum der Persönlichkeit; ähnlich wie bei
Uranus, jedoch aus einer anderen Perspektive. Pluto bedeutet
Zwang sowie die Fähigkeit, zu beherrschen, zu manipulieren
und zu wandeln. Solange wir unser Leben nicht verändern,
sondern an altem Denken festhalten, versuchen wir, unsere
Umgebung zu verändern, indem wir sie beherrschen und kon-
trollieren. Wir glauben, daß wir durch die Kontrolle vermei-

den können, uns selbst zu verändern. Der Haken bei Pluto ist jedoch, daß wir uns verändern *müssen*. Wenn Pluto wirkt, haben wir das Gefühl, entwurzelt und überwältigt zu werden von einer Kraft, die größer und stärker ist als wir selbst. Wir müssen zuerst Vertrauen in das Universum entwickeln, bevor wir loslassen können, und wenn wir unsere Zwänge und die Kontrolle losgelassen haben, kann unsere Wiedergeburt beginnen.

Sonne/Pluto-Konjunktion. Dies ist ein kreativer Aspekt, denn er bringt das Individuum mit dem kollektiven Unbewußten in Berührung und kann den Betreffenden zu seiner schöpferischen Begabung führen, wenn die Energie richtig gelenkt wird.

Der Vater spielt eine wichtige Rolle in der Entwicklung des Kindes. Wie groß dieser Einfluß ist, hängt davon ab, ob der Betreffende in einem positiven oder negativen Zeichen geboren ist. Steht die Sonne in einem positiven Zeichen, so war der Vater übermächtig, und das Kind wurde von ihm kontrolliert und manipuliert. Dieses Kind wird seinen Vater als Erwachsener zwangsläufig nachahmen, da es sein Verhalten als »normal« betrachtet.

Jemand mit Sonne/Pluto-Konjunktion meint, er müsse seine Umgebung völlig unter Kontrolle haben. Mit dieser Einstellung knüpft er Beziehungen, ohne sich bewußt zu sein, was er tut. Seine Mitmenschen lassen es sich nicht gerne gefallen, kontrolliert und manipuliert zu werden, und sie ziehen sich von ihm zurück. Wenn im Laufe der Zeit eine Beziehung nach der anderen in die Brüche geht, wird er noch unruhiger und kontrollbesessener, bis er schließlich nur noch von Menschen umgeben ist, die zu schwach sind, sich seiner Manipulation zu entziehen. Er braucht den Umgang mit starken Menschen, um im Gleichgewicht zu bleiben, denn er fühlt sich unwohl, wenn er an einen Schwächling gebunden ist.

Wenn die Sonne in einem negativen Zeichen steht und die Familie von der Mutter beherrscht wurde, dann hat das Kind große Machtkämpfe zwischen den Eltern erlebt. Es wächst auf mit der Ansicht, daß es keine andere Form des Umgangs zwischen Menschen gibt. Der Kampf zwischen Mutter und Vater ist ein Kampf zwischen dem Stärkeren und dem Schwächeren. Da das Kind nicht erkennen kann, welcher von den beiden gewinnt, weiß es auch nicht, welche Rolle ihm selbst zukommt. Als Erwachsener wird er in seinen Beziehungen ebenfalls versuchen, die Oberhand zu gewinnen, und zwar mit allen Mitteln, die ihm zur Verfügung stehen. Er wird an einem Tag stark sein und sich am nächsten völlig neurotisch gebaren, wenn diese Taktik für den Sieg erforderlich sein sollte.

Wir müssen vorsichtig sein mit dem Begriff »Macht« und wenn wir jemanden als mächtig bezeichnen. Der Starke kann auf den Schwachen Macht ausüben; andererseits gibt es die Tyrannei des Schwächeren, der den physisch oder geistig Stärkeren zu manipulieren versucht. Jemand, der eine Krankheit vortäuscht, um die Familie zu beherrschen, ist genauso mächtig wie derjenige, der mit der Faust droht.

Menschen mit der Sonne in Konjunktion mit Pluto wollen unter keinen Umständen die Kontrolle aus der Hand geben. Sie überrumpeln den anderen auf jede erdenkliche Art. Man kann es ihnen nicht wirklich übelnehmen, denn dieses Verhalten haben sie in ihrer Kindheit gelernt. Sie erdrücken den anderen mit Liebe, Fürsorge, Anteilnahme, mit Schuldgefühlen oder Problemen und deren Lösungen, mit allen möglichen Methoden, die man sich nur vorstellen kann – die Menschen in seiner Nähe haben kaum noch Raum zum Atmen. Die Pluto-Energie treibt den anderen in die Defensive, weil er das Gefühl hat, daß man in seinen intimsten Bereich eindringt.

Diese Konjunktion hat viel Energie, deren sich der Betreffende erst bewußt werden muß. Manche Menschen werden selbstgerecht, andere wissen auf alle Fragen eine Antwort, manche haben zwanghafte Verhaltensweisen. Sie sind sich ihrer Zwänge nicht bewußt; sie können von einer Idee oder Person besessen sein oder sich wie ein Vampir an ein Opfer hängen und es »aussaugen«, um von ihm seine Energie zu beziehen. Oft wissen sie nicht, was sie tun oder sagen, das unbewußte Bedürfnis zu beherrschen bricht aus ihnen heraus. Wenn ihre Energie in richtige Bahnen gelenkt wird, können sie große Wandlungen vollbringen und zu mächtigen Helfern in der Welt werden.

Sonne/Pluto-Sextil. Dieser Aspekt ist angenehm. Statt daß die Sonne vom mächtigen Pluto überwältigt wird, kann dieser Mensch die Pluto-Energie zum Aufbau von gesellschaftlichen Gruppierungen und für Ziele anwenden, die für die Allgemeinheit von Nutzen sind. Diese Begabung braucht jedoch ständige Übung, um konstruktiv verwertet werden zu können. Die Eltern dieses Kindes haben es eine kooperative Einstellung gelehrt. Sie waren wahrscheinlich politisch engagiert und interessierten sich für das Wohlergehen der Gemeinde, der Nation und der Welt.

Sonne/Pluto-Quadrat. Dieser Aspekt bedeutet, daß der Vater sich nicht für das Bewußtsein seiner Mitmenschen interessierte. Die Macht des kollektiven Unbewußten spielt im Leben des Kindes eine wichtige Rolle. Es muß sich in seinem Leben mit der sozialen und geistigen Entwicklung der Menschheit auseinandersetzen und versuchen, sie zu verstehen und seine Erfahrungen in sein Inneres zu integrieren. Sein Vater stand den Mitmenschen ablehnend gegenüber und hinterließ bei seinem Kind den Eindruck, diese Einstellung sei »normal«. Daher wird sich das Kind bereits in der Schule von seinen Altersgenossen ferngehalten haben. Auch wenn es in einer Gruppe Aufnahme fand, hatte es nicht das Gefühl dazuzugehören; wahrscheinlich mied es den Kontakt mit ihnen aber gänzlich. Es fühlte sich unter vielen Menschen unwohl, weil es den Verlust der Kontrolle fürchtete.

Dieser Aspekt veranlaßt einen Menschen, seine Umwelt immer unter Kontrolle bringen zu wollen. In Beziehungen möchte er Herr über die Geschehnisse sein. Er kann jemanden, den er liebt, damit quälen. Damit eine Wandlung möglich ist, muß er diese zwanghafte Kontrolle aufgeben und sich den Gesetzen des Universums unterordnen. Er muß aus seinem Inneren heraus erkennen, wo er steht, anstatt seine Lebensentscheidungen nach den Reaktionen anderer zu richten. Wenn wir andere dazu zwingen, für uns Entscheidungen zu treffen, sind wir ohnehin unzufrieden damit. Die Spiele, die wir spielen, um andere zu beherrschen, bringen uns keine wahre innere Sicherheit, weil wir wissen, daß wir unredlich waren.

Sonne/Pluto-Trigon. Dieser Aspekt eröffnet zwei Möglichkeiten: Entweder der Betreffende läßt sich von den angenehmen Dingen im Leben mittreiben und genießt die Annehmlichkeiten der modernen Kultur, oder er nutzt seine Energie und Begabung in Zusammenarbeit mit traditionellen Unternehmen, die sich Aufgaben zum Wohle der Menschheit gewidmet haben. In beiden Fällen kann der Betreffende die Energien seines Sonnenzeichens konstruktiv verwerten, solange er sich mit einem Gruppenziel verbündet. Er kann besonders erfolgreich im Gebiet der Medien werden, da ihn diese Arbeit erfüllt und er dafür begabt ist.
Dieses Kind ist in einer Familie aufgewachsen, in der die Eltern ihm etwas beigebracht haben, da die Eltern-Kind-Beziehung gut war. Der Vater ist ein Mensch mit einer kooperativen Einstellung, der dem Kind ein Vorbild einer Autoritätsperson bietet, die freundlich mit anderen Autoritätspersonen umgeht. Wenn der Vater von der Arbeit kommt, präsentiert er kein negatives Bild seiner Arbeitswelt; er fühlt sich nicht isoliert als Vater, und daher fühlt sich auch das Kind sicher. Andere Aspekte können die positive Wirkung beeinträchtigen und müssen durchgearbeitet werden, um die Blokkierung zu beseitigen.

Sonne/Pluto-Opposition. Dieses Kind hat die Möglichkeit, in seinem Leben tiefgreifende Wandlungsprozesse durchzumachen, wenn die Lebensumstände in diese Richtung weisen.

Der Betreffende besitzt viel psychische Energie, die er aus dem kollektiven Unbewußten schöpft. Er wird sich automatisch mit dem Okkulten oder mit dem Erforschen der Seelentiefen befassen. Wenn er als Kind nicht mit seiner Fähigkeit zur Wandlung bekannt gemacht wurde, wird sich die Kehrseite Plutos – auf unbewußter Ebene – äußern: Er wird den Drang verspüren, alles in seiner Umgebung unter völliger Kontrolle zu halten.

Das Kind wird in ein äußerst manipulatives Klima hineingeboren. Wenn die Sonne in einem Feuer- oder Luftzeichen steht, übt der Vater einen übermächtigen Einfluß auf das Kind aus. Das Machtspiel, das am schwierigsten für ein Kind zu verstehen ist, ist die psychologische Manipulation. Wenn man ein Kind körperlich mißhandelt, wird es sich später sehr wohl daran erinnern. Plutonische Machtspiele haben manchmal jedoch den Charakter von geistiger Nötigung, wobei das Kind in die Kämpfe der Eltern verwickelt wird.

Wenn das Kind in einem Erd- oder Wasserzeichen geboren wurde, übt der Vater passiv Kontrolle aus, denn die Mutter ist die Beherrschende in der Ehe. Dies nimmt der Vater ihr übel und benutzt seine eigenen Methoden, seine Umgebung zu beherrschen. Er tut dies vielleicht unter dem Deckmantel der Liebe, denn damit werden viele Sünden verschleiert. Man hört dann Sätze wie: »Ich habe es doch nur aus Liebe zu dir getan und weil ich nur dein Bestes will!« Dem Kind wird ständig »das Beste« zuteil und kann die Wirklichkeit, die sich darunter verbirgt, nicht sehen.

Erwachsene mit diesem Aspekt werden versuchen, ihre Umgebung zu beherrschen, sei es durch »Liebe«, Haß oder Schrecken. Sie laugen den anderen aus, denn sie sind tückisch in ihrem Vorgehen. Sie beklagen sich, daß ihre Freunde und die ihnen nahestehenden geliebten Menschen keinen Unternehmungsgeist hätten, und sie haben recht, denn deren Kraft, Talente und Hoffnungen sind erschöpft, ausgesaugt. Der Pluto-Typus muß seine Umgebung beherrschen, er will dabei sogar die Natur übertrumpfen. Er ist unbewußt von der Vorstellung getrieben, daß er der Herr sein muß – er kann weder mit anderen teilen noch spontan sein. Er empfindet das als normales Verhalten, weil er es aus seiner Kindheit kennt. Seine Zwanghaftigkeit wirkt sich in Beziehungen so aus, daß er kleine Spielchen spielt, um zu prüfen, ob er noch das Kommando hat.

Wenn die Energie dieses Aspekts jedoch in konstruktive Bahnen gelenkt wird, kann der Betreffende Großes erreichen. Sie gibt uns die Möglichkeit, mit Gruppen zusammenzuarbeiten, die sich dem Dienst an der Allgemeinheit widmen – politisch oder in der Sozialarbeit –, humanitäre Bestrebungen werden von den Pluto- und Uranus-Kräften im Horoskop repräsentiert. Da Pluto den Skorpion regiert und Skorpion die Wandlungsfähigkeit symbolisiert, kann die Sonne/Pluto-Opposition eine intensive Wandlung der Persönlichkeit bewirken. Auf der persönlichen Ebene ist das Schwierigste, was der Pluto-Typus lernen muß, das Gelöstsein. Es ist notwendig, um die schöpferische Energie durch ihn fließen und zum Ausdruck kommen zu lassen. Meine Klienten bestätigen mir, daß dies am schwersten für sie ist.

Bevor sich die Energie befreien kann, um produktiv arbeiten zu können, muß sich der Betreffende vom Einfluß der Eltern lösen. Pluto-Aspekte bedeuten, daß der Kampf sehr hart sein wird und gleichzeitig bewußt und unbewußt gekämpft werden muß. Es kann eine aufregende Erfahrung sein.

Sonne/Pluto-Quinkunx. Dieser Aspekt bedeutet eine Belastung, denn die Werte der gesamten Generation, die Werte der »Massen«, stehen in Konflikt mit dem Wertsystem des Vaters, den angeborenen, persönlichen Werten. Wie soll sich ein Kind während der Entwicklung seines Egos verhalten, wenn der Vater mit dem Zeitgeist nicht einverstanden ist? Diese Kinder werden in Familien hineingeboren, in denen von den »guten alten Zeiten« die Rede ist. Sie reagieren mit einer angegriffenen Gesundheit, bis sie selbst entscheiden können, welchen Weg sie gehen wollen.

2. Mond-Aspekte

Der Mond zeigt unsere gefühlsmäßigen Reaktionen, wie wir auf unsere Erfahrungen in der Umwelt reagieren, wie uns die Emotionen anderer beeinflussen und wie wir uns gegenüber Liebe, Poesie oder Politik verhalten. Er repräsentiert auch unsere leibliche Mutter. Das Zeichen, in dem der Mond steht, und die Aspekte, die er bildet, zeigen an, wie sich unsere Mutter zur Zeit unserer Geburt fühlte und welche Energien sie während des frühen Entwicklungsstadiums auf uns übertrug. Bei der Frau wirkt sich die Einstellung der Mutter prägend auf ihr Selbstbild als Frau, ihre Weiblichkeit und ihre Vorstellung von Mutterschaft aus. Der Mann verinnerlicht ein Frauenbild, das bestimmt, welche Gefühle und Verhaltensweisen er von Frauen erwarten wird. Der Mond charakterisiert unsere Gefühlswelt. Viele Astrologen sagen, daß der Mond das Unbewußte repräsentiert, er scheint jedoch eher die Gefühle und die Intuition des Individuums zu charakterisieren. Der Gefühls- und Intuitionsbereich wird oft dem Unbewußten zugeordnet, er ist jedoch Teil des Bewußtseins der Persönlichkeit. Das Bewußtsein wird mit dem Intellekt in Verbindung gebracht, mit den rationalen Denkprozessen, symbolisiert durch Sonne und Merkur. Die Mond-Energie ist subjektiv und irrational, vom Gefühl bestimmt, jedoch ebenso wichtig für die Entwicklung einer ausgeglichenen Persönlichkeit.

Die Beziehung zwischen Sonne und Mond im Horoskop ist sehr wichtig, denn sie zeigt an, wie wir mit uns selbst zurechtkommen. Die Sonne repräsentiert den leiblichen Vater und wie er sich fühlt zur Zeit unserer Geburt, und der Mond repräsentiert die leibliche Mutter und ihr Befinden. Die Stellung dieser zwei Planeten zeigt, wie wir in unserer Entwicklung vom männlichen und vom weiblichen Prinzip beeinflußt wurden (vgl. Teil I, Kap. 3). Die Sonne symbolisiert auch

unser inneres Wesen, unsere Vitalität, den Geist. Der Mond
ist die physische Manifestation, die den Geist in sich birgt,
aber auch die Fähigkeit, auf die innere und äußere Welt
emotional zu reagieren. Die Wechselbeziehung des Sonne-
und des Mond-Prinzips stellt ein Grundmuster unseres persönlichen Verhaltens dar; sie zeigt das Bild, das wir von uns selbst
haben, und ob wir uns mit unserer Identität wohl fühlen.

Das Elternbild ist für unsere Entwicklung wichtig, denn wir
lernen das geistige und das Autoritätsprinzip durch den Vater
und unsere Gefühlswelt und Fürsorglichkeit durch die Mutter
kennen. Dabei stimmt das Bild in unserer Psyche nicht immer
mit den wirklichen Eltern überein. Das Vater- und das Mutterbild unserer Psyche lehrt uns, das männliche und weibliche
Prinzip in Einklang zu bringen. Diese beiden Energien vereinen sich und verursachen entweder ein Gefühl des Unbehagens oder des Wohlseins in uns selbst. Wenn wir das Glück
haben, mit harmonischen Aspekten zwischen Sonne und
Mond geboren worden zu sein, dann herrscht zwischen unseren Vorstellungen und unseren Gefühlen kein Mißklang. Hatten wir jedoch dieses Glück nicht, müssen wir bestrebt sein,
die dissonanten Auswirkungen der Quadrate oder Oppositionen zu überwinden, indem wir Abstand gewinnen und uns von
unserer Vergangenheit und den Fesseln befreien, die uns
unglücklich machen. Innerer Frieden kommt durch die Beziehung von Sonne und Mond. Wenn er uns nicht bei der Geburt
geschenkt wurde, können wir ihn durch Bewußtmachung des
Konflikts erreichen.

Der Mond repräsentiert unsere gefühlsmäßige Einstellung zur
Umwelt, er zeigt, wie wir auf Situationen reagieren und uns
unseren Nachbarn, geliebten Menschen, Kindern oder unserem Besitz gegenüber verhalten. Dabei spielt die Hausposi-
tion eine große Rolle, weil sie anzeigt, in welchem Bereich
eine Überbetonung der Gefühle stattfinden wird. Unsere
Gefühlsreaktionen können eine Schwäche bedeuten, wenn wir
einen bestimmten Lebensbereich nur noch emotional und
nicht mehr rational handhaben.

Wenn der Mond beispielsweise im ersten Haus steht, haben wir eine Kombination des Häusersymbols für den Körper (erstes Haus) mit dem Planetensymbol für den Körper (Mond). Dieser Mensch ist sowohl körperlich als auch psychisch sehr sensibel. Wegen dieser Mond-Stellung wird er sich eine harte Schale aneignen, um seine Empfindlichkeit zu schützen. Da er als Kind sehr verletzlich war, mußte er einen Selbstschutz aufbauen, um überhaupt überleben zu können. Er ist äußerst intuitiv, manchmal medial veranlagt mit etwas Neigung zu Verfolgungswahn, da er alle Schwingungen seiner Umgebung aufnimmt. Er wird auf seine Umwelt sehr persönliche Reaktionen haben und selbstsüchtig wirken, was aber in Wirklichkeit nicht der Fall ist. Wegen seiner Art, alles aus einer persönlichen Sicht zu betrachten, ist ihm das unpersönliche »man« nicht geläufig. Wenn er von der Krankheit eines Freundes erfährt, spürt er sie ebenfalls. Er muß seine Verhaltensgewohnheiten verstehen lernen, bevor er etwas verändern kann, um nicht mit dieser Intensität zu reagieren. Wir sollten bei Menschen, die den Mond im ersten Haus haben, vorsichtig sein mit Informationen, die wir ihnen geben, da sie gern überreagieren. Jemand mit dem Mond im fünften Haus reagiert ganz anders, auch wenn der Mond im selben Zeichen steht. In diesem Fall wird er seine übermäßigen Gefühlsäußerungen entweder auf schöpferische Tätigkeit, auf Kinder oder Liebhaber konzentrieren.

Die Aspekte, die der Mond bildet, zeigen den Einfluß, den die Mutter auf das Kind hatte, sowie die Auswirkung der Lebensumstände auf die Mutter. Wenn der Mond verletzt ist, dann waren die Familienverhältnisse schwierig, und der Betreffende hat in seiner Kindheit viel Kälte und wenig Freude erlebt.

Menschen mit sehr schweren Kindheitsschicksalen verdrängen ihre Erinnerungen. Sie behalten nur die schönen Erlebnisse und vergessen jene, die sie emotional nicht verkraften können. Vor kurzem sprach ich mit einer Klientin, die sich an keine Kindheitserlebnisse vor dem zehnten Lebensjahr erinnern konnte. Sie unterzog sich einer Hypnosetherapie und mußte nach einigen Sitzungen entdecken, daß sie als Kind von ihrem Vater vergewaltigt worden war. Die Hypnose enthüllte dieses furchtbare Ereignis. Sie hatte die Erinnerung daran verdrängt, nachdem sie mit ihrer Mutter darüber gesprochen hatte, die sich aber weigerte, der Tochter zu glauben, und ihr einredete, daß sie (die Tochter) sich das nur einbilde. Als erwachsene Frau konnte die Klientin verstehen, daß ihre Mutter diese schreckliche Wahrheit nicht akzeptieren konnte. Die Mutter hatte drei Kinder und war zur Geburt des vierten im Krankenhaus, als der Vater seine Tochter vergewaltigte. Nach der Hypnose verstand sie ihre »irrationalen« Ängste vor der Sexualität. Ein Mensch mit einer Lebensgeschichte wie dieser kann sehr von einer Therapie profitieren, denn zuerst müssen die emotionalen Reaktionen durchgearbeitet werden, bevor man sich mit seiner Gefühlswelt wohl fühlen kann.

Die Frau in F. R. Schreibers Buch *Sybil's* ist eine Fallstudie, in der das Geburtsdatum der Patientin angegeben ist. Demnach empfängt der Mond mehrere Spannungsaspekte. Die Mutter dieser Frau konnte ihr Leben nicht meistern und mißhandelte das Kind. Da das Mädchen die Grausamkeiten der Mutter nicht ertragen konnte, entwickelte es sechzehn verschiedene Persönlichkeiten. Die Spannungsaspekte auf den Mond in unserem eigenen Horoskop müssen nicht bedeuten, daß wir ein Schicksal hatten wie das Mädchen Sybil. Jedoch vermeiden wir oft, uns die Spannungsaspekte zum Mond anzuschauen, weil wir befürchten, wir könnten mehr sehen, als wir wollen. Ob ein Kind körperlich oder seelisch mißhandelt wurde, die Folgen sind beinahe dieselben: Die Gefühle werden blockiert. Ein Mensch mit einem verletzten Mond im Geburtshoroskop hat als Kind traumatische Erlebnisse und viel seelischen Schmerz erfahren. Diese Verletzungen wird er im Unbewußten ins Erwachsenenalter mitnehmen. Kränkungen im Kindesalter blockieren den Ausdruck von Gefühlswärme und Spontaneität, da sie verschiedene Komplexe bilden. Wenn man die Blockierungen durcharbeitet, kann man befriedigendere emotionale Erfahrungen machen. Die Beseitigung einer Blockierung ist wie die Erlösung von einer Knechtschaft (der Bindung an die Familienerlebnisse) und ist einem Schmetterling gleich, der sich entpuppt und seine Schönheit entfaltet. Die Spannungsaspekte zum Mond müssen durchgearbeitet werden, damit wir die Vergangenheit loslassen und frei werden können.

Mond/Merkur-Aspekte

Eine Verbindung zwischen diesen zwei Planeten betont das Bedürfnis, sich emotional auszutauschen. Sie kann bedeuten, daß der Betreffende ein übersteigertes Austauschbedürfnis dadurch ausdrückt, daß er ständig plappert und über alles Auskunft gibt. Bei harten Aspekten kann die Energie sublimiert und kreativ genutzt werden, da die emotionalen und kommunikativen Blockierungen dazu zwingen, andere Ausdrucksformen für die Gefühle zu finden.

Der Mond repräsentiert unsere Mutter und wie sie auf uns reagierte. Der Merkur zeigt, wie wir uns verständigen. Verbindungen zwischen diesen beiden Prinzipien können eine enge Beziehung mit der Mutter anzeigen, die Möglichkeit, emotionale Erlebnisse mit ihr zu teilen. Sie zeigen den Einfluß unserer Mutter auf unsere Fähigkeit (oder Unfähigkeit), uns zu verständigen.

Mond/Merkur-Konjunktion. Dieser Aspekt charakterisiert einen Menschen, der sehr viel über Gefühle spricht, der seine Gefühle mitteilen möchte und der seine Gefühlsregungen verbal ausdrückt. Das Zeichen, in dem sich die Konjunktion befindet, bestimmt die Art der Kommunikation. Mit Mond und Merkur im Skorpion wird sich der Betreffende stark mit

Veränderung und Regeneration befassen; es wird für ihn ein wichtiges Gesprächsthema sein. Ein unreifer Mensch mit Mond im Skorpion kann eine Verletzung oder Beleidigung nicht vergessen und wird auf die Kränkung reagieren, indem er seinerseits verletzend wird. Die Konjunktion im Skorpion bewirkt eine Härte in der Reaktion auf Kränkungen. Ein Skorpion-Mond bedeutet, daß die Mutter sich während der ersten Lebensjahre des Klienten unsicher und in ihrer Ehe nicht angenommen fühlte und deshalb versuchte, ihre Umgebung zu beherrschen. Der Betreffende hat das Gefühl der Ablehnung verinnerlicht und reagiert in Zukunft defensiv – in der Erwartung, Zurückweisung zu erfahren. Oft zeigt er seinem Partner eine ablehnende Haltung aus Furcht, dieser könne ihn zuerst verlassen.

Dieselbe Konjunktion im Steinbock wird sich ganz anders auswirken. Der Mond im Steinbock charakterisiert eine traditionsbewußte, strenge Mutter, die ihrer Umgebung kalt und hart erscheint. Menschen mit dem Mond im Steinbock möchten ihre Gefühle unter Kontrolle haben. Sie fühlen sich unwohl, wenn sie sich in jemanden verlieben; sie mögen keine spontanen Gefühlsäußerungen, sondern sie wünschen sich Ordnung im Gefühlsleben. Sie reagieren auf steinböckische Art, indem sie Traditionen bewundern und sich an hergebrachten Formen der Unterhaltung erfreuen. Ihre Gespräche werden zwar auch von ihren Gefühlen handeln, der Stil der Kommunikation wird jedoch – anders als beim Skorpion – von einem Form- und Strukturbewußtsein bestimmt sein.

Die Mond/Merkur-Konjunktion kann eine Nähe zur Mutter und gute gegenseitige Verständigung bedeuten, wenn nicht Spannungsaspekte von anderen Planeten das Bild stören. Menschen mit dieser Konstellation handeln »aus dem Bauch« heraus.

Mond/Merkur-Sextil. Der Sextil-Aspekt bedeutet Begabung. Der Mond im Sextil zu Merkur zeigt, daß der Betreffende die

Kunst beherrscht, sich über Gefühle zu verständigen und seine subjektiven Erfahrungen zum Ausdruck zu bringen. Er kann seine emotionalen Reaktionen gut mitteilen, da ihm die Mutter das schon früh beigebracht hat. In seinem Beruf kann die Fähigkeit zur Intuition (Mond) in Verbindung mit der Fähigkeit zur Kommunikation auf der mentalen Ebene (Merkur) dem Betreffenden helfen, mit anderen fördernd und einfühlsam umzugehen. Dieses Talent muß geübt werden, wenn es nicht abflachen soll.

Mond/Merkur-Quadrat. Diesen Aspekt findet man bei Kindern, deren Mutter über ihre Gefühle nicht spricht. Sie hatte große Schwierigkeiten, über sich selbst, ihre Bedürfnisse und Wünsche zu reden. Wenn sie ihren Bedürfnissen Ausdruck gab, dann geschah es auf explosive Art und erst, wenn sie den Druck zurückgehaltener Emotionen nicht mehr ertragen konnte. Das Kind und der Rest der Familie sind ihren Ausbrüchen ausgeliefert. Es verinnerlicht seine Erfahrungen und wächst mit denselben Schwierigkeiten wie seine Mutter auf. Als Erwachsener wird der Betreffende in seinen Gefühlsbeziehungen Probleme haben, weil es ihm schwerfällt, seine Ansichten und Bedürfnisse mitzuteilen. Er wird, wenn er den Druck nicht mehr ertragen kann, ebenfalls explodieren, denn er äußert seinen Ärger und verletzte Gefühle erst, wenn sie den Siedepunkt erreicht haben. Es gibt dann unangenehme Szenen, wonach er von Schuldgefühlen geplagt wird, weil er den Ausbruch nicht gewollt hat. Dieser Mensch wird oft seine Partner wechseln, weil er das Gefühl hat, nicht verstanden zu werden. Das Problem besteht darin, daß Gefühle und Kränkungen so lange zurückgehalten werden, bis sich eine äußerst negative Einstellung entwickelt hat. Man sollte seinen Ärger dann ausdrücken, wenn die Verletzungen geschehen und der Groll noch zu ertragen ist, damit er nicht angesammelt wird und sich alle fünf Jahre auf einmal entladen muß. Menschen mit diesem Aspekt können sich auch mit ihrer Mutter nicht gut verständigen.

Wir können die Energien, die hier am Werk sind, besser verstehen, wenn wir die Zeichen betrachten, in denen das Quadrat gebildet wird. Ein Krebs-Mond im Quadrat zu Merkur im Widder macht außerordentlich empfindlich und besitzergreifend. Der Betreffende reagiert überaus sensibel und emotional. Der Merkur im Widder will einen intellektuellen, rationalen und idealistischen Austausch. Ist die Ausdrucksweise rational, jedoch die Reaktion emotional, entsteht ein innerer Widerspruch, und beide Kräfte bleiben unbefriedigt. Es beginnt ein Prozeß des Sich-gegenseitig-Aufschaukelns, indem die Merkur-Energie sich immer mehr um Rationalität bemüht, während sich die Mond-Energie immer mehr unterdrückt fühlt. Ist zudem noch die Sonne im Widder, dann wird man mit sich selbst ungeduldig und verärgert, da die emotionalen Reaktionen unberechenbar sind. Hier ist innerer Frieden schwer zu erreichen.

Ich lernte eine Frau mit Sonne im Widder im Quadrat zu Mond im Krebs kennen, die so gehemmt war, daß sie jedesmal, wenn sie spontan lachen mußte, ihr Gesicht bedeckte, damit man ihre Reaktion nicht sehen konnte. So etwas geschieht, wenn man die Kräfte mißversteht. Der Merkur im Widder kann nämlich zu einem Fürsprecher für die Emotionen des Krebses werden. Er kann die Sensibilität und das Bedürfnis nach emotionaler Sicherheit zum Ausdruck bringen, anstatt die Mond-Energie zu verleugnen.

Mond/Merkur-Trigon. Dieser Aspekt charakterisiert eine Mutter, die ihre Gefühle mitteilen konnte und die sich für den Austausch mit ihrem Kind interessierte. Der Betreffende wächst als kontaktfreudiger Mensch auf, der gern den Umgang mit Menschen pflegt und mit ihnen seine Gedanken und Gefühle teilt. Er ist in der Kommunikation kreativ und hat ein Interesse daran, seine seelische Eigenart zum Ausdruck zu bringen.

Dieser günstige Aspekt kann jedoch von Spannungsaspekten

anderer Planeten zum Mond gestört werden. Wenn zum Beispiel der Merkur ein Trigon, der Saturn aber ein Quadrat zum Mond bildet, wird der Saturn-Aspekt stärker sein, besonders in den ersten Jahren. Diese Kombination bedeutet, daß das Kind mit der Mutter ein gutes Einvernehmen hatte, mit dem Vater jedoch nicht.

Mond/Merkur-Opposition. Dieser Aspekt bedeutet Schwierigkeiten, Gefühle zum Ausdruck zu bringen, ähnlich dem Quadrat. Die Opposition bewirkt, daß diese Menschen glauben, sie müssen entweder auf Kommunikation oder auf ihre Gefühle verzichten. Die Mutter war eine Person, die sich einmal zu rational, ein andermal zu emotional verhielt. Sie schwankte zwischen diesen beiden Extremen hin und her. Der Betreffende wird seine Gefühle nicht voll ausleben, weil er meint, er müsse einen Kompromiß finden.

Nehmen wir einen Mond im Widder in Opposition zu Merkur in der Waage. Der Mensch mit Mond im Widder ist ein gefühlsbetonter Idealist. Er ist auf der Seite der Unterprivilegierten und reagiert emotional und unmittelbar auf Ideale. Er kann sich schnell entrüsten, er beschützt Menschen, die ihm nahestehen, er ist starrköpfig in seinen Anschauungen, aber im Grunde aufrichtig. Merkur in Waage möchte mit Worten beschwichtigen, eine unangenehme Szene besänftigen und in angespannten Situationen mit Diplomatie vorgehen. In dieser Opposition ist der Betreffende zwischen den Eigenschaften der beteiligten Zeichen gefangen: zwischen dem Idealismus und der Direktheit des Widders einerseits und dem Bedürfnis nach Ausgleich andererseits. Um diesen Konflikt durchzuarbeiten, muß man die Energien des Widders und der Waage verstehen und sich entscheiden, wie sie zum Ausdruck gebracht werden sollen.

Ist die Opposition im Horoskop einer Frau, wird sie in ihren Liebesbeziehungen nicht offen sein, weil es ihr schwerfällt, sich auszudrücken. Sie kann ihre Gefühle dem anderen nicht mitteilen, weil ihre Mutter ihre Gefühle nicht zum Ausdruck brachte. Diese Frau wird wahrscheinlich ihre mißglückte Ehe oder ihre unglücklichen Liebesbeziehungen den Männern anlasten, die sie gewählt hat; jedoch wird sie nur solche Männer wählen, die nicht auf sie hören oder mit denen sie keinen wahren Kontakt hat, da sie die Fähigkeit zur Kommunikation von ihrer Mutter nicht gelernt hat. Wenn wir als Kinder nicht erfahren haben, daß die Eltern gefühlsmäßig aufeinander reagierten, können wir es nicht lernen, es sei denn, wir bemühen uns bewußt darum.

Ein Mann mit Mond/Merkur-Opposition wird nicht erwarten, daß es leicht ist, sich mit Frauen zu verständigen. Da seine Mutter von Zeit zu Zeit explosionsartig ihrem Ärger Luft machte, wird er von der Frau, die er liebt, dasselbe erwarten, da er meint, daß sich alle Frauen so verhalten. Er hält Frauen im allgemeinen für unvernünftig oder glaubt, sie würden ihm nicht zuhören, wenn er seine Gefühle mitteilt. Er fühlt sich unwohl dabei, wenn er über seine Emotionen sprechen soll, weil man das in seiner Familie auch nicht gemacht hat.

Mond/Merkur-Quinkunx. Jeder Quinkunx-Aspekt im Horoskop bedeutet Belastung. Es ist kein intensives Spannungsgefühl wie beim Quadrat oder bei der Opposition, es ist jedoch beunruhigend. Da die Belastung beinah unmerklich, aber beständig ist, beeinträchtigt sie allmählich die Gesundheit. Wenn Merkur die Bedürfnisse des Mondes nicht ausdrückt, lebt man innerlich nicht in Frieden. Man muß die Eigenschaften der Zeichen verstehen und sie, ohne die eine oder andere Seite überzubetonen, zur Geltung kommen lassen.

Mond/Venus-Aspekte

Diese Aspekte sind für eine Diagnose der Beziehung zur
Mutter wesentlich. Der Mond repräsentiert die leibliche Mutter und wie sie auf das Leben reagiert zu der Zeit, als das Kind
seine Persönlichkeit entwickelte. Ihre Reaktionen auf ihre
Lebenssituation werden die des Kindes beeinflussen. Das
Kind wird ihre Einstellung in sich aufnehmen, und diese wird
seine eigenen Vorstellungen von Pflege, Erziehung und Fürsorge bestimmen. Das Zeichen, in dem der Mond steht, zeigt,
wie die Mutter reagiert hat. Die Venus symbolisiert den *psychologischen* Einfluß der Mutter, das heißt, wie sich ihr Verhalten auf die Psyche des Kindes auswirkte. Die Venus symbolisiert auch die Auffassung von Liebe und die Art der
Zuneigung, die der Betreffende zu geben oder zu empfangen
bereit ist. Die Einstellung zu Frauen – Mutterschaft, der weiblichen Körper, Annehmen von Zärtlichkeit, sogar die Furcht
vor dem Gebären und die Rolle der Frau im allgemeinen –
kann aus der Stellung dieser beiden Planeten und ihren
Aspekten ersehen werden. Eine negative Konditionierung in
der Kindheit kann später rückgängig gemacht werden, wenn
man das ursprüngliche »Programm« versteht. Für eine Frau ist
ein Verständnis dieser Konstellation besonders wichtig, da sie
ihr Selbstbild als Frau prägt. Ein Mann muß die in der Mond/
Venus-Konstellation verkörperten eigenen weiblichen Persönlichkeitsanteile verstehen, damit er eine gesunde Beziehung
zu Frauen haben kann.

Mond/Venus-Konjunktion. Wenn der Mond die emotionale
Einstellung zu Leben und Liebe und die Venus die Fähigkeit,
Liebe und Schönheit zu schätzen, repräsentiert, dann ist die
Aspektierung zwischen diesen beiden Planeten von besonde-
rer Bedeutung für Liebesbeziehungen. Die Venus kann auch
die Wirkung des Verhaltens der Mutter auf die Psyche des
Kindes repräsentieren. Der Mond steht für die Mutter auf der

physischen Ebene. Wenn diese beiden Planeten eine Konjunktion bilden, dann hat der Betreffende eine sehr starke Mutterbindung, die schier unüberwindlich erscheint. Damit er sich von der Familien- und Mutterbindung lösen kann, muß er viel mehr innere Veränderungen durchmachen als andere ohne diese Konjunktion.

Dieser Aspekt im Horoskop einer Frau bedeutet, daß sich die Tochter von der Mutter nicht trennen kann. Wenn sie heiratet, zieht sie in eine Wohnung möglichst nur eine Straße weiter, und sie wird täglich mindestens telefonischen Kontakt mit der Mutter haben. Oder sie kann sich in einer Liebesbeziehung nicht binden oder ihre Liebe mit keiner anderen Person teilen, da die Bindung an die Mutter zu stark ist. Wenn es im Horoskop noch weitere Anzeichen dafür gibt, kann dies zu Homosexualität führen. Oft verliebt sie sich dann in eine fünfzehn bis zwanzig Jahre ältere Frau, da sie einen Mutterersatz sucht. Der Gedanke, sie könnte zu ihrer Mutter in einer inzestuösen Beziehung stehen, macht ihr sehr zu schaffen.

Wir haben Schwierigkeiten, den Begriff »Inzest« auch auf eine Mutter-Tochter-Beziehung anzuwenden. Inzestwünsche werden den Betreffenden meist nicht bewußt, da sie in unserer Gesellschaft tabu sind. Wenn eine Frau homosexuell ist und das übrige Horoskop keine Begründung dafür gibt, dann kann man diesen Aspekt daraufhin untersuchen, *warum* die Betreffende lesbisch geworden ist. Bei einer Mond/Venus-Konjunktion ist es jedoch schwierig, mit einer Frau über ihre Beziehung zu ihrer Mutter offen zu sprechen. Sie will über ihre Mutter nichts Negatives hören. Selbst wenn im Horoskop schwierige Familienverhältnisse angezeigt sind, auf die Mutter wird sie niemals etwas kommen lassen.

Oft sind diese Kinder von ihrer Mutter sehr viel mehr verletzt worden als von ihrem Vater; dennoch machen sie ihren Vater für ihr Versagen verantwortlich. Der Aspekt ist sehr schwer durchzuarbeiten, und für den Astrologen bedeutet er, daß er es mit einem schwierigen Klienten zu tun haben wird. Er muß an diesen Bereich mit Takt, Feingefühl und Diplomatie herangehen. Wenn die Konjunktion noch harte Aspekte empfängt, sollte der Betreffende sich einer Therapie unterziehen, denn diese Problematik kann nicht in einer einzigen Beratung erledigt werden.

Bei einem Mann mit Mond/Venus-Konjunktion übt die Mutter physisch sowie psychisch einen erdrückenden Einfluß aus. Er ist gefühlsmäßig der Mutter zu nahe, was sich auf viele Arten äußert. Manchmal bedeutet der Aspekt eine Haßliebebeziehung zwischen ihm und seiner Mutter. Hat der Vater den stärkeren Einfluß auf seine Entwicklung, wird er wegen seiner Gefühle zu seiner Mutter große Schuldgefühle haben. Wenn die Mutter die Stärkere ist, ist er entweder über sie verärgert oder von ihr entfremdet, oder aber er ist von ihr vollkommen besessen.

Ein Jungfrau-Mann mit einer Mond-Venus-Konjunktion zum Beispiel wird seine Mutter entweder hassen oder sich ihr unbewußt so nahe fühlen, daß ihm eine sexuelle Beziehung zu einer Frau nicht möglich ist. Ein Stier-Mann hat es mit dieser Konjunktion ebenfalls nicht leicht. Er wird wegen seiner Sexualität immer Schuldgefühle haben, die sich auf verschiedene Art äußern werden: Er wird über Liebe, Sex und Mutterschaft verwirrt sein und könnte homosexuell werden; oder er bekommt in einer heterosexuellen Beziehung das Gefühl, seiner Mutter untreu zu sein, und findet seine »Befreiung« in der Homosexualität. Er leidet unter dem Ödipuskomplex, denn er spürt in seinem Unterbewußtsein eine körperliche Anziehung zu seiner Mutter. Beim Stier-Mann stammt das Problem von einer Verwechslung von Zuneigung und sinnlicher Liebe, die in der Vorstellung des Kindes miteinander verschmolzen und nicht leicht zu trennen sind. Ein erwachsener Mann könnte wegen seiner Überreaktion auf das Mutterbild Frauen gänzlich aus seinem Leben verbannen wollen. Man muß die anderen Aspekte, die diese Konjunktion empfängt, ebenfalls in die Deutung mit einbeziehen.

Wenn die Mutterbindung erst einmal erkannt ist, kann der Betreffende beginnen, seine Energie auf andere Weise zu nutzen. Die Mond/Venus-Konjunktion kann uns zeigen, wie wir in Liebesbeziehungen reagieren. Wir können die Energie konstruktiv einsetzen, denn unsere Einstellung zur Liebe (Venus) und unsere Gefühlsreaktionen (Mond) werden von der Energie desselben Zeichens gespeist, und diese Kräfte können daher zusammenarbeiten. Die Störungen aus dem Unterbewußtsein werden durch den Einfluß der Mutter und eine Überreaktion darauf verursacht. Eine Therapie kann die unangenehmen Auswirkungen der Mutterbindung bewußtmachen und die konstruktiven Prozesse zur Entfaltung kommen lassen. Es ist in der Natur nicht vorgesehen, daß unsere Mutterbindung ewig andauert. Der Mond repräsentiert unsere Gefühle und die Venus unsere Einstellung zur Liebe. Wir können diese Eigenschaften als unsere eigenen Persönlichkeitsanteile annehmen und aufhören, sie auf unsere leibliche Mutter zu projizieren.

Mond/Venus-Sextil. Jemand mit diesem Aspekt hatte eine Mutter, die einen gesunden Einfluß auf die Psyche des Kindes ausübte. Diese Menschen wachsen ohne große Kontakt- und Beziehungsprobleme auf. Sie werden während ihres Wachstums- und Reifungsprozesses ein normales Maß an Schmerz erleben und die Fähigkeit, zu lieben und Liebe zu genießen, entwickeln. Dieser Aspekt bedeutet Liebe zur Kunst, Freude am künstlerischen Ausdruck und die Fähigkeit, seine Gefühle auf kreative Weise zu äußern.

Die Schwierigkeiten mit dem schöpferischen Ausdruck tauchen dann auf, wenn Ausdauer notwendig ist. Große Künstler sind oft diejenigen, die emotional blockiert sind und keinen anderen Weg des Gebens und Nehmens finden als durch ihre Arbeit. Die bedeutendsten Künstler kommen aus schwierigen Familienverhältnissen. Das Mond/Venus-Sextil charakterisiert einen Menschen, der auf der persönlichen Ebene fähig ist, zu geben und zu nehmen, der nicht gedrängt wird, das Energiepotential zu sublimieren, und er wird daher im Kreativen nicht so produktiv sein, wie man annehmen könnte.

Mond/Venus-Quadrat. Der Mond repräsentiert die leibliche Mutter, wie sie auf ihre Lebenssituation zur Zeit unserer Geburt und emotional auf uns reagiert. Die Venus repräsentiert den Eindruck, den die Einstellung der Mutter zur Weiblichkeit und zur Liebe in unserer Psyche hinterläßt. Das Quadrat zwischen den beiden Planeten zeigt die emotionalen Spannungen, denen das Kind ausgesetzt war. Es zeigt eine übermäßige Auflehnung gegen Frauen und gibt Hinweise auf die negative Einstellung der Mutter zu ihrer Verantwortung und ihrer Mutterschaft, als das Kind geboren wurde. Möglicherweise ist sie dieser Einstellung im Laufe der Zeit entwachsen und konnte später ihre Mutterrolle in der Ehe akzeptieren. Zur Zeit der Geburt des Kindes, das diesen Aspekt aufweist, war die Mutter jedoch der Ansicht, sie müsse ihr Dasein rechtfertigen und Frauen seien Menschen zweiter Klasse.
Dieser Aspekt im Horoskop einer Frau weist auf tiefsitzende Gefühle der Unsicherheit über ihre Weiblichkeit, über Mutterschaft und einen Groll gegen die Rolle, die sie als Frau spielen muß, hin. Sie kämpft innerlich gegen die Hingabe, die notwendig ist, um ein Kind zu erziehen, denn eine Frau mit diesem Aspekt verabscheut die Mühe, die mit dem Aufziehen von Kindern verbunden ist. Viele Frauen mit diesem Aspekt heiraten nicht, weil sie sich nicht eingestehen wollen, daß sie keine Kinder haben möchten. Sie haben das Gefühl, nicht wirklich Frau zu sein; sie nehmen den Männern ihre Freiheit übel, und oft knüpfen sie homosexuelle Beziehungen, um einer Schwangerschaft zu entgehen. Es ist sehr schwierig, reife Frauen dazu zu bringen, über diesen Aspekt ihres Lebens zu sprechen, denn es ist noch nicht lange her, als wir glaubten, daß mit einer Frau, die keine Kinder wollte, etwas nicht in Ordnung sei. Frauen, die tatsächlich keine Kinder wollten,

vermieden es, über dieses Thema zu sprechen, oder sie weigerten sich zu heiraten und gingen damit einer Diskussion aus dem Weg.

Frauen, die trotz dieses Aspekts Kinder bekommen, werden oft unter dem Druck der Konventionen und der Familie in eine Mutterschaft hineingedrängt. Die ersten Jahre ihres Mutterseins machen ihnen selten Freude, und sie leiden unter der Unfreiheit, die ihnen nicht erlaubt, einen Beruf auszüüben. Manchmal werden diese Gefühle der Unzufriedenheit an den Kindern ausgelassen. Wie sehr die Kinder die Unfreiheit der Mutter büßen müssen, zeigen die anderen Aspekte zur Venus und zum Mond. Sie bespricht ihre Probleme nicht mit ihnen, weil sie von Schuldgefühlen geplagt ist; sie wird eher vorgeben, ihre Kinder »immer geliebt« zu haben.

Wenn eine Frau mit einem Mond/Venus-Quadrat erkannt hat, daß sie sich vor einer Mutterschaft fürchtet und der Frauenrolle mit Ablehnung gegenübersteht, kann sie anfangen, sich eine eigene Meinung darüber zu bilden, was eine Frau ist, und ihre eigenen »weiblichen« Erfahrungen machen. Wir müssen die Vorstellungen unserer Mütter über das, wie eine Frau zu sein hat, nicht übernehmen, besonders nicht in unserer heutigen Kultur. Heute haben die Frauen mehr Freiheit und ein breiteres Verständnis ihrer Rolle. Es gibt Literatur über die Frauenbewegung, Frauenmythologie, die Stellung, die Frauen in den alten Religionen hatten, sowie über Göttinnen und die Entwicklung eines neuen weiblichen Bewußtseins. Diese Türen werden ihnen jedoch verschlossen bleiben, wenn sie nicht akzeptieren können, daß sie ein Problem haben, das durchgearbeitet werden muß. Viele Frauen meinen, daß sie ihre Mutter hassen werden, wenn sie deren Problem erkannt haben. Indem wir einen Reifungsprozeß durchmachen und unsere eigenen Lebenskrisen erleben, beginnen wir zu begreifen, daß auch wir Kinder mit Wachstumsschwierigkeiten haben und daß unsere schmerzlichen Erfahrungen sich ebenfalls auf sie auswirken. Wenn wir das verstanden haben, können wir unmöglich unsere Mutter hassen, weil wir einsehen, daß sie alles gab, wozu sie in der Lage war. Erinnern wir uns daran, daß unser Horoskop Minuten nach unserer Geburt interpretiert werden kann, dann müssen wir an die Schicksalhaftigkeit der Beziehung zwischen Mutter und Kind glauben. Beide, die Mutter sowie das Kind, können durch ihre Beziehung voneinander lernen.

Der Mann mit einem Mond/Venus-Quadrat hat ein anderes Problem als die Frau mit diesem Aspekt. Seine Mutter war mit ihrer Frauenrolle nicht einverstanden, sie ärgerte sich über Windeln und das mitternächtliche Füttern und bekam von ihrem Ehemann wahrscheinlich wenig Verständnis oder Hilfe in der ersten Zeit nach der Geburt des Kindes. Vielleicht hat sie sogar alle Hoffnungen auf eine eigene Berufslaufbahn aufgegeben.

Die Zwickmühle, in der sich der Mann mit diesem Aspekt befindet, sieht so aus, daß er sich einerseits mit seiner eigenen Gefühlswelt anfreunden muß und andererseits sich mit seiner Einstellung zu Frauen auseinanderzusetzen hat. Als Erwachsener wird er von Frauen nicht erwarten, daß sie auf seiner Seite stehen, und die Möglichkeiten für eine Liebesbeziehung als gering einschätzen. Wenn sein Mond beispielsweise im Stier mit Quadrat zu Venus im Löwen steht, wird er wie ein Stier – sinnlich und emotional – reagieren. Die Venus im Löwen genießt gern Respekt; er möchte eine Frau lieben, die von der Umwelt geachtet wird. Der Konflikt spielt sich ab zwischen dem Bedürfnis, die Frau zu wählen, die er liebt, oder sich für diejenige zu entscheiden, die gesellschaftlich anerkannt ist. Im allgemeinen ist seine Einstellung zu Frauen vom negativen Frauenbild der Mutter geprägt. Das Quadrat bedeutet, daß die Mutter keine Achtung vor Frauen hat, und wenn *sie,* als Frau, diese Einstellung hat, überträgt sich das auch auf ihn.

Ein Mann mit diesem Aspekt hat keine gesunde Einstellung zu Frauen. Wahrscheinlich hegt er eine intensive Abneigung seiner Mutter gegenüber, denn das Quadrat weist auf einen zerstörerischen psychologischen Einfluß hin. Die Venus-Energie (die Vorstellung von Liebe) arbeitet gegen (Quadrat) seine emotionalen Reaktionen (Mond). Situationen, bei denen Liebe im Spiel ist, verwirren ihn. Um die Konstellation besser zu deuten, muß man die anderen Aspekte auf Mond, Venus sowie Mars betrachten. Sie geben Hinweise darauf, wie sich der Betreffende möglicherweise emotional ausdrücken wird. Es kann sein, daß er homosexuell wird, weil er seine Mutter sowie Frauen im allgemeinen nicht mag. Oder er zeigt übertriebene Reaktionen, sobald er mit Frauen in Berührung kommt. Der Aspekt kann einen Menschen charakterisieren, der seine eigene Gefühlsnatur (Mond) nicht genießen (Venus) kann.

Mond/Venus-Trigon. Dieser Aspekt zeigt, daß die Mutter dem Kind half, seine Gefühlswelt positiv zu bewerten. Die emotionalen Bedürfnisse können aus den Zeichen, in denen das Trigon gebildet wird, ersehen werden. Ob der Betreffende seine Gefühle schätzt, darüber gibt die Sonnenstellung Auskunft. Ist der Vater der dominante Elternteil, wird der Sohn nicht so großen Wert auf seine weiblichen Anteile legen als bei einer dominanten Mutter. Die Energien, die ihm durch das Trigon zur Verfügung stehen, können später bei der Durcharbeitung anderer Konstellationen im Horoskop von Nutzen sein.
Zusätzliche Aspekte zum Mond können emotionalen Aufruhr verursachen. Jedoch wird man vom Mond/Venus-Trigon belohnt, wenn man den Konflikt durchgearbeitet und eine neue Stufe des Bewußtseins errungen hat. Sind im Horoskop keine weiteren Spannungsaspekte auf Mond und Venus, kann der Betreffende ein warmherziger, einfühlsamer Mensch werden. Die Mutter dieses Kindes hatte Freude daran, eine Frau zu sein; sie lehnte ihre Rolle als Mutter nicht ab. Das bedeutet nicht, daß sie eine glückliche Ehe führte, sondern lediglich, daß sie ihre Mutterrolle akzeptierte.

Mond/Venus-Opposition. Dieser Aspekt ist ähnlich zu deuten wie das Quadrat. Er bedeutet eine Trennung von der Mutter selbst und dem Einfluß, den sie auf die Psyche des Kindes hatte. Oft zeigt er den Verlust der Mutter oder eines Teils der Mutterliebe. Manchmal verbringt das Kind seine ersten Jahre bei den Großeltern oder einer Tante, weil die Mutter entweder keine Zeit hat, krank ist oder sich aus irgendeinem anderen Grund nicht um ihr Kind kümmern kann.

Dieser Aspekt wirkt sich wiederum unterschiedlich aus im Horoskop einer Frau und dem eines Mannes. Eine Frau muß sich mit ihrem Selbstwertgefühl als Frau auseinandersetzen, während der Mann sich mit der Beziehung zu seiner Anima – und wie diese seine Einstellung zu Frauen in seinem Leben prägt – zu befassen hat.

Sowohl die Opposition als auch das Quadrat zeigen die Probleme, die eine Frau mit der Akzeptanz ihrer biologischen Bestimmung hat, in diesem Zusammenhang auch eine Anfälligkeit für Frauenkrankheiten (Probleme mit der Gebärmutter und den Eierstöcken), die später im Leben auftreten. Die Entstehung solcher Krankheiten kann weitgehend vermieden werden, wenn die Betreffende bewußt daran arbeitet, ein Selbstwertgefühl als Frau aufzubauen. Wenn sie aus einer Generation kommt, in der sie gesellschaftlichem Druck in bezug auf Ehe und Kinder ausgesetzt war, ist eine Beratung schwierig, weil sie sich nicht eingestehen wird, daß ihr die Mutterrolle keine Freude gemacht hat. Oft hat eine solche Frau zu ihren Kindern eine bessere Beziehung, wenn sie erwachsen sind. Wenn eine junge Frau in diesem Aspekt arbeiten will, muß sie bereit sein, Gefühlen der Verlassenheit zu begegnen; denn oftmals findet man Venus/Mond-Verletzungen in Horoskopen von Kindern, deren Mütter von ihren Männern verlassen wurden – oder die Ehemänner waren unverantwortliche Menschen, die die Gefühle ihrer Frauen vernachlässigten. Das Kind wächst mit einer unbewußten Angst auf, daß es als Frau eines Tages verlassen würde, wenn sie schwanger wird. Solche Frauen gehen meist einer Beziehung aus dem Wege, die eine Schwangerschaft mit sich bringen könnte. Ich habe Frauen mit diesem Aspekt erlebt, die Männer mit Kindern aus einer früheren Ehe heirateten. Sie wählen lieber einen Mann, der das Sorgerecht für seine Kinder aus früherer Ehe bekommen hat, da ihnen seine Einstellung zu Kindern die Sicherheit gibt, daß er sich genauso bei ihren Kindern verhalten würde, falls sie welche bekämen. Manchmal heiraten die Frauen, die ihre biologische Bestimmung ablehnen, ältere Männer, die kaum noch Kinder haben wollen; oder sie nehmen einen Mann, der mit einer anderen Frau Kinder gezeugt hat. Auf diese Weise können sie »Ehrenmütter« werden. Sie werden sogar Kinder adoptieren, damit sie das für sie traumatische Erlebnis des Gebärens nicht durchmachen müssen.

Ein Mann mit Mond/Venus-Opposition ist durch den Einfluß seiner Mutter emotional beeinträchtigt worden. Er ist in seinen Gefühlsäußerungen gehemmt, weil sie Zwang auf ihn ausübte, als er noch klein war. Wozu ein Kind gezwungen werden kann, ist von Familie zu Familie verschieden. Venus zeigt den psychologischen Einfluß der Mutter, man muß diesen Planeten zuerst untersuchen, da er mehr unterbewußt wirkt.

Nehmen wir als Beispiel den Mond im Steinbock in Opposition zur Venus im Krebs. Der Steinbock-Mond charakterisiert eine ernste, traditionsgebundene Mutter, welche die Familie zu beherrschen versuchte. Sie war streng und zurückhaltend, nicht spontan, denn der Steinbock bedeutet kontrollierte Verhaltensweisen. Die Venus im Krebs zeigt die Einstellung der Mutter zur Liebe, die sie dem Kind weitergegeben hat. Die Planetenstellung charakterisiert einen Menschen, der sich eine warme persönliche Beziehung wünscht, der den geliebten Menschen besitzen möchte, der eifersüchtig reagiert, wenn er ihn mit jemandem teilen muß, und der in Liebesangelegenheiten sehr empfindsam ist. Der Mond in Opposition verursacht jedoch einen inneren Konflikt zwischen dem Bedürfnis, Gefühle unter Kontrolle zu haben (Mond in Steinbock), und dem Wunsch nach Spontaneität (Venus im Krebs). Die Mond-Stellung verlangt nach Ernst und Tradition (in diesem Fall vielleicht eine Legalisierung der Beziehung); es besteht die Bereitschaft, sich ganz der Verantwortung in der Beziehung zu widmen. Mit der Venus im Krebs möchte der Betreffende seinen Gefühlen spontan und frei Ausdruck geben, er möchte poltern und schimpfen können über das, was ihn gerade bewegt, und er ist auf jeden Kontakt, den der geliebte Mensch zur Außenwelt hat, eifersüchtig. Menschen mit einer Mond/Venus-Opposition können nicht glauben, daß sie jemals in einer Beziehung bekommen werden, was sie sich wünschen, sondern daß sie Kompromisse schließen müssen. Diese Konstellation könnte bei einem Mann erscheinen, der sowohl eine Ehefrau als auch die Freiheit zu Seitensprüngen haben möchte, worauf sich aber seine Frau nicht einläßt. Oder sie erscheint im Horoskop einer Frau, die eine stabile Ehe und gleichzeitig eine Karriere wünscht, die sich aber in einen Mann verliebt, der sie zu Hause haben möchte und ihr nicht erlaubt, einen Beruf auszuüben, nach dem sie sich verzweifelt sehnt. Man kann mit diesem Aspekt zu einem Kompromiß kommen, denn er ist leichter durchzuarbeiten als das Quadrat. Quadrate wirken im Übermaß, während die Kräfte bei Oppositionen sich abwartend verhalten können. Die Opposition verlangt die Anerkennung der gegensätzlichen Bedürfnisse. Bei einer Krebs/Steinbock-Opposition muß ein Kompromiß gefunden werden zwischen Tradition und Warmherzigkeit, Kontrolle und Spontaneität sowie Ratio und Intuition.

Der Mann mit der Mond/Venus-Opposition hat die Erwartung, daß in einer Beziehung Kompromisse gefunden werden müssen. Er erkennt, daß er keine befriedigende Beziehung zu einer Frau und gleichzeitig einen Groll gegen seine Mutter haben kann, weil diese für seinen Konflikt verantwortlich ist. Im Alter von dreißig Jahren etwa (nach der ersten Saturn-Rückkehr) ist es leichter, sich den Konflikt bewußtzumachen.

Sowohl der Mann als auch die Frau haben mit dieser Opposition emotionale Schwierigkeiten. Eine Frau bringt ihre Unsicherheit über ihre Weiblichkeit mit in die Beziehung. Sie wird ihre Stellung bis zur Übertreibung verteidigen. Eine solche Frau kritisierte mich, weil ich einem Freund eine Tasse Kaffee machte. »Das kann er selbst machen, du bist keine Kellnerin!« knurrte sie mich an. Ich lachte und sagte, sie solle einmal darüber nachdenken. »Wenn ich für dich – meine Freundin – Kaffee machen kann, warum soll ich nicht auch für ihn welchen machen? Ich habe ihn auch gern!« Wenn wir uns einer Sache sicher sind, brauchen wir andere nicht anzugreifen, um unsere Position zu verteidigen.

Frauen mit diesem Aspekt neigen dazu, sich Liebhaber auszusuchen, die in Wirklichkeit keine Frauen mögen, Männer, die mit ihrer Mutter große Schwierigkeiten haben. Wenn diese Frauen erkannt haben, daß sie nicht Menschen zweiter Klasse sind, werden sie anfangen, einen anderen Typ Mann zu wählen. Männer, die ihre Mutterproblematik nicht gelöst haben, projizieren sie auf ihre Frau oder ihre Freundin.

Ein Mann mit diesem Aspekt ist zweifach unglücklich. Er kommt mit seiner eigenen Gefühlsnatur nicht zurecht, und er lehnt seine Mutter ab, weshalb er sich mit Frauen nicht wohl fühlt. Seine Abneigung gegen sie kann zur Homosexualität oder zur Mißhandlung von Frauen führen. Wenn er etwas sensibler ist, braucht er das Gefühl, Herr der Lage zu sein, da er sich in Gefühlsbeziehungen ausgeliefert fühlt und befürchtet, die Frau könne die Herrschaft über ihn bekommen. In seiner Ehe könnte sich das so auswirken, daß er sich gegenüber seiner Frau völlig verständnislos zeigt und sie wie einen Feind behandelt. Ebenso fühlt er sich mit seinen Gefühlen nicht wohl, und er hat mit inneren Konflikten zu kämpfen. Hat er beispielsweise den Mond im Widder und die Venus in der Waage, wird er einerseits aggressiv reagieren, aber auch auf Ideale und Prinzipien des Fair play ansprechen. Andererseits möchte er einer Elite angehören (Venus in Waage). Er schätzt die Waage-Eigenschaften wie Kunst und Schönheit. Aggressive Gefühle sind nicht diplomatisch. Der Zwiespalt in dieser Situation verursacht innere Spannungen. Die Erfahrungen sind schmerzlich, aber ein Verständnis des Konflikts kann zur Befreiung führen.

Mond/Venus-Quinkunx. Dieser Aspekt bedeutet Belastung. Der Quinkunx bedeutet immer Gesundheitsprobleme, da er eine innere Spannung verursacht, die der Betreffende nicht in dem Maße wahrnimmt wie beim Quadrat. Man erträgt eine kaum merkliche Spannung, ohne darüber zu sprechen oder das Problem anzugehen. Das Problem kann hier vom Verstand gelöst werden. Nehmen wir einen Mond im Krebs im Quinkunx zur Venus im Schützen. Die Stellung des Mondes charakterisiert einen sensiblen, intuitiven, spontan seine Gefühle äußernden Menschen, der das Bedürfnis hat, andere zu bemuttern und auf irgendeine Art zu nähren. Die Venus im Schützen bedeutet ein Bedürfnis nach Freiheit. Wie ist Freiheit möglich, wenn man das Bedürfnis hat, jeden zu bemuttern? Wie kann man gleichzeitig nähren (Krebs) und revolutionieren (Schütze)? Das Problem kann gelöst werden, wenn man in den geeigneten Situationen einmal die Qualitäten des einen, in anderen diejenigen des zweiten Bedürfnisses positiv zu nutzen versteht.

Mond/Mars-Aspekte

Der Mond repräsentiert die leibliche Mutter, wie sie in der frühen Kindheit erlebt wird. Das Kind ahmt ihre emotionalen Reaktionen auf das Leben nach und entwickelt die Eigenschaften des Zeichens, in dem der Mond steht. Der Mars zeigt, wie das Kind körperlich reagiert und auf Anregungen von außen anspricht. Er zeigt seine motorischen Bewegungen und seine Handlungsweise, wenn etwas Neues in Angriff

genommen wird. Der Planet gibt auch Hinweise auf das Sexualverhalten. Die Interaktion zwischen Mars und Mond gibt
uns Aufschluß darüber, wie der Betreffende sich in emotionalen Situationen verhalten wird. Der Mond repräsentiert den
Körper, und ein Aspekt zum Mars zeigt, was der Betreffende
unternehmen wird, um seinen Körper zu schützen und ihn zu
versorgen. Mond/Mars-Aspekte können auch auf sexuelle
Konflikte hinweisen, und die Art der Aspekte und die Zeichen, in denen die Planeten stehen, geben Auskunft über
emotionale Bedürfnisse, die möglicherweise nicht mit dem
Sexualtrieb zu vereinbaren sind. Um die emotionalen und
sexuellen Bedürfnisse wirklich zu verstehen, muß man die
Venus mit dem Mars/Mond-Aspekt mit berücksichtigen. Die
Aspekte und die Zeichen, die bei diesen drei Planeten beteiligt sind, geben Auskunft über das Gefühlsleben des Betreffenden.

Mond/Mars-Konjunktion. Der Mond repräsentiert den Körper, die leibliche Mutter, wie sie in der frühen Kindheit erlebt
wurde, und die Gefühlsnatur des Individuums und seine
Reaktionen auf seine Lebenserfahrungen. Der Mars zeigt, wie
ein Mensch handelt, und er repräsentiert die Sexualität.
Dieser Aspekt reflektiert eine Kindheit mit einer emotionalen
Mutter, die Verletzungen ihrer Gefühle nicht ohne weiteres
hinnahm, sondern sich gegen Kränkungen verteidigte. Das
Kind lernt, auf die gleiche Art zu reagieren. Der Erwachsene
mit diesem Aspekt wird leicht zornig werden, er wird sich
gegen Kränkungen wehren, und wenn er innerlich aufgewühlt
ist, wird er etwas dagegen unternehmen, anstatt nur darüber
nachzudenken. Auf andere wird er selbstzerstörerisch wirken,
weil er in Momenten seelischer Erschütterungen nicht mehr
an seine Sicherheit denkt. Wenn er reifer wird und wegen
seiner emotionalen Reaktionen schmerzliche Erfahrungen
gemacht hat, wird er wohl eher überlegen, bevor er etwas tut.
Dieses Verhalten muß er jedoch erst *lernen.*

Die Konjunktion kann bedeuten, daß der Betreffende voller Wut steckt, mit der er fertig werden muß. Er wird entweder von Zeit zu Zeit explodieren und seine Wut an anderen auslassen, oder er wird sie nach innen, gegen sich selbst richten. Die Konjunktion wirkt entweder nach außen oder nach innen – oder beides abwechselnd. Ärger darf aber nicht unterdrückt werden, sondern es ist wichtig, ihn zu verstehen. Man sollte sich Zeit nehmen, seine Probleme durchzuarbeiten, beispielsweise indem man sie in Briefen beschreibt, ohne sie abzuschicken. Manchmal ist es hilfreich, die Angelegenheit mit einem Freund durchzusprechen, um zu lernen, wie die Energie in richtige Bahnen gelenkt werden kann. Die Mars-Energie ist kreativ; der Ärger ist lediglich die undisziplinierte »Spitze des Eisbergs«.

Die Konjunktion wird sich je nach Zeichen, in dem sie steht, verschieden auswirken. Die Mars-Energie verleiht der Mond-Energie größere Intensität. Wenn man seine Überempfindlichkeit und seine Überreaktionen erkannt hat, kann die Energie kreativ genutzt werden.

Mond/Mars-Sextil. Das Sextil bedeutet, daß die Mutter einen positiven Einfluß auf das Kind ausübte. Das Handeln und das Fühlen waren bei ihr in Einklang. Daher wird ihr Kind mit seinen emotionalen Bedürfnissen und seiner Sexualität konstruktiv umgehen können. Der Mond repräsentiert die gefühlsmäßigen Reaktionen, und das Sextil zum Mars bedeutet, daß das Handeln dem Gefühlsleben entspricht. Dieser Mensch ist zu gesunden, konstruktiven Beziehungen fähig. Mit aller Wahrscheinlichkeit wird er sich ebenso bei seiner Arbeit wohl fühlen, weil ihm gefällt (Mond), was er tut (Mars).

Mond/Mars-Quadrat. Hier war der Einfluß der Mutter nicht besonders hilfreich für das Kind in der Entwicklung gesunder emotionaler Reaktionen. Das Kind wird den Umgang damit erst noch lernen müssen. Der Mond repräsentiert die Gefühle, der Mars repräsentiert Handlung, und das Quadrat bedeutet übermäßig zerstörerischer Gebrauch der Energie. In Stichwörtern ausgedrückt: »Ich handle (Mars) gegen (Quadrat) meinen Körper (Mond).« Oder: »Ich handle (Mars) gegen (Quadrat) meine emotionalen Bedürfnisse (Mond).« Unter diesen Umständen sind sexuelle Beziehungen meist seelisch unbefriedigend.

Jemand mit diesem Aspekt hat ähnliche Charaktereigenschaften wie jemand mit der Mond/Mars-Konjunktion und der -Opposition, da die Handlungsweise von einer übertriebenen Reaktion auf emotionale Erlebnisse bestimmt ist. Möglicherweise war das Kind körperlicher Gewalt und heftigen Temperamentsausbrüchen in seiner Familie ausgesetzt. Vielleicht war die Mutter jähzornig, ohne daß die Ursachen dafür erkennbar wurden. Oder sie fühlte sich meist unwohl und war unglücklich. Das Kind übernimmt dieses Gefühl, denn es ist ihm ständig ausgesetzt.

Mars, wie auch das Zeichen Widder, bedeutet Zorn, und Menschen mit diesem Aspekt sind leicht erregbar. Sie reagieren auf unangenehme Erlebnisse mit Wut und Gewalt. Wenn sie die Wut nach innen richten, erzeugen sie inneren Druck und Spannungen. Das zeigt sich dann oft als Krankheit oder Gewichtsprobleme. Diese Menschen wählen häufig Partner, die gewalttätig sind und ihnen großen seelischen Schaden zufügen können. Es scheint, daß Menschen mit diesem Aspekt, die selbst keine körperliche Gewalt anwenden, an Partner geraten, die es tun. Eine Frau mit einem Mond/Mars-Quadrat könnte beispielsweise mit einem Mann zusammenleben, der sie schlägt; ein Mann mit diesem Aspekt könnte seine Frau und seine Kinder schlagen. Sowohl der Mann als auch die Frau werden Partner wählen, die ihre emotionalen Bedürfnisse nicht befriedigen können.

Nehmen wir das Beispiel Mond im Löwen im Quadrat zum Mars im Stier. Die sexuellen Bedürfnisse des Betreffenden

werden von den Stier-Eigenschaften – Sinnlichkeit, Selbstsucht, Genußliebe – bestimmt, und es besteht ein starkes,
sexuelles Bedürfnis. Der Mond im Löwen verlangt Respekt
und Anerkennung. Eine Frau mit dieser Kombination wird
einen Mann finden, der sie sexuell befriedigen kann, der ihr
jedoch nicht genug Achtung entgegenbringen wird – oder er
hat selbst kein hohes Ansehen. Ein Mann mit dieser Konstellation könnte eine Frau kennenlernen, die er anbetet und
respektiert, die mit ihm glücklich ist und ihn unterstützt, die
aber seine sexuellen Bedürfnisse nicht befriedigen kann.

Das Exzessive, das dieser Aspekt auch zum Inhalt hat, führt
zu einer Ansammlung von Wut, die dann an geliebten Menschen ausgelassen wird. Eine meiner Klientinnen mit dem
Mond im Löwen und Mars im Stier heiratete einen Mann, den
sie nicht liebte, der aber gut zu ihr und gesellschaftlich akzeptabel war, sie jedoch im Geschlechtsleben enttäuschte. Sie
verließ ihn und wandte sich einem Mann zu, der im Bett
wunderbar war, den jedoch die Familie und die Freunde nicht
akzeptierten. Im Augenblick versucht sie, beides zu erreichen:
eine Beziehung aufzubauen, die sie sowohl seelisch als auch
körperlich befriedigt, mit einem reifen Menschen. Diese
Klientin hat es nicht nur mit einem Mond/Mars-Quadrat, sondern auch mit einem Problem des Selbstwertgefühls zu tun,
das sich aus einer anderen Konstellation im Horoskop ergibt.

Mond/Mars-Trigon. Bei diesem Aspekt übte die Mutter einen
gesunden Einfluß auf das Kind aus. Wenn sie der dominante
Elternteil war oder die Aspektierung im übrigen Horoskop
darauf hinweist, daß der Betreffende den Einfluß der Mutter
annehmen kann, dann wird er aufnahmefähig, kontaktfreudig
und in der Lage sein, positive, gefühlvolle Beziehungen einzugehen. Er ist einer der Glücklichen, die einen Partner wählen,
der gut für ihn ist.

Er ist ein Mensch, der in seiner Arbeit auch gefühlsmäßig
engagiert ist, der Freude am Kontakt mit seinen Kollegen hat

und der mit seiner Einstellung zum Leben aus dem vollen schöpfen kann. Was er tut, stimmt mit seinen Bedürfnissen überein; er fühlt sich in seinem schöpferischen Ausdruck glücklich. Da er seine emotionalen und sexuellen Bedürfnisse leicht äußern kann, ist er in der Lage, Menschen, die er liebt, zu helfen und sie zu fördern.

Mond/Mars-Opposition. Das Stichwort hier heißt »Kompromiß«. Jede Opposition zeigt die Notwendigkeit zu Kompromissen, und die Mond/Mars-Opposition bedeutet, das Handeln des Betreffenden muß mit seinem Empfinden in Einklang stehen. Seine Mutter hatte das Gefühl, ihre Sexualität enge sie ein, ihre persönlichen Bedürfnisse deckten sich nicht mit ihren beruflichen Interessen, und sie glaubte, sie könne nicht beides haben. Es fiel ihr schwer, ihre emotionalen Bedürfnisse zu äußern, daher verschafften sie sich in gewaltigen Gefühlsausbrüchen den Weg an die Oberfläche. Ihre Aktivitäten waren schlecht geplant und führten oft zu unguten Ergebnissen. Manchmal traf sie törichte Entscheidungen, weil sie sich aus irgendeinem Grunde gekränkt fühlte. Ihr Kind betrachtet dieses Verhalten als »normal«.

Die Stellung des Mars zeigt, wie wir handeln, wie wir einen Beruf aufbauen oder wie wir uns sexuell verhalten. Der Mond zeigt unsere emotionalen Bedürfnisse und Reaktionen. Der Konflikt, den diese Opposition kennzeichnet, drückt sich beispielsweise in einem Kompromiß zwischen den beruflichen und den persönlichen Interessen aus. Oder es muß ein Kompromiß gefunden werden zwischen den emotionalen Bedürfnissen und dem Sexualtrieb (ähnlich wie beim Quadrat). Wenn wir das Beispiel von Mond im Löwen in Opposition zu Mars im Wassermann nehmen, dann haben wir einen Mars, der sich unkonventionell gibt, der motiviert ist durch das Unorthodoxe, der offene Beziehungen schätzt und gern verschiedene sexuelle Erfahrungen sammelt; auf der anderen Seite einen Mond mit seinen Bedürfnissen nach Anerkennung und Respekt und einer idealen Liebesbeziehung. Der Betreffende wird wegen des unberechenbaren Mars wahrscheinlich einen exzentrischen Geliebten wählen, der wohl nicht mit der Akzeptanz bei Freunden und Familie rechnen kann.

Menschen mit der Mond/Mars-Opposition werden verschiedene Wege der Kompromißlösungen gehen. Vielleicht versuchen sie, ihre Arbeit (Mars) aus ihrem Gefühlsleben (Mond) auszuschließen; der Partner könnte zwar die sexuellen Bedürfnisse (Mars) befriedigen, jedoch nicht das Bedürfnis nach Geborgenheit (Mond); oder umgekehrt: Sie wählen einen Partner, mit dem sie sich austauschen können (Mond), der sie aber sexuell nicht befriedigt (Mars). Unter diesen Umständen besteht eine Neigung, emotional überzureagieren und der Unzufriedenheit plötzlich und mit Gewalt Ausdruck zu verleihen.

Männer gehen anders mit diesen Energien um als Frauen. Eine Frau mit diesem Aspekt wird ihre Unzufriedenheit an sich selbst auslassen, indem sie ihre Selbstachtung verlieren und Beziehungen mit ungeeigneten Partnern knüpfen wird. Sowohl der Mann als auch die Frau müssen sich mit dem Thema Gewalt auseinandersetzen, sei es in der Ausübung oder im Erleiden.

Dieser Aspekt macht äußerst empfindlich und führt zu viel vergeudeter Zeit in der Entwicklung, weil Kleinigkeiten viel zu sehr aufgebauscht werden. Die verschwendete Energie hat ihre Ursachen in den negativen Vorbildern in der Kindheit, die keine besseren Lösungen für Probleme anboten. Wenn man diese Ursachen versteht, kann die Energie in produktive Bahnen gelenkt werden.

Mond/Mars-Quinkunx. Hier ist der Widerstreit zwischen den emotionalen und den sexuellen Bedürfnissen subtiler, schwieriger zu erkennen. Der Quinkunx symbolisiert eine Belastung, die einem Zahnschmerz gleicht, der nicht stark genug ist, um damit zum Zahnarzt zu gehen. Darum werden die emotionalen Bedürfnisse, die Sehnsucht nach Geborgenheit, weder durch eigene Aktivitäten noch durch das Sexualverhalten gestillt. Man sucht Menschen für einen Gefühlsaustausch auf, mit denen man keine sexuelle Beziehung haben kann, oder man pflegt mit jemandem nur sexuellen Kontakt; und das Bedürfnis nach Zuneigung bleibt auf der Strecke, ohne daß man darüber spricht oder es gar bewußt merkt. Es bleibt jedoch eine unterschwellige Unzufriedenheit. Wenn unsere Handlungen (Mars) uns Schmerzen bereiten, sollten wir den Aspekt durcharbeiten. Wir müssen beide Zeichen, die an diesem Aspekt beteiligt sind, zum Ausdruck kommen lassen.

Mond/Jupiter-Aspekte

Der Mond repräsentiert unseren Körper, wie wir auf unsere Umwelt reagieren, er zeigt unser Bedürfnis nach Zuneigung, und er symbolisiert unsere Mutter und wie sie auf das Leben und auf uns reagierte. Der Jupiter zeigt, wie wir uns öffnen, wie wir unser Bewußtsein erweitern. Jupiter in Verbindung mit Mond bewirkt ein Bewußtwerden »im Bauch«, denn das Sichöffnen wird nicht nur geistig, sondern auch körperlich wahrgenommen. Jupiter bedeutet auch Beziehung. In Verbindung mit dem Mond sagt er etwas darüber aus, was für eine Beziehung wir zu unseren emotionalen Bedürfnissen und Reaktionen haben und wie wir zu unserem Körper stehen.

Mond/Jupiter-Konjunktion. Dieser Aspekt bedeutet überschwengliche Reaktionen in einer Art, die von dem Zeichen, in dem die Konjunktion stattfindet, bestimmt wird. Die Mutter eines Kindes mit diesem Aspekt ist nachsichtig; sie gibt ihren Emotionen freien Lauf, und sie verwöhnt auf irgendeine Art ihren Körper. Dies ahmt das Kind nach. Dieser Aspekt bedeutet, daß der Betreffende seiner Mutter nahe bleibt und eine enge Beziehung zu ihr pflegt, lange nachdem die

Geschwister sich von zu Hause entfernt haben. Er charakterisiert auch einen Menschen, der sich seinem Appetit hingibt und hier zu Übertreibungen neigt, indem er beispielsweise zuviel Nahrung oder Alkohol konsumiert. Dieser Mensch ist offen in seinen Emotionen, er ist offen für neue Gefühlserlebnisse und dafür, seine Gefühle anderen mitzuteilen; und er teilt freimütig, was er besitzt.

Diese Konjunktion bedeutet Großzügigkeit in Gefühlsangelegenheiten. Wie sich der Aspekt auswirkt, zeigen die Zeichen und Aspekte, die mit ihm verbunden sind. Jemand mit einer Mond/Jupiter-Konjunktion könnte seiner Mutter gegenüber so großzügig sein, daß er sein Zuhause nicht verläßt, um ein eigenes Leben zu leben.

Mond/Jupiter-Sextil. Die Mutter dieses Kindes lebt mit sich selbst in Frieden zur Zeit seiner Geburt und bereitet dadurch dem Kind eine gesunde, warme Atmosphäre. Das Kind lernt, mit anderen umzugehen, durch den Kontakt zu Menschen, die es gern hat. Es kann seine Gefühle den anderen offen mitteilen, und es entwickelt eine persönliche Großzügigkeit, die es später zu einem Gefühlsaustausch mit anderen befähigt.

Mond/Jupiter-Quadrat. Dieses Kind wächst bei einer Mutter auf, die mit sich selbst und ihren Bedürfnissen nicht gut umgeht. Sie spielt wahrscheinlich eine Rolle – die Rolle der Hausfrau und Mutter – und stellt sich als Person hintan. Es fällt ihr schwer, ihre emotionalen Bedürfnisse zu äußern, und wenn sie es tut, ist es meist übertrieben. Sie nimmt sich wahrscheinlich keine Zeit für sich selbst. Infolgedessen lernt das Kind, sich zurückzustellen zugunsten seiner Pflichten, was zu einer übermäßigen Entwicklung von emotionalen Bedürfnissen führt.

Menschen mit diesem Aspekt glauben, daß Rücksichtnahme auf die eigenen emotionalen Bedürfnisse, das Bedürfnis nach Nähe und das Annehmen und Liebhaben des eigenen Körpers

Verwöhnung seien. Diese Rücksichtnahme war nicht Teil der Kindheitserlebnisse. Deshalb werden diese Menschen kurzfristige Beziehungen knüpfen und sich wieder vom Partner trennen, denn sie gehen diese Verhältnisse ein, ohne auf ihre Bedürfnisse zu achten. Sie bekommen Schuldgefühle, wenn sie ihren Teil fordern. Oft wissen sie gar nicht, was ihre Bedürfnisse sind. Oder sie verwechseln Sex und Zärtlichkeit. Diese Menschen neigen dazu, ihr ganzes Pulver zu verschießen, denn sie achten nicht darauf, was ihr Körper braucht. Das Jupiter/Mond-Quadrat bedeutet, daß zwischen dem Bedürfnis nach einer Beziehung und der emotionalen Entwicklung ein Konflikt besteht – der Betreffende übernimmt Verantwortung, ohne sich um die eigenen seelischen Bedürfnisse zu kümmern.

Mit diesem Aspekt entstehen oft gesundheitliche Probleme, weil nicht auf eine gesunde Ernährung geachtet wird. Entweder wird der Körper überfüttert, oder er bekommt eine Nahrung, die er nicht braucht. Es besteht ein Hang zu Schlemmereien, die mehr Schaden anrichten als Gutes tun. Wenn die Kontaktaufnahme schwierig ist (Jupiter symbolisiert Expansion, das »Ausgreifen« und die Erweiterung des Horizonts), wird diese Schwierigkeit manchmal mit Alkohol oder Drogen überspielt. Der Betreffende kann sich an einem Tag seinen Mitmenschen gegenüber öffnen und am nächsten wieder verschließen, ohne die Ursache für sein Verhalten zu begreifen. Seine Mutter tat das ebenso. Sowohl die Übertreibung als auch die Hemmung im Kontakt mit anderen müssen gemäßigt werden, damit die Energie in gesunde, produktive Beziehungen geleitet werden kann.

Mond/Jupiter-Trigon. Dieser Aspekt bedeutet, daß die Mutter während der Formung der Persönlichkeit des Kindes eine glückliche Frau war. Sie konnte sich ihren Kindern gegenüber und anderen, die im Hause verkehrten, öffnen und mit ihnen teilen. Das Kind lernt, mit seinen emotionalen Bedürfnissen umzugehen, es hat eine Beziehung zu seinen Gefühlen und ist in der Lage, mit dem Äußern von Zuneigung und Wärme großzügig zu sein. Ein von der Mutter beeinflußtes Kind wird mehr von dieser Energie der Mutter aufnehmen, und es wird die Familienverhältnisse höher bewerten als ein vom Vater beeinflußtes Kind. Der Aspekt verleiht jedoch beiden Großzügigkeit, Überschwenglichkeit, Wärme, die Fähigkeit zum Kontakt, zum Austausch von Gefühlen sowie Fürsorglichkeit und Zärtlichkeit. Da es ein »leichter« Aspekt ist, der Energiefluß also nicht gehemmt wird, kann der Betreffende diese Gabe oft gar nicht richtig schätzen oder dankbar dafür sein.

Mond/Jupiter-Opposition. In seinen ersten Lebensjahren zieht sich die Mutter von ihrem Kind zurück. Sie kann die Bedürfnisse, die sie als Frau hat, nicht äußern, und sie hat das Gefühl, daß die emotionalen Bedürfnisse der Frauen von anderen nicht berücksichtigt werden. Das Kind wird ihre Einstellung übernehmen und, wie beim Quadrat oder der Konjunktion, auf irgendeine Weise mit seiner Mutter verstrickt sein. Als Erwachsener wird der Betreffende lernen müssen, seine eigenen emotionalen Bedürfnisse und die seines Körpers zu beachten. Er wird zuwenig Rücksicht auf seine persönlichen Wünsche nehmen und die der anderen in den Vordergrund stellen. Es wird ihm schwerfallen, seine Gefühle mitzuteilen, und seine Beziehungen werden von Kompromissen und Spannungen gekennzeichnet sein, die er durch einen übermäßigen Genuß von Nahrung oder Alkohol zu besänftigen versuchen wird.

Er wird Beziehungen eingehen, ohne an seine Zukunft zu denken. Ein sinnvoller Kontakt wird sich bei der Arbeit, unter Freunden oder mit einem Partner nur schwierig gestalten, da der Betreffende dazu neigt, eine Rolle zu spielen. Dies kann ein Mensch sein, der sich in einem falschen Beruf aufopfert, dessen Freunde ihn nicht wirklich kennen, der heiratet und Kinder bekommt mit jemandem, der nicht weiß, wie es seinem Partner geht oder was er fühlt.

Nehmen wir das Beispiel Jupiter im Stier in Opposition zum Mond im Skorpion. Die emotionalen Bedürfnisse (Mond) sind groß, denn der Skorpion-Mond braucht sehr viel Liebe und Zuneigung. Der Betreffende braucht Liebe, aber er hat das Gefühl, nicht erwünscht oder auf irgendeine Weise minderwertig zu sein. Die Liebe, die er braucht, schließt einen Wandlungs- und Wachstumsprozeß ein, den er mit einem geliebten Menschen teilen möchte. Der Jupiter im Stier ist materialistisch und praktisch veranlagt, und seine Art der Kontaktaufnahme hat einen sinnlichen Charakter. Der gesunde Menschenverstand und der Sinn für das Praktische bestimmen, wie er sich in Beziehungen verhält. Wenn Gefühle verletzt werden, wird der Betreffende nicht auf seine emotionalen Bedürfnisse achten, sondern er wird die Situation danach beurteilen, was praktisch ist. Er wird zum Beispiel mit seinem Partner verletzte Gefühle nicht besprechen, weil es im Augenblick vernünftiger ist, über die Probleme der Kinder zu reden. Oder er knüpft eine Beziehung, in der er seine Sinnlichkeit, jedoch nicht sein Bedürfnis nach persönlicher Veränderung befriedigen kann.

Mond/Jupiter-Quinkunx. Quinkunx bedeutet Belastung. Sie ist jedoch nicht störend genug, als daß der Betreffende etwas unternimmt und verändert. Es herrscht immer eine vage Unzufriedenheit. Das Bedürfnis nach Kontakt und Expansion, dem Sichöffnen, ist begleitet von Emotionen, die den Ausdruck dieser Bedürfnisse hemmen.
Nehmen wir als Beispiel einen Mond im Löwen mit Quinkunx zu Jupiter in den Fischen. Die Kontaktaufnahme ist sensibel, voller Mitgefühl und etwas märtyrerhaft. Der Mond im Löwen braucht den Respekt und die Anerkennung anderer. Dieser Mensch muß lernen, seine wahren Bedürfnisse kennenzulernen. Egoistisch zu sein ist nicht unbedingt negativ zu bewerten. Wenn man auf ehrliche Weise seine Bedürfnisse durchsetzt, zeugt das von Aufrichtigkeit. Wenn wir uns selbst

mögen, können wir besser mit anderen teilen und mehr von uns geben. Ein Mensch, der sich selbst nicht liebt, kann nicht viel geben, weil er voller Groll steckt.

Mond/Saturn-Aspekte

Der Mond repräsentiert unsere gefühlsmäßigen Reaktionen auf verschiedene Situationen des Lebens sowie unsere leibliche Mutter während unserer Kindheit, und er zeigt, wie wir auf unsere Umwelt reagieren. Der Saturn symbolisiert Einschränkung, Gefühle des Mangels, Hemmungen und Selbstverleugnung. Er zeigt auch den Einfluß des Vaters auf die Psyche. Wenn diese beiden Planeten in Verbindung stehen, geben sie Hinweise auf die Reaktionen der Mutter auf ihre Umwelt und wie diese durch die Einstellung des Vaters beeinflußt werden zu der Zeit, in der die Persönlichkeit des Kindes geformt wird. Immer wenn es einen Saturn/Mond-Kontakt gibt, bedeutet es, daß der Betreffende meint, emotionale Reaktionen sollten nicht gezeigt werden. Er ist der Ansicht, daß Autoritätspersonen (der Vater, andere Männer, mit denen er später im Leben in Berührung kommt, sowie Personen in leitender Funktion) in der Lage sind, die eigene Gefühlsnatur zu beschneiden und einzuschränken.
Im allgemeinen bedeuten die harten Mond/Saturn-Aspekte einen depressiven Einfluß. Der Betreffende neigt zur Melancholie und dazu, das Leben pessimistisch zu betrachten. Dabei muß man bedenken, daß seltsamerweise im Tierkreis das Mond-Zeichen Krebs dem Saturn-Zeichen Steinbock gegenüberliegt; sie befinden sich sozusagen in Opposition zueinander. Vielleicht sollen Menschen mit einem Mond/Saturn-Aspekt lernen, wie man Emotionen auf konstruktive Weise ausdrückt und daß zu den Gefühlen nicht nur Freude, sondern auch Leid gehört.

Mond/Saturn-Konjunktion. Mit diesem Aspekt läßt es sich schwer arbeiten, denn er symbolisiert eine problematische Kindheit. Sie ist von Krankheit und Entbehrung gezeichnet. Die Mutter wird auf irgendeine Weise vom Vater eingeschränkt oder unterdrückt, ebenso das Kind. Die Gefühle der Mutter werden erstickt; vielleicht ist es ihr nicht erlaubt, Freunde zu haben, oder ihre Ansichten werden abgewertet. Ihr eigenes Leben geht in der Verantwortung für die Familie völlig unter. Sie fühlt sich wahrscheinlich deprimiert und unausgefüllt, und das Kind saugt diese Einstellung in sich auf. Eine unglückliche Mutter zu haben scheint ihm normal. Zwischen den Eltern gibt es nur insofern eine Beziehung, daß der Vater als Ernährer der Familie pünktlich um sechs Uhr abends seine Mahlzeit auf dem Tisch erwartet. Vielleicht lehnt sich die Mutter innerlich dagegen auf, ist aber nicht stark genug, um die Situation zu verändern. Jedesmal, wenn sie sich etwas Freiraum schaffen will, indem sie beispielsweise spontan mit jemandem Kontakt knüpft, wird ihre Bemühung unter der Wucht der Reaktion des Ehemannes begraben.

Das Kind verinnerlicht die emotionale Entbehrung und entwickelt eine Neigung zur Melancholie, zu häufigen Stimmungsschwankungen, die auf seelische Ursachen zurückzuführen sind, und eine ungesunde Einstellung zu persönlichen Beziehungen. Ist es eine Frau, dann wird sie in einer Liebesbeziehung von ihrem Partner nicht erwarten, daß sie ihm ihre Gedanken und Gefühle mitteilen kann, weil sie nicht glaubt, daß ein Mann liebenswürdig, rücksichtsvoll und verständnisvoll sein kann. Sie wird daher ihre geheimen Gefühle und Wünsche mit ihren Freunden anstatt ihrem Geliebten oder Ehemann teilen. Bei einem Mann wird die Fähigkeit zu Gefühlsreaktionen eingeschränkt sein, weil sein Vater seine Gefühlsentwicklung hemmte. Der Aspekt beeinträchtigt ebenso seine Beziehungen zu Frauen; er wird glauben, keine Frau könne ihn jemals gern haben. Er baut – oft unbewußt – einen Schutzwall um seine Gefühle und erscheint seiner

Umwelt als ein harter Mensch. Wenn sein Vater Frauen körperlich und psychologisch mißhandelte, wird er das wahrscheinlich auch tun. Er wird sich zu Partnerinnen hingezogen fühlen, die ihm gefühlsmäßig nichts geben können. Eine Tochter, deren Vater Frauen schlecht behandelte, wird das gleiche Verhalten von ihrem Partner erwarten und in einer ungesunden Beziehung länger verweilen als jemand ohne diesen Aspekt im Horoskop.

Der Aspekt bedeutet auch eine Einschränkung des Körpers auf irgendeine Weise. Saturn symbolisiert Einschränkung, und der Mond repräsentiert den Körper. Kinder mit diesem Aspekt leiden oft unter Schwächen im Knochenbau oder unter chronischen Krankheiten. Der Erwachsene leidet ebenfalls häufig unter chronischen Krankheiten, und er kann beispielsweise Erkältungen nicht so schnell überwinden. Diese Menschen sollten vorbeugen, indem sie gesund leben und somit Krankheiten möglichst von sich fernhalten.

Mond/Saturn-Sextil. Jeder Kontakt des Mondes mit Saturn bedeutet Verlangsamung, Vorsicht, Ernst und Ängstlichkeit im Ausdruck der Gefühle. Der Vater hatte zwar keinen destruktiven Einfluß auf die Mutter und ihre Fähigkeit, das Kind zu nähren, er nahm das Leben jedoch sehr ernst.

Menschen mit diesem Aspekt können ihn nutzen, um Gefühlsstabilität zu erlangen. Sie werden Bindungen, die sie einmal eingegangen sind, sehr ernst nehmen. Sie sind verantwortungsbewußte Menschen. Der Aspekt kann positiv in einem Beruf genutzt werden, in dem eine ruhige, verläßliche Hand und ein nüchterner Kopf vonnöten sind.

Mond/Saturn-Quadrat. Hier besteht kein Zweifel, daß der Vater die persönliche Handlungsfreiheit der Mutter vereitelt hat. Vielleicht war er ein Mann, dem es sogar ein Lustgefühl bereitete, wenn er Frauen einschränken und ihnen Grenzen setzen konnte. Menschen mit diesem Aspekt erleben in den ersten Jahren der Kindheit, daß ihre Mütter nicht die Möglichkeit haben, zu tun, was sie wünschen, keinem eigenen Interesse nachgehen können, ohne vom Vater belästigt und unter Druck gesetzt zu werden. Die subtilen psychologischen Spiele zwischen den Eltern entgehen dem Kind keineswegs. Oft verhindert der Vater die Pläne des Kindes ebenso wie die der Mutter und übergießt seinen Enthusiasmus mit einem kalten Schauer. Wenn das Kind heranwächst, reagiert es auf Lebenserfahrungen mit Erwartungen, die es seine Kindheitserlebnisse gelehrt haben.

Ein Mann mit diesem Aspekt meint, daß man Frauen nicht trauen kann, man seine Gefühle nicht frei äußern sollte und es nicht gut ist, spontan auf etwas zu reagieren. Die Ansichten und das Verhalten des Vaters gegenüber der Mutter machen es ihm schwer, persönliche Beziehungen einzugehen. Er glaubt, zu lieben, einfühlsam zu sein und Gefühle zu zeigen sei nicht »männlich«. Oft wird er seine Liebe anbieten, aber dann wieder zurücknehmen. Die Frau, die ihn liebt, muß erleben, wie er sich öffnet, auf sie eingeht und sich dann zurückzieht. Er verbarrikadiert sich, er will seine Gefühle nicht zeigen, weil er Angst hat, verletzt zu werden.

Eine Frau mit diesem Aspekt hat Probleme anderer Art. Sie fühlt sich zu Männern hingezogen, die ihre unbewußten Erwartungen bestätigen. Sie glaubt, da ihr Vater ihre Mutter eingeschränkt hat, daß alle Männer ihre Frauen einschränken. Wahrscheinlich wird sie nur solche Männer in ihrem Leben akzeptieren können, die ihr auf irgendeine Weise Grenzen setzen: Entweder läßt er sie nicht arbeiten gehen oder Freunde haben, oder er kümmert sich nicht um ihre emotionalen Bedürfnisse. Sie meint, daß eine Frau, die sich verliebt, einen Teil von sich selbst aufgeben muß. Oft kennen ihre Freunde sie besser als ihr eigener Mann oder Geliebter, weil es ihr schwerfällt, mit ihm ihre Wünsche zu besprechen. Sie glaubt, ihr Partner wolle nur bestimmte Dinge hören und interessiere sich ohnehin nicht für sie und ihre Gefühle. Deshalb wird sie über Themen mit ihm sprechen, von denen sie glaubt, daß er sie akzeptieren kann. Wenn man eine Liebesbeziehung eingeht mit der Erwartung, etwas Wichtiges aufgeben zu müssen, dann stellen sich Verbitterung und Ressentiments ein. Sie wird sich in ihren Beziehungen einsam fühlen, weil sie immer Männer wählen wird, die ihr nicht erlauben, sich zu entwikkeln und innerlich zu wachsen.

Ob bei einem Mann oder bei einer Frau, dieser Aspekt ist schwierig zu bearbeiten. Um eine sinnvolle Beziehung aufbauen zu können, müssen sich diese Menschen zuerst bewußt werden, daß sie das Verhältnis ihrer Eltern wiederholen. Sie erleben immer wieder Niedergeschlagenheit, Melancholie und das Leiden unter dem Nichterfülltsein, das mit Mangel und Entbehrung einhergeht. Wir dürfen hier nicht die emotionalen mit den sexuellen Bedürfnissen verwechseln, denn oft werden in diesen Beziehungen die sexuellen Bedürfnisse sehr wohl erfüllt, aber es mangelt an Zärtlichkeit und Zuneigung. Ihre Partner sind meist nicht in der Lage, sie zu verstehen. Oft trifft ihre Wahl einen Partner, der entweder weit über oder unter ihrem geistigen oder gesellschaftlichen Niveau steht. Dieses Gefälle führt zu Verletzungen und infolgedessen zu Barrieren, die in der Partnerschaft aufgebaut werden. Es ist eher der Partner ohne den Mond/Saturn-Aspekt, der die Diskrepanz stärker spürt. Derjenige mit dem Mond/Saturn-Quadrat erwartet, etwas für die Beziehung aufgeben zu müssen; deshalb ist er auch bereit, jemanden zu heiraten, der unter seinem Niveau liegt.

Eine Lösung des Problems ist möglich, wenn der Betreffende begreift, daß er das Verhaltensmuster seiner Eltern – unbewußt – wiederholt. Obwohl ihm das im Augenblick nicht einleuchten mag, so wird er immer wieder dieselben Ergebnisse ernten: Er wird unglücklich und deprimiert sein und das Gefühl haben, nicht zu bekommen, was er sich wünscht. Saturn/Mond-Verletzungen bedeuten einen Mangel an Freude und die Erwartung, daß das Leben schwer ist. Wahre Freude muß von ihm mühselig gelernt und genährt werden.

Eine vereinfachte Kurzfassung des Mond/Saturn-Quadrats könnte folgendermaßen lauten: »Der hemmende Einfluß des Vaters (Saturn) arbeitet gegen (Quadrat) meine emotionalen Bedürfnisse (Mond).« Der Betreffende hat Schwierigkeiten, die Bedürfnisse und Gefühle, die mit dem Mond-Zeichen verbunden sind, auszudrücken, und er erwartet nicht, daß sie erfüllt werden. Sein Unterbewußtsein sagt: »Meine Bedenken, meine Ängste und meine Gefühle der Entbehrung (Saturn) arbeiten gegen (Quadrat) meinen Körper und meine Gefühle (Mond).« Die durch Saturn repräsentierten Ängste können die Fähigkeit, zu nähren, zu fühlen und fürsorglich zu sein, einschränken, sie können sogar die Intuition hemmen, wenn die Wirkung Saturns nicht bewußtgemacht wird.

Der Saturn ist die schwache Stelle in unserem Horoskop. In unserer Jugend machen wir uns über den Bereich, der von Saturn angesprochen ist, viele Sorgen, so daß, wenn wir reifer werden, derselbe Bereich zu einer unserer Stärken wird. Saturn kann zu einem Freund werden. Wenn man den Mond/Saturn-Aspekt versteht, kann man ihn als eine Eigenschaft nutzen, die den Aufbau einer reifen Beziehung begünstigt.

Die Mond/Saturn-Verletzung (Konjunktion, Quadrat, Opposition) behindert die Entwicklung – in den Begriffen von C. G. Jung – der Anima- und Animus-Funktion. Da die Figuren in der Psyche entstellt sind, kommt es nur erschwert zu einer Entwicklung der Gefühle und der Intuition. Der Betreffende kann die Kraft dieser archetypischen Figuren nur bedingt für die Entwicklung seiner Persönlichkeit nutzen.

Bei einem Mann wird die Entwicklung der Anima-Funktion durch den negativen Einfluß des Vaters eingeschränkt sein. Er wird vielleicht bei einem frühen Anima-Bild aus seiner Jugend stehenbleiben und sich eine Kameradschaft oder Lebensgemeinschaft mit einer mädchenhaften Frau vorstellen. Er wird das Bild des Mädchens auf seine Partnerin projizieren und nicht zulassen wollen, daß sie erwachsen wird. Sie wird für ihre eigene Identität einen harten Kampf gegen ihn führen müssen.

Bei einer Frau scheint das Animus-Bild ihre gesamte Entwicklung zu behindern, und sie wird vielleicht gegen ihren eigenen Vater ankämpfen, um ein Gefühl für ihre eigene Identität und ihre Weiblichkeit zu bekommen. Der Kampf ist ihr nicht unbedingt bewußt. Sie könnte in einen Familienzwist hineingeraten, bei dem es nicht lediglich um Meinungsverschiedenheiten geht, sondern um das viel fundamentalere Problem der Ablösung vom Einfluß des Vaters um des eigenen Selbstwertgefühls willen. Da der Vater die Weiblichkeit der Mutter negiert, wird er versuchen, dasselbe mit der Tochter zu tun. Die Negierung des Weiblichen findet meist sehr subtil statt; der Übergriff von seiten des Vaters geschieht nicht bewußt. In einem mir bekannten Fall beispielsweise wollte der Vater nach dem Tod seiner Frau der Tochter nicht erlauben, irgend etwas zu nehmen, was der Mutter gehört hatte. Wenn die Mutter bereits früh im Leben der Tochter stirbt und der Vater weder Dinge noch Erinnerungen mit dem Kind teilt, weil er sie als seinen privaten Besitz betrachtet, entsteht bei ihr das Gefühl, nicht dazuzugehören und völlig unweiblich zu sein. Es ist, als ob der Vater zu ihr sage: »Du bist nicht gut genug, um eine Frau zu sein.« Zwar wird diese Einstellung nicht bei jedem Saturn/Mond-Spannungsaspekt offenbar, potentiell ist sie jedoch immer vorhanden. Man würde eine Zwanzigjährige nicht unbedingt auf diesen Aspekt aufmerksam machen wollen; erst eine Dreißigjährige wäre alt genug, um sich mit diesem Problem zu befassen.

Mond/Saturn-Trigon. Menschen mit diesem Aspekt werden weniger zur Leichtlebigkeit neigen als Menschen ohne ihn. Sie werden jedoch nicht so depressiv sein wie jemand mit einem Spannungsaspekt zwischen Mond und Saturn. Das Kind wächst in einer Familie auf, in der die Eltern kooperieren und sich über Wesentliches einig sind, wenn die Atmosphäre auch ernst ist. Das Kind lernt es, wie man emotionale Probleme durcharbeitet. Es wird später sehr vorsichtig mit Beziehungen umgehen, weil es Gefühle sehr ernst nimmt. Dieser Aspekt gibt dem Betreffenden die Fähigkeit, in einer Partnerschaft alle Möglichkeiten auszuschöpfen und das Potential der Beziehung zu erkennen und zu nutzen.

Im Beruf wird dieser Mensch mit sorgfältiger Überlegung vorgehen, er wird auch in Krisensituationen noch Vernunft walten und sich nicht durch spontane Reaktionen aus dem Gleichgewicht bringen lassen. Er ist ein Diplomat.

Mond/Saturn-Opposition. Das Kind mit dieser Opposition wird in ähnliche Familienverhältnisse hineingeboren wie das Kind mit dem Quadrat oder der Konjunktion, mit der Ausnahme, daß Depressionen und Melancholie meist mit einem Verlust verbunden sind. Das kann der Verlust eines Elternteils bereits in einem frühen Alter sein, sei es durch Tod oder Trennung. Oder die Familie bleibt »intakt«, jedoch in einer derart bedrückenden Atmosphäre, daß das Kind unter dem Mangel an emotionaler Wärme leidet. Der Vater (Saturn) übt einen einschränkenden Einfluß auf die Mutter (Mond) aus, wodurch sie sehr gehemmt wird und dem Kind das Mütterliche und Fürsorgliche nicht in ausreichendem Maße zuteil wird.

Der Vater ist möglicherweise nicht körperlich gewalttätig, aber er hat dem Leben gegenüber eine negative Einstellung und tötet damit in seiner Umgebung jeden Impuls, sich für etwas zu interessieren. Die Atmosphäre der Gewalt kann eine offene oder subtile, verborgene sein, je nachdem, wie sich das übrige Horoskop gestaltet. Oft sind es zermürbende Streitereien wegen finanzieller Probleme – die Frau möchte arbeiten gehen, der Mann erlaubt es nicht. Vielleicht möchte sie sich einen bestimmten Film im Kino ansehen, und der Mann verzögert den Kinobesuch so lange, bis das Programm gewechselt hat. Jedes Flämmchen einer Idee der Frau wird mit einem kalten Schauer gelöscht. Das Kind nimmt die Reaktionen auf, und wenn auch der Vater die Mutter nicht körperlich mißhandelt, so spürt das Kind doch die Niedergeschlagenheit und die Verletzung der Mutter. So entsteht bei einem Menschen mit diesem Aspekt im Unterbewußtsein ein Programm, und wenn er als Erwachsener eine Beziehung eingehen will, wird er es mit der Erwartung tun, daß sie ihn nicht glücklich machen kann.

Ein Mann mit der Mond/Saturn-Opposition wird sich davor fürchten, seine Gefühle zu offenbaren (besonders dann, wenn er schon früh seine Mutter verloren hat), weil er glaubt, er könne die Frau, die ihm etwas bedeutet, dadurch verlieren. Manchmal heiraten diese Männer Frauen, die sie nicht lieben, und pflegen ein Verhältnis außerhalb der Ehe, da sie keine feste Bindung mit einer Frau, die sie lieben, eingehen wollen. Dieser Einstellung liegt die Angst vor dem Liebesverlust zugrunde. Manche Männer fühlen sich nicht in der Lage, ihre Emotionen auszudrücken, und sie knüpfen mit Frauen nur Kontakte sexueller Art. Ihr Vater hatte ihre Mutter nicht geliebt, daher können auch sie keine Frau wirklich lieben.

Eine Frau mit diesem Aspekt wird meist einen Mann anziehen, der in seiner Persönlichkeit ihrem Vater ähnelt. Sie wird jemanden finden, der nicht auf sie hört und ihre emotionalen Bedürfnisse nicht beachtet, jedoch ihre sexuellen Bedürfnisse befriedigen kann. Er wird möglicherweise ihre Vorhaben nicht unterstützen, sei es die Renovierung des Hauses oder die Suche nach einer geeigneten Stelle. Sie glaubt, daß alle Männer diese Einstellung haben und sie auf etwas verzichten muß, um geliebt zu werden. Unbewußt wählt sie oft einen Mann, der für sie völlig ungeeignet ist: Entweder gehört er einer niedrigeren Gesellschaftsschicht an oder zu einer Familie, zu der sie keine Beziehung bekommen kann.

Eine meiner Klientinnen heiratete einen Südamerikaner und hatte große Schwierigkeiten, mit ihm zusammenzuleben, da sie kein Spanisch und seine Familie kein Englisch sprechen konnte. Die Familie erwartete von ihr, daß sie bei ihnen wohnt, solange ihr Mann studierte. Sie war sehr unglücklich, da sie keine Freunde hatte, die Sprache nicht sprechen konnte, die Familie nicht verlassen oder sich im Haushalt betätigen durfte, da sie ja ein Gast war. Sie verfiel in Stumpfsinn und zeigte Anzeichen für einen Nervenzusammenbruch. Sie kehrte in die Staaten zurück, um sich einer Behandlung zu unterziehen. Es war nicht leicht für sie, zu begreifen, daß man sie deshalb nicht gut behandelte, weil sie die Erwartung hatte, *alle* Ehen seien schwierig. Es stellte sich heraus, daß ihr Mann sie deswegen geheiratet hatte, weil ihm ihre amerikanische Freiheitsliebe gefiel, weil er ihre Offenheit und ihr Interesse am Aufbau einer eigenen Berufslaufbahn schätzte – aber nachdem sie verheiratet waren, wünschte er nicht mehr, daß sie diese Interessen verfolgen sollte. Ihre Liebesbeziehung war schön, aber das Zusammenleben war schwierig.

Menschen mit einer Saturn/Mond-Opposition müssen lernen, ihr Selbstwertgefühl aufzubauen. Ihre sämtlichen unproduktiven Beziehungen müssen bewußt analysiert werden, um das Muster im Verhalten zu entdecken, welches das Selbstwertgefühl untergräbt. Man muß die Ängste aufspüren, die entstehen, wenn man dem anderen gegenüber seine eigenen emotionalen Bedürfnisse äußert und deshalb möglicherweise herabgesetzt werden könnte. Wenn uns jemand wirklich liebt, kann er sich über unsere Bedürfnisse nicht hinwegsetzen. Lieben bedeutet geben, nicht aufgeben. In einer wachsenden Liebesbeziehung gibt es ein Teilen und gegenseitiges Mitteilen. Die Spannung und die Schwere dieses Aspektes können erleichtert werden durch ein Verständnis der Wirkung des väterlichen Einflusses. Man muß lernen, sich zu freuen. Das Leben ist kein düsteres Schicksal, es sei denn, wir machen eines daraus. Reife und heitere Gelassenheit können erst entstehen, wenn man nicht in den negativen frühen Kindheitserlebnissen verharrt.

Mond/Saturn-Quinkunx. Der Mond repräsentiert unsere emotionalen Reaktionen auf Ereignisse im Leben; er symbolisiert unsere Mutter und wie ihr Verhalten auf unsere Vorstellungs-welt gewirkt hat, als wir noch klein waren. Der Saturn reprä-sentiert den Einfluß des Vaters auf die Mutter und die Wir-kung, die dessen Einfluß auf unsere Fähigkeit hat, unsere Gefühle zum Ausdruck zu bringen. Der Quinkunx-Aspekt bedeutet eine unbemerkte Belastung, die mit der Zeit unsere Gesundheit angreift, jedoch selten vor dem vierzigsten Lebensjahr. Die Energie der beteiligten Kräfte muß bewußt-gemacht werden, denn der Quinkunx ist jene Art von Aspekt, die wie ein leiser Zahnschmerz wirkt – man nimmt ihn nicht ernst genug, um sofort zum Zahnarzt zu gehen.

Die Eigenschaften der beiden Planeten Mond und Saturn müssen so zueinander in Beziehung gebracht werden, daß beide zum Ausdruck kommen können. Der Saturn sagt: »Mir fehlt etwas«, während der Mond sagt: »Ich empfinde.« Mit dem Mond im Löwen beispielsweise reagiert der Betreffende sehr sensibel auf die Anerkennung und das Urteil anderer. Er ist sehr empfänglich für Moral, für korrektes Verhalten, und er hat ein Gespür für Fairneß. Mit dem Saturn im Steinbock fürchtet er den Verlust von Ansehen – oder es fehlt ihm die gesellschaftliche Position, die ihm wichtig ist. Er fürchtet sowohl die Macht als auch den Verlust der Macht und hat Angst, sein Gesicht zu verlieren. Diese Furcht kann bewirken, daß höhere Ziele mit Mitteln angestrebt werden, die der Mond nicht billigen kann. Der Mond möchte auf korrekte Weise nach oben gelangen, der Saturn möchte nach oben um jeden Preis. Der Konflikt wird von der Umwelt nicht bemerkt, weil die Spannungen innerlich sind. Mit Hilfe der Astrologie und ihrer Symbolik kann der Betreffende auf seinen inneren Konflikt aufmerksam gemacht werden und dann an einer Lösung arbeiten.

Mond/Uranus-Aspekte

Der Mond zeigt, wie wir auf unsere Umwelt reagieren. Unsere Reaktionen auf Lebenserfahrungen, auf unsere Familie, Freunde und andere geliebte Menschen werden von dem Zeichen bestimmt, in dem der Mond zur Zeit unserer Geburt steht. Der Uranus symbolisiert unser Verhalten und das Verhalten unserer Generation. Astrologen mit einer spirituellen Sichtweise sagen, daß die äußeren Planeten (Uranus, Neptun und Pluto) Teile des Unbewußten repräsentieren, durch die wir ein höheres Bewußtsein und Weisheit erlangen können, die uns von der Bindung an das materielle Universum befreit. Wenn der Mond den Uranus in einem Geburtshoroskop aspektiert, sind wir in unserem Verhalten unangepaßt, exzentrisch und sprunghaft, anders als Menschen ohne diesen Aspekt mit dem Mond im selben Zeichen. Es besteht eine größere Möglichkeit zum Wachstum, da Uranus die Weiterentwicklung des Bewußtseins symbolisiert, da er den Blick öffnet für neue Wege in Beziehungen und im emotionalen Verhalten. Es kann aber auch schwierig sein, mit einem Mond/Uranus-Aspekt zu leben, da er größere Selbstwahrnehmung und Selbstverantwortung fordert; anderenfalls werden unsere Beziehungen unglücklich und unangenehm sein.

Mond/Uranus-Konjunktion. Der Mond symbolisiert unsere Gefühlsreaktionen, die wir als Kind durch das Verhalten unserer Mutter lernten, und der Uranus zeigt das Verhaltensmuster der Generation, in der wir geboren wurden.
Da ein Uranus-Aspekt immer etwas Unberechenbares hat, können wir bei diesem Aspekt annehmen, daß unsere gefühlsmäßigen Reaktionen unberechenbar sein werden. Wahrscheinlich war das Verhalten der Mutter während unserer Kindheit unberechenbar und exzentrisch. Sie konnte ihre Emotionen nur periodisch in Gefühlsausbrüchen äußern. Das Kind konnte nicht erkennen, ob die Mutter glücklich, verär-

gert oder aufgewühlt war – ihre Tiraden schienen aus dem Nichts zu kommen.

Der Erwachsene mit diesem Aspekt neigt zu plötzlichen und abrupten emotionalen Entscheidungen, die andere oft verletzen, da Entscheidungen emotionaler Art selten vorher mit anderen besprochen werden. Seine Reaktionen sind unberechenbar. Das kann seine guten und seine schlechten Seiten haben. Der Betreffende ist eng mit seiner Generation verbunden, er hat eine Affinität zu den Zielen seiner Altersgenossen. Deshalb wird man ihn häufig in Heil- und sozialen Berufen antreffen. Andererseits kann sein unberechenbares und seltsames Verhalten in Gefühlsbeziehungen eine Reihe gebrochener Herzen hinterlassen. Er wird sich immer wieder von seinen Partnern trennen, weil er Probleme in einer Beziehung selten mit dem anderen durcharbeitet.

Wenn die übrigen Konstellationen im Horoskop dies bestätigen, können solche Menschen dazu neigen, von Gewalt geprägte Beziehungen einzugehen. Eine Frau mit diesem Aspekt, die eine Beziehung abrupt beenden will, hat vielleicht einen verärgerten Liebhaber, der ihr deshalb die Tür einbricht.

Wenn eine solche Frau Gewalt vermeiden will, muß sie lernen, ihre Gefühle und Verletzungen dem anderen mitzuteilen, bevor sie eine Entscheidung über die Beziehung trifft. Sie muß über ihre Gefühle sprechen, damit ihr Partner sie verstehen kann. Konstruktive Verhaltensweisen müssen erst eingeübt werden, da das Kind bei seiner Mutter nicht erlebte, daß diese vernünftige oder rücksichtsvolle Entscheidungen traf.

Ein Mann mit diesem Aspekt hat es schwer, sich auf eine einzige Beziehung einzulassen. Er wird sich schmollend entfernen, wenn der Lauf der Dinge nicht seinen Wünschen entspricht. Er wird von einer Liebe zur anderen, von einer Ehe in die andere wandern, da er mit dem Menschen, den er vorgeblich liebt, keine Gemeinsamkeiten teilen oder sich mitteilen will. Als Mann wird er kaum von einer Frau gewaltsam angegriffen werden, obwohl das zuweilen doch vorkommt. Ist er homosexuell, so könnte er physischer Gewalt ausgesetzt sein – so lange, bis er lernt, seine Gefühle mitzuteilen.

Mond/Uranus-Sextil. Die Fähigkeit der Mutter, sich innerlich verantwortlich zu fühlen, übt einen sehr positiven Einfluß auf die seelische Entwicklung des Kindes aus. Dieser Aspekt kennzeichnet einen Menschen, der in der Lage ist, emotionale Krisen durchzuarbeiten. Seine Ideen sind originell, und er besitzt die Fähigkeit, das Verhalten anderer zu verstehen, auch wenn es sich von seinem eigenen unterscheidet, und er strahlt in seiner Umgebung viel positive Energie aus.

Mond/Uranus-Quadrat. Dieser Aspekt wirkt ähnlich wie die Konjunktion oder die Opposition, was die Auswirkungen des exzentrischen Verhaltens der Mutter betrifft. Der Mond symbolisiert die Mutter und ihre Reaktionen auf das Leben. Ihr Verhalten prägt das Verhalten und die emotionale Entwicklung des Kindes. Der Uranus zeigt das Verhaltensmuster einer Generation sowie unser Verhalten in Beziehungen. Ein Mensch mit Mond/Uranus-Quadrat in seinem Horoskop tendiert dazu, seine Beziehungen unvermittelt zu beenden, da er dieses Verhalten von seiner Mutter gelernt hat. Er glaubt, daß es normal ist, Beziehungen abrupt abzubrechen, ohne diese Entscheidung vorher mit dem anderen durchzusprechen. Sein Verhalten gegenüber Freunden, Liebhabern oder der Familie ist schroff. Oft wird er eine Arbeit plötzlich aufgeben, oder er wird seine Meinung über seine Berufslaufbahn von einem Tag auf den anderen ändern. Das kann bedeuten, daß der Betreffende im Laufe der Zeit mehrere Berufe ausübt.
Die größten Schwierigkeiten stellen sich in einer persönlichen Beziehung ein, da ein Mensch mit diesem Aspekt seinem Partner keine faire Chance gibt. Wenn er sich verletzt fühlt, geht er die Situation oft nur mit sich selbst in Gedanken durch, und wenn er soweit ist, seine Gedanken mit dem anderen zu

besprechen, hat er meist innerlich bereits die Entscheidung zur Trennung getroffen. Es kommt bei diesem Aspekt zu vielen Mißverständnissen in Beziehungen jeder Art. Das eigenwillige Verhalten wurde von der Mutter übernommen, die auf ihre Weise eigenwillig war. Wenn sich der Betreffende das Verhalten der Mutter in ihren Beziehungen, mit ihrem Mann, ihren Freunden in Erinnerung rufen kann, ist es möglich, das Verhaltensmuster zu durchbrechen. Wichtig ist, darauf zu achten, ob ihre Beziehungen häufig wechselten. Ein Verständnis des Verhaltens der Mutter kann die Lösung der eigenen Probleme erleichtern. Um sich in einer Beziehung so zu verhalten, daß es auch der andere versteht, muß der Betreffende lernen, zu erkennen, wann seine Gefühle verletzt wurden und wann sich eine Feindseligkeit zu entwickeln begann, damit die unangenehme Situation durchgearbeitet anstatt unterbrochen werden kann. Die Alternative wäre, jede unangenehme Situation dadurch aus der Welt zu schaffen, daß man sich vom anderen trennt und immer wieder neue Beziehungen anknüpft. Mit diesem Verhalten kann man nicht lernen, sich den Herausforderungen im Leben zu stellen und ein reifer Mensch zu werden, da man nicht lange genug bei einer Sache oder einem Menschen bleibt, um eine Krise zu bewältigen.

Ein Teil unserer Entwicklung zum »weisen alten Mann« oder der »weisen alten Frau« geschieht durch den Reifungsprozeß, den wir durchmachen, wenn wir uns mit unangenehmen Situationen und mit verschiedenen Menschen auseinandersetzen, wenn wir Meinungsverschiedenheiten durcharbeiten und lernen, auch den anderen in seiner Eigenart wahrzunehmen. Um Mitgefühl und Verständnis zu entwickeln, müssen wir uns diese Wahrnehmung bewußtmachen.

Dieser Aspekt hat das Potential, uns zu einem größeren Verständnis, zu persönlichem Wachstum, zu einem höheren Bewußtsein zu verhelfen und alte Verhaltensmuster zu durchbrechen. Wenn die kreative Energie dieses Aspekts zum Durchbruch kommt, wirkt er produktiver als das Trigon.

Mond/Uranus-Trigon. Das Kind, das mit diesem Aspekt zur Welt kommt, wird in eine Umgebung hineingeboren, in der die Mutter Verständnis für die Einstellung der jungen Generation hat. Der Mond symbolisiert die Mutter und ihr Verhalten während der frühen Kindheit. Das Kind lernt seine emotionalen Reaktionen von ihr; es lernt fürsorgliches und nährendes Verhalten und wie man seine Gefühle äußert. Der Uranus zeigt das Verhalten der Generation; er zeigt auch, wo wir exzentrisch und eigenwillig sind. Bei diesem Aspekt war die Mutter bereit, mit ihrer Umgebung positiv und konstruktiv umzugehen, und ihre Kinder werden dieses Verhalten als Erwachsene in ihren Beziehungen nachahmen.

Das einzige Problem bei diesem Trigon könnte eine zu große Nachgiebigkeit und Toleranz sein, da man bereit ist, die Ziele und Absichten anderer zu unterstützen, bevor man sie begriffen hat. Ich kenne eine Frau mit diesem Trigon, die einer Jugendgruppe in ihrer Nachbarschaft sehr viel Unterstützung gab. Die Jugendlichen wollten eine Begegnungsstätte und brauchten die Hilfe der Erwachsenen, um sie zu bekommen. Sie gab ihnen diese Unterstützung, fand aber später heraus, daß das Jugendhaus ein Umschlagplatz für Drogen wurde, wo Auseinandersetzungen gewaltsam ausgetragen wurden. Es gab mehrere Fälle körperlicher Mißhandlung, und ein Mädchen wurde vergewaltigt.

Das Trigon ist ein Aspekt der »positiven Exzentrizität«. Der Betreffende hat eine kreative Veranlagung, die ihm erlaubt, sich in jedem Beruf seiner Wahl emotional zu engagieren. Er ist eine ungewöhnliche Gefühlsnatur und interessiert sich für Beziehungen mit Menschen, die der New-Age-Bewegung nahestehen.

Mond/Uranus-Opposition. Das Kind mit diesem Aspekt hat eine Mutter, die ihm kein Vorbild für gesundes emotionales Verhalten gibt. Der Mond symbolisiert die Mutter und ihre Reaktionen auf das Leben während der frühen Kindheit des

Menschen mit diesem Aspekt. Der Uranus in Opposition zum Mond bedeutet, daß das Verhalten und die Gefühle der Mutter nicht identisch sind. Das Kind kann nicht erkennen, wie sie auf eine bestimmte Situation reagieren wird, da sie wahrscheinlich ihre Gefühle unterdrückt und ihre Bedürfnisse zugunsten einer ausgefallenen Handlungsweise verleugnet. Sie ist überaus eigenwillig, überspannt und unberechenbar, ein Mensch, der sich aus Trotz selbst Schaden zufügt. Wenn ein Kind einer Mutter ausgesetzt ist, die nie zu erkennen gibt, aus welchen Gründen sie endgültige Entscheidungen fällt, wenn die Erwachsenen in der Familie wie selbstverständlich unberechenbare, wunderliche, emotionale Entscheidungen treffen, dann wird es aufwachsen und sich genauso verhalten.

Der Erwachsene mit diesem Aspekt neigt zu Verantwortungslosigkeit, da sich seine Gefühle ständig verändern und sein Verhalten anderen gegenüber sonderbar, sprunghaft und verwirrend ist. Das allgemeine Verhalten (Uranus) arbeitet gegen (Opposition) die emotionalen Bedürfnisse, die Fähigkeit zur Fürsorge, zum Bemuttern und zu gefühlsmäßigen Reaktionen (Mond). Der Aspekt könnte zum Beispiel eine Frau kennzeichnen, die sich von einer Liebesaffäre in die andere stürzt. Jedesmal wenn sie ein Mann gekränkt hat, will sie die Beziehung beenden, anstatt mit ihm über ihre verletzten Gefühle zu sprechen, damit ihm ihr Gekränktsein bewußt werden kann. Sie wechselt von einem Liebhaber zum anderen, von einem Ehemann zum nächsten, bis sie an einen Mann gerät, der ihre Ablehnung nicht akzeptieren will. Wenn sie die Beziehung zu abrupt beendet und seinen Stolz verletzt hat, kann es sein, daß er gewalttätig wird. Bei einem plötzlichen Abbruch einer Beziehung kann der verletzte Partner sehr wütend reagieren. Dieser Aspekt wird sich nicht nur auf diese Art auswirken, jedoch wird von Zeit zu Zeit Gewalt im Spiel sein.

Die Mond/Uranus-Opposition bedeutet die Unfähigkeit, eine Situation bis zur letzten Konsequenz durchzustehen. Wenn zwei Menschen in einer Liebesbeziehung Meinungsverschiedenheiten haben (was bei zwei Menschen immer der Fall ist, weil sie verschieden sind), können sie ihre Schwierigkeiten durcharbeiten und zu einem Kompromiß oder zumindest zu einer Verständigung kommen. Gehen die Meinungen so weit auseinander, daß kein Kompromiß erreicht werden kann, so wird sich dies eines Tages klar herausstellen. Sind beide jedoch zu Kompromissen bereit, dann kann die Beziehung weiter bestehenbleiben. Mit Uranus in Opposition zum Mond ist der Betreffende oft nicht bereit zu Kompromissen (ähnlich wie beim Quadrat) aufgrund seiner Exzentrizität und seiner Eigenwilligkeit, die er als Kind zu Hause gelernt hat.

Der Aspekt wirkt sich bei Menschen mit einer dominanten Mutter stärker aus, und er kann leichter durchbrochen werden, wenn der Einfluß des Vaters dominant ist. Gelingt es jeweils, die Energie in konstruktive Bahnen zu leiten, dann entwickelt sich eine ungewöhnliche, unorthodoxe Persönlichkeit, welche die persönlichen Belange des Mondzeichens transzendieren kann und die überpersönlichen, humanitären Qualitäten des Wassermanns in den Bereich der Gefühle und der Fürsorge mit einbezieht. Der Betreffende kann seine intuitiven Fähigkeiten entwickeln und äußerst kreativ werden. Die Opposition hat die Nebenwirkung nervöser Energie, der der Betreffende ausgesetzt ist. Wenn er diese Energie nicht konstruktiv nutzen kann, äußert sie sich in Hysterie. Wenn der Betreffende hysterische Züge aufweist, bedeutet dies, daß die vorhandene Begabung nicht produktiv zum Ausdruck kommt, daß wahrscheinlich Fehlentscheidungen getroffen und emotionale Bedürfnisse nicht berücksichtigt werden.

Nehmen wir als Beispiel Uranus im Stier (»Ich verhalte mich praktisch, ich verhalte mich sinnlich, ich verhalte mich wie ein Materialist«) in Opposition zum Mond im Skorpion (»Ich fühle mich nicht willkommen, ich fühle mich wie ein Verwandler, ich engagiere mich emotional im Wandlungsprozeß, mir sind die Gefühle anderer sehr wichtig« und so fort). Wie ist es möglich, sich praktisch zu verhalten, wenn man sich verletzt und abgelehnt fühlt? Stellen wir uns eine Situation im Geschäftsleben vor, in welcher der Betreffende Wärme erwartet, da er leicht verletzbar ist, in der er die Zuneigung seiner Kollegen braucht, sich aber praktisch verhält. Die meiste Zeit wird sein Stier-Verhalten zum Ausdruck kommen, und um seine Gefühle zu schützen, wird er von Zeit zu Zeit gemäß den Bedürfnissen seines Mondes auf skorpionische Art scharf zuschlagen. Seine Kollegen werden wahrscheinlich das plötzliche Umschlagen seines Verhaltens nicht begreifen. Der Betroffene selbst aber fühlt sich unwohl, weil er merkt, daß sein Verhalten zwiespältig erscheint.

Die Spannungen, die durch diese Opposition – wenn mißverstanden – entstehen, äußern sich in hysterischem Verhalten. Wenn man die persönlichen Bedürfnisse versteht, muß sich die Energie nicht auf diese Weise äußern.

Mond/Uranus-Quinkunx. Der Einfluß der Mutter zeigt sich in dem Zeichen, in dem der Mond des Kindes steht. Wenn der Uranus einen Quinkunx-Aspekt zum Mond bildet, dann sind die Reaktionen der Mutter auf emotionale Spannungen und das Leben überhaupt beeinträchtigt durch die Eigenschaften des Zeichens, in dem der Uranus steht. Der Aspekt bedeutet eine Belastung; die Mutter hatte zwar Schwierigkeiten mit emotionalen Beziehungen, jedoch nicht in gravierendem Maße. Das Kind wird das Muster aufnehmen und mit einem vagen Gefühl von Störung im emotionalen Bereich leben, bis sich dieses Gefühl in Form einer Krankheit manifestiert. Man kann den Aspekt durcharbeiten, wenn man begreift, daß alle Kräfte im Horoskop zu einem positiven Ausdruck kommen müssen.

Nehmen wir als Beispiel einen Mond in den Zwillingen und Uranus im Skorpion – ein Aspekt, der viele Menschen betrifft, die in den späteren siebziger Jahren geboren wurden. Der Mond in den Zwillingen reagiert auf das Leben mit Ideen; er spricht emotional auf Bereiche wie Bildung und spirituelle Entwicklung an; Liebesgefühle vermitteln sich ihm über die Dichtkunst, über die geschriebene und gesprochene Form geistvoller Worte. Uranus im Skorpion fordert von der Generation eine Transformation auf geistig-spiritueller Ebene, wobei oft mit der Einstellung »Auge um Auge, Zahn um Zahn« vorgegangen wird. Der Betreffende wird Vergeltung für verletzte Gefühle suchen. Wenn diese »Vergeltung« nicht nach außen getragen, sondern verinnerlicht wird, sammeln sich Gifte im Körper, in den Eingeweiden oder den Fortpflanzungsorganen an. Der Zwillinge-Mond ist ein freier Geist, der Uranus im Skorpion jedoch wird sich »benehmen« und anderen vorschreiben, was sie zu tun haben. Es könnte sein, daß diese Generation Gesetze und Strukturen schafft, die zwar für manche Gruppen, aber nicht für jedermann geeignet sind. Als der Uranus in den Skorpion eintrat, entstanden religiöse Gruppierungen, die hart über andere urteilten und den individuellen Freiraum stark einzuschränken trachteten.

Mit diesem Aspekt lassen sich die emotionalen Bedürfnisse des Betreffenden nicht gut mit den Forderungen der Generation vereinbaren. Es wird ein gangbarer Mittelweg gefunden werden müssen.

Mond/Neptun-Aspekte

Der Mond repräsentiert die leibliche Mutter zu einer Zeit im Leben des Kindes, in der es lernt, auf seine Umgebung emotional zu reagieren, und in der sich bei ihm die Verhaltensmuster entwickeln. Der Mond zeigt unsere Einstellung zum Nähren, zum Sorgen und zu unseren Gefühlen; diese Einstellung entwickelt sich in den ersten drei Lebensjahren. Der Neptun symbolisiert Inspiration, Illusion und Kreativität, und er bekommt eine äußerst große Bedeutung, wenn er in Verbindung mit den persönlichen Planeten steht. Der Neptun steht für die spirituelle Entwicklung, für kreative Impulse, für die unpersönliche All-Liebe in uns, aber auach für Selbsttäuschung.

Wenn der Neptun mit dem Mond eine Verbindung hat, verwechseln wir manchmal spirituelle Impulse mit emotionalen Reaktionen. In solchen Fällen wissen wir nicht so richtig, wie oder womit wir unsere Gefühle ausdrücken sollen. Unter dem Einfluß neptunischer Täuschung entwickeln wir seltsame Vorstellungen, was unser Gefühlsleben betrifft. Die seelische Verfassung der Mutter schafft eine Verwirrung von Gefühlen mit vagen spirituellen Wahrnehmungen; Liebe wird als etwas Überirdisches erlebt, und die Figur der Mutter entzieht sich der Wirklichkeit hinter einem Schleier der Illusion.

Mond/Neptun-Konjunktion. Der Mond repräsentiert die leibliche Mutter und ihre Reaktionen auf das Leben, wenn das Kind noch sehr klein ist. Der Neptun symbolisiert die Illusion, die Inspiration und Vernebelung der Wirklichkeit. Im Erwachsenen zeigt der Mond die »Antwort«, die der Betreffende auf das Leben gibt, und das Zeichen, in dem der Mond steht, zeigt, *wie* er antwortet. Wenn Neptun in Konjunktion zum Mond steht, vernebelt er die Gefühle, er verdeckt sie und umhüllt sie mit einem Schleier. Gleichermaßen ist das Bild von der Mutter vernebelt, und man ist über ihren Einfluß verwirrt und unklar. Dies macht es schwierig, das Verhalten der Mutter zu beurteilen und sich über Frauen im allgemeinen ein klares Bild zu verschaffen. Man weiß nicht, wie sich eine Frau verhält oder verhalten soll und was eigentlich »Nähren«, »Fürsorge« oder »Gefühle« bedeuten. Dieser Aspekt wirkt auf Frauen anders als auf Männer.

Bei einem Mann vernebelt dieser Aspekt seine Gefühle und verschleiert seine Vorstellungen darüber, was eine Frau sein sollte. Wenn er eine Beziehung mit einer Frau eingeht, hat er oft seltsame Erwartungen. Er sieht Frauen ganz anders, als sie in Wirklichkeit sind, und ist meistens von ihrem Verhalten enttäuscht. Illusionen und Selbsttäuschungen hat er von seiner Mutter gelernt, und er muß als Erwachsener erkennen lernen, wie Frauen wirklich sind.

Ein Mann mit diesem Aspekt hat große intuitive Fähigkeiten. Er spürt oft etwas rein intuitiv, das er sich bewußt nicht erklären kann. Dies kann sowohl ein Segen als auch ein Fluch sein. Wenn er derartig sensibel auf seine Umwelt reagiert, weiß er oft nicht, *wen* er fühlt – ob es er selbst oder die anderen in seiner Umgebung sind. Seine Sensibilität könnte ihm zu schaffen machen, weil diese Qualität nicht mit seinen Vorstellungen eines Mannes mit starken Fäusten und Haaren auf der Brust übereinstimmt. War die Mutter die Dominante in der Familie, dann ist sie in seinen Augen unfehlbar. Er kann sie nicht sehen, wie sie in Wirklichkeit war; in seinen verschwommenen Vorstellungen war sie vollkommen. War der Einfluß des Vaters stärker, dann hat er ein inneres Frauenbild, das den Märchenfiguren Aschenbrödel oder Dornröschen gleicht. Er hat Schwierigkeiten, seine Anima-Figuren und seine Frau oder Freundin auseinanderzuhalten, und projiziert seine Anima auf seine Partnerin. Da das Verhalten seiner Partnerin nicht mit seinem inneren Frauenbild übereinstimmt, ist er ständig von ihr enttäuscht. Wenn der Einfluß der Mutter stärker war, wird er seine Freundin daran messen, was seine Mutter für eine »gute« Frau hielt, und feststellen, daß die Freundin diesem Kriterium nicht entspricht.

Wenn bei einer Frau der Mond in Konjunktion zu Neptun steht, wurde sie von der Mutter irregeführt und hat ein verzerrtes Bild davon, wie eine Frau sein sollte. Ihre Vorstellung von Frauen ist oft verbunden mit Märtyrertum und unerfüllter Liebe. Sich zu verlieben hat etwas Berauschendes an sich, und oft merkt sie nicht, daß der Mann, in den sie sich verliebt hat, ein hoffnungsloser Alkoholiker oder psychotisch gestört ist. Ihre Sexualität weckt in ihr Schuldgefühle, und oft wählt sie einen Partner, zu dem sie keine sexuelle Beziehung hat. Sie gerät oft in peinliche, ausweglose Situationen, weil sie nicht weiß, was sinnliche Liebe ist. Das Problem rührt daher, daß sie nicht weiß, wie sie sich als Frau verhalten und wie sie reagieren sollte. Das Ergebnis ist oft eine unechte Spiritualität, dazu kommen viele verletzte Gefühle. Sie ist verwirrt über ihre mütterlichen, fürsorglichen Qualitäten.

Sowohl der Mann als auch die Frau haben Schwierigkeiten, ihre Liebe in der Sexualität zum Ausdruck zu bringen. Manchmal fällt es ihnen leichter, mit jemandem zu schlafen, den sie nicht lieben, da die Liebe für sie zu einer höheren Sphäre gehört und sie glauben, Sex könne sie auf irgendeine Weise beschmutzen. Männer mit diesem Aspekt haben oft eine Frau, die sie lieben, und eine zweite für den Sex. Oder sie haben Schwierigkeiten mit der Erektion, wenn der Mond in einem Feuerzeichen steht, da ihre Sexualität aufgrund ihres »Idealismus« noch weiter eingeschränkt ist. Frauen mit diesem Aspekt neigen zu spirituellen Beziehungen, die oft für ihre Gefühle verletzend sind, da der Mann sie entweder mißhandelt oder nicht sexuell mit ihnen verkehren kann. Manchmal erscheint dieser Aspekt in den Horoskopen von Frauen, die sich in homosexuelle Männer verlieben, wobei die Beziehung zwar eng sein kann, die Liebe jedoch nicht erfüllt wird.

Menschen mit diesem Aspekt besitzen viel Intuition und Sensibilität, durch die sie oft übersinnliche Erlebnisse haben. Häufig verfügen diese Menschen über große Heilkräfte und können andere geistig oder körperlich heilen. Ihre Intuition erhöht die Fähigkeit zur Kreativität, und wenn sie zu diesen Kräften Zugang bekommen haben, bleibt die Quelle unerschöpflich. Das kreative Potential kann jedoch erst erschlossen werden, wenn der Betreffende lernt, seine Gefühle mit anderen Menschen zu teilen. Der Aspekt kann sehr produktiv sein. Die Blindheit gegenüber der Mutter kann durch andere Aspekte im Horoskop noch verstärkt sein und einer freien Entfaltung im Wege stehen, solange man sie nicht erkennt.

Mond/Neptun-Sextil. Das Kind, das mit diesem Aspekt geboren wurde, wächst in einer emotional konstruktiven Umgebung auf. Die Mutter wird durch die Stellung des Mondes charakterisiert, und die Neptun-Eigenschaften verbinden sich auf positive Weise mit den Eigenschaften des Mondes. Das Kind lernt durch das Beispiel der Mutter, auf die kreative Atmosphäre, in der es lebt, zu reagieren. Die Mutter ist auf der Suche nach Spiritualität, um sich geistig zu entwickeln, und obwohl das Kind die Bestrebungen der Mutter noch nicht verstehen kann, wird es später ähnliche Interessen verfolgen, sobald es seine ihm gemäße Richtung gefunden hat.

Das Zeichen, in dem der Mond steht, zeigt, wie das Kind empfinden wird, während das Zeichen, in dem der Neptun steht, die kreative Neigung offenbart. Die beteiligten Häuser zeigen, wo sich die Kreativität äußern wird.

Mond/Neptun-Quadrat. Dieser Aspekt hat sehr viel Ähnlichkeit mit der Mond/Neptun-Konjunktion, außer daß er weniger produktiv ist. Der Mond zeigt, wie wir emotional reagieren, und dieses Verhalten lernen wir in den ersten drei Lebensjahren. Der Neptun symbolisiert Kreativität, Inspiration und Illusion. Wenn sich dieser Planet gegen den Mond stellt (was beim Quadrat der Fall ist), ist immer Illusion und Selbsttäuschung im Spiel. Die Umstände und Ursachen dieser Neigung zu Illusionen stammen aus der Kindheit und sind unbekannt. Zum Beispiel könnte die Mutter in verschiedenen Liebesaffären verstrickt gewesen sein, während sie die »anständige« Frau spielte, oder die Familie vertuschte die Wahrheit über sie. Auf jeden Fall bekam das Kind Fehlinformationen entweder von der Mutter selbst oder von anderen Familienmitgliedern. (Wenn ein Klient seiner Familiengeschichte auf den Grund gehen will, die eine Störung bei ihm hervorrief, dann muß man mit dem Mond/Neptun-Quadrat beginnen.)

Dieser Aspekt ist schwierig, da der Betreffende kein klares Bild von seiner Mutter hat und nicht weiß, wie er von ihr als

Kind beeinflußt wurde. War die Mutter dominant, dann wird er die Verantwortung für seine Störung dem Vater zuschieben, weil die Mutter das ebenfalls tat. Andere Aspekte im Horoskop werden entweder die Geschichte der Mutter bestätigen oder Hinweise geben, daß ihre Informationen hinterfragt werden müssen, wenn man sich von ihrem Einfluß befreien will. Wenn der Vater den stärkeren Einfluß ausübte, wird die Rolle der Mutter an Bedeutung verlieren und in den Hintergrund treten, während die Einstellung des Vaters bevorzugt wird. Dennoch muß der Betreffende lernen, seine Mutter zu verstehen, damit seine weibliche, intuitive Seite zur Entfaltung kommen kann.

Eine meiner Klientinnen mit diesem Quadrat hatte Schwierigkeiten, herauszufinden, wer ihr Vater war. Sie erlangte erst Klarheit, nachdem sie sich astrologisch beraten ließ. Es ist besonders wichtig, die wahren Umstände unserer frühen Kindheit zu kennen, wenn wir als Erwachsene nicht frei vom Einfluß unserer Eltern leben können. Wenn wir uns ständig in unbefriedigende Situationen begeben, liegt die Ursache in uns selbst verwurzelt. Wir müssen feststellen, welches Verhalten uns als »normal« eingetrichtert wurde und uns jetzt zum Problem wird, bevor wir uns davon lösen können. Unsere Nachforschungen werden uns nicht erlösen, wenn wir sie mit Rachegedanken verfolgen. Wenn wir reifer werden, begreifen wir, daß Mißverständnisse zwischen Eltern und Kindern nicht mit Absicht herbeigeführt wurden.

Mond/Neptun-Trigon. Dieser Aspekt bedeutet, daß das Kind in einer Familie geboren wurde, in der die Mutter ihre geistig-spirituelle Entwicklung für wichtig hielt. Sie brauchte den spirituellen Aspekt in Beziehungen zu anderen Menschen, und manchmal möchte das Kind dem Spirituellen aus dem Wege gehen, weil es meint, es müsse dann denselben Weg gehen wie seine Mutter. Der Betreffende muß lernen, daß jeder seinen eigenen Weg gehen und seine eigenen Werte finden muß.

Das Trigon begünstigt die Kräfte, die zu spiritueller Einsicht führen. Der Betreffende muß kreativ sein, er sollte lernen, zu meditieren und spirituell zu wachsen. Aus der Stille der Meditation können neue Ideen und Eingebungen aufsteigen, die intuitiv und gefühlsmäßig erfaßt werden. Die Kreativität ist jedoch begrenzt, solange man keine emotionalen, körperlichen Beziehungen erlaubt. Da der Körper der »Tempel der Seele« ist, muß er ebenso geliebt und genährt werden wie die Seele, die ihn bewohnt. Dieser Aspekt kann dazu verführen, in geistige Sphären fortzuschweben und nicht mehr auf dieser Welt leben zu wollen.

Der Einfluß der Mutter während der Kindheit war produktiv, und sowohl Männer als auch Frauen mit diesem Aspekt suchen spirituelle persönliche Beziehungen. Sie sind jedoch oft nicht bereit zu einer engen Beziehung, die das Sorgen und den Austausch auf gedanklicher *und* physischer Ebene ermöglicht, da bei ihnen für die Liebe nur die ätherische, die vergeistigte Ebene reserviert ist.

Mond/Neptun-Opposition. Dieser Aspekt wirkt ähnlich wie die Mond/Neptun-Konjunktion oder das -Quadrat; bei der Opposition kommt noch ein Gefühl des Verlusts hinzu. Der Mond repräsentiert die Mutter und wie sie zu ihrer Aufgabe als Mutter und Erzieherin in unseren ersten Lebensjahren stand. Wir lernen unser emotionales Verhalten von ihr. Der Neptun symbolisiert den kreativen Instinkt, Inspiration und Illusion. Wenn der Neptun in Opposition zum Mond steht, nehmen wir unsere Mutter nur verschwommen wahr, und unsere Vorstellungen von ihr sind falsch. Man hat uns, als wir klein waren, entweder Unwahres über sie erzählt, oder sie gab selbst vor, jemand zu sein, der sie nicht war.

Männer mit diesem Aspekt haben ein verzerrtes Frauenbild. Die Auffassung der Mutter, wie eine »anständige Frau« zu sein habe, wird das innere Frauenbild ihres Sohnes prägen und ihn in seinen Beziehungen zu Partnerinnen, in seiner Fähigkeit, zu lieben und Gefühle zu äußern, beeinflussen. Er wird von Frauen, mit denen er in Berührung kommt, ständig enttäuscht sein, da sie nicht mit dem von der Mutter suggerierten Bild übereinstimmen.

Die Tochter mit diesem Aspekt ist sich nicht sicher, wie sie sich als Frau verhalten soll. Sie neigt zu Beziehungen mit Männern, die unproduktiv und herzlos sind. Oder sie gibt sich über deren wahren Charakter Illusionen hin. Oft verliebt sie sich in jemanden, mit dem sie keine sexuelle Beziehung haben kann, oder sie heiratet einen Mann, der nach der Eheschließung nicht mehr mit ihr sexuell verkehren will.

Sowohl der Mann als auch die Frau mit diesem Aspekt sind anfällig für spirituelle Verführer; sie fallen oft professionellen »Gurus« zum Opfer, denen sie Geld geben und sich auf Irrwege leiten lassen. Beide müssen versuchen, zu erkennen, wer sie in Wirklichkeit sind, was Frausein bedeutet und was eine Beziehung ist, damit die kreative Energie zum Ausdruck kommen kann. Ihre gefühlsmäßigen Probleme geben Hinweise darauf, wo die Schwierigkeiten ihren Ursprung haben. Wenn man Kindern während der Zeit ihrer Entwicklung eine verzerrte Wirklichkeit präsentiert, ist es später für sie schwierig, sich von den Täuschungen zu befreien. Mit diesem Aspekt befindet man sich in einem Zustand emotionaler Verwirrung, die zwar frustrierend wirkt, jedoch gleichzeitig ein Nährboden für Intuition, Kreativität und ein Potential für spirituelles Wachstum und erhöhte Wahrnehmungsfähigkeit ist, was sehr aufregend sein kann.

Mond/Neptun-Quinkunx. Dieser Aspekt erzeugt ein kaum merkliches Gefühl der Anspannung, das aus dem Gefühlsleben einerseits und dem Drang zur Kreativität andererseits heraus entsteht. Der Mond repräsentiert die Mutter und wie sie auf das Kind reagiert. Der Neptun symbolisiert die kreative Eingebung und die Illusionen einer Generation. Der Mond/Neptun-Quinkunx stellt eine Belastung dar, da das

Bedürfnis nach spiritueller Entwicklung, die Träume und Ziele oft nicht mit den emotionalen Bedürfnissen des einzelnen übereinstimmen. Die intuitive Wahrnehmung (Neptun) ist nicht im Einklang mit den Gefühlsreaktionen (Mond). Wenn derjenige mit diesem Aspekt auf seine Intuition hört, wird er wahrscheinlich zwei Stimmen wahrnehmen, die sich in ihrer Stärke in etwa die Waage halten, aber dennoch vernehmlich genug sind, um innere Zweifel entstehen zu lassen. Die idealistischen Vorstellungen stören die emotionalen Bedürfnisse, und beide Energien müssen auf konstruktive Weise zum Ausdruck gebracht werden. Die Eigenschaften der beteiligten Zeichen und Planeten können zu einem Verständnis des Konflikts führen.

Mond/Pluto-Aspekte

Der Mond repräsentiert die leibliche Mutter und ihre Reaktionen auf das Kind, während seine Persönlichkeit geprägt wird (etwa bis zum dritten Lebensjahr). Das Zeichen, in dem der Mond steht, zeigt die Art, wie sie gefühlsmäßig reagiert, und das Kind übernimmt ihr Verhalten, weil es ihm »normal« erscheint. Wenn Pluto den Mond aspektiert, verbindet sich mit der emotionalen Ausdrucksweise des Betreffenden eine Energie, der die Fähigkeit zur Transformation innewohnt. In Verbindung mit den Pluto-Energien rücken die Emotionen in den Brennpunkt. Der Betreffende neigt einerseits zu kooperativem Verhalten, andererseits zu Zwanghaftigkeit, zu Besessenheit und dem Bedürfnis, zu manipulieren und sich selbst oder andere zu verändern. Diese Planetenverbindung birgt Heilungskräfte und die Fähigkeit in sich, die Wurzeln der Intuition und der Gefühle zu erforschen. Pluto/Mond-Verbindungen können sehr stark und produktiv sein, wen sie bewußt gehandhabt werden. Anderenfalls charakterisieren sie zwanghafte Persönlichkeitsstrukturen, die dazu neigen, andere zu kontrollieren, um sich in ihrer Umgebung Sicherheit zu schaffen.

Auf einer tieferen Ebene können Mond/Pluto-Aspekte die emotionale Wandlung symbolisieren, die stattfinden muß, um den Betreffenden von der überaus mächtigen Mutterbindung zu befreien. Da die Mutter der erste Mensch ist, dem wir begegnen, der für uns sorgt und unsere Bedürfnisse erfüllt, ist es schwierig, sich von ihrem Einfluß zu befreien, weil sie etwas Besonderes in unserem Leben darstellt. Sie umfängt das gesamte Spektrum der Polaritäten, angefangen bei der Liebe bis zum Haß. Möglicherweise schätzen wir es nicht, wie sie uns erzogen, uns genährt hat, trotzdem besteht ein Band von mythischer Bedeutung, und wir müssen in unserem Streben nach Bewußtwerdung, in unserer persönlichen »Reise des Helden«, versuchen, uns vom Mythos »Eltern« zu lösen. Harte Aspekte zwischen Mond und Pluto bedeuten die Notwendigkeit einer Transformation, da uns ansonsten die archetypische Mutterfigur – die wir mit unserer persönlichen Mutter verwechseln – verschlingen könnte.

Das Streben nach Freiheit gibt uns die Möglichkeit, unsere psychischen Kräfte auf kreative Weise zu nutzen, jedoch müssen wir diese Kräfte erst freisetzen. Wenn wir das Zusammenspiel der Energien in uns nicht verstehen, drücken sie sich oft über Umwege aus, zum Beispiel über den Versuch, andere zu kontrollieren. Wenn wir diese Energie nur weltlich-materiell nutzen, bleibt uns die Möglichkeit versperrt, ihre Tiefen auszuloten. Wir haben die Wahl, ob wir unsere Erkenntnisse und unsere Fähigkeiten ausschöpfen wollen, sobald wir ein Alter erreicht haben, in dem wir uns mit den tieferen Schichten unseres Bewußtseins befassen können (vgl. Teil II, Kap. 10).

Mond/Pluto-Konjunktion. Der Mond repräsentiert die Mutter und das emotionale Verhalten, welches das Kind von der Mutter gelernt hat. Der Pluto symbolisiert die unbewußten Motivationen einer Generation. Wenn er mit dem Mond ver-

bunden ist, bedeutet das eine manipulierende und kontrollbe-
sessene Mutter. Es ist wichtig, die anderen Aspekte zu dieser
Konjunktion in die Deutung mit einzubeziehen, weil sie die
Art, wie das Kind von der Mutter erdrückt wurde, offenbaren.
Die Mutter ist eine starke Frau, die zur Zeit der Geburt ihres
Kindes von einer Sache oder Idee besessen war. Um herauszu-
finden, welche Art von Energie bei diesem Aspekt zur Verfü-
gung steht, muß man das Zeichen betrachten, in dem die
Konjunktion gebildet wird.

Die Auswirkungen der Konjunktion sind sehr mächtig. Die
emotionalen Reaktionen sind dem Betreffenden meistens
nicht bewußt. Der Aspekt charakterisiert einen Menschen,
der mit Gefühlen und körperlichen Reaktionen auf seine
Umgebung antwortet, obwohl die Ursachen für sein Verhalten verborgen bleiben. Um dies zu kompensieren, meint der
Betreffende, er müsse seine emotionalen Reaktionen immer
unter Kontrolle halten. Deshalb muß er den Ausdruck von
Gefühlen bei sich zügeln und genau aufpassen, daß in seiner
Umgebung möglichst nichts passiert, das ihn überraschen und
die Kontrolle über seine Familie verlieren lassen könnte. Der
Aspekt kann bedeuten, daß die Mutter ihre Umgebung völlig
unter ihrer Kontrolle hielt und jeden manipulierte, mit dem
sie in Berührung kam. Ein Mensch mit diesem Aspekt wird es
schwer haben, sich in seiner Familie oder bei Freunden spontan zu verhalten. In seiner Zwanghaftigkeit wird er sich mit
Menschen umgeben, die er kontrollieren kann, oft mit solchen, die ihm unterlegen sind, damit die Kontrolle gewährleistet ist. Seine Kontrollspiele sind vielfältig, sie reichen von
übertriebenem Beschenkenwollen bis zur Überbemutterung.
Wenn er als Kind von der »Mutterliebe« förmlich erdrückt
wurde, wird er als Erwachsener dasselbe Spiel spielen.

Die Ursachen für ein solches Verhalten liegen in der frühkindlichen Erfahrung von Kontrolle. Das ist die dunkle Seite des
Pluto. Sobald man dies begriffen hat, kann der Wandlungsprozeß beginnen. C. G. Jung spricht vom kollektiven Unbe-

wußten, der überpersönlichen Tiefenschicht des Unbewußten, die allen Menschen eigen ist. Eine Mond/Pluto-Verbindung bedeutet ungeheure Kreativität, da der Betreffende aus dem Reichtum seiner seelischen Tiefe schöpfen kann, zu der er Zugang hat. Es ist eine kreative Energie, die intuitiv aus dem Unbewußtsein aufsteigt. Jemand mit diesem Aspekt muß lernen, seine Energien zum Fließen zu bringen. Sie können nicht zur Entfaltung kommen, solange die Gefühle unter Kontrolle gehalten werden.

Religiöse Gruppen und Vereinigungen, die sich mit der Metaphysik beschäftigen, bieten Kurse an mit dem Ziel, Vertrauen in das eigene göttliche Selbst zu entwickeln und zu lernen, wie man mit dem inneren, kreativen Kern in Berührung kommen kann, der in uns allen existiert. Bei diesem Aspekt muß das Vertrauen in die eigene kreative Energie gelernt werden, denn es ist sehr schwierig, die frühen Kindheitserlebnisse loszulassen. Ein Mensch mit dieser Aspektierung muß die Umstände der Kindheit und die Methoden beleuchten, die seine Mutter für ihre Manipulationen anwendete, damit er begreifen kann, welche Verhaltensweisen er verinnerlicht hat. Wenn man sich ein wenig bemüht, kann man Erinnerungen an die Kindheit wieder wachrufen. Wir haben damit nur dann Schwierigkeiten, wenn traumatische Erlebnisse sie blockieren, da wir nichts zurückrufen wollen, was unsere Moralvorstellungen verletzt. Um welche Moralvorstellungen es geht, kann man aus dem Zeichen ersehen, in dem die Konjunktion steht, sowie den anderen Aspekten, die sie noch bildet. Dieser Aspekt verleiht viel kreative Energie; die Macht der Energie kann sich jedoch auch zerstörerisch auswirken.

Wenn sich der Aspekt im Horoskop eines Mannes befindet, wird er seine Beziehungen mit Frauen kontrollieren wollen. Die weiteren Aspekte zu der Konjunktion zeigen, ob Gewalt mit im Spiel ist. Eine Frau mit diesem Aspekt könnte Männer anziehen, die ihr gegenüber Gewalt anwenden, je nachdem, in welchem Zeichen sich die Konjunktion befindet und wie sie noch aspektiert ist. Der Astrologe sollte sie darauf aufmerksam machen, daß sie sich durch wahlloses Verhalten Gewalt aussetzen könnte, er sollte aber seine Worte sorgfältig wählen.

Dieser Aspekt schenkt die Gabe der Intuition und der Fähigkeit, andere zu heilen. Die Horoskope von Heilern und Medien weisen oft Mond/Pluto-Verbindungen auf, und es sind die harten Aspekte, die eine größere Macht haben. Diese Menschen können sich so sehr in die Gefühle anderer einfühlen, daß sie sogar die Symptome der Krankheit des anderen aufnehmen können. Wenn sie sich dieser Kräfte bewußt werden, können sie sie in konstruktive Bahnen lenken. Mit der Zeit lernen sie, daß sie Botschaften von anderen ohne Kommunikation aufnehmen und Schmerzen heilen können. Jene, die sich nicht mit okkulten Formen des Heilens beschäftigen wollen, können sich in einem der vielen medizinischen Berufe betätigen. Viele Psychotherapeuten haben Mond/Pluto-Verbindungen.

Mond/Pluto-Sextil. Der Mond repräsentiert unsere Mutter und wie wir sie als Kind erlebten. Er zeigt, wie wir emotional reagieren, sei es auf Menschen, auf Politik oder auf unser Bedürfnis nach Geborgenheit. Der Pluto symbolisiert das Unterbewußtsein der menschlichen Gattung. Er repräsentiert unsere unbewußten Beweggründe und wie wir mit unseren Gefühlen gegenüber unseren Mitmenschen sowohl bewußt als auch unbewußt umgehen. Er ist das Symbol aller Formen von Zwang, Kontrolle und Manipulation.

Wenn diese beiden Kräfte durch ein Sextil verbunden sind, kann ihre Energie frei fließen. Es bedeutet, daß die Mutter dem Kind vorgelebt hat, wie man in Gruppen oder mit seinen Mitmenschen ein Miteinander üben kann. Das Sextil bedeutet Talent; es sagt uns, daß Begabung vorhanden ist, daß sie aber eingeübt und ausgeübt werden muß. Mit diesem Aspekt wird jeder Beruf, der mit vielen Menschen, mit Vereinigungen und mit Gemeinschaftsgeist zu tun hat, Freude bereiten. Das Sextil bedeutet intuitive Fähigkeiten, die im Laufe der Zeit entwickelt werden können, jedoch erst ab etwa Mitte Dreißig.

Mond/Pluto-Quadrat. Dieser Aspekt hat sehr viel Ähnlichkeit mit der Konjunktion, außer, daß sie sich noch stärker, noch zwanghafter auswirkt. Der Mond zeigt, wie die Mutter gefühlsmäßig auf ihre Umgebung reagiert während der ersten Lebensjahre des Kindes, in denen sein emotionales Verhalten geprägt wird. Pluto symbolisiert die Kraft der Wandlung, wie sie durch das Zeichen Skorpion ausgedrückt wird. Auf der einen Seite repräsentiert er die Kraft, sich selbst zu wandeln, und auf der anderen Seite ist er die Kraft und der Drang, andere zu kontrollieren und zu manipulieren, um sich über den eigenen Standpunkt Sicherheit zu verschaffen. Die dunkle Seite dieser Energie offenbart sich bereitwilliger in den harten Aspekten.

Um diese Energie konstruktiv nutzen zu können, müssen das zugrundeliegende Verhaltensmuster und die Weise, wie es entstanden ist, bewußtgemacht werden. Die Mutter manipulierte ihre Welt; sie kontrollierte ihren Mann, ihre Familie, ihre Freunde und Nachbarn, und das Kind hält ihr Verhalten für »normal«. Die Häuser und die Zeichen, die an diesem Quadrat beteiligt sind, zeigen die Bereiche, in denen das Bedürfnis nach Kontrolle überwiegend besteht. Um sich von der eigenen Unterdrückung befreien zu können, muß der Betreffende erkennen, wie er das Verhalten seiner Mutter in seinem eigenen Leben nachahmt, wie er die Menschen seiner Umgebung manipuliert und versucht, andere zu kontrollieren. Dieses Muster hat er von seiner Mutter übernommen. Er neigt dazu, Menschen, die er liebt, zu quälen. Er muß lernen, spontan zu handeln, denn er hat die Gewohnheit, alles vorauszuplanen und sich zu ärgern, wenn die Dinge nicht nach seinen Vorstellungen ablaufen. Die kreativen und intuitiven Fähigkeiten können sich erst entfalten, wenn das Manipulieren und Kontrollieren aufgehört haben.

Ab 1938 wanderte der Pluto etwa zwei Jahrzehnte lang durch das Zeichen Löwe. Einen Menschen, der mit Pluto im Löwen und Quadrat zum Mond im Skorpion geboren wurde, kann man vielleicht folgendermaßen charakterisieren: In seinem Unterbewußtsein strebt er nach Achtung und Anerkennung, und er verhält sich so, als sei er in der Welt nicht willkommen. Wenn er diese beiden Haltungen zusammen einnimmt, ergibt sich für den Menschen das Gefühl, zurückgewiesen und abgelehnt zu werden. Wahrscheinlich hat sich seine Mutter ebenfalls abgelehnt gefühlt, als er noch sehr klein war, und er verfällt jetzt in dieselbe Haltung. Das Gefühl, nicht erwünscht zu sein, das Bedürfnis, sich verteidigen zu müssen, weil man sich nicht geliebt glaubt, wird als »normal« erlebt. Ein junger Mensch mit diesem Aspekt wird wahrscheinlich mehrere unglückliche Liebesbeziehungen eingehen, weil er sich nicht zu denjenigen hingezogen fühlt, die ihm das Gefühl geben, erwünscht zu sein. Diese Erfahrung kennt er nicht, und sie ist für ihn nicht »normal«. Das Quadrat bedeutet, daß der Mensch mit dieser Aspektierung gegenüber Personen, die ihn nicht genug respektieren oder anerkennen, sehr sensibel reagieren wird. Es ist ein Aspekt der Verteidigung – der Betreffende wird sich dem Leben gegenüber immer defensiv verhalten.

Da seine Mutter ihre Umgebung kontrollierte, wird er versuchen, sich emotionale Sicherheit zu verschaffen, indem er seine Umgebung ebenfalls kontrolliert. Um Kontrolle zu bekommen, wird er sich oft an ihm weit unterlegene Menschen binden – in der Meinung, daß man »einen Verlierer nicht verlieren kann«. Er wird sich Freunde suchen, für die er sorgen kann, damit sie ihm etwas schulden können, oder er überhäuft andere mit Geschenken, da mit dem Geben eine gewisse Macht verbunden ist. Vielleicht ist er ein Mensch, der jedem in seinem sozialen Umfeld hilft, damit man ihm immer etwas schuldet und ihm ewig dankbar sein muß.

Das Mond/Pluto-Quadrat ist ein empfindlicher Aspekt. Die

skorpionische Eigenschaft des Wandels begleitet oft eine starre Moralvorstellung, besonders wenn die Zeichen Löwe und Skorpion beteiligt sind, denn diese Zeichen haben sehr viel mit Ethik und Moral zu tun. Wenn der Betreffende sich weigert, eine persönliche Wandlung durchzumachen, wird er seine Moralvorstellungen anderen aufzwingen wollen, ohne selbst nach ihnen zu leben.

Ein Mensch mit diesem Aspekt hat es nicht leicht. Er ist in seinen Gefühlen unsicher, weil die Pluto-Kraft meist unbewußt bleibt. Wenn der Pluto mit dem Mond verbunden ist, reagiert der Körper auf die Impulse, die aus dem Unterbewußtsein kommen. Das führt zu empfindlichen Reaktionen und dem Bedürfnis, die Gefühle zu kontrollieren. Wenn der Pluto im Löwen steht, ist es für den Betreffenden von großer Bedeutung, anerkannt und geachtet zu werden; und er wird in jeder neuen Beziehung sehr sensibel reagieren, da er erwartet, abgelehnt zu werden. In seine Psyche ist die Erinnerung an eine Frau (seine Mutter) graviert, die sich abgelehnt fühlte und dieses Gefühl auf ihr Kind übertrug. Vielleicht hat sie es nicht beachtet oder nur seine materiellen Bedürfnisse erfüllt und die emotionalen vernachlässigt: Das Kind fühlt sich nicht geborgen, und der Erwachsene ebenfalls nicht. Die Verbindung von Planeten in den Zeichen Löwe und Skorpion bedeutet, daß der Betreffende sehr viel emotionale Unterstützung braucht. Er vertraut ihr jedoch nicht, weil sie ihm unbekannt ist. Daher lebt er mit großer innerer Anspannung in der Erwartung eines Unheils, das ihn treffen könnte und gegen das er gewappnet sein muß.

Gleichzeitig hat dieser Aspekt ein sehr großes Potential an Kreativität, Intuition und Einsicht in die Tiefe menschlicher Gefühle. Der Umgang mit emotionalen Bindungen muß jedoch gelernt werden – und diejenigen, die ihre Gefühle entdeckt haben, schäumen oft über vor Freude darüber, ähnlich wie religiös Bekehrte, die zu einem neuen Glauben gefunden haben. Sie fühlen eine große Dankbarkeit, da es ihnen etwas Neues, ein Geschenk ist. Die schmerzhafte Arbeit hat sich gelohnt!

Die Deutung dieses Aspekts verändert sich mit jedem Tierkreiszeichen; die obere Beschreibung bezog sich auf die Zeichen Löwe und Skorpion. Jedes Mond/Pluto-Quadrat muß nach den Zeichen und Häusern gedeutet werden, die an dem Aspekt beteiligt sind. Wir müssen zu unserer eigenen Interpretation kommen, aber wir dürfen nicht vergessen, daß der Aspekt einen Außenstehenden anders anmutet, als ihn der Betroffene fühlt.

Betrachten wir als Beispiel den Pluto in der Jungfrau mit dem Mond in den Zwillingen. Das Muttersymbol steht also in den Zwillingen und charakterisiert eine Frau, die ihre Gefühle intellektuell verarbeitete und sich nicht wohl fühlte, wenn sie ihre Gefühle zeigen sollte. Dieses Verhalten wurde vom Kind als »normal« betrachtet.

Pluto in der Jungfrau bedeutet die unbewußte Motivation, Jungfrau-Eigenschaften aufzunehmen. Die Psyche wird auf Kritik übermäßig sensibel reagieren und Zweifel an den intellektuellen Fähigkeiten hegen. Um den Situationen des Lebens gefaßt und vorbereitet zu begegnen, werden diese Menschen selbstkritisch und kritisch gegenüber anderen sein, und sie werden unbewußt dieselbe Haltung denjenigen gegenüber haben, mit denen sie eine emotionale Beziehung verbindet.

Die Häuserstellung des Aspekts spielt ebenfalls eine Rolle, und die innere kritische Haltung muß zusammen mit den Eigenschaften der Häuser gedeutet werden, in denen Mond und Pluto stehen. Jedes Mond/Pluto-Quadrat gleicht sich in der Hinsicht, daß die Mutter ihre Umgebung kontrollierte und das Kind ihr Verhalten später nachahmt. Jemand mit diesem Aspekt wird zögern, neue Gefühlsbeziehungen einzugehen, da er glaubt, die Kontrolle behalten zu müssen. Die Unterschiede bei dem Aspekt ergeben sich aus der Plazierung in den Zeichen und den Häusern, in denen Mond und Pluto stehen.

Eine Frau mit diesem Aspekt mag vielleicht kalt erscheinen,

ein Mann wird oft seine Beziehungen manipulieren und subtile Spiele zum Erlangen der Kontrolle spielen. Menschen mit diesem Aspekt, die sich ihrer Energien nicht bewußt sind, können andere aussaugen; oder die Beziehung scheitert, weil sie ihrem Partner keinen Raum zum Atmen geben.

Mond/Pluto-Trigon. Ähnlich wie das Sextil ist dieser Aspekt ein Segen. Er zeigt, daß die Mutter eine offene, kooperative Einstellung zum Leben und zu ihrer Umgebung hatte, als sich die Persönlichkeit des Kindes formte. Durch ihr Vorbild zeigte sie ihm, wie man mit anderen zusammenarbeitet, wie man mit Autoritätspersonen, mit Freunden und der Familie Probleme durcharbeitet. Das Kind wird für die Bedürfnisse seiner Generation aufgeschlossen sein, denn der Pluto repräsentiert das Bewußtsein einer Epoche. Dies kann sich sowohl gut als auch ungünstig auswirken, denn es bedeutet, daß der Betreffende empfänglich für alle Themen und Belange seiner Generation sein wird – wozu beispielsweise auch der Drogenmißbrauch zählen kann.

Wenn man herausfinden will, *warum* ein Jugendlicher sich den Modeerscheinungen seiner Generation anschließt, muß man die anderen Aspekte anschauen, denn daraus kann man ersehen, ob er gegen die Eltern rebelliert oder nur gern jedem kurzlebigen Trend nachläuft.

Wenn der Betreffende reifer wird, entwickelt er eine natürliche Neigung zu den Medien, zur Kommunikation, zu Politik, Sozialarbeit und ähnlichen Berufen, die Dienstleistungen für viele erbringen. Der Aspekt kann kreativ genutzt werden, da es dem Betreffenden leichtfällt, das Geschehen in seiner Umgebung intuitiv zu erfassen.

Mond/Pluto-Opposition. Der Mond symbolisiert die Mutter und ihre Gefühlsreaktionen auf das Leben während der Zeit, als sich das emotionale Verhalten des Kindes entwickelte. Die Mutter fühlt sich in der ersten Zeit im Leben des Kindes nicht wohl, denn die Opposition des Mondes zu Pluto bedeutet, daß sie alles in ihrer Umgebung zu kontrollieren versuchte. Ihr Verhalten zeigte einen Mangel an Spontaneität, sie manipulierte Gefühle und übervorteilte den Rest der Familie, um die Oberhand zu behalten.

Das Kind lernt, zu manipulieren und zu kontrollieren, weil es selbst diesen Zwang erfahren hat und ihn als etwas Normales betrachtet. Die Mutter hat möglicherweise das Gefühl, das Aufziehen eines Kindes sei eine zu große Verantwortung. Sie lebt vielleicht in einer instabilen Ehe und weiß nicht, wo sie selbst steht. Was immer der Grund sein mag, sie wird die Menschen in ihrer Umgebung mit »Liebe« erdrücken. Das Kind wird als Erwachsener das gleiche Verhalten zeigen, sich an Menschen und Meinungen festkrallen und innerlich zusammenbrechen, wenn die Kontrolle zu entschlüpfen droht. Man darf ihm sein Verhalten jedoch nicht wirklich übel nehmen, weil das, was er tut, unbewußt geschieht und er nur die erdrückende Art der Liebe kennt. Er muß *bewußt* neue Verhaltensmuster lernen, da er emotional, unbewußt mit Kontrollmechanismen reagiert.

Pluto repräsentiert auch das Massenbewußtsein, das beim Individuum im Unbewußten bleibt. Die Opposition kann eine Abspaltung davon bedeuten. Der Betreffende neigt dann dazu, sich von Menschenansammlungen fernzuhalten und den Kontakt mit Gruppen zu vermeiden – aus Furcht, »niedergetrampelt« zu werden. Diese Entwicklung kann bei allen harten Aspekten (Konjunktion, Quadrat und Opposition) zwischen Mond und Pluto eintreten.

Bevor die kreative Energie der Mond/Pluto-Opposition sich entfalten kann, müssen die zwanghaften Kontrollbedürfnisse bewußtgemacht und losgelassen werden. Es ist wichtig für den Betreffenden, zu lernen, daß man Menschen lieben kann, ohne sie von sich abhängig und hilflos zu machen. Sein zwanghaftes Verhalten in Liebesbeziehungen muß verändert werden. Wenn andere Aspekte im Horoskop darauf hinweisen, kann er einen Partner anziehen, der ihn emotional aussaugt. Der Kampf zwischen diesen beiden starken Menschen wird heftig sein.

Wenn wir dieses destruktive Bestreben aufgeben und davon ablassen, kann sich die kreative Energie entfalten, und wir müssen unsere Kräfte nicht dafür verwenden, den Graben um unser Gefühlsleben immer tiefer zu graben. Wenn wir das erkannt haben, kann die Energie des Pluto sehr segensreich sein.

Mond/Pluto-Quinkunx. Der Aspekt bringt die unbewußte Motivation in Berührung mit unseren Gefühlen, jedoch ist diese Energie einer Belastung ausgesetzt. Es findet ein inneres Zerren zwischen den gegenteiligen Kräften statt, das nicht so deutlich zum Ausdruck kommt wie beim Quadrat oder der Opposition. Es ist lediglich eine Störung, die einem das Gefühl gibt, mit sich selbst nicht ganz im Einklang zu sein. Man kann dieses Spiel der Kräfte erkennen, wenn man die Zeichen untersucht, die am Aspekt beteiligt sind, und versucht, sich anschaulich zu machen, wie sich das Mißbehagen in der Persönlichkeit ausdrücken könnte.

Nehmen wir als Beispiel einen Mond im Steinbock mit einem Quinkunx-Aspekt zu Pluto in Löwe oder Zwillinge. Wir müssen die Hauptmerkmale der Zeichen zu einer Synthese bringen. Beide Kräfte müssen ihren Ausdruck im Leben finden können. Der Mond im Steinbock reagiert traditionsbewußt, jedoch ist der Pluto in den Zwillingen unbewußt motiviert durch aufregende Meinungsverschiedenheiten. Wie paßt ein Pluto im Löwen zu einem traditionsbewußten, realistischen Mond im Steinbock? Der Löwe braucht Anerkennung, aber Ideale sind für ihn ebenso wichtig. Wie verträgt sich Idealismus mit der Realität? Hier können wir eine Synthese versuchen.

3. Merkur-Aspekte

In der römischen Mythologie wurde Merkur der Bote der Götter genannt. Der Planet bewegt sich sehr schnell, einmal der Sonne um ein Zeichen vorauseilend, einmal ihr folgend und manchmal im selben Zeichen laufend. Zwillinge und Jungfrau sind die beiden Zeichen, die von Merkur regiert werden. Das Zeichen Zwillinge symbolisiert die Verbreitung von Ideen, Wißbegier, die Entwicklung des Verstandes und neuer Begriffe, den Logos. Das Zeichen Jungfrau repräsentiert die weibliche Seite des Merkur, und wie alle weiblichen Zeichen symbolisiert es die Fähigkeit, das mental Gelernte in die Wirklichkeit umzusetzen.

Der Merkur in unserem Horoskop repräsentiert die Funktion unserer fünf Sinne (das Tasten, Schmecken, Hören, Sehen und Riechen) sowie unsere Art, uns zu verständigen. Wenn unsere Kommunikationsfähigkeit blockiert ist, sind wir nicht bereit, mit anderen zu teilen, da wir uns davor fürchten, oder wir können nicht zuhören. Aspekte zum Merkur weisen auf Kommunikationsschwierigkeiten hin, die bereits früh im Leben entstanden sind. Sie zeigen die Schwierigkeiten, die wir mit der Verständigung als Erwachsene haben, wenn wir als Kinder nicht gelernt haben, auf faire Weise oder überhaupt etwas auszudiskutieren. Der Einfluß der Eltern hat hier eine besondere Bedeutung, da wir sie nachahmen. Wenn die Eltern sich nicht verständigen können, haben die Kinder keine Gelegenheit, den gegenseitigen Austausch von ihnen zu lernen. Bei Spannungsaspekten zum Merkur muß das Kind den Kontakt zu seiner Umwelt selbst erlernen, um sich mit ihr austauschen zu können.

Wenn die Sonne im Zeichen Stier steht, befindet sich der Merkur entweder im Stier, im Widder oder in den Zwillingen. Die verschiedenen Merkur-Stellungen bringen die Eigenschaften des Sonnenzeichens auf unterschiedliche Art zum Ausdruck. Stier-Geborene mit Merkur im Stier verkörpern den Stier-Archetypus und sein Verhalten. Sie sind »erdige« Menschen, sie verhalten sich realistisch und praktisch. Sie wirken echt in ihrem Selbstausdruck, denn wenn Merkur und Sonne im selben Zeichen stehen, drückt der Betreffende das aus, was er ist. Ein Stier mit Merkur im Widder drückt sich anders aus. Er wird zwar die gleichen Kindheitserlebnisse wie andere mit einer Stier-Sonne haben, jedoch wird er ganz anders darüber sprechen. Er wird ein guter Beobachter sein, sich erst überlegen, bevor er handelt, und vergangene Erfahrungen in seinen Lernprozeß mit einbeziehen. Er kann besser aus sich herausgehen als der durchschnittliche Stier-Geborene, und seine Art zu sprechen wird etwas Aggressives an sich haben. Durch seine Rede wird er den Eindruck erwecken, als sei er ein Idealist, was aber nicht der Fall ist, denn im Grunde ist er ein Praktiker und wissenschaftlich orientiert. Dieser Mensch wird weniger über seine Probleme als über seine Vorstellungen von dem, was er sein sollte, sprechen.

Jemand mit einer Stier-Sonne und Merkur in den Zwillingen wird sich auf ganz andere Art äußern. Die Kindheitserfahrungen und Eigenschaften des Stiers sind zwar die Grundlage, der sprachliche Ausdruck wird jedoch von den Zwillinge-Eigenschaften gefärbt sein. Diese Menschen wirken übersprudelnd, sie sind wißbegierig, machen einen flatterhaften Eindruck und überdecken damit die Stier-Eigenschaften. Dies sind die Therapeuten, die sich neuen Therapiemethoden und -richtungen zuwenden; sie gründen Begegnungszentren, um die neuen Ideen einem größeren Publikum zugänglich und bewußtzumachen; sie bauen (Stier) etwas Neues (Zwillinge). Die Stabilität des Stiers ist noch vorhanden, aber die Methode ist anders.

In der astrologischen Beratung empfiehlt es sich, zu beachten, daß bei Klienten mit der Sonne und dem Merkur in verschiedenen Zeichen das, was sie zu brauchen behaupten, nicht ihre wahren Bedürfnisse oder Wünsche sind. Mit dem Merkur in einem anderen Zeichen als die Sonne hat der Klient jedoch eine ausgezeichnete Möglichkeit, sich selbst wahrzunehmen und zu erkennen, da er die unterschiedlichen Eigenschaften der beiden Zeichen besitzt. Wenn Sonne, Merkur, Venus, Mond und Aszendent alle in verschiedenen Zeichen stehen, dann sind viele verschiedene Kräfte im Individuum am Werk. Er hat die Fähigkeit zu einem breiteren, größeren Verständnis, da die unterschiedlichen Eigenschaften der verschiedenen Zeichen durch die persönlichen Planeten und den Aszendenten zum Ausdruck kommen. Beim Horoskop eines »Spezialisten« (mehrere Planeten im selben Zeichen) besteht die Neigung, wesentliche Lebenserfahrungen durch die Brille dieses Zeichens zu sehen, was wenig Raum läßt für die Fähigkeit, Dinge zu hinterfragen und in Zweifel zu stellen.

Der Merkur repräsentiert auch den mythischen, noch nicht entwickelten »Schalk«, der grausame, gefühllose Streiche spielt. Unser Verstand stellt uns Fragen und diskutiert mit uns. Manchmal haben wir den Eindruck, als säße ein »kleines Männlein« in unseren Köpfen, das mit uns über jede Entscheidung, die wir treffen wollen, Diskussionen führt. Zuweilen führt es uns in die Irre, oft ist es aber ein nützlicher Kritiker. Wir müssen ihm selbst den richtigen Stellenwert in unserem Leben einräumen. Manche halten dieses »Männlein« für unser Gewissen. Mag sein; auf jeden Fall ist es merkurisch.

Merkur/Venus-Aspekte

Wenn diese zwei Planeten einen Aspekt bilden, dann zeigen sie den Einfluß, den die Mutter auf unsere Fähigkeit hatte, uns mit anderen zu verständigen. Der Aspekt kann einen Menschen charakterisieren, der den Austausch mit anderen genießt, der sich für Kunst interessiert und engagiert, besonders für Literatur, und der das Schöne in der Welt schätzt. Es könnte aber auch jemand sein, der sehr gerne redet!

Merkur/Venus-Konjunktion. Die frühkindliche Umgebung dieses Menschen war von einer Atmosphäre der Offenheit in der Kommunikation gekennzeichnet, in der die Familienmitglieder frei über ihre Wünsche sprechen konnten. Wenn der Austausch auch nicht geistig hochstehend sein mußte, so lernte das Kind doch, Unterhaltung zu pflegen. Daraus könnte ein redseliges Kind und später ein redseliger Erwachsener werden. Vielleicht wird es ein Mensch, der »zuviel über nichts« redet, oder es wird ein Schriftsteller aus ihm – je nach den Konstellationen im übrigen Horoskop.

Die Venus zeigt den Einfluß der Mutter auf die Psyche des Kindes. Wenn andere Planeten Spannungsaspekte auf die Konjunktion werfen, kann man die Hemmung oder Einschränkung erkennen, welche durch den Einfluß der Mutter zustande kam. Jemand mit einer Merkur/Venus-Konjunktion kann mit seinen Sinnen genießen, und er wird sich für jene Kunstformen interessieren, die in einem Bezug stehen zu dem Zeichen, in dem sich die Konjunktion befindet.

Merkur/Venus-Sextil. Dieser seltene Aspekt bildet sich nur dann, wenn einer der beiden Planeten rückläufig ist und der andere der Sonne vorausgeht. Mit diesem Aspekt ist der Betreffende eher schüchtern; er kann jedoch die Fähigkeit zur Kommunikation trainieren und den Aspekt produktiv nutzen. Er besitzt die Gabe, Kommunikation und Kunst miteinander zu verbinden. Er könnte ein Kunstsammler, ein Kunstkritiker sein, jemand, der sich für die klassischen Formen der Kunst interessiert, oder er könnte sich mit der Massenproduktion und Verteilung von dekorativen Gegenständen befassen.

Diese Verbindung von Merkur und Venus zeigt eine Leichtigkeit in der Verständigung und Beziehung des Kindes mit der Mutter und eine Übereinstimmung mit ihrer Vorstellung von Weiblichkeit. Weitere Aspekte zu diesem Sextil können das Thema noch deutlicher machen.

Merkur/Mars-Aspekte

Es ist schön, mit diesen Aspekten zu arbeiten, wenn man sie richtig versteht. Der Merkur zeigt, wie wir uns verständigen und wie wir unsere fünf Sinne benutzen. Der Mars symbolisiert unsere Handlungsweise, wie wir uns in unserem Beruf und unserem persönlichen Leben zum Ausdruck bringen. Mars steht auch für die Sexualität. Wenn der Mars mit dem Merkur verbunden ist, werden Kommunikation und Handeln gekoppelt. Ist es ein leichter Aspekt, handelt man konstruktiv. Bei harten Aspekten muß man lernen, zuzuhören, bevor man etwas unternimmt.

Merkur/Mars-Konjunktion. Der Merkur ist das Symbol für unsere Kommunikationsfähigkeit, die Fähigkeit, anderen zuzuhören und mit ihnen zu reden. Der Mars symbolisiert das Prinzip des Handelns. Seine Energie erzeugt Ärger, Gewalt, Härte und in manchen Zeichen Gedankenlosigkeit. Menschen mit Merkur/Mars-Aspekten legen die Betonung auf verbale Interaktion; Worte geben ihnen die Motivation zum Handeln. Sie reden und reagieren impulsiv auf das, was sie hören; oft hören sie anderen gar nicht zu. Sie haben eine schnelle Auffassungsgabe, ziehen voreilig Schlüsse und überspringen gern notwendige Schritte beim Erlernen einer Aufgabe oder Arbeit.

Kinder mit diesem Aspekt lernen nicht gerne Multiplikations- oder Divisionstabellen auswendig, da sie ihre Zeit nicht mit dem Erarbeiten von Grundlagen vergeuden wollen. Es fällt ihnen schwer, anderen zuzuhören, weil sie meist schon einen Sprung weiter sind. Deshalb sind sie nicht klüger; sie sind eher ungestüm. Die Konjunktion bedeutet zwar einen behenden Verstand, jedoch gehören Ausdauer und Geduld dazu, ein Ziel auch zu erreichen. Die Umgebung während der Kindheit ist voller sprachlicher Lebendigkeit und Explosivität, und der Erwachsene ist äußerst beweglich im Gebrauch – aber auch

Mißbrauch – von Worten. Das Zeichen, in dem die Konjunktion steht, bestimmt die Art des verbalen Ausdrucks.

Merkur/Mars-Sextil. Dieser Aspekt bedeutet die Fähigkeit, mit Vernunft zu handeln; der Verstand und der Impuls zu handeln werden rechtzeitig koordiniert. Diese Menschen können sehr kreativ und produktiv sein. Die Atmosphäre in der Familie während der Kindheit ermutigte das Sprechen über Probleme, daher ist der Betreffende als Erwachsener in der Lage, über Schwierigkeiten mit anderen zu sprechen. Er hat ein gutes Vorstellungsvermögen, und obwohl es nicht so fruchtbar ist wie bei einem Neptun-Aspekt, so ist es doch produktiv, da der Betreffende seine konstruktiven Gedanken in Handlung umsetzen wird.

Merkur/Mars-Quadrat. Dieser Aspekt symbolisiert einen beweglichen Verstand, der aber oft auf unpassende Art zum Ausdruck kommt. Das Quadrat befähigt zu großer Kreativität, jedoch kann sie sich erst verwirklichen, wenn die Wut und die Neigung, andere zu verurteilen, in konstruktive Bahnen gelenkt werden. Der Verstand arbeitet gleichzeitig auf verschiedenen Ebenen. Menschen mit einem Merkur/Mars-Quadrat haben einen Mangel an Kommunikation bei ihren Eltern erlebt; viele Themen wurden niemals besprochen. Daher herrschten in der Familie Mißverständnisse, und das Kind wuchs heran in dem Glauben, Mißverständnisse seien im Leben Erwachsener normal.

Diese Menschen neigen dazu, voreilige Schlüsse zu ziehen. Wenn man ihnen Wissen oder Information auf eine Art vermittelt, die ihnen unangenehm ist, hören sie nicht zu. Sie beurteilen die Glaubwürdigkeit und Fähigkeiten anderer nach ihrem Aussehen. Wenn ihnen jemand unfähig erscheint, werden sie keine drei Worte seiner Unterhaltung anhören. Sie können sich abrupt aus einer Diskussion entfernen, ohne sich die Argumente der Gegenseite angehört zu haben. Sie haben in ihren persönlichen Beziehungen und am Arbeitsplatz Schwierigkeiten, weil sie nicht zuhören. Mit ein wenig Demut und mit Humor kann man dieses Problem überwinden.

Merkur/Mars-Trigon. Dieser Aspekt zeigt, daß der Betreffende in einer Familie aufwuchs, in der man über gewisse Themen offen sprechen konnte. Den größten Nutzen kann dieser Aspekt im Beruf bringen, da der Betreffende über einen Kommunikationsreichtum verfügt, der äußerst produktiv sein kann. Jedoch können sich diese Fähigkeiten nur frei entfalten, wenn keine harten Aspekte von anderen Planeten auf das Trigon fallen.

Das Merkur/Mars-Trigon könnte dazu verführen, seine Fähigkeiten nicht auszuschöpfen, da sie nicht hart erarbeitet werden mußten. Wenn einem eine Begabung auf natürliche Weise zufällt, kann man sie oft nicht schätzen, und man wird träge oder faul, oder man übersieht sie gänzlich. Dies könnte ein Mensch sein, der die Dinge auf die lange Bank schiebt.

Merkur/Mars-Opposition. Bevor er es sich versehen hat, schlüpfen diesem Menschen Worte aus dem Mund, die er hätte für sich behalten sollen. Dieser Aspekt hat die Energie einer Konjunktion oder eines Quadrats, ist aber leichter zu handhaben. Der Kompromiß, den er erfordert, wird von den Zeichen angezeigt, in denen die Opposition gebildet wird.

Ein Merkur im Krebs mit Mars im Steinbock und einer Löwe-Sonne wird beispielsweise versuchen, ein Gleichgewicht zwischen den Löwe- und Krebs-Eigenschaften herzustellen. Die Sonne übermittelt ihren Sinn für Ethik und Moral durch die warmherzige Haltung des Krebs-Merkur. Der Mars hingegen möchte mit traditionsbewußter Autorität handeln. Die Ziele dieses Menschen hängen wiederum von seinem Alter ab, denn jeder Lebensabschnitt setzt uns andere Ziele. Die Mars-Kräfte müssen mit den Eigenschaften des Merkur kooperieren, um die Bedürfnisse der Sonne zu erfüllen. Der Betreffende wird einen Kompromiß finden müssen zwischen der warmen, aufmunternden Art zu sprechen und einem formalen, traditionsbewußten Handeln. Die Löwe-Sonne strahlt Würde aus. Daher muß zwischen Mars und Merkur ein Kompromiß gefunden werden, der diese würdevolle Haltung nicht beeinträchtigt.

Merkur/Mars-Quinkunx. Dieser Aspekt erzeugt eine Spannung zwischen dem Reden und dem Handeln. Um die Ursache der Spannung zu erkennen, muß man die Zeichen betrachten, in denen die beteiligten Planeten stehen. Dann wäre es möglich, sich Erleichterung zu verschaffen.
Nehmen wir als Beispiel einen Merkur in den Zwillingen und den Mars im Skorpion: Die Sprache ist kontrovers, das Handeln auf Wandlung ausgerichtet. Bei einem unentwickelten Menschen könnten zusammen mit dem Widerspruchsgeist Rachegefühle geweckt werden. Wenn sich jemand verändern und eine Wandlung durchmachen möchte und entsprechende Lebenserfahrungen sucht (Skorpion), muß der Zwillinge-Merkur gebremst werden. Man kann nicht auf die Suche gehen und gleichzeitig mit jedem über alles plappern wollen. Ein Widerspruchsgeist, der nur dem Erheischen von Aufmerksamkeit dient, ist für einen Wandlungsprozeß nicht geeignet. Es geht darum, die positiven Eigenschaften der beiden Kräfte zu vereinigen, um eine befriedigende Lösung zu finden.

Merkur/Jupiter-Aspekte

Wenn diese zwei Planeten in Verbindung stehen, wird die Fähigkeit zur sinnlichen Wahrnehmung, zur Kommunikation und zur Nutzung des Verstandes mit dem Beziehungsprinzip kombiniert. Für eine Beziehung ist es notwendig, sich mit dem anderen verständigen zu können. Die leichten Aspekte bedeuten einen ungehinderten Energiefluß, während wir bei den harten Aspekten einige Lektionen lernen müssen. Der Jupiter repräsentiert die Art, wie wir die Atmosphäre in unserer Umgebung aufnehmen und wie offen wir sind für neue Lebenserfahrungen. Der Merkur kann zeigen, wie wir *zuhören*. Im Laufe des Individuationsprozesses müssen wir in der Lage sein, die Zeichen auf unserem Weg zu erkennen. Die Frage ist, ob es uns leicht- oder schwerfällt.

Merkur/Jupiter-Konjunktion. Wenn der Jupiter die Brücke zu einem höheren Bewußtsein darstellt und der Merkur der Götterbote ist, dann kann dieser Mensch – sobald er aufgehört hat, seinen übermäßigen Redegewohnheiten zu frönen – sich sinnvollen Ideen zuwenden. Er hat eine Beziehung zu Worten und Ideen, und er genießt die Kommunikation. Die Art der Ideen, mit denen er sich beschäftigt, werden von dem Zeichen angezeigt, in dem die Konjunktion steht. Wenn diese Energie nicht positiv genutzt wird, kann sie sich in Redeschwallen entladen.

Merkur/Jupiter-Sextil. Die Art der Kommunikation während der Kindheit dieses Menschen war positiv und erhebend. Die Fähigkeit, durch die Macht der Worte in Beziehung zu anderen zu kommen (zum Beispiel durch die Medien, Schriftstellerei oder Filme), wächst mit den Jahren und mit der richtigen Übung. Das Sextil bedeutet Talent, das entwickelt werden muß. Der Betreffende hat eine Gabe zur Offenheit; er kann sein Bewußtsein erweitern mit Hilfe der Energien, die durch die Zeichen, in denen das Sextil stattfindet, repräsentiert werden.

Merkur/Jupiter-Quadrat. Der Aspekt deutet auf eine Familienatmosphäre, in der mit Worten nicht gut umgegangen wurde. Die Stimmung in der frühkindlichen Umgebung ist etwas übertrieben, und Worte werden gesprochen, um zu verletzen. Die Familienmitglieder können sich gegenseitig nicht unterstützen, sie haben Schwierigkeiten, sich zu verständigen, und sind mehr mit ihren Rollenspielen befaßt als damit, eine konstruktive Beziehung zu pflegen. Das Kind saugt diese Atmosphäre auf und glaubt, Schwierigkeiten in der Verständigung seien etwas Normales.

Wenn sich der Betreffende wünscht, echte Kommunikation, das Teilen von Gedanken und Gefühlen, mit einem anderen Menschen zu lernen, muß er diesen Aspekt durcharbeiten. Die expansive, bewußtseinserweiternde Kraft Jupiters kann sich nicht entfalten, wenn die Worte bei anderen nicht gut ankommen. Dieser Mensch hat es schwer, in einer bereits bestehenden Beziehung offen zu sprechen. Vielleicht ist er nicht ganz aufrichtig, vielleicht hört er nicht zu und paßt nicht auf, was andere sagen, oder er zerstört eine Beziehung, indem er das, was er gehört hat, nicht wahrheitsgetreu wiedergibt. Er kann es lernen, sich besser zu verständigen, wenn er es für wichtig genug hält. Er muß sich vor Übertreibungen hüten, da er dadurch andere verletzen kann.

Man kann die Zwickmühle besser verstehen, wenn man die Zeichen betrachtet, in denen das Quadrat gebildet wird. Ein Quadrat zwischen Merkur in den Zwillingen und Jupiter in der Jungfrau könnte bedeuten, daß der Betreffende immer das sagt, was er möchte, andere aber ständig kritisiert – ein wahres Dilemma!

Merkur/Jupiter-Trigon. Mit diesem Aspekt besitzt der Mensch ein natürliches Talent. Die Atmosphäre in seiner frühkindlichen Umgebung war offen, fortschrittlich und unterstützte ihn in seinen Versuchen, eine Beziehung zur Welt aufzunehmen. Er wurde von seinen Eltern ermutigt und konnte seinen Verstand frei entwickeln. Dieser Mensch ist bereit, sein Wissen mit anderen zu teilen. Er kann seine Gedanken relativ leicht anderen mitteilen; er genießt es, sich mit anderen auszutauschen und ihnen zuzuhören. Der Aspekt kann am fruchtbarsten in den Bereichen zur Auswirkung kommen, die von den Häusern und Zeichen, in denen das Trigon stattfindet, symbolisiert werden.

Da wir mit einem Trigon leicht leben können, übersehen wir oft sein Potential, da wir stärker mit den Aspekten beschäftigt sind, bei denen wir zu einer Auseinandersetzung gezwungen sind. Daher könnte man das Trigon und sein Potential vergeuden, indem man seinen übertriebenen Redegewohnheiten und Aufschiebemanövern frönt.

Merkur/Jupiter-Opposition. Dieser Mensch kommt aus einem Elternhaus, das zu ihm keine Beziehung hatte. Mit einer Opposition kann man die Begabung, wie sie im Trigon zum Ausdruck kommt, auch entwickeln, jedoch ist die Entwicklung mit einem Lernprozeß verbunden, da es in der Kindheit an Übungsmöglichkeiten fehlte.

Der Betreffende wählt seine Worte so ungeschickt, daß ihm oft Freunde oder Gelegenheiten, Freundschaften zu schließen, verlorengehen. Er muß einen Kompromiß finden zwischen der Fähigkeit, in Beziehung zu treten, und dem Bedürfnis nach Kommunikation. Die Opposition drückt sich manchmal durch übertriebenes Verhalten in die eine Richtung und ein andermal in eine andere Richtung aus. So könnte sich der Betreffende zum Beispiel an einem Tag wunderbar verständigen und am nächsten überhaupt nicht, oder er überschüttet sein Gegenüber mit einem Wortschwall. Er hat das Gefühl, wenn er ehrlich sei, käme keine Beziehung zustande. Dieses Gefühl schafft eine innere Spannung und wächst an zum Groll, weil es ihm nicht gelingt, sich verständlich zu machen. In diesem Aspekt steckt viel Kraft. Der Ärger wird vergehen, wenn der Betreffende gelernt hat, auf konstruktive Art Kompromisse zwischen den Kräften zu finden und sich zu vergegenwärtigen, daß seine Schwierigkeiten nur daher rühren, daß er die Kommunikation im Elternhaus nicht vorgelebt bekam.

Bei einem Merkur im Widder in Opposition zu Jupiter in der Waage wird sich der Betreffende beispielsweise freimütig

äußern und über Ideale und die Notwendigkeit, »den Unterdrückten« zu helfen, sprechen, während er sich gleichzeitig
schöne und harmonische Beziehungen zu den »richtigen« Leuten wünscht. Der Merkur im Widder muß Diplomatie lernen,
und der Jupiter in der Waage muß Idealen mehr Raum geben.
Wenn man die Eigenschaften und Bedürfnisse des Sonnenzeichens mit einbezieht, kann man eine Kompromißlösung für
die Opposition erarbeiten.

Merkur/Jupiter-Quinkunx. Der Merkur symbolisiert die
Fähigkeit zur Kommunikation, und der Jupiter repräsentiert
das Prinzip der Beziehung. Der Quinkunx bringt eine unmerkliche Spannung, so daß in einer Beziehung immer ein Rest
Rollenspielverhalten vorhanden sein wird anstatt echter, of-
fener Kommunikation. Jeder Teil unserer Persönlichkeit
möchte zum Ausdruck kommen. Den Schlüssel zu unserem
Problem finden wir in den Zeichen und Häusern, in denen der
Quinkunx stattfindet.

Merkur/Saturn-Aspekte

Der Merkur ist der Bote der Götter, er ist das Symbol für
freimütige Kommunikation, für den Verstand, Ideen und die
fünf Sinne. Der Saturn repräsentiert das Gesetz, die Tradition, den psychologischen Einfluß des Vaters und die Vorsicht
und Ängstlichkeit, die wir in der frühen Kindheit erworben
haben.
Wenn diese zwei Planeten miteinander in Verbindung stehen,
bedeutet dies, daß wir Kommunikation und Worte sehr ernst
nehmen und erlernte Traditionen und Hemmungen sich auf
unsere Fähigkeit, uns zu verständigen, auswirken werden. Wir
erfahren selbst dann eine Einschränkung unserer Selbstsicherheit in der Kommunikation, wenn Merkur und Saturn durch
weiche, harmonische Aspekte verbunden sind. Der Aspekt
charakterisiert einen ernsthaften Menschen, auf den man sich

verlassen kann und der hart arbeitet. Er neigt zur Einsamkeit, die durch die begrenzte Fähigkeit, sich mitzuteilen, entsteht.

Merkur/Saturn-Konjunktion. Mit diesem Aspekt hat der Betreffende das Gefühl, von seinem Vater während seiner Kindheit auf irgendeine Weise eingeengt worden zu sein. Er wird unbewußt den Einfluß des Vaters, der ihn in seinem Selbstausdruck behinderte, ins Erwachsenenalter hineintragen. Vielleicht war das Kind dem Vater lästig; wenn die Mutter beispielsweise versuchte, das Kind zu beruhigen, weil der Vater den Lärm nicht ertragen konnte, wird das Kind in seinem Austausch mit dem Vater gehemmt sein. Diese Entwicklung kommt zustande, wenn der Vater seine Einstellung in Gegenwart des Kindes zum Ausdruck bringt. Andere Aspekte zu der Konjunktion verdeutlichen noch die Vater-Kind-Beziehung.

Der Einfluß des Vaters erstreckt sich auch auf die Lernfähigkeit des Kindes in der Schule. Es wird vielleicht nicht gerne Gedichte aufsagen oder die Fragen des Lehrers beantworten. Vielleicht entwickelt es funktionelle Gehörstörungen oder ist vor Angst so verkrampft, daß es nichts aufnehmen kann. Unter diesem Druck ist es ihm dann nicht möglich, Anweisungen entgegenzunehmen und zu befolgen.

Beim Erwachsenen mit diesem Aspekt gerät der Redefluß oft ins Stocken, und was herauskommt, klingt oft hart. Diese Härte wird verursacht durch eine unbewußte Furcht vor einer Autoritätsfigur, die seine Äußerungen nicht billigen würde; daher faßt er seine Reden kurz, kommt gleich zur Sache und wirkt manchmal taktlos. Er wird sehr viel Groll ansammeln, bevor er sich stark genug glaubt, seine Gefühle zum Ausdruck zu bringen.

Wenn die Kraft dieses Aspektes einmal verstanden ist, kann sie auf konstruktive Weise genutzt werden, da sie die Fähigkeit vermittelt, mühevolle Kleinarbeit zu Ende zu führen, aber auch die eigenen Bedürfnisse ernst zu nehmen und sie zum Ausdruck zu bringen.

Merkur/Saturn-Sextil. Selbst die »guten« Aspekte zwischen Saturn und Merkur scheinen restriktiv zu wirken. Auch das Sextil hat eine hemmende Wirkung auf die Fähigkeit, sich zu verständigen. Die Atmosphäre in der Familie während der Kindheit des Betreffenden war sachlich und ernst.

Diese Menschen brauchen Ordnung in ihren Gedanken. Sie können sich schwierigen und langwierigen Aufgaben widmen, und sie sind sehr gründlich bei der Erledigung ihrer Aufgaben.

Merkur/Saturn-Quadrat. Dieser Aspekt hat Ähnlichkeit mit der Konjunktion, jedoch ist das Restriktive noch extremer ausgeprägt. Der Einfluß des Vaters (Saturn) beeinträchtigt die Fähigkeit zur Kommunikation. Das Ergebnis ist ein Mensch, der es mit Worten sehr schwer hat. Er hat Schwierigkeiten, seine Bedürfnisse mitzuteilen. Die Angst vor dem Vater in der Kindheit hat den sprachlichen Ausdruck blockiert, daher macht es dem Betreffenden auch im Erwachsenenalter angst, wenn er sich verbal äußern muß. Um die Schwierigkeiten zu überwinden, die mit dem Aspekt zusammenhängen, muß der Betreffende sich mit dieser Blockierung auseinandersetzen. Er kann dann lernen, mit Standhaftigkeit und Diplomatie mit anderen umzugehen. Geschieht das nicht, wird er trotz seiner guten Absichten, sich zu verständigen, hart und autoritär wirken.

Dieser Aspekt kann Beziehungen erschweren, denn der Kern einer Partnerschaft besteht aus dem Teilen von Gedanken und Gefühlen. Der Merkur repräsentiert die Gedankenwelt und die Fähigkeit, sie zum Ausdruck zu bringen und anderen zuzuhören. Wenn ein Vater bei seinem Kind dieses Verhalten unterdrückt, dann ist ihm wahrscheinlich gar nicht bewußt, welche Auswirkungen seine Einstellung auf die kreative Ausdrucksfähigkeit des Kindes haben könnte. Weitere Kinder, die diesen Aspekt in ihrem Horoskop nicht haben, aber mit demselben Vater aufwachsen, werden ganz anders auf seinen Einfluß reagieren.

Neben der Notwendigkeit, die Verständigung mit anderen zu

lernen, muß ein Mensch mit diesem Aspekt ein Selbstwertgefühl entwickeln. Wenn noch weitere Aspekte im Horoskop einen Mangel an Selbstwertgefühl aufweisen, könnte es angebracht sein, einen Therapeuten aufzusuchen, um die negative Energie umzuwandeln. Bevor ein Mensch einer Autoritätsperson gegenübertreten kann, muß er innerlich überzeugt sein, daß er etwas wert ist.

Merkur/Saturn-Trigon. Dieser Mensch konnte seine Fähigkeit zur Kommunikation von seinem Vater lernen, obwohl die Art, sich in der Familie zu verständigen, sehr ernst war. Die Einstellung, die seine Kindheit geprägt und die er für sich selbst angenommen hat, befähigt ihn im Erwachsenenalter, diffizile Aufgaben zu erledigen, mit einem größeren Personenkreis zusammenzuarbeiten und Ordnung in seinen Gedanken zu halten.

Jede Merkur/Saturn-Verbindung verleiht der Persönlichkeit eine ernsthafte Note. Da Merkur den Verstand repräsentiert und der Saturn Tradition und Autorität verkörpert, bedeutet dieser Aspekt immer eine traditionsbewußte Einstellung.

Merkur/Saturn-Opposition. Dieser Mensch wurde in eine Umgebung hineingeboren, in der die gegenseitige Verständigung eingeschränkt war. Der Einfluß des Vaters hielt die Familie davon ab, sich frei zu äußern; man mußte mit dem, was man sagte, sehr vorsichtig sein. Die Hemmung des Kindes wurde verursacht durch kaltes, mißbilligendes Verhalten in seiner Umgebung. Jedesmal, wenn es etwas von sich geben wollte, wurde es abgeschnitten, und es entwickelte daraus die Einstellung, seine Beiträge zu einer Unterhaltung würden immer abgewiesen. Vielleicht war der Vater verstimmt, als das Kind zahnte, oder er konnte die Aufregung nicht ertragen, die mit einer Krankheit des Kindes einherging. Vielleicht war er besonders gereizt während der »Warum«-Phase des Kindes. All diese Umstände trugen dazu bei, daß es vorsichtig und ängstlich im Selbstausdruck wird. Es stellen sich Schulschwierigkeiten ein, das Kind fürchtet sich davor, aufgerufen und gefragt zu werden, und es hat eine Scheu vor Lehrern und anderen Autoritätspersonen.

Als Erwachsener wird der Mensch mit diesem Aspekt lernen müssen, sich mit seiner Umgebung zu verständigen. Er wird seine Einstellung, daß andere mißbilligen, was er sagt, ändern müssen. Wenn er kein Selbstwertgefühl entwickelt hat, wird es ihm um so schwieriger sein, seine Gefühle zum Ausdruck zu bringen. Seine Art zu sprechen wird hart sein, er wird oft andere damit verletzen. Manche werden ihn für übertrieben diensteifrig, für aufgeblasen und machthungrig halten, während er sich in Wirklichkeit nur unwohl und unsicher fühlt.

Damit sich die Kräfte, die an der Opposition beteiligt sind, entfalten können, müssen Kompromisse angestrebt werden. Sobald die Energie ins Positive umgeschlagen ist, kommen Eigenschaften wie Gründlichkeit und Ausdauer zum Vorschein.

Merkur/Saturn-Quinkunx. Dieser Aspekt bedeutet eine Spannung zwischen dem verbalen Ausdruck und seiner Eingrenzung. Sie kann sich auf verschiedene Weise manifestieren. Saturnale Einschränkung könnte eine Behinderung der fünf Sinne bedeuten und die Funktion von Augen, Nase, Ohren und Geschmackssinn, aber auch die Fähigkeit zu sprechen beeinträchtigen. Die Ursache für die Belastung liegt in einer Verwirrung, die gegenüber Autoritätspersonen während der Kindheit entstand und den Kontakt mit ihnen erschwert. Wahrscheinlich schwang im Verhalten des Vaters immer eine leise Mißbilligung mit, die das Kind frustrierte und verwirrte. Dieser Aspekt charakterisiert einen zurückhaltenden Menschen, da er sich nicht wohl fühlt, wenn er seine Gedanken und Gefühle anderen mitteilen soll.

Merkur/Uranus-Aspekte

Der Merkur symbolisiert unsere mentalen Fähigkeiten, und das Zeichen, in dem er steht, zeigt, wie wir uns am besten verständigen und wie wir unsere fünf Sinne benutzen. Der Uranus repräsentiert das Wassermännische in uns, wie wir unser Bewußtsein erweitern und unseren Geist entwickeln. Er zeigt auch unsere Eigenwilligkeit und Exzentrizität. Wenn diese beiden Planeten in Verbindung stehen, wird die geistige Energie aktiviert, und die Eigenschaften des Merkur werden durch erhöhte Kreativität – aber auch Nervosität – bereichert. Die geistigen Kräfte und Spannungen nehmen zu.

Merkur/Uranus-Konjunktion. Der Mensch, der mit dieser Konjunktion auf die Welt kommt, wird einer zum Teil geistig chaotischen Atmosphäre ausgesetzt. Es wird kaum etwas Sinnvolles geredet, es herrscht eine seltsame Art, mit Worten umzugehen, und das Kind reagiert auf diese Reize. Das Ergebnis ist ein Kind, das sich in der Schule nicht dafür interessiert, Denkstrukturen zu erlernen oder gründliche Arbeitsmethoden zu entwickeln. Als Erwachsener erscheint dieser Mensch sprunghaft und undiszipliniert.

Die Art der Kommunikation, die er pflegt, ist ungewöhnlich. Er hat Schwierigkeiten mit persönlichen Beziehungen, weil seine Unterhaltungen sprunghaft und impulsiv verlaufen. Das Kreative an diesem Aspekt betrifft den Bereich der Bewußtseinserweiterung. Merkur repräsentiert unser Denken in Begriffen, und als Götterbote symbolisiert er den zur Weisheit führenden Lernprozeß. Wenn Merkur die Fragen stellt und durch seine enge Verbindung mit Uranus einer höheren Bewußtseinsebene verbunden ist, dann wird das kreative Potential gesteigert.

Wenn diese Energien nicht in die richtigen Bahnen geleitet werden, können sie sich nicht konstruktiv entfalten. Die Kräfte drücken sich dann lediglich in sprunghaftem, exzentrischem und nervösem Verhalten aus. Der Betreffende hat aber auch die Fähigkeit zu schnellem Denken und zu blitzartigen Eingebungen und Erkenntnissen, denen andere kaum folgen können. Wenn dieser Aspekt durch einen Transit aktiviert wird, muß sich der Betreffende auf irgendeine Weise kreativ betätigen, um seine Energien auf einen Punkt zu konzentrieren. Malen, Schreiben, Töpfern, Glasmalerei oder ähnliche Aktivitäten können helfen, die kreative Energie in eine konstruktive Richtung zu bringen.

Merkur/Uranus-Sextil. Dieser Aspekt ist weniger brisant als die Konjunktion, da er etwas schwächer ist. Die frühkindliche Umgebung ermöglichte eine gesunde geistige Entwicklung. In der Familie hatte man sich mit der Spiritualität befaßt, und das Kind war daran gewöhnt, ungewöhnliche Unterhaltungen mitzuhören. Als Erwachsener ist der Betreffende in der Lage, schöpferisch und produktiv neue Wege zu gehen.
Das Sextil bedeutet Talent, das entwickelt werden muß, obwohl die Begabung oft erst nach dem dreißigsten Lebensjahr offenbar wird.

Merkur/Uranus-Quadrat. Wenn Merkur die Kommunikationsfähigkeit und Uranus die Fähigkeit zu erhöhtem Bewußtsein repräsentiert, dann bedeutet dieser Aspekt, daß die geistige Entwicklung des Menschen mit diesem Quadrat in seiner Kindheit durch eine verwirrende Familienatmosphäre behindert wurde. Er ist zwar intelligent, schlagfertig und schnell im Denken, jedoch fehlt ihm Gründlichkeit. Seine Arbeit und seine Lerngewohnheiten stehen nicht auf solidem Grund, denn dieser Mensch ist schnell gelangweilt. Er wird von Zeit zu Zeit mit Geistesblitzen brillieren, jedoch wird man sich auf ihn nicht verlassen können, bevor er nicht gelernt hat, seine Energien in konstruktive Bahnen zu lenken.
Der Uranus repräsentiert Eigenschaften wie Unberechenbarkeit, Ausgefallenheit und Eigenwilligkeit – sowie ein erhöhtes Bewußtsein. Bei harten Aspekten neigt man dazu, zuerst die negativen Energien zum Ausdruck zu bringen. Das Kind

wuchs in einer Atmosphäre heran, in der es das Teilen von Gedanken und Ideen nicht lernte. Es wurden Entscheidungen getroffen und Dinge gesagt, ohne auf die Gefühle oder Bedürfnisse der anderen Familienmitglieder zu achten.

Der Einfluß dieser frühkindlichen Prägung führt beim Erwachsenen dazu, daß er spricht, ohne Rücksicht auf den anderen zu nehmen, und ein unberechenbares, impulsives Verhalten in Beziehungen und im Beruf zeigt. Der Betreffende kann sich nicht mehr bremsen, sobald er angefangen hat zu reden, und wenn er sich unter Druck fühlt, sagt er oft etwas, das er später bereut.

Wenn die Kräfte des Aspekts richtig genutzt werden, können sie schöpferisch sein. Diese Menschen müssen sich darin üben, über sich selbst und ihre Bedürfnisse zu sprechen, bevor sie explodieren; sie müssen ihre Entscheidungen zusammen mit den Betroffenen besprechen und fällen, und sie müssen lernen, im Berufsleben ihre Worte sorgfältig zu wählen.

Merkur/Uranus-Trigon. Wenn dieser Aspekt gut genutzt wird, kann der Betreffende seine Neigung verwirklichen, in einem Zustand erhöhten Bewußtseins zu leben. Der Aspekt beschert eine hohe Intelligenz. In ihrer Jugend waren diese Menschen für ihre Lehrer sehr anstrengend, weil ihr Denken unorthodox war und sie alles hinterfragten. In der frühkindlichen Umgebung herrschte Offenheit, man interessierte sich für das Ungewöhnliche, und man suchte nach neuen Wegen. Diese Kinder entwickeln sich sehr schnell und sind für ihr Alter ungewöhnlich reif und weise. Wenn ihre Umgebung ihnen später keinen Schutz bietet, werden sie die Energien dieses Aspekts erst nach dem dritten Jahrzehnt ihres Lebens nutzen können.

Da es ein harmonischer Aspekt ist, sind sich die Betreffenden oft nicht ihrer Begabung zu kreativem Denken bewußt. Neue Ideen fallen ihnen mit Leichtigkeit zu, sie haben keine Schwierigkeiten mit der Verständigung, und sie interessieren sich für die Medien, für Kunst und neue wissenschaftliche Richtungen. Sie werden von Zeit zu Zeit eine geistige Unausgeglichenheit spüren, was ein Hinweis ist, daß die mentale Energie nicht richtig genutzt wird. Das Aufnehmen irgendeiner kreativen Tätigkeit kann die Energie wieder konzentrieren und stabilisieren.

Merkur/Uranus-Opposition. Dieser Aspekt wirkt ähnlich wie die Konjunktion oder das Quadrat, außer daß er einen Kompromiß erfordert. Das Kind wird in eine Familie hineingeboren, die sich nicht auf konstruktive Weise verständigen konnte. Der dominante Elternteil traf die Entscheidungen für die Familie auf exzentrische, eigenwillige Art. Die Gefühle, Gedanken oder Meinungen der anderen Familienmitglieder wurden nicht berücksichtigt oder in den Entscheidungsprozeß einbezogen. Wenn einmal eine Entscheidung zur Sprache kam, dann nur als eine Geste höflicher Formalität, da die Angelegenheit schon längst entschieden war. Das Kind macht also mit dem dominanten Elternteil die Erfahrung, daß Entscheidungen nicht gemeinsam getroffen werden, und es überträgt diese Einstellung auf sein eigenes Verhalten, indem es als Erwachsener ebenfalls impulsive Entscheidungen trifft, ohne die Betroffenen anzuhören und mit einzubeziehen. Die Bereiche, auf die der Aspekt die stärkste Auswirkung haben wird, sind die Häuser, in denen die Opposition stattfindet, und die Aspekte von anderen Planeten zur Opposition.

Mit diesem Aspekt entstehen Verhaltensweisen wie impulsives Reden, schlecht ausgedachte geistige Vorhaben und ein irrationaler Unterhaltungsstil, der auf andere befremdend wirkt. Wenn der Betreffende den Mund aufmacht, ist er oft ebenso überrascht wie seine Zuhörer, was dabei alles herauskommt! Vielleicht behauptet er an einem Tag das eine und am nächsten Tag das Gegenteil davon. Präsident Gerald Ford hatte diesen Aspekt. Die Reporter unterhielten sich gern über seine Aussagen, denn er sagte oft Dinge, die er wahrscheinlich gar nicht meinte. Jemand mit diesem Aspekt posaunt oft alles aus, was er weiß, oder er redet über Belangloses, und das auch noch im falschen Moment. Wenn man einen Kompromiß findet zwischen den Kräften, die an der Opposition beteiligt sind, kann man das Extreme im Verhalten vermeiden und ein neues Verhalten lernen.

Jeder Aspekt zwischen Merkur und Uranus weist auf einen scharfen Verstand, Schlagfertigkeit und Kreativität hin. Nehmen wir als Beispiel einen Merkur im Widder, Uranus in der Waage: Ein Widder-Merkur spricht freimütig, er ist idealistisch, geistig aggressiv und spricht in einem forschen Ton. Uranus in der Waage möchte sich diplomatisch verhalten, er möchte sich den Gewohnheiten der feinen Gesellschaft anpassen. Wenn man taktvoll sein möchte, um akzeptiert zu werden, dann muß man seine Aggressivität eindämmen, denn die Leute reagieren nicht günstig darauf. Es wäre besser, seine Energie auf kreative Weise zu nutzen. Bei diesem Aspekt besteht die Neigung zur Metaphysik, zur Philosophie oder zur Schriftstellerei. Das geschriebene Wort kann so lange redigiert werden, bis es ausdrückt, was man sagen will!

Im Bereich der persönlichen Beziehungen – falls sie für den Betreffenden wichtig sind – kann man lernen, das unberechenbare Verhalten zu ändern, wenn man erkennt, daß diese Art von Kommunikation für die Partnerschaft schädlich ist.

Merkur/Uranus-Quinkunx. Dieser Aspekt bringt geistige Anspannung. Wenn in der Familie während der Kindheit des Betreffenden wichtige Themen diskutiert wurden, geschah das in weitschweifenden Gesprächen, was das Kind verwirrte und unsicher machte. Der Mangel an Kommunikation ist jedoch nicht so auffallend wie bei einem Quadrat oder einer Opposition. Mit dem Quinkunx hat man ein leises, aber beständiges Gefühl der Unzufriedenheit bei seinen eigenen Bemühungen um Verständigung. Wenn man die Eigenschaften der beteiligten Zeichen versteht, kann man sie besser zum Ausdruck bringen.

Merkur/Neptun-Aspekte

Der Merkur repräsentiert die Kommunikation und unsere fünf Sinne. Das Zeichen, in dem er steht, zeigt die Art, wie wir uns mit Worten verständigen. Der Neptun symbolisiert unsere kreative Seite, unsere Phantasien, unsere Träume, unsere Sehnsucht und die Illusionen, die wir uns machen. Wenn diese beiden Planeten zueinander in Beziehung stehen, können sie sehr kreativ und phantasievoll zur Wirkung kommen. Manchmal muß man den Kräften eine Richtung geben, damit sie konstruktiv genutzt werden können; ansonsten würde man sein Leben verträumen.

Merkur/Neptun-Konjunktion. Der Merkur zeigt unsere natürlichen Interessen, die wir mit dem Intellekt wahrnehmen. Der Neptun wirkt auf unsere Verstandeswelt mit Phantasien, Träumen, Illusionen und so fort ein. Der Aspekt kann also äußerst kreativ sein und einen ungewöhnlichen Menschen charakterisieren. Das Neptunische ist die Suche nach wahrer Spiritualität, und in Verbindung mit dem merkurischen Intellekt könnte sich der Betreffende auf einen geistig-spirituellen Weg begeben, den niemand versteht.

Kinder mit diesem Aspekt sind in Familien hineingeboren worden, die auf der Suche nach einer spirituellen Identität sind. Nach außen ist das oft gar nicht erkennbar, selbst für das Kind nicht. Aber wenn man die Sache etwas näher untersucht, entdeckt man, daß einer oder beide Eltern irgendeine wunderliche Auffassung von Religion haben, oder sie sind insgeheim Anhänger einer spirituellen Philosophie.

Der Aspekt bedeutet auch einen »vernebelten« Verstand. Das Kind verbringt die Zeit bis ins Erwachsenenalter mit Träumen. Die Verständigung zwischen den Eltern ist undefinierbar und vage, und das Kind verständigt sich mit anderen auf dieselbe Weise. Es weiß eigentlich gar nicht, wie es seine Gedanken oder Ideen anderen mitteilen könnte, da es in seinen Phantasien lebt. Seine Art zu kommunizieren wird im

Alltag seltsam erscheinen: Es fängt einen Satz an, ohne ihn zu beenden, oder es beginnt mitten im Satz und überläßt es dem anderen, den Anfang selbst zu konstruieren. (Wenn man selbst keinen Merkur/Neptun-Aspekt hat, kann er eine Nervenprobe sein!)

Der Aspekt ist ungeheuer kreativ, da der Intellekt aus den Höhen und Tiefen schöpferischer Eingebung gespeist wird. Er kann jedoch gefährlich werden, wenn das Kind in einer Umgebung aufwächst, die seine Kreativität nicht ermutigt. Die Kräfte können sich dann des Kindes bemächtigen und sich in verschiedenen Formen außersinnlicher Phänomene äußern, die für den »normalen« Verstand nicht faßbar sind. Die neptunische Neigung zum Spirituellen kann bei dem Betreffenden einen religiösen Fanatismus auslösen; möglicherweise führt er Gespräche mit Gott, oder er hört Stimmen oder hat furchterregende prophetische Träume.

Wenn man die intuitiven Kräfte dieses Aspekts erkannt hat und ihnen einen schöpferischen Ausdruck verleiht, erlebt man ihn als einen wunderbaren Segen. Wird er jedoch mißverstanden, dann macht er dem Betreffenden angst, weil er nicht weiß, wie er mit diesen Kräften umgehen soll. Das Studium okkulter Phänomene, der Metaphysik, Theosophie oder einer Religion kann ebenfalls dazu beitragen, diese Energie konstruktiv zu nutzen.

Merkur/Neptun-Sextil. Dieser Aspekt repräsentiert ein kreatives Potential, das entwickelt werden muß, jedoch ist dies meist erst nach der ersten Saturn-Rückkehr (mit etwa 28 Jahren) möglich.

Dieser Mensch wächst in einer Umgebung auf, in der man sich phantasievoll miteinander verständigt. Auch herrscht in der Familie ein Interesse an spiritueller Entwicklung. Das Kind kann in dieser Umgebung seine neptunischen Eigenschaften ausleben.

Merkur/Neptun-Quadrat. Das Quadrat hat sehr viel Ähnlichkeit mit der Konjunktion, außer daß mehr Mißverständnisse auftreten können. Die Kräfte wirken sich stärker, übertriebener aus, denn das Quadrat verschärft den geistigen Konflikt. Die negativen Seiten dieses Aspekts werden leichter zur Auswirkung kommen, da das Kind keine Orientierung gelernt hat, denn es wuchs in einer desorientierten Familienatmosphäre auf. Das angelegte Bedürfnis nach spiritueller Entwicklung konnte nicht befriedigt werden, weil die Eltern gegenüber der Religion eine feindselige Einstellung hatten, unter der das Kind litt. Oft löst auch eine starre Frömmigkeit eine Abneigung gegen Religion aus, was das Kind daran hindert, seinen eigenen spirituellen Weg zu finden.

Dieses Kind lebt in einer Welt, die anders ist als die Welt der anderen. Mit seiner intuitiven Begabung nimmt es Übersinnliches wahr; es lebt in einer Welt der Phantasien und verträumt sein Leben. Es ist hingerissen von historischen Romanen, von Büchern über fremde Länder und Menschen und ferne Kulturen. Meist hat ein Elternteil im geheimen ein Interesse am Okkulten, was das Kind erst als Erwachsener entdeckt. Da die okkulten und spirituellen Interessen mit dem Kind nicht besprochen werden, fühlt es sich einsam und ausgeschlossen und mit seiner ihm unverständlichen Neigung allein gelassen.

Bei diesem Aspekt werden Gedanken oft nicht zu Ende geführt, und wie bei der Konjunktion wird ein Satz irgendwo in der Mitte begonnen oder nicht beendet. Die Schule wird zur Frustration, denn schriftliche Arbeiten, die keinen korrekten Aufbau haben, werden schlecht benotet. Dieser Mensch legt nicht die gesamten Fakten dar, denn er meint, da *er* es weiß, weiß es jeder andere auch. Die anderen haben das Gefühl, nicht »verbunden« zu sein.

Um diese Kräfte nutzen zu können, muß der Intellekt gefestigt, müssen Interessen entwickelt und realisiert werden. Die Beschäftigung mit metaphysischen Disziplinen, zum Beispiel Parapsychologie, könnte hilfreich sein und Spannungen lösen. Wegen seiner übersinnlichen Fähigkeiten könnte der Betreffende sich um seine geistige Stabilität Sorgen machen. Die Furcht verschwindet jedoch, sobald die Energie kreativ genutzt werden kann.

Merkur/Neptun-Trigon. Ein Mensch mit diesem Aspekt hat Interesse an einer spirituellen Entwicklung. Während seiner Kindheit wird er oft von seinen Eltern gezwungen, ihre religiöse Einstellung zu übernehmen. Dies kann bedeuten, ein eifriger Kirchgänger zu werden, aber auch eine vehemente antireligiöse Einstellung zu entwickeln, die in sich selbst schon die Gefahr des Dogmatismus birgt. Dieser Einfluß könnte ihn davon abhalten, ein eigenes Ziel zu verfolgen. Dabei spielt vor allem der Einfluß des dominanten Elternteils eine Rolle, da die Reaktion des Kindes auf dessen Einfluß gerichtet sein wird.

Menschen, die in einer atheistischen Familie aufgewachsen sind, werden wegen ihrer spirituellen Neigungen Schuld- oder Schamgefühle haben – aus Furcht, von den Eltern ausgelacht zu werden. Der Aspekt kann jedoch sowohl für eine berufliche Laufbahn als auch für spirituelle Interessen genutzt werden. Der Neptun beschert eine unerschöpfliche Quelle kreativer Energie, die nie versiegt. Meist ist der Betreffende mit seinen Ideen seiner Zeit weit voraus und wird von den Mitmenschen mißverstanden. Er braucht neben dem kreativen Ausdruck auch eine spirituelle Identität.

Merkur/Neptun-Opposition. Dieser Aspekt wirkt ähnlich wie die Konjunktion oder das Quadrat, indem der Betreffende eine seltsame, vergeistigte Einstellung zum Leben hat. Die Bandbreite der Erlebnisse reicht von der Eingebung bis zur Illusion, und die Gedanken müssen in eine kreative, konstruktive Richtung gelenkt werden.

Menschen, die mit diesem Aspekt geboren wurden, wachsen in einer Atmosphäre auf, in der die Eltern insgeheim besonderen spirituellen Interessen nachgehen, von denen das Kind nichts weiß. Diese Kinder sind äußerst sensibel und intuitiv, aber sie sprechen kaum über ihre übersinnlichen Wahrnehmungen, weil sie fürchten, man könne sie mißverstehen. Innerlich hegen sie Bedenken gegenüber ihrer geistigen Stabilität. Wenn sie ihre außersinnlichen Erlebnisse nicht einordnen können, bekommen sie Angst vor ihnen. Sie vermuten entweder, daß die anderen ähnliche Wahrnehmungen haben, oder sie glauben nicht an ihre besonderen Fähigkeiten, sondern eher, sie seien »verrückt«. Somit können sie von diesen Kräften eingenommen und beherrscht werden, wenn sie nicht in der Lage sind, die Energien zu verstehen und zu lenken.

In meiner Arbeit mit Therapeuten, Psychologen und anderen, die mit Geisteskranken arbeiten, habe ich festgestellt, daß dieser Aspekt nicht ungewöhnlich ist unter ihren Klienten und Patienten. Oft sind die Wahnvorstellungen mit religiösen Erfahrungen verbunden. Für diejenigen, die glauben, ohne spirituelle Erfahrungen in ihrem Leben auskommen zu können, ist dieser Aspekt schwer zu verstehen. Stabilität und Verständnis stellen sich oft ein, wenn man sich mit Parapsychologie, Metaphysik, Philosophie, der Analyse C. G. Jungs, mit der Mythologie und anderen verwandten Wissensbereichen befaßt. Ab dem dreißigsten Lebensjahr etwa kann die kreative Seite dieses Aspekts genutzt werden, denn er bringt Erkenntnis, Intuition und geistige Fähigkeiten. Oft ist der Betreffende mit seinen Ideen seiner Zeit weit voraus.

Was Beziehungen anbelangt, so bedeutet dieser Aspekt viel Mühe. Der Betreffende legt seine Gedanken nicht klar dar, oft fehlen wesentliche Teile in einem Satz, oder Unterhaltungen beginnen in der Mitte oder werden nicht beendet. Der Betreffende erscheint den anderen in seiner neptunischen Art unaufrichtig. Menschen mit diesem Aspekt müssen mit kreativen Menschen verkehren, da sie ansonsten vereinsamen würden in einer zu sachlich-materialistischen Umgebung. Wenn sie ihre kreative Energie mit anderen teilen können, die sie verstehen, dann werden sie auch eine innere Stabilität erreichen.

Merkur/Neptun-Quinkunx. Bei diesem Aspekt ist die kreative oder spirituelle Energie vorhanden, jedoch herrscht etwas Unordnung in der Gedankenwelt. Der Betreffende könnte die meiste Zeit damit verbringen, über das Leben und mögliche Erlebnisse zu träumen und zu phantasieren. Dieser Mensch macht viel in Gedanken, die er jedoch nicht konkretisiert. In seinem Inneren findet ein Dialog statt, denn er ist über seine kreativen Impulse verwirrt.

Nehmen wir einen Merkur im Widder mit einem Quinkunx zu Neptun in der Jungfrau als Beispiel: Der Widder-Merkur möchte reden, etwas erreichen, er denkt idealistisch. Der Neptun in der Jungfrau träumt von Perfektion und wie er sie in die Tat umsetzen wird. Der Widder möchte so schnell wie möglich zum Ziel kommen, während der Neptun in der Jungfrau zuerst die Einzelheiten durcharbeiten möchte. Bis die Umstände endlich geeignet sind, zu handeln, ist es entweder bereits zu spät, oder die Idee ist in Vergessenheit geraten. Oft werden Unterhaltungen mit zu vielen überflüssigen Details überfrachtet, oder die vielen Einzelheiten schaffen Unklarheit über das Eigentliche, Wesentliche. Um die Energien zu steuern, müssen die Gedanken auf ein Ziel gerichtet werden.

Merkur/Pluto-Aspekte

Wenn diese beiden Planeten miteinander in Verbindung stehen, wird die Kraft des Intellekts mit den Kräften des kollektiven Unbewußten, der Transformation und der schöpferischen Einsicht kombiniert. Die niederen Ebenen dieser Kräfte müssen erst überwunden werden, bevor eine wahre Kreativität zum Ausdruck kommen kann. Die niedere Ebene des Pluto ist Besessenheit. In Verbindung mit Merkur besteht das Bedürfnis, die Gedanken zu kontrollieren. Pluto symbolisiert auch die Macht der Wandlung, der Umgestaltung und des Wachstums.

Die Energie Plutos oder des Skorpions wird oft durch den

Phoenix dargestellt, den Vogel, der sich aus seiner eigenen Asche erhebt, dem Symbol der Wiedergeburt. Um neu geboren werden zu können, müssen wir uns erst unserer Motivationen bewußt werden.

Damit sich der Geist (Merkur) befreien kann, wenn er in Verbindung mit Pluto steht, müssen wir die Kontrolle aufgeben, um einen Zugang zu verschiedenen Ebenen unseres Bewußtseins zu bekommen.

Merkur/Pluto-Konjunktion. Mit Pluto, der Repräsentant des kollektiven Unbewußten in unserem Horoskop, ist dies ein mächtiger Aspekt. C. G. Jung definiert das kollektive Unbewußte als die unbewußten Inhalte, die überpersönlich die seelische Grundlage eines jeden Menschen sind – gleich, welcher kulturellen Gruppe er angehört – und von Generation zu Generation weitervererbt werden.

Ein Mensch mit diesem Aspekt ist sich nicht immer bewußt, was er sagt, denn die Worte schlüpfen ihm aus dem Mund, bevor er weiß, wovon er eigentlich redet. Wenn er diese Energie jedoch auf konstruktive Weise nutzt, kann er zu einem großen Schriftsteller oder Gesellschaftskritiker werden. Seine Kindheitserfahrungen mit der Kommunikation waren wahrscheinlich erdrückend; man kontrollierte streng, was man sagte, oder Worte wurden benutzt, um andere zu kontrollieren. Der dominante Elternteil übte die meiste Kontrolle aus, es sei denn, die übrigen Aspekte sprechen dagegen.

Wenn zum Beispiel ein Kind in einer von der Mutter dominierten Familie aufwuchs und Pluto eine Konjunktion mit Merkur bildet, so kann dies bedeuten, daß der Vater versuchte, die Kontrolle zu behalten, jedoch aus einer passiven Haltung heraus. Passive Kontrolle nennt man »die Tyrannei der Schwachen«, und wenn das der Fall ist, dann wird die Konjunktion harte Aspekte auf die Sonne oder den Saturn werfen. Mit einer derartigen Aspektierung wird das Kind ebenfalls versuchen, aus einer passiven Haltung heraus Kontrolle auszuüben. Ein Kind mit dieser Konjunktion wird von seinen Eltern kontrolliert und manipuliert, und seine Versuche, neue Ideen zu erforschen, werden unterdrückt. Wenn es aufwächst, wird es in seinen Beziehungen eingeschränkt sein, weil es sich nicht spontan ausdrücken kann.

Merkur/Pluto-Sextil. Ein Mensch mit diesem Aspekt wurde in eine Familie hineingeboren, die ein gutes Verhältnis zu ihrer Nachbarschaft, zu Familienmitgliedern und zu neuen Ideen hatte. Die Familie gab sich mit dem Bestehenden zufrieden. Unterhaltungen waren von einem Gemeinschaftsgeist geprägt.
Das Kind entwickelte eine gute Beziehung zu den Bedürfnissen und Interessen seiner Umgebung, es konnte Situationen gut meistern, und es entwickelte keine Blockierungen, die den kreativen Ausdruck behindern könnten.
Das Sextil bedeutet Talent, das entwickelt werden muß. Indem die Eigenschaften der Zeichen und Häuser, die am Sextil beteiligt sind, zum Ausdruck kommen, kann der Betreffende sein Talent zur Zusammenarbeit entwickeln.

Merkur/Pluto-Quadrat. Dieser Mensch kommt in eine Familie, die Schwierigkeiten hat, ihre Situation zu meistern. Mit der Umgebung scheint etwas nicht zu stimmen. Menschen mit diesem Aspekt sind schon früh im Leben davon überzeugt, daß eine Zusammenarbeit mit Altersgenossen nicht möglich ist und Kommunikation nicht ein Teil des Familienlebens ist. Diese Kinder sind oft einem böswilligen, sadistischen Humor ausgeliefert, und der dominante Elternteil versucht, die Kontrolle über den schwächeren zu bekommen.
Worte werden oft wütend und ohne Überlegung gesprochen. Wenn er die Energie zu verstehen lernt, kann jemand mit diesem Aspekt auch lernen, mit anderen ohne Hintergedanken umzugehen. Dann kann sich die Energie auf kreative und fruchtbare Weise entfalten. Wenn sie sich negativ äußert, dann wird das Verhalten zwanghaft und manipulativ. Die manipulativen Muster in der Kommunikation wurden in der

frühkindlichen Umgebung gelernt und können durchbrochen werden, wenn man sich ihrer bewußt wird.

Diese Menschen können andere unterdrücken. Sie können ihren Willen durchsetzen, denn die anderen haben es leichter, wenn sie nachgeben, sich aber dann zurückziehen. Das kann für die Entwicklung einer echten Beziehung tödlich sein, weil es kein Teilen der Gedanken gibt.

Merkur/Pluto-Trigon. Wie beim Sextil, so kommt dieser Mensch in einer Familie auf die Welt, die mit dem Bestehenden zufrieden ist. Das Kind mit diesem Aspekt interessiert sich möglicherweise zu sehr für die Modeerscheinungen seiner Generation. Die Familie hat ein gutes Verhältnis zu ihren Nachbarn und ist neuen Ideen gegenüber aufgeschlossen. Das Kind lernt bereitwillig, Autoritätspersonen anzunehmen und sich für die Bedürfnisse seiner Generation zu interessieren.

Dieser Aspekt ermöglicht dem Betreffenden oft einen Zugang zu journalistischen Berufen, da Menschen mit einem Merkur/Pluto-Trigon gern über zeitgenössische Probleme schreiben. Vor allem eignen sich Themen wie Politik, Arbeiterbewegungen, Zivil- und Bürgerrecht und verwandte Gebiete.

Der Aspekt beschert kreative Energie, die jedoch von seinem Eigentümer oft nicht geschätzt wird, weil er dafür keine spirituelle Wandlung durchmachen mußte, wie es beim Quadrat oder der Opposition notwendig ist.

Merkur/Pluto-Opposition. Die frühkindliche Umgebung dieses Menschen war von ständiger Manipulation geprägt. Ein Elternteil versuchte, den anderen zu kontrollieren. Als Erwachsener wird der Betreffende ebenfalls versuchen, die Menschen in seiner Umgebung zu manipulieren, wie es seine Eltern taten. Er wird Unterhaltungen in eine von ihm gewünschte Richtung lenken und Worte so gezielt plazieren, daß sich seine Umgebung nicht aus seinem Bannkreis entfernt.

Mit diesem Aspekt sind Beziehungen schwierig, weil eine

Unterhaltung niemals spontan ist, die Gedanken nicht frei fließen können, sondern streng kontrolliert werden. Wenn sich der Betreffende vergegenwärtigt, wieviel kreatives Potential in den Kräften des kollektiven Unbewußten verborgen liegt, könnte dieses Wissen ihn davon überzeugen, seine Kontrollbesessenheit loszulassen, um einen Zugang zu seinen kreativen Tiefen zu bekommen. Sobald er einen ersten Schritt auf diesem Weg gemacht hat, wird er entdecken, daß ihm der Aufbau einer guten Partnerschaft eigentlich leichtfällt, und er wird das Glück des spontanen Ausdrucks erleben.

Die Energie kann sich im schöpferischen Prozeß entfalten, der aus einem Quell unendlicher Tiefe gespeist wird. Bekommt sie jedoch diese Richtung nicht, dann äußert sie sich in Selbstgerechtigkeit und der Betreffende drängt sein Wissen anderen auf, ohne darum gebeten worden zu sein. Diese Gewohnheit, in der Kindheit gelernt, kann aber auch wieder verlernt werden.

Merkur/Pluto-Quinkunx. Mit diesem Aspekt arbeiten die unbewußten Energien und die mentalen Funktionen gegeneinander. Der Geist ist in seiner Freiheit und Produktivität gehemmt. Bei dem ständig nagenden Zweifel geht es innerlich um Fragen wie: »Wird der Geist auch frei sein, um neue Ideen zu erforschen? Ist es in Ordnung, wenn ich mich undiszipliniert verhalte? Kann man eigentlich spontan kreativ sein? Muß man denn immer die Kontrolle über eine Unterhaltung behalten, oder ist man ein Schwächling, wenn man es nicht tut?«

Die Belastung oder Spannung, die durch diesen Aspekt verursacht wird, ist nicht so tiefgreifend wie bei einem Quadrat oder einer Opposition, sie kann jedoch eine Atmosphäre des Mißtrauens schaffen, und zwar ein Mißtrauen sich selbst gegenüber. Man muß die Energien der beiden Planeten verstehen, um sie zu einer Zusammenarbeit zu bringen und die Spannung zu lösen.

4. Venus-Aspekte

Die Venus entfernt sich nicht weit von der Sonne; sie kann weder ein Quadrat noch eine Opposition mit ihr bilden und verstärkt lediglich die Energie der Sonne. Die Venus symbolisiert unsere Fähigkeit zu lieben; damit ist nicht das Sexualleben allein gemeint, sondern die Liebe auch auf geistiger Ebene. Sie steht für die Fähigkeit, Liebe und Zärtlichkeit zu schätzen und anzunehmen. Das Zeichen, in dem sie steht, zeigt, welche Art von Zuwendung wir bevorzugen gegenüber dem, was die Sonne zu geben bereit ist. Die irdische Schönheit, mit der wir uns gern umgeben, unser Geschmack für Möbel, Kleider und so fort, die Dinge, die wir sammeln, unsere Einstellung zur Liebe – dies alles ist venusisch. Venus repräsentiert den Wunsch, *wie wir sein möchten,* was zu einem Dilemma führt, wenn sie in einem anderen Zeichen steht als die Sonne.

Der Mond symbolisiert die Mutter als Person, ihre äußere Haltung und wie sie mit ihren Bedürfnissen umgeht während der ersten drei Lebensjahre des Kindes, in denen seine Persönlichkeit geformt wird. Die Venus aber repräsentiert einen subtileren Einfluß der Mutter auf die Psyche des Kindes. Jede Mutter hat ihre eigene Einstellung zur Mutterschaft und zur Verantwortung, die mit der Kindererziehung verbunden ist, sowie zu ihrem Selbstwert als Frau. Wenn sie ein schwach entwickeltes Gefühl für ihre Weiblichkeit hat, wenn sie ihren eigenen Wert als niedrig erachtet und glaubt, daß Frauen allgemein nicht viel wert sind, dann wird sie ihre innere Einstellung dem Kind weitergeben. Harte Aspekte zeigen den ungünstigen Einfluß, den sie zur Zeit der Geburt durch ihre innere Verfassung auf das Kind ausübte. Da die psychische Prägung schon sehr früh stattfindet, ist es für den Betreffenden schwierig, den Ursachen seiner Probleme auf den Grund zu gehen. Möglicherweise verändert sich die Einstellung der

Mutter, wenn sie reifer und selbstbewußter wird, und der Betreffende erinnert sich nur, wie sie später war.

Die Venus im Horoskop eines Mannes wirkt anders als im Horoskop einer Frau. Wenn die Venus hart aspektiert ist, bedeutet dies, daß die Mutter seine Vorstellung von Liebe in seinem Unterbewußtsein beeinflußt. Ohne es zu wissen, projiziert er ihre Vorstellungen auf andere Frauen. Seine Mutter hatte wahrscheinlich wenig Achtung sich und anderen Frauen gegenüber und übertrug diese Einstellung auf das Kind, als es die Eindrücke seiner Umgebung aufnahm. Wenn sich ihm die Meinung, daß Frauen »nichts taugen«, eingeprägt hat, wird er ihnen als erwachsener Mann mit dieser inneren Einstellung gegenübertreten. Er wird wahrscheinlich in Fragen der Liebe einen doppelten Maßstab anlegen, er wird Liebe und Zärtlichkeit schlecht annehmen oder keine Liebesbeziehung aufrechterhalten können. Er wird mit anderen Worten unbewußt seine ungesunde Einstellung auf Frauen projizieren und sich gleichzeitig mit seinen Bedürfnissen nach Liebe und seiner eigenen Fähigkeit zu lieben unwohl fühlen.

Eine Frau mit harten Aspekten zur Venus nimmt ebenfalls als kleines Kind die Einstellung ihrer Mutter auf, aber – anders als der Mann – sie projiziert diese Haltung auf sich selbst. Sie fühlt sich wie ein Mensch zweiter Klasse; sie glaubt, daß Frauen keine Rechte haben, und ihr Selbstwertgefühl ist gering. Zu ihrer Rolle als Frau hat sie kein gutes Verhältnis. Einer Mutterschaft wird sie angstvoll gegenüberstehen und es vielleicht deswegen vermeiden, Kinder zu bekommen, oder sie wird aus einem Unbehagen gegenüber ihrem Geschlecht die Frauenrolle überkompensieren.

Sie wird sich wahrscheinlich in Frauenbewegungen engagieren, jedoch aus falschen Motiven heraus. Nach außen wird sie sich und ihre Rechte verteidigen wollen, ohne zu wissen, daß sie in ihrem Inneren ansetzen muß. Wenn sie ihre eigene Weiblichkeit nicht schätzt, wird sie Schwierigkeiten mit der Liebe und mit Zärtlichkeit haben, weil ihr diese Regungen unnatürlich vorkommen werden. Sie wird Männer, die nett zu ihr sind, zurückweisen, denn Frauen, die sich für minderwertig halten, sind Menschen gegenüber mißtrauisch, die ihnen Zuneigung zeigen. Wenn sich diese Frauen der Einschränkung bewußt werden, die ihnen dieser Aspekt auferlegt, können sie ihre Einstellung allmählich ändern und glücklichere Partnerschaften aufbauen.

Die Aspekte zur Venus zeigen, ob wir es mit Liebesbeziehungen leicht haben oder nicht, ob wir uns im Gefühlsleben wohl fühlen können oder uns darum bemühen müssen, die Liebesschwingungen im Universum wahrzunehmen. Manche Astrologen meinen, daß Venus das Lustprinzip verkörpert. Zwar ist der Hang zu Vergnügungen eine venusische Eigenschaft, jedoch liegt die Betonung darauf, wie wir diese aufnehmen und akzeptieren.

Venus/Mars-Aspekte

Die Venus symbolisiert den intellektuellen Begriff der Liebe und die Fähigkeit und Art, sexuelle Erfahrungen aufzunehmen. Der Mars symbolisiert unsere sexuellen Bedürfnisse und wie wir sie zum Ausdruck bringen. Manchmal ist es hilfreich, die Wertvorstellungen der Mutter zu untersuchen, um zu erkennen, was man von ihrer Einstellung aufgenommen hat. Wenn diese beiden Planeten durch Aspekte verbunden sind, hat der Betreffende oft eine so starke Bindung an die Mutter, daß seine Fähigkeit, mit anderen Menschen eine Beziehung einzugehen, erheblich eingeschränkt ist.

Die harmonischen Aspekte zwischen diesen Planeten weisen auf eine natürliche Fähigkeit zu lieben hin. Der Betreffende wird mit Rücksicht auf die Bedürfnisse anderer handeln und selbst ihre Zuwendung genießen können. Diese Aspekte sind wichtig, wenn man den emotionalen Hintergrund bestimmter Handlungsweisen beleuchten will.

Venus/Mars-Konjunktion Wenn Venus den Begriff der Liebe und Mars den Sexualtrieb repräsentiert, dann könnte man meinen, daß es leicht ist, mit diesem Aspekt zu leben. Man hat jedoch festgestellt, daß es vielen Menschen mit diesem Aspekt schwerfällt, sich sexuell zu öffnen: Frauen haben oft mangelnde Orgasmusfähigkeit, und Männer haben entweder Probleme mit der Potenz oder einen vorzeitigen Samenerguß. Die Schwierigkeiten mit der Sexualität rühren oft daher, daß man sie zu ernst nimmt, beispielsweise glaubt, man müsse sich binden, bevor man sich sexuell einläßt. Es scheint, daß der Sexualtrieb verknüpft ist mit einem unbewußten Einfluß der Mutter. Andere Aspekte, die die Konjunktion bildet, sowie die Bedürfnisse des Sonnenzeichens können Hinweise auf die Hintergründe der Auswirkung der Konjunktion geben. Die Konjunktion bedeutet, daß der Betreffende es schwer hat, die Sexualität zu akzeptieren. Der Partner bekommt Bedenken und fragt sich, ob er überhaupt geliebt wird. Die Unsicherheit wirkt wiederum zurück auf den Horoskopeigner, der seinerseits verunsichert wird. Der Aspekt kann sehr schwierig zu handhaben sein, da eine Aussprache über sexuelle Themen noch mehr Ängstlichkeit hervorruft.

Viele Menschen mit dieser Konjunktion haben die Gewohnheit, sich ganz fürchterlich in jemanden, den sie bewundern, zu verlieben; und bevor sie es überhaupt versucht haben, mit dem Wunschpartner zusammenzukommen, denken sie bereits an eine Heirat oder feste Bindung. Sie verlieben sich recht oft, und Männer mit diesem Aspekt machen manchmal sogar einen Heiratsantrag, bevor sie auch nur einen einzigen Kuß von der Frau ihrer Wahl bekommen haben! In manchen Fällen ist die Bindung an die Mutter so stark, daß der Betreffende nur in homosexuellen Beziehungen oder überhaupt nicht lieben kann.

Der gegenseitige Einfluß der beiden Planeten ist nicht unproblematisch: Der Mars heizt auf und vergröbert das Venusische, während der Einfluß der Mutter das Schroffe der Mars-

Eigenschaft mildert. Die verschiedenen Sonnenzeichen reagieren unterschiedlich auf diesen Aspekt, je nachdem, welcher Elternteil der dominante war. Um die Spannung, die durch diesen Aspekt verursacht wird, zu lösen, muß der Einfluß der Mutter auf die Psyche des Betreffenden erforscht werden. Er ist verwirrt darüber, was zulässig und erlaubt ist. Eine Gesellschaft mag vielleicht vorschreiben, daß das Sexualleben mit einer festen Bindung oder Ehe gekoppelt sein muß, in der Natur herrschen jedoch diese Bedingungen nicht. Der Betreffende hatte der Mutter gegenüber vielleicht einst längst vergessene sexuelle Gefühle, die in seinem Unterbewußtsein einen Loyalitätskonflikt auslösen.

Venus/Mars-Sextil. Das Sextil zeigt, daß die Mutter des Betreffenden gegenüber der Sexualität und ihrer Weiblichkeit eine gesunde Einstellung hatte. Dieser Mensch kann Beziehungen eingehen und sowohl seine emotionalen als auch sexuellen Bedürfnisse befriedigen. Er kann seine Beziehungen genießen.
Das Sextil bedeutet auch einen angeborenen Sinn für Schönheit. Der Betreffende interessiert sich für Kunst, und er wählt vielleicht einen Beruf im Bereich der Künste. Seine Berufswahl trifft er auch im Hinblick auf die Bedürfnisse seiner Mitmenschen.

Venus/Mars-Quadrat. Das Quadrat bedeutet Komplikationen in Liebesbeziehungen. Venus zeigt unsere Vorstellung von Liebe, die Art Liebe, nach der wir suchen, und unsere Fähigkeit, die Liebe, wenn sie uns zuteil wird, zu genießen. Mars repräsentiert unser Handeln, wie wir uns in unserem Tun mit anderen austauschen und wie wir unsere sexuellen Bedürfnisse ausdrücken. Das Quadrat bedeutet eine Härte, da wir diese Energien nur schwer zum Ausdruck bringen können. Nehmen wir als Beispiel eine Venus im Widder im Quadrat zu Mars im Krebs: Die Venus im Widder ist feurig, idealistisch, nach einem Märchenprinzen oder einer Märchenprinzessin Ausschau haltend. Der Mars im Krebs handelt entweder besitzergreifend, launisch, emotional oder sensibel; er reagiert auf seine Gefühle, indem er konkret etwas unternimmt. Die Widder-Venus schwärmt von Poesie und Blumen und fühlt sich mit dem besitzergreifenden Verhalten sehr unwohl, da es nicht in ihre idealistischen Vorstellungen paßt. Sexuelle Beziehungen bereiten Unbehagen, da sie durch den unbewußten Einfluß der Mutter Schuldgefühle hervorrufen. Es herrscht eine Verwirrung über die Bedeutung der »idealen« und der körperlichen Liebe.

Nehmen wir ein anderes Beispiel: Mars im Stier im Quadrat zu Venus im Löwen. Eine Löwe-Venus bedeutet die Suche nach der idealen Liebe, dem Prinzen oder der Prinzessin, nach dem galanten Verehrer, der seinen Mantel über die Pfütze wirft, damit die Schuhe der Dame nicht schmutzig werden – zusätzlich mit dem Anspruch, in der Liebesbeziehung zu jeder Zeit mit Respekt behandelt zu werden. Der Mars im Stier handelt sinnlich und verhält sich praktisch. Wenn diese beiden Energien in Berührung kommen, dann entsteht ein Konflikt zwischen der marsischen Sinnlichkeit, die im Warmen, Emotionalen, Sexuellen zu schwelgen liebt, und der Venus mit einer Haltung, die ebendies als »nicht schicklich« betrachtet. Der Mars im Stier beschränkt sich auf das Praktische und Vernünftige, während die Venus im Löwen einem zu hohen Ideal nachfolgen möchte und sich vorstellt, das Unmögliche zu erreichen. Die beiden Energien arbeiten gegeneinander.

Wenn man den Einfluß der Mutter bei diesem Aspekt betrachtet, hat es den Anschein, als sei sie der Sexualität ablehnend gegenübergestanden, und ohne es zu wissen, hat sie ihrem Kind dieselbe Haltung vermittelt. Wahrscheinlich war die Mutter in ihrem Geschlechtsleben enttäuscht; vielleicht kam es auch zu einer ungewollten Schwangerschaft. Wie dem auch sei, der Mensch mit diesem Aspekt wächst mit gemischten Gefühlen, was seine Sexualität betrifft, heran. Auf der einen Seite möchte er sich verlieben – und er verliebt sich oft und leicht –, aber auf der anderen Seite fühlt er sich in länger andauernden Liebesbeziehungen nicht wohl. Möglicherweise wird er von einer Ehe in die andere wechseln, oder er erhält eine Partnerschaft aufrecht, jedoch um den Preis großer innerer Spannungen. Einen großen Teil seiner Frustration wird er auf seinen Partner projizieren und ihn für sein Problem verantwortlich machen. Wenn der Betreffende erkennt, daß seine Unruhe in ihm selbst begründet ist, kann er versuchen, die unterschiedlichen Kräfte, die durch die beteiligten Zeichen angezeigt sind, zur Zusammenarbeit zu bringen. Auch wenn die Mutter ihrer Sexualität ablehnend gegenübergestanden und ihre Einstellung an das Kind weitergegeben hat, so kann diese Haltung durch Bewußtmachung geändert werden.

Das Negative und Unproduktive an diesem Aspekt offenbart sich meist in den emotionalen, sexuellen Erlebnissen des Betreffenden, weniger im Berufsleben. Wenn man diese Energien umkehrt, kann man sie mit Bedacht auch zum Erreichen von Zielen nutzen, denn Mars bedeutet Handeln, und Venus zeigt, was wir gerne wären oder hätten. Wenn die Bedürfnisse in einer Beziehung bewußt durchdacht werden, kann man die unproduktiven Muster loslassen und befriedigendere Verhaltensweisen entwickeln.

Venus/Mars-Trigon. Die Mutter dieses Menschen übte einen gesunden Einfluß auf die Psyche des Kindes aus. Die Plazierung der Venus in einem Geburtsbild zeigt, was sich der Betreffende im Leben wünscht, welche Werte er schätzt und was er von einer Liebesbeziehung erwartet. Die Mars-Energie wirkt komplementär zu diesen Bestrebungen, da sie dem Betreffenden ermöglicht, durch sein Handeln die gewünschten Ziele zu erreichen. Das Trigon spiegelt die Fähigkeit wider, zu lieben und zu geben. Wenn andere Aspekte im Horoskop Schwierigkeiten mit Beziehungen andeuten, so gibt das Venus/Mars-Trigon die Zuversicht, daß es sich lohnt, diese Schwierigkeiten anzugehen.

Der Mars repräsentiert das Handeln und die Venus die Werte, die wir schätzen, was wir uns von einer Liebesbeziehung wünschen und mit welchen Dingen (oder Menschen) wir uns im Leben gern umgeben. Das Zusammenspiel dieser beiden Kräfte kann vorteilhaft für berufliche Ziele genutzt werden. Für die Deutung eines Trigons sollte man jedoch die Stellung der Sonne mit berücksichtigen, denn Trigone können manchmal Probleme aufwerfen. So mag beispielsweise ein Trigon in Feuerzeichen allzu hohe Ideale bedeuten, was eine überaus sensible Reaktion auf normale, alltägliche Ereignisse zur Folge haben könnte.

Venus/Mars-Opposition. Dieser Aspekt ist dem Quadrat sehr ähnlich, aber leichter zu lösen. Es ist nicht so schwierig, Kompromisse bei Oppositionsaspekten zu finden, wie mit den Frustrationen eines Quadrats zu leben. Bei diesem Aspekt übt die Mutter einen Einfluß auf das Unterbewußtsein des Kindes während der ersten, prägenden Lebensjahre aus, der Rückwirkungen hat auf seine Fähigkeit zu lieben. Die Probleme der Mutter können nicht genau bestimmt werden, jedoch beeinträchtigt sie durch ihr Handeln ihre eigene Weiblichkeit und ihre Vorstellung von dem, was weiblich ist. Vielleicht ärgert sie sich über ihre sexuellen Wünsche. Das Kind spürt ihre Bedenken, ihren Selbstekel und ihr Unbehagen. Wenn der Aspekt im Erwachsenen zur Auswirkung kommt, werden die Beziehungen, die er zwischen dem zwanzigsten und dreißigsten Lebensjahr knüpft, ein Muster offenbaren, das Hinweise auf die zugrundeliegenden Ängste gibt.

Für diesen Menschen ist es schwierig, mit jemandem ein sexuelles Verhältnis zu haben und ihn gleichzeitig zu lieben. Als junger Erwachsener wird er im Geschlechtsleben ein Unbehagen spüren; er kann seine sexuellen Wünsche nicht unbekümmert ausleben (Mars), da sie im Gegensatz zu den Werten stehen, die er schätzt (Venus). Dieser Umstand bringt eine große Verwirrung über die Lebensziele wie auch die Erwartungen, die man einer Liebesbeziehung gegenüber hat. Der Betreffende fühlt sich nicht wohl, wenn er Liebe und Sex kombinieren soll. Oft »löst« er das Problem, indem er zwei verschiedene Partner wählt.

Nehmen wir als Beispiel eine Venus im Widder in Opposition zu Mars in der Waage: Die Widder-Venus ist aggressiv und lüstern, aber auch idealistisch. Der Mars in der Waage charakterisiert einen Menschen, der diplomatisch handelt. Während die Venus direkt auf die Dinge zugeht, unterdrückt der Mars in der Waage oft seinen Ärger. Wenn die Venus von einer wunderbaren Beziehung mit einem Märchenprinzen oder einer Märchenprinzessin träumt und der Mars kämpft, um sich vor allem auf sexuellem Gebiet zu behaupten – wie wohl kann sich der Betreffende dabei fühlen? Mars in der Waage handelt zwar diplomatisch, er kann jedoch auch auf diplomatische, intellektuelle Art kriegerisch sein.

Eine Venus in den Zwillingen in Opposition zu Mars im Schützen charakterisiert einen Menschen, der die Kontroverse, das Widersprüchliche sowie intellektuelle, ungewöhnliche Gespräche liebt und sich eine nicht alltägliche Liebesbeziehung wünscht. Der Mars im Schützen schätzt seine Freiheit und Unabhängigkeit. Die Spannung könnte entstehen zwischen dem Wunsch nach einer Kontroverse und dem Wunsch nach Freiheit. Der Wunsch nach einer Kontroverse bedingt zwangsläufig das Vorhandensein von Menschen und somit eine Abhängigkeit von einem Publikum, was sich mit dem Freiheitsbedürfnis des Schütze-Mars nicht gerade verträgt. Bei dieser Opposition spielt sich die Liebe oft auf geistiger Ebene ab, da der Betreffende mehr als andere Menschen dazu neigt, Liebe von einem intellektuellen Standpunkt aus zu betrachten. Er hat deshalb auch mehr Schwierigkeiten mit der körperlichen, geschlechtlichen Liebe und wird öfter zu platonischen Beziehungen tendieren.

Venus/Mars-Quinkunx. Dieser Aspekt bedeutet eine Spannung zwischen der Vorstellung von Liebe und der Fähigkeit, eine persönliche Liebesbeziehung zu konkretisieren. Wenn ein Mensch es wertschätzt, geliebt zu werden, wird er oft bereit sein, seine eigentlichen sexuellen Bedürfnisse zu übergehen. Es entsteht eine Spannung, weil der Partner vielleicht emotional, jedoch nicht sexuell befriedigend ist – oder umgekehrt: Die sexuellen Bedürfnisse werden befriedigt, und der Wunsch nach Zärtlichkeit bleibt unerfüllt. Bei diesem Aspekt ist es wichtig, darauf zu achten, daß man nicht voreilig Kompromisse schließt und sich mit irgend etwas abfindet. Es gilt, die Bedürfnisse beider Kräfte zu erkennen und einen Partner zu wählen, der beide Bereiche zufriedenstellen kann.

Die Verwirrung stammt vom Einfluß der Mutter und ihrem Unverständnis für die Vereinbarkeit von Liebe und Sexualität. Vielleicht hat sie während der ersten Lebensjahre ihres Kindes die Art, wie sie lebte, angezweifelt oder hinterfragt. Wenn man ihre persönlichen Maßstäbe und die ihrer Generation miteinander vergleicht, könnte man etwas über das Problem erfahren, das sie seinerzeit beschäftigte. Oft stellen wir fest, daß es grundlegende Probleme sind, die sich von einer Generation zur anderen gar nicht sosehr voneinander unterscheiden.

Venus/Jupiter-Aspekte

Die Venus repräsentiert den Stellenwert, den die Liebe für uns hat, unsere Vorstellungen von der Liebe, die Art von Liebesbeziehungen, die wir uns wünschen, einschließlich liebevoller Freundschaften, die Art von Unterhaltung, die uns gefällt, unsere Vorstellung von einer »perfekten Liebe«, unsere Neigung zum Angenehmen, Komfort, unsere Liebe zur Kunst und so fort. Der Jupiter symbolisiert unsere Fähigkeit, in Beziehung zu treten, uns der Welt um uns zu öffnen, über das Persönliche hinauszustreben, sowie unsere Beziehung zu Menschen, die wir lieben. Venus steht für die Wünsche, die wir in unseren Köpfen tragen, und Jupiter zeigt, wie wir ausgreifen, um uns zu holen, was wir uns wünschen. Venus repräsentiert auch den Einfluß der Mutter auf unsere Psyche, die unsere Vorstellung von Weiblichkeit geprägt hat. Venus/Jupiter-Aspekte sind vor allem für Frauen von Bedeutung, denn diese Konstellationen zeigen, ob sie sich als Frauen wohl fühlen. Er zeigt auch das Potential für Wachstum und Reife und wie der Betreffende zu seinen Bedürfnissen und Wünschen steht.

Venus/Jupiter-Konjunktion. Die Offenheit und Unkompliziertheit der Mutter üben einen anregenden Einfluß auf die Erwartungen, die das Kind an das Leben hat, aus. Dieser Einfluß muß jeweils an das Zeichen angepaßt werden, in dem die Konjunktion steht. Außerdem können andere Aspekte die Interpretation verändern, da sich die Kräfte erst frei entfalten, wenn Hemmnisse, verursacht durch andere Aspekte, umgeleitet werden.

Venus in Konjunktion mit Jupiter in Widder charakterisiert beispielsweise einen Menschen, für den die Liebe ein Ideal ist (Venus), der voller Großmut (Jupiter) und liebevoll-aggressiv ist (Widder). Dieser Mensch kann sich in seiner Jugend liebevoll durchsetzen und wird wahrscheinlich eine Fülle von Liebschaften haben. In reiferen Jahren wird er eher einen Sinn für das Schöne entwickeln. Menschen mit diesem Aspekt haben Glück in der Liebe, da sie mit ihrem überschwenglichen Optimismus andere anziehen und faszinieren. Jedoch würde ein Quadrat von Mars im Krebs auf die Konjunktion eine ganz andere Interpretation erfordern. Die Qualität der Mars-Energie würde das Überschwengliche erheblich einschränken oder gar nur an der Oberfläche gelebt und unecht wirken lassen. Zwar ist die Beziehungsfähigkeit vorhanden, jedoch läßt der zusätzliche Aspekt einen – wie es in der Psychotherapie genannt wird – Komplex entstehen.

Ein weiteres Beispiel: Venus in Konjunktion mit Jupiter im Steinbock charakterisiert einen Menschen, der gern ein Steinbock-Geborener wäre. Stellen wir uns vor, die Sonne steht im Wassermann, dann haben wir einen Wassermann-Typus, der die Werte und Qualitäten des Steinbocks schätzt und auf traditionsbewußte Art mit anderen in Beziehung tritt (Jupiter). Der Aspekt verleiht den Wassermann-Eigenschaften mehr Ernst, eine Vorliebe für unvergängliche, hergebrachte Formen der Kunst und Unterhaltung sowie eine gesellschaftliche Position, die einem Steinbock imponieren würde. Der Betreffende scheint dann gar nicht wie ein Wassermann zu sein. Wenn man dieses Rätsel untersucht, stößt man auf den inneren Zwiespalt des Menschen, entstanden durch einen dominanten Vater (Wassermann-Sonne) und die anders gelagerten Ziele der Mutter (Venus in Steinbock).

Die Konjunktion ist hilfreich, indem sie den Betreffenden befähigt, seine Wünsche zu erkennen und ihnen nachzugehen, und wenn keine weiteren Spannungsaspekte auf die Konjunktion fallen, kann er in seiner Zielstrebigkeit sehr erfolgreich sein. Ist die Konjunktion jedoch durch Spannungsaspekte verletzt oder befindet sich der Betreffende auf einem unentwickelten Niveau, dann könnte sich der Aspekt durch Übermut und Selbstsucht äußern.

Venus/Jupiter-Sextil. Das Sextil zeigt einen konstruktiven Einfluß der Mutter auf die Psyche des Kindes. Die Mutter vermittelte dem Kind, daß Beziehungen möglich sind, man seinen Horizont erweitern und von der Umwelt freundlich aufgenommen werden kann. Manche dieser Menschen haben die natürliche Fähigkeit, sich zu holen, was sie sich wünschen; sie können auf andere eingehen, aber auch um etwas bitten, wenn sie es brauchen, da sie ihre frühkindliche Umgebung dazu ermunterte. Sie besitzen eine innere Sicherheit, die sie in die Lage versetzt, voller Zuversicht ihre Ziele zu verfolgen. Eine Frau mit diesem Aspekt hat eine Vorliebe für Beziehungen, in denen sie sich behaglich und wohl fühlt, und sie wird ihre Aufgeschlossenheit ihren Kindern weitergeben. Ein Mann mit diesem Aspekt beschäftigt sich gern mit seinen Kindern; er ermuntert sie zu Beziehungen und zu Offenheit. Diese Haltung kommt auch beim Trigon zum Ausdruck.

Venus/Jupiter-Quadrat. Venus symbolisiert den Einfluß der Mutter auf die Psyche des Kindes bei der Vorstellung von Liebe und Weiblichkeit. Jupiter repräsentiert Beziehungsfähigkeit. Wenn diese beiden Planeten im Quadrat zueinander stehen, neigt der Betreffende zu Übertreibungen. Der Jupiter repräsentiert unsere Fähigkeit, uns zu öffnen, unser persönliches Blickfeld zu erweitern und nach Höherem zu streben, aber unsere Vorstellung von der Liebe, die uns das Zeichen anzeigt, in dem die Venus steht, entspricht nicht den Jupiter-Eigenschaften. Der Betreffende verliebt sich vielleicht sehr schnell und »entliebt« sich im nächsten Augenblick, oder er reagiert übertrieben, wenn in der Beziehung etwas Belangloses vorfällt.

Eine Frau mit diesem Aspekt wird ihre Weiblichkeit übertreiben und aus einer Unsicherheit heraus die Bedeutung von Beziehungen aufbauschen. Vielleicht drückt sie das Weibliche mit viel künstlicher Aufmachung aus, mit einer riesigen Frisur, lackierten Fingernägeln, zuviel Make-up, bereits um acht Uhr morgens auf der Schwelle erscheinend, als sei sie für eine Party gerüstet. Sie wird äußerst sensibel auf Bemerkungen reagieren, die sie für eine Herabsetzung ihrer Weiblichkeit hält, und wird bei jeder Gelegenheit beweisen wollen, daß sie anhänglich und zärtlich ist, jedoch dabei eher oberflächlich wirken. All dies sind übertriebene »weibliche« Reaktionen, die ihren Ursprung im Verhalten und der Einstellung der Mutter während der frühen Entwicklung des Kindes haben und es notwendig machen, daß die Tochter ein Selbstwertgefühl entwickelt.

Ein Mann mit diesem Aspekt wird sich ein wenig vor Frauen

fürchten, weil sich ihm die Mutter als eine unberechenbare Frau in seinem Unterbewußtsein eingeprägt hat, als er ein kleines Kind war. Er wird seine Unsicherheit auf die Frauen, denen er begegnet, projizieren und das Thema Liebe und Ehe nicht ganz ernst nehmen können. Er wird eine Beziehung als ein Rollenspiel betrachten, in dem er den Vater und seine Partnerin die Mutter spielt. Vielleicht wechselt er häufig seine Liebesbeziehungen, denn wie sein weibliches Gegenstück, so kann auch er sich augenblicklich verlieben.

Bei diesem Aspekt stimmt das Beziehungsprinzip nicht mit der Vorstellung von Liebe überein: Der Betreffende springt auf ein Karussell auf, auf dem er gar nicht fahren möchte. Er kann zu dem Menschen, der ihn liebt, keine rechte Beziehung bekommen, oder er kann das Geliebtwerden nicht schätzen. Wenn man zu etwas, das man sich wünscht, keinen Bezug bekommen kann, dann wird das Leben immer rätselhafter. Dieser Mensch weiß dann nicht mehr, was gut für ihn ist.

Man kann den Aspekt besser verstehen, wenn man die Zeichen betrachtet, in denen er gebildet wird. Außerdem geben frühere Beziehungen Hinweise auf ein zugrundeliegendes Muster, das in Zukunft zu vermeiden man lernen kann. Wenn das Frustrierende an den im Quadrat zueinander stehenden Kräften erst einmal begriffen ist, wird es möglich, sie in produktive Bahnen zu lenken und, wie beim Trigon, positiv zu leben.

Venus/Jupiter-Trigon. Viele Leute halten diesen Aspekt für kreativ, denn die Venus zeigt unsere Liebe zur Schönheit und zur Kunst und Jupiter unsere Neigung zur Expansion und zur Fülle. Die beiden Planeten im Trigon bedeuten, daß die Mutter ihre Weiblichkeit und ihre Gefühle auf konstruktive Weise zum Ausdruck bringen konnte und ihrem Kind in seiner frühen Entwicklung ihre Unbekümmertheit im Liebegeben und -nehmen vorlebte. Auf diese Weise lernt das Kind, für Beziehungen und für das Schöne aufgeschlossen zu sein. Dieser

Mensch hat das sichere Gespür, sich in Partner zu verlieben, die für ihn gut sind. Er genießt ein schönes Heim, Literatur und andere klassische Kunstformen, er schätzt die Liebe, die ihm entgegengebracht wird, und freut sich über ein Geschenk oder einen Gefallen, der ihm bereitet wird.

Es ist beglückend, in der Nähe eines solchen Menschen zu sein, denn er strahlt Lebensfreude aus. Jedoch ist die Wirkung dieses Aspekts eingeschränkt, wenn der Mond verletzt ist.

Venus/Jupiter-Opposition. Dieser Aspekt zeigt, daß die Mutter kein gutes Verhältnis zu ihrer Weiblichkeit hatte. Vielleicht machte sie zur Zeit der Geburt des Kindes und während der ersten Jahre seiner Entwicklung eine Phase durch, in der sie sich wie ein Mensch zweiter Klasse fühlte. Der Jupiter zeigt unsere Aufgeschlossenheit und unsere Beziehungsfähigkeit. Da die Venus die Einstellung der Mutter zu ihrer Weiblichkeit, zu Liebe und Zuneigung repräsentiert, bedeutet die Opposition zwischen Venus und Jupiter ein extravagantes, übertriebenes Verhalten am Beginn einer Liebesbeziehung, das jedoch nicht lange andauert. Es ist ein Verhaltensmuster, das in der frühen Kindheit erlernt wurde und mit dem ein Gefühl einhergeht, Liebe sei immer mit Kompromissen verbunden und der Wunsch nach einer idealen Beziehung könne sich nicht erfüllen.

Eine Frau mit diesem Aspekt wird Liebe nur schwer annehmen können und es kaum für möglich halten, daß eine Frau um ihrer selbst willen geschätzt wird. Sie wird sich selbst auch nicht schätzen. Ein Mann mit diesem Aspekt hat kein Gespür für das Weibliche. Er erkennt die Bemühungen seiner Frau, sein Heim angenehm und wohnlich zu gestalten, nicht an, und wenn sie ihn liebt, wird er das kaum schätzen. Er wird sich, ebenso wie die Frau, häufig verlieben, da er seine Gefühle an- und abzuschalten vermag. Diese Menschen gehen bereits mit der Erwartung in eine Beziehung hinein, sie wieder zu verlieren. Wenn sie erst einmal verstanden haben, daß sie diese

Einstellung verändern und ganz andere Erwartungen entwikkeln können, daß wir nur das bekommen, was wir erwarten; wenn sie verstehen, daß sie dieses Muster von ihrer Mutter gelernt haben, die Schwierigkeiten mit ihrer Beziehungsfähigkeit hatte, dann können sie lernen, etwas zu verändern. Manchmal entwickelt sich bei diesem Aspekt ein Egoismus, den es zu überwinden gilt, denn er bedeutet, daß man ohne Aufschub seine Bedürfnisse befriedigt haben will.

Man kann diesen Aspekt auch auf folgende Weise aufschlüsseln: Der Jupiter (Beziehungspotential) steht in Opposition zu Venus (den Wünschen). Die Interpretation könnte lauten: »Ich kann zu meinen Wünschen keine Beziehung bekommen«, und könnte die Basis für persönliche Beziehungsmuster sein. Der Betreffende glaubt, mit seiner Umgebung einverstanden zu sein, während seine Art, Beziehung aufzunehmen, Unzufriedenheit ausstrahlt. Bei diesem Aspekt entsteht oft Verwirrung über gesteckte Ziele, und manche Zeichen weisen darauf hin, daß es nicht möglich ist, die gewünschten Ziele zu erreichen. Nehmen wir das Beispiel von Venus im Widder in Opposition zu Jupiter in der Waage. Venus sagt: »Ich möchte idealistisch, romantisch in der Liebe sein und mich geistig für eine Idee engagieren«, und Jupiter: »Ich knüpfe geistige Beziehungen auf gesellschaftlich annehmbare Art.« Dieser Konflikt kann zur Diskriminierung führen. Die Widder-Venus möchte fair sein, während der Jupiter in der Waage in den richtigen Kreisen akzeptiert sein möchte. Der Betreffende lehnt Menschen ab, die nicht in die entsprechenden Kreise passen, und handelt sich einen inneren Konflikt ein, der ihn mit der Zeit zu einer bigotten Haltung treiben könnte.

Das Thema für eine Opposition der beiden Planeten in Krebs und Steinbock wäre nicht Diskriminierung, sondern Machtkampf. Die Venus im Krebs möchte emotional und sensibel sein, sie möchte so unschuldig wie ein kleiner Junge oder ein kleines Mädchen lieben und die Macht des Kindes über die Eltern ausspielen, um zu bekommen, was es sich wünscht. Der

Jupiter im Steinbock trägt in seine Beziehungen sein Traditionsbewußtsein und seine Macht auf saturnale Art hinein. Der Konflikt entsteht, wenn der Betreffende nicht gleichzeitig Manager (Steinbock) und Kind (Krebs) sein kann. Man lernt, mit diesen Energien besser umzugehen, wenn man die Bedürfnisse der verschiedenen Lebensabschnitte versteht und für deren Befriedigung die richtige Zeit und den richtigen Ort wählt.

Venus/Jupiter-Quinkunx. Die Venus repräsentiert den Einfluß der Mutter auf die Psyche des Kindes, und Jupiter steht für Beziehungsfähigkeit. Wenn diese beiden Kräfte durch einen Quinkunx-Aspekt verbunden sind, entsteht eine Spannung, die mit der Zeit zu einer gesundheitlichen Belastung wird. Der Betreffende leidet oft unter seiner Unentschlossenheit, weil seine Wünsche nicht ganz vereinbar sind mit der Art, wie er Beziehungen pflegt. Um den Konflikt zu verstehen und zu lösen, muß man die Zeichen betrachten, die an dem Aspekt beteiligt sind. Bleibt er jedoch unbewußt, dann hat man in Beziehungen immer ein unterschwelliges Gefühl, daß die persönlichen Wünsche zu kurz kommen.

Venus/Saturn-Aspekte

Wenn Venus und Saturn durch einen Aspekt verbunden sind, erreichen wesentliche Teile der Persönlichkeit das Bewußtsein, damit ein Reifungsprozeß stattfinden kann. Die Menschen mit einem Venus/Saturn-Aspekt, die ich beobachtet habe, hatten es damit nicht leicht, da der Aspekt den Teil in uns einschränkt, der nach Wunschbefriedigung strebt.

Die Position der Venus im Horoskop zeigt, wie die Mutter zu ihrer Weiblichkeit eingestellt war und mit ihrer Einstellung die Psyche des Kindes beeinflußte. Sie zeigt, ob die Mutter in der Lage war, ihr Frausein zu akzeptieren, sich ihre Wünsche zu erfüllen, zu lieben, Liebe zu schätzen und anzunehmen. Der Saturn repräsentiert den Einfluß des Vaters in der frühkindlichen Phase. Die Saturn-Stellung wird traditionsgemäß als eine Einschränkung interpretiert. Manche Astrologen interpretieren ihn als einen Mangel, mit Sicherheit aber ist er jener Teil unserer Persönlichkeit, der am wenigsten Zuversicht besitzt. Die Stellung des Saturn beeinflußt auch unser Selbstwertgefühl, und im Laufe unseres Reifungsprozesses können wir mehr Selbstsicherheit entwickeln und den Saturn-Einfluß als ein Element der Stärke und zunehmender Stabilität erleben.

Die Verbindung dieser beiden Planeten läßt erkennen, wie wir zu unserem Selbstwert stehen und wie selbstsicher wir im Beruf und in persönlichen Beziehungen sein können. Bei harten Aspekten zwischen diesen Planeten konzentriert sich der Betreffende oft nur auf seine Berufsziele und drängt sein persönliches Leben in den Hintergrund.

Um einen Venus/Saturn-Aspekt zu überwinden, müssen wir als Erwachsene die persönlichen Werte wiederaufbauen. Wenn wir zu einem Opfer des Aspekts geworden sind, werden wir dieselben Probleme mit Beziehungen haben wie unsere Eltern. Wir projizieren die Werte der Eltern auf Menschen, die wir lieben, und entwickeln eine pessimistische Haltung der Liebe gegenüber. Nimmt der Pessimismus überhand, dann ist das ein Hinweis, daß wir unsere Energien zur Ansammlung von Geld einsetzen, denn Geld ist ein Wert, der uns verläßlich erscheint.

Wenn Menschen mit einem harten Venus/Saturn-Aspekt im Beruf erfolgreich sind, kann man annehmen, daß sie persönlich keinen Erfolg, keine erfüllte Liebe erfahren haben, da dieser Bereich unterentwickelt geblieben ist. Irgendwann in unserem Leben müssen wir Liebe und Zuneigung erfahren, denn um uns als Menschen weiterzuentwickeln und ein höheres Bewußtsein zu erlangen, müssen wir lernen, verletzlich zu werden und unsere Gefühle zuzulassen. Wenn wir diesen Teil unseres Menschseins nicht erleben, bleibt unsere ganze

Lebensphilosophie nur Theorie. Ein höheres Bewußtsein kann nicht gedacht, es muß gefühlt werden. Wenn das Geben und Annehmen von Liebe eingeschränkt ist, bleibt unsere spirituelle Entwicklung lediglich eine interessante Vorstellung.

Venus/Saturn-Konjunktion. Die Konjunktion von Venus und Saturn bedeutet, daß Vater und Mutter gegenüber dem Kind eine gemeinsame Front bildeten und der Entwicklung seiner Psyche gewisse Einschränkungen und Grenzen auferlegten. Die Venus repräsentiert die Einstellung der Mutter zu ihrer Weiblichkeit und wie dies die Psyche des Kindes beeinflußte. Der Saturn steht für Einschränkung und den Einfluß des Vaters auf die Psyche des Kindes. Der Zusammenstand dieser beiden Planeten bedeutet eine starke Bindung an die archetypische Mutter- und Vaterfigur, die oft mit den leiblichen Eltern verwechselt werden.
Die Aspekte zwischen Sonne und Mond charakterisieren die Eltern in ihrer physischen Existenz und wie sie auf das Leben reagierten, als das Kind noch klein war und seine Persönlichkeit sich zu entwickeln begann. Die Saturn/Venus-Plazierung hat mit Geben und mit Kristallisierungsprozessen in der Psyche zu tun, die viel schwieriger zu begreifen sind. Die Venus/Saturn-Konjunktion bedeutet, daß der Betreffende in den ersten drei Lebensjahren in seinen Wünschen eingeschränkt wurde. Dies muß nicht bedeuten, daß er mißhandelt wurde (obwohl ich das nicht ausschließen möchte), sondern daß er vielleicht sein Lieblingsspielzeug oder seine Kuscheldecke verlor oder daß er nach einem festgesetzten Plan gefüttert wurde anstatt dann, wenn er hungrig war. Dieser Mensch wuchs auf mit der Einstellung, daß Zuneigung immer mit Verlust verbunden ist. Deshalb wird er Liebesbeziehungen mit Pessimismus und eine Romanze mit Skepsis betrachten. Oft wird er eine Vernunftehe eingehen und einen »guten« Partner heiraten statt jemanden, in den er verliebt ist. Oder er verliebt sich

und trennt sich nach dem ersten Krach, weil er meint, die Beziehung sei damit zu Ende. Manche ziehen sich nach einer Enttäuschung mit Jahre anhaltenden verletzten Gefühlen zurück und beschließen, fortan keinem geliebten Menschen mehr zu trauen.

Menschen mit diesem Aspekt müssen fortwährend bestätigt werden, man muß ihnen immer wieder beweisen, daß man sie liebt. Seltsamerweise wollen sie selbst keine Garantien geben; sie können viel nehmen, haben aber Schwierigkeiten mit dem Geben. Sie wissen nicht, wie man sich gegenseitig beschenkt, weil sie es nie an ihren Eltern beobachten konnten. Wenn Kinder das Geben nicht während ihrer Entwicklung lernen, müssen sie später bewußte Anstrengungen machen und es nachholen. Oft haben sie die Meinung, das Gras in Nachbars Garten sei grüner als in ihrem eigenen, fragen sich, ob eine Beziehung mit einem anderen schöner wäre, und fangen an zu flirten.

Wenn sich der Betreffende dieses Aspekts bewußt wird, muß er zunächst lernen zu geben (wobei nicht etwas Käufliches gemeint ist). Etwas von sich selbst zu geben ist für diesen Menschen am schwersten. Da die Ehe seiner Eltern kein Vorbild einer gesunden Beziehung war, wird es auch ihm schwer möglich sein, eine gute Ehe zu führen. Meine Empfehlung wäre, jeden Impuls oder jedes Vorhaben in der Beziehung, das inspiriert wurde von dem, »was Vater oder Mutter gemacht hätten«, fallenzulassen. Manchmal lernen wir unsere Wünsche kennen, wenn wir verstehen, was wir *nicht* wollen.

Venus/Saturn-Sextil. Jeder Kontakt zwischen Saturn und Venus hat etwas Ernüchterndes. Er charakterisiert immer eine ernsthafte Persönlichkeit. Beim Sextil waren die Eltern zwar ernst, aber nicht destruktiv. Sie hatten ein gutes Einvernehmen miteinander. Die Plazierung der Sonne und des Mondes sowie weitere Aspekte geben ein genaueres Bild von der frühen Kindheit.

Das Sextil bedeutet eine natürliche Begabung, die entwickelt werden will. Der Betreffende wird mit Vorsicht und Bedacht auf die Dinge zugehen, mit Behutsamkeit eine starke Liebesbeziehung aufbauen, und sein Geschmack für die Kunst, die er schätzt, wird gut fundiert sein. Der Aspekt charakterisiert einen ausdauernden Arbeiter und einen verläßlichen Partner, denn er wird dem Menschen, für den er sich endlich entscheidet, treu bleiben.

Venus/Saturn-Quadrat. Bei diesem Aspekt üben die Eltern auf die Psyche des Kindes einen Einfluß aus, der es ihm schwermacht, in seinem späteren Leben irgendein Selbstwertgefühl zu bekommen. Sie müssen aber eine Entwicklung des Kindes unterstützen, in der das weibliche und das männliche Prinzip sich die Waage halten, damit es eine ausgewogene Persönlichkeit wird. Ein Selbstwertgefühl stellt sich ein, wenn das männliche und das weibliche Prinzip in Einklang stehen. Das Quadrat zeigt jedoch, daß sie sich bekämpfen.
Die Venus repräsentiert den Einfluß der Mutter und Saturn den Einfluß des Vaters auf die Psyche des Kindes. Wenn die beiden Planeten im Quadrat zueinander stehen, dann herrscht zwischen den Eltern Feindseligkeit, was für das Kind schwerwiegende Folgen hat. Menschen mit diesem Aspekt sind unsicher in ihrer Haltung gegenüber Männern und Frauen, Liebe, Zuneigung (Venus), gegenüber Autoritäten und einem persönlichen Sinn für Ordnung (Saturn). Sie tragen in ihrem Unterbewußtsein ein Bild der feindseligen Eltern, das in jeder ihrer Beziehungen Bedenken aufkommen läßt. Dieses innere Mißtrauen besteht immer bei Menschen, deren Eltern keine gesunde Zuneigung füreinander zeigen konnten. Sie leben mit ihrem Partner und spielen in der Ehe eine bestimmte Rolle ohne emotionalen Austausch.
Der Aspekt bedeutet Gefühle der Einsamkeit und eine pessimistische Haltung gegenüber der Liebe ähnlich wie bei der Konjunktion. Wir haben hier einen Menschen, dem es an

Liebe fehlte und dem Dinge entzogen wurden, an denen er hing. Er wird daher nicht mit Leichtigkeit eine Beziehung eingehen oder gemeinsam Konflikte angehen und durcharbeiten können.

Wenn der Betreffende versuchen möchte, die Macht dieses Aspekts zu brechen, muß er zuerst aufhören, Garantien zu verlangen. Er muß seinem Partner Zuversicht geben und andererseits für sich selbst Sicherheit von ihm bekommen. Eine Beziehung kann mehr hergeben, wenn man sie nicht als eine Versicherungspolice betrachtet. Persönliches Verhalten, das sich danach richtet, »was die Eltern in einer solchen Situation taten«, sollte hinterfragt werden, da es ein Nachahmen ungesunder Verhaltensmuster der Familie sein könnte, das sich wiederum auf die eigene Familie weitervererben würde.

Ein Mensch mit diesem Aspekt hatte eine trostlose Kindheit. Er hatte keine Möglichkeit, zu lernen, wie man gibt oder empfängt, da es die Eltern nicht taten. Man kann den Aspekt überwinden, indem man sich bewußt entscheidet, zu lernen, wie man gibt, wie man Dankbarkeit ausdrückt, wie man eine Beziehung wagt und wie man Kompromisse schließen kann ohne ein Gefühl des Verlusts. Wenn man dies lernen kann, dann verschwindet die Härte des Aspekts mit der Zeit.

Venus/Saturn-Trigon. Diese Menschen haben nicht die Schwierigkeiten, mit denen diejenigen unter den harten Aspekten kämpfen müssen, da die Venus (der Einfluß der Mutter auf die Psyche) ein harmonisches Trigon bildet mit Saturn (dem Einfluß des Vaters auf die Psyche). Die Eltern arbeiten zusammen und geben dem Kind die Möglichkeit, zu erleben, wie zwei Menschen, ein Mann und eine Frau, sich ernsthaft um Gemeinsamkeit bemühen. Weder der Vater noch die Mutter haben Schwierigkeiten mit ihren Rollen als Mann und Frau oder mit ihrem Selbstwertgefühl, denn sie gestehen sich und dem anderen einen Wert zu, selbst wenn die Sonne und der Mond verletzt sind.

Der Aspekt charakterisiert einen ernsten Menschen, da jeder Kontakt von Saturn und Venus eine gewisse Schwere mit sich bringt. Der Betreffende nimmt die Liebe, die Fähigkeit, zu geben und zu nehmen, sowie seine Wünsche ernst.

Dies sind die Menschen, die einem anderen zugestehen können, was ihm gebührt. Sie geben dem anderen Sicherheit, da sie seinen Wert anerkennen, und sie eignen sich daher gut für den Beruf des Lehrers oder eines Beraters. Wenn sie sich für einen Menschen entschieden haben, so ist ihre Liebe dauerhaft und sicher. Ein Mensch, der diese Kräfte besitzt, ist beneidenswert.

Venus/Saturn-Opposition. Dieser Aspekt ähnelt der Konjunktion und dem Quadrat, außer daß es notwendig ist, Kompromisse zu schließen, und das Gefühl von Verlust stärker ist. Die Venus symbolisiert den Einfluß der Mutter und Saturn den Einfluß des Vaters, aber bei diesem Aspekt ist das innere Bild der Eltern verwirrt. Möglicherweise trennen sich die Eltern, und das Kind erlebt schon ganz früh den Verlust eines Elternteils; oder – wenn das nicht der Fall ist – das Kind fühlt sich den Spannungen, die zwischen den Eltern herrschen, ausgeliefert. Es ist verwirrt und bekommt keine Klarheit darüber, was ein Mann oder eine Frau ist, wie man mit einem Mann oder einer Frau umgeht und was man selbst empfindet in Beziehungen mit dem anderen Geschlecht.

Dies charakterisiert einen Menschen, der häufig einem Liebesverlust ausgesetzt ist, denn seine Psyche ist auf Verlust programmiert. Er verliebt sich vielleicht in jemanden, der nicht frei ist oder nach kurzer Zeit stirbt oder ihn auf andere Weise sehr unglücklich macht. Die Eltern nahmen dem Kind in den ersten Jahren seines Lebens Dinge weg, an denen es hing, sei es ein Lieblingsspielzeug, die Kuscheldecke – oder gar ihre Liebe und Zuneigung. Möglicherweise behandelte ein Elternteil den anderen mit Härte oder unterdrückte ihn; es bestand jedenfalls irgendeine Form der Ablehnung zwischen

ihnen, welche das Kind wahrnahm. Folglich hat sich im Unterbewußtsein die Meinung festgesetzt, daß Männer und Frauen
sich gegenseitig bekämpfen und der eine den anderen veranlaßt, einen Teil seiner Position aufzugeben.

Bei der Venus/Saturn-Opposition ist die Liebesfähigkeit
begrenzt, man neigt dazu, sich zu verhärten, und oft hegt man
einen Groll gegen Autoritätspersonen. Bei diesem Aspekt war
der Vater hartherzig gegenüber der Mutter, denn Saturn ist
der stärkere Planet. Der Betreffende wird daher mißtrauisch
gegenüber seinen eigenen Wünschen und unnötig hart gegen
sich selbst sein, bereit, auf Vergnügungen und auf Liebe zu
verzichten.

Die Mutter schätzte sich selbst nicht und übertrug ihre Meinung, Frauen seien nicht viel wert, auf das Kind – ebenso wie
ihre Erfahrung, daß Liebe weh tut und hart sein kann. Der
Betreffende wird an Liebesbeziehungen mit großer Vorsicht
herangehen, und aus dieser Vorsicht heraus wird er versuchen, sich abzusichern, was aber nicht möglich ist. Er ist nicht
in der Lage, von sich selbst etwas zu geben, es sei denn, es ist
materieller Art, und oft wählt er einen Partner, der ihm
genommen wird.

Es ist wichtig, zu verstehen, daß es keine schlechten Aspekte
oder schrecklichen Schicksale in der Astrologie gibt, sondern
daß wir nach Programmen leben, die in unserem Unterbewußtsein festgelegt sind. Die Psyche ist mächtig; sie ist viel
stärker als unser Bewußtsein. Zwischen dem Unterbewußtsein
und dem Bewußtsein darf es keinen Streit geben: Wenn wir
einmal ein ungesundes Programm erkannt haben, können wir
beginnen, die Richtung der Energie zu ändern, um uns von
dem negativen Einfluß der Kräfte zu befreien, die wir Aspekte
nennen.

Venus/Saturn-Quinkunx. Dieser Aspekt bedeutet eine Belastung, denn es findet ein – allerdings milder – Kampf statt
zwischen unseren Wünschen und unseren Befürchtungen. Der

Aspekt hat eine hemmende Wirkung, indem er den Liebesgenuß einschränkt und unseren Wünschen Grenzen setzt, die vom Einfluß des Vaters auf unsere Gefühlswelt stammen. Man muß die Zeichen, die an dem Quinkunx beteiligt sind, betrachten, da sie den Schlüssel zur Lösung der Blockierung bereithalten. Die Eltern standen sich nicht grundsätzlich im Wege, sie behinderten aber gelegentlich einander.

Nehmen wir als Beispiel eine Venus im Widder im Quinkunx zu Saturn in der Jungfrau: »Ich möchte fair, ich möchte romantisch, ich möchte intellektuell aggressiv, ich möchte idealistisch sein«, sagt die Venus im Widder. Und Saturn sagt: »Ich fürchte mich vor dem Intellekt und seiner Kritik, ich nehme das Praktische und das Dienen ernst.« Diese beiden Gedankengänge produzieren einen Stillstand.

Der Vater billigte nicht die Interessen der Mutter, deshalb werden später Autoritätspersonen oder Männer oder der Partner ebenfalls die venusischen Bedürfnisse nicht respektieren. Umgekehrt könnte der Partner dem Bereich, in dem man vorsichtig und furchtsam ist, keine Beachtung schenken. Wenn sich der Aspekt in den Geldhäusern befindet, könnte der Partner beispielsweise die finanziellen Probleme nicht ernst nehmen und Geld ausgeben, das noch nicht verdient wurde. Der Aspekt kann sich bei kleinen Alltagsproblemen äußern, sich aber auch auf einen breiteren, psychischen Bereich erstrecken.

Venus/Uranus-Aspekte

Die Venus symbolisiert unsere Vorstellung von der Liebe, unsere Fähigkeit, das Schöne zu genießen, Liebe anzunehmen, und die Art, wie wir unsere Wünsche zum Ausdruck bringen. Sie zeigt auch unsere Einstellung zum Weiblichen, die wir in den ersten, formenden Jahren unserer Kindheit von der Mutter aufnehmen. Der Uranus repräsentiert das Verhalten einer Generation und unsere exzentrische, eigenwillige Seite sowie die Beschäftigung mit anderen Ebenen des Bewußtseins.

Wenn diese beiden Persönlichkeitsanteile durch Aspekte verbunden sind, wird der Begriff »Liebe« ausgeweitet und gewinnt eher ungewöhnliche, unorthodoxe Dimensionen. Steht die Venus beispielsweise im Widder, so wird sie sich zusammen mit Uranus ganz anders auswirken als ohne ihn. Die Verbindung mit Uranus bringt eine unkonventionelle Sichtweise im Liebesleben sowie ungewöhnliche Erwartungen im Geben und Nehmen von Zuneigung mit hinein. Auch werden die Vorstellungen vom Weiblichen von der »Norm« abweichen. Wenn sich ein Mensch mit solchen Konstellationen dieser Kräfte nicht bewußt ist, dann werden seine Partner es schwer haben, ihn zu verstehen.

Venus/Uranus-Konjunktion. Wenn diese beiden Planeten zusammenstehen, bedeutet das eine Verbindung zwischen dem Einfluß, den die Mutter auf die Psyche des Kindes in den ersten Jahren seiner Entwicklung hatte, und ihrem Verhalten während dieser Zeit, das ausgefallen und unberechenbar war. Vielleicht war sie überaus kreativ und eigenwillig. Die Venus/Uranus-Konjunktion besagt, daß das Kind mit ihrer Sprunghaftigkeit nicht umzugehen wußte, es aber später dieselben Verhaltensweisen zeigen wird. Die Sprunghaftigkeit und Unberechenbarkeit wirkt sich auf jenen Lebensbereich aus, der mit unserer Vorstellung von Liebe, unserer Fähigkeit, Liebe zu schätzen, anzunehmen und mit anderen zu teilen, zu tun hat. Die Konjunktion kann sowohl ungewöhnliche Talente zutage fördern als auch eine ungewöhnliche Auffassung von Liebe. Der Betreffende betätigt sich dann entweder kreativ, oder er verbraucht seine Energien für abrupt wechselnde Herzensangelegenheiten. Er wird plötzliche Entscheidungen treffen und unnötige Schmerzen denjenigen bereiten, die von seinen Entscheidungen betroffen sind. Er wird lernen müssen, mehr Fairneß zu üben, denn seine frühen Erfahrungen als Kind haben ihm den Eindruck gegeben, daß man Entscheidungen trifft, bevor man sie mit dem Partner besprochen hat.

Der Aspekt bedeutet, daß der Betreffende sich Hals über Kopf verlieben, aber genauso schnell wieder »entlieben« kann. Seine Vorstellungen von der Liebe sind ungewöhnlich und unorthodox, und er wird Partner bevorzugen, die ganz außergewöhnlich sind. Da er in seinem Innern ein ungewöhnliches Frauenbild trägt, wird er einen unangepaßten, uranischen Typ als Partner wählen, der zu seiner sonstigen Persönlichkeit gar nicht paßt. Zudem entsteht ein Mangel an Kommunikation bei diesem Aspekt wegen der Neigung, plötzliche Entscheidungen zu treffen, ohne sich mit dem Partner zu beraten. Wenn ein Problem in der Beziehung auftaucht, denkt der Betreffende darüber nach, kommt zu einer Entscheidung, und falls er dennoch darüber spricht, dann nur aus einer Höflichkeit heraus, denen die Entscheidung ist seinerseits bereits gefallen. Damit kann er unvermittelt eine Beziehung beenden und den Partner im Schock zurücklassen.

Männer mit diesem Aspekt verlassen oft Frauen, ohne zu wissen oder ein Gefühl dafür zu haben, was für ein emotionales Trauma sie damit auslösen. Frauen mit diesem Aspekt sind den Männern, mit denen sie in Berührung kommen, ein Rätsel. Der Aspekt ist schwieriger für die Frau, da sie ihre biologische Rolle ablehnt. Wahrscheinlich nahm die Mutter ihre Verantwortung bei der Kindererziehung nur ungern wahr und hatte ein schlechtes Verhältnis zu ihrer Mutterschaft. Die Tochter, die die Erinnerung an diese Einstellung in ihrem Unterbewußtsein gespeichert hat, wird eine unbewußte Furcht vor dem Gebären und eine Abneigung gegenüber der Verantwortung bei der Kindererziehung vielleicht in einem Ausmaß haben, daß sie es vermeiden wird, jemals schwanger zu werden. Diese Haltung kann noch einmal überdacht werden, wenn der Komplex bewußtgemacht wird. Es ist nicht notwendig, wie die Mutter zu sein und ihre Haltung zu übernehmen. Das geschädigte Bild in der Psyche kann in einer guten Therapie oder Beratung wieder geheilt werden.

Venus/Uranus-Sextil. Hier übt die Mutter auf die Psyche des Kindes einen konstruktiven Einfluß aus. Venus repräsentiert unsere Vorstellung von der Liebe und die Fähigkeit, Liebe zu genießen; und Uranus steht für das Verhaltensmuster einer Generation. Das Sextil bedeutet, daß die Mutter in der Lage war, dem Kind eine moderne, überpersönliche Auffassung von der Liebe zu vermitteln, und ihm beibrachte, das Geliebtwerden zu schätzen. Uranus als Herrscher des Zeichens Wassermann ermutigt eine humanitäre Entwicklung und ein Streben nach wissenschaftlichen Neuerungen. Diese Energie ist aufregend und spannend, denn sie verleiht der Wunschnatur eine erhöhte Qualität, die die Venus-Kraft allein nicht erreichen könnte. Der Aspekt bedeutet Talent, und während der Betreffende reifer wird, kann ihm der Einfluß der Mutter in seinem Drang nach neuen Ideen und Möglichkeiten zugute kommen, denn es ist eine gesunde Konstellation, die den kreativen Ausdruck fördert.

Venus/Uranus-Quadrat. Die Venus repräsentiert unsere Fähigkeit zu lieben und die Liebe zu schätzen, sowie die Fähigkeit, Zuneigung zu schenken und anzunehmen. Wenn Uranus im Quadrat zur Venus steht, wird unsere Liebesfähigkeit seelisch auf ungünstige Weise beeinflußt, da sich unsere Mutter während der ersten drei Jahre unserer Entwicklung so unberechenbar und ausgefallen verhielt, daß es unser Fassungsvermögen überstieg. Als Ergebnis stürzen wir uns als Erwachsene in Liebschaften und lösen uns ebenso schnell wieder davon. Da die Mutter ihre Gedanken und Gefühle mit denjenigen, die sie betrafen, nicht teilte oder besprach, wird ihr Kind dieses Verhalten später nachahmen.

Dieser Aspekt kann sehr schmerzhaft sein, da der Betreffende sich zu seltsamen Menschen hingezogen fühlt, die oft seine emotionalen Bedürfnisse, wie sie in der Mond-Stellung angezeigt werden, nicht erfüllen können. Ein Mann mit diesem Aspekt kann seine Gefühle wie auf Knopfdruck an- und abstellen und seine Partnerin damit vor den Kopf stoßen. Frauen, die von ihm verlassen wurden, fühlen sich wütend und verletzt, was er aber nicht verstehen kann. Eine Frau mit diesem Aspekt wird eine Trennung wollen, zu der ihr Partner nicht bereit ist; dadurch setzt sie sich oft Gewalttätigkeiten aus, wenn der Mann die Beendigung der Beziehung nicht akzeptieren will. Das Verletzen von Gefühlen kann aufhören, wenn der Betreffende lernt, seine Gefühle mit den Betroffenen zu besprechen, bevor er Entscheidungen trifft.

Manche Menschen mit diesem Quadrat übergehen willkürlich die Anliegen anderer und schaffen sich dadurch unangenehme Situationen in ihrem Leben. Sie ahmen lediglich das Verhalten ihrer Mutter nach. Wenn man den Aspekt bewußt akzeptiert, kann man einiges tun, um das Verhaltensmuster zu ändern.

Venus/Uranus-Trigon. Dies ist ein angenehmer Aspekt; er wirkt sehr ähnlich wie das Sextil. Venus bedeutet die Fähigkeit, Liebe zu genießen; sie zeigt, welche Wünsche wir haben und wie wir sein möchten. Uranus repräsentiert ein Verhaltensmuster. Die Plazierung der Venus zeigt den Einfluß der Mutter auf die Psyche. Das Trigon zum Uranus bedeutet, daß sie eine aufgeschlossene, auf Wachstum und Veränderung gerichtete Frau ist, die offen ist für die neuen Ideen der jüngeren Generation und ihrem Kind als nachahmenswertes Vorbild dient. Dieser Mensch wird sich für humanitäre Ideen und die New-Age-Bewegung interessieren, sich mit anderen zusammentun und die Belange der kommenden Generation fördern und unterstützen. Wenn andere Faktoren im Geburtsbild dafür sprechen, könnte der Betreffende ein hervorragender Lehrer oder Berater werden, da er seinen Studenten oder

Klienten stützend beistehen würde. Er könnte sich auch für die Künste engagieren, um neuen Kunstformen zum Ausdruck zu verhelfen.

Im persönlichen Bereich wird er Liebesbeziehungen bevorzugen, die ungewöhnlicher Art und unorthodox, jedoch sinnvoll sind. Das Trigon wird sich in den verschiedenen Elementen unterschiedlich ausdrücken. So wird jemand mit dem Trigon in Wasserzeichen sehr sensibel und intuitiv und auf der Suche nach einer ganz besonderen Beziehung sein, während ein Mensch mit dem Trigon in Feuerzeichen hohe Ideale anstreben wird. Man kann die Energien am besten einsetzen, wenn man die Bedürfnisse der Zeichen und der Elemente berücksichtigt, die an dem Trigon beteiligt sind, und sie dann mit dem Sonnenzeichen in Verbindung bringt, um die Lebensziele besser zu erkennen.

Venus/Uranus-Opposition. Hier muß man etwas arbeiten, um das Potential der Kräfte zum Ausdruck bringen zu können, da der Horoskopeigner während einer schwierigen Phase der Familie auf die Welt kam und einige unproduktive Verhaltensmuster der Mutter verinnerlichte. Venus repräsentiert den Einfluß der Mutter auf die Psyche des Kindes. Dieser Einfluß bestimmt die Vorstellung des Betreffenden von dem, was eine Frau ist und was Zuneigung und die Fähigkeit, Liebe anzunehmen, bedeuten. Uranus zeigt das Verhalten der Generation, in die der Betreffende hineingeboren wurde, und die Plazierung in den Häusern und Zeichen zeigt die Bereiche, in denen der Betreffende sich eigenwillig und exzentrisch verhalten wird.

Die Opposition besagt, daß er in seiner Kindheit einen Verlust hinnehmen mußte; sie kann – aber muß nicht – so hart wie eine Saturn-Verletzung zur Venus sein. Das übrige Horoskop muß Aufschluß darüber geben, ob die Mutter grausam war: Man muß die Aspekte zum Mond, zur Sonne und dem Aszendenten sowie das vierte Haus anschauen, um ein Bild vom gesamten Einfluß der Mutter zu bekommen. Es könnte sein, daß sie nicht grausam, sondern unbeteiligt und gleichgültig war.

Der Aspekt charakterisiert einen Menschen, der sich von einer Liebesaffäre in die andere stürzt und nicht weiß, was er eigentlich will, denn die Venus repräsentiert das, was wir uns wünschen, und Uranus macht dies unberechenbar. Der Betreffende wechselt nicht nur seine Beziehungen wie sein Hemd, sondern ebenfalls seine Arbeitsstelle oder eine Ausbildung oder seine Meinung. Er weiß selbst nicht, was er von seinen Gefühlen erwarten und wie er Zuneigung aufnehmen soll, die ihm zuteil wird. Er kann in einem Augenblick warm und liebevoll sein und im nächsten verschwinden. Seine Furcht vor Beziehungen rührt wahrscheinlich von dem unberechenbaren Verhalten seiner Mutter her, das er als Kind erlebte. Gleichgültig, wie sie sich im späteren Leben festigen konnte, die Furcht des Kindes vor einer vertraulichen Beziehung bleibt bestehen.

Die Frau hat mit diesem Aspekt mehr Schwierigkeiten als der Mann, da er ihre Auffassung von ihrer biologischen Rolle beeinträchtigt und sie mit Kindern ein Unbehagen verspürt. Wenn sie eine sehr unangenehme Kindheit erlebt hat, wird sie als Erwachsene vermeiden wollen, eine ähnliche Situation zu schaffen, was auf eine Beziehung lähmend wirken kann. Ein Mann wird anders reagieren: Er wird wahrscheinlich Frauen nicht trauen und manchmal den Kontakt mit ihnen meiden, weil er sie für unberechenbar hält. Manche dieser Männer gehen homosexuelle Beziehungen ein und verletzen ihre Partner. Ich vermute, daß diese Menschen (Männer und Frauen) in ihrer Kindheit entweder seelisch oder körperlich mißhandelt wurden.

Um die Macht dieses Aspekts zu brechen, müssen die ungesunden, sprunghaften Verhaltensweisen bewußtgemacht werden. Man kann ein abruptes Verhalten in Beziehungen ändern, wenn man mit Hilfe einer Therapie vergangene Beziehungen analysiert.

Venus/Uranus-Quinkunx. Der Betreffende spürt bei diesem Aspekt eine Spannung zwischen seinen Wünschen und seinem Verhalten. Um die Spannung zu überwinden, muß man bewußt Kompromisse schließen, denn wenn man sich nicht im Einklang mit seinen Bedürfnissen verhält, wird man nicht bekommen, was man braucht.

Nehmen wir als Beispiel den Uranus in den Zwillingen (»Ich verhalte mich kontrovers«) im Quinkunx zu Venus im Skorpion (»Ich möchte wandeln, ich möchte forschen« – oder: »Ich möchte gebraucht werden«, aber auch: »Ich möchte unerwünscht sein«). Venus im Skorpion bedeutet das Fehlen mütterlicher Wärme während der Kindheit. Kommt der Quinkunx zu Uranus in den Zwillingen hinzu, dann wird sich der Betreffende widerspenstig und streitlustig verhalten; er scheint die Fähigkeit zu besitzen, mit seinem Partner über alles sprechen zu können und offen dafür zu sein, allerhand interessante Beziehungen auszuprobieren, während die Skorpion-Venus das Bedürfnis hat, geliebt und bestätigt zu werden.

Der Quinkunx ist nicht so stark wie das Quadrat, verursacht aber dennoch Spannungen, die sich bei einer über Jahre andauernden geringfügigen Belastung zu gesundheitlichen Schäden entwickeln könnten. Um die Spannungen zu erleichtern, muß man sich das Zusammenspielen der verschiedenen Energien bewußtmachen. Alle Kräfte müssen sich auf eine angemessene Art äußern können. Die Frage hier lautet: Wie können beide Kräfte am besten die Bedürfnisse der Sonne zum Ausdruck bringen?

Venus/Neptun-Aspekte

Venus repräsentiert den psychischen Einfluß der Mutter, die Art, wie sie die Fähigkeit ihres Kindes, Liebe anzunehmen und zu schenken und für Liebenswürdigkeiten dankbar zu sein, beeinflußte. Der Planet symbolisiert auch unser Inter-

esse an Kunst, unsere Vorstellungen von der Liebe – was sie
für den einzelnen bedeutet – und die Ziele, die wir im Leben
erreichen möchten. Auf der materiellen Ebene repräsentiert
Venus kleinere und größere Annehmlichkeiten wie hübsche
Kleider, ein komfortables Heim und ähnliches. Der Neptun
symbolisiert viele verschiedene Formen der Kreativität. Er
steht für Inspiration, Illusion, Träume, Sehnsüchte und eine
alles umfassende Liebe.

Wenn Neptun einen Spannungsaspekt zu einem Planeten bildet, so werden eher seine nachteiligen Eigenschaften hervorgehoben. Ist er jedoch mit einem weichen oder harmonischen
Aspekt mit anderen Planeten verbunden, dann kommen die
eher gewinnbringenden und sozial nützlichen Träume zutage.
Jeder seiner Aspekte kann jedoch kreative Fähigkeiten
bedeuten. Neptun repräsentiert die Welt der Träume, der
Illusionen und die Trennung der äußeren Vision von der inneren Wirklichkeit. Bevor die kreative Seite zum Ausdruck
kommen kann, ist es notwendig, den neptunischen Schleier zu
lüften, um einen klaren Blick dafür zu bekommen, wo die
Träume am besten in die jetzige Wirklichkeit hineinpassen.

Eine Kombination dieser beiden Planeten bewirkt das Zusammenspiel der Phantasie mit der Vorstellung von Liebe. Da
Neptun das Symbol für eine umfassendere, spirituelle Art von
Liebe ist, könnte die Vorstellung von der Liebe bis zu einem
Grad entpersonalisiert werden, daß sie sich in Höhen
schwingt, in denen eine konkrete, persönliche Befriedigung
noch schwerlich zu erreichen ist. Die Liebe kann so ätherisch
werden, daß ein sinnlicher Partner nicht mehr verstanden
wird. Liebesbeziehungen haben dann den Charakter einer
mystischen Bindung, wobei die praktischen Angelegenheiten
wie Arbeit und finanzielle Versorgung der Familie übersehen
werden können.

Venus/Neptun-Konjunktion. Man kann diese Konjunktion
aus verschiedenen Blickwinkeln betrachten. Die Stellung der

Venus zeigt den Einfluß der Mutter auf die Psyche, und in Verbindung mit Neptun wird dieser Einfluß verschwommen, unwirklich. Es wird schwierig sein, herauszufinden, wie die Mutter diesen Menschen beeinflußte und was an ihrem Verhalten sein Unbehagen gegenüber seiner Stellung im Leben verursacht hat. Die Aspekte zum Mond sowie andere Aspekte zur Venus können ein Schlüssel für die emotionale Störung sein, denn im allgemeinen deuten mehrere Faktoren im Geburtsbild auf ernsthaftere emotionale Schwierigkeiten hin. Venus zeigt, wie wir Liebe genießen, unsere Fähigkeit, Zuneigung zu schenken und anzunehmen, die Kapazität für Wärme und Liebenswürdigkeit und unsere Auffassung davon, was Liebe für uns sein sollte. Wenn Neptun diese Seite in uns beeinflußt, dann wird der Begriff Liebe vernebelt, verschleiert oder verfälscht und übermäßig vergeistigt. Man kann sagen, daß dieser Mensch eine unrealistische Auffassung von der Liebe hat, und oftmals zeigt sie sich in der Neigung, eine Liebschaft so zu verbrämen, daß alle anderen Beziehungen als minderwertige dagegen verblassen müssen. Manche klammern die Sexualität aus ihren Beziehungen ganz aus, weil sie meinen, daß der körperliche Ausdruck von Gefühlen zu animalisch sei. Es besteht oft eine Verwirrung von religiösen Gefühlen und Liebe. Jemand mit einer Venus/Neptun-Konjunktion sprach einmal von seinem »lüsternen Herzen«. Die Liebe ist nicht schmutzig. Menschen mit dieser Konjunktion können verschiedenartige Phobien im sexuellen Bereich entwickeln, je nachdem, welchem Geschlecht sie angehören und wie der Mond oder der Mars im Geburtshoroskop aspektiert sind.

Eine Frau mit diesem Aspekt sehnt sich nach einer spirituellen Beziehung, einem Menschen, der ihr »seelisch verwandt« ist, und der »Verwandte«, den sie findet, ist dann entweder homosexuell oder verheiratet mit fünf Kindern und einer glücklichen Ehefrau. Sie sieht das seelische Potential eines Menschen und kann sich hingezogen fühlen zu einem Alkoholiker oder Drogenabhängigen. Sie fühlt sich auf jeden Fall von ungesunden Menschen angezogen, denn ihre ätherische Sichtweise läßt sie Eigenschaften entdecken, die sonst niemand erkennen kann. Dies macht es sehr schwierig, eine Beziehung aufzubauen, denn die Menschen, die sie liebt, sind nicht in der Lage, ihr etwas zu geben oder ihre Liebe zu erwidern. Sie kann dann sehr einsam werden und sich in eine eigene Welt zurückziehen.

Ein Mann mit dieser Konjunktion hebt Frauen auf einen Sockel und bekommt Schuldgefühle bei dem Wunsch nach körperlicher Liebe. Seine Mutter belegte das Frauenbild mit Eigenschaften, die es in Wirklichkeit nicht gibt; sie stellte Frauen als überaus gute Menschen dar. Seine Schuldgefühle durch seine sexuellen und emotionalen Bedürfnisse rühren wahrscheinlich daher, daß seine Mutter ihm zu verstehen gab, daß »gute Frauen keinen Sex mögen«, und nun hält er seine Bedürfnisse ebenfalls für schlecht. Er kann sogar so weit gehen, daß er seiner Frau untreu wird, nur weil er die Frau, die er liebt, nicht »besudeln« darf und es lieber einer anderen Person »antut«. Eine Frau mit diesem Aspekt weiß nicht, was sie eigentlich von einer Beziehung will, und ihre Unsicherheit über ihre Wünsche kommen zum größten Teil durch den Einfluß ihrer Mutter.

Bei diesem Aspekt herrscht Unsicherheit und Selbsttäuschung, begründet durch das Verhalten der Mutter. Sie präsentierte ein unwirkliches Bild von Frauen allgemein und verhüllte ihre eigene Geschichte. Durch diese Täuschung entstand ein seltsames Frauenbild in der Psyche des Kindes, das ihm in seinen späteren Beziehungen Schwierigkeiten bereitet. Vielleicht hatte die Mutter einen guten Grund, warum sie etwas Falsches vermittelte, denn sie mußte etwas über sich selbst verbergen. Manchmal erscheinen die Gründe für die Täuschung im nachhinein geradezu lächerlich, jedoch waren sie es in der Vergangenheit nicht. Die Psyche drängt uns, die Inhalte des Unterbewußtseins zum Ausdruck zu bringen, und wenn wir die Träume und Illusionen, die uns unglücklich machen, verändern wollen, müssen wir zuerst ihre Ursachen erforschen.

In einem früheren Kapitel erwähnte ich eine Klientin, die drogenabhängig wurde, weil sie von der Mutter über die Identität ihres Vaters irregeführt wurde und nicht mehr wußte, was Wirklichkeit und was Einbildung war. Die Mutter hatte die Existenz ihres ersten Mannes verleugnet, der der leibliche Vater des Kindes war.

Die Mutter hatte wohl ihre eigenen Gründe, sich und Frauen im allgemeinen unklar darzustellen. Diese Gründe sind im Laufe ihres Lebens wahrscheinlich unwichtig geworden. Dennoch muß sich das Kind im Laufe seines Lebens damit auseinandersetzen und lernen, daß der mächtige Einfluß dieses Aspekts verringert werden und man selbst genug Freiheit gewinnen kann, um sich eigene Werte zu schaffen.

Venus/Neptun-Sextil. Venus repräsentiert das innere Bild, das wir uns von der Liebe machen. Dieses Bild entstand durch den Kontakt mit unserer Mutter während unserer ersten drei Lebensjahre. Der Neptun symbolisiert Illusion und Kreativität. Da es sich hier um einen leichten Aspekt handelt, bedeutet er schöpferisches Talent, das man durch die Zeichen- und Häuserplazierung näher bestimmen kann.

Die Mutter dieses Menschen übte einen konstruktiven Einfluß auf das Kind aus, so daß sich ein gesundes Interesse für Kunst, für den kreativen Ausdruck allgemein sowie für geistig-spirituelle Themen entwickeln konnte. Der Aspekt charakterisiert einen Menschen, der sich an den Talenten anderer freuen und das Schöne besonders auf den Gebieten genießen kann, die von den Zeichen und Häusern angezeigt werden, die an dem Sextil beteiligt sind.

Venus/Neptun-Quadrat. Dieser Aspekt wirkt ähnlich wie die Konjunktion, ist jedoch etwas schwieriger, weil beim Quadrat immer ein wenig übertrieben wird. Die Mutter des Betreffenden sagt nicht die Wahrheit über sich und über Frauen im allgemeinen. Ihr Einfluß läßt ein unklares Bild von der Liebe entstehen. Der Betreffende weiß nicht so richtig, was es heißt, Liebe zu geben und zu empfangen, und was man von einer Liebesbeziehung erwarten kann. Beim Quadrat spielen Schuldgefühle wegen sexueller Wünsche eine Rolle; der Betroffene hat Schwierigkeiten bei einer sexuellen Beziehung und möchte die körperliche von der geistigen Liebe trennen. Oft werden seltsame okkulte oder religiöse Interessen verfolgt. Beim Erforschen des Selbst könnte es dem Betreffenden »Spaß« machen, sich in mysteriöse Gebiete hineinzubegeben, da durch die Venus-Verbindung auch das Vergnügen mit hineinspielt.

Was die Kreativität anbelangt, so wird der Betreffende falsche Vorstellungen entwickeln und sich wünschen, jemand zu sein, der er nicht sein kann, da es seine Erziehung und die Umstände nicht erlauben.

Das Problem, das am häufigsten beim Quadrat auftaucht, ist religiöser Fanatismus. Diese Menschen werden oft Anhänger von Sekten, die die Sexualität verdammen und die Auffassung vertreten, Sex sei etwas Schmutziges und man könne nur durch eine Vereinigung mit Gott »gereinigt« werden. Sie neigen dazu, ihre Meinung auch anderen aufzuzwingen. Natürlich müssen andere Aspekte im Horoskop dies bestätigen. Normalerweise aber wirkt sich der Aspekt so aus, daß der Betreffende im Konflikt zwischen Spiritualität und Sexualität lebt. Er hat wegen seiner sexuellen Wünsche Schuldgefühle, schwankt zwischen Sinnlichkeit und Abstinenz hin und her, ohne sich weder beim einen noch beim anderen wohl zu fühlen. Manche Frauen mit diesem Aspekt schließen enge Bekanntschaften mit Pfarrern.

Um diesen Konflikt zu lösen, muß man auf den Grund der ursprünglichen Unehrlichkeit der Mutter kommen und eigene Wertvorstellungen entwickeln über Liebe und Weiblichkeit.

Wenn sie gesunde Beziehungen haben wollen, müssen sowohl Männer als auch Frauen sich mit ihrer Vergangenheit auseinandersetzen, was in einer Psychoanalyse nicht allzu schwer sein dürfte. Man muß sich vor allem vor Augen halten, daß viel Liebe und Zeit für eine spirituelle Entwicklung vonnöten sind. Es müssen spirituelle oder religiöse Richtungen vermieden werden, die sexuelle Abstinenz propagieren und die körperliche Liebe als etwas Schmutziges ansehen. Jede Art von Liebe ist schön, und es gibt keine bessere oder schlechtere.

Venus/Neptun-Trigon. Die Venus repräsentiert den psychologischen Einfluß der Mutter, und Neptun symbolisiert die kreativen Fähigkeiten, Intuition, Illusionen und Selbsttäuschung. Wenn diese beiden Planeten im Trigon zueinander stehen, werden die schöpferischen Fähigkeiten des Betreffenden von der Mutter beeinflußt. Sie hat ihm ein reiches Talent geschenkt und ihm die Liebe zur Kunst sowie die Fähigkeit, die Bemühungen anderer zu schätzen, mitgegeben. Dieser Mensch ist von der Kunst so angetan, daß er vielleicht selbst Künstler sein möchte; jedoch zeigt der Aspekt eher den Kunstgenuß als das Kunstschaffen. Die Liebe hat bei ihm einen wichtigen Stellenwert, und er wird solche Beziehungen suchen, die seine Bedürfnisse nach sinnlicher und seelischer Liebe gleichzeitig befriedigen.
Der Aspekt deutet darauf hin, daß eine spirituelle Entwicklung ebenfalls wichtig ist. Es besteht jedoch die Gefahr, daß beim Verfolgen spiritueller Interessen die körperliche Liebe abgewertet wird. Wir dürfen nicht vergessen, daß Voraussetzung für eine spirituelle Entwicklung auch ein gesundes Verhältnis zu unserem Körper ist. Menschen mit diesem Aspekt haben ein ausgeprägtes Interesse an Metaphysik, Okkultismus, Religion und Philosophie. Die traditionellen Ausdrucksformen der Religion sind für sie nicht geeignet, vor allem wenn sie mit Machtstrukturen verbunden sind. Sie werden ihre eigenen religiösen Pfade gehen und ihre eigene spirituelle Entwicklung machen.

Venus/Neptun-Opposition. Dieser Aspekt hat viel Ähnlichkeit mit der Konjunktion und dem Quadrat, jedoch kommt
noch ein Gefühl des Verlustes hinzu, das durch das Verhalten
der Mutter entstanden ist. Vielleicht hat sie dem Kind etwas
vorenthalten, oder sie selbst wurde ihm vorenthalten, sei es
durch Tod oder eine Trennung. Vielleicht war die Mutter
berufstätig, krank oder aus irgendeinem anderen Grund
abwesend. Diese Umstände hatten auf die Psyche des Kindes
einen prägenden Einfluß, und durch die Beteiligung von Neptun wird die Wahrheit dieser Umstände verdreht oder verzerrt. Es ist wichtig, diese Verzerrung zu erkennen, um das
schöpferische Potential des Aspekts zu befreien. Da es diesem
Menschen schwerfällt, seine Wünsche zu äußern und seine
Sinnlichkeit zu genießen oder zum Ausdruck zu bringen,
könnte er ein großes schöpferisches Talent haben. Oft entstehen bedeutende Werke von Menschen, die sich emotional
nicht entfalten konnten.

Das Problem, das diesem Aspekt zugrunde liegt, ist ein verzerrtes Frauenbild, wordurch Gefühle von Liebe und Schuld
gleichzeitig erlebt werden. Der Betreffende ist sich über seine
Wünsche nicht im klaren. Ein Mann mit diesem Aspekt erwartet von einer Frau, daß sie so ist wie das Bild, das ihm seine
Mutter vermittelte. Er fühlt sich enttäuscht und verletzt, wenn
Frauen dem nicht entsprechen. Eine Frau mit diesem Aspekt
ist über ihre eigene Weiblichkeit und über Frauen allgemein
unsicher. Sie weiß nicht, was von ihr erwartet wird, und neigt
dazu, ihr Verhalten immer wieder zu verändern und anderen
anzupassen. Es könnte schwierig sein, mit ihr zu leben, da sie
an sich selbst unmögliche Ansprüche stellt.

Venus/Neptun-Quinkunx. Dieser Aspekt birgt eine andere
Art von Konflikt. Der Einfluß der Mutter auf die Psyche des
Kindes wird bestimmt von dem Zeichen, in dem die Venus
steht. Die Beteiligung Neptuns vermittelt jedoch das Gefühl,
daß mit dem Frauenbild der Mutter etwas nicht in Ordnung
ist.

Venus repräsentiert die Welt unserer Wünsche und unsere Vorstellung von einer Liebesbeziehung; Neptun symbolisiert die Ziele, von denen wir träumen. Beim Quinkunx arbeiten diese beiden Kräfte nicht zusammen. Die Spannung, die dieser Aspekt erzeugt, könnte zu Stagnation und Unzufriedenheit führen; der Betreffende läßt sich treiben, statt etwas zu schaffen. Man muß eine Möglichkeit finden, die durch die beteiligten Zeichen symbolisierten Kräfte zum Ausdruck kommen zu lassen, ohne die einen auf Kosten der anderen zurückzudrängen.

Venus/Pluto-Aspekte

Venus symbolisiert den Begriff Liebe und das weibliche Prinzip. Das Selbstwertgefühl einer Frau und ihre Einstellung zu ihrer biologischen Bestimmung wird durch das Zeichen deutlich, in dem die Venus steht. Die Plazierung der Venus reflektiert die Einstellung der Mutter zu sich selbst als Frau und zu Frauen allgemein, und diese Haltung prägt sich in die Psyche des Kindes während der ersten Jahre seiner Entwicklung ein. Beim Mann entwickelt sich ein Frauenbild, das er später unbewußt auf Frauen projiziert und das ihm, je nach Art der Aspektierung, Schwierigkeiten in Liebesbeziehungen bereiten kann.

Pluto symbolisiert die unbewußten Motivationen einer Generation; er steht für das kollektive Unbewußte, jenen Teil unseres Unterbewußtseins, der die Gattung Mensch durch seine Geschichte verbindet. Wenn man sich diese Kraft nicht bewußtmacht, findet sie ihren Ausdruck in Kontrollbesessenheit und Zwanghaftigkeit. Die harten Aspekte zu Pluto erfordern Transformation und Regeneration; sie haben ein größeres Wachstumspotential als die weichen Aspekte.

Wenn Venus und Pluto einen Aspekt bilden, hat dies natürlich Auswirkungen auf die Liebesfähigkeit des Betroffenen. Die

Erfahrungen im Gefühlsbereich können sehr breit angelegt sein und sich erstrecken vom Sich-mittreiben-Lassen mit der Stimmung der Generation oder dem Verändern von Sitten und Gebräuchen, über frühere Traditionen hinausgehend, bis zu einem zwanghaft kontrollierten Verhalten.

Im persönlichen Bereich neigt man zum Manipulieren. Die Beteiligung der Venus weist darauf hin, daß dies durch den Einfluß der Mutter verursacht wurde. Ein Mensch, der als Kind in Machtspielen verwickelt war, ist der Meinung, er müsse seine Umwelt kontrollieren, denn er imitiert das Verhalten, das er bei seinen Eltern beobachtet hat. In diesem Fall wird der Bereich, der mit Liebe und Zuneigung zu tun hat, am stärksten dem Manipulationsdrang unterliegen.

Um die Verbindung mit dem kollektiven Unbewußten (Pluto) nutzen zu können, muß der Mißbrauch durch Manipulation und Kontrolle eingestellt werden. Wenn der Betreffende Verantwortung für sein Tun übernimmt und seine Machtspiele erkennt, dann kann er sie loslassen. Die frei gewordene Energie kann sich kreativ entfalten, denn die Kraftquellen des kollektiven Unbewußten sind unerschöpflich, und es lohnt sich, sie zu erschließen.

Venus/Pluto-Konjunktion. Die Venus repräsentiert den Einfluß der Mutter auf die Psyche des Kindes und zeigt unsere Fähigkeit zu lieben sowie unsere Vorstellung von der Liebe und einer Liebesbeziehung. Durch die Anwesenheit von Pluto können wir annehmen, daß die Mutter ihre Weiblichkeit einsetzte, um ihre Umwelt zu kontrollieren. Ihr Einfluß auf das Kind war geradezu erdrückend, so daß es Verhaltensweisen lernen mußte, um sich vor dieser alles verschlingenden Frau zu schützen. Ein Mann mit dem Aspekt wird versuchen, in einer Beziehung mit einer Frau die Oberhand zu behalten und vielleicht alle seine Beziehungen zu kontrollieren. Sein zwanghaftes Verhalten stammt von der tiefsitzenden Furcht vor der Macht der Frauen und macht es ihm unmöglich, eine echte

Beziehung zu pflegen, da er meint, er müsse sie jederzeit steuern können.

Die Frau mit diesem Aspekt hat früh gelernt, daß sie, um zu überleben, alle Beziehungen kontrollieren muß. Sie muß wissen, woran sie ist, sonst könnte sie den Partner verlieren. Sie wird alles andere in ihrer Umgebung ebenfalls »im Griff« haben wollen, um ihre Position halten zu können. Sie nimmt ihre Manöver selten selbst wahr, denn der Aspekt bleibt meist unbewußt. Sie wird Männer wählen, die sich von ihr leiten lassen, und sie dann für ihre Nachgiebigkeit verachten. In Zeiten, in denen andere Planeten die Konjunktion transitieren, wird sie den Wunsch haben, eine Beziehung zu beenden, weil sich ihre Unsicherheit stärker bemerkbar machen wird. Im Verhältnis zu ihrer Mutter spürt sie entweder Angst oder Groll.

Bei diesem Aspekt können Wünsche und Sehnsüchte das Leben beherrschen. Wie sehr und in welchen Bereichen, das zeigen zusätzliche Konfigurationen sowie die Zeichen und Häuser, in denen die Planeten stehen. Pluto als Symbol für Transformation und das kollektive Unbewußte der Menschheit verleiht zusammen mit Venus ein großes Potential für menschliches Wachstum. Die venusischen Eigenschaften wie Liebe zur Kunst, zu Kultur und Schönheit werden unter dem plutonischen Einfluß intensiviert und könnten den Betreffenden veranlassen, die Welt der Kunst zu transformieren oder größeres Verständnis für kommende Kunstformen zu wecken. Wenn die niederen Ausdrucksformen der Pluto-Kraft überwunden werden können, dann ergibt sich die Möglichkeit zur Wandlung und Einsicht.

Venus/Pluto-Sextil. Hier beeinflußte die Mutter ihr Kind positiv: Sie vermittelte ihm die Fähigkeit, Reaktionsmuster zu entwickeln, die ihm eine konstruktive Zusammenarbeit mit anderen ermöglicht. Venus repräsentiert die Liebe sowie den psychischen Einfluß der Mutter. Pluto symbolisiert die Fähigkeit zur Zusammenarbeit mit Gruppen sowie ein Verständnis für die Bedürfnisse der Massen und einer sich verändernden Gesellschaft.

Wenn dieses Talent entwickelt wird, wenn es von den anderen Konstellationen im Geburtsbild her möglich ist, den positiven Einfluß der Mutter zu nutzen (bei einem dominanten Vater könnte das schwierig sein), dann ist dieser Aspekt äußerst hilfreich.

Venus/Pluto-Quadrat. Ein Mensch mit diesem Aspekt war als Kind durch den Einfluß der Mutter einer ungesunden Atmosphäre ausgesetzt, die sein Frauenbild und die Fähigkeit, zu lieben und Liebe anzunehmen, prägten. Während der ersten, für die seelische Entwicklung bedeutsamen Jahre verhielt sich die Mutter plutonisch. Sie meinte, ihre Umgebung manipulieren und kontrollieren zu müssen, bis die Kräfte der Familie erschöpft waren. Der Betreffende wächst auf mit der inneren Überzeugung, daß alle Frauen manipulieren und die Kräfte aussaugen. Wenn die Erschöpfung physischer Art war, wird es später leichter sein, den Mechanismus zu erkennen. War die Mutter jedoch eine Frau, die ihre Familie mit ihrer »Liebe« erdrückte, dann wird die Konfrontation mit diesem zerstörerischen Verhalten Schuldgefühle hervorrufen und es sehr schwierig machen, diesen Komplex zu lösen.

Mit diesem Aspekt versucht der Betreffende unbewußt, andere zu kontrollieren. Eine Möglichkeit, die eigenen manipulativen Verhaltensweisen zu erkennen, wäre, die Reaktionen der anderen zu beobachten: Innerlich gefestigte Menschen werden den Kontakt mit ihnen meiden.

Andere werden sich über die Kontrollversuche ärgern und sich in die Enge getrieben und unfrei fühlen und den Eindruck haben, als müßten sie in der Umgebung des plutonischen Charakters ersticken. Dieser ist sich meist seiner Wirkung gar nicht bewußt, denn er kennt kein anderes Verhalten. Ein Mann mit dem Aspekt wird vor allem Frauen manipulieren wollen, da er sonst befürchtet, sie könnten – wie seine Mutter – die Oberhand gewinnen. Eine Frau mit diesem Aspekt wird sich mit aller Kraft an ihre Position klammern, weil sie fürchtet, sie zu verlieren.

Wenn Pluto-Aspekte im Geburtsbild dominant sind, charakterisieren sie eine mächtige Persönlichkeitsstruktur mit sehr viel Wachstumspotential. Jedoch muß die Energie bewußt eingesetzt werden, da man ansonsten selbst zum Opfer dieser Energie wird. Wenn der Betreffende sich seinen natürlichen inneren Kräften anvertraut, werden sie ihn leiten und Dinge in Bewegung setzen.

Wir können niemanden zwingen, uns zu lieben. Vielleicht können wir erreichen, daß man sich höflich uns gegenüber verhält, aber Liebe ist immer etwas Freiwilliges. Wenn wir unsere Kontrolle aufgeben, entdecken wir, daß wir Liebe nicht erzwingen können, und erst dann wird es möglich, sich zu wandeln. Die Belohnung, die wir am Ende unserer schmerzlichen Erfahrungen bekommen, ist das Erlebnis von offenen, warmherzigen Beziehungen, frei von Unsicherheit und Angst, die mit dem Versuch zu manipulieren einhergehen. Wir können durch Macht, Prestige, Geld oder manipulatorische Fähigkeiten Kontrolle ausüben, jedoch erreichen wir dadurch niemals innere Sicherheit. Haben wir aber unsere innere Sicherheit erreicht, dann kann sich unsere Kreativität entfalten.

Venus/Pluto-Trigon. Wie beim Sextil bedeutet das Trigon zwischen diesen beiden Planeten, daß das Kind in einer Familienatmosphäre aufwuchs, in der es Freude an der Zusammenarbeit mit Menschen lernen konnte. Der Aspekt gibt ihm eine gute Grundlage für Berufe, die mit vielen Menschen zu tun haben, zum Beispiel Arbeit in der Öffentlichkeit oder den Medien. Die Kräfte des Trigons werden jedoch oft nicht geschätzt oder genutzt, da sie ein Geschenk sind und nicht durch harte Kämpfe erst erarbeitet werden müssen. Der

Betreffende konzentriert sich vielleicht auf seine schwierigen Lebensaufgaben und übersieht dabei das Potential des Aspektes.

Der positive Einfluß der Mutter hat diesen Menschen die Liebe zur Kunst gelehrt und befähigt ihn, die Venus-Eigenschaften wie Lieben und Genießen viel intensiver und auf einer höheren, unpersönlicheren Ebene zu erleben, als es die Venus-Energie allein vermag.

Bei einer unentwickelten Persönlichkeit könnte die kreative Energie dieses Aspektes leicht übersehen werden. Der Betreffende läßt sich dann von den Wogen seiner Generation tragen; und die Venus-Energie äußert sich in Vergnügungssucht und einem intensiven Streben nach persönlicher Befriedigung von Wünschen überwiegend im materiellen Bereich.

Venus/Pluto-Opposition. Dieser Aspekt zeigt, daß der Einfluß der Mutter eine tiefgreifende Wirkung auf die Psyche des Kindes hatte. Der Betreffende hat sowohl das Bedürfnis, Kompromisse einzugehen, als auch den Drang, alles zu kontrollieren. Seine Entwicklung wurde von der Mutter gesteuert. Sie war es, die entschied, was »gut« für ihn war, und ihm nicht erlaubte, seine eigenen Entscheidungen zu treffen. Ihre übermächtige Herrschaft ließ im Laufe der Zeit einen Groll gegen sie entstehen, der auf alle Frauen projiziert wird.

Für diesen Menschen bedeutet Lieben gleichzeitig Führen und Dirigieren; daher wird er in seinen Beziehungen die Führung übernehmen wollen. Ein Mann mit dem Aspekt wird einen unbewußten Groll gegen Frauen hegen und ihnen gegenüber auf der Hut sein. Frauen mit dem Aspekt fürchten ihre eigene Weiblichkeit und glauben, um einen Mann halten zu können, müsse man ihn manipulieren. Sowohl der Mann als auch die Frau neigen in ihren Liebesbeziehungen dazu, Rollen zu spielen, da sie sich nicht gestatten, spontan zu sein.

Wie beim Quadrat und der Konjunktion fällt es auch bei diesem Aspekt schwer, den Drang nach Kontrolle loszulassen.

Der Betreffende kennt keine andere Art zu leben. Pluto und Venus verkörpern den übermächtigen, alles verschlingenden Mutter-Archetypus, der mit der Person der Mutter verwechselt wird. Durch die Identifizierung mit dem Archetypus wird sie zur Zielscheibe des Grolls, und es bedarf einer intensiven Bewußtseinsarbeit, um die innere und die äußere Mutter voneinander zu trennen.

Wenn man die Energie dieses Aspekts kreativ nutzen will, muß man zuerst die Kontrollspiele analysieren. Wir müssen bewußt lernen, persönlich verantwortlich, ethisch und moralisch unseren Mitmenschen gegenüber zu handeln. Wir können niemanden dazu zwingen, uns zu lieben, wir können auch nicht das Leben von Menschen bestimmen, die wir lieben, nicht die völlige Verantwortung für jemand anders übernehmen. Eine Frau, die beispielsweise einen Alkoholiker liebt, wird ihre Kraft dafür einsetzen, ihn vom Trinken wegzubringen, statt sich Gedanken darüber zu machen, warum sie sich ausgerechnet in einen Alkoholiker verliebte. Es ist sehr schwer, loszulassen. Ebenso schwer ist es, in der Liebe zu verlieren. Menschen mit diesem Aspekt müssen lernen, daß man sich selbst »gewinnen« kann, wenn man zuläßt, jemanden zu verlieren. Harte Aspekte können produktiver sein als harmonische, da bei der Auseinandersetzung mit diesen Kräften mehr Energie freigesetzt wird.

Venus/Pluto-Quinkunx. Der Einfluß der Mutter äußert sich bei diesem Aspekt durch ein nicht stark bemerkbares Bedürfnis nach Kontrolle, das auf die Dauer zur Belastung wird. Die Vorstellung von Liebe wird durch einen unterschwelligen, nagenden Zweifel gestört. Dabei könnte der Betreffende wegen seiner Empfindlichkeit in Liebesangelegenheiten zu Rachegefühlen oder Kontrollbedürfnissen neigen.

Man kann die Energie besser verstehen, wenn man die beteiligten Zeichen und Häuser untersucht, damit die Lebensbereiche, in denen sich der Aspekt überwiegend auswirkt, bestimmt werden können.

5. Mars-Aspekte

Der Planet Mars ist das Symbol für zwei grundlegende Ausdrucksformen unserer Lebenskraft: Er symbolisiert die Art, wie wir handeln, um die Eigenschaften des Sonnenzeichens zum Ausdruck zu bringen, und er zeigt unser Sexualverhalten. Wenn wir die Mars-Plazierung untersuchen wollen, müssen wir die Stellung von Sonne und Mond mit hinzunehmen. Das »Ich-bin«-Prinzip (Sonne) und das »Ich-reagiere«-Prinzip (Mond) werden mit dem »Ich-handle«-Prinzip (Mars) verglichen, um zu bestimmen, wie die Sonnen- und Mond-Eigenschaften zum Ausdruck gebracht werden. Mars zeigt, wie wir unsere kreativen Energien nutzen, wie wir offenbaren, wer und was wir sind, was wir haben, denken und fühlen. Er kennzeichnet unseren Arbeitsstil, und seine Zeichen- und Häuserstellung sowie Aspektierung können Hinweise geben, für welchen Beruf wir uns eignen. Zusammen mit Venus zeigt er, wie wir unsere Liebe zum Ausdruck bringen.

Mars belebt die Kreativität unserer Sonnennatur sowie die Möglichkeiten, die in unserem Bewußtsein angelegt sind. Die Eigenschaften der Sonne können ohne die Mars-Energie nicht zum Ausdruck kommen. Zuweilen stört die Libido (die unbewußte Mars-Kraft) die Kreativität der Sonne. Die Libido wird häufig definiert als Kraft, Begierde oder Streben, das dem Geschlechtstrieb entspringt. C. G. Jung hielt sie für mehr als einen Geschlechtstrieb; sie war für ihn ebenso Lebenskraft. Als Teil der Psyche bedeutet Mars auch psychische Energie. Vom astrologischen Standpunkt ist Mars das Pferd und die Sonne der Reiter. Ohne Pferd kann der Reiter nirgendwohin gelangen; beide Energien arbeiten zusammen, die eine braucht die andere.

Im Tierkreis regierte Mars ehemals zwei Zeichen: Widder und Skorpion. Widder ist das handelnde Prinzip, der Pionier, der Abenteurer und Entdecker des Tierkreises. Der Skorpion steht für Fortpflanzung, für unser Potential zur Transformation, für Tod und Wiedergeburt. Die rätselhafte Doppelbedeutung Leben/Tod im skorpionischen Symbol ist vielleicht schwer zu begreifen, jedoch gibt es das eine ohne das andere nicht. Der Begriff Leben wird erst deutlich durch den Begriff Tod. Ebenso gibt es ohne das Dunkel kein Licht, ohne Tag keine Nacht. In der Häusersymbolik ist das erste Haus das Widder- oder Mars-Haus und steht für neue Unternehmungen, für einen Beginn. Das achte Haus (Skorpion- und ehemals Mars-Haus) ist der Bereich der Fortpflanzung, der (Wieder-)Geburt, die als ein Neuanfang dem Mars zuzuordnen wäre.

Wie kann uns die astrologische Symbolik bei der Forderung nach dem »Erkenne dich selbst« der alten Philosophen behilflich sein? Kann das Geburtsbild Aufschluß geben über den Konflikt zwischen dem Prinzip »Ich bin« und dem Prinzip »Ich handle«? Das Prinzip des Handelns ist im ersten Haus beheimatet, dort, wo wir unsere Maske und unseren »besten Eindruck« in die Welt tragen. Die Sonne regiert das fünfte Zeichen und ist analog dazu im fünften Haus beheimatet. Sie symbolisiert unsere schöpferische Kraft, die wir womöglich in unserem Leben nicht zum Ausdruck bringen können. Die Mars-Energie kann Impulse sowohl für unser Bewußtsein als auch für unsere Fortpflanzungsorgane geben.

Wenn Mars sowohl den Geschlechtstrieb als auch die Fähigkeit zur Transformation repräsentiert, dann können wir ihn als das Symbol betrachten für die Möglichkeiten unserer Bewußtseinsveränderung und -erweiterung. Mars steht für das Tun, aber auch für Zorn. Wenn zornige Energie umgewandelt wird, kann auch sie zu einer Kraft werden, die das Potential des Sonnenzeichens zu seiner größtmöglichen Auswirkung kommen läßt.

Indem Mars sich durch Aspekte mit anderen Planeten im Geburtsbild verbindet, wird seine Energie immer komplexer und aufregender. Jede nicht konstruktiv genutzte Energie sollte untersucht und umgewandelt werden, damit das volle Potential der Sonne zum Ausdruck kommen kann. Da Mars sowohl das Zeichen Widder als auch den Skorpion regiert, wird unser Sexualverhalten Auswirkungen auf das Wachstum unseres Bewußtseins haben, denn wenn unser Geschlechtsleben nicht gesund und glücklich ist, wird das Potential der Sonne eingeschränkt (das achte Haus steht im natürlichen Zodiak im Quadrat zum fünften Haus). Dies muß aus der Dunkelheit des Unbewußten in Bewußtheit aufsteigen.

Die Sonne symbolisiert unseren inneren Wesenskern – unsere Einzigartigkeit – zuerst im Kreise unserer Familie. Indem das Kind sich durch sein Handeln ausdrückt, wird sein Wesen von der Familie erkannt. Gibt es in diesem Stadium Schwierigkeiten mit den Eltern, dann kann man sie aus den Aspekten zwischen dem Mars und der Sonne, dem Mond, der Venus und dem Saturn ablesen. Die Aktivitäten und die sexuelle Entwicklung des Kindes werden von dem Elternteil beeinflußt, den der in Verbindung mit Mars stehende Planet symbolisiert. Wenn der Mars verletzt ist, müssen die entsprechenden Bereiche bewußtgemacht werden, damit eine Veränderung und damit innere Zufriedenheit möglich wird.

Mars/Jupiter-Aspekte

Wenn diese beiden Planeten in Verbindung stehen, ist das Prinzip des Handelns und der Sexualität mit dem Prinzip der Beziehungsfähigkeit kombiniert. Durch den Einfluß Jupiters neigt der Betreffende zu übertriebenen Aktivitäten und zu Übererregung.

Jupiter zeigt, was für eine Beziehung wir zu unseren Bedürfnissen haben und wie aufgeschlossen wir sind gegenüber unserer Umwelt, unserer Familie, unseren Kollegen. Wenn Jupiter verletzt ist, überkompensieren wir die Jupiter-Eigenschaften, und unsere Beziehungsfähigkeit ist reduziert. Jupiter symbolisiert den Drang, uns zu öffnen und auszugreifen. Aspekte zwischen Mars und Jupiter zeigen auch das sexuelle Verhältnis, das unsere Eltern zueinander hatten, als wir noch klein waren.

Mars/Jupiter-Konjunktion. Mars ist das Prinzip des Handelns, und Jupiter repräsentiert die Bereitschaft zu Beziehung und Expansion. Beim Zusammenstand dieser beiden Prinzipien müssen wir ihre Plazierung beachten. In den Feuerzeichen wirken sie überschwenglich, in den Wasserzeichen übersensibel. Die Konjunktion im Widder würde zum Beispiel einen intellektuell aggressiven, ungeduldigen Menschen charakterisieren, der sich ohne jede Vorsicht in neue Unternehmungen stürzt.

Die Konjunktion im Steinbock wirkt sich ganz anders aus. Das Handeln und die Art, Beziehungen aufzunehmen, haben einen verhaltenen Charakter, der durch Traditionsbewußtsein und einen großen Ernst geprägt ist. Der Betreffende wird alle seine Beziehungen – auch die sexuellen – mit Ernsthaftigkeit angehen, mit der Motivation, sie zu kontrollieren.

Bei der Mars/Jupiter-Konjunktion besteht die Neigung zu Überschwenglichkeit, zu voreiligen Schlüssen, zu überzogenen Handlungen, gespeist von einer unbändigen Energie. Der Aspekt an sich ist nicht nachteilig, denn er charakterisiert einen offenherzigen, geradlinigen Menschen, der die Eigenschaften des Zeichens, in dem die Konjunktion steht, zum Ausdruck bringt. Er engagiert sich dabei vielleicht zu sehr, oder er arbeitet zuviel. Es ist wichtig, die anderen Aspekte zur Konjunktion zu betrachten, um zu sehen, wie sie die Auswirkung verändern. Zudem ist zu beachten, wie die Konstellation die Eigenschaften des Sonnenzeichens zum Ausdruck bringt. Um zu erkennen, wie sich der Betreffende in Liebesangelegenheiten verhält, muß man zusätzlich die Stellung der Venus anschauen.

Mars/Jupiter-Sextil. Jemand mit diesem Aspekt wuchs in einer Familie auf, in der die Mitglieder ein gutes Verhältnis zueinander hatten. Daher ist der Betreffende mit seinem Handeln und mit seiner Sexualität innerlich einverstanden. Er genießt sowohl die Liebe als auch seine Arbeit. Das Sextil weist auf einen konstruktiven Familienhintergrund hin, der ihm auch später in seiner Berufslaufbahn von Nutzen sein wird.

Mars/Jupiter-Quadrat. Dieser Aspekt bedeutet, daß das Beziehungsprinzip und das Handlungsprinzip miteinander in Unfrieden leben. Mars repräsentiert konkretes Handeln und den sexuellen Ausdruck; Jupiter symbolisiert den Drang, in Beziehung zu treten und sich neuen Erfahrungen zu öffnen. Das Quadrat bedeutet, daß der Betreffende zu dem, was er tut, wenig Bezug hat und daher leicht Unfälle provoziert, da er unnötige Risiken auf sich nimmt. Ebenso stehen die beruflichen Entscheidungen nicht in Einklang mit der beruflichen Verantwortung. Er hat keinen wahren Kontakt zu den eigenen sexuellen Bedürfnissen; je nach der Aspektierung im übrigen Horoskop besteht die Neigung, deren Bedeutung überzubewerten.

Nehmen wir als Beispiel den Mars im Widder mit Quadrat zu Jupiter im Krebs. Mars in Widder ist aggressiv, tollkühn, intellektuell und – auch beim Geschlechtsverkehr – immer in Eile. Dagegen will Jupiter eine sensible, von Gefühlen und Intuition geleitete Beziehung, in der er sich auch als »kleiner Junge« oder »kleines Mädchen« geben kann. Die Impulse, die Taten, entsprechen nicht der Qualität der Beziehung. Im Beruf kann das nachteilig sein, da Kollegen oder Geschäftspartner durch das Verhalten verwirrt sind. In Liebesbeziehungen wird der Betreffende Partner wählen, die nur einen Teil seiner Bedürfnisse zufriedenstellen können. Einerseits besteht das Bedürfnis, vom anderen Besitz zu ergreifen, andererseits reflektieren die Handlungen eine faire, idealistische Einstellung. Der Partner bekommt eine Doppelbotschaft. Im Intimbereich wird er einerseits eine fürsorgliche Einfühlsamkeit und andererseits ein ungeduldiges Sexualverhalten erleben, was für ihn schwer einzuordnen ist.

Das Quadrat zwischen Mars und Jupiter bedeutet immer einen übertriebenen Tatendrang, und wenn die Dinge nicht so laufen wie geplant, gibt es eine Überreaktion. Dieses Verhalten ist auf eine Kindheit zurückzuführen, in der exzessive Verhältnisse herrschten. Bildet das Quadrat noch Aspekte zu Sonne oder Saturn (Vater), zu Mond oder Venus (Mutter), dann können wir erkennen, welcher Elternteil das Verhalten beeinflußte. Mars im Quadrat zu Jupiter bedeutet immer Schwierigkeiten in sexuellen Beziehungen sowie übertriebene Reaktionen in anderen Lebensbereichen. Wenn das Quadrat zu keinem der Elternsymbole einen Aspekt bildet, dann trug *jeder* in der Familie zur Entwicklung dieses Verhaltens bei. Ein übertriebenes Sexualverhalten stammt vielleicht von einem Elternteil, der nur sexuelle Beziehungen eingehen konnte oder der zu seiner eigenen Sexualität keinen klaren Bezug hatte. Der Betreffende nimmt diese Einstellung als Kind auf und ahmt sie als Erwachsener nach.

Man kann die Schwierigkeiten, die mit diesem Aspekt einhergehen, überwinden, indem man die Bedürfnisse der Kräfte (der Planeten und Zeichen) untersucht, die an dem Quadrat beteiligt sind. Es ist möglich, ihren konstruktiven Ausdruck zu erlernen, wenn man vergangene Beziehungen in Erinnerung ruft und die falschen Verhaltensmuster in neue, befriedigendere umwandelt.

Mars/Jupiter-Trigon. Jemand mit diesem Aspekt wuchs in einer Familie auf, in der konstruktives Handeln ermuntert wurde. Mitglieder der Familie hatten ein gutes Verhältnis zu dem, was sie taten, und schufen eine offene Atmosphäre für die Impulse des Kindes. Dadurch kam ein ungestörtes Zusammenwirken der beiden Kräfte zustande.

Das Mars/Jupiter-Trigon bedeutet im allgemeinen ein unbekümmertes Verhältnis zur Sexualität und zur Liebe. Der Betreffende kann sie genießen, es sei denn, Mars bildet mit anderen Planeten harte Aspekte.

Mars/Jupiter-Opposition. Die Opposition ist der Konjunktion und dem Quadrat sehr ähnlich und charakterisiert einen Menschen, der zu dem, was er tut, kein gutes Verhältnis hat. Vielleicht wuchs er in einer Atmosphäre von »Gesetz und Ordnung« auf, in der nicht erklärt wurde, *warum* man etwas tat. Er hat das Gefühl, er müsse seinen Tatendrang oder seine sexuellen Bedürfnisse einschränken, um eine Beziehung zu bekommen. Dieses Verhalten wurde in der frühen Kindheit gelernt. Oft äußert sich die Opposition in einem übertriebenen Bedürfnis, seinen eigenen Willen durchzusetzen, in gewissen Situationen über das Ziel hinauszuschießen oder große Wagnisse einzugehen. Man neigt dazu, zuerst zu handeln und dann erst zu denken und zuweilen auf Ereignisse überzogen zu reagieren. Meist hängt damit ein schlechtes Urteilsvermögen zusammen, zum Beispiel bei beruflichen Entscheidungen. Vielleicht stürzt sich der Mensch mit diesem Aspekt auch enthusiastisch von einer Liebesbeziehung in die andere, denn wenn die anfängliche Begeisterung zu verblassen anfängt, muß eine neue Liebschaft sein Feuer wieder entfachen.
Um der Überreaktionen Herr zu werden, muß man die Notwendigkeit von Kompromissen erkennen. Menschen, die die Auswirkungen dieses Aspekts überwinden wollen, müssen sich dazu zwingen, jeden Impuls, jeden Handlungsdrang, zuerst zu durchdenken und Entscheidungen erst nach längerem Abwägen zu treffen. Sie müssen sich immer wieder die Frage stellen, ob sie das, was sie heute tun oder entscheiden, auch noch in sechs Monaten gutheißen können.
Die Ursachen der Frustrationen liegen im Verhalten der Familie oder der Eltern, als der Betreffende ein Kind war. Wenn die Opposition weitere Aspekte bildet zu Sonne oder

Saturn (Vater) oder zu Mond oder Venus (Mutter), dann kann man erkennen, welcher Elternteil die innere Einstellung bestimmte und das Verhalten beeinflußte. Wir müssen lernen, für unser Handeln Verantwortung zu übernehmen. Die Opposition macht das schwierig, weil kaum ein Verhältnis zum eigenen Handeln oder den sexuellen Bedürfnissen besteht.

Mars/Jupiter-Quinkunx. Der Quinkunx bedeutet immer eine Belastung. In diesem Fall entsteht sie durch eine unmerkliche Spannung, ausgelöst durch ein schlechtes Verhältnis zum eigenen Handeln. Zudem besteht eine vage Unzufriedenheit wegen einer scheinbaren Unvereinbarkeit sexueller Bedürfnisse mit dem Bedürfnis nach einer Beziehung.
Im Beruf wird das Handeln des Betreffenden oft nicht die Art der Beziehung zu seinen Kollegen oder Vorgesetzten reflektieren. Es ist notwendig, daß beide Kräfte sowie die Eigenschaften der beteiligten Zeichen zum Ausdruck kommen.

Mars/Saturn-Aspekte

Mars repräsentiert das Prinzip des Handelns, und Saturn symbolisiert den Einfluß des Vaters auf die Psyche des Kindes während der ersten drei Lebensjahre, als sich die Bilder der Seele formten. Saturn ist das Gefühl von Mangel und Begrenzung, das entstand, weil der Vater das Kind auf irgendeine Weise einschränkte. Alles, was Saturn berührt, bekommt eine Qualität der Härte, der Brüchigkeit, der Enge und der Kälte. Er ist der Stern des Kronos, des griechischen Gottes, unter dem die Menschen im Goldenen Zeitalter lebten, sowie der weise alte Mann C. G. Jungs. Er kann sowohl Sensenmann als auch Lehrer sein. Die Symbolik bietet viele verschiedene Bilder.
Der Kontakt von Mars, dem Sexual- und Lebenstrieb, mit Saturn impliziert die Notwendigkeit, die Funktion und den

Sinn der Lebenskraft zu verstehen. Tun wir das nicht, dann tritt die Saturn-Kraft auf den Plan und beeinträchtigt unser Handeln. Dadurch werden wir uns der Energien bewußt und können eine neue Perspektive gewinnen, wenn wir der archetypischen Vaterfigur in unserem Leben einen gebührenden Platz einräumen. Natürlich werden die harmonischen Aspekte zwischen Mars und Saturn weniger Schwierigkeiten bereiten als die harten.

Mars/Saturn-Konjunktion. Das Handlungsprinzip wird auf irgendeine Weise durch den Einfluß des Vaters begrenzt. Mars bringt durch Aktivität die Eigenschaften des Sonnenzeichens zum Ausdruck. Die Konjunktion zu Saturn bedeutet, daß der Vater das Kind in seiner frühen Entwicklung eingeengt oder eingeschränkt hat. Es wird dadurch in seinem Handeln gehemmt und fühlt sich in seinem Tun verunsichert. Ebenso wirkt sich der Einfluß des Vaters auf das Geschlechtsleben aus.

Das Handeln bekommt durch den Saturn-Einfluß großes Gewicht und Ernsthaftigkeit; das kann zu einer Handlungshemmung, aber auch zu Strenge führen, denn das Saturn-Symbol bedeutet Gesetz, das zusammen mit Mars aktiv zum Ausdruck kommen will. Die Kombination eignet sich für Berufe, die mit Gesetzesvollstreckung zu tun haben. Der Betreffende kann ein sicheren Fußes, bedächtig und vorsichtig vorgehender Mensch sein, oder er ist jemand, der mit äußerster Strenge und ohne Rücksicht auf besondere Umstände nach dem Buchstaben des Gesetzes entscheidet. Es ist wichtig, andere Aspekte auf die Konjunktion mit zu berücksichtigen, da sie ein besseres Bild vom Verhalten des Betreffenden vermitteln können.

Menschen mit der Mars/Saturn-Konjunktion nehmen die Sexualität sehr ernst. Dies kann zur Folge haben, daß sie im Geschlechtsleben gehemmt sind, ihnen angst wird, daß sie sexuelle Kontakte meiden, frigide oder lustlos sind – oder aber ihre Einstellung zu dem Thema anderen aufzwingen möchten. Diese Konjunktion bedeutet, daß der Vater durch sein Verhalten die sexuelle Entwicklung des Kindes gestört hat. *Wie* er das tat, geht aus dem Aspekt nicht hervor, nur *daß* es so war. Manchmal können weitere Aspekte zur Konjunktion Aufschluß darüber geben.

Unter meinen Klienten habe ich eine große Bandbreite an Verhalten im sexuellen Bereich beobachten können, die sich von Orgasmus- oder Erektionsschwierigkeiten bis zu sexuell unerfüllten Ehen erstreckt. Es scheint, als fühlten sich diese Menschen kaum jemals sexuell von jemandem angesprochen. Sie bekommen wegen ihrer Schwierigkeiten Schuldgefühle und »entscheiden« sich dann für eine sexuelle Beziehung, von der sie meinen, daß sie »gut für sie« sei. Sie neigen dazu, mit jemandem, von dem sie sich erotisch angezogen fühlen, sofort ins Bett zu gehen, ohne jegliches Flirten oder Umwerben, da sie dieses Gefühl nur selten erleben. Die Folge sind dann Schuldgefühle, weil sie meinen, zu überstürzt gehandelt zu haben. Der Betreffende kann zwar einen für ihn geeigneten Sexualpartner finden, jedoch findet er wenige Menschen attraktiv.

Der Vater hatte wahrscheinlich wegen seines Geschlechtstriebs Schuldgefühle und legte eine strenge Haltung an den Tag, als sein Kind anfing, seinen Körper zu erforschen, wie es alle kleinen Kinder tun. Für diesen Menschen ist es wichtig, den Zusammenhang zwischen der Sexualität und den Gesetzen des Universums zu untersuchen. Der Geschlechtstrieb ist nichts Ungesundes.

Mars/Saturn-Sextil. Dieser Aspekt bedeutet, daß der Vater einen ermunternden Einfluß auf sein Kind ausübte. Die Ernsthaftigkeit, mit der dieser Mensch handelt, kann für ihn von großem Nutzen sein. Er ist wahrscheinlich ein guter Planer und Koordinator und besitzt das Talent, Gruppen zum Handeln zu motivieren. Diese Fähigkeiten kommen ihm vor allem im Bereich der Wirtschaft zugute, denn Saturn ist das alte Symbol für die Geschäftswelt.

Ein Mensch mit diesem Aspekt stürzt sich nicht in flüchtige Liebesabenteuer, denn er ist sich viel zu sehr seiner persönlichen Verantwortung bewußt.

Mars/Saturn-Quadrat. Hier ist das Prinzip des spontanen Handelns im Konflikt mit Ernsthaftigkeit und Vorsicht. Durch den Einfluß des Vaters war die Atmosphäre in der frühen Kindheit von Mißtrauen und Furcht geprägt. Das Kind wurde in seinem Tun nicht ermutigt; seinem spontanen Ausdruck stand eine Autorität im Wege. Dadurch lebt es später mit dem Gefühl, daß Autoritätspersonen (der Vater, Lehrer, Chefs, Männer allgemein) mit allem, was es zu tun versucht, nicht einverstanden sind. Oft entwickelt sich als Ergebnis ein rebellischer, umstürzlerischer Charakter, der gegen jede Autorität ankämpft. Man begegnet ihm oft als dem Rebellen, dem Aufwiegler – oder jemandem, der die Verhältnisse verändern möchte. Es ist notwendig, daß diese Energie in konstruktive Bahnen gelenkt wird, da sich der Betreffende – und in seiner Jugend ist das häufig der Fall – durch seinen Widerspruchsgeist sehr schaden kann.

Jemand mit diesem Aspekt nimmt die Sexualität über Gebühr ernst. Aus einer unbewußten Furcht hinaus unterwirft er sich erheblichen Einschränkungen. Männer, die das Mars/Saturn-Quadrat im Horoskop haben, fühlen sich zu wenigen Frauen hingezogen, aber wenn sie sich verlieben, dann ist es eine tiefe Zuneigung. Die Frau mit diesem Aspekt reagiert auf dieselbe Weise, und je nach den Moralvorstellungen der Generation, in der sie aufwuchs, wird sie ihr Sexualleben mehr oder weniger genießen können. Heutzutage experimentieren viele Frauen mit ihrer sexuellen Freiheit, was Frauen mit dem Mars/Saturn-Quadrat schockiert, da sie selbst an wenigen Männern Gefallen finden können. Manche von ihnen heiraten jung und gründen eine Familie, ohne vorher andere sexuelle Erfahrungen gemacht zu haben.

Durch den Aspekt werden sexuelle Gefühle nicht vollkommen eingeschränkt, jedoch hat der Betreffende es schwer, einen befriedigenden Sexualpartner zu finden. Wenn er das erkannt hat, muß er sich nicht mehr so streng beurteilen. Die Ursachen seiner Eigenart sind in der Einstellung des Vaters zur Sexualität zu finden. Manchmal hilft die Psychoanalyse, um dem Problem auf den Grund zu gehen; manche schaffen es mit Selbstanalyse. Das Positive an diesem Aspekt ist die Ernsthaftigkeit und die Treue, die diese Menschen einer Beziehung entgegenbringen. Wenn sie sich zu einer Bindung entschließen, ist sie dauerhaft.

Mars/Saturn-Trigon. Alle Mars/Saturn-Kontakte haben eine ernsthafte Note, und dieser Aspekt ist keine Ausnahme. Der Betreffende überlegt gut, bevor er handelt, ohne sich unbedingt einschränken zu müssen. Er wird schon früh erwachsen, denn man brachte ihm bereits als Kind bei, über das, was er tat, nachzudenken. Diese Menschen verrichten ihre Arbeit mit Hingabe und Loyalität, sie treffen Entscheidungen mit Bedacht, können gut organisieren und eignen sich für Tätigkeiten im Management oder in Großunternehmen allgemein sowie als Anlageberater, denn sie sind sachlich und ordnungsliebend.

Die Einschränkung im Sexualbereich, die sich der Betreffende auferlegt, geschieht aus einem Verantwortungsbewußtsein heraus. Romantische Höhenflüge oder voreilig geknüpfte Beziehungen sind nicht seine Sache. Die Möglichkeiten und das Potential einer Beziehung werden sorgfältig durchdacht, bevor er langsam, aber mit Gewißheit auf sein Ziel zugeht. Er fühlt sich in seinen Beziehungen verantwortlich, pflegt meist starke Bindungen und bleibt seinem Partner sexuell und emotional treu.

Mars/Saturn-Opposition. Dieser Aspekt ist schwierig, denn er erfordert einen Kompromiß zwischen dem Verantwortungsgefühl und den Handlungsimpulsen oder dem sexuellen Ausdruck. Mars repräsentiert das Handlungsprinzip und Saturn das Prinzip der Begrenzung, der Einschränkung, welches durch den Einfluß des Vaters auf die Psyche des Kindes wirkt. Der Sexualtrieb, durch Mars symbolisiert, erfährt eine Einschränkung wegen der Einstellung des Vaters zur Sexualität, als der Horoskopeigner ein Kind war.

Es scheint, als seien alle maßgeblichen Autoritäten gegen alles, was der Betreffende tut, da jede Leistung nach ihrer Verdienstlichkeit überprüft wird. Dies macht ihn wütend, weil er meint, es werde zuviel von ihm verlangt, und die Rebellion, die sich anfangs gegen seinen Vater richtet, wird später auf Autoritäten und die Gesellschaft allgemein ausgeweitet. Wenn die Energie konstruktiv genutzt wird, kann sie in ein gesellschaftliches Engagement münden, das zum Ziel hat, notwendige Veränderungen herbeizuführen. Diese Kräfte können aber auch einen verhärteten Menschen hervorbringen, der seine eigenen Gesetze macht.

Die Saturn-Opposition übt einen kontrollierenden Einfluß auf das Sexualleben des Betreffenden aus, was zu irgendeinem Verlust führen kann. Vielleicht hat er Schwierigkeiten, eine dauerhafte Beziehung zu knüpfen oder einen geeigneten Sexualpartner zu finden. In diesem Fall können die Venus- und Mond-Aspekte umfassendere Hinweise liefern.

Im Beruf wird die Mars/Saturn-Opposition hemmend auf Unternehmungen wirken. Vorhaben können ins Stocken geraten oder zum Stillstand kommen, da der Betreffende sich zu viele Sorgen macht. Der Aspekt kann bedeuten, daß er Krisen schlecht bewältigt, denn Krisen erfordern oft augenblickliche Entscheidungen und schnelles Handeln. Dabei werden ihn die Ideen und Vorstellungen, die ihm sein Vater vermittelte, bremsen. Entwickelt er jedoch die positiven Seiten dieser Kräfte, dann tritt seine Fähigkeit zutage, sorgfältige Entscheidungen zu treffen, verläßlich und ausdauernd zu arbeiten und mit zielstrebiger Genauigkeit Vorhaben zu verwirklichen.

Mars/Saturn-Quinkunx. Hier erfahren die Handlungsimpulse eine kaum merkliche Einschränkung – bedingt durch den Einfluß des Vaters auf die Psyche des Kindes, der zwar unterschwellig vorhanden, jedoch nicht offensichtlich ist. Der Betreffende handelt vielleicht zähneknirschend, ohne daß seine Umgebung den inneren Widerstand wahrnimmt. Ebenso wird eine innere Stimme seine freie sexuelle Äußerung hemmen.

Mars/Uranus-Aspekte

Mars symbolisiert das Handlungsprinzip; er zeigt, wie wir die Eigenschaften des Sonnenzeichens zum Ausdruck bringen. Uranus repräsentiert das Verhalten der Generation, in die wir hineingeboren wurden, sowie unser eigenwilliges, störrisches und exzentrisches Verhalten. Als Herrscher des Zeichens Wassermann ist er die schöpferische Energie, die als Einsicht unser Bewußtsein erreicht.

Mars/Uranus-Aspekte können einen genialen Geist hervorbringen, denn der Betreffende wird von seinen ungewöhnlichen Geistesblitzen zum Handeln motiviert. Auf niederer Ebene äußert sich die Energie in Sprunghaftigkeit und ausgefallenen Handlungen, obwohl dies eher bei den harten Aspekten zutage tritt.

Mars/Uranus-Konjunktion. Mars als Prinzip für impulsives Handeln und Uranus mit seiner Neigung zu Sprunghaftigkeit und Eigenwilligkeit – diese beiden Kräfte, nahe beieinanderstehend, können einen Menschen charakterisieren, dem zuweilen die Sicherung durchbrennt. Wie sich die Energie offenbart, kommt sehr auf die Zeichen an, in denen die Konjunktion stattfindet. Im Widder wird sie sich viel abrupter, unberechenbarer, schneller, impulsiver, gedankenlos und explosiv äußern, während sie im Wasserzeichen Fische eher implodieren würde. Im Widder ist die Äußerung freimütig und direkt, in den Fischen nimmt sie die Form des Leidens an. Mit der Konjunktion im Löwen wäre der Betreffende zu unberechenbarem Handeln motiviert, wenn er Respekt und Anerkennung vermißt. Jede Mars-Plazierung wirkt sich anders aus und sollte daher nach dem Zeichen, in dem Mars steht, gedeutet werden.

Dies ist ein energiegeladener Aspekt. Menschen, die damit geboren wurden, sind sich dessen bewußt und haben bis zu ihrem zwanzigsten Lebensjahr gelernt, damit umzugehen.

Jemand mit diesem Aspekt führt im allgemeinen ein seltsames, ungewöhnliches, unorthodoxes Sexualleben, das sich in etwas ausgefallenen Sexualpraktiken bis hin zu Perversitäten äußern kann. Bevor man jedoch die Mars/Uranus-Konjunktion als »ungesund« einstuft, muß man die anderen Aspekte, die die Konjunktion bildet, in die Interpretation einbeziehen sowie die Plazierung von Venus und Mond anschauen. Der Aspekt charakterisiert einen frühreifen Menschen, der sexuell impulsiv reagiert und ganz allgemein von großem Tatendrang beseelt ist. Er neigt dazu, sich in sexuelle und emotionale Abenteuer zu stürzen, ohne sich um wesentliche Faktoren einer Beziehung zu kümmern. Er fühlt sich dabei vor allem von ungewöhnlichen Menschen angezogen.

Da Mars das Potential des Sonnenzeichens zum Ausdruck bringt, ist es besonders wichtig, diesem Aspekt Beachtung zu schenken und ihn bewußtzumachen. Die Sprunghaftigkeit des Uranus wird durch Mars verstärkt. Der Betreffende könnte durch seinen Eigensinn und sein ungestümes Verhalten Einzelziele anstreben, die für das umfassendere Ganze nicht wünschenswert wären. Mit diesem Aspekt besitzt er jedoch das Potential zu einer genialen Kreativität, die erst zur Entfaltung kommen kann, wenn die Ungeduld und Sprunghaftigkeit diszipliniert sind.

Mars/Uranus-Sextil. Mars repräsentiert das Handlungsprinzip, und Uranus zeigt das Verhalten der Generation, in die wir hineingeboren wurden, sowie den Teil in uns, der sich als Eigenwilligkeit äußert, bevor er sich im Bewußtsein weiterentwickelt.

Das Sextil bedeutet, daß die Eltern wohlwollend akzeptierten, was das Kind unternahm. Die frühkindliche Umgebung erlaubte dem Horoskopeigner, seinen Willen und seine Sexualität zum Ausdruck zu bringen, und sie gab ihm Raum für seine eigenen Experimente, um sein eigenes Wertsystem zu entwickeln. Diese Werte werden durch die am Sextil beteiligten Zeichen und Häuser reflektiert.

Mars/Uranus-Quadrat. Mars zeigt, wie wir handeln und wie wir die Eigenschaften des Sonnenzeichens zum Ausdruck bringen. Uranus zeigt das Verhalten unserer Generation und wie exzentrisch und eigenwillig wir sind. Das Quadrat zwischen den beiden Planeten bedeutet, daß der Betreffende durch die Interessen oder das Verhalten seiner Generation davon abgehalten werden kann, die durch die Sonne symbolisierten eigenen Interessen zum Ausdruck zu bringen. Er handelt oft impulsiv und unbedacht und fügt sich damit selbst Schaden zu. Ziele und gut vorbereitete Pläne werden völlig vergessen, wenn er plötzlich in Wut gerät. Seine frühkindliche Umwelt frustrierte seine Unternehmungen und behinderte – oft unvermittelt – seinen Tatendrang. Der Aspekt kann auf irgendeine Form von Mißhandlung im Kindesalter hinweisen, sei es physischer oder psychischer Art. Wenn das Quadrat zusätzlich eine Beziehung hat zu Planeten, die den Vater oder die Mutter symbolisieren, dann kann man den Ursprung der Mißhandlungen besser erkennen.

Ein Mensch mit diesem Aspekt bringt viel Groll in seine Beziehungen hinein. Zuweilen äußert sich dieser Ärger in dem Bedürfnis, mittels des Geschlechtstriebes sich selbst oder anderen weh zu tun.

Der Aspekt wirkt sich je nach Zeichen unterschiedlich aus. Mars im Krebs im Quadrat zu Uranus in der Waage bedeutet zum Beispiel einen Konflikt zwischen impulsivem, emotionalem, besitzergreifendem Handeln (Mars) und einer nach außen getragenen demokratischen Gesinnung (Uranus). Der Betreffende wird in der Öffentlichkeit ein faires Verhalten an den Tag legen, während er in seiner privaten Sphäre ein gewalttätiger, besitzergreifender Liebhaber ist.

Eine Frau mit diesem Aspekt wird anders reagieren. Ihr selbstzerstörerisches Verhalten wird sich in der Wahl ihrer Partner äußern. Nehmen wir als Beispiel eine Frau mit Mars in den Zwillingen im Quadrat zu Uranus in der Jungfrau. Hier steht der Impuls, konträr zu handeln, mit einem vernunftbetonten, kritischen Verhalten in Konflikt. Diese Frau wird meistens rational, jedoch von Zeit zu Zeit plötzlich und unvermittelt widersprüchlich handeln, so daß ihre Umgebung verwirrt oder verärgert ist. Wenn der Aspekt durch einen Transit ausgelöst wird, kann sie eine Zeitlang mit ihrem unlogischen, impulsiven und wütenden Verhalten ihre Mitmenschen strapazieren. Der Ärger wird auf andere projiziert, richtet sich jedoch im Grunde gegen sie selbst.

Die Energien dieses Aspekts können sehr kreativ sein, wenn sie in eine konstruktive Richtung gelenkt werden. Dies muß jedoch erst erlernt werden. Dabei ist es notwendig, Verantwortung für sein Tun zu übernehmen und zu erkennen, daß es sich mit den eigentlichen Wünschen nicht verträgt. Da Uranus das Symbol für das Verhalten einer Generation ist, werden sich die persönlichen Belange oft nicht mit den Interessen der Gruppe vereinbaren lassen. Man kann diesen Konflikt auf konstruktive, aber auch auf selbstzerstörerische Weise zum Ausdruck bringen. Richtig danach gelebt, beschert dieser Aspekt schöpferische Genialität und einen brillanten, scharfsinnigen Verstand.

Mars/Uranus-Trigon. Ein Astrologielehrer beschrieb diesen Aspekt einmal als das Merkmal eines Genies. Uranus bedeutet unberechenbares, unkonventionelles Verhalten, und Mars steht für Aktivität. Wenn der Betreffende auf konstruktive Weise unorthodox und unkonventionell handelt, dann kann er seiner Generation neue Ideen und Impulse schenken. Wird jedoch das Unkonventionelle als Selbstzweck betrachtet, dann glaubt der Betreffende, er sei durch sein Anderssein bereits kreativ.

Um erkennen zu können, ob der Aspekt auf schöpferische Weise zum Ausdruck kommen kann, muß man die übrigen Konstellationen im Horoskop betrachten, denn kreative Energie äußert sich leichter, wenn wir zu uns selbst ein gutes Verhältnis haben. Wenn jedoch entweder Sonne oder Mond verletzt sind, wird die Kreativität sich erst entfalten können, wenn sich der Betreffende bewußt geworden ist, daß Körper und Geist eine Einheit bilden und sowohl die Energien der Sonne als auch des Mondes zum Ausdruck kommen müssen.

Mars/Uranus-Opposition. Das Handlungsprinzip Mars ist im wesentlichen das Ausdrucksprinzip für den Sonnen-Archetypus, und Uranus zeigt das Verhalten einer Generation und inwieweit der einzelne zu exzentrischem Verhalten neigt. Bei der Opposition ist das Handlungsprinzip durch die Gruppe beeinträchtigt oder gefärbt. Es mag sein, daß der Betreffende zu seinen Altersgenossen kein gutes Verhältnis hat und sich lieber eigensinnig und unberechenbar verhält, als sich kompromißbereit zu zeigen. In manchen Fällen könnte er gewalttätig oder wütend werden, wenn er sich bedroht fühlt. Da Mars auch das Willensprinzip repräsentiert, entsteht hier eine Ungeduld und ein unbeherrschbarer Drang, seinen eigenen Willen durchzusetzen, um dem ständigen inneren Druck nachzugeben. Die frühkindliche Umgebung war unberechenbar und wahrscheinlich derart repressiv, daß zorniges und explosives Verhalten als »normal« erlebt wurde.

Nehmen wir das Beispiel von Mars im Stier in Opposition zu Uranus im Skorpion. Mars handelt praktisch, sinnlich motiviert, während die Uranus-Kraft das Reformerische dagegenstellt. Das Ergebnis könnte eine Einstellung sein, die verlangt: »Tu, was ich von dir verlange, denn es ist gut für dich.« Im sexuellen Bereich könnte es heißen: »Geh jetzt mit mir ins Bett, denn ich brauche das, und es wird dich verwandeln.« Bei dieser Konstellation bekommt die Stier-Qualität die zusätzliche Komponente, den anderen vergewaltigen zu wollen.

Wenn Menschen sich in ihren Handlungen von ihren eigenen exzentrischen Bedürfnissen gestört fühlen, können sie unproduktiv und mit sich selbst ärgerlich werden. Wenn sie jedoch ihren Ärger auf andere projizieren und sie für ihr Unwohlsein verantwortlich machen, wird die Energie zerstörerisch. Der Betreffende muß lernen, seiner Exzentrizität eine gesunde Richtung zu geben. Wenn er seine Ungeduld und seinen Ärger weder gegen sich selbst noch gegen andere richtet, kann sich die Energie kreativ entfalten.

Will man an den Ursprung dieses Verhaltens zurückgehen, muß man die Planeten betrachten, die den Einfluß des Vaters oder der Mutter symbolisieren. Es ist möglich, daß der Horoskopeigner als Kind mißhandelt wurde. In diesem Fall wird der Betreffende viel Groll in sich tragen gegen den betreffenden Elternteil, der wiederum von Schuldgefühlen begleitet ist, da es »nicht erlaubt« ist, seine Eltern zu hassen. Es ist wichtig, seine Wut zu verstehen und sie nicht zu unterdrücken, da die Energie frei fließen muß, um kreativ zu sein. Vielleicht wäre eine Analyse hilfreich, um die alten Verhaltensmuster zu brechen und umzukehren.

Mars/Uranus-Quinkunx. Das Prinzip der Aktivität (Mars) und das Prinzip des generationstypischen Verhaltens (Uranus) stehen hier in einem milden Konflikt, der genauer bestimmt werden kann, wenn man die beteiligten Zeichen und Häuser betrachtet.

Bei Mars im Widder im Quinkunx zu Uranus in der Jungfrau entsteht eine Spannung zwischen den aggressiven Impulsen und dem kritischen oder logischen Verhalten. Wie können diese beiden Kräfte zum Ausdruck kommen; wie kann man gleichzeitig spontan (Widder) und analytisch (Jungfrau) sein? Außenstehende werden den Konflikt nicht bemerken, der Betreffende spürt jedoch eine innere Verdrießlichkeit, die ihn auf die Dauer belastet. Er muß einen Weg finden, beide Kräfte zum Ausdruck kommen zu lassen.

Mars/Neptun-Aspekte

Mars repräsentiert das Prinzip der Aktivität, wie wir handeln, um unser Selbst, symbolisiert durch das Sonnenzeichen, zum Ausdruck zu bringen. Neptun symbolisiert die Kraft der Inspiration, der kreativen Phantasie sowie der Illusion. Wenn diese beiden Planeten in Verbindung stehen, wird das Handeln mit der kreativen Phantasie gekoppelt. Wir können unsere Ideen, unsere Eingebungen, unsere kreative Phantasie durch Handeln umsetzen. Dabei können wir entweder durch einen aus höheren Sphären kommenden Impuls beseelt sein oder uns durch Täuschung und Selbsttäuschung motivieren lassen.
Da Mars auch den Geschlechtstrieb symbolisiert, wird durch den Kontakt mit Neptun auch unser sexuelles Verhalten beeinflußt. Dies könnte unser Sexualleben durch eine geistig-spirituelle Note bereichern, kann es aber auch auf irgendeine Weise entstellen. Möglicherweise wird das Triebhafte von unbestimmten Schuldgefühlen begleitet; andererseits könnte es ein phantasievoll gestaltetes Sexualleben bedeuten, das sehr genußreich sein kann. Hier wirken sich die harmonischen Aspekte produktiver aus als die harten.

Mars/Neptun-Konjunktion. Mars symbolisiert das Prinzip des impulsiven Handelns, und Neptun bringt entweder Phantasie oder Illusion und Selbsttäuschung in die Aktivitäten mit hinein. Auf der einen Seite kann der Aspekt inspiriertes, kreatives Handeln bedeuten, auf der anderen Seite könnte er jemanden charakterisieren, der nicht weiß, was er tut.

Da Mars auch das Symbol für Sexualität ist, kann das Sexualleben durch den Einfluß von Neptun sehr phantasiereich sein, man kann sich dabei aber auch Täuschungen aussetzen oder Selbsttäuschungen hingeben. Der Betreffende pflegt vielleicht geistig-spirituelle, ihn inspirierende sexuelle Beziehungen, in denen er all seine Phantasien ausleben möchte. Um zu erkennen, ob die Konjunktion positiv oder negativ in unproduktiven, seltsamen Beziehungen zum Ausdruck kommt, muß man die anderen Aspekte im Geburtsbild betrachten und feststellen, ob der Betreffende den Sex als etwas Abnormales ansieht. Ist dies der Fall, wird die Konjunktion diese Einstellung verstärken; im umgekehrten Falle ergibt sie zumindest einen interessanten Sexualpartner. Die Einstellung zur Sexualität kann man an den Aspekten zu Mars, Mond und Venus erkennen. Ist die Sonne verletzt, wird der Betreffende ein ungesundes Selbstbild haben, was sich ebenfalls auf seine Aktivitäten im sexuellen Bereich auswirken könnte.

Diese Konjunktion muß man mit den zusätzlichen Aspekten, die sie bildet, deuten, da ihre Energie alle beteiligten Kräfte zu einer Einheit zusammenschmelzen möchte. Wenn der Betreffende ein gutes Selbstwertgefühl entwickelt hat, kann der Aspekt großen Scharfsinn bei der Beschäftigung mit metaphysischen Prinzipien anzeigen.

Mars/Neptun-Sextil. Hier handelt der Mensch kreativ, um seinem Wesen Ausdruck zu verleihen. Die Energien von Mars und Neptun vereinen sich und schenken die Fähigkeit zu schöpferischer Phantasie und zur Verwirklichung von Träumen durch entsprechendes Handeln. Der einzige Nachteil, der aus diesem Aspekt erwachsen könnte, wäre eine allzu optimistische Erwartung oder Illusionen über das, was man getan hat.

Mars/Neptun-Quadrat. Hier untergräbt das Handlungsprinzip die kreative Energie des Betroffenen. Neptun kann inspirieren, er kann aber auch täuschen. Wenn er im Quadrat zu Mars steht, läßt sich der Betreffende durch Täuschungen motivieren, und er handelt, ohne die Umstände zu prüfen oder zu durchdenken. Da die Mars-Energie die Eigenschaften der Sonne zum Ausdruck bringt, hat der Neptun-Einfluß die Wirkung, die durch die Sonne symbolisierte Identität des Menschen zu verwischen und zu verwirren. Seine Ziele sind hinter einem Schleier nur schwer zu erkennen. Wenn der Aspekt auch kreativ sein kann, so fehlt seiner Energie doch die Organisation. In manchen Fällen verursacht die zurückgehaltene kreative Energie eine Spannung, die sich in unkontrollierter Phantasie und Einbildung oder in Alkohol- und Drogenmißbrauch äußert, weil der Betreffende keine andere Möglichkeit sieht, die Spannung zu lösen. Vielleicht fühlt er sich in der materiellen Welt, in ihrer Wirklichkeit und Alltäglichkeit, nicht wohl.

Dieser Mensch ist anfällig für die Gaukeleien unredlicher oder verbrecherischer spiritueller Vereinigungen, die ihn in eine pseudoreligiöse Richtung lenken mit viel theoretischem Überbau und wenig konkretem, beispielhaftem Vorleben. Es ist wichtig, für sich eine Philosophie zu entdecken, nach der auch gelebt, die praktiziert und in das tägliche Leben integriert werden kann. Der Betreffende muß seine früheren Gewohnheiten und Ideen untersuchen, um zu erkennen, was Illusion und was kreative Phantasie ist. Auch die Energie der harten Aspekte kann in gesunde Bahnen gelenkt werden, nur geschieht dies nicht automatisch, sondern muß bewußt erarbeitet werden.

Das Mars/Neptun-Quadrat beeinflußt auch das Sexualleben, das sich weitgehend durch sexuelle Phantasien ausdrückt. Ob diese Phantasien von gesunder oder ungesunder Art sind, hängt von anderen Aspekten im Horoskop ab. Durch Neptun bekommt eine Kraft immer etwas Spirituelles, denn er repräsentiert die kosmische Liebe. Diese verträgt sich nicht unbedingt mit der sinnlichen Liebe, es sei denn, der Betreffende kann ein bewußtes Verständnis für beide Kräfte entwickeln. Anderenfalls werden sexuelle Gefühle von Schuldgefühlen begleitet.

Eine Frau mit diesem Aspekt kann wegen ihrer »animalischen Natur« derartige Schuldgefühle entwickeln, daß sie frigide wird. Männer bekommen vielleicht Schwierigkeiten mit der Potenz, vor allem bei Frauen, die sie »platonisch« lieben. Schuld kann sich auch in ungesunden Phantasien oder in Beziehungen mit Menschen, die man nicht liebt, äußern.

Solche Konflikte können gelöst werden, wenn man die sexuellen und die spirituellen Kräfte erforscht. Wenn dem Betreffenden beigebracht wurde, daß Sex etwas Schmutziges ist, muß man diesen »Lehren« auf den Grund gehen. In manchen Kulturen und Religionen grassieren leider solche Fehlinformationen, die überwunden werden müssen, um die in allen Menschen angelegte Liebesnatur zum Ausdruck kommen zu lassen.

Mars/Neptun-Trigon. Dieser Aspekt ist, wie das Mars/Uranus-Trigon, äußerst kreativ. Der Betreffende kann seine Fähigkeiten schöpferisch und mühelos zum Ausdruck bringen, da der Phantasiereichtum Neptuns mit dem Handlungsprinzip des Mars verbunden ist.

Weil der Trigon-Aspekt ein Geschenk für uns ist, sind wir oftmals nicht dankbar genug dafür. Statt dessen konzentrieren wir uns eher auf die Aspekte, die uns Schmerzen oder Schwierigkeiten bereiten. Wenn wir uns der Kräfte, die uns das Trigon beschert, bewußt werden, können sie zu unserem Vorteil im Beruf genutzt werden.

Mars/Neptun-Opposition. Hier muß der Drang nach einem schöpferischen Ausdruck mit dem Impuls zu handeln einen Kompromiß schließen. Das Handlungsprinzip, das die Eigenschaften der Sonne zum Ausdruck bringt, äußert sich auf verwirrende, undeutliche Art, während die kreative Imagination mit den Aktivitäten in Widerstreit liegt. Die Folge: Schuldgefühle oder falsch verstandene Loyalität, die die beabsichtigten Aktivitäten lähmen können.

Der Aspekt kann auch Schwierigkeiten im sexuellen Bereich bedeuten, da der Betreffende seinen Geschlechtstrieb spirituell überlädt und dem Menschen, den er liebt, mit einer verschwommenen Moral begegnet. Sexuelle Phantasien, die niemandem weh tun, sind meist bei der Konjuktion, dem Quadrat und der Opposition zu beobachten. Wenn der Betreffende jedoch in einer Familie aufwuchs, in der eine kleinliche religiöse Moral herrschte, kann diese Energie entstellt und krankhaft werden, und an die Stelle eines phantasievollen Sexuallebens tritt dann ein Schamgefühl. Er kann sich, nachdem er seine Familie und ihre Traditionen hinter sich gelassen hat, in seinen sexuellen Phantasien verlieren, vielleicht in ihnen steckenbleiben, von einem Liebesabenteuer zum anderen ziehen und immer erschöpfter und enttäuschter werden.

Auf der anderen Seite kann jemand mit diesem Aspekt ganz besonders intime, phantasievolle Liebesbeziehungen entwickeln. Oft kann dabei die Sexualität eine spirituelle Qualität erreichen und den Betreffenden zu einer Beschäftigung mit tantrischen Liebesritualen führen.

Wenn die Wirklichkeit des Alltags als zu hart erlebt wird und wenn keine konstruktive Ebene für diese Energie gefunden wird, kann es zu Mißbrauch von Rauschmitteln wie Alkohol und Drogen kommen. Manchmal ist es der Betroffene nicht selbst, der sich berauscht, sondern sein Partner ist süchtig.

Die kreative Energie kann erst zum Ausdruck kommen, wenn die Kräfte in gesunde Bahnen gelenkt werden. Dies ist möglich, wenn man sich bewußtmacht, was sie eigentliche Bedeutung dieser Planeten ist.

Mars/Neptun-Quinkunx. Dieser Aspekt bedeutet Unklarheit im Handeln. Die Motivationen, die einerseits das Handeln und andererseits die Träume und die Sehnsucht bestimmen, sind nicht ganz vereinbar – bedingt durch die beiden beteiligten Tierkreiszeichen. Dies bedeutet eine nicht sichtbare Belastung durch einen inneren Zustand der Verwirrung, ausgelöst durch das Auseinanderstreben von Impuls und Sehnsucht.

Wir sind uns vieler Konflikte, die durch ein Quadrat oder eine Opposition ausgelöst werden, bewußt. Beim Quinkunx ist unser Konflikt unterschwellig und kaum spürbar, irritierend und störend, aber nicht störend genug, um sich damit auseinandersetzen zu wollen. Es ist notwendig, sich das Wirken dieser Kräfte bewußtzumachen und sie umzuleiten.

Welcher Art der Konflikt ist, zeigt uns die Stellung der beteiligten Planeten in den Zeichen und Häusern. Wir müssen die Energien dieser Zeichen in den Bereichen zum Ausdruck bringen, die durch die Häuserplazierung angezeigt sind.

Mars/Pluto-Aspekte

Mars repräsentiert das Handlungsprinzip und zeigt, wie wir die Eigenschaften des Sonnenzeichens zum Ausdruck bringen. Pluto symbolisiert die Möglichkeit zur Transformation und Regeneration sowie die unbewußten Motivationen einer Generation; es ist eine Kraft, die C. G. Jungs Begriff vom kollektiven Unbewußten gleichzusetzen wäre. Wenn diese beiden Energien zusammenkommen, entsteht eine unbewußte Motivation zum Handeln, und der Betreffende wird durch sein Tun großen persönlichen Wandlungen unterworfen.

Wenn sie nicht entwickelt ist, kann sich die Mars-Energie in Zorn ausdrücken, der sich auch auf das Sexualleben auswirkt. Die Pluto-Kraft äußert sich als Zwang, auf seine Umgebung Druck auszuüben, um sie zu kontrollieren. Menschen mit einer unentwickelten Pluto-Energie ahmen lediglich nach, was sie in ihrer Kindheit gelernt haben. Sie erlebt, wie ein oder beide Elternteile ihr Umfeld kontrollierten, und glauben, daß dieses Verhalten zum Überleben notwendig ist. Um zu erkennen, welcher Elternteil zu diesem Verhalten beitrug, muß man die Aspekte von entweder Sonne oder Saturn oder von Mond und Venus zum Mars/Pluto-Aspekt betrachten. Wenn beide Eltern an dem Aspekt beteiligt sind, dann ist der Einfluß des dominanten maßgebend, der wiederum über das Sonnenzeichen zu erkennen ist.

Um zwanghaftes Verhalten durchbrechen zu können, muß man sich vor Augen führen, was Zwang eigentlich bedeutet. Zwanghaftes Verhalten schließt Spontaneität aus und verhindert, daß wir ungeplante freudvolle Erlebnisse mit jemandem teilen und genießen können. Pluto bedeutet den Zwang zu kontrollieren. Ein plutonischer Satz könnte lauten: »Ich liebe dich, und deshalb muß ich dich besitzen, egal, ob du damit einverstanden bist.« Die Energie kann aber auch auf konstruktive Weise genutzt werden, indem sie den anderen aufrichtet, jedoch muß die mitmenschliche Haltung bewußt im Alltag geübt werden.

Mars/Pluto-Konjunktion. Bei diesem Aspekt könnte die Pluto-Kraft die Mars-Energie erdrücken und einen Menschen charakterisieren, der immer kontrolliert handelt und sich und andere fortwährend manipulieren muß. Vielleicht hegt er einen ständigen Groll in seinem Unterbewußtsein, denn Pluto steht für das Unbewußte und Mars für Zorn. Möglicherweise ist der Betreffende Kräften ausgesetzt, die aus dem kollektiven Unbewußten stammen und sein Handeln störend beeinflussen. Andererseits können aber diese Kräfte das Handeln auch inspirieren und schöpferisch werden lassen. Bevor sich jedoch die kreative Seite äußern kann, muß der Ärger durchgearbeitet werden.

Nehmen wir als Beispiel eine Mars/Pluto-Konjunktion im Löwen. Die Schlüsselworte für die Löwe-Energie sind

Respekt, Anerkennung und ein Gespür für Fair play. Wenn jemand diesem Menschen nicht genug Respekt entgegenbringt, kann er sehr ärgerlich werden. Mars und Pluto im Krebs charakterisieren einen Menschen, der äußerst besitzergreifend ist. Die Konjunktion äußert sich nicht immer bewußt, da Pluto eine unbewußte Kraft symbolisiert. Unbewußte Impulse können verantwortungsloses Handeln bedeuten, das anderen Schaden zufügen könnte, da es wahrscheinlich aus einem Grollgefühl oder einem Bedürfnis zu manipulieren heraus geschieht.

Wenn der Betreffende weitere Aspekte in seinem Geburtsbild hat, die auf sexuelle Schwierigkeiten hinweisen, könnte der Aspekt ein Zeichen sexueller Gewalt sein. Der Betreffende neigt dazu, beim Geschlechtsakt sich und anderen Schmerzen zuzufügen, und im Extrem wäre es der Vergewaltiger, der Masochist oder das Opfer von Sexualverbrechen.

Mir sagte einmal eine Astrologin, die Mars/Pluto-Kombinationen seien das Zeichen eines Christus-Bewußtseins und die harten Aspekte reflektierten das Bedürfnis, eine bewußte Verantwortlichkeit für sein Handeln zu entwickeln. Sie empfahl, sich mit dem Studium übersinnlicher Phänomene zu befassen.

Mars/Pluto-Sextil. Mars repräsentiert das Prinzip des Handelns und die Art, wie wir das Sonnenzeichen zum Ausdruck bringen. Pluto symbolisiert das kollektive Unbewußte und das persönliche Unbewußte, das unseren Aktivitäten zugrunde liegt.

Da Pluto auch das Symbol für Menschenmassen ist, wird der Betreffende mit seinem Tun größeren Gruppen von Nutzen sein. Dieser Mensch wurde durch seine Familie mit der Notwendigkeit der Zusammenarbeit mit anderen Menschen vertraut gemacht. Daher kann er seine Begabung beruflich erfolgreich verwerten, solange sie mit den Interessen der Gruppe einhergeht. Für ihn wären Berufe in der Kommunikation, in den Medien und in der Politik besonders geeignet.

Mars/Pluto-Quadrat. Dies ist ein schwieriger Aspekt und bedarf eines Verständnisses und einer Bearbeitung, um produktiv werden zu können. Das Quadrat bedeutet, daß die beteiligten Kräfte gegeneinander arbeiten. In diesem Falle stellt sich die unbewußte Motivation gegen den Impuls, zu handeln. Das kann bedeuten, daß der Betreffende von negativen Strömungen in seiner Psyche angespornt wird, oder sein Bedürfnis nach Kontrolle lähmt seine Handlungsfähigkeit. Nehmen wir als Beispiel einen Mars im Stier (»Mich motivieren Praktisches, Wissenschaftliches und Sexuelles«) im Quadrat zu Pluto im Löwen (»Mich motivieren Stolz, Anerkennung und Respekt«). Wie kann man vernünftig handeln, wenn man unbewußt von Stolz motiviert ist? Wie reagiert man, wenn die sexuellen Avancen abgewiesen werden, während man tief im Inneren Anerkennung braucht? Würde dieser Mensch die Zurückweisung nicht als eine Herabminderung seiner selbst interpretieren?

Bei diesem Aspekt fällt es schwer, Zorn und den sexuellen Bereich auseinanderzuhalten. Der Betreffende wird die Sexualität dazu benutzen, um andere zu manipulieren. Beim Mars/Pluto-Quadrat hat man das Bedürfnis, seine Aktivitäten zu kontrollieren, und wenn man die Kontrolle verliert, wird man wütend. Dann bricht die Wut blind und mit voller Wucht hervor, und da diese Emotionen so intensiv erlebt werden, ist sich der Betreffende ihrer auch bewußt. Er fürchtet sich meistens vor seinem eigenen Zorn. Wenn er Angst hat, seine Wut zuzugeben, kann es sein, daß er sie so stark unterdrückt, daß sie von seinem Bewußtsein verdrängt wird und nicht offen zum Ausbruch kommt. Dies tun vor allem Menschen, die in Feuer- oder Luftzeichen geboren sind, weil Wutausbrüche nicht »spirituell« sind. Sie schämen sich dieser Emotionen und wollen nicht zugeben, daß sie davon befallen sind, besonders wenn sie sich auf dem Weg einer spirituellen Entwicklung befinden.

Damit diese Kräfte produktiv und schöpferisch zum Ausdruck

kommen können, muß man sie bewußtmachen und in eine andere Richtung lenken. Wut ist fehlgeleitete kreative Energie. Der Betreffende muß die sensitiven Punkte erkennen, um den Groll loslassen zu können. Meist werden wir wütend, wenn wir uns bedroht fühlen oder wenn man unsere Gefühle verletzt hat. Sobald wir unsere Ängste und Schmerzen verstehen, brauchen wir nicht mehr wütend zu werden.

Mars/Pluto-Trigon. Mars repräsentiert das Prinzip des Handelns. Wenn er im Trigon zu Pluto (der unbewußten Motivation) steht, dann können beide Energien auf produktive Art zusammenfließen.

Dieser Mensch wurde in seiner Kindheit dazu ermuntert, sich zu äußern und für das Gemeinwohl mit anderen zusammenzuarbeiten. Daher spornen die kollektiven Bilder in seinem Inneren zu konstruktivem Handeln an. Das Schöpferische an diesem Aspekt kann wahrscheinlich erst in späteren Jahren zum Ausdruck kommen, da man sich zuerst mit den schwierigen Konstellationen auseinandersetzen muß.

Mars/Pluto-Opposition. Wie beim Quadrat ist das Prinzip des Handelns gegen die innere, unbewußte Motivation gestellt. Die Handlungsweise hat etwas Erzwungenes, und der Betreffende ist nicht zu Zusammenarbeit bereit. Harte Aspekte zwischen Mars und Pluto bedeuten, daß diese Menschen meist Gruppen aus dem Wege gehen und sich in Menschenmengen nicht wohl fühlen, weil in diesen Situationen Kontrolle nicht möglich ist. Daraus kann eine krankhafte Angst vor geschlossenen Räumen oder Furcht vor Menschenmengen entstehen.

Es muß ein Kompromiß gefunden werden zwischen dem Impuls zu handeln und der unbewußten Empfindlichkeit. Diese Empfindlichkeit entstand durch die Einflüsse der frühen Kindheit und blockiert die konstruktive Tätigkeit. Die Schwierigkeit bei den Mars/Pluto-Aspekten liegt darin, den Zorn unter Kontrolle zu bringen und Möglichkeiten zu finden, die Wut zu zerstreuen, wenn man außer Kontrolle gerät.

Bevor das kreative Potential sich verwirklichen kann, muß man den Aspekt verstehen. Die Wut ist so intensiv, daß sie sich öfter nach innen als nach außen richtet. Oft ist sich der Betreffende gar nicht bewußt, daß er seinen Ärger hinunterdrückt, und solange er es nicht merkt, kann er die Energie nicht auf andere Art nutzen. Wut wird meist durch Kränkung und/oder Angst hervorgerufen. Ängste und Kränkungen kann man intellektuell angehen. Wenn diese Gefühle auftauchen, kann man sich fragen: »Warum bin ich gekränkt? Wovor habe ich Angst?« Die Antwort auf diese Fragen kann bei den Sonnen- und Mond-Aspekten sowie den Aspekten zu Mars und Pluto und den Zeichen, in denen sie stehen, gefunden werden. Als nächstes muß man die Plazierung von Pluto betrachten, da er das Unbewußte repräsentiert. Wurde jemand mit Pluto im Löwen als Kind verhöhnt? Ist er deshalb jetzt so empfindlich?
Sobald man sich seinen Ärger bewußtgemacht hat, kann man daran arbeiten. Der Aspekt hat ein großes Potential, das zu Menschenführung befähigt und eine Begabung beschert, mit Gruppen kreativ umzugehen. Die Arbeit lohnt sich!

Mars/Pluto-Quinkunx. Dies ist kein schwerer Aspekt. Er bedeutet eine Spannung zwischen dem Impuls zu handeln und einer unbewußten inneren Motivation. Ein Mars in den Fischen verhält sich beispielsweise wie ein Märtyrer, während der Pluto im Löwen empfindlich ist, was Respekt und Anerkennung anbelangt. Wenn ein Quinkunx-Aspekt besteht, dann wird die Sensibilität des Mars durch das Bedürfnis nach Anerkennung gemildert. Es stellen sich Fragen wie: Was passiert, wenn der Partner die sexuellen Annäherungsversuche des sensiblen Mars nicht versteht? Gibt es dann aus dem Stolz heraus eine Überreaktion? Man kann diese Reaktionsweisen analysieren und bewußt an ihnen arbeiten.

6. Jupiter-Aspekte

Unser erster Versuch, mit jemandem in Beziehung zu treten – der Mutter –, entsteht aus dem Bedürfnis zu überleben. Ein Baby schreit nach Nahrung, und bald wird es gefüttert; es schreit nach Zuwendung, und bald wird auch diese gewährt. Wenn ein Baby nach einem Menschen verlangt, dann ist diese Kontaktaufnahme durch ein Bedürfnis motiviert. Im Laufe unserer Kindheit lernen wir, in Beziehung zu kommen mit Menschen, die nicht unsere Eltern sind. Wie man das macht, schauen wir unseren Geschwistern oder Spielgefährten ab. Wir wollen ihre Spielzeuge haben und müssen lernen, mit ihnen zu teilen. In der Schule lernen wir, in Gemeinschaften und Teams zu arbeiten. Wenn wir mit diesen Beziehungen als junge Menschen und später als Erwachsene Schwierigkeiten haben, dann ist wahrscheinlich ein dominanter Jupiter in unserem Geburtsbild verletzt.

Viele Astrologen nennen Jupiter den expansiven Planeten, der Glück und Fülle, aber auch Gewichtsprobleme bedeutet. Sicherlich symbolisiert Jupiter all diese Dinge, aber wenn wir sehen wollen, was den Betreffenden motiviert, wo er blockiert ist bei seinen Versuchen, sich mit anderen auszutauschen, dann müssen wir das Zeichen, in dem Jupiter steht, und die Aspekte, die er empfängt, betrachten.

Man kann Jupiter als einen Generationsplaneten bezeichnen, da er sich etwa ein Jahr lang durch ein Zeichen bewegt und zwölf Jahre braucht, um durch den Tierkreis zu wandern. Dies bedeutet, daß viele Menschen Jupiter im selben Zeichen haben. Er kann daher nicht wirklich als persönlicher Planet bezeichnet werden, es sei denn, er steht im Aspekt zu Sonne, Mond, Merkur, Venus, Mars oder dem Aszendenten. Die persönlichen Planeten beschreiben persönliche Merkmale, während Jupiter das Persönliche übersteigend in unsere Umwelt hineingreift. Manche nennen diesen Kontakt des

Selbst mit einer größeren Umwelt die Mikrokosmos-Makrokosmos-Beziehung. Menschen, deren Geburtsbild keine starken Jupiter-Aspekte aufweist, werden auf eine Art Kontakt mit ihrer Umwelt aufnehmen, wie sie durch die Eigenschaften des Zeichens, in dem Jupiter steht, symbolisiert wird. Beziehungen werden ihnen vielleicht nicht allzu wichtig oder problematisch erscheinen, und sie werden mit der Definition ihrer Rolle, bezogen auf das Ganze, zufrieden sein und die herrschenden Strukturen nicht anzweifeln.

Bei einem verletzten Jupiter wurde der Betreffende in eine Familienatmosphäre hineingeboren, in der die Vorstellung von überpersönlichen Beziehungen nicht gut entwickelt waren. Das Kind erlebt im Alltag, daß auf die Bedürfnisse anderer kaum Rücksicht genommen wird, vielleicht hören die Familienmitglieder sich gegenseitig nicht zu. Als Erwachsener wird er seinen persönlichen Bereich erweitern wollen und entdecken, daß er in Verhaltensmuster hineinfällt, die er als Kind gelernt hat. Er wird in seinem Ausdruck unbeholfen sein und bei Widerstand nicht anders zu reagieren wissen, als unbedingt seinen Willen durchzusetzen. Vielleicht wird er sich über Gebühr ausbreiten und seine Kommunikationsversuche übertreiben oder irgendwelchen Launen nachgeben, die jeder Vernunft entbehren. Wahrscheinlich ist ihm nicht einmal bewußt, was er sich in seinem Leben wünscht, denn es kommt ihm gar nicht in den Sinn, sich über seine persönlichen Bedürfnisse Gedanken zu machen, da ihm das als Kind nicht erlaubt war oder seine Eltern es auch nicht taten.

Wenn wir mehr von einer Beziehung wollen, als nur eine Rolle spielen, müssen wir lernen, unsere Gefühle, unsere Gedanken und unsere Eigenart anderen mitzuteilen. Bei guter Aspektierung hat der Betreffende gesunde Verhaltensweisen in den familiären Beziehungen gelernt. Ist Jupiter jedoch verletzt, muß ein gesundes Verhalten bewußt erlernt werden. In unserem Bestreben, unser Bewußtsein zu erweitern, ist es die Jupiter-Kraft, die uns um eine Stufe erhöht, denn durch sie sind wir in der Lage, unserer Umwelt gegenüber aufgeschlossen zu sein.

Es ist notwendig, das über die Jupiter-Kraft Gelernte in unseren Alltag zu integrieren, wenn wir Ebenen höheren Bewußtseins erreichen wollen. Wir dürfen mit dem Wissen, das wir ansammeln, nicht die Perspektive verlieren. Der gebildete Mensch könnte sein Wissen dazu benutzen, um sich über andere zu erhöhen und sich von ihnen abzusondern, damit er nicht in zu enge Fühlung mit ihnen kommen muß. Von solchen Menschen wird oft gesagt, sie haben ein großes Ego, wahrscheinlicher ist es jedoch, daß sie gar kein Ego besitzen. Aus einem verkümmerten Selbstgefühl heraus haben sie das Bedürfnis, andere auf ihre Bedeutung aufmerksam zu machen. Anders verhält es sich mit der Fähigkeit, sich auf etwas oder jemanden zu beziehen, denn dies verlangt die Bereitschaft, zu teilen und Teil eines Ganzen zu sein, ohne das Gefühl für das eigene Selbst zu verlieren. Dies bedeutet, daß wir uns in uns selbst gefestigt fühlen müssen, denn wir können von uns nichts geben, wenn wir kein gesundes Selbstbild besitzen. Man kann Beziehung mit einem Stein vergleichen, der in den Teich geworfen wird und Wellenkreise bildet. Jeder Wellenkreis ist eine Erscheinung für sich, aber dennoch ein Teil des Wassers im Teich. Gleichermaßen sind auch wir frei, uns selbst zum Ausdruck zu bringen, dennoch sind wir Teil eines großen Ganzen.

Jupiter zeigt auch, wie wir zu anderen in eine persönliche Beziehung treten. Manche Leute meinen, Merkur zeige die Beziehungsfähigkeit an; Merkur zeigt aber eher, wie wir denken und reden. Wir können eine Menge reden, ohne etwas von uns selbst preiszugeben oder mit anderen zu teilen. Die Aspekte, die der Jupiter bildet, zeigen, wie die Eigenschaften des Sonnenzeichens mit anderen geteilt werden können – mit Freunden, der Familie und mit geliebten Menschen – und wie sich der Betreffende in seine Umgebung integriert.

Jupiter/Saturn-Aspekte

Jupiter und Saturn waren für die alten Astrologen die Generationsplaneten. Jupiter braucht ein Jahr, um ein Zeichen zu durchlaufen, während Saturn zwei bis zweieinhalb Jahre dazu benötigt. Wegen ihrer langsamen Bewegung durch den Tierkreis symbolisieren diese Planeten die Charaktermerkmale einer größeren Anzahl von Menschen.

Jupiter zeigt, wie wir zu uns selbst und zu unserer Umgebung, zu Freunden und geliebten Menschen in Beziehung stehen. Er steht auch für die Art, wie wir uns für neue Ideen und Informationen öffnen und wie wir dadurch unser Bewußtsein erweitern. Saturn repräsentiert den Einfluß, den der Vater auf unsere psychische Entwicklung hat, und seine Plazierung in einem Zeichen und Haus weist darauf hin, worin wir besonders vorsichtig sind. Der Planet steht auch für den Ablauf der Zeit und das Manifeste in der Zeit, also die Erfahrungen, die wir in unserem Leben machen, und wie wir Prüfungen bestehen. Wenn diese beiden Planeten in Verbindung stehen, zeigen sie die Prüfungen, denen wir in unseren Expansionsbestrebungen begegnen, und wie wir damit umgehen. Indem wir uns mit den wechselnden Lebenszyklen und neuen Lebensperspektiven auseinandersetzen, wird unsere Beziehungsfähigkeit deutlich, da sie immer wieder auf die Probe gestellt wird.

Jede Verbindung von Jupiter und Saturn ist für den Individuationsprozeß förderlich und erhöht die Bereitschaft zur Selbstverantwortung. Die harten Aspekte weisen darauf hin, daß diese Prozesse nicht mit Leichtigkeit vonstatten gehen werden. Wenn man jedoch die Kräfte verstanden hat, ist es nicht schwierig, mit ihnen zu leben. Sie sind in der Tat leichter zu handhaben als Quadrate oder Oppositionen zu persönlichen Planeten.

Der Kommunikationsplanet Merkur zeigt, wie wir reden, was wir sagen und denken. Er regiert das dritte und sechste Haus sowie die Zeichen Zwillinge und Jungfrau. Die alten Astrologen ordneten den Planet Jupiter dem neunten und zwölften Haus (Schütze und Fische) zu. Jupiter steht also beide Male in Opposition zu Merkur und weist darauf hin, daß zwischen den beiden Prinzipien ein Kompromiß gefunden werden muß. Das Bedürfnis nach Kommunikation und die Fähigkeit, in Beziehung zu treten, müssen aufeinander abgestimmt werden. Wir können also annehmen, daß immer eine Art Spannung zwischen diesen beiden Prinzipien besteht.

Saturn regiert sowohl das zehnte als auch das elfte Haus (Steinbock und Wassermann) und steht in Opposition zu Löwe und Krebs (fünftes und viertes Haus) und somit zu Sonne und Mond. Wenn der Mond unsere Emotionen symbolisiert, dann bedeutet die Opposition zu Saturn, daß unreife Emotionen von Saturn eingeschränkt werden. Die Sonne repräsentiert das Ego und im fünften Haus die persönliche Kreativität. Die Opposition zu Saturn im Wassermann kann bedeuten, daß persönliche Kreativität auch eine Verantwortung hat. Persönliche Kreativität bleibt nicht lange von Bedeutung, wenn sie keinem überpersönlichen Zweck dient, denn der einzelne unterliegt einem höheren Gesetz.

Durch die im Tierkreis angezeigte Verbindung von Jupiter und Saturn mit den persönlichen Planeten Sonne, Mond und Merkur können wir bei einer Jupiter/Saturn-Verbindung auf das Bedürfnis des einzelnen schließen, für sich selbst Verantwortung zu übernehmen und zu einem Verständnis der Beziehung zwischen Mikrokosmos und Makrokosmos zu kommen. Individuelle Freiheit impliziert nicht, daß man nur das tut, was man will, sondern sie bedeutet auch Verantwortung. Erwachsensein heißt, daß man die Verantwortung für sein Überleben übernimmt. Wenn wir uns neues Wissen und Erfahrungen aneignen, sind wir verantwortlich für die Integration des Gelernten in ein größeres Ganzes. Darum geht es in den meisten Philosophien. Jupiter und Saturn sind Symbole für eine überpersönliche, uns überdauernde Wirklichkeit.

Jupiter/Saturn-Konjunktion. Dieser Aspekt kann auf verschiedenen Erfahrungsebenen interpretiert werden. Jupiter symbolisiert unsere Beziehungsfähigkeit, und Saturn bedeutet Begrenzung, Einschränkung. Das Zeichen, in dem die Konjunktion steht, färbt die Qualität der Prinzipien. Jupiter zeigt, wie offen wir sind, und Saturn symbolisiert die Einschränkungen, die wir durch die Einstellung unseres Vaters früh im Leben erfahren haben, und wie wir auf seinen Einfluß reagierten. Die Konjunktion bedeutet, daß der Betreffende einerseits dazu neigt, sich zu öffnen, und andererseits gleichzeitig, sich zu verschließen. Er hat vielleicht den Drang nach einer neuen Erfahrung, verspürt jedoch gleichzeitig Furcht, diesem Drang nachzugeben – aus einem Gefühl oder einer Erinnerung heraus, daß der Vater oder eine Autoritätsfigur dies nicht billigen könnte. Es kann sein, daß der Vater selbst Schwierigkeiten hatte, konstruktive Beziehungen aufzubauen und zu pflegen.

Die Konjunktion bedeutet, daß der Betreffende Beziehungen ernst nimmt und sich vielleicht zu sehr anstrengt, um das Potential einer Partnerschaft auszuschöpfen. Das kann so weit gehen, daß er sie meidet, da er sich des Gewichts der Verantwortung zu sehr bewußt ist. Die Beziehungen, die er knüpft, werden denen seines Vaters sehr ähnlich sein, und will man dieser Problematik auf den Grund gehen, sollte man das Verhaltensmuster des Vaters in seinen Freundschaften über die Jahre hinweg untersuchen. Wenn dieser Zusammenhang einmal verstanden ist, kann sich der Betreffende von diesem Muster lösen und seine eigenen Interessen verfolgen, jedoch wird er das immer mit Ernsthaftigkeit tun.

Um das Potential dieses Aspekts ausschöpfen zu können und eine höhere Bewußtseinsebene zu erreichen, muß der Betreffende eine Wahrnehmung entwickeln für seine Art, sich seiner Umgebung zu öffnen, und für die Furcht vor der Meinung einer Autorität, denn diese beiden Teile seiner Persönlichkeit werden sich gleichzeitig entwickeln. In dem Maße, wie er sich seiner Ängste, seiner Begrenzungen und Frustrationen und seiner Vorsicht bewußt wird, in dem Maße wird sich seine Fähigkeit entwickeln, für neue Erfahrungen aufgeschlossen zu sein. Dieser Mensch hat die Möglichkeit zu einem überdurchschnittlichen Weitblick, denn er erkennt in jeder Art von Beziehung seine Selbstverantwortung.

Die Konjunktion muß je nach Zeichen und Haus, in dem sie steht, anders interpretiert werden. Eine Plazierung im zwölften Haus dürfte die schwierigste sein, da dieser Bereich uns am wenigsten bewußt ist. Der Aspekt ist dort nicht bedrohlich, sondern schwerer in das Bewußtsein zu holen. Karma-Astrologen sagen, daß er aus diesem Grunde mehr Bedeutung hat. Jemand mit der Konjunktion im zwölften Haus wird diese Qualitäten dann entwickeln, wenn er beginnt, in die Tiefen und die Geheimnisse seiner Seele einzutauchen.

Jupiter/Saturn-Sextil. Das Sextil zwischen Jupiter und Saturn bedeutet eine recht gesunde Familienatmosphäre. Das Beziehungsprinzip wird durch den Einfluß des Vaters nicht beeinträchtigt. Die Aufgeschlossenheit gegenüber der Umwelt war ein unproblematischer Bestandteil des Familienlebens. Ebenso hatten Autoritätspersonen keinen schädigenden Einfluß auf die Beziehungsfähigkeit des Kindes.

Obwohl der Aspekt vielleicht erst ab Mitte Dreißig zur Entfaltung kommt, wird der Betreffende in den späteren Jahren durch sein reifes Bewußtsein die Eigenschaften des Sonnenzeichens besser zum Ausdruck bringen können.

Jupiter/Saturn-Quadrat. Das Quadrat bedeutet, daß der Betreffende in einer Familienatmosphäre aufwuchs, in der die Beziehungsfähigkeit durch Verbote beeinträchtigt wurde. Der vom Vater ausgehende hemmende Einfluß wird im Verhalten des Erwachsenen sichtbar, der sich seiner Umwelt nicht öffnen kann oder periodisch überintensive Partnerschaften eingeht, sich dann aber wieder zurückzieht.

Jupiter zeigt, wie aufgeschlossen wir sind gegenüber neuen Lebenserfahrungen und wie wir uns selbst in unseren Liebes- und Freundschaftsverhältnissen geben. Das Quadrat zu Saturn bedeutet Einschränkung und Zurückhaltung in Beziehungen. Es kann auch heißen, daß derjenige auf eine etwas unberechenbare Weise seine Offenheit wie auf Knopfdruck ein- und ausschaltet. Diese Menschen haben Bedenken, neue Beziehungen zu riskieren. Ihre Furchtsamkeit kann ihr Selbstbewußtsein in einer Weise untergraben, daß sie ungern neue Aufgaben und Verantwortungen übernehmen.

Man kann die Wirkung des Quadrats besser verstehen, wenn man die Wertvorstellungen des Vaters untersucht. Erinnerungen an frühe Kindheitserlebnisse können dazu dienen, das zugrundeliegende Verhaltensmuster zu entschlüsseln und den väterlichen Einfluß zu erkennen. Wenn dieser Einfluß die Beziehungsfähigkeit des Betreffenden beeinträchtigt, indem er ihn in seinen Expansionsbestrebungen einengt und neue Unternehmungen nur mit Angst erleben läßt, dann kann er sich dieses Einflusses bewußt werden und seine bisherigen Verhaltensmuster loslassen.

In seinen persönlichen Beziehungen wird sich der Betreffende oft zu entweder ihm unterlegenen oder zu solchen Menschen hingezogen fühlen, die ihm in seinen Schwierigkeiten nicht nützlich sein können. Er muß seine Neigung zu Angst und Vorsicht genau betrachten und für die Beschaffenheit seiner Partnerschaften Verantwortung übernehmen. Wenn ihm das möglich ist, dann kann er anfangen, gesunde Beziehungen zu knüpfen.

Jupiter/Saturn-Trigon. Jemand mit diesem Aspekt wuchs in einer im allgemeinen offenen und gesunden Familienatmosphäre auf, in der seine Bestrebungen, mit neuen Lebenserfahrungen in Berührung zu kommen, von den Eltern unterstützt wurden. Durch das gesunde Vaterbild hat das Kind eine gute seelische Grundlage bekommen, die es ihm ermöglicht, mit neuen Situationen unerschrocken umzugehen. Der Betreffende fürchtet Autoritätsfiguren nicht, er hat ein tief verankertes Verantwortungsgefühl für sein Handeln, und seine Verpflichtungen und Bindungen sind wohlüberlegt. Er nimmt Beziehungen ernst und wird sie nur mit einem Gefühl persönlicher Verantwortung eingehen.

Wenn dieser Mensch im Laufe der verschiedenen Lebenszyklen zu wachsender Reife gelangt, entdeckt er, daß er sich immer mehr öffnet und seine Wahrnehmungsfähigkeit größer wird in dem Maße, in dem er die saturnische Furchtsamkeit und Vorsicht ablegt. Dieser Aspekt bedeutet ein langsam voranschreitendes Wachsen und Reifen, und häufig wird der Wachstumsprozeß deshalb kaum wahrgenommen. Der Mensch mit schwierigen Jupiter/Saturn-Aspekten wird größere Ausschläge in seinem Wachstumsprozeß erleben, die zwischen Wachstumssprüngen und Stagnation hin und her wechseln. Die Entwicklung beim Trigon findet behutsamer statt.

Das Trigon zwischen Jupiter und Saturn kann persönliche Konflikte nicht aufwiegen, es kann jedoch als stabilisierender Faktor genutzt werden, der die nötige Stärke verleiht, andere, schwierigere Aspekte im Geburtsbild anzugehen. So könnte jemand, bedingt durch andere Aspekte im Horoskop, eine derart intensive Abneigung gegen seinen Vater entwickelt haben, daß er nicht in der Lage ist, etwas Positives im väterlichen Einfluß auf sein Leben zu entdecken. Ein Verständnis des Jupiter/Saturn-Trigons könnte ihm eine neue Einsicht in seine frühen Kindheitserlebnisse geben.

Jupiter/Saturn-Opposition. Jupiter repräsentiert das Beziehungsprinzip. Er zeigt, wie der Mensch sich öffnet und über seine rein persönlichen Interessen hinausgreift, wie er sich selbst in einen Bezug bringt zum Universum, zu seinen Freunden, Geliebten und seiner Familie. Saturn zeigt, wie der Einfluß des Vaters das Individuum in seinen Versuchen, die ersten Schritte über seinen persönlichen Horizont hinaus zu unternehmen, behindert und einschränkt. Die Behinderung kann eine physische sein oder durch eine mißbilligende Haltung geschehen.

Die Opposition besagt, daß der Betreffende in seiner Kindheit mit einer ganz bestimmten Einschränkung zu leben hatte. Immer wenn sich sein Interesse auf etwas Neues richtete, mißfiel es dem Vater. Diese unbewußte Erinnerung wird sich über viele Jahre hinweg halten, und jedesmal, wenn er einen Versuch macht, sich zu öffnen, wird eine Furcht in Gang gesetzt, die ihn veranlaßt, mit großer Vorsicht vorzugehen. Vielleicht macht er einen Schritt vorwärts, erschrickt und läuft davon; oder er ist in einem Augenblick offen und aufnahmebereit, aber verschlossen und kalt im nächsten. Er wird Schwierigkeiten haben mit Menschen, die für ihn Autoritätspersonen darstellen, etwa mit Lehrern, Vorgesetzten – oder sogar Partnern.

Wenn diese Menschen nach Bewußtseinserweiterung streben und an eine Eigenverantwortung glauben, dann müssen die persönlichen Eigenschaften, die Jupiter und Saturn symbolisieren, integriert werden. Oft erleben sie Wachstumssprünge, gefolgt von ereignislosen Perioden, in ihren Lebenszyklen. Es ist notwendig, die expansiven Möglichkeiten gleichzeitig mit der Neigung zu Ängstlichkeit und Vorsicht zu erforschen.

Wenn Jupiter das Aufnehmen von neuen Eindrücken aus der uns umgebenden Welt symbolisiert, dann bedeutet die Opposition, daß jede neue Idee, die auftaucht, von Saturn einer Prüfung unterzogen wird. Unser Eifer wird auf die Probe gestellt und neu geformt; dadurch entwickelt sich unser Charakter, und die »Reise des Helden« wird intensiviert. Das Universum will uns nicht schaden, aber ein ungeprüfter Krieger ist kein wahrer Krieger. Indem sich die Jupiter-Kraft entfaltet, wird die Persönlichkeit selbstsicherer, denn sie wurde von Saturn einer strengen Prüfung unterzogen.

Die Opposition bedeutet auch einen Bruch mit dem Vater,

mit den Traditionen der Familie. Das heißt nicht, man müsse sein Zuhause für immer verlassen, sondern daß unbrauchbare, überholte Traditionen fallengelassen werden können.

Jupiter/Saturn-Quinkunx. Der Quinkunx-Aspekt wirkt nicht so stark wie das Quadrat oder die Opposition. Er verursacht eine Belastung, die mit der Zeit die Gesundheit beeinträchtigen kann, wenn man sie nicht beachtet.

Jupiter repräsentiert die Beziehungsfähigkeit, und Saturn macht uns furchtsam und vorsichtig. Die Spannung zwischen den beiden Kräften besteht nur im Unterbewußtsein, da der Betreffende von der Wirkung, die der Vater auf seine Psyche ausübte, nichts zu wissen scheint. Daher wird er auch den Zusammenhang nicht erkennen zwischen seinen unerfüllten Beziehungen und gewissen Kindheitserlebnissen. Er neigt dazu, sich in seinen Partnerschaften um Offenheit zu bemühen, aber dennoch verschlossen zu bleiben.

Man kann diesen Aspekt vom Intellekt her angehen, indem man die Eigenschaften der beteiligten Zeichen untersucht und eine Möglichkeit findet, diese beiden Teile der Persönlichkeit zum Ausdruck zu bringen.

Jupiter/Uranus-Aspekte

Jupiter repräsentiert unsere Fähigkeit, mit unserer Umwelt in Verbindung zu treten. Das Zeichen, in dem er steht, drückt unsere persönlichen Eigenschaften aus, die wir in eine Beziehung einbringen. Er gibt Hinweise darauf, wie wir uns selbst sehen als Teil eines uns umgebenden Ganzen. Uranus ist ein Generationsplanet, der gleichzeitig auf eine sehr große Anzahl Menschen einwirkt und ein allgemeines Verhaltensmuster repräsentiert. Er zeigt auch, wo wir zu unberechenbarem, eigenwilligem Verhalten neigen.

Wenn diese beiden Planeten eine Verbindung haben, dann

wirken deren Energien aufeinander ein. Beziehungen können ungewöhnlich, sprunghaft, beseelt oder auch beeinträchtigt durch einen starken Eigenwillen sein. Die Jupiter/Uranus-Kombination kann einen Menschen charakterisieren, der aufgeschlossen ist für außergewöhnliche, unorthodoxe oder unangepaßte Beziehungen oder der das Bedürfnis hat, höhere Bewußtseinsebenen zu erreichen. Letzteres ist nur möglich, wenn die beiden oder einer der Planeten mit persönlichen Planeten in Verbindung stehen.

Jupiter/Uranus-Konjunktion. Das Beziehungsprinzip wird von den uranischen Eigenschaften wie Unkonventionalität und Individualismus beeinflußt. Es ist wichtig, das Zeichen zu betrachten, in dem die Konjunktion stattfindet, um die Kräfte zu interpretieren. Da Jupiter die Art repräsentiert, wie wir uns neuen Erfahrungen öffnen, kann die Konjunktion einen Menschen charakterisieren, der sich auf unberechenbare, impulsive Weise öffnet. Gewöhnlich bedeutet die Konjunktion, daß der Betreffende ungewöhnliche Beziehungen genießt, wobei »ungewöhnlich« sowohl konstruktiv als auch destruktiv sein kann.

Wenn er ein selbstverantwortlicher Mensch ist, muß dieser Konjunktion ernsthafte Beachtung geschenkt werden. Er könnte sich selbst schaden, indem er Beziehungen eingeht, deren Folgen er nicht bedacht hat, oder er wählt einen Partner, der für ihn nicht gut ist, da er sich öffnete, ohne zu überlegen. In diesem Falle kann die Saturn-Stellung Hinweise geben, wie die Kräfte der Konjunktion mit einem Verantwortungsbewußtsein genutzt werden können.

Wenn die Uranus-Kräfte richtig verstanden werden, können sie hilfreich sein, da sie das Potential für erhöhte Wahrnehmungsfähigkeit besitzen und sogar neue Philosophien entstehen lassen können. Wenn die Konjunktion Verbindungen zu persönlichen Planeten hat, kann dies eine ungewöhnliche und aufregende Persönlichkeit bedeuten.

Jupiter/Uranus-Sextil. Die Art der Beziehungen, die der Betreffende bevorzugt, sind ungewöhnlich und unorthodox, jedoch auf eine gesunde, konstruktive Weise. Er hat die Gabe, in Partnerschaften neue Blickwinkel zu entdecken und neue Möglichkeiten zu erfinden; seine Originalität macht das Verhältnis eher reizvoll und übt dadurch eine stabilisierende Wirkung aus.

Jupiter/Uranus-Quadrat. Jupiter repräsentiert die Beziehungsfähigkeit; er zeigt unser Expansionsbestreben und wie aufgeschlossen wir sind gegenüber Menschen, die wir lieben, und der Umwelt im allgemeinen, sei es als Untergebener oder als Vorgesetzter oder als Partner, und er zeigt, wie wir uns als Teil eines Ganzen sehen. Uranus steht für ein Verhaltensmuster, für unsere Exzentrizität, unsere Besonderheit und unsere Eigenwilligkeit.

Das Quadrat zwischen den beiden Planeten bedeutet Frustration, Probleme, einen Überschuß an Energie. Das Verhaltensmuster oder unsere persönlichen Verschrobenheiten arbeiten gegen das Beziehungsprinzip. Es werden oft übereilte Entscheidungen getroffen, wenn es um den Anfang oder die Beendigung einer Partnerschaft geht. Der Betreffende ist vielleicht an einem Tag offen und am nächsten übermäßig stur. Er ahmt das Muster nach, das ihm seine Familie vermittelte. Das Bild wird etwas deutlicher, wenn persönliche Planeten Aspekte zu Jupiter oder Uranus bilden; daran kann man erkennen, wie sich die Kräfte in der Persönlichkeit äußern.

Da Uranus das überpersönliche, humanitäre Bewußtsein repräsentiert, könnte das Quadrat eine entstellte Sichtweise des Platzes, den man im Universum einnimmt, bedeuten. Der Betreffende könnte sein Eingebundensein in die Natur oder in übergeordnete Gesetze leugnen und sich darüber erheben. Die daraus resultierenden Verhaltensweisen wie Selbstsucht, abruptes Verhalten gegenüber anderen, eine eigenwillige Haltung gegenüber Partnerschaften und ähnliches müssen aufgegeben werden, wenn der Betreffende an sein kreatives Potential herankommen möchte.

Jupiter/Uranus-Trigon. Jupiter repräsentiert unsere Fähigkeit zu Beziehungen, während Uranus zeigt, wie exzentrisch und eigenwillig wir sein können. Die von Uranus ausgehenden Verhaltensmuster können auf die Partnerschaft Auswirkungen haben. Das Trigon weist darauf hin, daß der Betreffende zu einer Zeit geboren wurde, als seine Familie gerade neue Möglichkeiten für Beziehungen erforschte, und das Kind wurde ebenfalls ermuntert, neue Wege auszuprobieren.

Im allgemeinen wird sein Verhalten ein sich entwickelndes Verhältnis nicht stören, da er seinem Partner keine Doppelbotschaften geben wird; er kann sich mit Problemen ohne besondere Belastung auseinandersetzen. Er hat wahrscheinlich ausgefallene Vorstellungen von einer Partnerschaft, oder er fühlt sich zu ungewöhnlichen Menschen hingezogen und würde sie als Partner bevorzugen.

Da Jupiter unsere Auffassung von uns selbst als Teil eines Ganzen repräsentiert, wird diese Auffassung von Uranus beeinflußt, jedoch auf positive Art. Dieser Mensch hat die Möglichkeit, höhere Bewußtseinsebenen zu erreichen als andere. Er könnte im späteren Alter Vorreiter einer Philosophie werden, wenn er einige gründliche Prüfungen bestanden hat.

Jupiter/Uranus-Opposition. Jupiter repräsentiert auch die Fähigkeit, mit einem Menschen zusammenzuleben, unsere Vorstellung, was Partnerschaften sind, und die Art, wie wir uns selbst in unseren Beziehungen geben. Da Uranus in Opposition zu diesem Prinzip steht, wird der Betreffende ein Verhältnis übereilt und impulsiv beginnen und beenden. Sein Verhalten stimmt mit seinem Bedürfnis nach einem Zusammensein nicht überein.

Nehmen wir als Beispiel Uranus im Krebs in Opposition zu

Jupiter im Steinbock. Uranus im Krebs sagt: »Ich verhalte mich emotional, eifersüchtig, besitzergreifend und sehr sensibel.« Jupiter in Steinbock sagt: »Ich gehe eine Bindung auf traditionelle Art ein, ich signalisiere, daß ich allgemein anerkannte, stabile Partnerschaften bevorzuge, ich kontrolliere mich dabei, denn ich will wissen, woran ich bin; ich bin vorsichtig und übereile nichts.« Die Opposition erzeugt Spannung, denn sie bringt zwei verschiedene Energien zum Ausdruck. Wenn der Betreffende sich in ein Verhältnis stürzt, wird er es bereuen, da der Steinbock mißtrauisch macht. Ist er zu vorsichtig, wird er sich unwohl fühlen, weil er seine emotionalen Reaktionen unterdrücken muß. Beide Energien drängen zum Ausdruck.

Man kann Partnerschaften nicht überstürzt eingehen, da sie voraussetzen, daß man dem anderen zuhört und auf ihn eingeht. Sie müssen Schritt für Schritt aufgebaut werden. Da die Erfahrungen in der frühen Kindheit diesem Menschen den Eindruck gaben, daß Beziehungen nur gelegentlich zustande kommen, wird er als Erwachsener die entsprechende Einstellung haben. Wenn ihn die Uranus-Energie zu schlecht durchdachten Abenteuern verleitet, wird er später darunter leiden. Er kann aber lernen, seinen Platz in der Welt zu finden, und die Kräfte des Uranus dazu benutzen, seine Liebesverhältnisse einfallsreicher zu gestalten. Die Eigenschaften des Steinbocks und des Krebses können in ein ausgewogenes Miteinander gebracht und konstruktiv genutzt werden.

Jupiter/Uranus-Quinkunx. Der Quinkunx verursacht Spannungen, die mit der Zeit die Gesundheit angreifen, da die Belastung nicht schmerzlich genug ist, um sie sich bewußtmachen und überwinden oder loslassen zu wollen.

Das Verhalten ist nicht mit dem Bedürfnis nach dem Zusammensein mit einem Menschen vereinbar. Jeder Versuch, sich zu öffnen und den näheren Kontakt mit anderen aufzunehmen, wird von Bedenken begleitet; der Betreffende fühlt sich

unsicher und weiß nicht, wozu das führen könnte. Mit dem
Uranus im Widder würde er beispielsweise mit verbaler
Forschheit, aber galant und ritterlich auftreten. Jupiter in der
Jungfrau ist jedoch in seinen Beziehungen kritisch: Einerseits
ist das Verhalten aggressiv und unerschrocken, andererseits
wird alles auf übertriebene Art analysiert. Der Betreffende
muß sich selbst beobachten und aufhören, allzu kritisch zu
sein. Die intellektuellen Kräfte der Jungfrau können sich gut
mit denen des Widders vereinen.

Jupiter/Neptun-Aspekte

Jupiter symbolisiert das Beziehungsprinzip und Neptun unsere
schöpferischen Träume. Wenn Neptun mit Jupiter in Verbindung steht, werden Partnerschaften von einem wundervollen
Schleier von Illusionen und Selbsttäuschungen umhüllt und
von Träumen von Perfektion und himmlischer Liebe umwo-
ben. Die Kombination dieser beiden Planeten bedeutet, daß
wir Verhältnisse eingehen, die wir selbst nicht verstehen, oder
daß wir etwas suchen, was wir niemals finden werden.
Wenn uns diese Energie bewußt wird, haben wir die Möglichkeit, uns durch unsere Verbindungen zu Menschen inspirieren
zu lassen und kreativ zu werden, oder wir sind zu Beziehungen
fähig, die die Ebene des Gewöhnlichen überragen.

Jupiter/Neptun-Konjunktion. Die Konjunktion zwischen
Neptun und Jupiter ist kein rein persönlicher Aspekt, denn er
wird in den Geburtshoroskopen all derer erscheinen, die zu
der Zeit geboren wurden, als Jupiter durch das Zeichen lief, in
dem Neptun stand. Bei all jenen, bei denen Jupiter und Neptun in Konjunktion stehen, werden Bindungen an Menschen
eine spirituelle Note bekommen.
Neptun vernebelt die Jupiter-Eigenschaften, was die unter-
schiedlichsten Persönlichkeitsmerkmale ergeben mag. Dies

kann sich von einer Neigung zu Vergeistigtem bis hin zu einem übermäßigen Verzehr von Süßigkeiten erstrecken! Neptun symbolisiert unsere kreativen Träume sowie die unpersönliche All-Liebe. Wenn sich ein Mensch mit einem Gefühl der alles umfassenden Liebe seiner Umwelt gegenüber öffnet, wird er mit diesem Aspekt anfälliger sein für Enttäuschungen und Verletzungen, wenn sich die Beziehungen nicht als so erhaben erweisen, wie man es sich vorgestellt hat. Daher folgt oft der Griff zu den »versüßenden« Substanzen, einschließlich Alkohol, um die bitteren Enttäuschungen auszugleichen.

Andererseits kann der Betreffende – wenn er erkannt hat, daß er dazu neigt, sein Verhältnis zum Mitmenschen durch eine rosarote Brille zu betrachten, daß er seine neptunische Traumwelt auf andere projiziert – seine Art, wie er mit dem Partner umgeht, umorientieren. Wenn er seine expansiven, jovianischen Anteile aus der Perspektive betrachten kann, wird er auch in der Lage sein, deren Verklärung bewußter zu erleben und zu gestalten. Er kann dann die Eigenschaften, die sein persönliches Leben färben oder bestimmen, erkennen, und ebenso wird er wissen, welche Art von Freundschaften ihn erfüllen. Auf diese Weise wird die Energie umgewandelt, und der Betreffende kann seine ganz eigene Art im Umgang mit seiner Welt entwickeln. Mit diesem Aspekt gewinnt das Bedürfnis, die Zusammenhänge zwischen Mensch und Universum zu erkennen, größere Bedeutung.

Jupiter/Neptun-Sextil. Die Energie ist beim Sextil leichter einzusetzen als bei der Konjunktion, beim Quadrat oder der Opposition. Sie macht sich erst ab etwa Mitte Dreißig richtig bemerkbar, denn es ist ein verborgenes Talent, das entwickelt werden muß. Der Betreffende hat als Kind gelernt, seine Kreativität im Umgang mit seiner Umwelt anzunehmen, und dieser Umstand hat im Unterbewußtsein den Samen für eine spätere kreative Entfaltung in partnerschaftlichen Verhältnissen gelegt.

Die harten Aspekte, die den Jupiter treffen, werden ein größeres Gewicht bekommen und mehr Aufmerksamkeit erfordern. Ihre Problematik muß zuerst gelöst werden, bevor die Kräfte Neptuns mit einbezogen werden können.

Die Plazierung der beiden Planeten in den Zeichen und Häusern ist für die Interpretation wichtig, da sie die Eigenschaften und die Bereiche aufzeigt, auf die dieser Aspekt gerichtet sein wird.

Jupiter/Neptun-Quadrat. Das Quadrat bedeutet immer Frustration, da die daran beteiligten Kräfte gegeneinander arbeiten. Jupiter zeigt, wie wir Beziehungen aufnehmen, wie wir uns anderen Menschen und Ideen gegenüber öffnen und wie wir uns als Individuen als Teil des Universums sehen. Neptun symbolisiert unsere schöpferischen Träume, unsere Sehnsucht nach einer anderen Wirklichkeit, und er bringt somit die Illusion und die Selbsttäuschung in die Bereiche, die er berührt. Er verschleiert und vernebelt Gebiete, die einer nüchternen Betrachtung bedürfen. Wenn Neptun zu einem Planeten ein Quadrat bildet, kann man ziemlich sicher sein, daß Selbsttäuschung am Werk ist, da die harten Aspekte eher die negativen Seiten einer Kraft herausbringen. Es ist nur aus einer bewußten Haltung heraus möglich, die negativen Energien in positive umzupolen, damit sie auf gesunde Weise genutzt werden können.

Wenn Neptun mit seinen verschleiernden Eigenschaften das Beziehungsprinzip berührt, kann der Betreffende die Verantwortung für die Rolle, die er in einer Partnerschaft spielt, nicht übernehmen, weil er sie nicht erkennt. Die Problematik wird durch die Zeichen, in denen die Planeten stehen, deutlich. Er will vielleicht eine »ätherische« Verbindung eingehen mit einer Person, die gar nicht die Voraussetzungen dafür mitbringt. Oder er interpretiert seinen eigenen Anteil an einem Verhältnis ganz falsch und meint, nur der andere habe Schwierigkeiten.

Um sich dieser Kräfte bewußt zu werden und für sich selbst Verantwortung übernehmen zu können, muß man Perspektive gewinnen und sich klarmachen, was eine Partnerschaft und was wahre Spiritualität ist. Erst dann kann die Einsicht zu etwas Konkretem führen. Sie kann die Beziehungsfähigkeit verbessern und die Möglichkeiten für neue Erfahrungen durch Wahrnehmung und Akzeptanz erweitern.

Jupiter/Neptun-Trigon. Hier taucht das Thema Abhängigkeit wieder auf. Dieser Mensch ist auf der Suche nach dem vollkommenen spirituellen Kontakt zu einem Partner und erlebt herbe Enttäuschungen, wenn er entdeckt, daß andere ganz anders mit Verhältnissen umgehen oder sich nicht dieselbe Art von Zweisamkeit wünschen wie er. Er stellt sich eine liebliche, traumhafte Verbindung vor, die sich von selbst, ohne sein Dazutun, ergibt. Die Realität des Alltags, die Notwendigkeit, sich mit dem Partner auseinanderzusetzen und Kompromisse zu schließen sowie das Überleben und die Existenz zu sichern, zu arbeiten, Miete zu bezahlen – all das stört ihn. Im Grunde möchte er sich nicht in der wirklichen Welt bewegen und Verantwortung übernehmen. Mit dieser Einstellung bindet er sich an Menschen, ohne sich darum zu kümmern, was der andere von ihm erwartet. Er wird auch nicht in der Lage sein, die Chancen und Möglichkeiten einer Gemeinschaft zu erkennen.

Die konstruktive Seite des Aspekts bringt ein Interesse an Religion, Philosophie und Metaphysik. Es ist jedoch wichtig, daß der Betreffende die Fähigkeit erlernt, gesunde Partnerschaften einzugehen, um ein echtes Wohlbefinden zu ermöglichen. Der neptunische Schleier verhindert, daß er seinen Teil erfüllt, denn er nimmt sich nicht die Zeit, herauszufinden, was der andere von der Zweisamkeit erwartet, was seine Bedürfnisse sind oder ob er überhaupt für ihn frei ist. Ungestillte Liebessehnsucht ist nicht die Lösung, sondern er muß lernen, dem anderen zuzuhören. Indem er zu sich Abstand gewinnt, wird er befriedigendere Erfahrungen machen.

Jupiter/Neptun-Opposition. Jupiter repräsentiert das Beziehungsprinzip und Neptun unsere schöpferischen Träume. Bei der Opposition wirken die Träume störend auf unser Verhältnis mit anderen. Dieser Mensch öffnet sich für neue Erfahrungen, ohne sich darüber im klaren zu sein, was er tut und mit wem er es tut. Er will lieber nicht genau hinschauen und die Zwickmühlen erkennen, in die er sich begibt, weil ihm die Wirklichkeit zu unangenehm ist. Wenn er sich weigert, seinen Anteil an dem Dilemma anzuerkennen, zieht er sich zurück und flüchtet in Genußmittel oder Rauschgifte, um in seiner irrealen Welt weiterleben zu können.

Neptun symbolisiert die Kraft, die nach bewußter spiritueller Entwicklung drängt, wobei es keine Rolle spielt, ob man sich mit den westlichen Religionen beschäftigt oder ob man philosophische, metaphysische oder okkulte Interessen verfolgt. Wichtig ist, zu erkennen, was diese überpersönliche, allumfassende Energie bedeutet und was andererseits der Sinn von Beziehungen ist. Auf diese Weise kann man sich vor Enttäuschungen schützen und vermeiden, durch unergiebige Partnerschaften Unruhe in sein Leben zu bringen. Wenn der Betreffende für sein Tun und für die Situationen, die er geschaffen hat, Verantwortung übernimmt, kann er die neptunische Illusion in Einsicht verwandeln, die seine Wahrnehmung verfeinert und sein Bewußtsein erhöht.

Jupiter/Neptun-Quinkunx. Der Quinkunx zwischen Jupiter und Neptun ist nicht so schwerwiegend. Das Geburtsbild wird wahrscheinlich Quadrate, Oppositionen und Konjunktionen aufweisen, die wichtigere und schwierigere Probleme darstellen.

Das Beziehungsprinzip (Jupiter) wird durch die neptunischen Eigenschaften der Illusion und Selbsttäuschung beeinträchtigt. Dies äußert sich in einer unbestimmbaren, leisen Sehnsucht nach einer besonderen, inspirierenden Zweisamkeit, die sich nie zu verwirklichen scheint. Wahrscheinlich bleiben alle

Bindungen an einen Menschen irgendwo ein wenig enttäuschend, da die Art, auf andere zuzugehen – gekennzeichnet durch das Zeichen, in dem Jupiter steht –, nicht ganz den Träumen und Vorstellungen entspricht, wie das Leben sein könnte.

Neptun in der Jungfrau träumt beispielsweise davon, kritisch zu sein und sich analytisch in Einzelheiten zu vertiefen, während Jupiter im Wassermann sich auf unkonventionelle, unorthodoxe Art in einen Bezug zur Umwelt setzen möchte. Wahrscheinlich wird das kritische Verhalten von der Umwelt abgelehnt. Vielleicht äußert sich der Aspekt in einem Unbehagen darüber, einen unkonventionellen Partner ständig von anderen kritisiert zu erleben.

Jupiter/Pluto-Aspekte

Wenn das Beziehungsprinzip (Jupiter) mit den unbewußten Motivationen (Pluto) in Verbindung steht, können viele verschiedene Kräfte zum Ausdruck kommen. Auf der einen Seite hat der Betreffende vielleicht das starke Bedürfnis, seine Partnerschaften zu kontrollieren, auf der anderen Seite spürt er womöglich den Drang, Menschen, mit denen er in Verbindung tritt, zu wandeln. Jupiter als Kraft, einen Bezug zwischen Mikrokosmos und Makrokosmos zu finden, in Kombination mit Pluto, dem Vertreter des kollektiven Unbewußten, kann einen Menschen charakterisieren, der ungeheuer kreativ ist im Hervorbringen seiner Fähigkeit, mit einem anderen umzugehen.

Diese Aspekte können bedeuten, daß der Betreffende ein Gespür für die Bedürfnisse der Massen hat, denn Pluto ist das Symbol der Masse, des Volkes. Es kann aber auch heißen, daß er den Wunsch hat, die Menschen im allgemeinen zu kontrollieren.

Jupiter/Pluto-Konjunktion. Da Pluto ein langsam laufender Planet ist, werden sehr viele Menschen, die zu einer Zeit geboren wurden, als Jupiter dasselbe Zeichen durchwanderte wie Pluto, denselben Aspekt haben. Daraus entsteht eine Generation von Menschen, die vor die Wahl gestellt werden, wie sie ihre Beziehungen gestalten wollen. Wenn keine harten Aspekte von anderen Planeten auf die Konjunktion fallen, kann sie im Hinblick auf das Zeichen und Haus, in dem sie stattfindet, interpretiert werden.

Der Aspekt besagt, daß des Betreffenden Umgang mit anderen Menschen von den plutonischen unbewußten Motivationen beeinflußt wird. Es kann sein, daß er das Bedürfnis hat, all seine Beziehungen zu kontrollieren, in ihnen die Oberhand zu behalten und jeden in seiner Umgebung zu beherrschen. Vielleicht läßt er sich auf neue Erfahrungen nur mit der größten Vorsicht ein, weil er niemals das Gefühl haben möchte, etwas nicht mehr im Griff zu haben. Er wird seiner Umwelt gegenüber sehr sensibel reagieren, und ein einziges aufgeschnapptes Wort kann in seinem Unterbewußtsein eine derartige Unruhe auslösen, die ihn veranlaßt, alle seine Kindheitserlebnisse immer wieder zu analysieren, um der Störung auf den Grund zu kommen.

Die Jupiter/Pluto-Konjunktion im Löwen charakterisiert beispielsweise einen Menschen, der auf Anerkennung und Respekt sehr sensibel reagiert. Diese Empfindlichkeit wird jede seiner Partnerschaften überschatten. Der unbewußte Wunsch nach Achtung stammt von frühen Kindheitserlebnissen, die durchgearbeitet und bewußtgemacht werden müssen, damit die Motivation für das Verhalten sichtbar wird.

Jupiter/Pluto-Sextil. Diesen Aspekt teilen viele Menschen, die im selben Jahr geboren wurden. Er bedeutet die Fähigkeit, sich in einen Bezug zu größeren Gruppen zu setzen, und charakterisiert einen Menschen, der gut mit Gruppen arbeitet und sich für ihre Förderung einsetzen wird. Verbindungen, die er mit anderen Menschen anknüpft, werden den Zeitgeist reflektieren, und ihre Ideale werden sich den jeweiligen Maßstäben einer Generation anpassen. Die Interessen der Massen wird er zu den seinen machen, das Schicksal der Gruppe wird auch sein persönliches Schicksal sein.

Da Pluto das kollektive Unbewußte und alle darin enthaltenen mythischen Bilder repräsentiert, wird der Betreffende entweder in seinen Beziehungen sehr kreativ sein oder zumindest durch diese Symbole auf irgendeine Weise beeinflußt werden. Probleme, die im Zusammenhang mit archetypischen Bildern auftauchen, können durchgearbeitet werden, indem man sie studiert und auf die persönliche Situation überträgt.

Jupiter/Pluto-Quadrat. Das Quadrat zwischen dem Beziehungsprinzip und den Bildern des kollektiven Unbewußten bedeutet Frustration der beiden Kräfte. Die Kontakte mit Menschen werden von den Eigenschaften der beteiligten Zeichen beeinflußt. Hier wird das Bedürfnis, seinen Partner zu kontrollieren, besonders stark ausgeprägt sein, da die aus den Kindheitserlebnissen stammenden unbewußten Motivationen sehr viel Macht besitzen. Der Betreffende reagiert überaus sensibel auf sein Gegenüber, und er ist sich eigentlich nicht im Klaren darüber, was eine gedeihliche Zweisamkeit bedeutet. Er lebt nach seinen Macht- und Kontrollbedürfnissen, statt sich mit dem Menschen, den er liebt, auszutauschen.

Das plutonische Kontrollbedürfnis kann sich bis zur Zwanghaftigkeit steigern. Der Betreffende kann zum Beispiel von dem Gedanken, »gewinnen« zu müssen, so besessen sein, daß er von Partnern, bei denen er das Ziel nicht erreicht, nicht loskommt. Wenn das zwanghafte Spiel einsetzt, hat der andere nicht mehr die Möglichkeit, etwas von sich freiwillig anzubieten, sondern er wird zum Teilen förmlich gezwungen – und dies kann nicht der Sinn des Verhältnisses sein.

Da Jupiter die Kraft symbolisiert, um zwischen dem Selbst und dem Universum einen Sinnzusammenhang zu finden und den einzelnen als Teil eines größeren Ganzen zu sehen, muß er in der Lage sein, über seine persönlichen Interessen hinaus sich neuen Erfahrungen zu öffnen. Mit einem Quadrat zu Pluto können sich diese Bestrebungen nicht entwickeln, da der Drang nach Expansion von der Furcht, die Kontrolle zu verlieren oder von anderen kontrolliert zu werden, begleitet wird. Dies führt zu Stagnation in den Beziehungsbestrebungen; Partnerschaften werden zu rituellen Rollen- und Kontrollspielen herabgemindert und sind jeder Freude bar, die nur mit Austausch und Teilen möglich ist.

Freiwilliges Teilen ist eine der schönsten Freuden, die einer guten Partnerschaft entspringen kann; denn es ist beglückend, zu wissen, daß ein anderer Mensch gern seine Zeit mit einem verbringt. Wenn die plutonische Kraft dazu mißbraucht wird, Kontrolle auszuüben, wird ein Zusammensein nie spontan, und ebenso kann die Sicherheit, die sich der Betreffende erhofft, nicht erreicht werden.

Jupiter/Pluto-Trigon. Jupiter ist das Beziehungsprinzip, und Pluto symbolisiert die unbewußten Motivationen des einzelnen. Wenn diese beiden Planeten im Trigon zueinander stehen, charakterisieren sie einen Menschen, der eine Verbindung mit größeren Gruppen sucht und genießt, besonders zu seiner eigenen Generation, und der für gemeinschaftliche Vorhaben aufgeschlossen ist. Beim Trigon machen sich die negativen Eigenschaften Plutos, wie Kontrolle und Manipulation, nicht bemerkbar.

Menschen mit diesem Aspekt neigen zu traditionellen Beziehungen. Sie heiraten, ziehen Kinder groß und verhalten sich so, daß sie gesellschaftlich akzeptiert werden. Sie gehen mit der Mode und passen sich an die gerade populären Anschauungen und Verhaltensmuster an, oft in übertriebenem Maße. Sie verirren sich dann auch häufig und übersehen, daß es Wichtigeres gibt, als beispielsweise mit dem Komfort der Nachbarn »Schritt zu halten«.

Die Verbindung der Jupiter- und der Pluto-Kräfte verlangt, daß sich Anschauungen und Werte mit der Zeit und mit wachsender Reife wandeln; und die Menschen mit diesem Aspekt müssen ihre Partnerschaften und ihre Anschauungen meist gründlicheren Prüfungen und Analysen unterziehen, als sie sich das in jungen Jahren gewünscht haben.

Jupiter/Pluto-Opposition. Jupiter macht unsere Beziehungsfähigkeit sichtbar; er zeigt, wie wir ausgreifen und uns Menschen und neuen Erfahrungen gegenüber öffnen. Pluto zeigt unsere unbewußten Motivationen und jene Empfindsamkeit, die wir uns durch unglückliche Erlebnisse in unserer Kindheit erworben haben.

Bei der Opposition werden alle Bestrebungen in Zusammenhang mit einer Partnerschaft von dem unbewußten Bedürfnis beeinträchtigt, jede Selbstäußerung und Erfahrung zu kontrollieren. Diese Menschen wollen durch Kontrolle und Manipulation die Oberhand behalten, sie sind sich aber dieses Bedürfnisses nicht bewußt. Um die Fähigkeit zu erlangen, sich frei und ungezwungen zu bewegen, müssen sie sich ihrer persönlichen Beweggründe bewußt werden. Wenn ihnen das gelingt, kann die Energie auf kreative Weise genutzt werden, denn die Opposition bedeutet ein großes kreatives Potential. Sie können sich dann ihren Mitmenschen verbunden fühlen und sich die inneren, archetypischen Bilder zunutze machen, statt sie zu fürchten.

Nehmen wir als Beispiel den Pluto im Löwen in Opposition zu Jupiter im Wassermann. Jupiter im Wassermann charakterisiert einen Menschen, der ungewöhnliche Beziehungen liebt oder sich für unkonventionelle Menschen interessiert. Sein Umgang mit einer Beziehung wird den Zeitgeist reflektieren. Er wird eine besondere, eigene Art haben, sich neue Lebensperspektiven zu erschließen. Pluto im Löwen möchte eigentlich nur respektiert werden; er zeigt ein übermäßiges Bedürfnis nach Anerkennung. Stünde anstatt Pluto ein anderer Planet im Löwen, wäre das Problem leichter vom Bewußtsein her zu lösen. Pluto ist jedoch das Symbol für unbewußte Motivationen. Das heißt, daß ein einziges Wort, in einer Unterhaltung aufgenommen, zu einem Umschwung in der Haltung führen kann. Wenn ihm das Gehörte das Gefühl gibt, als werde er nicht genügend geachtet, oder wenn er meint, er sei in der Runde nicht anerkannt, wird er anfangen, seine Kontrollspiele einzusetzen, damit die Situation ihm nicht aus dem Ruder läuft. Dieses Verhalten ist ihm nicht unbedingt bewußt, deshalb bedarf es oft großer Anstrengungen, das Verhaltensmuster bewußtzumachen, um es kurieren zu können.

Das Familienleben, Freundschaften oder die Zweisamkeit mit dem Lebenspartner erfordern ein Miteinander-Teilen. Man hört dem anderen zu, geht auf ihn ein, fühlt mit ihm, und der andere hört einem auf die gleiche Weise zu. Eine Partnerschaft ist ein Vorgang, in dem zwei Menschen immer wieder miteinander verwoben werden. Dieser Prozeß erzeugt ein Gefühl der Nähe und Anteilnahme, das viel tiefgreifender ist als die erträumten Liebesidyllen, die wir oft auf andere projizieren, denn es handelt sich hierbei um echte Gefühle. Wenn Pluto in Opposition zu Jupiter steht, werden Beziehungen durch den Impuls zur Kontrolle getrübt. Wenn diese Kontrollbedürfnisse erkannt und losgelassen werden, wird der Betreffende anfangs vielleicht ins Schwimmen geraten, ähnlich wie ein Schiff ohne Steuer. Mit der Zeit wird er aber lernen, wieviel Freude und Spaß die neue Art von Gemeinsamkeit bringen kann. Der größte Gewinn, wie mir viele meiner Klienten erzählten, die an diesem Aspekt arbeiteten, liegt in der inneren Sicherheit, die sie erleben, wenn ein Freund oder geliebter Mensch sie wirklich gern hat, und zwar um ihrer selbst willen.

Jupiter/Pluto-Quinkunx. Die Problematik ist hier weniger sichtbar – wie bei allen Quinkunx-Aspekten. Zwischen dem Beziehungsprinzip, symbolisiert durch Jupiter, und den unbewußten Motivationen, symbolisiert durch die Zeichen- und Häuserstellung von Pluto, herrscht eine Spannung.

Bei einem Menschen mit diesem Aspekt wird die Einstellung zum Partner von einem vagen Gefühl beeinflußt, er müsse etwas kontrollieren. Was jedoch dieses »Etwas« sein soll, ist schwierig festzustellen. Jupiter in den Fischen im Quinkunx zu Pluto im Löwen charakterisiert einen Menschen, der auf Fische-Art Beziehungen eingeht, nämlich voller Feinfühligkeit und vielleicht einem Hauch von Märtyrertum. Er ist jemand, der das Leiden und das Unglück anderer spürt, der die Bedürfnisse der Notleidenden erkennt und den Menschen, die er liebt, viel Wärme und Einfühlsamkeit schenken kann. Pluto macht sich Sorgen, ob er auch genügend anerkannt wird. Er wird sich fragen, ob die armen Menschen seine Hilfe schätzen und die Freunde seine Beziehungen billigen. Kränkungen des Selbstgefühls stellen sich ein, wenn eine Partnerschaft mit einem kontaktarmen oder zerstörerischen Menschen eingegangen wird, der die unbewußten Bedürfnisse des Pluto nicht erfüllen kann. Wenn man jemanden liebt, der sich selbst nicht lieben kann, wie soll er imstande sein, einen zu achten?

Die Belastung, die der Quinkunx-Aspekt verursacht, kann auf intellektueller Ebene angegangen werden, indem man die Planetenkräfte, gefärbt durch die am Aspekt beteiligten Zeichen, in das persönliche Leben integriert und damit die Spannung auflöst.

7. Saturn-Aspekte

Saturn repräsentiert den Teil in uns, durch den wir reifen. Die Alten betrachteten ihn als den Vater der Zeit, da ein Menschenleben gewöhnlich nach drei Saturnumläufen beendet ist. Diesem Symbol liegt das Bild des Sensenmannes nahe, durch dessen Kraft wir beschnitten, zuweilen auch niedergemäht werden. Sein Wesen scheint mir aber in erster Linie das eines Prüfers zu sein, eines Lehrmeisters, der in der Lebensschule unsere Reife überprüft. Wenn wir wachsen und reifen und uns der verschiedenen Prüfungen des Lebens unterziehen, wenn wir die Gesetze des Universums verstehen, dann begegnet uns Saturn als ein Freund. Wenn wir uns aber an kindliche Vorstellungen und Illusionen klammern, wenn wir uns den Gesetzen des Universums verschließen wollen und wenn wir glauben, die Welt schulde uns unseren Unterhalt, dann empfangen wir von Saturn Angst und Mißtrauen. Die Angst stammt eigentlich von unserem Mißtrauen, und Saturn ist unser Gewissen, das uns mahnt, wenn wir uns nicht mit den kosmischen Gesetzen in Einklang befinden.

Im ersten Lebensabschnitt zeigt Saturn unsere schwachen Stellen, Unsicherheiten, die sich körperlich als Krankheit auswirken können oder auch darin, daß sie uns an unseren intellektuellen Fähigkeiten zweifeln lassen; das Selbstwertgefühl ist beeinträchtigt. Kinder, die sich unwürdig fühlen, wagen nicht, Raum für sich in der Welt zu beanspruchen, da sie kaum jemals von Menschen anerkannt wurden, die für sie Autoritätsfiguren sind.

Die erste Autoritätsperson, der wir begegnen, ist gewöhnlich unser Vater. Wenn Saturn Spannungsaspekte empfängt, bedeutet dies, daß der Vater einen ungesunden, zerstörerischen Einfluß auf die Psyche des Kindes ausübte. Die Aspekte, die Saturn mit den persönlichen Planeten verbinden, zeigen, welche Auswirkungen auf welchen Lebensbereich der

Vater hatte. Dieser Einfluß wirkt auf die Entwicklung eines Verantwortungsgefühls in späteren Jahren und kann sich auf viele Bereiche erstrecken, angefangen bei der Sexualität bis hin zum Berufsleben. Verletzungen, die die Seele treffen, sollten in einer Therapie analysiert werden, da sie sehr schwer aufzudecken sind und viel Zeit brauchen.

Eine meiner Klientinnen, die jahrelang in psychotherapeutischer Behandlung gewesen war, erwähnte mir gegenüber, daß sie als erwachsene Frau Schwierigkeiten mit ihrem Sexualleben hatte. Aspekte in ihrem Geburtsbild wiesen auf einen ungesunden Einfluß ihres Vaters in der frühen Kindheit hin. Sie war erstaunt, als sie sich in einer Hypnosesitzung an ein Kindheitserlebnis erinnerte, in dem sie von ihrem Vater sexuell mißbraucht worden war. Da diese Erinnerung sehr schmerzlich für sie war, konnte sie sich an diese Zeit ihrer Kindheit überhaupt nicht mehr erinnern, selbst wenn man ihr Fotos davon zeigte. Eine andere Klientin hatte ihr Gedächtnis so sehr blockiert, daß sie Haustiere, die sie auf Fotos im Arm hielt, nicht erkannte, da die Begleitumstände der Familiensituation zu traumatisch für sie waren, um sie akzeptieren zu können. Blockierte Erinnerungen müssen nicht unbedingt Störungen im Sexualbereich bedeuten, sie können auch Hinweise darauf sein, daß das Verhalten der Eltern das Kind kränkte. Das verletzende Verhalten ist an den Zeichen, in denen die Planeten stehen, zu erkennen, und die Vaterproblematik kann man aus den Saturn-Aspekten ersehen. Es ist wichtig, daß der Astrologe seinem Klienten nicht die Worte in den Mund legt; er wird sich an das Nötige erinnern, wenn die Zeit dafür reif ist.

Saturn repräsentiert jenen Lebensbereich, den wir mit Furcht und Zögern betrachten. Der Lebensbereich wird durch das Zeichen und das Haus, in dem Saturn steht, angezeigt. Steht Saturn beispielsweise im ersten Haus, wird sich der Betreffende selbst Einschränkungen auferlegen bei neuen Unternehmungen. Als Kind fürchtete er sich vielleicht vor neuen Situationen in der Schule oder vor Autoritätspersonen; als Erwachsener begegnet er allem Neuen mit Vorsicht – angefangen bei einer neuen Beziehung bis hin zu einer neuen Arbeitsstelle.

Befindet sich Saturn im fünften Haus, wird der Betreffende in jenen Bereichen vorsichtig sein, die durch das fünfte Haus repräsentiert werden. Seine Ängstlichkeit wird auf Risiken, vielleicht bei Wettspielen, gerichtet sein, auf Liebesbeziehungen, Vergnügungen, Kinder – seien es bereits vorhandene oder noch zu erwartende. Kinder sind das Symbol unserer körperlichen Schöpfungskraft. Saturn im fünften Haus kann aber Furchtsamkeit bei unseren schöpferischen Fähigkeiten allgemein bedeuten. Da wir so viel Zeit und Energie in unsere Ängste investieren, kann der Bereich, in dem wir anfangs Unsicherheit und Schwäche spürten, zu unserer Stärke werden, wenn wir zur Reife gelangen. Indem wir uns mit unserer Angst und unserem Mißtrauen auseinandersetzen, wird Saturn ein Freund.

Oft können wir die Ängste loslassen, wenn wir uns an das Verhalten des Vaters in ähnlichen Situationen erinnern. Wenn wir Saturn im ersten Haus stehen haben, war der Vater bei neuen Vorhaben immer voller Bedenken, und er war Menschen gegenüber, die auf irgendeine Weise über ihm standen, unsicher, und diese Unsicherheit übertrug sich auf das Kind. Sie wurde noch verstärkt durch sein kritisches Verhalten, das die Aktivitäten des Kindes herabsetzte und dessen Versuche, seine Eigenart zum Ausdruck zu bringen, nicht billigte. Saturn im vierten Haus reflektiert eine strenge, kalte, überaus formale frühkindliche Familienatmosphäre und hat zur Folge, daß der Betreffende einer eigenen Familiengründung ablehnend gegenüberstehen wird. Durch seine Erinnerung an die trostlose Kindheit hegt er die unbewußte Befürchtung, er würde durch eine Familiengründung die Situation wiederholen.

Wie ich bereits erwähnt habe, waren Jupiter und Saturn für die alten Astrologen die überpersönlichen Planeten, die ein übergeordnetes Gesetz verkörperten. Ihre Kraft soll uns befähigen, höhere Bewußtseinsebenen zu erreichen. Saturn, der Prüfer, verlangt, daß man seine Kräfte verantwortungsbewußt nutzen soll und nicht nur eigenwillig und rücksichtslos die persönlichen Bedürfnisse befriedigen darf. Wir müssen einem höheren Gesetz gehorchen. Im natürlichen Tierkreis regiert der Mond das vierte Haus und die Sonne das fünfte, was besagt, das wir das sind, was unsere Herkunft (viertes Haus) und unsere schöpferische Betätigung (fünftes Haus) ausdrükken. In der alten Lehre steht Saturn sowohl dem Mond als auch der Sonne gegenüber, da er die Zeichen Steinbock und Wassermann regiert. Die übergeordnete Macht hemmt die Kreativität nicht, sie läßt aber auch keinen unumschränkten Selbstausdruck zu. Indem wir in unserem Selbstausdruck ein reifes Verhalten lernen, können unsere Kräfte produktiv anstatt restriktiv eingesetzt werden.

In der letzten Zeit sind in den Zeitungen gehäuft Artikel erschienen, die uns über Industrieabfälle informieren, welche wahllos in der Nähe von Wohnsiedlungen abgelagert werden. Diese Abfälle vergiften das Land und das Grundwasser und töten dabei das Leben in der Natur und gefährden die Gesundheit von Menschen, vor allem derjenigen, die in der Nähe dieser Ablagerungen wohnen. Unverantwortliche Menschen haben das Entsorgungsproblem »gelöst«, indem sie sich der gefährlichen Abfälle entledigten, ohne dabei an die Folgen für die Natur und die Menschen zu denken. Gemäß der Bibel müssen die Sünden der Väter bis in das siebte Glied gesühnt werden. Diese biblische Symbolik entspricht der Symbolik des Saturn, der alle sieben Jahre die Entfernung eines Quadrats zurücklegt und dem Bild der sieben fetten und der sieben mageren Jahre gleichzusetzen ist. Für den persönlichen Bereich kann man sagen, daß verantwortungslose Väter ihre Kinder »vergiften«. Saturn überwacht das zerstörerische Verhalten im Universum. Der Fluß des kosmischen Geschehens verlangt Eigenverantwortung. Wenn wir diese Forderung nicht erfüllen, wird unsere Verantwortungslosigkeit von der Saturn-Kraft »korrigiert«.

Die Opposition der Regenten Saturn und Mond im Tierkreis bedeutet, daß unsere emotionalen Reaktionen nicht gänzlich auf Eigennutz basieren dürfen. Die Opposition von Saturn und Sonne deutet darauf hin, daß unser kreativer Ausdruck Gewissenhaftigkeit verlangt. Die Opposition erzwingt den Reifeprozeß und öffnet den Weg zur Weisheit.

Saturn-Aspekte zu den persönlichen Planeten zeigen uns die Bereiche, in denen wir uns entwickeln und reifen sollen. Manche Menschen müssen sich bewußt darum bemühen, je nach der Art der Saturn-Aspekte. Saturn-Verbindungen sollen uns nicht einschränken, sondern sie zeigen die Bedeutung des betreffenden Lebensbereiches. Je mehr Aspekte Saturn in einem Geburtsbild aufweist, desto größer ist das Bedürfnis des Horoskopeigners, sich von seinem Erbe zu lösen und die Verantwortung für sich selbst zu übernehmen. Menschen, die sich von der Vergangenheit losmachen und frei werden können, um über die Bilder ihrer Seele zu einer inneren Reife zu gelangen, können fortschreiten und auf einer höheren Ebene Verantwortung übernehmen.

Saturn/Uranus-Aspekte

Wenn das Prinzip der Einschränkung – oder das Prinzip der Reife, wie es manche nennen – sich mit Uranus, dem Symbol für das Verhalten einer Generation, verbindet, dann muß sich diese Generation mit dem Thema des Reifens auseinandersetzen. Jedesmal wenn Uranus von einem Zeichen in das nächste überwechselt, kann man beobachten, wie sich neue Ideen ausbreiten, die die Eigenschaften des Zeichens, in dem sich Uranus befindet, reflektieren. Wirft nun Saturn einen Aspekt auf Uranus, dann werden diese Ideen geprüft und nach Konstruktivem und Unnützem sortiert.

Saturn wirkt als der väterliche Einfluß auf die Psyche des Individuums und modifiziert sein Verhalten. Diese Menschen müssen sich in ihrem Individuationsprozeß mit den Anschauungen und Ängsten ihres Vaters auseinandersetzen. Es kann sich dabei um den leiblichen Vater, aber auch um Familientraditionen handeln. In beiden Fällen werden die Traditionen einer Veränderung unterzogen.

Saturn/Uranus-Konjunktion. Wenn Saturn den Einfluß des Vaters auf die Psyche des Kindes und Uranus das Verhalten einer Generation repräsentiert, dann wird das Kind auf eine ungewöhnliche, unkonventionelle Weise vom Vater beeinflußt. Saturn symbolisiert jenen Teil in uns, der besonders vorsichtig ist, und jenen Bereich, in dem wir behutsam und zurückhaltend vorgehen. Mit der Konjunktion zu Uranus kann das Verhalten jedoch unberechenbar und eigenwillig werden, was direkt auf den Einfluß des Vaters zurückzuführen wäre. Der Aspekt könnte einen Menschen charakterisieren, den seine Ängste aufsässig und widerspenstig machen und der noch an einer Meinung festhält, wenn sie sich schon längst als überholt erwiesen hat.

Die Konjunktion von Saturn und Uranus bedeutet, daß der Betreffende wenig Respekt gegenüber Autoritätspersonen empfindet und sich mit dem Begriff Autorität sein Leben lang beschäftigen wird. Es kann sein, daß er durch die Uranus-Kraft den Traditionen seiner Generation eine neue Dimension verleiht. Wenn die Konjunktion von anderen Planeten harte Aspekte empfängt, könnte dies bedeuten, daß der Horoskopeigner in seiner Unberechenbarkeit, Exzentrizität und Kaltschnäuzigkeit seinen Willen um jeden Preis durchsetzen möchte.

Ein junger Mensch mit diesem Aspekt wird sich mit den Werten von Gruppen beschäftigen und versuchen, eine eigenständige Persönlichkeit in einer nach seiner Meinung strengen Welt zu entwickeln. Nach dem dreißigsten Lebensjahr tritt etwas mehr Ruhe ein, und Zeichen der Reife beginnen sichtbar zu werden.

Die Konjunktion zeigt die Möglichkeit für den Horoskopeigner, über die Anschauungen und den Einfluß des Vaters hinauszuwachsen und Traditionen zu verändern und zu verbessern. Seine Haltung und seine Arbeit könnten ganz neue Sichtweisen in bezug auf Traditionen entstehen lassen. Da Uranus die Neigung zur Eigenwilligkeit repräsentiert, ist es wichtig, diese Konjunktion zu beachten, denn der Betreffende könnte in seiner Selbstzentriertheit nur daran interessiert sein, exzentrisch und unberechenbar auf Kosten seiner Umwelt zu leben. Ist dies der Fall, sollten andere Aspekte im Geburtsbild auf etwaige Angst vor Lebensbewältigung untersucht werden. Wenn zum Beispiel der Mond einen Spannungsaspekt zur Konjunktion bildet und somit auf seelische Ängste hinweist, kann eine Reaktion darauf eine unnachgiebige Härte anderen gegenüber sein.

Saturn/Uranus-Sextil. Beim Sextil ist ein konstruktives Verhalten eher möglich als bei der Konjunktion. Saturn repräsentiert den Einfluß des Vaters auf die Psyche des Kindes; das Zeichen, in dem er steht, gibt Auskunft darüber, womit der Betreffende vorsichtig umgehen wird. Uranus zeigt das Verhalten einer Generation und die Fähigkeit des einzelnen zu Einsicht und Transformation.

Wenn diese beiden Kräfte in einem harmonischen Verhältnis zueinander stehen, dann hat der Betreffende das Potential zu Wachstum und erhöhter Wahrnehmung. Indem er seine Begabung entdeckt und anwendet, kann er mit größeren Gruppen arbeiten, um langsame, aber stetige Veränderungen in seiner Umwelt herbeizuführen.

Saturn/Uranus-Quadrat. Mit diesem Aspekt hat ein Mensch das Potential, die Welt zu verändern. Saturn zeigt, wie der Vater die Psyche des Kindes beeinflußt und in welchen Bereichen es Zurückhaltung zu üben lernt. Das Zeichen, in dem sich Uranus befindet, symbolisiert das Verhalten der Generation, die gegenwärtige Ebene des Bewußtseins und die Anschauungen über Moral.

Das Quadrat zwischen Saturn und Uranus bedeutet, daß der Betreffende zu einer Zeit geboren wurde, als die Menschen gegen alte Traditionen, alte Begriffe von Autorität und Verhaltensnormen rebellierten, da sie etwas Neues schaffen wollten. Diese Menschen stellen die Autorität in Frage, da dies die Strömung in der Nation zur Zeit ihrer Geburt war. Zur Zeit des Watergate-Skandals gab es ein Quadrat zwischen Saturn und Uranus. Junge Menschen waren mit dem System der militärischen Verteidigung nicht einverstanden, und die Bevölkerung lehnte das Verhalten von Autoritätspersonen, das sie vorher noch akzeptiert hatte, ab. Bürger begannen, die Korruption von Politikern aufzudecken; die Medien brachten das geheime Sexualleben öffentlicher Persönlichkeiten ans Licht, und die Studenten lehnten sich auf. Immer wenn sich dieses Quadrat bildet, beginnen die Menschen, etablierte Verhaltensnormen neu zu untersuchen.

Der einzelne mit diesem Aspekt muß sich bei solchen Fragen, die die Öffentlichkeit betreffen, immer wieder neu entscheiden, ob er sich produktiv an Veränderungen in der Gesellschaft beteiligen will oder ob es ihm genügt, einfach nur zu rebellieren.

Da die harten Aspekte zwischen Saturn und Uranus einen Bruch mit überholten Traditionen bedeuten, wird er für den einzelnen besonders wichtig, wenn er zudem mit persönlichen Planeten verbunden ist. Dieser Mensch wird ein starkes Bedürfnis haben, sich vom Einfluß des Vaters zu befreien und sich von den Traditionen in seiner Familie zu distanzieren. Dies ist ein schwieriger Prozeß, da man sich meist nicht gern von Bekanntem, Vertrautem trennt. Die Entwicklung kann in verschiedene Richtungen gehen, je nachdem, wie stark die Familienbande sind. Wenn die Beziehung zur Familie sehr eng ist, können Grollgefühle entstehen, die in der Persönlichkeit sichtbar werden. Eine starke Bindung an die Familie ist nicht immer positiv, da sie zu einer Identifizierung mit mächtigen Traditionen oder dem Versagen der Familie führen kann. Ein Kind, das in einer Familie zur Welt kommt, die von der Wohlfahrt lebt, sieht vielleicht später keine Möglichkeit für eine andere Art zu leben und fühlt nur Ablehnung der Gesellschaft und dem Staat gegenüber. Wenn es ihm gelingt, ein selbständiges Denken zu entwickeln, können sich in seinen Anschauungen große Veränderungen vollziehen.

Saturn/Uranus-Trigon. Ein Kind mit diesem Aspekt wird zu einer Zeit geboren, in der die Menschen mit den existierenden Gesellschaftsnormen einverstanden sind. Der Einfluß des Vaters kann auf konstruktive Weise genutzt werden, da dieser mit den Strömungen in seiner Gesellschaft in Einklang lebte. Dies bedeutet nicht, daß der Horoskopeigner keine Veränderungen seines Bewußtseins zuläßt. Jede Generation hat ihre eigenen Werte und bringt sie auf unterschiedliche Weise zum Ausdruck.

Wenn das Trigon zusätzliche Verbindungen mit persönlichen Planeten aufweist oder wenn es in Beziehung steht mit dem Gründungshoroskop der Nation, wird sich der Betreffende wahrscheinlich zu politischer Arbeit hingezogen fühlen, da er am gesellschaftlichen Geschehen seiner Zeit interessiert ist. Im persönlichen Bereich harmoniert das Bedürfnis zur Persönlichkeitsentwicklung mit dem Wunsch nach Reife.

Saturn/Uranus-Opposition. Saturn repräsentiert den Einfluß des Vaters auf die Psyche des Individuums; Uranus symbolisiert das Verhaltensmuster einer Generation sowie die persönliche Exzentrizität. Die Opposition findet man oft bei Menschen, die ihrem Vater viel Kummer bereiteten, da sie ständig gegen ihn und gegen jegliche Autoritätsfiguren rebellierten. War der Vater eigenwillig, unangepaßt und unberechenbar, so wird es das Kind ebenfalls sein und es genießen, Autoritäten mit seinen Anschauungen zu provozieren.

Jemand, der diese Energie nicht auf konstruktive Weise nutzt, wird auf niemanden hören wollen und daher in seiner Beziehungsfähigkeit eingeschränkt sein. Er wird von seinem Vorgesetzten keine Anweisungen entgegennehmen können; Lebensgefährten oder Freunde bekommen nicht das Recht, ihre eigenen Meinungen zu sagen. Hat die Opposition noch Aspekte zu Sonne, Mond oder Aszendent, gewinnt sie an Stärke und wird eine wichtige Rolle in der Entwicklung des Betreffenden spielen, da auch die anderen Faktoren die erwähnten Verhaltensweisen zum Ausdruck bringen werden.

Dieser Aspekt kann nur in großen Abständen voneinander stattfinden, so daß er von historischer Bedeutung ist. Die Kinder, die gegen Ende des Ersten Weltkrieges mit dieser Opposition geboren wurden (während des Zweiten Weltkrieges bildete Saturn mit Uranus eine Konjunktion), waren einer Atmosphäre ausgesetzt, in der die Menschen den Kampf für eine Sache für das Wichtigste hielten. In einer solchen Zeit werden Standpunkte eingenommen, Loyalitäten verschieben sich, und das Kind nimmt diese Schwingungen auf und verinnerlicht sie, so daß sie Teil seiner Persönlichkeit werden. Bisher bewährte Ansichten werden über Bord geworfen, denn die Welt befindet sich im Chaos und im Umbruch, wobei man sich »Nettigkeiten« nicht mehr leisten kann. Ist der Krieg beendet, möchte man wieder die alten Gewohnheiten aufnehmen, jedoch ist es für das Kind, das unter diesen Umständen geboren wurde, nicht möglich, zu Traditionen zurückzukehren, die es selbst nicht erlebt hat. (Die zweite Saturn/Uranus-Opposition in diesem Jahrhundert fand von 1965 bis 1967 in den Zeichen Fische [Saturn] und Jungfrau [Uranus] statt, einer Zeit also, in der die großen Studentenunruhen bereits »in der Luft« lagen. Zur gleichen Zeit stand Pluto in Konjunktion mit Uranus! Anm. d. Übers.)

Saturn/Uranus-Quinkunx. Saturn zeigt, wo wir ängstlich und vorsichtig sind und wie wir von unserem Vater in unserer seelischen Entwicklung beeinflußt wurden. Uranus symbolisiert das Verhaltensmuster einer Generation sowie die Ebene des persönlichen Bewußtseins.

Der Quinkunx weist auf Spannungen zwischen dem väterlichen Einfluß und dem Drang zur Individuation hin. Der Horoskopeigner kann seinen Reifungsprozeß nicht mit Leichtigkeit vollziehen, da ihn immer ein vages Gefühl des Unbehagens beschleicht, wenn er versucht, sich von den Normen des Vaters zu befreien. Es ist notwendig, die Energien der Planeten zum Fließen zu bringen, damit die Qualitäten der beteiligten Zeichen zum Ausdruck kommen können. Indem man sich dieser beiden unterschiedlichen Kräfte und ihrer Funktion bewußt wird, kann man sich mit seiner Unzufriedenheit auseinandersetzen.

Saturn/Neptun-Aspekte

Wenn Saturn und Neptun durch einen Aspekt verbunden sind, werden unsere Kreativität und unser Wunsch nach einer alles umfassenden Liebe mit dem Einfluß des Vaters und mit Traditionen in Zusammenhang gebracht. Dabei wird der väterliche Einfluß unscharf erlebt, da das Neptunische alles, was es berührt, verschleiert und verhüllt. Das Ergebnis können Illusionen über die eigene Herkunft oder aber Inspirationen aus diesem Bereich sein. Der Betreffende kann sich in seiner schöpferischen Phantasiewelt zu Hause fühlen oder sich davor fürchten. Manchmal verstärkt der Neptun-Einfluß die Ängste des Saturn und bringt sie als Phobien zum Ausdruck, was das Erforschen des eigenen Bewußtseins erschwert.

Um unseren Platz im Universum zu finden, müssen wir ein Bewußtsein für den Archetyp des saturnischen Vaters entwickeln. Dies bedeutet nicht nur eine Auseinandersetzung mit dem Menschen, der unser leiblicher Vater ist, sondern auch mit unserem inneren, mythischen Vaterbild, mit unserer Herkunft, unserem Erbe als Grundlage für unsere Tradition. Neptun repräsentiert unsere Fähigkeit zu einer überpersönlichen, alles umfassenden Liebe sowie unseren Drang zur Kreativität. Bei harmonischen Aspekten zwischen Saturn und Neptun erfährt unsere Generation durch diese Kräfte keine Einschränkung, es sei denn, es tritt ein anderer Aspekt hinzu. Wenn Saturn und Neptun jedoch hart aspektiert sind, wird es schwierig, sich von den Fesseln überkommener Traditionen zu befreien. Es lohnt sich aber, sich darum zu bemühen, da in den harten Aspekten mehr Energie steckt, die den Individuationsprozeß beleben kann.

Saturn/Neptun-Konjunktion. Saturn zeigt den Einfluß des Vaters auf die Psyche des Kindes, er zeigt, wo unsere Ängste liegen und in welchem Bereich wir besonders vorsichtig sind. Neptun ist die Phantasie, aber auch die Vernebelung und die Selbsttäuschung, die uns die Einsicht in den Charakter unseres Vaters versperrt.

Menschen mit diesem Aspekt wissen wahrscheinlich nicht, was für eine Wirkung ihr Vater auf ihre Entwicklung hatte. Man kann den Einfluß an weiteren Aspekten zu Saturn oder an den Aspekten zur Sonne erkennen. Sehr oft werden Kinder dominanter Mütter über ihre Väter getäuscht, besonders wenn diese die Familie verlassen haben. Wie oft kommt es vor, daß man einem Kind verheimlicht, wer sein richtiger Vater ist; nicht jeder »Vater« ist der eigene, leibliche Vater. Die Frage der Herkunft ist ein heikles Thema und muß mit gebührendem Takt angegangen werden.

War der Vater der dominante Elternteil, dann wird er vom Kind meist idealisiert. Wenn die Mutter stärker war, wird sie ein verzerrtes Bild vom Vater präsentieren, sei es über seinen Charakter oder seine Herkunft. Der Betreffende hat keine klare Erinnerung oder Vorstellung davon, wie er von seiner

Familie beeinflußt wurde oder welche Interessen zu Hause herrschten. Er wird ebenso falsche Vorstellungen von Autoritätsfiguren haben oder die Realität von Traditionen nicht anerkennen wollen, da er lieber in Illusionen lebt.

Saturn/Neptun-Sextil. Dieser Aspekt bedeutet Begabung. Der Horoskopeigner wurde von einem Vater beeinflußt, der sich mit Spirituellem beschäftigte. Vielleicht galt sein Interesse einer anderen Richtung als der, die das Kind später einschlagen wird. In diesem Fall wird sich der Betreffende zunächst bei seinen spirituellen oder kreativen Entdeckungen nicht wohl fühlen; mit der Zeit werden sich aber die Strömungen durchsetzen, die durch die beteiligten Zeichen und Häuser angezeigt sind.

Es kann sein, daß die spirituellen Interessen sich erst in einem Alter entwickeln, das dem des Vaters gleichkommt, als der Betreffende geboren wurde. Durch seine positive Einstellung zu seiner Herkunft und der Familientradition wird ihm das persönliche Wachstum erleichtert. Er ist vielleicht sogar stolz auf seine Herkunft.

Saturn/Neptun-Quadrat. Saturn repräsentiert den Einfluß, den der Vater auf die Entwicklung der Psyche seines Kindes hat. Mit dem Quadrat zu Neptun, dem Symbol für Täuschung, wurde der Betreffende wahrscheinlich in eine Familie hineingeboren, in der Unklarheit herrschte – entweder über die Person des Vaters, die Herkunft des Kindes oder über das Familienerbe und dessen Einfluß.

Der Vater hatte einen hemmenden Einfluß auf die schöpferische Phantasie des Kindes und verhinderte somit die Entwicklung der Fähigkeit zu kreativem Ausdruck. Ebenso verkümmerte die Fähigkeit, zu träumen und sich Ziele auszumalen, vielleicht das Anstreben eines geistig-spirituellen Weges. Der Aspekt macht es notwendig, sich von der Familienerfahrung zu lösen, um zu sich selbst finden zu können. Der Betreffende wird Autoritätsfiguren nicht realistisch betrachten können, und er wird solchen Menschen helfen, die ihn hinterher enttäuschen.

Um zu erkennen, wo sich die Mißverständnisse überwiegend abspielen werden, muß man die Häuserplazierung des Quadrats anschauen. Solange der Betreffende den Einfluß des Vaters nicht erkennt, wird er mit inneren Konflikten zu kämpfen haben und nicht in der Lage sein, die schöpferischen neptunischen Kräfte zum Ausdruck zu bringen.

Saturn/Neptun-Trigon. Das Trigon bedeutet, daß der Einfluß des Vaters die Träume und Ziele des Horoskopeigners nicht behindert, obwohl sich die positiven Umstände seiner frühkindlichen Umgebung erst nach dem dreißigsten Lebensjahr auswirken könnten.

Das Kind verinnerlicht die Einstellung des Vaters, die später die Basis einer spirituellen Entwicklung sein könnte. Deutet das Horoskop jedoch auf ein gestörtes Vater-Kind-Verhältnis hin, wird es dem Betreffenden nicht leichtfallen, seine spirituellen oder kreativen Interessen zu verfolgen.

Menschen mit diesem Aspekt schätzen und pflegen Familientraditionen. Sie fühlen sich in der Familie verwurzelt und sind stolz auf ihre Herkunft. Ihre schöpferischen Tätigkeiten werden einen eher traditionellen Charakter haben, und ihr spiritueller Weg wird im Rahmen der etablierten Religionen verlaufen.

Saturn/Neptun-Opposition. Wenn Saturn das repräsentiert, was wir mit Vorsicht betrachten, und Neptun das Symbol der Täuschung ist, dann bedeutet die Opposition Selbsttäuschung über die eigenen Ängste. Der Horoskopeigner macht sich etwas vor, wenn es gilt, zu erkennen, in welchen Bereichen er mißtrauisch ist, oder wenn es um Traditionen geht. Der Einfluß seines Vaters schränkt seine Träume, seine Ziele und seine Kreativität ein, denn er mißt diesen Dingen keinen großen Wert bei. Um das kreative Potential des Aspekts entwickeln zu können, muß man die konkreten Auswirkungen der Opposition verstehen. Auf irgendeine Weise wird die Entfaltung des inneren Phantasiereichtums durch den Einfluß des Vaters beeinträchtigt.

Saturn ist das Überlieferte, das Herkömmliche. Neptun kann zu erhöhtem Bewußtsein, zur All-Liebe hinführen. Als höhere Oktave zur Venus verkörpert Neptun die überpersönliche, kosmische Liebe. Die Opposition verlangt, daß man zu einem Verständnis des Vaterbildes gelangen muß, indem man seine Illusionen opfert. Erst dann ist es möglich, sowohl der Tradition als auch einer neuen, himmlischen Dimension des Liebens Raum zu geben.

Saturn/Neptun-Quinkunx. Der Quinkunx-Aspekt drückt das Unbehagen aus, das entsteht, wenn die psychische Prägung durch den Vater (Saturn) den Träumen, der Illusion und der schöpferischen Phantasie (Neptun) begegnet. An diesen Aspekt ist wenig Energie gebunden. Sie äußert sich vielleicht in Apathie, da eine nur vage wahrgenommene Sehnsucht nach einem Ideal das Anpacken einer Verantwortung lähmt.

Der Vater des Horoskopeigners schätzte wahrscheinlich Kreativität nicht besonders, und obwohl er das Kind nicht offen kritisierte, hatte es jedoch trotzdem das Gefühl, nicht anerkannt zu sein. Als Erwachsener glaubt der Betreffende, daß andere Autoritätsfiguren ebenfalls nicht billigen, was er tut. Wenn man die Wirkung der Kräfte versteht, können beide Seiten des Aspekts zum Ausdruck kommen und die beteiligten Zeichen bewußt integriert werden.

Saturn/Pluto-Aspekte

Saturn wird mit dem griechischen Gott Kronos in Verbindung gebracht und ist das Symbol für den Ablauf der Zeit und für die Realität unserer Lebenserfahrungen. Er repräsentiert auch den Einfluß des Vaters auf die Entwicklung der Psyche des Individuums. Die Ängste des Vaters offenbaren, in welchen Bereichen der Betreffende vorsichtig und mißtrauisch sein wird. Saturn ist unser Lehrmeister und unser Prüfer, der die Grenzen setzt für den Ausdruck unserer Seele. Pluto ist eine Kraft, die aus dem transpersonalen Unterbewußtsein schöpft und die uns zur Wandlung zwingt. Im persönlichen Alltag äußert sie sich als Bedürfnis, seine eigenen Impulse und seine Umwelt zu manipulieren und zu kontrollieren, auch wenn dies gegen übergeordnete Gesetze verstößt. Sehr viele Menschen werden mit denselben Pluto-Aspekten zu Saturn geboren. Das Individuelle an diesen Aspekten kommt einerseits in der Verbindung mit den persönlichen Planeten und andererseits in den verschiedenen Häuserplazierungen zum Tragen.

Harte Aspekte zwischen Saturn und Pluto sind schwierig zu diagnostizieren, da der Vater nicht unbedingt durch Macht und Aggression, sondern durch die Tyrannei des Schwachen manipuliert haben könnte. Um sich von seinen Ängsten und seinem Mißtrauen zu befreien und um die geerbten Verhaltensmuster umzukehren, muß der Betreffende das böse Spiel begreifen lernen oder sein Rätsel lösen, indem er sich allein auf seine »Reise des Helden« macht.

Da Saturn unbewußt wirkt und Pluto unbewußte Motivationen repräsentiert, könnte es einige Jahre dauern, bis man den Ängsten des Vaters auf den Grund gekommen ist. Sollte das nicht gelingen, wird der Betreffende sich ähnlich wie sein Vater verhalten und nicht wissen, warum er das tut. Die eigenen Ängste werden das Muster, das vom Vater herrührt, fortsetzen und sich somit in weiteren Generationen wiederholen.

Saturn/Pluto-Konjunktion. Saturn repräsentiert den Einfluß des Vaters auf die Psyche des Kindes; er zeigt, wo wir uns vorsichtig verhalten; er ist unser Lehrmeister und Prüfer. Pluto symbolisiert unsere unbewußte Motivation. Die Konjunktion bedeutet, daß der Horoskopeigner zu einer Zeit geboren wurde, als die Menschen neue Gesetze schufen. An der Oberfläche scheinen sie die Gesetze zu befürworten, vertreten aber gleichzeitig den Standpunkt, daß etwas »getan werden« müsse. Auf der mentalen Ebene, in Diskussionen, tritt man für Freiheit ein, unbewußt besteht jedoch das Bedürfnis, selbst Gesetzesmacher zu sein.

Der Einfluß des Vaters fand höchstwahrscheinlich durch sein manipulatorisches Verhalten statt, und der Betreffende hat es schwer, diesen Einfluß zu erkennen. Er glaubt vielleicht zu wissen, wo sein Traditionsbewußtsein herrührt, während dieses aus Quellen gespeist wird, die er nicht wahrnimmt.

Nehmen wir als Beispiel die Saturn/Pluto-Konjunktion im Löwen (1946 bis 1948; Anm. d. Übers.). Menschen mit diesem Aspekt in ihrem Geburtshoroskop legen sehr viel Wert auf Respekt; sie haben das Gefühl oder die Befürchtung, nicht gebührend beachtet zu werden. Wenn man ihnen nicht mit Achtung begegnet, sind sie verletzt. Es ist ihnen jedoch nicht bewußt, daß ihre Empfindlichkeit mit der mißbilligenden Haltung ihres Vaters während ihrer Kindheit zusammenhängt und daß sie deswegen in ihrem Leben immer wieder dieselben Erfahrungen machen müssen. Immer wenn sie sich beleidigt oder gekränkt fühlen, wird in ihnen der Ruf nach dem »Gesetz« wach. Sie nehmen nur die Kränkung wahr, gehen ihr aber nicht auf den Grund.

Saturn/Pluto-Sextil. Bei diesem Aspekt kann der Einfluß des Vaters auf konstruktive Weise genutzt werden. Diese Menschen arbeiten gut mit Gruppen zusammen, denn ihr Vater hat ihnen kooperatives Verhalten beigebracht. Der Drang nach Kontrolle macht sich bei diesem Aspekt nicht so stark bemerkbar. Im Laufe der Zeit kann der Horoskopeigner seine Begabung in seinem Beruf, im Gemeinschaftsleben sowie in persönlichen Beziehungen einsetzen.

Saturn/Pluto-Quadrat. Der Einfluß des Vaters auf die Psyche des Kindes ist dem Betreffenden wahrscheinlich nicht bewußt. Er wird versuchen, seine Ängste mit seiner Vernunft zu erfassen und zu erklären, ohne sich jedoch ernsthaft mit ihnen auseinanderzusetzen. Wenn er sich unsicher fühlt in seinen persönlichen Beziehungen, wird sein unbewußtes Bedürfnis, die Dinge unter Kontrolle zu bringen, zutage treten.

Wenn der Aspekt keine Verbindung zu persönlichen Planeten hat, wuchs der Betreffende zwar in einer manipulativen Umgebung auf, er spürte das jedoch selbst kaum. Sind persönliche Planeten beteiligt, dann wird er unbewußt Traditionen und Autoritätsfiguren, vor allem seinen Vater, bekämpfen. Familien- oder gesellschaftliche Traditionen sowie allgemein akzeptierte Maßstäbe bedeuten ihm nicht viel.

Diejenigen, die mit dem Quadrat zwischen Saturn im Krebs und Pluto in der Waage (in den siebziger Jahren; Anm. d. Übers.) geboren wurden, könnte man wie folgt charakterisieren: Sie stehen ihren Emotionen mißtrauisch und vorsichtig gegenüber, nehmen aber ihre Gefühle sehr ernst und befürchten, daß sie nicht gefühlvoll genug sein könnten. Pluto in der Waage bedeutet ein unbewußtes Bedürfnis, zu einer elitären Gruppe zu gehören. Was für eine Art Elite gemeint ist, wird je nach Erziehung und Familienhintergrund des einzelnen verschieden sein. Vielleicht hat der Vater die gesellschaftlichen Beziehungen den Gefühlsbeziehungen vorgezogen. Als Erwachsener wird der Betreffende sich mit einem Konflikt zwischen persönlichen Bedürfnissen und denen seiner Gruppe auseinandersetzen müssen. Wurde er in einer Atmosphäre großgezogen, in der die »freie Liebe« gepriesen wurde, wird er seine emotionalen Ängste unterdrücken und versuchen, nicht besitzergreifend zu sein, obwohl er es tief im Inneren dennoch ist. Bewegt sich der Zeitgeist in eine spirituelle Phase, in der die Entpersönlichung der Gefühle angestrebt wird, dann entsteht der Konflikt von der anderen Seite, nämlich dem Bedürfnis, die Gefühle im persönlichen Bereich auszuleben oder zu erfahren.

Um die Manipulationen des Vaters aufzudecken, muß man weitere Aspekte zu Saturn sowie die Aspekte zur Sonne und die Häuserplazierungen anschauen. In der Regel dürfte damit der Einfluß festzustellen sein. Es ist notwendig, sich mit der mächtigen Vaterfigur auseinanderzusetzen, um sich von dessen Einfluß befreien zu können. Gelingt das nicht, setzt sich das Verhaltensmuster des Vaters im Leben des Horoskopeigners fort.

Saturn/Pluto-Trigon. Der Vater hatte einen positiven Einfluß auf die Psyche des Kindes, indem er es lehrte, wie man mit Menschen zusammenarbeitet. Der Betreffende wird von seinen Ängsten nicht beherrscht, sondern hat gelernt, damit umzugehen. Es sind dieselben Ängste, die der Vater hatte, und können aus den Aspekten zu Saturn und Sonne sowie der Häuserstellung ersehen werden.

Der Aspekt reflektiert ein Interesse des Horoskopeigners an den Bedürfnissen seiner Generation und daran, was die Masse bewegt. Ohne die Menschen oder die Verhältnisse verändern zu wollen, kann der Betreffende sich beispielsweise im Bereich der Medien betätigen und möglicherweise beeinflussend wirken.

Saturn/Pluto-Opposition. Bei diesem Aspekt ist es schwierig, den frühkindlichen Einfluß des Vaters bewußtzumachen. Um die Ängste – hauptsächlich die Furcht vor dem Versagen – überwinden zu können, muß der Vaterkomplex bewußt zur Kenntnis genommen werden.

Die aus dem Unterbewußtsein kommende Pluto-Energie führt zu einer Verwechslung der mythischen mit der realen Vaterfigur. Der Betreffende kann von seinem Vaterproblem förmlich besessen sein und nicht wissen, wie er den Weg zu sich selbst finden kann. Hat die Opposition noch Verbindungen zu persönlichen Planeten, werden diese Menschen die Gesellschaft radikal umwandeln wollen, denn sie sind gegen jede Autorität und Tradition, da diese eine Verkörperung des Vaterbildes sind.

Als Weltveränderer können diese Menschen die Energie dieses Aspekts auch positiv nutzen. Dies kann jedoch nur geschehen, nachdem der Einfluß des Vaters bewußtgemacht und gebrochen wird. Anderenfalls verfallen sie immer dann in Manipulation, wenn sie sich bedroht fühlen. Ein Mensch mit diesem Aspekt hat das Potential, selbst Gesetze zu schaffen und über die Sicherheit der Allgemeinheit zu wachen.

Saturn/Pluto-Quinkunx. Bei diesem Aspekt wirken die archetypischen Bilder des Unterbewußtseins in der Beziehung zum Vater, obwohl der Einfluß gering und vage ist. Durch die ständige, unmerkliche Spannung zwischen dem eigenen Verantwortungsbewußtsein und unbestimmten Strömungen aus dem Unterbewußtsein entsteht eine Belastung für die Gesundheit. Der Betreffende fühlt sich durch die Familientraditionen und einen undefinierbaren väterlichen Einfluß gehemmt.

Es entsteht ein vages, störendes Grollgefühl der Familie gegenüber, ohne daß man sich über die Kränkungen oder die inneren Antriebe Gedanken macht. Der Betreffende kann lernen, mit diesen Kräften umzugehen, wenn er ein Verständnis der beteiligten Zeichen und Häuser entwickelt.

8. Uranus-Aspekte

Nachdem Uranus entdeckt worden war, ordnete man ihn als Regenten dem Zeichen Wassermann zu, das bisher von Saturn regiert wurde. Die Astrologen, die die Wirkung des Planeten zurückverfolgten, fanden heraus, daß seine Eigenschaften denen des Wassermann-Zeichens am ehesten entsprachen. Er symbolisierte für sie eine höhere Bewußtseinsebene, ein übergeordnetes, humanitäres Prinzip mit dem Potential, die Menschheit in ihrer Entwicklung voranzubringen. Manche Menschen werden durch das uranische Prinzip nur am Rande berührt, indem sie Teil einer Generation sind, in dem (durch Uranus) ein gewisser Zeitgeist herrschte. Wenn jedoch Uranus in Verbindung mit persönlichen Planeten steht, dann werden diese Menschen in Fragen hineingezogen, die ihre Generation beschäftigen, und werden somit mehr oder weniger zu Weltveränderern.

Uranus repräsentiert ein bestimmtes Verhaltensmuster, eine gewisse Haltung, die möglicherweise mit anderen Persönlichkeitsanteilen in Konflikt steht. Die Sonne symbolisiert das Prinzip »Ich bin«, der Mond »Ich fühle«, Venus »Ich wünsche mir«, Merkur »Ich rede«, Mars »Ich handle«, Jupiter »Ich beziehe mich«, Saturn »Ich fürchte«, und Uranus scheint das Prinzip des Verhaltens zu sein.

Man kann die Unterschiede zwischen »Ich bin«, »Ich handle« und dem Verhalten in Frage stellen, es besteht aber dennoch ein feiner Unterschied zwischen diesen Prinzipien. Der »Ich-bin«-Teil des Selbst wird vielleicht niemals offenbar. Er wird erst sichtbar, wenn der Betreffende sich seiner Einzigartigkeit bewußt ist, wenn er sich von den anderen unterscheidet, anstatt sie zu imitieren. Mars als das Prinzip »Ich handle« zeigt, wie wir konkret in unseren Unternehmungen vorgehen. Uranus hingegen steht für ein Verhaltensmuster, das nicht mit einzelnen Aktivitäten identisch sein muß.

Die Stellung des Uranus in unserem Horoskop zeigt, in welchem Bereich wir uns unkonventionell, unorthodox, exzentrisch benehmen. Dort ist aber auch der Bereich, in dem wir unser Potential zum Erreichen eines höheren Bewußtseins vorfinden. Wenn wir begreifen lernen, was die Uranus-Kraft in unserem Horoskop bedeutet, dann kann sie unser Freund werden auf dem Weg der Suche nach uns selbst. Manche erleben Uranus als eine Kraft der Wiedergeburt, als ein Erlebnis, das dem Entschlüpfen des Schmetterlings aus der Larve gleichkommt. Uranus-Transite bringen die Möglichkeit, unser Bewußtsein zu erweitern und uns von alten Mustern zu befreien. Der Uranus-Zyklus zwingt uns immer wieder, unsere Positionen zu hinterfragen und neu zu bewerten.

Uranus/Neptun-Aspekte

Uranus zeigt die Möglichkeit und die Fähigkeit, unser Bewußtsein zu erweitern, und Neptun repräsentiert unsere schöpferische Phantasie, die Inspiration und die Täuschung. Eine Verbindung dieser beiden Planeten ist sowohl auf persönlicher als auch auf überpersönlicher Ebene bedeutsam.
Der Aspekt bringt eine Generation von Menschen hervor, in der Inspiration und Exzentrizität gleichsam zusammenspielen, in der die Entwicklung des Bewußtseins mit den Kräften der Eingebung verbunden wird. Steht der Uranus/Neptun-Aspekt in Verbindung mit persönlichen Planeten, dann ergibt sich die Möglichkeit zu erhöhter Kreativität. Man sollte den Aspekt im Hinblick auf seine Verbindung mit persönlichen Planeten interpretieren.

Uranus/Neptun-Konjunktion. Dieser Aspekt wurde zum letztenmal Anfang des 19. Jahrhunderts gebildet und findet wieder in den neunziger Jahren unseres Jahrhunderts statt. Es dürften in dieser Zeit interessante Lebenserfahrungen gemacht werden, da sich das Prinzip der Individualität und

Humanität mit dem Prinzip des kreativen Ausdrucks verbindet. Wir können in dieser Zeit bedeutende Veränderungen im menschlichen Bewußtsein erwarten.

Das 19. Jahrhundert brachte Menschen wie Mary Baker-Eddy (Gründerin der Christian-Science-Bewegung), den Schriftsteller Dostojewski, Clara Barton (Gründerin des Roten Kreuzes), Louis Pasteur und Johann Strauß, um nur einige zu nennen, hervor. Wenn diese Konjunktion mit persönlichen Planeten verbunden ist, bekommt sie für das Leben des Individuums und seine eigene Kreativität große Bedeutung. So stand beispielsweise die Sonne bei der Geburt von Clara Barton in Konjunktion mit der Uranus/Neptun-Konjunktion.

Uranus/Neptun-Sextil. Menschen, die mit diesem Aspekt geboren wurden, haben die Begabung, ihren Individuationsprozeß kreativ zum Ausdruck zu bringen. Diese Begabung muß bewußt trainiert werden, damit das Potential nicht ungenutzt bleibt.

Der Aspekt bringt eine Generation hervor, die individualistisch gefärbte Träume und Ziele hat. Manche werden unproduktiv bleiben, andere werden diese Energie nutzen, um die Menschheit – sei es auf wissenschaftlichem oder spirituellem Gebiet – ein Stück voranzubringen.

Uranus/Neptun-Quadrat. Bei diesem Aspekt arbeiten die Kräfte gegeneinander. Die Träume und Ideale der Generation werden sich nicht mit ihrem Verhalten decken. Wenn der Aspekt mit persönlichen Planeten in Verbindung steht, wird die Wirkung des Quadrats als persönliche Frustration erlebt, die zu einer Lösung drängt, damit der Betreffende ein Gefühl persönlicher Erfüllung erfahren kann.

Steht zum Beispiel die Sonne in Konjunktion mit Neptun, dann bedeutet das für den einzelnen einerseits erhöhte Kreativität, andererseits ein unklares Vaterbild. Vielleicht ist die eigene Herkunft ungewiß, oder man wurde über die Person des Vaters auf irgendeine Weise getäuscht.

Das Quadrat zu Uranus bedeutet, daß sich der Betreffende eigenwillig und exzentrisch verhält, was aber den Interessen des Sonnenzeichens nicht entspricht. Um den Aspekt auf konstruktive Art zu leben, muß er in erster Linie die Bedürfnisse des Sonnenzeichens berücksichtigen und abschätzen, wieviel Eigenwilligkeit sich mit diesem Bedürfnis verträgt.

Uranus/Neptun-Trigon. Mitgefühl, Verständnis, Kreativität und Inspiration (Neptun) verbinden sich mit dem Erscheinen eines neuen Bewußtseins (Uranus), so daß Theorie und Gefühl sich vereinen und als überpersönliche, kosmische Liebe zum Ausdruck kommen können. Menschen, die in den späten dreißiger bis Anfang der vierziger Jahre geboren wurden, haben diesen Aspekt im Geburtshoroskop. Unter ihnen kann man vielfach beobachten, daß sie Meditationskurse belegen und an Gruppenveranstaltungen teilnehmen, die erhöhte innere Wahrnehmung und spirituelle Entwicklung zum Ziel haben. Sie sind auf der Suche nach sich selbst und werden die Bahnbrecher neuer Philosophien sein, die um die Jahrhundertwende zum Ausdruck kommen werden.
Wenn andere Aspekte im Geburtsbild nicht zur Konkretisierung dieses Aspekts drängen, dann könnte sich das Trigon lediglich in ungelebten Träumen erschöpfen.

Uranus/Neptun-Opposition. Dieser Aspekt fand am Anfang dieses Jahrhunderts statt und brachte neue Dimensionen in das Denken und Verhalten der Menschen. Es war die Zeit, in der man beispielsweise mit der Filmtechnik experimentierte. Man kann wohl nicht leugnen, daß die Filmindustrie, die sich als Folge dieser Experimente entwickelte, unser Leben entscheidend verändert hat; und oft wird uns auf dem Bildschirm etwas vorgegaukelt, das mit der Realität nicht übereinstimmt. An dem Beispiel kann man erkennen, wie sich diese Kräfte sowohl schöpferisch als auch lähmend auswirken können.
Menschen, die diesen Aspekt noch in ihrem Geburtsbild haben, wurden in ihrem Leben dadurch entweder inspiriert

oder gelähmt. Steht zum Beispiel die Sonne in Konjunktion zu Uranus, so deutet das auf einen ungewöhnlichen Vater, der jedoch irgendwelchen Illusionen anheimgefallen war (Opposition Neptun). Vielleicht umgibt den Vater ein Geheimnis, was die Selbstfindung des Horoskopeigners sehr erschwert.

Uranus/Neptun-Quinkunx. Dieser Aspekt erzeugt eine Spannung zwischen dem unter einem bestimmten Zeitgeist verlaufenden Individuationsprozeß einerseits und den Träumen dieser Generation andererseits. Er betrifft diejenigen, die in den zwanziger Jahren geboren wurden, als Uranus das Zeichen Fische und Neptun das Zeichen Löwe durchwanderten. Die Interpretation für den einzelnen ergibt sich aus der Häuserplazierung und der Verbindung mit persönlichen Planeten.

Uranus/Pluto-Aspekte

Uranus ist der Prozeß der Individuation, der sich gemäß einer bestimmten Generation im einzelnen vollzieht. Pluto repräsentiert das kollektive Unbewußte der Menschheit sowie die unbewußten Motivationen des einzelnen. Wenn diese beiden Planeten in Verbindung stehen, entsteht der Drang unter den Menschen, das Bestehende zu verwandeln. Für das Individuum wird ein Uranus/Pluto-Aspekt bedeutend, wenn er mit persönlichen Planeten in seinem Geburtshoroskop in Verbindung steht. Der Aspekt kann ein persönliches Wachstum bewirken, gibt aber auch Hinweise auf elterliche Einflüsse.

Uranus/Pluto-Konjunktion. Dies ist ein seltener Aspekt; er fand in unserem Jahrhundert in den sechziger Jahren statt und bedeutet eine Störung des Individuationsprozesses durch unbewußte Kräfte. Das Verhalten ist exzentrisch und auf Kontrolle bedacht.
In der Mythologie ist Pluto der Gott der Unterwelt und symbolisiert die Tiefen unseres Unterbewußtseins. In den sechzi-

ger Jahren experimentierten viele Leute mit Halluzinogenen, Drogen mit einer bewußtseinserweiternden Wirkung, mit denen die eigenen Tiefen erschaut werden sollten. In der Literatur, die dieses Phänomen beschrieb, stellte man Vergleiche mit dem mythischen Charakter östlicher Philosophien an.

Zur selben Zeit setzten sich die Menschen für den Frieden und für Menschenrechte ein. Es war die Zeit, als die Weißen sich in Scharen in den Süden der USA begaben, um für die Rechte der schwarzen Bevölkerung zu kämpfen, und es war die Zeit des Widerstands gegen den Vietnamkrieg.

Kinder, die in jener Zeit geboren wurden, werden individualistisch und unangepaßt sein. Ob sich diese Energien kreativ oder destruktiv äußern werden, wird sich in der kommenden Zeit herausstellen.

Uranus/Pluto-Sextil. Bei diesem Aspekt stimmt das Verhalten der Generation mit den Bedürfnissen der Massen überein. Im persönlichen Bereich des einzelnen wird der Individuationsprozeß von den unbewußten Motiven gestützt. Der Betreffende kann unbeschwert die archetypischen Bilder seines Unterbewußtseins erforschen, jedoch könnte dieses Interesse nicht geweckt werden, wenn keine persönlichen Planeten mit dem Sextil in Verbindung stehen.

Uranus/Pluto-Quadrat. Bei diesem Aspekt wird der Individuationsprozeß durch die Bedürfnisse der Masse gestört. Der Betreffende wird unbewußt versuchen, sein Verhalten und seine Beziehungen zu kontrollieren. Wenn Merkur eine Verbindung zum Quadrat hat, wird sich das als Kontrolle im mentalen Bereich äußern.

Verhaltensmuster werden von unbewußten Motivationen gesteuert, und der Betreffende wird entweder seine archetypischen Bilder ausleben oder zu ihrem Opfer durch das Verhalten anderer werden: Menschen mit diesem Aspekt haben das Bedürfnis, ihre Familien zu verlassen und in einer neuen

Umgebung ein anderes Leben anzufangen. Der Aspekt wird um so mächtiger, wenn noch persönliche Planeten damit verbunden sind.

Uranus/Pluto-Trigon. Jemand mit diesem Aspekt wird es als wichtig erachten, zu einer Selbsterkenntnis zu gelangen. Dabei werden seine eigenen Bedürfnisse mit denen der Gruppe übereinstimmen, und seine persönliche Entwicklung wird mit den Interessen der Gemeinschaft Hand in Hand gehen.

Menschen, die unter diesem Aspekt geboren wurden und werden, haben ein Interesse daran, das Bewußtsein zu erhöhen und Veränderungen auf eine konstruktive Weise herbeizuführen.

Uranus/Pluto-Opposition. Dieser Aspekt fand um die Jahrhundertwende statt. Er charakterisiert Menschen, die Verhaltensmuster erzwingen wollen. Pluto repräsentiert das Bedürfnis zu kontrollieren, und Uranus steht – wenn seine Kraft unentwickelt ist – für Eigenwilligkeit und Willkür. Wenn wir unseren Willen anderen aufzwingen wollen oder in eine Generation hineingeboren wurden, in der wir uns einen fremden Willen aufzwingen lassen, dann können wir unser eigenes Bewußtsein nicht entwickeln.

Das persönliche Verhalten wird von den archetypischen Bildern des Unterbewußtseins, dem persönlichen wie dem kollektiven, gelenkt. Diese Menschen reagieren auf Lebenserfahrungen, ohne zu wissen, woher ihre Impulse kommen. Diese können mächtigen und fruchtbringenden Energien entstammen, die aber auch – durch den Einfluß des Pluto – zu zwanghaftem Verhalten führen können.

Uranus/Pluto-Quinkunx. Bei diesem Aspekt werden die Verhaltensimpulse gestört durch eine vage Zwanghaftigkeit, welche die Bemühung um Freiheit und persönliche Entwicklung hemmt.

9. Neptun-Aspekte

Neptun ist ein langsam laufender Planet, den die alten Astrologen nicht kannten. Nachdem er entdeckt worden war, wurde er dem Zeichen Fische zugeordnet, dem weiblichen Zeichen, über das bisher Jupiter regierte. Der römische Gott Neptun ist dem griechischen Meeresgott Poseidon gleich. In den mythischen Lehren von der Entstehung der Welt, den Kosmogonien, bezeichnet Wasser den chaotischen Urzustand der Welt, gilt aber auch als eine machthaltige Substanz, die Leben spendet. Wasser symbolisiert das Unbewußte. In der Astrologie steht Neptun für die kosmische Liebe, für Hingabe, Mitgefühl, für die Sehnsucht nach spiritueller Vereinigung. Er ist das Symbol für den Traum, die Phantasie, den Tagtraum, Phantastereien, Illusionen, Inspirationen und Täuschung. Wenn ein Mensch keine starken Neptun-Aspekte zu persönlichen Planeten in seinem Geburtshoroskop hat, dann wird er zwar am Rande an den Träumen seiner Generation teilhaben, sie werden ihn aber nicht übermäßig berühren. Sind jedoch persönliche Planeten in wichtigen Aspekten mit Neptun verbunden, dann ist der Betreffende mit seiner persönlichen Kreativität stärker am Zeitgeschehen beteiligt. Sein Weg kann in Richtung einer Beschäftigung mit der Spiritualität gehen, oder er wird sich mit den Begriffen Realität und Phantasie verstärkt in seinem Leben auseinandersetzen müssen.

Enge Neptun-Verbindungen weisen auf eine bereitliegende schöpferische Phantasie hin, deren sich diese Menschen auch bewußt sind. Sie werden kaum deshalb zu einem Astrologen gehen, um sich über ihre Kreativität aufklären zu lassen. Sie haben eher Schwierigkeiten damit, Realität und Phantasieleben auseinanderzuhalten, vor allem, wenn ihr Geburtsbild harte Neptun-Aspekte aufweist. Neptun-Verbindungen zeigen, wo wir am anfälligsten sind für Täuschung und Selbsttäuschung und wo unser Denken am wenigsten zwischen Verwirrung und Eingebung unterscheiden kann.

Die Hausplazierung des Neptun zeigt, wo wir uns selbst und anderen etwas vormachen. Neptun im sechsten Haus besagt beispielsweise, daß wir ein falsches Bild sowohl von unseren Kollegen als auch von unserer Aufgabe oder unserer Gesundheit haben. Es kann sein, daß der Betreffende an einer Aufgabe arbeitet, die er nicht versteht, oder er findet sich in der Arbeitsatmosphäre nicht zurecht, so daß er Opfer von Intrigen werden kann. Sein Gesundheitszustand wird bei einer medizinischen Diagnose vielleicht nicht richtig erkannt, und es wäre vonnöten, daß er sich mit seinen Körperfunktionen selbst beschäftigt. Oft führt diese Beschäftigung zu einem Interesse an alternativen Heilmethoden wie Homöopathie, präventiven oder natürlichen Heilverfahren.

Neptun im elften Haus schafft Unsicherheit und Unklarheit über Freunde und ihre Motive. Wir werden von Beratern, die unsere wahren Bedürfnisse nicht verstehen, irregeführt oder verwirrt. Das bedeutet jedoch nicht, daß wir diesem Schicksal unausweichlich ausgeliefert sind. Wenn wir wissen, daß wir in der Wahl unserer Berater keine gute Hand haben, uns Freunde und Verbündete verwirren, dann können wir ihre Botschaften einer genaueren Prüfung unterziehen und selbst entscheiden, was für uns richtig oder geeignet ist, anstatt blindlings auf andere zu vertrauen. Richard Nixon hatte Neptun im elften Haus in Opposition zu seiner Steinbock-Sonne. Wie wir durch den Watergate-Skandal wissen, wurde er nicht gut von seinen Freunden und Mitarbeitern beraten; er hätte besser daran getan, einen Astrologen zu konsultieren!

Die Aspekte zu Neptun zeigen den Bereich unserer kreativen Energie, aber auch unsere blinden Flecke im Unbewußten, bedingt durch unsere Umgebung und Erziehung. Um festzustellen, von welchem Elternteil die Mißverständnisse ausgehen, müssen wir jene Faktoren anschauen, die den dominanten Elternteil symbolisieren, und sie auf Neptun-Verbindungen hin untersuchen. Die Elternsymbole in Verbindung mit Neptun ergeben eine Verzerrung der Wirklichkeit dieses

Elternteils. Oft gehen mit der Entstellung der Realität Ängste, irrationale Befürchtungen einher.

Harte Aspekte zwischen Neptun und Venus charakterisieren beispielsweise Menschen, die ein verdrehtes Bild von ihrer Fähigkeit zu lieben haben. Sie werden Schwierigkeiten haben, Beziehungen zu knüpfen, weil sie der andere wahrscheinlich nicht versteht. Ihre Vorstellung von der Liebe kann so abgehoben sein, daß der andere dadurch verwirrt wird. Sie wissen meist selbst nicht, wie sie ihre Wünsche nach einer »ätherischen« Liebe mit der Wirklichkeit vereinbaren können. Wenn ein solcher Aspekt den Horoskopeigner daran hindert, enge persönliche Beziehungen zu knüpfen, dann muß der Aspekt als destruktiv angesehen werden.

Neptun-Aspekte zu Merkur können Unruhe bringen und die geistige Stabilität untergraben, weil das Mediale und die Inspirationen die mentalen Prozesse verwirren können. Das Kreative an den Neptun-Verbindungen wird kaum jemanden beunruhigen; anders verhält es sich mit den Phantasien und der Verzerrung der Wirklichkeit. Man kann mit jedem Neptun-Aspekt auf kreative Weise leben, denn der Planet ist das Symbol für unsere schöpferischen Quellen und den Springbrunnen unserer Ideen. Die harten Aspekte verlangen, daß wir uns um diesen Segen bemühen müssen, wogegen die harmonischen Aspekte ein Geschenk, eine Gabe sind, die wir manchmal als selbstverständlich hinnehmen oder sie nicht nutzen.

Für eine Interpretation einzelner Neptun-Verbindungen verweise ich auf die vorangegangenen Kapitel, in denen die Neptun-Aspekte zu den einzelnen Planeten beschrieben werden.

Neptun/Pluto-Aspekte

Sowohl Neptun als auch Pluto sind Generationsplaneten. Aspekte zwischen diesen beiden Planeten betreffen ganze Generationen. Pluto repräsentiert das überpersönliche Unterbewußtsein sowie die individuellen unbewußten Motivationen. Neptun ist das Symbol des kosmischen Traums. Die Verschmelzung dieser beiden Energien bedeutet die Möglichkeit zur Vereinigung des Gruppenbewußtseins mit dem schöpferischen Traum.

In der hinduistischen Schöpfungsgeschichte ist die Welt am Anfang nur ein Traum Gottes, des schöpferischen Geistes. In diesem Traumzustand geschieht nichts. Es ist die Welt der Ideen, ohne Materialisierung. Der Gott erkennt, daß, um Bewußtsein entstehen zu lassen, der Traum manifest werden muß. Er zerteilt sich in Millionen von Teilen und wird zum Universum mit seinen Planeten, dem Himmel, der Erde, dem Wasser, den Tieren und Pflanzen, dem Gestein. Nun wimmelt das Universum von Lebensformen, die alle um ihr Überleben kämpfen; sie sind die bewußte Realisierung des Gottestraumes.

Wenn die neptunischen und plutonischen Kräfte miteinander in Verbindung kommen, finden große Veränderungen in der Welt statt. Träume vereinigen sich mit den unbewußten Motivationen und bringen ihre Inhalte zur Verwirklichung. Die Kräfte dieser Aspekte bewirken Kollektivschicksale; stehen sie jedoch zu persönlichen Planeten im Horoskop in Verbindung, dann hat der einzelne die Möglichkeit zu tiefgreifender persönlicher Wandlung.

10. Pluto-Aspekte

Es scheint, daß die erst nach der Erfindung des Fernrohrs entdeckten Planeten Uranus, Neptun und Pluto das Potential zur Bewußtwerdung der Menschheit symbolisieren. Uranus hat die männliche Seite Saturns als Herrscher des Wassermanns ersetzt; Neptun trat an die Stelle der weiblichen Seite Jupiters und seiner Regentschaft im Zeichen Fische; Pluto ersetzte die weibliche Seite des Mars als Herr des Skorpions. Die Planeten sind Symbole. Sie stehen für eine Bilderwelt der Seele, die alle Menschen gemeinsam haben, ohne eine kulturgeschichtliche Vorbildung, denn diese Symbole sind zu allen Zeiten in allen Religionen und Philosophien zu finden. Die Astrologie versucht, diese Symbole durch eine Terminologie zu erfassen, um die Kräfte und ihre Beziehungen untereinander in einem Horoskop deuten zu können.

Da Pluto sich etwa zwanzig Jahre lang durch ein Zeichen bewegt, ist er der Repräsentant des Unbewußten ganzer Generationen. Seine Wirkung reflektiert die Bestrebungen und Kämpfe der Massen, und das jeweilige Zeichen, das er durchwandert, zeigt die Art der Motivationen, die die Menschen bewegen. Es scheint, als ob jedesmal, wenn Pluto das Zeichen wechselt, neue Massenbewegungen in Gang kommen, um sich von alten Fesseln zu befreien. Wenn man den Lauf Plutos zusammen mit der Menschheitsgeschichte verfolgt, dann bekommt man ein Bild von ständig wechselnden Machtkämpfen, Veränderungen und Freiheitskämpfen auf unserem Planeten.

Pluto bekommt für den einzelnen eine größere Bedeutung, wenn er persönliche Planeten aspektiert. Dann werden die Werte und Bewußtseinsinhalte unserer Generation für uns persönlich wichtig. Wir müssen uns in die Kämpfe unserer Generation einschalten, obwohl jeder seine Energien auf verschiedene Art einsetzt. Vielfach reflektieren Pluto-Aspekte

Erfahrungen, die wir als Kinder in unseren Familien machten. Sind es harmonische Aspekte, dann wurden wir zu Hause zur Zusammenarbeit ermuntert. Harmonische Aspekte können jedoch auch bedeuten, daß der Betreffende Opfer der Ziele anderer wird, weil er den Strömungen blindlings folgt. Andererseits kann er durch seine Fähigkeit zur Kooperation mit größeren Gruppen in seinem Leben Einfluß ausüben und das Wohl der Massen fördern. Ein Pluto-Trigon zur Sonne könnte einen Menschen charakterisieren, der sich in einer Gewerkschaft, der Gemeinde, den Medien oder in sonstigen Gruppierungen engagiert. Die negative Folge wäre beispielsweise ein Jugendlicher, der drogenabhängig wird, weil seine Altersgenossen es auch geworden sind. Wenn wir älter und reifer werden, können wir entscheiden, wie wir diese Energien nutzen wollen.

Harte Aspekte zu Pluto deuten gewöhnlich auf unkooperatives Verhalten und Druck in der Familie hin. Von welchem Elternteil die Zwänge ausgehen, zeigen die Aspekte – es können auch beide Eltern sein. Wenn Pluto mit den Vatersymbolen Sonne oder Saturn in Verbindung steht, dann rückt das Thema der Bewußtwerdung und der Eigenständigkeit in den Vordergrund. Die Energie kann sich auf verschiedene Art äußern – entweder in Zwanghaftigkeit und Kontrollbesessenheit oder in der Bemühung um ein erhöhtes Bewußtsein. Wir haben die Wahl. Die Pluto-Kraft verlangt, daß wir uns mit den Gesetzen des Universums auseinandersetzen und eine überpersönliche Macht anerkennen.

Steht Pluto in Verbindung mit den Muttersymbolen Mond oder Venus, dann ist es notwendig, sich mit dem Zwang und dem Druck, der von einer manipulierenden Mutter ausging, auseinanderzusetzen und sich von diesem Zwang zu befreien. Mond/Pluto- und Venus/Pluto-Verbindungen spiegeln unsere weibliche Seite wider, die sich nicht entwickeln kann, solange der Muttereinfluß Macht über uns hat. Er beeinträchtigt unsere Gefühlsnatur.

Einige Astrologen meinen, Pluto sei das Symbol für die Große Mutter, dem chthonischen, alles verschlingenden weiblichen Wesen. Pluto als Herr des Skorpions hat eine Verbindung mit Mutterschaft. Die weibliche Seite des Mars (der frühere Herrscher des Skorpions) symbolisiert auch die Fortpflanzung und die Sexualität als reproduktive Funktion, womit nicht die Romantik, das Sichverlieben gemeint ist, sondern der instinkthafte biologische Trieb.

In der hinduistischen Mythologie symbolisiert die Göttin Maya, die auch als die Göttin Kali auftritt, Mutter Natur, der ständige Überfluß im Leben, der sich selbst »auffrißt«. Sie ist einerseits die schöne Frau (Maya), die uns betört und deren Bann wir unbewußt erliegen, und andererseits ist sie Kali, die gebiert und ihre Kinder verschlingt. Man kann sie zuweilen mit Schrumpfköpfen, die sie an ihrem Gürtel trägt, abgebildet sehen. Sie ist furchterregend und schrecklich, aber real. Mutter Natur ist gleichzeitig mit Geburt und Tod beschäftigt, und das Zeichen Skorpion ist das Symbol für diesen Vorgang.

Shiva ist ein weiteres Symbol für Leben und Tod in der indischen Mythologie. Er ist eine doppelgeschlechtliche Figur mit vielen Armen, und er wird der Herr des Todes und der Zerstörung – aber auch Regeneration – genannt. Der Tanz des Gottes Shiva ist ein Tanz von Leben und Tod. Wenn wir Pluto als Symbol verstehen, dann wissen wir, daß er beides, sowohl das Leben als auch den Tod, verkörpert. Er ist sowohl die Bindung an die Erscheinung, an das Leben, als auch das Wissen um eine überpersönliche, höhere Wahrheit.

Das innere Bild, das uns die größten Schwierigkeiten bereitet, ist die Mutterfigur. Sie sitzt so tief in unserem Unterbewußtsein und ist so kompliziert, daß es einiger Anstrengung bedarf, ihr mit unserem Bewußtsein beizukommen. Wenn Pluto in Verbindung mit dem Mond steht, müssen wir unsere Mutterbindung lösen; wir müssen erkennen, wer unsere leibliche Mutter ist, und sie in unserem Inneren von der archetypischen Mutter trennen. Bei einem Mond/Pluto-Aspekt ist dies vielleicht schwierig, aber es ist wichtig, wenn wir unser individuelles Selbst entwickeln wollen. Unsere Mutter ist die Person, die uns nährt, die für uns sorgt und unsere gefühlsmäßigen Reaktionen spiegelt und prägt. In unserer Psyche erscheint sie als die unpersönliche Göttin Maya/Kali, die große Mutter in der indischen Mythologie. Wir bringen die physische und die archetypische Mutter durcheinander und machen *ein* Mutterbild daraus, was aber nicht der Realität entspricht.

In den Mythen wird erzählt, daß wir den Vater »töten« und die Mutter »überwältigen« müssen, wenn wir frei werden wollen. Das Töten ist natürlich symbolisch gemeint: Die Psyche muß sich von den persönlichen Eltern befreien, damit wir Bewußtheit erlangen können. C. G. Jung drückt das so aus:

> Die empirische Wahrheit befreit den Menschen aus seiner sinnlichen Gebundenheit nicht, denn sie zeigt ihm nur, daß es immer so war und auch nicht anders sein könnte. Die symbolische Wahrheit dagegen, welche Wasser an die Stelle der Mutter, Geist oder Feuer an die des Vaters setzt, bietet der in der sogenannten Inzesttendenz gebundenen Libido ein neues Gefälle an, befreit sie und leitet sie über in eine geistige Form. So wird der Mensch als geistiges Wesen wieder ein Kind und hineingeboren in einen Geschwisterkreis, aber seine Mutter ist die »Gemeinschaft der Heiligen«, die Kirche, und sein Geschwisterkreis die Menschheit, mit der er im gemeinsamen Erbteil symbolischer Wahrheit sich aufs neue verbindet.[*]

Symbole können uns von der Verwirrung befreien, die konkrete Bilder in uns entstehen lassen; ein Verständnis unserer »Reise des Helden« ist jedoch erschwert, wenn das Symbol zu sehr dem konkreten Bild ähnelt. Es ist schwerer, uns von

[*] C. G. Jung, *Gesammelte Werke, Band 5: Symbole der Wandlung,* Olten 1973, S. 288 f.

unserer Mutter zu lösen als vom Vater. Der Same als Symbol für den geistigen Funken ist nicht sichtbar, wohl aber der Vorgang der Geburt. Die Bilder des materiellen Universums werden dargestellt in Form von Mutter Erde; der Vater ist ein personifizierter Gott, der über allem schwebt und alles sieht. Der Mensch muß der Symbolik, mit der er umgeben ist, gewahr werden und sich selbst als einen Teil davon sehen. Wenn wir starke Pluto-Aspekte in unserem Geburtshoroskop haben, ist dieser Prozeß schwieriger zu vollziehen, weil wir meinen, wir müssen mit den Erscheinungen kämpfen, um ihnen das Hintergründige, das Übergeordnete abzuringen.

Menschen, die in den Pluto-Schwingungen gefangen sind, glauben, sie müssen Liebe, Kinder, die Umwelt, den Regen und manchmal sogar Transite kontrollieren. Der Kampf ist anhaltend und mühsam, aber gleichgültig, wie lange er andauert, man scheint trotzdem niemals dabei zu gewinnen. Es gibt jedoch auch eine andere Seite der plutonischen Energie, und diejenigen, die den Mut haben, sie zu nutzen, werden mit einer wunderbaren schöpferischen Energie und mit Einsicht beschenkt.

Die Grundlagen von Religionen sind symbolische Bilder, und Menschen, die eine religiöse Umkehr erlebt haben, leben in Hingabe zu Gott; sie haben aufgehört, Dinge zu kontrollieren, denn ihr Gottvertrauen gibt ihnen die Gewißheit, daß es ihnen ohne Kontrolle besser geht. Menschen, die ihren Weg nicht in einer Religion suchen, können sich ihrer eigenen inneren schöpferischen Kraft hingeben, der schöpferischen Kraft, die durch Pluto symbolisiert wird. Um mit dieser Energie in Berührung kommen zu können, muß man seine Macht- und Kontrollspiele loslassen, denn Macht und Kontrolle machen blind für das Wesentliche.

Jemand mit Pluto am Aszendenten, zum Beispiel, möchte den Menschen, den er liebt, beherrschen und unter Kontrolle halten. Dabei fühlt er sich jedoch nie sicher in der Beziehung, weil er dem anderen gar nicht die Möglichkeit gibt, ihn zu lieben. Wenn jemand Menschen manipuliert, wenn er sie beschenkt, um sie zu verpflichten, kann er sich nie sicher sein, ob sie seinetwegen oder wegen der Geschenke bei ihm bleiben. Dadurch bekommt er keine innere Sicherheit; er steht unter dem Zwang, die Dinge zu arrangieren und sie nicht nur geschehen zu lassen. Es ist wie mit dem Steinchen, das man in den Teich wirft und dessen Wellen sich über den ganzen Teich ausbreiten: Wenn erst einmal Macht und Kontrolle in eine Partnerschaft »geworfen« wurden, wird sich das auf die ganze Beziehung auswirken. Wann kann man sich da entspannen? Könnte man in einem unachtsamen Augenblick nicht die Kontrolle verlieren? Stellen Sie sich die Spannungen vor, die erzeugt werden, wenn man immer und überall wissen will, »woran man ist«! Lohnt sich das? Wäre es nicht besser, abzuwarten, bis die Leute einem zeigen, daß sie einen gern haben? Auf diese Weise weiß man es wirklich! Wenn wir die Widerstände und die Beschränkungen weggeräumt haben, entstehen plötzlich neue Ideen, und ein neues Bewußtsein kann sich entfalten. Symbole haben immer niedere und höhere Formen – es liegt an uns, zu wählen.

11. Der Aszendent und seine Aspekte

Manche Astrologen meinen, der Aszendent sei wichtiger als die Sonne oder der Mond, andere wiederum glauben, daß er unbedeutend ist. C. G. Jung spricht von der »Persona«, der bewußten Entwicklung unserer Persönlichkeit, dem Teil in uns, welcher der äußeren Welt begegnet. Mir scheint, daß die »Persona« der Begriff ist, den man dem Aszendenten gleichsetzen kann. Zur Zeit unserer Geburt markiert der Aszendent den Punkt, der gerade im Osten aufgeht. Manchmal prägt er unsere physischen Merkmale, und wenn Leute versuchen, jemandes Sonnenzeichen zu erraten, nennen sie oft das Aszendenten-Zeichen.

Der Aszendent zeigt, was wir zu sein versuchen, nicht, was wir sind. Die Sonne repräsentiert das Prinzip »Ich bin«, während der Mond zeigt, wie wir auf unsere Umwelt reagieren. Der Aszendent gibt Aufschluß darüber, was wir sein *möchten*. Wenn man die frühen Kindheitserlebnisse eines Klienten untersucht, kann der Aszendent, zusammen mit dem vierten Haus, Hinweise auf die Familienatmosphäre zur Zeit der Geburt geben. Es scheint, daß die Eltern oder die schulische Umgebung die Eigenschaften des Sonnenzeichens ablehnen, die des Aszendenten jedoch akzeptieren. Wir setzen die Eigenschaften des Aszendenten dann ein, wenn wir einen guten Eindruck machen wollen. Er ist unser »Sonntagsgewand«, das wir zuweilen tragen, das aber nicht unserer »Alltagskleidung« – unserem wahren Charakter – entspricht.

Vor allem wollen wir einen guten Eindruck machen, wenn wir etwas Neues beginnen. Das könnte eine neue Arbeitsstelle, eine neue Nachbarschaft, ein neuer Freund oder eine neue Freundin sein, ja sogar der erste Tanz bei einer Tanzveranstaltung. Wenn wir uns verlieben, dann ist es der Aszendent des anderen, der uns fasziniert, und umgekehrt. Nach einiger Zeit merkt man dann aber, daß der andere noch eine Sonne und einen Mond hat, denn die Maske des Aszendenten kann die Eigenschaften der Sonne und des Mondes nicht lange verbergen. Eine Zeitlang ist es möglich, uns bedeckt zu halten, unser Selbst zu verstecken und zu beschützen, die »Persona« zu entwickeln, denn diese ist für unser Überleben notwendig. Sie schützt uns in unserer Verletzlichkeit. Der Aszendent ist einer der drei Hauptfaktoren in unserem Horoskop. Die anderen beiden Faktoren sind Sonne und Mond, und wenn wir die Eigenschaften von allen drei Faktoren zum Ausdruck bringen können, dann haben wir die Möglichkeit, uns selbst kennenzulernen.

Der Aszendent verhüllt unser Selbst, und während unserer Kindheit und Jugend kann er viel Verwirrung stiften, da wir versuchen, jemand zu sein, der wir in Wirklichkeit nicht sind. Deshalb heiraten wir vielleicht die falsche Person, oder wir hindern uns daran, unser wahres Selbst zu entwickeln. Wir verhalten uns so, wie man das von uns erwartet; und zwar erwarten die anderen, daß wir uns gemäß unseres Aszendenten verhalten. Es ist jedoch notwendig, daß unser Sonnenzeichen zur Entfaltung kommt; falls das nicht geschieht, fühlen wir uns einsam und abgelehnt. Wenn wir reifer werden, fällt es uns leichter, unser Sonnenzeichen zum Ausdruck zu bringen. Junge Menschen können häufig nicht erkennen, warum sie mit ihrer Identität Schwierigkeiten haben. Sie wissen oft nicht, daß es damit zusammenhängt, weil sie sich nach den Erwartungen anderer richten.

Der Aszendent kann uns bei unserer Berufswahl helfen, und er zeigt, wie wir uns bei der Arbeit einsetzen werden. Da das Aszendenten-Zeichen die Eigenschaften repräsentiert, die wir gerne hätten, kann es uns in unserem Beruf von Nutzen sein, weil unsere Strebsamkeit an diesem Punkt am stärksten ist. Wir können nicht sein, was der Aszendent repräsentiert, denn wir sind ein anderer. Wir können jedoch die Energie des Aszendenten-Zeichens für unsere Berufsziele nutzen, ohne unsere Identität preiszugeben. Wir können seine Eigenschaften zusammen mit denen des Sonnenzeichens einsetzen.

Nehmen wir als Beispiel eine Widder-Sonne mit Aszendent Krebs. Irgendwann werden sich die Widder-Eigenschaften offenbaren. Im persönlichen Bereich wird sich das Widder-Zeichen – bedingt durch die Kindheitserlebnisse – durchsetzen, der Krebs-Aszendent wird aber dem Intellekt des Widders eine pflegerische, fürsorgliche Note zufügen. Der Betreffende wird ein intellektueller, idealistischer Mensch sein, aber den Anschein geben, als sei er mütterlich-fürsorglich. Die Kombination dieser beiden Qualitäten wird die Widder-Eigenschaften weicher machen; und dieser Mensch wird sich gut zu einem Lehrberuf eignen.

Manche behaupten, daß der Aszendent die schlimmsten Eigenschaften des betreffenden Zeichens zum Vorschein bringt, daß es die abstoßenden Seiten sind, die durchkommen, wenn wir versuchen, jemand anders zu sein. Beim Widder käme die Neigung zu Aggressionen stärker zum Ausdruck als bei der Widder-Sonne, falls bei dieser der Aszendent in einem anderen Zeichen liegt. Der Aszendent ist eine Maske.

Es muß erwähnt werden, daß in manchen Horoskopen sowohl Aszendent, Sonne als auch Mond im selben Zeichen stehen. Diese Menschen sind weniger geschützt, da ihre »Maske« und ihr Selbst identisch sind. Sie wirken ehrlicher, direkter und sind weniger kompliziert. Dies bedeutet nicht, daß es für sie leichter ist, denn jede Kombination hat ihre besonderen Probleme.

Wir können den Aszendenten wie eine Planetenkraft betrachten. Er zeigt, wie wir Dinge beginnen, wie wir uns in unserem Beruf darstellen. Im folgenden werden Aspekte allgemein besprochen; nur die Konjunktionen werden gesondert behandelt.

480

Aszendent/Sonne

Allgemein kann man sagen, daß Menschen mit gut aspektierter Sonne und Aszendent keine Schwierigkeiten mit dem Beruf haben, da sie die Eigenschaften ihres Sonnenzeichens in den Alltag einbringen können.

Wenn die Sonne in Opposition oder im Quadrat zum Aszendenten steht, dann ist es schwieriger, diese Eigenschaften zum Ausdruck zu bringen. Normalerweise kommt das Quadrat aus dem vierten oder zehnten Haus. Berufliche Ziele (zehntes Haus) oder die frühkindliche Prägung (viertes Haus) behindern den Aszendenten in seinem Ausdruck. Man kann diesem Problem erst abhelfen, wenn man den Konflikt zwischen den beteiligten Zeichen versteht. Ein Mensch mit Sonne im Krebs und Widder am Aszendenten wird die Qualitäten des Sonnenzeichens nur indirekt äußern, denn der Krebs ist intuitiv und gefühlvoll und erlebt Krisen hautnah. Er macht sich Gedanken darüber, was für eine Rolle er persönlich dabei spielt, und reagiert dementsprechend. Der aufsteigende Widder verhält sich jedoch in einer neuen Situation aggressiv. Wie kann dabei die Sonne zum Ausdruck kommen? Diese Menschen erscheinen viel aggressiver, als sie in Wirklichkeit sind, viel unsensibler. Andere werden sich eher von den Widder-Eigenschaften angezogen fühlen als von der sensiblen Krebs-Sonne. Wenn man sich dieser beiden unterschiedlichen Energien bewußt ist, kann man sie beide zu gegebener Zeit und am richtigen Ort einsetzen.

Die Sonne in Opposition zum Aszendenten steht in der Nähe des Deszendenten, der Anfang des siebten Hauses. Da das erste Haus den Neubeginn und das siebte den Partner symbolisiert, bedeutet die Opposition die Notwendigkeit von Kompromissen zwischen dem Drang zu Eigeninitiative und der Partnerschaft. Diese Menschen haben das Gefühl, daß sie für eine Beziehung viel Freiheit und Entscheidungsspielraum aufgeben müssen. Wenn der Aszendent in Widder und die Sonne in der Waage steht, wird der Betreffende aggressiv, direkt, zuweilen unverfroren und grob vorgehen. Die Sonne in der Waage ist wohlerzogen, auf Ausgleich bedacht; sie bemüht sich um einen sanfteren, demokratischeren Ausdruck als das Ellenbogenverhalten des Widders. Wenn man diese Kräfte versteht, kann man sie jeweils am geeigneten Ort einsetzen.

Aszendent/Sonne-Konjunktion. Dies ist ein besonderer Aspekt. Menschen, die damit geboren wurden, wuchsen in einer Familienatmosphäre auf, die für ihr Sonnenzeichen förderlich war. Bei allen neuen Unternehmungen wird ihre Persönlichkeit, ihr inneres Selbst, zum Vorschein kommen.

Die Eigenschaften des Sonnenzeichens und der Lebensstil des Betreffenden stimmen überein. Womit er den besten Eindruck macht, ist gleichzeitig sein inneres Selbst. Für diese Menschen ist jeder neue Start, jedes neue Unternehmen, äußerst wichtig, da sie damit ihr Selbstwertgefühl verknüpfen. Sie brauchen wahrscheinlich viel Zuwendung, und sie übertreiben die Bedeutung jeder neuen Lebenserfahrung, weil sie mit ihrer ganzen Persönlichkeit darin verwickelt sind.

Bei guter Aspektierung zur Sonne kann diese Energie sehr produktiv sein. Empfängt die Sonne jedoch Spannungsaspekte, dann ist es nötig, die unterschiedlichen Kräfte kennenzulernen und die Energien in eine konstruktive Richtung zu bringen.

Aszendent/Mond

Wenn der Aszendent den Neubeginn und der Mond die Art, wie wir gefühlsmäßig reagieren, repräsentiert, dann bedeutet eine Kombination dieser beiden Kräfte, daß etwas Neues in stärkerem Maße von Emotionen begleitet sein wird. Der Betreffende geht vielleicht feinfühlig, sorgsam, hegend und pflegend auf neue Projekte zu; er wird in seiner Tätigkeit, seiner Arbeit, auf ganz persönliche Weise mit seinem Gefühl engagiert sein. Andererseits könnte der Aspekt einen Menschen charakterisieren, der bei jedem Neuanfang emotional überreagiert – aus Furcht, er könnte dabei zu verletzlich werden. Um die Wirkung dieses Aspekts besser zu verstehen, muß man die anderen Verbindungen zu Aszendent und Mond betrachten.

Wenn die Aspekte harmonischer Art sind, dann hat der Betreffende in seiner Kindheit gelernt, mit seinen Gefühlen konstruktiv umzugehen. Sind es schwierige Aspekte, sieht er das Leben und seine emotionalen Erlebnisse problematisch. Steht der Mond im Quadrat oder in Opposition zum Aszendenten, dann war für diesen Menschen jeder Neubeginn ein Trauma in seiner Kindheit. Vielleicht hatte er Angst vor dem Schulanfang, vor einem Schulwechsel oder vor jeder neuen Wachstumsphase in seinem Leben.

Ein Quadrat von Mond zum Aszendenten besagt, daß der Betreffende seine Gefühlsbedürfnisse schlecht spontan ausdrücken kann. Es kann sein, daß die Berufstätigkeit die Gefühlsnatur unterdrückt oder daß die Maske, die er nach außen trägt, seine innere Weichheit und Verletzlichkeit verbirgt. Dies verursacht innere Spannungen, da die emotionalen Bedürfnisse zum Ausdruck kommen müssen.

Nehmen wir das Beispiel Mond im Skorpion im Quadrat zu einem Löwe-Aszendenten: Der Skorpion-Mond fühlt sich nicht angenommen, er braucht mehr Wärme und Geborgenheit als andere Zeichen. Der Löwe-Aszendent braucht Aufmerksamkeit – was den Skorpion-Bedürfnissen nicht widerspricht –, aber der Löwe braucht zusätzlich Respekt und Anerkennung. Der Löwe wird seine gekränkten Gefühle verbergen, weil es sich für ihn nicht gehört, sie in der Öffentlichkeit zu zeigen. Das Bedürfnis nach Anerkennung könnte den Betreffenden zu Verhaltensweisen führen, die der Skorpion-Mond nicht akzeptieren kann, und dadurch entstehen Spannungen. Die Spannung wird nicht von außen, sondern von zwei gegensätzlichen inneren Strebungen verursacht. Im Moment der Krise werden diese Menschen Haltung zeigen, statt sich um die Erfüllung ihrer Bedürfnisse zu kümmern.

Nehmen wir als Opposition das Beispiel eines Löwe-Aszendenten mit Mond im Wassermann im siebten Haus. Hier wird der Betreffende allem, was seine Partnerschaften betrifft, sehr sensibel gegenüber reagieren und wahrscheinlich auf die Aktivitäten des Partners emotional überreagieren. Wie wird sich das auf sein Selbstgefühl auswirken? Würde er versuchen, Kompromisse einzugehen? Der Mond symbolisiert den Einfluß der Mutter in der frühen Kindheit. Auf irgendeine Weise wurden die Unternehmungen des Kindes von der Mutter beeinträchtigt; jedesmal wenn es einem Impuls nachgehen wollte, stand die Mutter im Wege. Diese Reaktion der Mutter wird verinnerlicht, und der Erwachsene wird später wie die Mutter reagieren und seinen eigenen Impulsen im Wege stehen. Jede neue Arbeitsstelle, jeder andere Neuanfang wird dann zu einem traumatischen Erlebnis.

Nehmen wir die Eigenschaften der Zeichen hinzu, die an der Opposition beteiligt sind, dann ergibt sich beim Löwe-Aszendenten eine nach außen getragene korrekte Haltung, eine idealistische Einstellung zu neuen Unternehmungen und das Bedürfnis, geachtet zu werden, wenn man seine beste Seite zeigt. Im Gegensatz dazu schätzt der Wassermann-Mond das Unorthodoxe und den persönlichen Abstand. Dieser Mensch wird sich auf einem humanitären Gebiet engagieren und entrüstet sein, wenn Gleichgesinnte oder jene, die er zu überzeugen versucht, ihn nicht gebührend respektieren. Die Frage ist nun, wie diese Menschen ihre Eingebungen, ihre neuen Ideen, der Allgemeinheit zugute kommen lassen können, wenn der Aszendent Anerkennung verlangt und sich nicht auslachen lassen will.

In einer Liebesbeziehung werden die persönlichen Bedürfnisse durch die Maske der Korrektheit verdeckt. Wie kann der Partner also erkennen, wenn der Betreffende gekränkt ist?

Würde ein solcher Mensch die Freude an einer ungewöhnlicher Erfahrung opfern, um auf angepaßte Weise etwas zu beginnen, das ihm den Respekt seiner Umwelt sichert?

Aszendent/Mond-Konjunktion. Dies ist ein schwieriger Aspekt. Der Aszendent symbolisiert den Körper entsprechend den Häusern, und der Mond repräsentiert den Körper auf der Ebene der Planetenkräfte. Wenn diese beiden Faktoren zusammenstehen, bedeutet das eine unmäßige Sensibilität gegenüber neuen Erfahrungen. Natürlich wird ein Krebs-Mond in Konjunktion mit dem Aszendenten empfindsamer sein als ein Widder-Mond, dennoch reagiert dieser Mensch überempfindsam auf seine Umgebung, gleichgültig, in welchem Zeichen die Konjunktion stattfindet. Der Mond symbolisiert auch die leibliche Mutter und ihr Verhalten während der Persönlichkeitsentwicklung des Horoskopeigners. Die emotionalen Reaktionen der Mutter werden vom Kind aufgesogen, und bei diesem Aspekt wirken sie sich auf alle neuen Erfahrungen im Leben des Betreffenden aus.

Diese Menschen nehmen Schwingungen in ihrer Umgebung intensiver als andere auf, so daß sie sich bereits in einem frühen Alter einen Schutzschild aneignen müssen. Dieser Aspekt ist für Knaben besonders schwierig, weil von ihnen erwartet wird, daß sie hart und robust sind.

Die Mutter des Horoskopeigners war eine emotionale Person, und das Kind reagierte ebenso emotional auf sie. Der Körper dieser Menschen ist angespannt, weil sie ständig auf der Hut sein müssen vor neuen Erfahrungen, die für sie ein Schockerlebnis sein könnten. Sie werden Unterhaltungen immer auf sich persönlich beziehen und sich durch das unpersönliche »man« angesprochen fühlen, weil sie meinen, der Inhalt aller Gespräche sei auf sie gerichtet. Sie werden sich deshalb schnell kritisiert fühlen und empfindlich und mit einer Abwehrhaltung reagieren.

Diese Konjunktion gibt aber auch die Fähigkeit zu einem

ungewöhnlich starken intuitiven Wahrnehmen, das bei Entscheidungen sehr gewinnbringend ist, falls es richtig genutzt wird. Die Befähigung kann allerdings dann hinderlich sein, wenn ein Junge beispielsweise in einer Atmosphäre aufwächst, in der die »männlichen« Werte überbetont werden – er wird sich mit seiner Empfindsamkeit unsicher fühlen, eine Abwehrhaltung entwickeln und später wahrscheinlich verschlossen und schwer zugänglich sein.

Jedes Zeichen muß verschieden gedeutet werden, denn die Konjunktion im Widder wird sich ganz anders auswirken als im Krebs. Der Aspekt hebt die Eigenschaften des Zeichens, in dem er steht, stark hervor. Zudem ist es wichtig, andere Aspekte zu dieser Konstellation zu berücksichtigen, denn ein harter Aspekt, der auf die Konjunktion fällt, kann bereits ein völlig anderes Bild abgeben.

Aszendent/Merkur

Wenn der Aszendent zeigt, wie wir etwas Neues beginnen, und Merkur, wie wir uns verständigen, dann kann es sein, daß sich jemand mit dieser Kombination anders darstellt, als man seinen Reden entnehmen würde. Der Aszendent zeigt, wir wir uns nach außen präsentieren und wir wir wirken, wenn wir etwas Neues in Angriff nehmen. Merkur symbolisiert Kommunikation, wie wir sprechen und denken. Vielleicht sagen wir das eine und denken etwas anderes. Diese Ungereimtheiten kann man am besten verstehen, wenn man die Merkur-Verbindungen zu Mars oder dem Aszendenten betrachtet, da die beiden letzteren unser Handeln symbolisieren.

Wenn Merkur ein Sextil oder Trigon mit dem Aszendenten bildet, dann wurde dem Horoskopeigner in seiner Kindheit beigebracht, wie man sich mit anderen auf konstruktive Weise verständigt, und er wird diese Fähigkeit später kreativ nutzen. Beim Quadrat oder der Opposition kann es sein, daß sich der

Betreffende etwa während einer Unterhaltung plötzlich einer Ungehörigkeit bewußt wird, die er unversehens begangen hat – nehmen wir als Beispiel einen Widder-Aszendenten im Quadrat zu Merkur im Steinbock: Merkur spricht von Management und Tradition, er gibt den Anschein, als sei er konservativ und traditionsbewußt eingestellt. Der Widder-Aszendent präsentiert sich jedoch aggressiv, vielleicht unüberlegt. Der Widder ist ein intellektuelles Zeichen; er ist stolz auf seine Fähigkeit zu rationalem Denken. Ein reifer Mensch mit dieser Kombination hat gelernt, diese beiden Kräfte konstruktiv einzusetzen, jedoch muß dies erst erlernt werden.

Bei einer Opposition von Merkur und Aszendent wird ein Kompromiß notwendig sein zwischen neuen Impulsen und dem Denken und Kommunizieren. Ein Widder-Aszendent mit Merkur in der Waage wird sich auf demokratische Weise verständigen, er wird in den Beziehungen anderer versuchen, die Wogen zu glätten (Waage), um dann in aggressives Verhalten (Widder) umzuschlagen, was der Merkur-Plazierung zuwiderläuft. Man kann diese Kräfte in die richtige Richtung bringen, indem man beide Kräfte zu gegebener Zeit und am geeigneten Ort einsetzt.

Aszendent/Merkur-Konjunktion. Bei diesem Aspekt ist die Sonne immer in unmittelbarer Nähe, und es kann sein, daß die Kraft der Sonne die Bedeutung der Merkur-Plazierung vermindert.

Menschen mit diesem Aspekt sind in der Lage, ihre Gedanken in die Tat umzusetzen, denn Merkur repräsentiert das Denken, unsere Fähigkeit zur Kommunikation. Der Aszendent zeigt, wie wir Dinge in Angriff nehmen und wie wir uns am besten in unserem Beruf präsentieren. Diese Menschen können sehr gesprächig sein, sie setzen aber ihre Kraft auch ein, um ihre Meinung darzulegen und sich verständlich zu machen.

Aszendent/Venus

Der Aszendent zeigt, wie wir uns darstellen und wie wir neue Erfahrungen anpacken; Venus symbolisiert unsere Wünsche, die wir an das Leben stellen, sowie unsere Einstellung zur Liebe. Die Kombination dieser beiden Faktoren besagt, wie wir unsere Wünsche im persönlichen Leben offenbaren. Sie zeigt den Grad des Wohlbefindens oder Unwohlseins beim Verfolgen unserer Ziele und wie wir mit der Frustration unserer romantischen Wünsche und Hoffnungen fertig werden.

Jemand mit einem Trigon oder Sextil von Venus zum Aszendenten wird es leichter haben, seine Liebesbedürfnisse zu befriedigen, da die »Persona« Eigenschaften präsentiert, die der Vorliebe der Venus gemäß sind. Menschen mit einem Quadrat oder einer Opposition von Venus zum Aszendenten werden ihre Wünsche schwerer erfüllt bekommen; sie werden öfter mit Zurückweisung und Frustrationen konfrontiert und haben es schwerer, Liebe anzunehmen.

Nehmen wir beispielsweise einen Zwillinge-Aszendenten im Quadrat zu Venus in der Jungfrau: Der Zwillinge-Aszendent erscheint kontrovers, ein wenig widersprüchlich. Er charakterisiert Menschen, die über alles sprechen, allem zuhören und die man immer mit neuen Ideen bekannt machen kann, auch wenn diese noch nicht ausgereift sind. Venus in der Jungfrau repräsentiert eine starke Neigung zu Kritik; Liebesbeziehungen werden nur eingegangen, wenn sich der andere auch als würdig erweist, denn in diesem Zeichen will die Venus den intellektuellen Bereich pflegen und Gespräche genießen. Sie hat eine etwas altmodische Auffassung von der Liebe, sie gibt ihr einen besonderen Stellenwert und ist leicht gekränkt, wenn die Liebesbeziehung von den traditionellen Bahnen abzuweichen droht. Sowohl die Jungfrau- als auch die Zwillinge-Eigenschaften sind in der Persönlichkeit betont und werden sich im Umgang mit der Umwelt äußern. Bei dieser Kombination muß der Betreffende lernen, die Energien zum Fließen zu bringen. Das Quadrat besagt in den meisten Fällen, daß die eine Seite hervorgehoben wird und die andere unterdrückt, und es ist schwierig, zwischen den beiden beteiligten Kräften einen Kompromiß zu finden, damit sie gleichermaßen zum Ausdruck kommen können. Wenn die Art, wie wir auf unsere Umwelt wirken wollen, und unsere Auffassung von der Liebe in Konflikt stehen, dann werden Beziehungen immer angespannt sein, und der Betreffende wird es schwer haben, dauerhafte Partnerschaften aufrechtzuerhalten.

Bei der Opposition zwischen Venus und Aszendent ist ein Kompromiß notwendig zwischen der »Persona« und den persönlichen Wünschen. Es könnte Verwirrung herrschen über Berufsziele, oder es gibt Schwierigkeiten in Beziehungen.

Nehmen wir einen Zwillinge-Aszendenten in Opposition zu Venus im Schützen als Beispiel. Der Aszendent in den Zwillingen wird sich am Anfang einer Beziehung kontrovers darstellen. Er wird etwas Luftiges, geistig Bewegliches ausstrahlen, gern widersprechen und für alles Neue offen sein. Venus im Schützen braucht Freiheit, man kann aber nicht frei sein, wenn man ein Publikum braucht. Jemand, der gern gegen etwas argumentiert, braucht ein Publikum. Die Venus im Schützen genießt Unabhängigkeit, der Zwillinge-Aszendent braucht jedoch Menschen um sich herum, er lebt lieber mit jemandem zusammen. Menschen mit diesem Aspekt werden einen anderen Eindruck erwecken als das, was sie sich von einer Beziehung wünschen. Solange sie keinen Kompromiß gefunden haben, werden sie häufig ihre Beziehungen wechseln.

Aszendent/Venus-Konjunktion. Venus in Konjunktion mit dem Aszendenten bringt die Eigenschaften des Zeichens, in dem die Konjunktion stattfindet, zum Ausdruck. Der Aszendent zeigt, wie wir uns darstellen und beeindrucken wollen; er ist unsere Maske, das, was C. G. Jung »Persona« nennt. Venus repräsentiert unsere Fähigkeit, Liebe zu schätzen; sie zeigt, wie wir behandelt werden möchten, sowie unsere Vorstellung von der Weiblichkeit.

Die Konjunktion charakterisiert einen warmherzigen, geselligen Menschen, der großzügig und zuvorkommend sein kann, wenn ihm etwas gefällt. Die Großzügigkeit wird jedoch von dem Mutterbild aus der frühen Kindheit beeinflußt, und die Aspekte zu dieser Konjunktion zeigen an, ob die Energie frei fließen kann oder nicht.

Die Konjunktion in den Zwillingen betont, anders als im Stier, das Intellektuelle. Dies kann ein Segen sein; es kann sich aber auch neurotisch auswirken, je nach Aspektierung im übrigen Horoskop und in Verbindung mit der Konjunktion. Da Venus das Symbol für die Weiblichkeit ist, könnte eine Frau mit diesem Aspekt auf neue Situationen mit Abwehr reagieren. Wenn man ihr in ihrer Kindheit beigebracht hat, Frauen seien nicht wichtig, dann wird sie bei neuen Unternehmungen von Unzulänglichkeits- und Minderwertigkeitsgefühlen heimgesucht werden, auf ihre Umwelt defensiv reagieren und unbewußt ihre Freundinnen oder Kolleginnen innerlich abwerten. Dieses Verhalten wird sie so lange wiederholen, bis sie die Konflikte der harten Aspekte zur Konjunktion gelöst hat.

Aszendent/Mars

Diese Kombination reflektiert eine Verwandtschaft: Der Aszendent ist das Symbol für den Neubeginn und den Impuls zu handeln auf der Häuserebene, und Mars steht für dasselbe Prinzip auf der Ebene der Planetenkräfte. Mars setzt die Eigenschaften des Sonnenzeichens in Handlung um. Steht Mars im Sextil oder Trigon zum Aszendenten, dann konnte der Betreffende als Kind seine Handlungsimpulse konstruktiv ausleben; sie sind im Einklang mit der »Persona«. Bildet Mars jedoch ein Quadrat oder eine Opposition mit dem Aszendenten, dann stehen diese beiden Prinzipien nicht im Einklang, und es ist schwierig, das kreative Potential durch Handeln zu verwirklichen.

Nehmen wir als Beispiel einen Stier-Aszendenten im Quadrat zu Mars im Wassermann: Mars wird auf unkonventionelle und unorthodoxe Weise handeln, um die Eigenschaften des Sonnenzeichens zum Ausdruck zu bringen, während der Stier-Aszendent praktisch, rational und wissenschaftlich orientiert erscheint. Diese Menschen zeigen sich vielleicht als vernünftige Arbeitnehmer, fallen aber in ihrem Tun aus der Reihe. Dabei laufen ihre Handlungen ihren Berufsinteressen zuwider, da diese wahrscheinlich nicht richtig erkannt oder wahrgenommen werden. Es herrscht Unklarheit über Ziele. Da Mars ebenso das Symbol für Sexualität ist, wird der Betreffende sich auch in diesem Bereich unvernünftig verhalten; beispielsweise könnten die Berufsziele durch die Wahl des Partners gefährdet sein.

Bei der Opposition ist ein Kompromiß nötig, da der Eindruck, den wir erwecken wollen, nicht mit unserem Tun übereinstimmt. Ein Stier-Aszendent in Opposition zu Mars im Skorpion könnte einen Menschen charakterisieren, der dem Leben gegenüber praktisch eingestellt ist, der jedoch bei einer Kränkung Rachepläne schmiedet. Er könnte seine Berufsziele mit seinen persönlichen Beziehungen verstricken, so daß der Ehepartner dem Erfolg in der Karriere im Wege stehen könnte und dann als Hindernis für Berufswünsche angesehen würde. Der Stier-Aszendent versteht einen gesunden Wettbewerb, während Mars im Skorpion auf Vergeltung sinnt. Um diese beiden Energien zur Zusammenarbeit zu bringen, werden Kompromisse vonnöten sein. Der Betreffende muß sich die im Widerstreit liegenden Kräfte bewußtmachen, um sie nutzen zu können.

Aszendent/Mars-Konjunktion. Der Aspekt hat ein hohes Energiepotential und wirkt sehr dominant. Diese Menschen fällen schnelle, vielleicht übereilte Entscheidungen. In der Kindheit des Horoskopeigners ging es turbulent, ja vielleicht gewalttätig zu. Die unmittelbare Emotion dieser Menschen ist Wut, und das Zeichen, in dem die Konjunktion stattfindet, zeigt, welcher Art die Kindheitserlebnisse waren.

Die Konjunktion im Widder weist zum Beispiel auf eine Familienatmosphäre hin, in der die Gefühle schnell entbrannten und ebenso schnell wieder vergessen waren. In den Fischen bekommt der Groll einen eher weinerlichen Ausdruck, der Schuldgefühle nach sich zieht und wegen überempfindlicher Reaktionen auf die Situationen des Lebens entsteht.

Wenn der Betreffende nicht lernt, seine starken Impulse konstruktiv einzusetzen, dann wird er zu sehr damit beschäftigt sein, sich mit übertriebenen Reaktionen seiner Gefühle auf gewöhnliche, alltägliche Begebenheiten herumzuschlagen. Er wird sich anstrengen müssen, um berufliche Pläne sorgfältig zu durchdenken, denn er neigt dazu, übereilt und unüberlegt in neue Situationen hineinzuspringen.

Aszendent/Jupiter

Der Aszendent ist unsere Maske, er zeigt, wie wir uns in unserer Umgebung darstellen und etwas Neues beginnen. Jupiter zeigt, wie wir zu anderen Beziehung aufnehmen und zu unseren persönlichen Bedürfnissen stehen. Haben wir einen Bezug zu dem (oder begreifen wir), was wir tun, dann können wir in unserem Beruf erfolgreich sein; wenn nicht, dann müssen wir Hervorragendes leisten, um voranzukommen. Menschen mit einem Sextil oder Trigon von Jupiter zum Aszendenten können sich leichter öffnen, weil die Jupiter-Energien und diejenigen des Aszendenten-Zeichens sich ergänzen.

Wenn Jupiter ein Quadrat zum Aszendenten bildet, dann stören sich unsere Expansionsbedürfnisse und unser Auftreten gegenseitig. Nehmen wir als Beispiel den Jupiter im Wassermann im Quadrat zum Aszendenten im Skorpion. Mit dem Skorpion-Aszendenten ist der Betreffende in seinen neuen Unternehmungen vorsichtig; er verhält sich bedeckt. Jupiter geht das Leben auf unorthodoxe, unkonventionelle Art an. Während Jupiter Offenheit zeigt, hat Skorpion Bedenken. Daher werden Neuanfänge schwierig verlaufen, denn das Quadrat bedeutet Frustration der Energien. Diese Menschen sind sich wahrscheinlich nicht bewußt, daß ihre unmittelbaren Reaktionen (Aszendent) von anderen anders wahrgenommen werden, als sie von ihnen selbst erlebt werden.

Steht Jupiter in Opposition zum Aszendenten, dann wird der Betreffende zwischen seinem Auftreten und seiner Art, Beziehungen aufzunehmen, einen Kompromiß finden müssen. Eine Opposition kommt meist zwischen dem ersten und dem siebten Haus zustande, also dem eigenen Durchsetzungsbedürfnis und den Bedürfnissen des Partners. Eine Opposition zwischen Krebs und Steinbock könnte folgenden Konflikt aufwerfen: Der Krebs-Aszendent charakterisiert einen Menschen, der hegt, pflegt, nährt, beschützt und zuweilen ein Kind-, Mutter- oder Vaterbild in die Umwelt projiziert. Jupiter im Steinbock ist traditions- und verantwortungsbewußt. Wie verträgt sich Tradition und Verantwortung mit dem Bild von Naivität? Die Gesprächspartner sind verwirrt, denn Menschen mit diesem Aspekt möchten einerseits ernst genommen werden, andererseits signalisieren sie aber ein Kindbild. Ein Kompromiß kann gefunden werden, wenn man die beiden Energien versteht.

Aszendent/Jupiter-Konjunktion. Die Menschen mit diesem Aspekt werden entweder in eine recht wohlhabende oder großzügige Umgebung hineingeboren. Sie neigen zu übergroßen Expansionsbedürfnissen, oder sie übertreiben die Bedeutung dessen, was ihnen begegnet.

Der Aszendent zeigt unser Auftreten, den Eindruck, den wir machen. Mit Jupiter am Aszendenten tendiert man dazu, all

seine Energien in neue Unternehmungen zu investieren.
Wenn das Aszendenten-Zeichen nicht etwas anderes besagt,
dann besitzt der Horoskopeigner eine sorglose Einstellung
zum Leben, die oft in Maßlosigkeit ausufert. Wird die Maßlosigkeit zu einem Problem, dann kann man das an den Reaktionen der anderen ablesen und versuchen, die Überschwenglichkeit zu korrigieren.

Aszendent/Saturn

Wenn der Aszendent unser Auftreten, unsere Maske, repräsentiert, dann werden Saturn-Verbindungen zum Aszendenten auf ein vorsichtiges, bedachtsames Auftreten hinweisen.
Das Sextil und das Trigon bedeuten, daß der Betreffende in
einer Familie aufwuchs, in der man Entscheidungen mit Sorgfalt traf und gesellschaftlich keine Außenseiterrolle spielte.
Der Mensch mit diesem Horoskop wird in seinem unmittelbaren Tun als reif und erfahren erlebt.
Steht Saturn im Quadrat zum Aszendenten, dann wird jeder
Anfang von inneren Konflikten begleitet sein, da der Einfluß
des Vaters den spontanen Ausdruck des Kindes behinderte.
Diese Menschen werden neue Unternehmungen mit Vorsicht
und Bedenken angehen. Der Konflikt wird ausgelöst durch
ein mangelndes Selbstwertgefühl, denn das negative Vaterbild
schafft später Probleme mit Autoritätsfiguren.
Die Art des Konflikts, der bei einem Quadrat entsteht, wird
durch die beteiligten Zeichen reflektiert. Nehmen wir als Beispiel einen Krebs-Aszendenten im Quadrat zu Saturn in der
Waage. Der Krebs ist ein weiches, bedürftiges, besitzergrei-
fendes Zeichen, das mit seinen nährenden Qualitäten in
gewissen Berufen vorteilhaft eingesetzt werden kann. Die
Saturn-Plazierung in der Waage bedeutet, daß der Vater zur
Zeit der Geburt des Betreffenden seinen Selbstwert an der
Zugehörigkeit zu einer Elitegruppe, zu gesellschaftlich hoch-

stehenden Kreisen, ausrichtete. Dies verursacht bei dem Kind – bis ins Erwachsenenalter hinein – immer wieder die Befürchtung, wenn er etwas Neues beginne, könne sein Tun gesellschaftlich oder für Autoritätspersonen nicht akzeptabel sein. Der Krebs-Aszendent geht intuitiv vor, der Saturn in der Waage will sich aber nicht auf die Intuition verlassen. Es ist notwendig, die Bedürfnisse beider Zeichen in die Persönlichkeit zu integrieren.

Bei der Opposition von Saturn zum Aszendenten herrscht ebenfalls ein aus der frühen Kindheit rührender Konflikt mit dem Vater. Der Betreffende hat das Bedürfnis, von Autoritätspersonen anerkannt zu werden, und auch er wird neue Unternehmungen besorgt und ängstlich angehen. Er wird das Bedürfnis haben, daß der Partner seine Pläne oder sein Tun billigt, und er wird daher der Notwendigkeit von Kompromissen begegnen. Ein Krebs-Aszendent zum Beispiel begegnet der Welt gefühlsmäßig, während Saturn im Steinbock die Tradition und Maßstäbe braucht. Die gefühlsbetonte Sicht des Lebens, das Bedürfnis, zu nähren und zu pflegen, sowie das Mitleid für die Schwachen sind nicht Sache des Saturn in Steinbock, für den eher die Leistung zählt. Daher wird der Betreffende – wie der Vater – mißtrauisch auf seine spontanen Aktivitäten blicken, denn er befürchtet, dabei könne zuviel Gefühl zum Vorschein kommen.

Aszendent/Saturn-Konjunktion. Saturn repräsentiert unsere Unsicherheit und zeigt, wo wir auf der Hut sind. Der Aszendent symbolisiert den Neubeginn und die Art, wie wir für unsere Umwelt in Erscheinung treten. Die Konjunktion von Saturn und Aszendent charakterisiert einen Menschen, der sich als Kind und Jugendlicher seiner Fähigkeiten nicht sicher fühlt und mit der Notwendigkeit lebt, sein Selbstwertgefühl zu entwickeln. Er wurde von seinem Vater auf irgendeine Weise abgelehnt; er konnte nicht die Annahme und Ermutigung erfahren, die er als Kind brauchte. Daher besteht gegenüber

Autoritätsfiguren die Furcht, nicht akzeptiert zu werden, und sie werden diesen Mangel dadurch wettmachen wollen, indem sie viel leisten und hart arbeiten.

Das Zeichen, in dem die Konjunktion stattfindet, gibt Hinweise auf die Art der Kränkung des Selbstwertgefühls. Wenn diese Menschen reifen und ein Gefühl für ihren Selbstwert entwickeln, erleben sie ein persönliches Gefühl der Stärke, das durch das Wissen um ihr Durchhaltevermögen und ihre Ausdauer entsteht.

Aszendent/Uranus

Der Aszendent zeigt, wie wir in Erscheinung treten und Neues beginnen, während Uranus unsere Fähigkeit zur Bewußtheit, aber auch unsere Neigung zu exzentrischem Verhalten repräsentiert. Wenn Uranus mit dem Aszendenten durch ein Sextil oder ein Trigon verbunden ist, wird der Betreffende neuen Ideen und ungewöhnlichen Verhaltensweisen begegnen, denn er wuchs mit Eltern auf, die das Unerprobte schätzten und unterstützten.

Das Quadrat und die Opposition verursachen Konflikte, da das Verhalten des Kindes zum Teil von den Eltern nicht akzeptiert wurde. Dies führt dazu, daß sich der Betreffende in seinem Auftreten nicht ganz wohl fühlt. Nehmen wir als Beispiel einen Wassermann-Aszendenten im Quadrat zu Uranus im Stier: Der Aszendent weist auf ein unkonventionelles, unorthodoxes und neuen Ideen gegenüber aufgeschlossenes Auftreten hin, während die Stier-Plazierung ein praktisches, vielleicht stures Verhalten reflektiert. Das Verhaltensmuster (Uranus), gefärbt durch den gern in ausgetretenen Pfaden wandelnden Stier, könnte zu einer verschrobenen Sturheit führen, die ganz und gar nicht zu den humanitären Ideen des Wassermanns passen.

Bei der Opposition werden die eigenen Verhaltensimpulse bei

jedem Neubeginn beeinträchtigt, und die unmittelbaren Reaktionen spiegeln wahrscheinlich nicht das allgemeine Verhaltensmuster wider. Jemand mit einem Wassermann-Aszendenten und Uranus in Opposition im Löwen wird sich offen und unangepaßt geben, sobald seine Gefühle jedoch verletzt werden, wird die Empfindlichkeit des Löwen zum Vorschein kommen, der darauf bedacht ist, Anerkennung zu bekommen. Wenn sich der Betreffende, gemäß seinem Aszendenten, für den neuen Zeitgeist engagieren möchte, gleichzeitig aber das Bedürfnis hat, von der Gruppe geachtet zu werden, dann wird es für die Lösung dieses Konflikts eines Kompromisses bedürfen. Im Privatleben charakterisiert dieser Aspekt einen Menschen, der unkonventionell erscheinen möchte, aber gleichzeitig von seinem Partner erwartet, daß er seine Eigenart gutheißt.

Aszendent/Uranus-Konjunktion. Der Mensch mit diesem Aspekt will einzigartig erscheinen. Die Eigenschaften des Zeichens, in dem die Konjunktion stattfindet, werden gesteigert, und es besteht die Möglichkeit, in dem von diesem Zeichen angesprochenen Themenbereich eine höhere Bewußtseinsebene zu erreichen.

Da der Aszendent zeigt, wie man neue Situationen, die im Leben auf einen zukommen, angeht, wird die Nähe des Uranus bewirken, daß diese Reaktionen oder neuen Unternehmungen ungewöhnlicher Art sein werden, zuweilen auch unberechenbar. Die Konjunktion kann sehr aufregend sein; sie kann zu außergewöhnlichen Erlebnissen führen, sie kann aber auch sehr konfliktreich sein, je nachdem, wie Uranus sonst noch aspektiert ist. Befriedigend kann die Unangepaßtheit aber erst dann werden, wenn auch die anderen Persönlichkeitsanteile zur Geltung kommen. Dabei sollte vor allem auf die persönlichen Planeten geachtet werden.

Aszendent/Neptun

Der Aszendent repräsentiert, wie wir den Menschen begegnen, wie wir auftreten und etwas Neues beginnen. Neptun symbolisiert unsere Träume, unsere Phantasien, Illusionen, Selbsttäuschung und Inspiration. Wenn Neptun mit dem Aszendenten in Verbindung steht, dann besteht das Bedürfnis zu spiritueller Entwicklung und zu kreativer Betätigung. Das Kreative kann sich jedoch erst entfalten, wenn wir uns unserer Illusionen entledigen und einen Einblick bekommen in das, was wir darstellen.

Trigone und Sextile von Neptun zum Aszendenten charakterisieren Menschen, die in einem bereits fortentwickelten spirituellen Milieu aufwuchsen; ihre Träume und Phantasien wurden von den Eltern ermutigt anstatt zunichte gemacht. Bei einem Quadrat oder einer Opposition besteht die Schwierigkeit, im Auftreten oder bei neuen Unternehmungen Phantasie und Wirklichkeit voneinander zu trennen. Sie wissen nicht recht, was sie tun, und können auch nicht erkennen, welchen Eindruck sie auf ihre Umwelt machen.

Nehmen wir als Beispiel einen Jungfrau-Aszendenten im Quadrat zu Neptun im Schützen. Der Jungfrau-Aszendent wird seine Arbeit und alles Neue sehr selbstkritisch angehen. Diese Menschen wuchsen in einer Umgebung auf, in der viel Kritik geübt wurde; daher entwickelten sie die Fähigkeit zu analysieren. Neptun im Schützen träumt von der Freiheit, von Unabhängigkeit, und ist geneigt, sich großen politischen Idealen hinzugeben. Die Jungfrau interessiert sich für die kleinen Einzelheiten, für das Detail, das Konkrete, während Neptun im Höhenflug seiner Ideale frei sein möchte wie ein Vogel. Diese beiden Bestrebungen unter einen Hut zu bekommen ist schwierig. Beim Quadrat neigt man dazu, die eine Seite zugunsten der anderen zu vernachlässigen. Um etwas von Wert zu schaffen, müssen die Eigenschaften beider Zeichen zum Ausdruck kommen können.

Die Opposition zwischen dem Aszendenten und Neptun erfordert einen Kompromiß. Steht Neptun in der Jungfrau, so erträumt sich der Horoskopeigner die Fähigkeit zur kritischen Analyse, um den Weizen von der Spreu trennen und alle Einzelheiten erkennen zu können. Der Fische-Aszendent charakterisiert einen sensiblen, mitfühlenden Menschen, der sich scheut, andere zu kritisieren, um sie nicht zu verletzen. Menschen mit diesem Aspekt neigen zu einer ätherischen Sicht der Liebe, bereit zur Hingabe bis zum Märtyrertum; oft nehmen sie in Kauf, daß ihre Liebe nicht erfüllt wird. Da Neptun bei diesem Aspekt meist im siebten Haus steht, müssen sie lernen, sich nicht blind ihren Gefühlen hinzugeben, sondern einen Partner bewußt und mit offenen Augen zu wählen. Ihr neptunischer Traum wird ihnen wenig Vergnügen bereiten, und sie müssen erkennen, daß Elend und Unglück, denen sie in ihren Liebesbeziehungen begegnen, aus ihrer eigenen Unklarheit resultieren, die sie an der Befriedigung ihrer Bedürfnisse hindert.

Aszendent/Neptun-Konjunktion. Der Aszendent zeigt, wie wir unserer Umwelt erscheinen, wie wir neue Vorhaben beginnen, und Neptun symbolisiert unsere Träume, Eingebungen und Illusionen. Die Konjunktion bedeutet die Fähigkeit, diese Energie kreativ oder aber zur Täuschung einzusetzen, je nachdem, ob wir uns dieser Energie bewußt sind.
Neue Unternehmungen können einer Inspiration entspringen, uns andererseits aber auch in die Irre führen, denn Neptun ist vage und zweideutig. Menschen, die mit diesem Aspekt geboren wurden, wissen wahrscheinlich nicht, was sie tun. Sie erscheinen zerstreut und abwesend. Sie scheinen die Dinge nicht anzupacken, sondern sich in das Neue hineintreiben zu lassen. Das kann insofern von Vorteil sein, als die Umwelt nicht erkennen kann, was ihre Pläne sind.
Jemand mit dieser Konjunktion lernte in seiner Kindheit wahrscheinlich keine handfesten, konkreten Beziehungen

kennen, und er benahm sich nicht so wie andere Kinder. Im späteren Leben entwickeln sich ein Streben nach Spiritualität und ein Interesse an Mystik oder Metaphysik.

Aszendent/Pluto

Der Aszendent zeigt, wie wir Berufsziele verfolgen, wie wir neuen Situationen oder Menschen begegnen und wie wir versuchen, einen guten Eindruck zu machen. Wenn Pluto mit dem Aszendenten in Verbindung steht, kommt eine unbewußte Motivation zu unseren neuen Bestrebungen hinzu. Diese Menschen wurden in ihrer frühkindlichen Umgebung irgendeiner Art von Manipulation und Kontrolle ausgesetzt. Aus den anderen Aspekten zu Pluto kann man mehr Informationen über die Lebensgeschichte bekommen. Die Energie kann produktiv oder destruktiv sein, je nachdem, was für Bedürfnisse die Generation, welche Motivationen die Masse zu der Zeit bewegte.

Das Sextil oder Trigon zwischen Pluto und dem Aszendenten weist auf eine Familienatmosphäre hin, die Gruppenaktivitäten ermutigte und die Zusammenarbeit mit der Gemeinschaft förderte. Diese Menschen können sich völlig in Belangen ihrer Generation engagieren und sich ihre Ziele aneignen, ohne sich zu fragen, welche Bedeutung sie haben.

Wenn Pluto im Quadrat oder in Opposition zum Aszendenten steht, verändert sich das Bild vollständig, denn der Betreffende war in seiner Kindheit starken Manipulationen ausgesetzt. Wie sich die Manipulation auswirkt und wer sie ursprünglich ausübte, zeigen die weiteren Aspekte zu Pluto.

Beim Quadrat besteht ein übertriebenes Bedürfnis nach Kontrolle des Umfelds und der Lebensumstände. Jeder Neubeginn wird, bedingt durch die frühkindliche Prägung, von unbewußten Motivationen behindert. So weist zum Beispiel der Pluto im Löwen im Quadrat zu einem Skorpion-Aszendenten auf das unbewußte Bedürfnis nach Respekt und Anerkennung hin, während die Erinnerung an eine trostlose Kindheit die unmittelbaren Impulse mit Furcht belegt. Der Betreffende wird von Zweifeln geplagt, ob seine Unternehmungen auch die Anerkennung der anderen ernten werden. Aus dieser Angst heraus ist es unmöglich, spontan und ohne Bedenken zu handeln. Diese Furcht ist wahrscheinlich nicht bewußt, sondern äußert sich in unbestimmbaren Angstgefühlen. Es ist möglich, daß sich die Angst in einem Angriff äußert, da der Zwang, seine Umgebung unter Kontrolle zu halten, und die Offensive, die ein Neubeginn erfordert, gekoppelt sind. Meist werden diese Menschen so vorgehen, daß sie sich zuerst durch Manipulation absichern, bevor sie etwas Neues wagen. Um diese Energien produktiv zum Ausdruck bringen zu können, muß das manipulative Verhalten losgelassen und eingesehen werden, daß man nicht alles im Leben planen kann. Wenn die Energien befreit sind, stellt sich die Anerkennung von selbst ein.

Steht der Pluto in Opposition zum Aszendenten, offenbart sich ein anderes Problem. Es scheint, als habe der Betreffende sich einen kontrollbesessenen Partner gewählt. In Wirklichkeit spielt sich jedoch in ihm selbst ein Konflikt ab, welcher zur Folge hat, daß er sowohl seine Partnerschaften als auch seine Impulse kontrollieren möchte. Seine Form von Geben wird eher einem Erdrücken gleichen, da er als Kind viel Druck ausgesetzt war.

Bevor man das unbewußte Bedürfnis nach Kontrolle überwinden kann, muß man seine Manipulationsbedürfnisse erkennen. Der Mensch ist ein Nachahmer, wenn unsere Eltern Manipulationsspiele spielten, dann werden wir es auch tun, da wir nur dies als frühe Kindheitserlebnisse halten und solche Verhaltensweisen als normal betrachten. Um die alten Muster zu durchbrechen, müssen wir uns erst gewahr werden, daß sie existieren. Dann haben wir die Wahl, ob wir auf dieselbe Weise weitermachen wollen oder nicht. Unbewußte Verhal-

tensmuster sind sehr heimtückisch und schwierig zu verändern, weil die Grundlagen dafür vor vielen Jahren gelegt
wurden und schwer in Erinnerung zu rufen sind.

Um die Eigenschaften des Aszendenten zur Entfaltung kommen zu lassen, müssen die Pluto-Kräfte verstanden und Kompromisse geschlossen werden, die nicht die Energien des
Aszendenten-Zeichens beeinträchtigen. Wenn das gelingt,
dann können die Pluto-Kräfte zur eigenen Transformation
eingesetzt werden.

Aszendent/Pluto-Konjunktion. Wenn Pluto am Aszendenten
steht, wird jeder Neubeginn von unbewußten Antrieben
begleitet. Entweder wird das spontane Auftreten die Energien
archetypischer Bilder reflektieren, oder der Betreffende steht
unter dem Zwang, jeden Neuanfang zu kontrollieren.

Steht die Konjunktion im Löwen, dann werden die Bedürfnisse nach Respekt und Anerkennung verstärkt. Durch die
Anwesenheit von Pluto reagiert der Betreffende empfindlich,
leicht gekränkt und rachsüchtig. Diese Empfindlichkeit hat
ihren Ursprung in den frühen Kindheitserlebnissen, die mit
Anerkennung und Ablehnung zu tun hatten. Bei diesem
Aspekt herrscht ein starker, unbewußter Drang zum Selbstausdruck, der sich auf verschiedene Weise äußern kann. Er
kann sich äußern in kontrolliertem, vorsichtigem Vorgehen,
andererseits aber auch durch ungewöhnliche Heilungskräfte
oder Ideale, die der Menschheit zugute kommen können.

III. Beispiele

1. Die Deutung eines Horoskops

Jeder Planet in einem Geburtsbild symbolisiert einen bestimmten Teil der Persönlichkeit. Die Planeten reflektieren also jeder für sich eine andere Einstellung zum Leben, je nachdem, wie sie in den Häusern verteilt und durch Aspekte verbunden sind. Manch einer, der sich mit der Astrologie beschäftigt, gibt schon mal diesem oder jenem Planeten die Schuld daran, wenn er sich falsch verhalten hat oder ihm etwas Mißliches widerfahren ist. Planeten sind aber vielmehr Symbole, die uns Hinweise geben, wie *wir* auf bestimmte Lebenserfahrungen reagieren. Sie sind Symbole für Kräfte und Verhaltensweisen, deren sich die Astrologie bedient, um ihr Wirken sprachlich zum Ausdruck zu bringen. Wir können sie nutzen, um uns besser zu verstehen. Eine in Stichworte gefaßte Kurzbeschreibung der Planeten erscheint am Ende dieses Kapitels; die ausführlichere Beschreibung der einzelnen Planeten finden Sie in Teil II bei der Beschreibung der Aspekte.

Jeder Mensch reflektiert die Eigenschaften seines Sonnenzeichens, und die Plazierung der anderen Planeten kann diese Eigenschaften stützen oder sie hemmen. Die Sonne symbolisiert den Kern der Persönlichkeit, und die Planeten, die Zeichen und Häuser sind die Äste auf dem Baum des Lebens. Ein Astrologe kann nur über das vorhandene Potential sprechen; auf welche Weise der Horoskopeigner nach diesem Potential lebt, ist einzig und allein seine Entscheidung. Aspekte können auf verschiedene Art zum Ausdruck kommen, da sich die

Umgebung, in der ein Mensch aufwuchs, unterscheidet von der eines anderen. Joseph Goodavage spricht in seinem Buch *Astrology, the Space Age Science* von zwei Knaben, einem Prinzen und einem Bettler, die am gleichen Tag geboren wurden. Natürlich wachsen diese zwei Menschen auf ganz verschiedene Weise und in einer völlig unterschiedlichen Umwelt auf, dennoch werden sie gewisse Interessen und Konflikte gemeinsam haben.

Der Astrologe braucht nicht zu raten, was sich im Leben seines Klienten zugetragen hat, sondern er kann ihm behilflich sein, das Rätsel seines Lebens aufzulösen. Das Geburtshoroskop ist ein hervorragendes diagnostisches Instrument für jemanden, der sich auf der Suche nach sich selbst befindet, nach seiner Identität, dem Sinn des Lebens und nach Antworten auf die Frage, warum manche Erlebnisse schmerzlich sind und andere nicht. Der Astrologe kann unangenehme Persönlichkeitsanteile aufdecken, die die Persönlichkeit blockieren, und er kann zeigen, welche natürlichen Begabungen und Neigungen der Betreffende besitzt. Der Klient kann dann selbst entscheiden, was er mit diesen Informationen anfangen will.

Dieses Kapitel soll dem Anfänger helfen, Geburtsbilder zu deuten. Dabei darf man nicht vergessen, daß zwischen dem Astrologen und dem Klienten eine Beziehung besteht und der Astrologe durch die Eigenart seines Bewußtseins sich in die Interpretation mit einbringt. Auch er hat die Möglichkeit zu wachsen, wenn er das Horoskop eines Klienten bespricht, weil dabei sein eigenes Bewußtsein um die Erfahrungen des Klienten bereichert wird. Wenn wir als Astrologen die Einzelheiten eines Horoskops in einer gewissen Reihenfolge und mit gewissen Maßstäben betrachten, dann reflektiert das ebenso unsere eigenen Wertmaßstäbe. Das Verständnis für das Leben eines anderen kann für uns selbst zu einer aufregenden Erfahrung werden. Wir beginnen mit dem Sonnenzeichen und schauen, ob die Planetenkräfte die Energien des Sonnenzeichens reflektieren und wie die Elemente und Qualitäten verschiedene Haltungen offenbaren.

Die Sonne

Die Sonne ist der Geist, der uns ins Leben ruft, und der Lebenshauch, der unseren Körper beim Tod verläßt. Unser Geburtsmoment ist der Stand der Sonne im Tierkreis und im Universum in einem gegebenen Augenblick. Es liegt an uns, das Wesen dieses Augenblicks durch unser Leben zu verwirklichen.

In der alten Astrologie sollte die Sonne zeigen, ob und in welchem Maße wir »wohlgeboren« waren. Heute dient sie als Indikator für unser Verhältnis zu Autoritätspersonen oder für unseren beruflichen Erfolg. Wenn man das Potential des einzelnen erkennen will, indem man die häusliche Atmosphäre, in der der Betreffende aufwuchs, untersucht und erwägt, inwieweit er sich von negativen Einflüssen seiner Kindheit befreien kann, dann wird die Sonne in Verbindung mit den anderen Planeten im Horoskop für die Deutung sehr wichtig. Die Sonne symbolisiert den für unsere Persönlichkeit grundlegenden Archetypus. Die zwölf Archetypen, die wir als Tierkreiszeichen kennen, werden in Teil I, Kapitel 5, beschrieben. Das Zeichen, in dem die Sonne steht, repräsentiert unser fundamentales Lebensmuster, unsere Interessen und die Art, wie wir uns in unserer Umgebung zum Ausdruck bringen. Dies Muster bekommt einen individuellen Charakter und wird zum Teil modifiziert durch die Aspektverbindungen der Sonne zu anderen Planeten im Geburtshoroskop.

Der Mond

Der Mond symbolisiert unsere Gefühlsnatur. Er zeigt, wie wir auf unsere Lebenserfahrungen reagieren, was unsere emotionalen Bedürfnisse sind, wie uns andere Menschen anmuten, wie wir zu Mutterschaft und Weiblichkeit stehen. Das Verhältnis zwischen Sonne und Mond in unserem Geburtsbild zeigt, wie wir gefühlsmäßig zu unserem Grundcharakter stehen. Bei Spannungsaspekten besteht ein erhöhtes Bedürfnis nach Spiritualität, um die inneren Spannungen zu überwinden.

Die Sonne repräsentiert den Vater und der Mond die Mutter. Beide zusammen symbolisieren die Art zwischenmenschlicher Beziehungen.

Merkur

Merkur ist ein Schnelläufer und entfernt sich nicht weit von der Sonne. Er zeigt durch seine Position im Tierkreis, ob sein Ausdruck dem Sonnenzeichen entspricht oder nicht.

Wenn Merkur im selben Zeichen wie die Sonne steht, dann wird der Betreffende in seinem Denken und seinem sprachlichen Ausdruck die Interessen des Sonnenzeichens vertreten. Befindet er sich jedoch ein Zeichen davor oder danach, dann drücken wir in unserer Kommunikation etwas anderes aus als das, was wir sind. Dies kann sowohl von Vorteil als auch von Nachteil sein: Einerseits können wir unsere Identität ein wenig verbergen, andererseits können wir durch unsere irreführenden Signale nicht das erreichen, um was es uns in Wirklichkeit geht.

Aspekte von anderen Planeten zu Merkur zeigen, wie sie unsere Wahrnehmung beeinflussen, und geben unserem Ausdruck eine zusätzliche individuelle Note.

Venus

Die Venus entfernt sich ebenfalls nicht weit von der Sonne. Der einzige Hauptaspekt, den sie bildet, ist die Konjunktion (die kleineren Aspekte wurden hier nicht besprochen).

Die Stellung der Venus zeigt, was wir uns im Leben wünschen, und je nachdem, ob sie sich im Zeichen der Sonne oder in einem benachbarten Zeichen befindet, können wir erkennen, ob unsere Wünsche auch unserem Wesen entsprechen. Venus zeigt, was uns Genuß bringt und uns gefällt, wie wir die Liebe, unser Heim und unsere Freunde schätzen, wie wir uns selbst als Liebende sehen, was für eine Art von Liebe oder Liebschaft wir uns wünschen und wie wir diese Liebe annehmen. Venus ist auch ein Symbol für unsere Mutter und ihren Einfluß auf die Entwicklung unserer Beziehungsfähigkeit. Die Aspekte zur Venus zeigen, auf welche Weise wir von unserer Mutter beeinflußt wurden und wie sie unsere Einstellung zur Liebe geprägt hat.

Mars

Die Stellung des Mars im Horoskop, ob mit der Sonne durch Aspekt verbunden oder nicht, zeigt, wie der Betreffende die Eigenschaften des Sonnenzeichens zum Ausdruck bringt. Dabei spielt es keine Rolle, in welchem Zeichen und Haus er sich befindet.

Mars ist Energie; er ist das Prinzip der Bewegung und des impulsiven Handelns; er steht auch für den Geschlechtstrieb. Sein Handeln wird auf irgendeine Weise die Energien des Sonnenzeichens reflektieren. Die Beziehung zwischen Sonne und Mars muß anhand der Zeichenplazierung untersucht werden. Manchmal kann ein Mensch seine Kreativität nicht zum Ausdruck bringen, weil die Kräfte des Mars und der Sonne nicht zusammenarbeiten.

Nehmen wir als Beispiel eine Wassermann-Sonne mit Mars in der Waage, ohne daß ein Aspekt zwischen den beiden Planeten besteht. Mars in der Waage will sich den Erwartungen der Gesellschaft anpassen; er glättet Wogen und benimmt sich so, damit alles beim alten bleiben kann. Wie ist es möglich, die unorthodoxen, unkonventionellen kreativen Bedürfnisse der Sonne zum Ausdruck zu bringen, wenn der Betreffende immer diplomatisch – und im schlimmsten Fall untertänig – handelt?

Ein Verständnis für die Bedürfnisse der Sonne unter Berücksichtigung der Mars-Energien kann dem einzelnen die Möglichkeit geben, beide Kräfte zu verschiedenen Zeiten einzusetzen. Es müssen alle Kräfte im Horoskop zum Ausdruck kommen, und wir können selbst entscheiden, wie das geschehen soll.

Jupiter

Jupiter, zusammen mit der Sonne, zeigt, wie der Betreffende mit anderen in Verbindung tritt. Die Art, wie er Partnerschaften in seiner frühkindlichen Umgebung erlebte, prägt seine Beziehungsfähigkeit als Erwachsener.

Wichtig ist das Zeichen, in dem Jupiter steht, denn es gibt Aufschluß darüber, wie Beziehungen zum Ausdruck kommen. Jupiter ist das Prinzip des Sichöffnens, des Ausgreifens und der Expansion. Ich hatte einen Astrologieschüler mit Jupiter in der Jungfrau. Die ersten neun Unterrichtsstunden kritisierte er nur, bis er endlich gestand, daß ihm die Astrologie helfen kann, sich selbst zu verstehen. Jupiter in den Fischen ist nicht kritisch. Er gibt sich eher märtyrerisch und tut sein Leiden kund. Aus einem Bedürfnis heraus, sich überlegen zu fühlen, wird er sich leichter denjenigen gegenüber öffnen, für die er Mitleid empfindet.

Jede Verletzung des Jupiter bedeutet eine Blockierung, die das Sonnenzeichen daran hindert, sich auf konstruktive Weise zu äußern. Das Problem ist eine wahrscheinlich sehr nahegehende persönliche Kränkung, die die Sicht versperrt für den Platz, den man im Universum einnimmt. Jupiter ist auch das Symbol für den Individuationsprozeß; und solange wir seine eigentliche Bedeutung nicht verstanden haben, können wir nicht zu einem höheren Bewußtsein gelangen, einem Verständnis für uns selbst und die Welt, in der wir leben.

Saturn

Wenn die Sonne mit Saturn im Aspekt steht, können wir die Ängste und die Befürchtungen des Betreffenden besser erkennen. Die Sonne repräsentiert unser inneres Wesen sowie unseren leiblichen Vater, und ihre Aspekte zeigen, wie frei wir darin sind, unser Wesen zum Ausdruck zu bringen. Saturn symbolisiert den Einfluß des Vaters auf die Psyche des Kindes, der unseren Erlebnissen von Einschränkung, Selbstbegrenzung, Angst und Vorsicht zugrunde liegt.

Besteht zwischen Saturn und Sonne kein Aspekt, dann geben die Zeichenplazierungen Aufschluß über ihre Beziehung zueinander. Steht die Sonne im Krebs und Saturn in der Jungfrau, ohne daß sie einen Aspekt miteinander bilden, kann man sagen, daß die Krebs-Energien stärker sind. Der Betreffende wird seinen intellektuellen Fähigkeiten mit Mißtrauen gegenüberstehen, besonders auch deshalb, weil Saturn in der Jungfrau auf diesem Gebiet große Bedenken hat. Jemand mit dieser Kombination wurde in seiner Kindheit von seinem Vater kritisiert, wenn er seine Umgebung erforschen und eigene Entscheidungen treffen wollte. Für die Krebs-Sonne ist das Thema Intellekt ebenfalls problematisch, und oft entwickeln diese Menschen den Ehrgeiz, einen Universitätsabschluß erreichen zu müssen. Sie sind anfällig für Kritik von Autoritätspersonen, die bei der Krebs-Sonne häufig Frauen sein werden.

Wenn Saturn in Opposition, im Quadrat oder in Konjunktion mit der Sonne steht, muß der Horoskopeigner lernen, für sich selbst verantwortlich zu sein, gleichgültig, wieviel Schmerz dieser Prozeß verursacht. In diesen Fällen ist das Vaterbild negativ. Der ungesunde Einfluß des Vaters bewirkte, daß der Betreffende meint, sich ständig verteidigen oder höhergestellten Personen immer etwas beweisen zu müssen. Vielleicht hegt er wegen seiner Arbeit einen Groll, weil er denkt, andere sollten ihn unterstützen. Um sich selbst jedoch zu verwirklichen, muß dieser Mensch Verantwortung für sich selbst übernehmen. Ohne den Kampf um die Selbstverantwortung gibt es keine Freiheit, denn wenn andere Verantwortung für uns tragen, sind wir abhängig.

Uranus

Uranus im Zusammenhang mit der Sonne zeigt einen ausgeprägten Individualismus. Uranus ist das Symbol für Individualität, Sprunghaftigkeit und Eigenwillen. Er ist das Verhaltensmuster, das wir der Generation, in der wir geboren wurden, nachahmen.

Wenn Uranus weder die Sonne noch andere persönliche Planeten aspektiert, können wir seine Kräfte als das Verhalten der Generation ansehen. Finden jedoch Aspekte zwischen Uranus und unseren persönlichen Planeten statt, dann sind wir sozusagen »ehrenamtliche Wassermänner«.

Die Energie des Uranus erhebt uns über unser Sonnenzeichen hinaus und zwingt uns zu wachsen. Wenn wir ein Geburtsbild interpretieren, sehen wir an den Uranus-Aspekten, wie sich der Betreffende vom Gewöhnlichen abhebt und ob er sich damit wohl fühlt oder nicht.

Neptun

Neptun ist ebenfalls ein Generationsplanet. Er symbolisiert die Träume, Inspirationen und Illusionen einer Generation. Das Zeichen, in dem er steht, zeigt die Art der Träume und der Anfälligkeit für Täuschung. Gibt es zwischen Neptun und der Sonne eine Verbindung, dann kann man daran die spirituellen und kreativen Bedürfnisse des Betreffenden erkennen.

Neptun gibt Auskunft darüber, ob der Horoskopeigner in seiner Kindheit einer der Kreativität förderlichen Atmosphäre ausgesetzt war und ob die schöpferischen Phantasien mit den Bedürfnissen der Sonne übereinstimmen. Heutzutage ist es für viele Kinder leichter als in früheren Zeiten, sich ihrer Begabung – und nicht der gesellschaftlichen Stellung der Eltern – gemäß zu entfalten.

Pluto

Ohne Aspektierung zur Sonne oder anderen persönlichen Planeten repräsentiert Pluto die Masse, das soziale Gewissen, Moralvorstellungen oder Machtgelüste einer Generation. Steht er jedoch in Verbindung mit persönlichen Planeten, dann symbolisiert er unser Streben nach Macht und Kontrolle, unsere Neigung zum Manipulieren sowie unser Bedürfnis nach kreativem Ausdruck und dem Verständnis der mythischen Bilder unserer Seele.

Was sind die wichtigsten Faktoren?

Wenn wir ein Geburtsbild interpretieren, wollen wir etwas über die Motivationen des Horoskopeigners erfahren. Daher ist es wichtig, daß wir in einer gewissen Reihenfolge vorgehen. Wir beginnen mit der Sonne, denn sie ist das Fundament des »Gebäudes«. Als nächstes kommt der Mond, das Symbol der Seele, das anzeigt, wie wir auf äußere Reize reagieren. Dann betrachten wir den Aszendenten, denn er zeigt, wie wir uns präsentieren. Achten Sie darauf, ob diese drei Faktoren in männlichen oder weiblichen Zeichen plaziert sind, denn sie geben Auskunft darüber, ob der Betreffende ein intellektueller oder ein Gefühls- und Intuitionstyp ist. Dabei muß man erwägen, ob er sich mit der Kombination wohl fühlen kann. Frauen, bei denen die männlichen Zeichen, und Männer, bei denen die weiblichen Zeichen überwiegen, werden sich in unserer Gesellschaft kaum ganz verstanden fühlen (vgl. Teil I, Kap. 3).
Ein wichtiger Punkt sind die Elemente. Welche Elemente sind

besonders stark vertreten, welche fehlen? Wir suchen immer das, was uns fehlt, und fühlen uns gehemmt mit dem, was wir im Überfluß haben. Welche Art von Energie herrscht vor – sind es die kardinalen, die fixen oder die veränderlichen Zeichen? Die Qualitäten zeigen, wie der Betreffende aktiviert wird, wie er seine Ziele verfolgt. Sind diese Energien konstruktiv oder unausgewogen? Ist letzteres der Fall, kann man den Klienten darauf aufmerksam machen und Möglichkeiten aufzeigen, wie die Fallen umgangen und die Kräfte positiv genutzt werden können.

Ferner ist es wichtig, zu sehen, wie der Betreffende sich verständigt. Dazu muß man die Stellung des Merkur im Horoskop anschauen und darauf achten, ob er mit der Sonne im Einklang steht. Die Häuserposition weist darauf hin, auf welches Gebiet die merkurischen Eigenschaften besonders gerichtet sein werden.

Die Position der Venus zeigt, was für Wünsche der Betreffende hat. Hier ist es ebenfalls wichtig, festzustellen, ob die Wünsche und Liebesbedürfnisse mit den Bedürfnissen des Sonnenzeichens übereinstimmen. Wird der Betreffende Exotischem nachjagen, wenn er in Wahrheit das Erprobte und Verläßliche braucht? Die Aufgabe des Astrologen besteht nicht darin, seinen Klienten zu ändern, sondern ihn von seinen eigenen Bedürfnissen in Kenntnis zu setzen. Ob ihm diese Information hilft, hängt davon ab, wieweit sich der Betreffende mit sich selbst auseinandersetzt.

Die nächste Frage ist die nach den Aktivitäten, der Impulsivität, also der Position des Mars. Bringt Mars durch sein Handeln die Bedürfnisse der Sonne auf eine konstruktive Weise zum Ausdruck? Oder fügt er sich selbst Schaden dabei zu? Wie steht es mit den sexuellen Bedürfnissen? Vertragen sie sich mit dem Familienhintergrund und den Erfahrungen, wie sie das Sonnenzeichen machen möchte? Wenn zwischen diesen Faktoren Spannungen bestehen, wird sich der Betreffende in ungesunde Beziehungen einlassen? Das Thema ist heikel und kann nicht ohne weiteres besprochen werden. Es ist hilfreich, die Stellung der Venus mit einzubeziehen, denn sie gibt Aufschluß über die Vorstellung von der Liebe und ob diese mit den sexuellen Wünschen des Mars übereinstimmen.

Wie sieht es mit der Beziehungsfähigkeit aus? Wo steht Jupiter, und wie ist er aspektiert? Wenn zwischen Jupiter und der Sonne oder dem Mond Spannungsaspekte bestehen, dann hat der Betreffende wahrscheinlich ein gestörtes Verhältnis zu seinen geistigen und emotionalen Bedürfnissen. Wie kann ihm hier geholfen werden?

Die nächste Frage wäre die nach den Grenzen. Wo steht Saturn, und wie ist er aspektiert? Er kennzeichnet den Bereich, der durch den Einfluß des Vaters beeinträchtigt ist, und wo man ängstlich und vorsichtig vorgeht, wo man sich selbst Beschränkungen auferlegt. Kann man für diesen Bereich einen Kompromiß finden? Wie wird der Selbstausdruck (Sonne) von Saturn beeinflußt?

Die Uranus-Position zeigt, wo der Betreffende ungewöhnlich, unangepaßt und exzentrisch ist. Zu untersuchen wäre, ob seine Eigenwilligkeit und seine Exzentrizität ihm, gesamt gesehen, etwas nutzt. Dabei muß der Astrologe streng darauf achten, daß er seine eigenen Bedürfnisse und die seines Klienten unterscheidet. Destruktives Verhalten bedeutet, daß die Bedürfnisse der Sonne keine Gelegenheit bekommen, sich zu äußern. Das Ergebnis ist ein Gefühl des Unbehagens und der Einsamkeit.

Um zu erkennen, ob sich der Horoskopeigner in Träumereien verliert oder ob er seine Phantasie kreativ nutzt, müssen die Neptun-Plazierung und -Aspekte betrachtet werden: Wie beeinflußt das Neptunische zum Beispiel das Liebesleben, den Beruf oder das Familienleben?

Bei Pluto fragen wir: Steht er in Verbindung mit persönlichen Planeten? Ist das der Fall, dann wird der Betreffende versuchen, seine Lebenserfahrungen zu kontrollieren, oder er wird sich selbst emotional blockieren, indem er gewisse Impulse unter Kontrolle hält. Dies trifft vor allem bei Spannungsaspekten zu. Steht Pluto in Verbindung mit den Elternplane-

ten Sonne, Saturn, Mond oder Venus, so kann man die Blok-
kade mit dem Einfluß des betreffenden Elternteils in Verbindung bringen. Beziehungen von Pluto zum Aszendenten oder
zum vierten Haus weisen auf eine einengende Familienatmosphäre hin.

Wie sind die Planeten im Geburtsbild verteilt? Stehen sie
hauptsächlich über dem Horizont (siebtes bis zwölftes Haus),
dann ist der Betreffende eher extravertiert. Man kann beim
Gespräch, das immer mit Vorsicht und Takt geführt werden
sollte, bereits erkennen, ob das Gesagte auch aufgenommen
wird. Jemand mit dem überwiegenden Teil der Planeten im
unteren Bereich (erstes bis sechstes Haus) ist mehr introver-
tiert und besser in der Lage, zuzuhören, da er sich über das
Besprochene bereits selbst Gedanken gemacht hat.

Befinden sich die meisten Planeten in der Osthälfte (Haus
zehn bis drei), dann ergreift der Horoskopeigner selbst die
Initiative. Jede Information kann ihn zum Handeln anregen,
und er wird aus solchen Anregungen viel Nutzen für sich selbst
herausschlagen können. Stehen die meisten Planeten auf der
Westhälfte (viertes bis neuntes Haus), so kommt der Klient
wahrscheinlich auf Empfehlung eines anderen. Er unternimmt
selten etwas im Alleingang, sondern braucht die Gruppe, um
zum Handeln motiviert zu sein. Letzterer wird danach streben, der Abhängigkeit von der Gruppe zu entrinnen, um sich
als einzelner frei zu fühlen. Umgekehrt wird der erstere nach
einer Gruppenzugehörigkeit streben, weil er nicht alles allein
tun möchte. Beide müssen jedoch lernen, die Energien, die
ihnen zur Verfügung stehen, zu nutzen, denn es ist leichter,
etwas zu erreichen, wenn man nicht gegen die eigene Natur
ankämpft.

Wenn man mit einem Klienten sein Geburtshoroskop
bespricht, ist es nicht nötig, über sein bisheriges Leben ein
Rätselraten zu betreiben. Man kann über die verschiedenen
Möglichkeiten des Verhaltens sprechen und es dem Klienten
überlassen, welche Schlüsse er daraus zieht. Obwohl ein
Aspekt zeigen kann, daß jemand auf eine bestimmte Weise

reagieren wird, so ist daraus nicht erkennbar, ob der Horoskopeigner bewußt danach lebt oder von ihm beherrscht wird. Menschen, die nicht verstehen, was ein Aspekt für die Persönlichkeitsentwicklung bedeutet, empfinden sich selbst als dessen Opfer. Wenn sie aber begriffen haben, daß sie durch gewisse Kindheitserlebnisse Verhaltensmuster verinnerlicht haben, dann können sie beginnen, ihre Reaktionen zu verändern.

Die meisten Zwanzigjährigen haben noch nicht viel an Selbsterkenntnis erfahren. Sie sind noch zu sehr mit dem Erwachsenwerden beschäftigt und werden es wohl mindestens bis zur ersten Saturn-Rückkehr (mit 28 oder 29) noch sein. Wenn man Horoskope von jungen Menschen interpretiert, sollte man behutsam vorgehen. Reifere Menschen, die schon mehr Erfahrung mit dem Leben und ihren eigenen Reaktionen haben, werden wissen, wovon die Rede ist, wenn man die Aspekte in ihrem Geburtsbild bespricht. Man kann ihnen helfen, sich selbst besser zu erkennen, einen Einblick in ihre inneren Motivationen zu bekommen und womöglich ihren zukünftigen Weg anders zu gestalten.

Diese Art, Astrologie zu verstehen, ist nicht für das Vorhersagen zukünftiger Ereignisse geeignet, sondern sie dient dazu, Beweggründe und Verhaltensweisen zu erkennen. Wenn wir uns unseres Verhaltens bewußt sind, können wir erste Schritte unternehmen, um es zu verändern.

Vor kurzem kam eine Frau, Ende Sechzig, zu mir in astrologische Beratung. Ich war darüber nicht besonders entzückt, da sie älter war als ich und – wie ich gehört hatte – von der Astrologie nicht sehr überzeugt. Eine persönliche Krise hatte sie dennoch bewogen, den Rat eines Astrologen zu suchen. Wie soll man mit einer Großmutter über Motivationen sprechen, wenn der größte Teil ihres Lebens bereits hinter ihr liegt? Wie kann man sie veranlassen, ihr Geschick zu verändern? Was sind meine eigenen Ansichten über das Altern? Glaube ich, daß ihr Leben bereits vorbei ist? Nun, das ist es ganz und gar nicht.

Diese Frau ist Schütze, mit den anderen beiden Hauptfaktoren ebenfalls in positiven Zeichen: dem Mond im Wassermann und dem Aszendenten in den Zwillingen. Sie hat ein Spannungsdreieck mit dem Saturn im Stier in Opposition zu Jupiter und Mars im Skorpion und Quadrate dieser drei Planeten auf dem Mond, der an der Spitze dieses Dreiecks steht. Ich fing an, indem ich die Schütze-Merkmale beschrieb, von dem dominanten Elternteil und ihren persönlichen Bedürfnissen sprach. Ich sagte, sie habe durch die Betonung des Männlichen das Bedürfnis, sich geistig zu entwickeln, und es sei wichtiger für sie, in einem Beruf als nur im Haushalt zu arbeiten. Auch ließ ich nicht unerwähnt, daß sie deswegen möglicherweise Schuldgefühle hat, denn sie war in einer Zeit geboren (1910), als Frauen sich nicht selbstverständlich für einen Beruf interessieren durften.

Sie betrachtete mich voller Mißtrauen. Als ich anfing, über das Saturn/Mond-Quadrat zu sprechen, und ihr sagte, sie mißtraue Männern und wolle ihre Gefühle mit ihrem Mann nicht teilen, taute sie plötzlich auf, und das Gespräch konnte Fortschritte machen. Sie mußte nämlich gestehen, daß ihr Mann ihr das tatsächlich vorgeworfen hatte. Sie hat ein Kind, zwei weitere kamen tot zur Welt, und es plagten sie Schuldgefühle, weil sie nicht mehr Kinder hatte. Ihr Geburtsbild forderte jedoch keine Kinder, sondern eine Berufstätigkeit!

Sie und ihr Mann hatten gemeinsam ein Geschäft betrieben, und seit seinem Tod führt sie es allein weiter. Wir sprachen über ihre idealistische Einstellung und wie sich das auf ihre Geschäftsbeziehungen auswirkte. Nun konnte sie über ihre Probleme sprechen. Sie fragte sich, ob sie das Geschäft behalten solle oder ob sie in ihrem Alter noch einmal heiraten könne. Sie war bereits im Pensionsalter, aber noch sehr lebendig, und das Betreiben ihres Geschäfts war eine Betätigung, die ihr guttat. Sie hatte nun keine Schuldgefühle wegen der Kinder mehr, weil sie tief in ihrem Inneren wußte, daß sie in Wirklichkeit keine mehr hatte haben wollen. Die unglücklichen Erlebnisse der Totgeburten konnte sie als ihren Anteil erkennen, weil sie damals geglaubt hatte, recht viele Kinder wollen zu müssen, obwohl das gemäß ihrem Geburtsbild nicht ihre Aufgabe war.

Wir besprachen ihr Recht auf Beziehungen, auch in ihrem Alter, und sie meinte, sie könne vielleicht beim nächstenmal an ihrem Saturn/Mond-Quadrat arbeiten. Sich an ihren verstorbenen Mann erinnernd, meinte sie, sie wünsche, sie könne sich bei ihm für ihre Verschlossenheit entschuldigen.

Später erfuhr ich von ihrer Tochter, ihr habe unser Gespräch sehr geholfen. Als Berater weiß man oft erst hinterher, was eine Horoskopdeutung bewirkt hat. Im Grunde helfen sich die Menschen selbst; man erklärt ihnen die Symbole – und was sie unter Berücksichtigung des Alters des Klienten bedeuten – und überläßt es ihnen selbst, ihre Schlüsse zu ziehen. Es gibt in jedem Alter Möglichkeiten zum Wachstum und zur Bewußtheit. Im Alter zwischen fünfzig und siebzig ist die Seele empfänglicher für spirituelle Botschaften. Sind die Kinder aus dem Haus und ist der Höhepunkt der beruflichen Laufbahn erreicht, dann wenden wir uns den philosophischen Fragen zu, ausgerüstet mit Lebenserfahrung und Reife.

Jede Besprechung eines Geburtsbildes ist eine einzigartige Erfahrung. Nachdem Sie etwa fünfzig Horoskope besprochen haben, beginnen Sie zu verstehen, was es mit der Astrologie auf sich hat. Sie werden erkennen, daß es Unterschiede gibt zwischen der äußeren Erscheinung und dem subtilen Wirken der Seele und des Geistes. Sie werden feststellen, daß jeder nach etwas strebt und wir Menschen viele Gemeinsamkeiten haben. Wir sind alle auf der Suche nach dem inneren Frieden und einer emotionalen Beziehung, die uns Geborgenheit gibt. Wir tun dasselbe, aber wir kommen aus verschiedenen Richtungen.

Menschen, die sich mit der Astrologie beschäftigen, wollen in der Regel Antworten finden auf ihre eigenen Probleme und Konflikte. Oft werden sie so sehr davon fasziniert, daß sie Astrologie zu ihrem Beruf machen. Der Berufsastrologe ist jemand, der das Bedürfnis hat, gebraucht zu werden; er möchte Menschen helfen, und vor allem macht es ihm Freude, behilflich zu sein bei etwas, das schwierig zu erreichen ist.

Als Schüler und Berater haben wir eine Verantwortung. Wenn wir ein Horoskop deuten, verknüpfen wir das Leben eines anderen mit unserem eigenen. Wir müssen uns immer daran erinnern, daß jeder Mensch ein Individuum ist, das seinen eigenen Lebensweg und seine eigene Aufgabe hat. Wir haben auch unseren eigenen Lebensweg, und wenn wir den eines anderen besprechen, haben wir nicht das Recht, unsere Sicht der Dinge dem anderen aufzustülpen. Wir müssen uns über unser eigenes Wertsystem im klaren sein, denn wenn wir etwas an einem Klienten ablehnen, werden wir es irgendwie zeigen. Andererseits ist die Art, wie wir ein Horoskop deuten, bereits ein Spiegel unseres eigenen Wertsystems. Meistens kommen Klienten zu einem Berater, der eine ähnliche Sichtweise hat wie sie selbst.

Wenn Sie mit Beratungen anfangen, betrachten Sie Ihr eigenes Horoskop. Im Laufe der Zeit sollten Sie sich fragen, was Sie aus diesen Erfahrungen lernen, ob Sie die Verantwortung, auf die Sie andere hinweisen, auch für sich selbst übernehmen. Benutzen Sie Ihr Horoskop, um sich selbst zu beschwindeln? Haben Sie Aspekte vergessen, die Wachstum fordern? Befassen Sie sich nicht genügend mit Psychologie, Soziologie, Theosophie, Philosophie und Metaphysik, um Ihr Wissen zu erweitern? Haben Sie Vorurteile gegenüber gewissen ethnischen Gruppen? Halten Sie eine Religion für besser als alle anderen? Wenn Sie diese Fragen mit Ja beantworten, dann müssen Sie weiterhin an sich arbeiten. Der wahre Astrologe ist ein weiser Mensch.

Stichwörter für die Planeten

Sonne: Ich bin.
Mond: Ich fühle, ich reagiere auf die Welt.
Merkur: Ich kommuniziere, ich rede, ich lerne, ich höre.

Venus: Ich wünsche mir, ich möchte sein, ich möchte lieben.

Mars: Ich handle, ich begehre (sexuell).

Jupiter: Ich nehme Beziehung auf, ich öffne mich, ich expandiere.

Saturn: Ich nehme ernst, ich bin vorsichtig, ich habe Angst.

Uranus: Ich verhalte mich, mein Verhalten gegenüber meinen Aktivitäten, meine Fähigkeit zur Bewußtseinserweiterung, ich bin exzentrisch.

Neptun: Ich träume, ich sehne mich, ich inspiriere, ich täusche.

Pluto: Ich bin unbewußt motiviert, meine Generation ist unbewußt motiviert, ich bin besessen von, ich möchte kontrollieren.

Stichwörter für die Tierkreiszeichen

Widder: intellektuell, aggressiv, idealistisch.

Stier: praktisch, wissenschaftlich, aufbauend, diktatorisch.

Zwillinge: neugierig, widersprüchlich, kontrovers, ständig wechselnd.

Krebs: besitzergreifend, sensibel, launisch, emotional, kleines Mädchen/kleiner Junge, Mutter/Vater.

Löwe: stolz, empfindlich, respektbedürftig, »man sollte«.

Jungfrau: kritisch, selbsterniedrigend, analytisch.

Waage: konkurrierend, schmeichelnd, beschwichtigend, demokratisch.

Skorpion: auf der Suche, sich abgelehnt fühlend, stark liebebedürftig, forschend.

Schütze: Freiheit, Unabhängigkeit, den Mund zu voll nehmen.

Steinbock: ordentlich, traditionsbewußt, stark, gemeinschaftlich.

Wassermann: unkonventionell, unorthodox, hartnäckig.

Fische: leidend, sensibel, märtyrerisch, spirituell.

2. Das Horoskop einer Frau

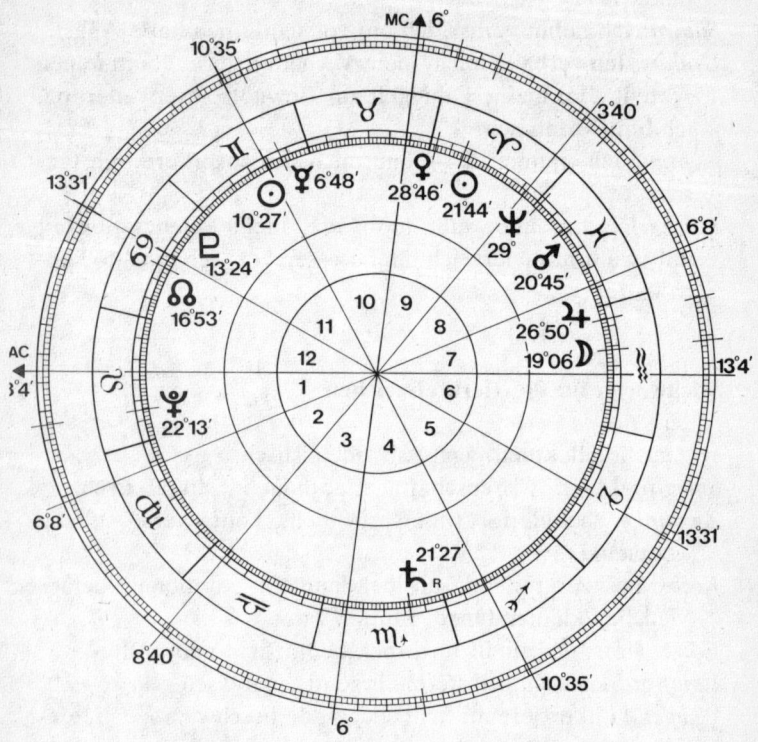

In den letzten beiden Kapiteln soll anhand von zwei Horoskopen das bisher Besprochene konkret angewandt werden. Um
die Motivationen eines Menschen festzustellen, müssen wir
nach den Ursachen bestimmter Verhaltensweisen forschen. Es
ist jedoch nicht möglich, genaue Aussagen über Beruf oder
Interessen des Betreffenden zu machen, denn jeder einzelne
kommt aus einer anderen frühkindlichen Umgebung, aus
einem anderen gesellschaftlichen und wirtschaftlichen Hinter-

grund oder Bildungsniveau. Diese Umstände müssen wir uns bei einer Deutung immer vor Augen halten.

Diese Frau hat eine Zwillinge-Sonne, einen Wassermann-Mond und den Aszendenten im Löwen. Sie hat fünf Planeten und den Aszendenten in männlichen Zeichen und vier Planeten in weiblichen Zeichen. Allein die Sonne in den Zwillingen weist darauf hin, daß sie in einer Familie aufwuchs, in der der Vater dominierte, daß sie ihren Vater nachahmte und ihre Lebenseinstellung von ihm übernahm. Das Sonnenzeichen läßt vermuten, daß ihre Eltern in einer Weise miteinander sprachen, die sie als Kind nicht verstand. Sie fühlte sich bald von ihrem Vater verlassen, der anderen Interessen nachging, und sie entwickelte deshalb ein Mißtrauen gegenüber Männern. Der Zwilling strebt nach geistiger Entwicklung. Verständnis und Bewußtseinsentwicklung erlangt er über das Mittel der Sprache.

Die Zwillinge-Frau fühlt sich in ihrer Sexualität unsicher. In ihren Beziehungen mit Männern sucht sie »geistige« Freundschaft, und sosehr sie auch eine Bestätigung für ihre Weiblichkeit braucht (wegen der Betonung der männlichen Zeichen), wird sie dennoch einen Kameraden suchen. Ihre Umwelt wird sie nur schwer verstehen können; sie liebt das Gesellige und den Kontakt mit verschiedenen Menschen. Man wird sie kokett nennen, und ihr Partner wird sich zurückgesetzt fühlen, wenn sie das Neue und Unbekannte erforscht. Der Zwilling liebt nicht deshalb die Geselligkeit, weil er auf Partnersuche ist, sondern weil er von den Menschen lernt. Diese Frau müßte lernen, ihr neu erworbenes Wissen mit ihrem Partner zu teilen.

Wegen der starken Betonung der männlichen Zeichen (die drei Hauptfaktoren Sonne, Mond und Aszendent befinden sich ebenfalls in männlichen Zeichen) fühlt sie sich als Frau unsicher; diese Unsicherheit ist ihr jedoch nicht unbedingt bewußt. Solche Frauen brauchen viel Bestätigung ihrer Weiblichkeit, und sie bringen Männer in Verwirrung, weil diese ihre Bedürfnisse nicht begreifen. Eine solche Frau achtet sorgfältig auf ihr Äußeres: Sie wird ihre Weiblichkeit unterstreichen durch Make-up, lackierte Fingernägel, eine gepflegte Frisur und hübsche Kleider. Ihre betont weibliche Erscheinung ist bei der starken männlichen Zeichenbetonung jedoch in der Regel eine Maske, hinter der sie ihre innere Unsicherheit als Frau verbirgt. Dieser Umstand führt zu Verunsicherungen in Geschlechtsbeziehungen, denn man muß ihr ständig versichern, daß sie schön, charmant und weiblich ist.

Ihr Verstand funktioniert auf eine männliche Art: Sie ist eher ein »Denk-« als ein »Fühltyp«. Sie wird versuchen, Krisen rational zu erfassen, sie zu durchdenken. Die meisten Männer glauben, daß Frauen von ihrem Gefühl geleitet werden und rein intuitiv Entscheidungen treffen. Deshalb werden sie von Frauen, die ihre Probleme mit dem Verstand lösen, verwirrt. Wenn sie sie dafür kritisieren, dann werden diese Frauen noch unsicherer gegenüber ihrer weiblichen Identität.

Bisher haben wir nur über die Sonne und die Dreiheit (Sonne-Mond-Aszendent) im Hinblick auf die Männlich/weiblich-Verteilung gesprochen. Da diese Frau stärker vom Vater beeinflußt wurde, ist es wichtig, den Charakter des Vaters zur Zeit der Geburt zu erfassen. Dies tun wir, indem wir die Aspekte zur Sonne betrachten.

Die Horoskopeignerin hat die Sonne im Quadrat zu Mars, was bedeutet, daß sich der Vater in einer destruktiven Phase befand, als seine Tochter geboren wurde. Vielleicht war er arbeitslos oder aus anderen Gründen sehr unglücklich, denn er tat nichts Konstruktives während der Kindheit dieser Frau. Die Sonne ist ferner durch ein Trigon mit dem Mond verbunden; es scheint, als seien die Eltern zu der Zeit glücklich miteinander gewesen, und es sieht so aus, als erwarteten sie leidvolle Erfahrungen. Da Mars im Quadrat zur Sonne steht, war das Kind unerwünscht – ebenso wie die ganze Familie, die vielleicht bei den Nachbarn unbeliebt war. Kann es sein, daß das Kind unehelich war? Lehnte man deshalb die Eltern ab, weil sie nicht verheiratet waren? Oder waren sie arbeitslos?

Das Sonne/Mars-Quadrat führte zu einer persönlichen Verunsicherung, die dadurch entstand, daß sie die Verachtung in ihrem Umfeld spürte und sie als normal betrachtete. Daher wird sie ohne ein Bewußtsein für drohende Gefahren aufwachsen. Sie könnte sich Situationen aussetzen, die ihre Sicherheit bedrohen, ohne sich über die Folgen Gedanken zu machen. Das Quadrat besagt, daß sie gegen ihre grundlegenden Interessen (Sonne) handelt (Mars). Ihr Handeln wird daher zuweilen selbstzerstörerisch sein. Wie dieses Verhalten mit konkreten Ereignissen zusammenhängt, kann man im Gespräch erarbeiten.

Es stellt sich die Frage, wie der Vater die Tochter psychisch beeinflußte und welche Ängste, Einschränkungen und Unsicherheiten daraus resultierten.

Der Saturn steht rückläufig im Skorpion im vierten Haus. Rückläufigkeit bedeutet manchmal, daß der Betreffende die Energie des Planeten gegen sich richtet oder man in diesem Bereich langsamer zur Reife gelangt. Saturn im vierten Haus weist auf ein strenges, unglückliches und kaltes Familienklima hin; die Skorpion-Plazierung unterstreicht diesen Umstand, denn sie bedeutet, daß das Kind unerwünscht und in der Familie nicht willkommen war. Wenn es aufwächst, hat es immer das Gefühl, zurückgewiesen zu werden. Dieses Gefühl überträgt sich auf das Bild der Weiblichkeit, das durch die anderen bereits besprochenen Faktoren ebenso verunsichert ist.

Dieses Horoskop spricht von einer Frau mit großen Bedürfnissen nach emotionaler Sicherheit. Hinzu kommt, daß Saturn sowohl im Quadrat zu Neptun als auch zum Mond steht. Mars/Uranus, Pluto und Saturn bilden zusammen ein geschlossenes Trigon. Diese Aspektfigur deutet darauf hin, daß der Vater der Frau einer von vielen Unzufriedenen in seiner Generation war. Da das geschlossene Trigon in den Wasserzeichen stattfindet, ist die Horoskopeignerin kreativ und kann ihre Kreativität als Erwachsene zum Ausdruck bringen. Darin liegt aber auch das Potential für viel seelisches Leid und selbst auferlegtes Märtyrertum. Saturn im Skorpion fühlt sich unerwünscht; Pluto im Krebs fühlt sich im Unterbewußtsein emotional verwaist; Mars in den Fischen handelt wie ein Märtyrer. Das bedeutet große Empfindlichkeit im Bereich der Liebe und der Sexualität. Anders im Berufsleben: dort können sich die schöpferische Energie und die Fähigkeit zur Zusammenarbeit mit Männern positiv äußern, solange es keine persönlichen Verstrickungen gibt.

Die Verbindung von Mars, dem Symbol für Sexualität, Pluto, dem Symbol für unbewußte Motivationen, und Saturn, dem Symbol für den psychischen Einfluß des Vaters und für Einschränkung und Begrenzung, hat zur Folge, daß die Horoskopeignerin Sexualität und Leiden nicht trennen kann. In dem Kapitel über Mond-Aspekte haben wir gesagt, daß bei einem Mond/Saturn-Quadrat der Vater die Bedürfnisse der Mutter nicht beachtet hat. Wahrscheinlich hat er die Gefühlsäußerungen seiner Tochter, als sie noch klein war, ebenfalls beschnitten, so daß sie als Erwachsene ihre Gefühle unterdrückt. Dieser Aspekt beeinträchtigt das Gefühlsleben und Liebesbeziehungen mehr als das Berufsleben. Menschen mit diesem Quadrat neigen zu Depressionen.

Eine Frau mit Mond/Saturn-Quadrat wird ihre Gefühle einem Partner gegenüber nur schwer äußern können. Sie kann zwar offene freundschaftliche Beziehungen pflegen, sobald jedoch Sex mit einbezogen wird, wird sie sich wahrscheinlich zurückziehen. Ohne sich dessen bewußt zu sein, erwartet sie, daß der Mann nicht auf sie hören und ihre Bedürfnisse nicht erfüllen wird, so wie sie es bei ihrem Vater erlebt hatte. Ihr inneres Programm lautet, daß Männer sich nicht für dieselben Dinge interessieren wie sie. Daher wird sie ihre Gefühle und ihre geheimen Wünsche eher Freunden offenbaren und ihren Partner aus ihrem Vertrauen ausschließen. In der Regel wird sie einen gefühlsgehemmten oder unaufmerksamen Partner wählen, da dies ihrem inneren Bild eines Mannes entspricht. Sollte es passieren, daß sich ein wirklich liebenswürdiger Mann in sie verliebt, ist es gut möglich, daß sie seine Liebe gar nicht zu schätzen weiß, da sein Verhalten nicht zu ihrem inneren Bild paßt. Ihre persönliche Auffassung von der Liebe schließt nicht Sorge und Anteilnahme ein, denn der Vater kümmerte sich nicht viel um die Mutter und konnte auch niemals ihre Begeisterung teilen; warum also sollte das ein Mann bei ihr können? Letztlich wird sie sich immer in Männer verlieben, die sie so behandeln werden, wie ihr Vater ihre Mutter behandelt hatte. Saturn bildet ein Quadrat zu Neptun und Neptun eine Opposition zum Mond am Deszendenten (in Opposition zum Aszendenten). Dies bedeutet unklare Verhältnisse beim Vater. Vielleicht wußte das Kind nicht, was für ein Mensch er war, weil er die Familie verlassen hatte; vielleicht hatte die Mutter ganz falsche Vorstellungen von diesem Mann, oder sie erzählte dem Kind, er habe sie verlassen, weil er ein verantwortungsloser Mensch sei – und dies prägte das Mißtrauen Männern gegenüber. Ihre Mutter gab ihr möglicherweise zu verstehen, daß Frauen immer von den Männern, die sie lieben, verlassen werden. Es kann sein, daß der Vater seine Familie verließ, weil er das Verhalten der Mutter nicht ertragen konnte. Man kann den konkreten Sachverhalt zwar nicht erkennen, daß jedoch eine Täuschung vorliegt, zeigt der Aspekt.

Wegen der Mond/Neptun-Opposition herrscht bei der Horoskopeignerin auch Unklarheit darüber, was eine Frau ist oder was sie sein sollte. Sie wird wahrscheinlich die Einstellung ihrer Mutter übernehmen und denselben Problemen begegnen wie ihre Mutter. Die Klientin wird besser erklären können, was für Schwierigkeiten sie mit dem Frauenbild hat, so daß es nicht notwendig ist, darüber Ratespiele anzustellen. Die zusätzlichen Aspekte zu Mond und Saturn weisen auf Unehrlichkeiten im persönlichen Schicksal hin, auf Unklarheiten im elterlichen Verhalten und in der Herkunft, die in der Betreffenden ein tief verwurzeltes Gefühl der Unsicherheit erzeugten.

Der Astrologe kann dem Klienten helfen, den elterlichen Einfluß zu beleuchten, wenn dessen Gefühlsleben schmerzlich genug ist, um nach verborgenen inneren Motiven zu suchen. Diese Frau glaubt, daß Beziehungen zwischen Männern und Frauen nicht befriedigend sind, weil sie dies bei ihren Eltern beobachtete. Um ihre persönlichen Geheimnisse vor dem Kind zu bewahren, schafften die Eltern ein Lügengebäude, und solange dieses verzerrte Bild nicht durchschaut wird, kann sich die Kreativität (Neptun) nicht voll entfalten.

Saturn bildet auch ein Quadrat mit Jupiter. Diese beiden Planeten müssen zusammenarbeiten, wenn wir uns von der Bindung an die Eltern befreien wollen, um unser eigenes Bewußtsein zu entwickeln. Durch das Quadrat ist dieser Prozeß erschwert. Das Quadrat bedeutet, daß die Jupiter-Eigenschaften – das Bedürfnis nach Weite, die Fähigkeit, sich zu öffnen und Beziehungen einzugehen – nur dann zur Entfaltung kommen können, wenn der negative Einfluß des Vaters (Saturn) beseitigt ist. Die väterliche Prägung im Unterbewußtsein wird die Fähigkeit zu Beziehungen einschränken. Wenn Transite über den Jupiter den Drang verspüren lassen, sich zu öffnen, wird gleichzeitig Saturn aktiviert und die Expansionswünsche mit Angst vor dem Verlassensein, vor Ablehnung und Einschränkung begleiten. Man hat einerseits den Impuls, sich zu öffnen, und andererseits die Neigung, sich zusammenzuziehen; beide Energien treten gleichzeitig auf.

Da Jupiter in Konjunktion mit dem Mond und in Opposition zu Neptun steht, wird sich diese Frau in ihren emotionalen Beziehungen öffnen wollen. Sie wird aber eher gegenüber Menschen aufgeschlossen sein, denen sie in ihrem Beruf begegnet. Die Opposition von Mond und Neptun könnte bedeuten, daß sie sich aus falschen Gründen öffnet, denn die Neptun-Verbindung deutet auf Selbsttäuschung im emotionalen Bereich. Über dieses Sichöffnen wird sie in sexuelle Beziehungen geraten und damit die Mond/Saturn-Verbindung aktivieren.

Venus symbolisiert den psychologischen Einfluß der Mutter während der Entwicklung des Kindes. Sie steht im Widder. Manche Astrologen meinen, Venus im Widder sei eine wollüstige Venus. Ich meine, sie repräsentiert in diesem Zeichen besonders das Romantische. Das Trigon zu Neptun weist darauf hin, daß sie sich neben der sinnlichen Liebe auch eine ätherische Beziehung wünscht. Diese Frau sehnt sich nach einer Liebe, die sich über das »Animalische« erhebt und spirituelle Bedeutung erlangt. Die Sehnsucht wird schwierig zu erfüllen sein, da sie durch ihr gestörtes Verhältnis zum Weiblichen und ihre sexuelle Ausstrahlung Männer einer anderen Sorte anziehen wird.

Die Verbindung von Neptun zu Venus wirkt verschleiernd und deutet darauf hin, daß die Mutter seltsame Ansichten von der Liebe hatte. Wenn die Horoskopeignerin ihre Mutter nachahmt, wird sie nicht mit offenen Augen einen Partner wählen, sondern aufgrund irgendwelcher Phantasien. Wir ahmen alle unsere Eltern nach, Nachahmung bedeutet jedoch nicht, daß wir alles genauso tun wie unsere Eltern; wir imitieren auf für uns unauffällige Weise. Wir machen zwar im Grunde das gleiche, es scheint uns selbst jedoch nicht dasselbe zu sein. Diese Frau wird vielleicht nicht die gleichen Männer wählen wie ihre Mutter, sie wird sich jedoch über ihre Beziehungen Illusionen machen, ähnlich wie ihre Mutter.

Die Horoskopeignerin hat zwei Planeten in Feuer, keinen in Erde, vier in Luft und vier in Wasser. Die Verteilung in den Elementen sagt etwas über die Bedürfnisse des Betreffenden aus. Wir suchen das, was uns fehlt, und meiden das, wovon wir genügend besitzen. Die zwei Planeten, zusammen mit dem Löwe-Aszendenten, weisen auf ein Bedürfnis nach Aufmerksamkeit, nach Beachtung hin. Die fehlende Erdbesetzung symbolisiert ein starkes Bedürfnis nach materieller und emotionaler Sicherheit. Da es leichter ist, eine materielle Sicherheit zu erreichen, wird sich das Problem beim Fehlen der emotionalen Sicherheit stellen. Die Horoskopeignerin hat sowohl ein T-Kreuz als auch ein geschlossenes Trigon, also gute Voraussetzungen für materiellen Erfolg, denn das geschlossene Trigon bedeutet Kreativität und das T-Kreuz genug Spannungen, um zum Handeln motiviert zu sein.

Schwierig wird es für diese Frau, die fortwährende Bestätigung, die sie mit der fehlenden Erde braucht, zu bekommen. Es gibt noch andere Faktoren im Horoskop, die das Erlangen innerer Sicherheit erschweren. Sie ist Zwilling, also ein Mensch, der geistig ständig in Unruhe und auf der Suche ist. Sie möchte sich mit anderen verständigen, aber die Art ihrer Kontaktaufnahme wird oft als Flirten mißverstanden. Ihr Verhalten verunsichert den Partner, der sich als Folge mit Bestätigungen zurückhält, die die Horoskopeignerin braucht. Das Mond/Saturn-Quadrat verspricht ebenfalls keine Befriedigung emotionaler Bedürfnisse. Mit diesem Aspekt wird sie wahrscheinlich einen Mann wählen, der ihre Wünsche nach Geborgenheit nicht erfüllen kann. Zudem wird sie diese auch nicht mitteilen. Da die Erdbesetzung völlig fehlt, braucht sie Stabilität. Wie kann sie ihr Problem lösen, wenn sie sich dessen gar nicht bewußt ist?

Sie hat vier Planeten in Luftzeichen. Dies bedeutet, daß sie sich nicht besonders für eine Hochschulbildung interessiert. Sie wird sich nur dann um einen Hochschulabschluß bemühen, wenn die Umstände oder ihre gesellschaftliche Stellung es gerade erfordern. Gehört sie jedoch einer Gesellschaftsschicht an, die ein Studium nicht für erforderlich hält, dann wird sie es vorziehen, in »die Schule des Lebens« zu gehen. Durch ein Universitätsdiplom kann man zwar auch Freiheit erlangen, es macht jedoch mehr Spaß, von Menschen und aus Lebenserfahrungen zu lernen, wenn man vier Planeten in Luftzeichen hat. Eine Luftbetonung bedeutet aber andererseits, daß sie nicht weiß, was sie wirklich will, und sie nimmt es anderen übel, wenn sie sie in eine Richtung lenken wollen. Diese Haltung kommt aus der Vorliebe des Zwillings, gegen etwas zu sein und zu widersprechen. Sie wird wahrscheinlich das Bedürfnis haben, ihre Umgebung, auch im Beruf, von Zeit zu Zeit zu wechseln, da sie sich beim immer gleichen schnell langweilt. Für sie ist ein Beruf in den Medien – Radio, Fernsehen oder Film – besonders geeignet, um die Bedürfnisse zu erfüllen, die durch die fehlende Erdbesetzung, die vier Luftplaneten, den Löwe-Aszendenten und Neptun im ersten Haus entstehen.

Eine ganz andere Facette ihrer Persönlichkeit symbolisieren die vier Planeten in den Wasserzeichen. Dadurch ist sie sehr sensibel, aber nicht geneigt, von sich selbst etwas zu geben. Viel Wasser in einem Horoskop bedeutet Schwierigkeiten in Beziehungen, denn man ist zwar bereit, sich körperlich hinzugeben, man hält sich jedoch zurück, dem anderen das Seelische zu offenbaren. Diese Haltung entsteht aus der Furcht heraus, sich zu leicht und zu tief in eine Abhängigkeit zu begeben und dann verlassen oder abgewiesen zu werden, was für den Betreffenden einer Vernichtung gleichkäme. Um diese Verletzlichkeit zu schützen, projiziert man eine gewisse Härte nach außen, um den Eindruck zu erwecken, als sei einem der andere gleichgültig, während in Wirklichkeit genau das Gegenteil der Fall ist. Damit eine Beziehung befriedigend sein kann, muß man jedoch dem anderen gegenüber aufgeschlossen sein und ihm ebenfalls das Gefühl geben, daß man ihn braucht. Gelingt es nicht, sich zu öffnen und auf den anderen einzugehen, so wird er sich mit der Zeit zurückziehen. Ein Mensch mit Wasserbetonung im Horoskop muß lernen, den anderen emotional zu stützen und ihm immer wieder Rückmeldungen zu geben, auch wenn es schwer ist, ein solches Verhalten zu lernen.

Wenn wir wissen wollen, wie die Horoskopeignerin Veränderungen in ihrem Leben vornehmen wird, müssen wir nach der Besetzung der kardinalen, fixen und veränderlichen Zeichen schauen. Sie hat zwei Planeten in kardinalen, vier in den fixen und vier in den veränderlichen Zeichen. Wegen der Unterbetonung der kardinalen Zeichen können wir annehmen, daß ihr nicht viel Energie zur Verfügung steht und sie weniger Durchhaltevermögen besitzt, als sie glaubt. Die Ausdauer, aber auch das Sture und Unbewegliche kommen von der Besetzung der fixen Zeichen. Wegen dieser Betonung wird sie sich Veränderungen widersetzen, am Gegebenen festhalten wollen, auch wenn sie sich in ihrem Energiehaushalt überfordert fühlt.

Die vier Planeten in den veränderlichen Zeichen deuten darauf hin, daß sie sich zuweilen öffnen kann. Die Kombination der Betonung von fix und veränderlich wirkt sich so aus, daß sie oft ihre Meinung ändert und auf andere hört, dann darüber nachgrübelt und versucht, ihre Konflikte durch »Ausbrüten« zu lösen. Diese Energie muß umgeleitet werden, wenn sie nicht festgefahren in der Sackgasse enden soll. Die fixen Zeichen bedeuten, wie ihr Name besagt, eine Fixierung und Festlegung, während die veränderlichen Zeichen zu Zweifeln an den eigenen Entscheidungen tendieren.

Ihre Art, unreflektiert zu handeln, wird vom Löwe-Zeichen bestimmt, in dem der Aszendent steht. Achsen oder Planeten im Löwen weisen darauf hin, daß der Betreffende von anderen Respekt und Anerkennung braucht. Dadurch entsteht eine Abhängigkeit von der Umgebung, die dann das Gefühl erzeugt, Opfer zu sein. Diese Frau braucht Anerkennung. Andere spüren das und können ihre Anerkennung entziehen. Um diese wiederzubekommen, wird sie oft Dinge tun, die ihren Stolz verletzen. Um eine innere Sicherheit zu erlangen, wird die Frau die Verantwortung für ihr Tun und für die Situationen, die sie selbst schafft, übernehmen müssen. Wenn sie ihre Bedürfnisse kennt, wird sie auch verstehen, warum sie gewisse Partnerschaften eingeht. Mit dieser Erkenntnis kann sie beginnen, gesündere Beziehungen zu knüpfen.

Man könnte noch viel über dieses Geburtsbild sagen; es ist jedoch ratsam, die Klientin selbst zu Wort kommen zu lassen, um über ihre Lebenserfahrungen zu berichten.

Die Frau, deren Horoskop wir hier besprochen haben, ist Marilyn Monroe.* Es gibt eine Vielzahl Information über das Leben dieser Frau, und es wäre interessant, ihre Biographie mit ihrem Horoskop zu vergleichen. Manche Informationen werden verzerrt sein, weil sie eine berühmte Persönlichkeit war und vieles übertrieben dargestellt wurde.

* Geboren am 1. Juni 1926, 9.30 Uhr in Los Angeles, Kalifornien. Die Daten sind entnommen aus dem *Circle Book of Charts* von S. Erlewine.

3. Das Horoskop eines Mannes

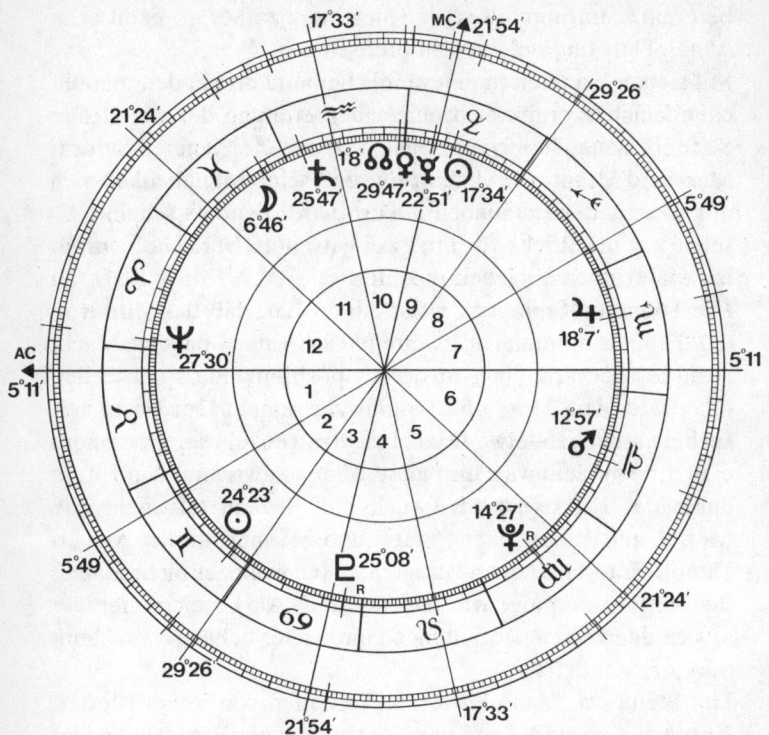

Dies ist das Horoskop eines Mannes mit der Sonne im Steinbock, Mond in den Fischen und Stier am Aszendenten. Die
drei Hauptfaktoren befinden sich in weiblichen Zeichen, was
darauf schließen läßt, daß wir es mit einem sensiblen, intuitiven Menschen zu tun haben. Wie er mit dieser Sensibilität
lebt, wird von seinem Umfeld beeinflußt. Jemand aus einem
ungebildeten Milieu wird vielleicht seine Männlichkeit über-
betonen, um seine zarten Seiten zu verbergen. Ein Kind aus
einer für geistige Bildung aufgeschloseneren Atmosphäre

wird eher von den Eltern ermutigt werden, seine kreativen Fähigkeiten, ob in der Malerei oder der Musik, zu entwickeln. Wenn dieser Mann sich so weit vom Einfluß seiner Umwelt befreien kann, um auf seine Eingebung zu hören, kann er in seiner Tätigkeit äußerst schöpferisch sein.

Mit sieben Planeten in den weiblichen und drei in den männlichen Zeichen ergibt sich eine Überbetonung der weiblichen Seite. In den männlichen Zeichen stehen die Planeten Saturn, Mars und Uranus. Es kann sein, daß seine Männlichkeit sich nur in seinem Sexualleben äußern wird, denn es scheint, als seien Sex und Liebe für ihn zwei getrennte Bereiche, worauf ich später noch eingehen möchte.

Die Sonne im Steinbock weist darauf hin, daß die Mutter in der Familie dominierte, während der Vater »passiv« Macht ausübte, deutlich noch in der Opposition Plutos sowie den Quadraten von Mars und Uranus zur Sonne. Der Vater versuchte vergeblich, etwas Macht zu erringen, als der Horoskopeigner noch klein war, und diese Kämpfe zwischen den Eltern nahm das Kind wahr. Es wuchs auf in dem Glauben, daß Mütter und Väter, oder Frauen und Männer, immer Machtkämpfe untereinander austragen. Dabei wollte es nicht, daß es ihm später so erginge wie seinem Vater. Als Erwachsener läßt er sich dann nur in Beziehungen ein, die er beherrschen kann, oder er beendet sie.

Der Steinbock-Mann lernt sein Verhalten von seiner Mutter. Er möchte so stark sein, wie er glaubte, sein Vater sei es, der für ihn jedoch unerreichbar blieb. Um Männern näherkommen zu können, eignet er sich das Verhalten der Mutter an. Seine Mutter ging mit Männern in einer etwas verächtlichen Weise um, daher wird er es auch tun.

Wir wollen nun den Einfluß des Vaters betrachten. Das Geburtsbild zeigt einen Zusammenstand von Mond und Saturn, den man trotz des weiten Orbits als Konjunktion bezeichnen kann. Die Mond/Saturn-Konjunktion bedeutet, daß der Vater der Mutter gegenüber feindselig war und ihr nicht die Zuwendung schenkte, die sie brauchte. Ein Junge kann auf diesen Umstand unterschiedlich reagieren. Entweder sorgt auch er sich nicht um die Mutter, oder er fühlt sich mit ihr verbunden und ist übertrieben fürsorglich ihr gegenüber. Bei diesem Aspekt ist das Gefühlsleben auf irgendeine Weise beeinträchtigt. Der Mann wird sich vielleicht von unreifen Frauen angezogen fühlen oder von solchen, die ständig krank sind, aber auch von Frauen, die der Verantwortung, die eine Ehe mit sich bringt, nicht gewachsen sind. Seine Vorliebe für Kind-Frauen hängt mit seiner eigenen unentwickelten Gefühlsnatur zusammen; er hat das Bedürfnis, die Oberhand in der Beziehung zu haben und einer Partnerin, die ihm nahesteht, überlegen zu sein.

Die Saturn/Mond-Konjunktion bedeutet ferner, daß der Vater die spontanen Gefühlsäußerungen des Kindes einschränkte und das Kind es somit vermied, seine Wünsche und Träume mit anderen zu teilen. Dieser Aspekt bringt eine Neigung zu Melancholie, zu Stimmungstiefen und zu Depression, ohne daß ein Grund dafür vorhanden zu sein scheint. Der Betreffende fürchtet sich vor emotionalen Bindungen; es ist, als sage ihm eine innere Stimme: »Sei vorsichtig! Wenn du dieses Gefühl erlaubst, wird man dir weh tun!«

Die Mutter dieses Mannes scheint eine viel mächtigere Figur zu sein als der Vater, wenn sie auch eine seltsame Wirkung auf ihn hatte. Der Mond steht in den Fischen, einem sensiblen, sehnsuchtsvollen Zeichen. Die Mond-Stellung deutet darauf hin, daß die Mutter während der Kindheit des Horoskopeigners eine Märtyrerrolle spielte. Sie hatte viel zu leiden und große Schmerzen zu ertragen, und sie achtete darauf, daß dies ihrem Sohn nicht entging. Manche Astrologen sagen, der Mond in den Fischen bedeute eine sehr alte Seele oder zumindest großes Mitgefühl für andere Menschen.

Beim Mond in Opposition zu Neptun muß man sich fragen, welche falschen Informationen die Mutter dem Sohn über Frauen gab. Männer mit diesem Aspekt haben oft ihr Leben lang eine enge Mutterbindung. Sätze wie »Du mußt vorsichtig sein, wenn du eine Frau zum Heiraten aussuchst. Nimm keine, die sich vorher herumgetrieben hat!« stören seine Einstellung zu Frauen und machen ihn von der Mutter abhängig. Über ihre eigene Vergangenheit erzählt sie ihm Geschichten, die nicht dem wahren Sachverhalt entsprechen, sondern Phantasiegebilde sind, die sich in der Kinderseele als Mutterbild einprägen. Folglich steht für diesen Menschen die Mutter immer erhöht auf einem Podest, und es wird sehr schwierig, eine Frau zu finden, die dem Idealbild der Mutter entspricht. Die Beziehung zwischen Mutter und Sohn ist eine Bindung an eine Vorstellung, eine Illusion darüber, was Mütter und was Frauen im allgemeinen sind. Wegen der überaus großen Sensibilität des Fische-Mondes liegt eine Begabung für Kunst, insbesondere für Musik, vor. Bei einer großen Nähe zur Mutter bekommt die intuitiv-schöpferische Seite mehr Intensität.

Venus, als Indikator für den psychologischen Einfluß der Mutter, steht im Steinbock im Quadrat zu Uranus und in Opposition zu Pluto. Wenn Uranus im Quadrat zur Venus steht, bedeutet dies, daß die Mutter Entscheidungen traf, ohne den Vater oder die Familie zu konsultieren. Die Verbindung des Prinzips der Liebe und der Beziehungen mit Uranus zeigt, daß der Betreffende auf sprunghafte Weise Beziehungen knüpft und beendet und somit eine Reihe von gebrochenen Herzen hinterläßt. Dieses Verhalten – sowie das Bedürfnis nach Kontrolle (Venus/Pluto-Opposition) – ist ein Muster, das das Kind von der Mutter aufnimmt, da es ihm »normal« vorkommt.

Diese Aspekte verursachen innere Spannungen. Wenn der Horoskopeigner besonders sensibel ist und in der frühkindlichen Prägung gefangen, dann könnte man mit Hilfe der Astrologie die Konfliktpunkte klären und die Spannungen etwas erleichtern. Die mächtige Venus/Pluto-Opposition zeigt den negativen Einfluß der Mutter wegen ihrer Kontrollbesessenheit und anzunehmenden Zwanghaftigkeit. Der Stier-Aszendent weist darauf hin, daß dieses Kind vermutlich wie eine Schachfigur zwischen den Eltern hin und her geschoben wurde. Vielleicht durfte es bei der Mutter schlafen und hatte viel zu oft Zugang zum elterlichen Schlafzimmer, weil die Störung der Intimsphäre einem Elternteil gelegen kam.

Der IC (die Spitze des vierten Hauses) steht im Krebs, und Pluto befindet sich im vierten Haus, was auf Machtkämpfe während der frühen Kindheit und eine kontrollierte Familienatmosphäre hindeutet. Wahrscheinlich wuchs der Horoskopeigner in einer kalten, gleichgültigen Elternbeziehung auf, die voller Schwierigkeiten war wegen der Macht- und Kontrollspiele, die untereinander ausgetragen wurden und in denen das Kind als Spielball für ihre Manipulationen diente. Dabei war es wahrscheinlich der Vater, der das Spiel verlor, da Saturn nicht stark aspektiert ist und Mars im Quadrat zur Sonne steht, was bedeutet, daß der Vater sich in einer selbstzerstörerischen Phase befand, als sein Sohn geboren wurde.

Dieses Sonne/Mars-Quadrat bewirkt, daß auch der Horoskopeigner zu unbekümmert mit seinen Kräften umgeht. Wahrscheinlich nimmt er Gefahren nicht wahr und überlegt keine bedrohlichen Konsequenzen, wenn er handelt. Das Quadrat, das Uranus auf die Sonne wirft, macht ihn zu einem unberechenbaren, exzentrischen, vielleicht eigenwilligen Menschen, der mit sich und mit anderen umgeht, wie es ihm beliebt.

Wenn sowohl Uranus als auch Mars im Quadrat zur Sonne stehen, wird die Energie auf destruktive Weise genutzt. Sowohl das Handeln (Mars) als auch das Verhalten (Uranus) sind gegen das Ich gerichtet. Wenn der Horoskopeigner sich nicht vorsieht und sich dieser Zerstörungskräfte bewußt wird, wird er viel Zeit mit unnützen und ungesunden Zielen verschwenden.

Da mit den drei Hauptfaktoren in weiblichen Zeichen die Mutter dominant ist, wird dieser Mann große Probleme mit seinem Stellenwert haben, was sich bei einem Gespräch herausstellen würde. Der Vater, symbolisiert durch die Sonne und den Saturn, war während der Kindheit des Horoskopeigners selbstzerstörerisch. Trotz des Muttereinflusses wird er sich als Junge mit dem Vater identifizieren wollen, aber befürchten, daß er so werden könne wie er. Dabei fürchtet er am meisten den Mangel an Männlichkeit. Er spürt das Weibliche, seine Intuition und Sensibilität und meint, er sei nicht »normal« wie andere Männer. Auch hält er Männer für Verlierer, da sein Vater seiner Mutter gegenüber den Kampf verlor. Das Geburtsbild weist auf Probleme des Selbstwerts, auf Selbstzerstörungstendenzen und auf Furcht vor dem Versagen als Mann hin. Eine Beratung in einem solchen Falle muß taktvoll, diplomatisch und feinfühlig geführt werden.

Dieser Mann hat drei T-Kreuze in seinem Horoskop, was ihn zu großen Leistungen im Beruf motiviert. Sie erzeugen Spannungen, sie stimulieren aber auch zu Handlungen. Mit diesem »Handlungsdruck« wird er neue Ziele anpeilen, ohne auf mögliche Konsequenzen zu achten. Da das Geburtsbild kein großes Trigon aufweist, wird er seinen Erfolg mühsam erringen müssen, und selbst wenn er ihn erreicht hat, wird er hart arbeiten. Erfolg, der leicht zufällt, benötigt ein geschlossenes Trigon, auf das man zurückgreifen kann.

Sowohl die persönlichen Planeten Sonne, Mond, Merkur und Venus als auch der Aszendent sind hart aspektiert. Der Horoskopeigner hat somit eine Menge Energie, die er seinem Beruf widmen kann; außerdem möchte er einiges beweisen. Es kann sein, daß er zu niemandem eine richtige Beziehung findet und sich in seinem persönlichen Leben nicht wohl fühlt und daher seine Probleme in seinem Beruf sublimiert. Er besitzt wahrscheinlich eine große Begabung. Das Quadrat zwischen Mars und Merkur weist jedoch darauf hin, daß er auf niemanden hört, sich keine Ratschläge geben lassen will und keinen Wert darauf legt, sich grundlegendes Wissen anzueignen. In der Schule hatte er wahrscheinlich Schwierigkeiten, entweder durch seine Lernunwilligkeit oder seinen Hochmut. Wie wirkt sich solch eine Haltung im Beruf aus?

Sehen wir nach, was ihm im Leben fehlt: Er hat einen Planeten in Feuer, vier in Erde, zwei in Luft und drei in Wasser. Wir suchen immer nach dem, was uns fehlt. Beim Horoskopeigner ist das Element Feuer unterbetont, so daß er nach Aufmerksamkeit und Anerkennung sowie intellektueller

Betätigung strebt. Mit nur einem Planeten in Feuer braucht man viel Aufmerksamkeit. Er möchte gesehen, erkannt und bekannt werden. Menschen mit wenig Feuer in ihrem Geburtsbild sollten für ihre Tätigkeit öffentliche Anerkennung bekommen, damit sie ihr Bedürfnis wenigstens in ihrem Berufsleben befriedigen können, und das nicht allein von einer Beziehung erwarten. Mit gar keiner oder nur geringer Feuerbesetzung kann ein Mensch sehr fordernd sein, mit der Erwartung, immer im Mittelpunkt stehen zu müssen und von seiner Umgebung Ehrfurcht und Huldigung zu erfahren. Solch einen Menschen zu lieben ist nicht leicht, da er wahrscheinlich alles in seiner Umgebung unter Kontrolle haben muß. Das Verhalten kann das auf verschiedene Art ausdrücken: Manche verschaffen sich Aufmerksamkeit, indem sie in einem Raum, in dem alle sitzen, stehend gestikulieren; oder sie unterbrechen Gespräche anderer; manche trinken sogar zuviel, um aufzufallen. Nimmt man das Mars/Merkur-Quadrat dazu, dann wird der Betreffende wahrscheinlich schmollen, wenn er seinen Willen nicht bekommt.

Mit den vier Planeten in Erde ist dieser Mensch robust und in gewisser Hinsicht selbstsicher und stur. Er weiß, was er will, und er möchte es auch bekommen. Dadurch wirkt er egoistisch. Er wird seine Seele weder für Geld noch für Liebe »verkaufen«. Annehmlichkeiten wird er zwar genießen, er wird aber ihretwegen nicht seine Freiheit aufgeben. Die starke Erdbetonung bedeutet, daß er sich schwerlich verändern will, da ihm an emotionaler oder materieller Sicherheit nicht viel liegt. Die mangelnde Feuerbesetzung zeigt zwar sein Bedürfnis nach Anerkennung, diese kann er jedoch von irgend jemandem bekommen. Sollte eine Freundin von ihm verlangen, er müsse sich ändern, anderenfalls würde sie ihn verlassen, so wird er es vorziehen, sie ziehen zu lassen. Ebenso würde er wahrscheinlich eine Arbeitsstelle kündigen, wenn sein Arbeitgeber ihn auf ähnliche Weise unter Druck setzen wollte. Wenn es ihm gelingt, ein wenig nachgiebiger zu werden und sich ein wenig auf Kooperation einzulassen, würde es ihm bessergehen, und er könnte besser Freunde gewinnen. Die Erdbetonung macht ihn recht selbstsicher und läßt kaum Selbstzweifel aufkommen.

Nur zwei Planeten in Luftzeichen deuten auf einen wißbegierigen Verstand und ein Bedürfnis, sich im Laufe des Lebens zu bilden. Auch wenn er keinen Universitätsabschluß erlangt, so wird er dennoch wißbegierig sein. Er wird lesen, Studien betreiben und Themen nachgehen, die ihn interessieren. Er wird von Theorien und Denksystemen fasziniert sein und sich einige aneignen wollen. Es kann sein, daß er nicht besonders gesellig ist und lieber liest als auf Partys geht.

Die drei Planeten in Wasserzeichen weisen auf eine mäßige Sensibilität und die Neigung, seine Gefühle zurückzuhalten, um Kränkungen zu vermeiden. Hat jedoch ein Mensch sein Vertrauen gewonnen, dann wird er ihn lieben. Andere Faktoren in seinem Horoskop deuten aber darauf hin, daß er mit Liebesbeziehungen Schwierigkeiten haben wird. Diese Schwierigkeiten müßte er angehen und lösen, wenn eine Beziehung befriedigend werden soll.

Er hat sechs Planeten in kardinalen, zwei in fixen und zwei in veränderlichen Zeichen; er besitzt also sehr viel Antriebsenergie. Seine Devise lautet: »Jetzt handeln, später nachdenken!« Er wird sich schnell in Aktivitäten stürzen, sozusagen »die Stadt im Sturm erobern«. Wenn er ein verantwortungsbewußter Mensch werden will, wird er lernen müssen, seine Pläne zu durchdenken, bevor er handelt. Er wird dazu neigen, seine Probleme durch sofortiges Handeln zu lösen, da die Sonne ein Quadrat mit Mars bildet, wird er seine Aktivitäten nicht gut vorausplanen. Mit der Kombination von sechs kardinalen und vier Erdplaneten wird er wahrscheinlich eine Entscheidung nach der anderen fällen, ohne sich um irgend etwas zu kümmern – außer der Tatsache, daß er seinen Willen durchsetzen möchte. Auf die Einstellung anderer wird er ebenfalls mit Handeln reagieren. Gibt es zum Beispiel Probleme in einer Beziehung, die durchgearbeitet werden müßten, so wird er eher dazu neigen, seine Partnerin zu verlassen, als am Problem zu arbeiten. Wenn seine Frau oder seine Freundin ihm entschieden widerspricht oder wenn ein ihm wichtiger mächtiger Mann nicht seiner Meinung ist, dann wird er wahrscheinlich zur Flasche greifen. Anstatt sich mit einer beunruhigenden Situation auseinanderzusetzen, wird er ihr den Rücken kehren. Er hat wahrscheinlich den Ruf, exzentrisch und unberechenbar zu sein; und dieses Verhalten trägt ebenfalls dazu bei, sich selbst Schaden zuzufügen.

Die zwei Planeten in den fixen Zeichen zeigen zwar ein Maß an Festigkeit, aber nicht viel Durchhaltevermögen. Er wird von den vier Planeten in Erde gestützt, denn sie bewirken, daß er mit den Füßen auf dem Boden bleibt. Das Durchhaltevermögen, dessen er sich möglicherweise rühmt, ist nicht echt, sondern eher Sturheit als ein aufrechter Glaube an eine Sache.

Die zwei Planeten in den veränderlichen Zeichen bedeuten, daß er sich nicht leicht von anderen beeinflussen läßt. Er möchte seinen eigenen Weg gehen ohne Rücksicht darauf, was andere davon halten oder wie es ihnen dabei ergeht. Wenn er selbständig arbeitet, dann kann dieses Verhalten günstig sein; ist er jedoch in einem größeren Unternehmen beschäftigt, dann muß er lernen, seine Neigung zu unabhängigem Verhalten einzuschränken und seine Entscheidungen anderen mitzuteilen und mit ihnen zusammenzuarbeiten.

Die sechs Planeten in kardinalen Zeichen haben die Bedeutung, daß sie die Neigung, sich unüberlegt in Liebesabenteuer zu stürzen, zusammen mit dem Venus/Uranus-Quadrat unterstützen.

Dieses Geburtsbild weist auf schwerwiegende Probleme mit gefühlsmäßigen Bindungen hin. Der Stier-Aszendent charakterisiert einen Menschen, der den Genuß und das sinnliche Vergnügen schätzt. Es ist fraglich – mit Uranus am Aszendenten und Jupiter in Opposition –, ob ihm seine Wünsche erfüllt werden, denn diese Konstellation zeigt einen Mangel an Kooperationsbereitschaft. Der Horoskopeigner hat das Gefühl, als müsse er fortwährend Kompromisse schließen, denn die Opposition von Jupiter zum Aszendenten läßt vermuten, daß er gar nicht weiß, wie andere ihn sehen. Möglicherweise erscheint er ihnen wie ein Diktator, autoritär, mit einem Mangel an Achtung für die Bedürfnisse seiner Umwelt. Ebenso hat er kaum eine Vorstellung davon, wie sein Aussehen auf andere wirkt. Diese Opposition schafft Probleme in der Ehe, denn wenn er sich mit den Bedürfnissen seiner Frau befaßt (Jupiter im siebten Haus), hat er das Gefühl, er müsse seinen Lebensstil einschränken (Aszendent), und umgekehrt nimmt er es ihr übel, wenn sie Bedürfnisse äußert, weil er glaubt, daß sie seinen Beruf oder sein Selbstbild beeinträchtigen.

Es mag sein, daß der Horoskopeigner das Bedürfnis zu einer spirituellen Entwicklung hat und Schuldgefühle im Zusammenhang mit dem Geschlechtstrieb erlebt. Vielleicht fürchtet er, homosexuell zu sein. Ist er es nicht, dann wird er nur zu solchen Frauen Beziehungen haben können, die er völlig kontrollieren kann, denn er möchte nicht so eine starke Frau wie seine Mutter um sich haben. Seine Beziehung zu seiner Mutter ist wahrscheinlich zu stark, und diese Nähe unterstreicht seine Furcht vor Homosexualität. Vielleicht bindet ihn eine starke Haßliebe an seine Mutter, die er nicht durchbrechen kann. Dieser Gefühlskomplex wird reflektiert durch die Sonne in einem weiblichen Zeichen, durch Mond und Aszendenten wie auch die Mond/Neptun- und die Venus/Pluto-Opposition. Dabei kann das Sonne/Mars-Quadrat nicht sehr hilfreich sein. Um die ungesunde Mutterbindung zu lösen und die leibliche von der archetypischen Mutter zu trennen, wird der Horoskopeigner ein Verständnis für seine Mutterbeziehung entwickeln müssen und sich, ohne sie zu hassen, von ihr lösen. Erst dann wird es ihm möglich sein, eine befriedigende Beziehung mit einer Frau einzugehen. Gelingt es ihm nicht, die Mutterproblematik aufzuarbeiten, wird er in seinem selbstzerstörerischen Verhalten steckenbleiben.

Diese Art von Information muß mit großer Vorsicht angeboten werden. Man darf nicht alle Barrikaden, die er zu seinem Selbstschutz aufgebaut hat, durchbrechen. Der Mann wird kaum deshalb zu einem Astrologen gehen, um sich von ihm geschäftlich beraten zu lassen. Überhaupt wird er nur dann in eine Beratung kommen, wenn der Leidensdruck sehr angewachsen ist. Die Leute gehen im allgemeinen nicht zu einem Astrologen, wenn es ihnen gutgeht, sondern dann, wenn sie sich nicht wohl fühlen und wenn sie unglücklich sind. Sie möchten erfahren, was man gegen das Unglück tun kann. Diesem Mann muß man sagen, was er tut und warum er es tut. Bei der Besprechung eines Geburtshoroskops ist es nicht nötig, daß der Astrologe alles, was er herausliest, offenbart. Er kann seine Erkenntnisse zum Anstoß benutzen, das Unbehagen des Klienten, seine Probleme und mögliche Alternativen zur Sprache zu bringen. Er ist wahrscheinlich gar nicht in der Lage, alles aufzunehmen, was der Astrologe an Information präsentiert. Man kann kleine »Informationshappen« verabreichen und darauf achten, wie sie verdaut werden. Oft ist es angebracht, eine Therapie anzuraten, denn Probleme beim Selbstwertgefühl sind schwierig und hartnäckig. Ist der Klient bereits in psychotherapeutischer Behandlung, dann wird ihm die Beratung vielleicht ein Stück weiterhelfen. Vielleicht braucht er nur jemanden, mit dem er seine persönlichen Probleme besprechen kann, deshalb wird eine Beratung hilfreich für ihn sein, da er die Möglichkeit zur Aussprache hat.

Wenn der Horoskopeigner eine berühmte Persönlichkeit ist, glauben wir vielleicht, er sei glücklich, denn er hat schließlich sehr viel Geld. Bei der Beratung einer bekannten Persönlichkeit ist es wichtig, daran zu denken, daß man genauso verfährt wie bei irgendeinem anderen Klienten.

Das Horoskop, das wir besprochen haben, ist das von Elvis Presley. Seine Daten sind jedoch umstritten. Aufgrund neuer Informationen hat das *Journal of the American Federation of Astrologers* eine andere Geburtszeit ermittelt. Die Daten für dieses Horoskop sind aus S. Erlewines *Circle Book of Charts*. Elvis Presley wurde am 8. Januar 1935 um 12.20 Uhr in Tupelo, Mississippi, geboren. Über seine Biographie kann man sich informieren, aber das Horoskop ist der Schlüssel zu den Motivationen, die sein Leben bewegten.

Bibliographie

Aesop, *Fabeln von,* Bindlach 1981

Arroyo, Stephen, *Astrologie, Psychologie und die vier Elemente,* München 1982

Barker, Raymond C., *You Are Invisible,* New York 1973

Bhagavadgîta, Die, Baden-Baden 1958

Brunhübner, Fritz, *Pluto, der Planet unserer Zeit,* Berlin o. J.

Campbell, Joseph, *Creative Mythology,* New York 1968

–, *Der Heros in tausend Gestalten,* Frankfurt/M. 1977

–, *Lebendiger Mythos,* München 1988

–, *Occidental Mythology,* New York 1964

Carter, C. E. O., *The Zodiac and the Soul,* London 1968

Castaneda, Carlos, *Die Lehren des Juan,* Frankfurt/M. 1987

Churchward, Albert, *Signs and Symbols of Primordial Man,* London 1913

Coomaraswamy, Ananda, *Buddha and the Gospel of Buddhism,* New York 1964

–, *The Dance of Shiva,* New York 1957

–, *Hinduism and Buddhism,* New York o. J.

Dunbar, Flanders, *Mind and Body,* New York 1972

Frazer, Sir James G., *Der goldene Zweig,* 2 Bde., Frankfurt/M. 1977

Freud, Sigmund, *Der Mann Moses und die monotheistische Religion,* Frankfurt/M. 1979

Goodavage, Joseph, *Astrology, The Space Age Science,* New York 1966

Grimm, Brüder, *Kinder- und Hausmärchen,* Köln 1986

Hand, Robert, *Das Buch der Transite,* München 1984

–, *Planets in Youth,* Rockport, Mass., 1977

Harding, M. Esther, *Psychic Energy,* New York 1963

–, *The Way of All Women,* New York 1933

–, *Frauenmysterien – einst und jetzt,* Berlin 1982

Hesse, Hermann, *Narziß und Goldmund,* Frankfurt/M. 1975

Hickey, Isabel, *Astrology, a Cosmic Science,* Bridgeport, Conn., 1970

Higgins, Godfrey, *Anacalypsis,* New York 1965

Hinkle, Beatrice, *The Re-creating of the Individual,* New York 1923

Jung, Carl Gustav, *Gesammelte Werke,* Olten ab 1957

–, *Erinnerungen, Träume, Gedanken,* Olten (Sonderausgabe) 1986

–, *Der Mensch und seine Symbole,* Olten 1968

–, und Kerenyi, K., *Einführung in das Wesen der Mythologie,* Hildesheim 1980

Jung, Emma, *Animus und Anima,* Fellbach 1983

Kuhn, Alvin Boyd, *Sex as Symbol* (The Ancient Light in Modern Psychology), Elizabeth, N. J., 1945

–, *The Lost Light,* Elizabeth, N. J., 1940

McClain, Ernest G., *The Myth of Invariance,* New York 1976

–, *The Pythagorean Plato,* New York 1978

Massey, Gerald, *The Natural Genesis,* Vols. 1, 2, London 1883

May, Rollo, *Der Mut zur Kreativität,* Paderborn 1987

–, *Love and Will,* New York 1969

Neumann, Erich, *Ursprungsgeschichte des Bewußtseins,* München 1978

Palmer, Lynn, *ABC Chart Erection,* New York 1968

Pryse, James M., *The Adorers of Dionysos,* London 1925

–, *The Restored New Testament,* New York 1914

–, *Spiritual Light,* Los Angeles 1941

Rudhyar, Dane, *Astrologie der Persönlichkeit,* München 1984

Taylor, Thomas, *The Timaeus and Critias of Plato,* New York 1952

Wheelright, Joseph, *The Reality of the Psyche,* New York 1968

Whitman, Edward W., *Aspects and Their Meanings,* London 1970

Wickes, Frances, *The Inner World of Man,* New York 1948

Wilhelm, Richard, und Jung, C. G., *Das Geheimnis der goldenen Blüte,* Köln 1986

Wilhelm, Richard, *I Ging, das Buch der Wandlungen,* Köln 1986

Zimmer, Heinrich, *Abenteuer und Fahrten der Seele,* Köln 1987

–, *Philosophie und Religion Indiens,* Frankfurt/M. 1976

–, *Indische Mythen und Symbole,* Köln 1986